I0011749

Rômulo Silva de Oliveira

Fundamentos dos Sistemas de Tempo Real

2a Edição

Original registrado na Biblioteca Nacional.

Segunda edição, revisão 1, setembro de 2020.

ISBN-13: 9798681424635

Sobre o autor

Rômulo Silva de Oliveira

Graduado em Engenharia Elétrica pela PUCRS (1984), mestre em Ciências da Computação pela UFRGS (1987) e doutor em Engenharia Elétrica pela UFSC (1997). Professor titular do Departamento de Automação e Sistemas da UFSC. Orienta mestrado e doutorado na Pós-Graduação em Engenharia de Automação e Sistemas da UFSC (conceito 6 da CAPES). Possui bolsa de produtividade em pesquisa do CNPq desde 2003. Desenvolve pesquisas e projetos na área de sistemas de tempo real desde 1993, sendo coautor de mais de 100 artigos científicos na área, incluindo artigos publicados no IEEE Real-Time Systems Symposium e no Real-Time Systems Journal.

PREFÁCIO

Os sistemas computacionais com requisitos de natureza temporal, ou simplesmente Sistemas de Tempo Real, existem desde os anos 1960. Entretanto, eles ganharam muita notoriedade e importância nas últimas décadas, com a disseminação dos Sistemas Embutidos ou Embarcados (*Embedded Systems*), ou seja, computadores escondidos dentro de máquinas e equipamentos realizando seu controle e automação. Tais sistemas computacionais precisam respeitar os aspectos temporais do ambiente onde estão inseridos, gerando assim requisitos temporais para o hardware e o software. Mais recentemente, o advento da Internet das Coisas tornou a temática dos sistemas de tempo real ainda mais importante.

Este livro foi escrito com a intenção de ser adotado como bibliografia básica em disciplinas sobre Sistemas de Tempo Real, tais como existem em cursos de Engenharia de Computação, Engenharia de Controle e Automação, Ciência da Computação e vários cursos de Tecnologia em Automação. Para isto, buscou-se uma linguagem de fácil leitura, rico em ilustrações e em exercícios. O tratamento dos conceitos e fundamentos da área é rigoroso. Entretanto, o texto procura manter um olhar prático de engenharia, fugindo de exageros matemáticos baseados em premissas distantes da realidade. A ideia é fornecer ao leitor uma estrutura conceitual sólida e um entendimento do tema, incluindo as limitações da área, de tal forma que ele possa lidar com projetos reais sabendo o que pode e o que não pode ser feito.

O livro também inclui material básico sobre sistemas operacionais e programação concorrente. Sobre sistemas operacionais, a gerência de processador é descrita com detalhes, e a gerência de memória é também abordada, incluindo paginação simples e descrevendo suscintamente memória virtual. Sobre programação concorrente, soluções baseadas em variáveis compartilhadas são bastante exploradas e soluções baseadas em troca de mensagens são apresentadas. Muitos cursos de engenharia e de tecnologia de automação possuem uma disciplina que junta sistemas operacionais, programação concorrente e tempo real, podendo este livro ser adotado como bibliografia básica de uma disciplina como esta. É o meu caso no curso de Engenharia de Controle e Automação da UFSC.

Este livro é muito flexível para a montagem de planos de ensino. A organização dos capítulos permite ao professor montar seu plano de ensino conforme o contexto do seu curso, podendo descartar alguns capítulos sem prejuízo para o entendimento de capítulos posteriores. Dependendo do contexto do curso, alguns capítulos são mais importantes que outros e a ordem deles também pode ser alterada. Por exemplo, caso os alunos tenham uma disciplina de sistemas operacionais antes, os capítulos sobre implementação de tarefas não são necessários. Da mesma forma, disciplinas de programação concorrente cobrem o material dos capítulos sobre sincronização de tarefas. O capítulo sobre o tempo real pode ser apresentado no início do curso, caso o professor prefira. Os capítulos sobre a variabilidade e a estimação do WCET podem não ser interessantes para muitos cursos de graduação e, neste caso, podem ser apresentados de forma resumida. A descrição do FreeRTOS e do Linux Preempt-RT no capítulo sobre sistemas operacionais de tempo real pode ou não ser incluída, conforme o curso. Em resumo, o professor ao adotar este livro para sua disciplina é fortemente encorajado a escolher os capítulos e seções a serem usados conforme o seu plano de ensino.

Como sempre, as limitações de espaço obrigam o autor a decidir o que incluir e o que simplificar ou deixar de fora. Por exemplo, algumas pessoas podem achar estranho que servidores de aperiódicas não tenham seu próprio capítulo, dado ser um tema frequente. Ocorre que na grande maioria dos sistemas atuais a utilização total do processador é baixa. Existem problemas com perdas de deadlines, mas isto devido a situações de bloqueio e deadlines apertados, e não devido ao processador estar muito utilizado. Por isto, foi escolhido tratar dos servidores de aperiódicas como uma seção do capítulo de tópicos adicionais. Aliás, o capítulo sobre tópicos adicionais pode ser entendido como o capítulo das coisas que eu gostaria de ter incluído, mas não tinha espaço.

A pesquisa acadêmica sobre Sistemas de Tempo Real é muito fértil, centenas de artigos são publicados anualmente em congressos e periódicos científicos. Pessoas interessadas podem encontrar os mais recentes avanços na área, por exemplo, no periódico Real-Time Systems e em conferências como IEEE Real-Time Systems Symposium (RTSS), IEEE Real-Time and Embedded Technology and Applications Symposium (RTAS) e Euromicro Conference on Real-Time Systems (ECRTS). No entanto, dado que qualquer coisa na computação pode ser revisitada com "um olhar de tempo real", existem artigos sobre sistemas de tempo real em uma vasta gama de outros veículos.

Este livro resume os aspectos mais relevantes sobre os Sistemas de Tempo Real que aprendi ao longo de 25 anos, desde que comecei meu doutorado neste tema em 1993. Ao longo destes anos tive a oportunidade de trabalhar com centenas de pessoas, as quais contribuíram imensamente para o meu crescimento pessoal e profissional. Em particular, gostaria de agradecer ao Prof. Joni da Silva Fraga, meu orientador de doutorado e um dos primeiros pesquisadores brasileiros na área. Também gostaria de agradecer a todos aqueles que assistiram minhas aulas de graduação, pós-graduação e em empresas, de certa forma foram cobaias, pois a melhor forma de aprender algo é ter que dar aulas sobre o assunto. Agradeço às seguintes pessoas, as quais revisaram partes do texto: Augusto Born de Oliveira, Andreu Carminati, Daniel Bristot de Oliveira, Karila Palma Silva, Luís Fernando Arcaro, Patrícia Della Méa Plentz e Rodrigo Lange.

Tive a oportunidade de orientar vários mestrandos e doutorandos na área, os quais contribuíram em muito para meu aprendizado sobre sistemas de tempo real. Entre eles, gostaria de nomear alguns (em ordem alfabética):

Alexandre Cervieri
Alexandre José da Silva
Andreu Carminati
Benhur Tessele
Cassia Yuri Tatibana
Daniel Bristot de Oliveira
Fábio Rodrigues de la Rocha
Luciana de Oliveira Rech
Lucy Vargas
Luís Fernando Arcaro
Marcos Vinicius Linhares
Patrícia Della Méa Plentz
Renan Augusto Starke
Rodrigo Lange

José Luiz Pereira dos Santos	Rodrigo Pinto Gonçalves
Karila Palma Silva	Roger Daniel Ferreira

Finalmente, gostaria de agradecer à minha esposa Simone e ao meu filho Augusto pelo suporte e apoio ao longo da vida. Boa leitura a todos.

Florianópolis-SC, outubro de 2018.
Rômulo Silva de Oliveira.

Sobre a 2ª Edição:

Para a 2ª edição vários erros gramaticais foram corrigidos, mas provavelmente não todos. Os exercícios ao final dos capítulos foram revisados. Na introdução mais um exemplo de sistema de tempo real foi incluído. O capítulo sobre escalonamento foi dividido em dois: um para escalonamento em sistemas de propósito geral e outro para escalonamento em sistemas de tempo real. O capítulo sobre estimação do tempo de resposta também foi dividido em dois: um para estimação baseada em análise e outro para estimação baseada em medição. A seção sobre os cuidados do desenvolvedor da aplicação de tempo real foi ampliada.

A ordem dos capítulos foi alterada, visando um desenvolver mais natural da ordem do livro em sala de aula. Como na primeira edição, cabe ao professor selecionar os capítulos que serão usados em seu curso, conforme os objetivos e contexto do curso. O conteúdo do livro pode ser dividido em três grandes temas, cada um com uma parte mais básica e uma parte mais avançada:

<u>Sistemas de Tempo Real – Básico</u>:

1. Caracterização dos Sistemas de Tempo Real
2. Conceitos Básicos dos Sistemas de Tempo Real
4. Variabilidade dos Tempos de Execução
10. Escalonamento em Sistemas de Tempo Real
15. Estimação do Tempo de Resposta usando Análise

<u>Sistemas de Tempo Real – Avançado</u>:

3. O Tempo Real
5. Estimação do WCET usando Análise Estática
6. Estimação do WCET usando Medições
12. Seções Críticas em Sistemas de Tempo Real
14. Variabilidade dos Tempos de Resposta
16. Estimação do Tempo de Resposta usando Medições
17. Diferentes Abordagens
19. Tópicos Adicionais

<u>Sistemas Operacionais – Básico</u>:

7. Implementação de Tarefas em Sistemas Pequenos
8. Implementação de Tarefas em Kernel Completo
9. Escalonamento em Sistemas de Propósito Geral

<u>Sistemas Operacionais – Avançado</u>:

18. Sistemas Operacionais de Tempo Real

Programação Concorrente – Básico:

11. Sincronização e Comunicação entre Tarefas

Programação Concorrente – Avançado:

13. Mecanismos de Sincronização com Variáveis Compartilhadas

Florianópolis-SC, setembro de 2020.
Rômulo Silva de Oliveira.

Sumário

1. Caracterização dos Sistemas de Tempo Real 15
   1.1 Definição 15
   1.2 Requisitos Temporais 16
   1.3 Classes de Aplicações 17
   1.4 Características Comuns 19
   1.5 Concepções Erradas 22
   1.6 Exemplo: Controle Realimentado de Caldeira 23
   1.7 Exemplo: Sistema de Defesa Antimíssil 24
   1.8 Exercícios 27
2. Conceitos Básicos dos Sistemas de Tempo Real 29
   2.1 Conceito de Tarefa 29
   2.2 Tipos de Deadlines 30
   2.3 Previsibilidade 32
   2.4 Recorrência das Tarefas 33
   2.5 Tempo de Execução 34
   2.6 Propriedades Temporais das Tarefas 36
   2.7 Relações de Exclusão Mútua 38
   2.8 Relações de Precedência 39
   2.9 Escalonamento 40
   2.10 Modelo de Tarefas 41
   2.11 Exercícios 42
3. O Tempo Real 45
   3.1 O Tempo Mecânico 45
   3.2 O Tempo Astronômico 46
      3.2.1 Universal Time (UT) 47
      3.2.2 Ephemeris time (ET) 47
   3.3 O Tempo Atômico 48
      3.3.1 O Mecanismo do Relógio Atômico 48
      3.3.2 Quanto Tempo é 1 Segundo ? 49
      3.3.3 Tempo Atômico Internacional (TAI) 50
      3.3.4 Tempo Universal Coordenado (UTC) 51
   3.4 O Tempo Real no Século 21 52
      3.4.1 O Sistema de Posicionamento Global (GPS) 54
      3.4.2 Network Time Protocol (NTP) 55
   3.5 O Tempo Real nos Computadores 57
      3.5.1 Os Vários Relógios de um PC 80x86 59
   3.6 O Sincronização de Relógios entre Computadores 62
   3.7 Considerações Finais 66
   3.8 Exercícios 67
4. Variabilidade dos Tempos de Execução 71
   4.1 Introdução 71

4.2 Variabilidade Causada pelo Software 74
4.3 Variabilidade Causada pelo Hardware 77
4.3.1 Memória Cache 78
4.3.2 Pipeline 81
4.3.3 Previsor de Salto (*Branch Predictor*) 86
4.3.4 Memórias DRAM 86
4.3.5 Acesso Direto à Memória – DMA 87
4.3.6 *Translation Lookaside Buffer* – TLB 88
4.3.7 Controle de Frequência 89
4.3.8 Modo de Gerência do Sistema 89
4.3.9 Múltiplas Threads em Hardware 91
4.3.10 Impacto dos Tratadores de Interrupção e de Múltiplas Tarefas 92
4.4 Exercícios 94
5. Estimação do WCET usando Análise Estática 97
5.1 Introdução 97
5.2 Importância do Tipo de Hardware 99
5.3 Análise Estática 99
5.4 Análise do Fluxo de Controle 100
5.5 Análise do Comportamento do Processador 103
5.5.1 Análise da Memória Cache 106
5.5.2 Análise do Pipeline 106
5.6 Cálculo do Limite Superior para o WCET 108
5.7 A Ferramenta aiT 110
5.8 Considerações Finais 112
5.9 Exercícios 113
6. Estimação do WCET usando Medições 115
6.1 Introdução 115
6.2 Medição do Tempo de Execução 117
6.3 Teste de Software Baseado em Busca 120
6.4 Métodos Híbridos 121
6.5 A Ferramenta RapiTime 122
6.6 Métodos Estatísticos 123
6.6.1 Teoria de Valores Extremos 124
6.6.2 Avaliação Experimental 129
6.7 Considerações Gerais 130
6.8 Exercícios 131
7. Implementação de Tarefas em Sistemas Pequenos 135
7.1 Executivo Cíclico 135
7.2 Mecanismo de Interrupções 140
7.3 Laço Principal com Tratadores de Interrupções 144
7.4 Microkernel Simples como Sistema Operacional Multitarefa 146
7.4.1 Chamadas de Sistema 147
7.4.2 Estados de uma Thread 150

7.4.3 Chaveamento de Contexto entre Threads ... 152
7.4.4 Design do Microkernel ... 153
7.5 Comparação entre as Formas de Implementar Tarefas de Tempo Real ... 156
7.6 Exercícios ... 157
8. Implementação de Tarefas em Kernel Completo ... 163
8.1 O Sistema Operacional Tradicional ... 163
8.2 Terminologia: Processos, Threads e Tarefas ... 165
8.3 Chamadas de Sistema ... 166
8.4 Estados da Thread de um Processo ... 168
8.5 Chaveamento de Contexto ... 170
8.6 Gerência de Memória ... 172
8.7 Partições Variáveis ... 174
8.8 Paginação ... 177
8.9 Outros Aspectos da Paginação ... 183
8.10 Memória Virtual com Paginação por Demanda ... 184
8.11 Comparação entre as Formas de Implementar Tarefas de Tempo Real ... 187
8.12 Exercícios ... 187
9. Escalonamento em Sistemas de Propósito Geral ... 195
9.1 Introdução ... 195
9.2 Ordem de Chegada ... 196
9.3 Menor Ciclo de Processamento Antes ... 197
9.4 Fatias de Tempo ... 197
9.5 Prioridades ... 199
9.6 Combinação das Formas Básicas ... 200
9.7 Exercícios ... 202
10. Escalonamento em Sistemas de Tempo Real ... 207
10.1 Introdução ... 207
10.2 Atribuição de Prioridades Fixas ... 208
10.2.1 Taxa Monotônica ... 208
10.2.2 Deadline Monotônico ... 208
10.2.3 Importância ... 210
10.3 Atribuição de Prioridades Variáveis ... 210
10.3.1 Menor Deadline Absoluto Antes ... 211
10.3.2 Menor Folga Antes ... 212
10.4 Conceito de Utilização e Teoremas Fundamentais ... 213
10.4.1 Limiar de Utilização para EDF ... 214
10.4.2 Limiar de Utilização para Taxa Monotônica ... 216
10.4.3 Deadline Monotônico versus Taxa Monotônica ... 217
10.5 Questões Práticas da Atribuição de Prioridades ... 218
10.5.1 Escalonabilidade superior do EDF em Modelos Simples ... 218
10.5.2 Comportamento em Sobrecarga ... 220
10.5.3 Custo da Implementação ... 223
10.6 Exercícios ... 224

11. Sincronização e Comunicação entre Tarefas ... 227
11.1 Caracterização da Programação Concorrente ... 227
11.2 Motivação para Programação Concorrente ... 228
11.3 Métodos de Sincronização e Comunicação entre Tarefas ... 230
11.4 Sincronização e Comunicação com Mensagens ... 231
11.5 Padrões de Interação Usando Mensagens ... 234
11.6 Sincronização e Comunicação com Variáveis Compartilhadas ... 236
11.7 Problema da Seção Crítica ... 237
11.8 Seção Crítica: Mecanismos de Baixo Nível ... 242
11.9 Seção Crítica: Mutex ... 245
11.9.1 Aninhamento de Mutex ... 247
11.10 Deadlock ... 248
11.11 Exercícios ... 249
12. Seções Críticas em Sistemas de Tempo Real ... 253
12.1 Inversão de Prioridades ... 253
12.2 Mutex para Tempo Real ... 255
12.3 Mutex para Tempo Real: Desliga Preempção ... 257
12.4 Mutex para Tempo Real: Herança de Prioridade ... 259
12.5 Mutex para Tempo Real: Teto de Prioridade ... 263
12.6 Mutex para Tempo Real: Teto de Prioridade Imediato ... 268
12.7 Mutex para Tempo Real: Outros Protocolos ... 270
12.8 Exercícios ... 271
13. Mecanismos de Sincronização com Variáveis Compartilhadas ... 275
13.1 Problemas Clássicos de Sincronização ... 275
13.2 Semáforos ... 277
13.3 Monitores ... 280
13.4 Monitores com a Linguagem C e Pthreads ... 282
13.5 Exercícios ... 288
14. Variabilidade dos Tempos de Resposta ... 295
14.1 Fontes da Variabilidade do Tempo de Resposta ... 295
14.2 Variabilidade Causada por Outras Tarefas da Aplicação ... 296
14.3 Variabilidade Causada por Outros Processos do Sistema ... 296
14.4 Variabilidade Causada por Threads do Kernel ... 297
14.5 Variabilidade Causada por Tratadores de Interrupção ... 297
14.6 Variabilidade Causada pela Manipulação das Prioridades ... 298
14.7 Variabilidade Causada por Kernel Não-Preemptivo ... 299
14.8 Variabilidade Causada pela Desabilitação das Interrupções ... 300
14.9 Variabilidade Causada por *Overhead* do Kernel ... 301
14.10 Variabilidade Causada por Mecanismos de Sincronização na Aplicação ... 303
14.11 Variabilidade Causada por Mecanismos de Sincronização no Kernel ... 304
14.12 Determinação do Tempo de Resposta no Pior Caso ... 305
14.13 Exercícios ... 307
15. Estimação do Tempo de Resposta usando Análise ... 309

15.1 Princípios da Análise do Tempo de Resposta 309
15.2 Método Básico da Análise do Tempo de Resposta 311
15.3 Tarefas Esporádicas e Tarefas com $D \leq P$ 317
15.4 Interrupções Desabilitadas 318
15.5 Bloqueios 320
15.6 Chaveamentos de Contexto 322
15.7 Tratadores de Interrupções 323
15.8 Níveis Insuficientes de Prioridades 324
15.9 Atribuição Ótima de Prioridades 324
15.10 Exemplo de Análise do Tempo de Resposta 325
15.11 Aspectos Práticos da Análise do Tempo de Resposta no Pior Caso 327
15.12 Exercícios 329
16. Estimação do Tempo de Resposta usando Medições 333
16.1 Estimação do WCRT via Medição 333
16.2 Visão Estatística das Medições 335
16.3 Exercícios 340
17. Diferentes Abordagens 341
17.1 Diferentes Abordagens são Necessárias 341
17.2 Classificação das Abordagens na Academia 342
17.2.1 Sistemas com Garantia (*hard real-time systems*) 343
17.2.2 Sistemas sem Garantia (*soft real-time systems*) 344
17.3 Classificação das Abordagens na Prática 347
17.3.1 Classificação na Prática: Garantia Provada 349
17.3.2 Classificação na Prática: Garantia Testada 350
17.3.3 Classificação na Prática: Sem Garantia 351
17.4 Abordagem Definida pela Criticalidade 352
17.5 Comentários sobre as Abordagens 353
17.6 Exercícios 354
18. Sistemas Operacionais de Tempo Real 355
18.1 Introdução 355
18.2 Aspectos Funcionais dos SOTR 356
18.3 Aspectos Temporais dos SOTR 358
18.3.1 Aspectos Temporais de um SOTR: O Ideal Impossível 360
18.3.2 Aspectos Temporais de um SOTR: O Ideal Possível porém Inexistente 360
18.3.3 Aspectos Temporais de um SOTR: A Realidade 363
18.4 Principais Diferenças Construtivas entre SOPG e SOTR 364
18.4.1 Algoritmo de Escalonamento Apropriado 364
18.4.2 Níveis de Prioridade Suficientes 365
18.4.3 Sistema Operacional não Altera Prioridades das Tarefas 365
18.4.4 Tratadores de Interrupções com Execução Rápida 365
18.4.5 Desabilitar Interrupções ao Mínimo 366
18.4.6 Emprego de Threads de Kernel 366
18.4.7 Tempo de Chaveamento entre Tarefas Pequeno 368

18.4.8 Emprego de Temporizadores com Alta Resolução 368
18.4.9 Comportamento das Chamadas de Sistema no Pior Caso 369
18.4.10 Preempção de Tarefa Executando Código do Kernel 370
18.4.11 Mecanismos de Sincronização Apropriados 371
18.4.12 Granularidade das Seções Críticas dentro do Kernel 371
18.4.13 Gerência de Recursos em Geral 372
18.5 Cuidados do Desenvolvedor da Aplicação 372
18.6 Microkernel Exemplo: FreeRTOS 375
18.6.1 Tratadores de Interrupção da Aplicação 377
18.6.2 Mecanismos de Sincronização 378
18.7 Kernel Exemplo: Linux PREEMPT_RT 379
18.7.1 Modelos de Preempção no Kernel do Linux 380
18.7.2 Políticas de Escalonamento 382
18.7.3 Programação da Aplicação 383
18.7.4 Serviços de Tempo para a Aplicação 384
18.7.5 Mecanismos de Sincronização para a Aplicação 384
18.7.6 Impacto da Gestão de Energia 385
18.8 Considerações Finais 387
18.9 Exercícios 389
19. Tópicos Adicionais 393
19.1 Servidores de Tarefas Aperiódicas 393
19.2 Multiprocessadores 395
19.3 Protocolos de Comunicação 397
19.4 Protocolos para Sincronização de Relógios 399
19.5 Computação Imprecisa 400
19.6 Engenharia de Software 402
19.7 Exercícios 403
20. Referências Bibliográficas 405
Índice Remissivo 417

1. Caracterização dos Sistemas de Tempo Real

O que é um sistema de tempo real ?

Todas as pessoas possuem intuitivamente a noção de "tempo", do "passar do tempo" e de "prazos". Já a definição do termo "sistema de tempo real" é bem menos conhecida. No entanto, estamos cercados por eles. Por exemplo, usinas hidroelétricas, aviões e videogames são desenvolvimentos tecnológicos que incluem, entre outras coisas, sistemas de tempo real. Neste capítulo serão apresentados os principais aspectos que caracterizam os sistemas de tempo real. Os vários detalhes relacionados com sua construção e análise serão tratados ao longo deste livro.

1.1 Definição

O termo **sistema de tempo real** (***real-time system***) foi usado ao longo da história da computação para denotar diferentes classes de sistemas. Originalmente, na época em que o acesso principal ao computador ocorria através de cartões de papel e listagens impressas, a interação do usuário com a sua aplicação através de um terminal alfanumérico caracterizava aquela aplicação como sendo de tempo real. Quando o emprego de terminais tornou-se corrente, tempo real passou a ser usado como sinônimo de alto desempenho. A partir da década de 1980 o termo foi consolidado como não relacionado com desempenho, mas sim com a capacidade de atender requisitos temporais explícitos. Nas próximas seções busca-se caracterizar o que são os sistemas de tempo real, como isto é entendido atualmente.

Na verdade a expressão "sistemas de tempo real" é uma forma reduzida para o termo completo "sistemas computacionais com requisitos de tempo real". Os sistemas computacionais com requisitos de tempo real são aqueles submetidos a requisitos de natureza temporal não triviais. Requisitos de natureza temporal podem aparecer de várias formas: um prazo máximo para a execução de uma dada tarefa, um período no qual dada tarefa deve ser sempre executada, um intervalo máximo de tempo entre duas ações, um intervalo mínimo de tempo entre duas ações, um prazo máximo para a validade dos dados, etc.

Ao utilizar os requisitos do sistema para caracterizá-lo como sendo ou não de tempo real, fica claro que o problema é que é de tempo real, e não a solução. Ou seja, é a própria especificação do sistema que vai caracterizá-lo como sendo de tempo real ou não. Caberá à implementação (a solução) apenas atender aos requisitos colocados na especificação. Em resumo, não é o projetista do sistema que decide se o mesmo será ou não de tempo real, esta decisão já foi tomada por quem especificou o sistema.

Descartam-se aqui aqueles requisitos temporais triviais, que sequer são mencionados nas especificações dos sistemas. Por exemplo, um sistema de folha de pagamentos que demora 40 dias para executar claramente não funciona. Entretanto, sistemas de folha de pagamentos não são considerados sistemas de tempo real, pois o requisito temporal a ser cumprido é trivial.

Os requisitos temporais são sempre definidos em função do ambiente físico que cerca o sistema computacional. Todo sistema de tempo real apresenta forte acoplamento com o seu ambiente. Tipicamente, este tipo de sistema precisa reagir aos estímulos do ambiente respeitando os requisitos temporais descritos em sua especificação. O processamento é ativado por estímulos do ambiente, os quais podem corresponder à ocorrência de um evento, à medição de certo valor, ou à simples passagem do tempo. Requisitos temporais podem estabelecer prazos máximos (deadlines) para a resposta do sistema a determinados estímulos. Caso o processamento termine fora do prazo temos uma falha temporal do sistema.

Nos sistemas de tempo real, os resultados e as ações do sistema devem ser corretos não apenas logicamente e aritmeticamente, mas também precisam ser corretos temporalmente. Em outras palavras, não basta realizar as ações corretas, e calcular os valores corretos, é necessário também realizar as ações e apresentar os valores no tempo correto.

Em geral, sistemas computacionais são desenvolvidos seguindo a filosofia "fazer o trabalho usando o tempo necessário". Para sistemas de tempo real a filosofia passa a ser "fazer o trabalho usando o tempo disponível". Em outras palavras, os aspectos temporais do sistema não estão limitados a uma questão de maior ou menor desempenho, mas estão diretamente associados com a funcionalidade do sistema. Se o compilador C demora um segundo a mais ou a menos para compilar o programa, ele continua funcionando, desde que gere o código executável corretamente. O tempo que o compilador demora está associado com o seu desempenho. Entretanto, um videogame de corrida de carros onde o carro demore um segundo para reagir ao acionar do freio é um videogame que não funciona. Um sistema de tempo real "não funciona" se ele não cumprir os requisitos temporais de sua especificação.

Na maioria das vezes é fácil identificar uma dada aplicação computacional como sendo ou não sendo de tempo real. Entretanto, nem sempre é assim. Existem sistemas onde atrasos são tolerados, desde que dentro de certos padrões, o que dificulta uma simples classificação como tempo real ou não tempo real. A existência de diferentes tipos de sistemas de tempo real leva naturalmente a diferentes abordagens para implementar e depois para verificar a corretude destes sistemas, como será visto ao longo deste livro.

1.2 Requisitos Temporais

Requisitos de natureza temporal aparecem de formas variadas, conforme o tipo de aplicação. Nesta seção são descritas as formas encontradas com maior frequência na prática, embora certamente outras formas possam ser imaginadas. Este tema será retomado com mais detalhes no capítulo 2 sobre os conceitos básicos de escalonamento tempo real.

O tipo de requisito mais comum encontrado em sistemas de tempo real é o **período** (***period***). Neste caso, existe uma tarefa a ser desempenhada periodicamente pelo sistema, e ela deve iniciar e terminar dentro de cada ciclo. O período corresponde à duração do ciclo. Por exemplo, em aplicações de controle realimentado, pode ser necessário ler o sensor, calcular a estratégia de controle e fazer a atuação em ciclos de 10 milissegundos, isto é, esta tarefa possui um período de 10 milissegundos. Outro exemplo deste tipo de requisito é a reprodução de áudio e vídeo. Para assistir um filme a 25 quadros por segundo (25 FPS), precisamos exibir um quadro (*frame*) a cada 40 milissegundos, logo esta tarefa possui um período de 40 milissegundos. Na grande maioria das vezes fica implícito neste tipo de requisito temporal que a tarefa sempre precisa terminar antes do seu próximo ciclo começar, mas isto pode variar.

O segundo tipo de requisito temporal mais encontrado na prática é o deadline. O **deadline** nada mais é do que o prazo para terminar uma tarefa. Ele pode ser dado como um intervalo de tempo a partir da chegada da tarefa, o que é chamado de **deadline relativo**. Também pode ser fornecido como uma hora final para a conclusão da tarefa, neste caso chamado **deadline absoluto**. Por exemplo, a expressão "vocês terão 2 horas para realizar a prova" trás um deadline relativo (2 horas) enquanto a expressão "vocês precisam terminar a prova até às 15h30min" inclui um deadline absoluto (15h30min). Muitas vezes deadlines estão associados com ações de emergência. Por exemplo, considere este requisito temporal: "Se a pressão no duto passar de 100 kgf/cm^2 é necessário abrir a válvula em 500 milissegundos, caso contrário o duto explode".

Algumas vezes existe a preocupação com a **atualidade** ou **frescor** (***freshness***) dos dados. Deseja-se tomar uma decisão baseada em dados recentes e não dados ultrapassados. Por exemplo, um algoritmo para negociação automática de ações na bolsa de valores ou de mercadorias pode requerer que as cotações usadas nos cálculos sejam aquelas de no máximo 100 milissegundos atrás. Ou ainda, o controlador de uma caldeira deve usar uma medição de temperatura feita há no máximo 100 milissegundos para tomar suas decisões.

Muitas vezes decisões são tomadas com base em vários dados, obtidos de diferentes fontes. Sobre estes dados são aplicadas equações ou algoritmos que só fazem sentido se os dados em questão foram adquiridos com razoável proximidade temporal. Neste caso, podem existir requisitos temporais associados com a necessidade de simultaneidade dos dados. Por exemplo, em um veículo não tripulado tanto receptores GPS como giroscópios podem ser usados para determinar sua posição e velocidade, mas isto só faz sentido se os dados dos dois sensores tiverem sido amostrados com diferença de no máximo 10 milissegundos. Este tipo de requisito temporal aparece principalmente quando existe **fusão de dados** (***data fusion***), como é o caso do exemplo.

1.3 Classes de Aplicações

Aplicações com requisitos de tempo real surgem em muitos mercados. Abaixo aparecem listados apenas alguns exemplos que podem ser considerados de tempo real. A lista não é exaustiva, mas mostra claramente o amplo espectro de aplicações que apresentam requisitos temporais. Diferentes abordagens serão apresentadas ao longo do livro para lidar com diferentes tipos de aplicações.

Automação industrial: No contexto da indústria, podem ser listadas centenas de máquinas e equipamentos controlados por computador, os quais apresentam requisitos temporais. O rigor dos requisitos temporais varia bastante de indústria para indústria (manufatura, petroquímica, setor elétrico, etc.) e de equipamento para equipamento (controle de processos químicos, braços robóticos, tornos automatizados, máquinas de corte a laser, etc.), mas sempre estão presentes. Além disto, sistemas industriais atualmente podem ser sistemas muito grandes, abrangendo muitos computadores e várias redes interconectadas, e operando em diferentes escalas de tempo, conforme a tarefa em questão (controle, supervisão, gestão da produção, etc.).

A automação e o controle no contexto da atual Indústria 4.0 requerem, em muitos casos, o emprego de sistemas embutidos (embedded systems) com requisitos de tempo real, os quais tornam os equipamentos mais eficazes, confiáveis e flexíveis. Este desejo de progresso tecnológico resulta em um aumento na complexidade do software, onde temos cada vez mais equipamentos com computadores controlando e tomando decisões que afetam o mundo físico. Esta necessidade de processamento requer elementos complexos de hardware e software. Isto inclui equipamentos industriais com milhões de linhas de código e até mesmo baseados em Linux. Com isso, torna-se cada vez mais difícil atender os requisitos temporais especificados.

Veículos: Nas últimas décadas cresceu muito a utilização de sistemas computacionais dentro de veículos. Isto vale para qualquer tipo de veículo, incluindo aviões, automóveis e satélites. No contexto da aviação, os **sistemas aviônicos** (***avionic systems***), como são chamados, já controlam dezenas de funções abordo das grandes aeronaves. O piloto automático é um exemplo óbvio de aplicação com requisitos de tempo real. Automóveis também seguem esta tendência, através do uso de dezenas de **unidades de controle eletrônico** (**ECU** – ***Electronic Control Units***) para controlar diversas partes do veículo. O correto comportamento temporal é imprescindível para aplicações como injeção eletrônica, transmissão automática e freios ABS (*Anti-Blocking System*). E esta tendência está a aumentar com o crescente interesse em carros autônomos.

Defesa: Os sistemas militares modernos são fortemente baseados em tecnologia computacional. Por exemplo, considere o sistema de defesa de um navio de guerra. Sinais de radar são recolhidos, processados digitalmente, um banco de dados é usado para identificar o objeto em questão e a decisão de disparar contra ele ou não deve ser tomada, dentro de um prazo rigoroso estabelecido pelo fato do objeto poder ser um míssil inimigo. Um grande número de cenários deste tipo podem ser encontrados em sistemas militares.

Telecomunicações: As centrais telefônicas eletromecânicas do passado foram substituídas por computadores. Ao chegar na central, a voz é digitalizada e toda a operação é controlada por software. Existem regulamentações específicas para operações telefônicas, principalmente no caso de concessões públicas. Uma central telefônica passa a ser uma aplicação de tempo real quando são incluídos requisitos temporais na sua especificação, tais como tempo máximo até o tom de discar, tempo máximo para completar a chamada, tarifação, etc. Além, é claro, da própria qualidade do áudio.

Videogames: Na maioria dos jogos, a jogabilidade (qualidade do jogo) está associada com os tempos apresentados pelo jogo em resposta às ações do jogador. Uma exceção são os jogos baseados em turnos. Mas em jogos com perseguições, tiroteios ou simulação de veículos, os tempos das reações que o computador apresenta ao jogador são fundamentais para a percepção de qualidade. Se o jogador vira o volante do carro para a esquerda, e o computador atrasa em refletir isto no comportamento do carro simulado, o jogo não funciona.

Mercado financeiro: Cada vez mais as bolsas de valores e mercadorias em todo o mundo são computadorizadas. O tradicional pregão onde corretores anunciam suas ofertas é substituído por um conjunto de computadores que recebem as ordens de compra e venda eletronicamente. Sistemas em software (chamados de robôs pelos operadores do mercado) são construídos para monitorar as cotações dos mercados e dispararem ordens de compra e venda aproveitando janelas de oportunidade temporárias, ou seja, negociação automática. Esses sistemas são de tempo real, na medida em que de nada adianta uma excelente estratégia de negócios que é concebida após o fechamento da janela de oportunidade. Os requisitos temporais são por vezes tão exigentes que as ordens dos investidores são geradas por software. Os sistemas de negociação automática (*automatic trading systems*) podem ser instalados em computador hospedado em espaço físico disponibilizado pela própria bolsa de valores e mercadorias (*Direct Market Acess* via Conexão Direta – *Co-location*).

1.4 Características Comuns

Na seção anterior foram listadas diferentes classes de aplicações nas quais encontramos elementos dos sistemas de tempo real. Apesar das aplicações abrangerem um enorme espectro de mercados, elas apresentam alguns aspectos em comum, os quais são característicos de todos os sistemas de tempo real.

Todo sistema de tempo real apresenta forte acoplamento do sistema computacional com o seu ambiente. Existe uma forte relação com o mundo físico e o processamento é ativado por estímulos do ambiente. No caso de um radar, a detecção de um objeto requer sua análise. No caso de um vídeo, a passagem do tempo requer a exibição do próximo quadro (*frame*).

Os requisitos temporais são sempre definidos pelo ambiente, ou seja, pelo mundo físico onde o sistema computacional está inserido. No caso de um vídeo, é a física do olho humano que define os tempos para a exibição dos quadros. No caso de um radar, é a velocidade e proximidade do objeto observado. A especificação do sistema reflete em seus requisitos temporais a dinâmica do mundo físico onde o sistema computacional está inserido.

Por exemplo, considere o controle de uma máquina industrial qualquer. As interações entre computador e ambiente são delimitadas por estímulos e respostas, as quais dão origem aos requisitos temporais, respeitando a dinâmica do processo sendo controlado. Os processamentos devem terminar dentro de prazos (deadlines) e se terminarem fora do prazo o sistema exibirá uma falha temporal. A figura 1.1 procura ilustrar este cenário.

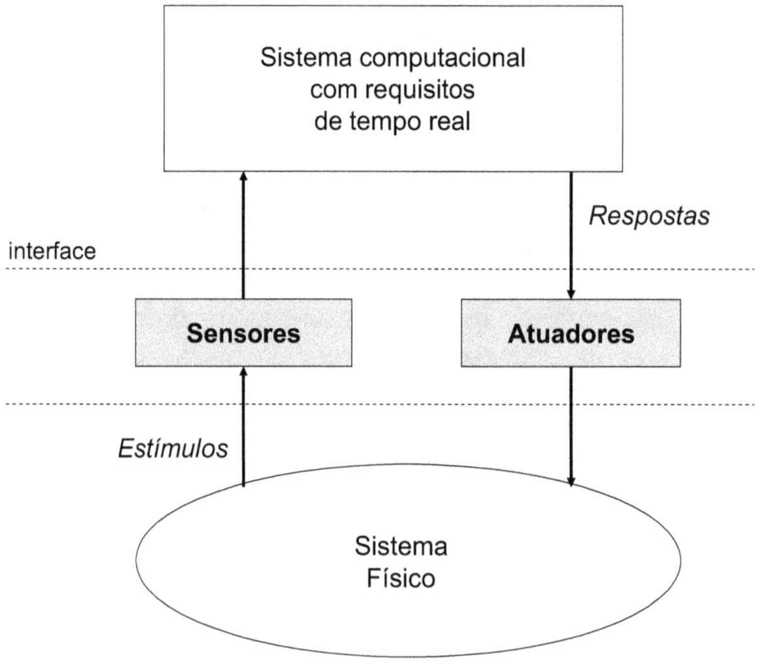

Figura 1.1 – Sistema de Tempo Real acoplado ao ambiente.

É importante notar que, em todo sistema de tempo real, o poder do computador sobre o ambiente controlado é limitado. É o computador que precisa respeitar os prazos, não é possível congelar o mundo externo quando o processador estiver sobrecarregado. Por exemplo, se o computador não abrir a válvula a tempo, o duto vai explodir. A dinâmica do sistema físico segue suas próprias regras, e o sistema computacional está à mercê destas regras. Em muitas aplicações é inclusive impossível controlar ou limitar os estímulos provenientes do ambiente.

A propriedade mais importante de um sistema de tempo real é a sua **previsibilidade temporal** (***predictability***). Ela está associada com a capacidade do desenvolvedor poder antecipar, antes do sistema entrar em operação real, se os processamentos serão executados dentro de seus prazos especificados.

Sistemas de tempo real podem aparecer nos mais diversos níveis de complexidade. Em um extremo temos, por exemplo, um controlador de temperatura, que periodicamente lê um sensor de temperatura, calcula uma ação de controle e regula o aquecimento conforme a temperatura atual esteja acima ou abaixo da temperatura desejada. A figura 1.2 ilustra esta situação. Por outro lado, um sistema de tempo real pode ser composto por várias tarefas de software executando em computadores diferentes os quais se comunicam através de redes de comunicação. A figura 1.3 ilustra esta situação onde, da mesma forma que antes, é a dinâmica do ambiente físico que determina os requisitos temporais globais do sistema.

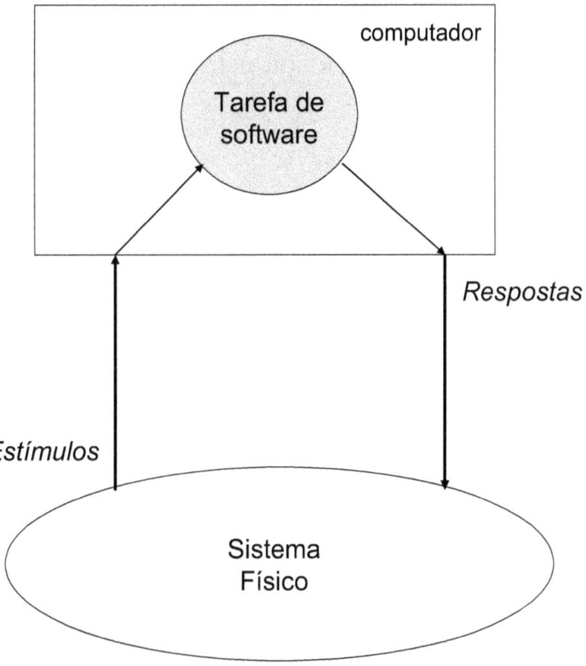

Figura 1.2 – Sistema de tempo real envolvendo apenas um computador.

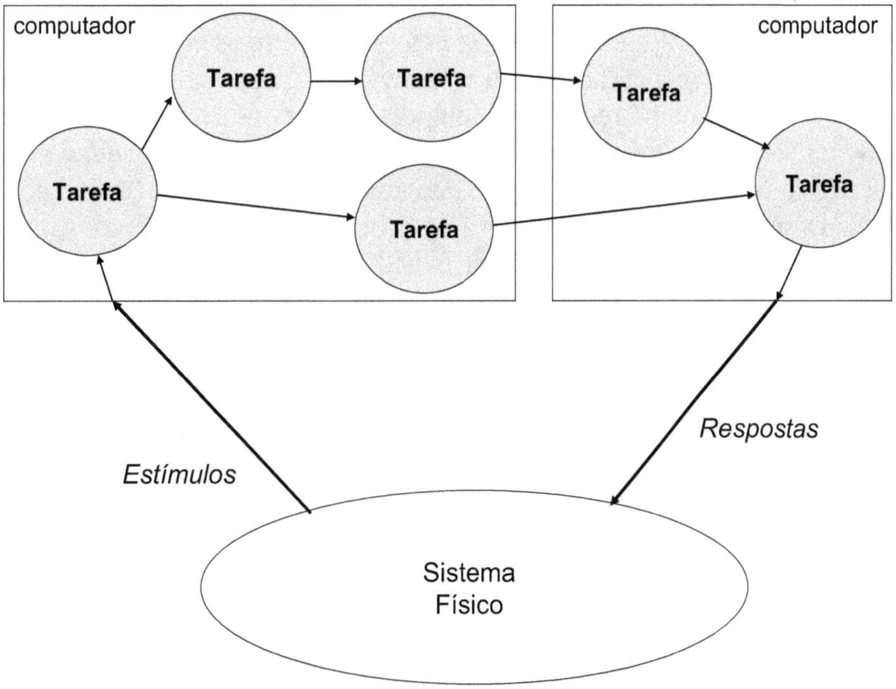

Figura 1.3 – Sistema de tempo real envolvendo vários computadores.

A necessidade de previsibilidade temporal gera implicações em todos os níveis do sistema computacional. O comportamento no tempo de um dado sistema é afetado pela linguagem de programação usada, pelo sistema operacional, pelos protocolos de comunicação, pela arquitetura do computador, e assim por diante.

1.5 Concepções Erradas

Em [STA1988] foram apontados vários mitos relacionados com os sistemas de tempo real, muitos dos quais perduram até hoje. Nesta seção serão discutidos três deles.

O mito mais comum é aquele que diz que "tempo real significa execução rápida". O que caracteriza um sistema de tempo real é a necessidade de cumprir requisitos temporais, e não necessariamente significa execução rápida. Em algumas aplicações, fazer muito rápido é tão ruim quanto fazer muito lento. Por exemplo, considere um controlador semafórico que deve dar sinal verde para uma via dentro de um esquema de "onda verde". O propósito da onda verde é manter os veículos sem parar, sem encontrar um sinal vermelho ao longo de uma longa avenida, desde que eles mantenham a velocidade da avenida. Desta forma, o acionamento do verde em cada semáforo ao longo da avenida deve ser feito no instante exato, nem antes nem depois. Outro exemplo é a amostragem de uma variável física através de um sensor, a qual deve ser feita uma vez a cada 1 milissegundo. Cálculos posteriores serão feitos supondo-se que as amostragens estão uniformemente espaçadas por 1 milissegundo. Amostrar antes do momento correto, neste caso, irá prejudicar os cálculos, assim como amostrar depois do momento correto.

Outra afirmação comum é que "computadores cada vez mais rápidos irão resolver todos os problemas". Por um lado é verdade que computadores cada vez mais poderosos facilitam a construção de sistemas com requisitos temporais. Por outro lado, restrições de custo, especialmente em **sistemas embutidos** ou **sistemas embarcados** (***embedded systems***), obrigam o projetista a usar o processador mais barato que ainda é capaz de executar o processamento no tempo exigido. Desta forma, o fato de existirem processadores mais rápidos, porém mais caros não ajuda o projetista do sistema. Também existe atualmente a tendência da frequência dos processadores permanecer estável, enquanto processadores com múltiplos núcleos (*multicore*) são colocados no mesmo circuito integrado. Desta forma, o aumento do poder computacional ocorre através do multiprocessamento, e não mais através do aumento da frequência de um processador único, como era no passado. Para aproveitar este maior poder computacional, é preciso projetar o software para que trabalhe de forma paralela. Logo, o design do software torna-se especialmente importante para que o mesmo aproveite a capacidade do hardware.

No passado, sistemas de tempo real eram em geral pequenos, muitos deles escritos em linguagem de montagem (*assembly*), formados basicamente por tratadores de interrupção e rotinas de acesso a dispositivos físicos (*device-drivers*). Isto também não é mais verdade. Basta pensar nos sistemas abordo de um avião, ou os sistemas de defesa em um navio, para perceber que sistemas complexos também apresentam requisitos temporais.

1.6 Exemplo: Controle Realimentado de Caldeira

Esta seção descreve um sistema de tempo real simples, um aquecedor de água alimentado com vapor. A figura 1.4 mostra uma caldeira deste tipo, juntamente com um sistema de controle em cascata. O controlador 1 mede a temperatura da água saindo do tanque, compara com a temperatura desejada (referência de temperatura) e define o valor desejado para o fluxo de vapor. O controlador 2 monitora (mede) o fluxo de vapor atual, recebe a referência para o fluxo de vapor do controlador 1, e manipula a abertura da válvula de vapor para que o fluxo de vapor atinja o valor desejado.

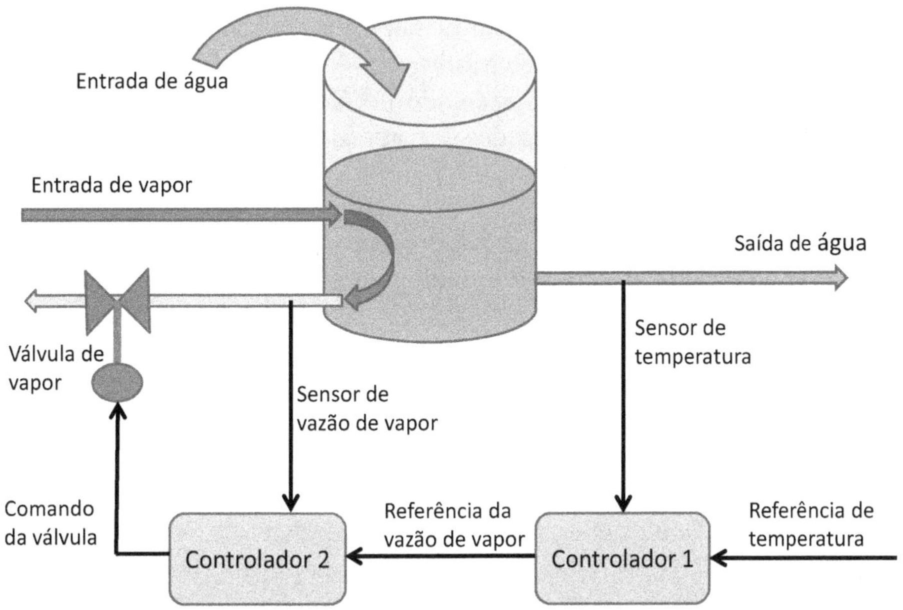

Figura 1.4 – Sistema de controle em cascata de uma caldeira.

Embora o sistema de controle em cascata, com dois controladores, pareça mais complexo do que o necessário, ele é capaz de prover uma compensação mais rápida quando o fluxo de vapor é perturbado. O Controlador 2 também isola o Controlador 1 caso o desempenho da válvula de vapor deteriore-se, com o passar do tempo e o desgaste natural. O Controlador 2 compensará tais alterações, mantendo o fluxo de vapor no nível requerido, de maneira que o Controlador 1 não será afetado por isto. Ele esconde do Controlador 1 as peculiaridades e não linearidades no desempenho da válvula de vapor.

Cada controlador executa periodicamente um algoritmo de controle, o qual computa o erro entre o valor de referência e o valor medido e, a partir deste erro, calcula o seu valor de saída. Cada sequência de medição, cálculo e geração da saída é chamada de ciclo de controle. Para que o algoritmo de controle opere de forma satisfatória, existe uma frequência mínima para o ciclo de controle de cada controlador. Podemos imaginar que cada controlador será implementado como uma tarefa de software. Dada a natureza deste sistema, é razoável implementar os dois controladores com a mesma frequência.

O inverso da frequência mínima de controle fornece o período máximo para a tarefa que executa o respectivo algoritmo de controle. Temos aqui um exemplo de sistema de tempo real composto por duas tarefas, cada qual executada com certo período, e cada ativação deve ser concluída antes do início do próximo período, o que confere às tarefas um deadline.

1.7 Exemplo: Sistema de Defesa Antimíssil

Nesta seção é descrito um sistema de radar de superfície para ser usado em navios de guerra, o qual foi descrito originalmente por J. J. Molini, S. K. Maimon e P. H. Watson em 1990 no artigo "Real-Time System Scenarios" apresentado no Real-Time Systems Symposium. Aqui é apresentado um resumo da especificação deste sistema. Os requisitos temporais descritos são típicos de um sistema deste tipo 30 anos atrás.

O sistema descrito tem o propósito de ser usado abordo de um navio para identificar e rastrear mísseis e aeronaves. O radar descrito é semelhante ao que existe na prática, embora sua descrição aqui seja muito simplificada em relação à especificação e projeto de um sistema real deste tipo. É importante observar que a carga de processamento e comunicação pode variar, conforme o sistema seja dimensionado para um diferente número de antenas, de operadores, de alvos, além da taxa de atualização dos displays dos operadores e também a taxa máxima de ameaças simultâneas suportada.

O sistema de radar usa uma antena fixa que emite pulsos de ondas eletromagnéticas cuja largura do feixe de irradiação é estreita. Cada feixe aponta por um breve instante para um ponto específico do céu. Esses feixes com formato de lápis (*dwells*) varrem volumes de espaço específicos de acordo com o plano de varredura controlado pelo computador.

Processamento de sinais é necessário para detectar a reflexão de um alvo em meio ao ruído de fundo e outras interferências. As informações sobre os alvos detectados são passadas para a etapa de processamento de dados, a qual identifica os alvos e monitora seus rastros.

Quando um rastro é classificado como ameaça e medidas de defesa tornam-se necessárias, o plano de varredura do radar é modificado para que esta ameaça seja monitorada com maior frequência. Isto é necessário para aumentar a precisão do controle de tiro. Note que o número de alvos detectados e confrontados simultaneamente varia, e o seu número máximo define a capacidade do sistema. Além da defesa aérea, este sistema pode ser usado para monitoração e controle do tráfego aéreo. Logo, o número de objetos que podem ser rastreados simultaneamente é importante. Quanto maior o número de objetos rastreados ao mesmo tempo, maior a carga de processamento de dados no sistema.

As condições de operação de um sistema de combate antiaéreo podem variar muito. Por exemplo, a ameaça pode ser detectada muito antecipadamente por outro sistema fora do navio, ou apenas nas proximidades do navio. A ameaça pode voar baixo ou alto, com velocidade supersônica ou subsônica, etc. Neste exemplo é suposto que o sistema defende o navio de mísseis que voam baixo, a velocidades de até 5 vezes a velocidade do som. É utilizado como arma de defesa um "míssil antimíssil" (um míssil cujo propósito é destruir outro míssil) com um alcance efetivo mínimo de 4.000 metros e com um tempo de voo até o alvo de 4 segundos. Para cada ameaça é empregada uma tática do tipo "dispara-olha-dispara". Após a detecção do míssil inimigo, o sistema tem de 15 a 27 segundos para destruí-lo.

Além do subsistema de processamento de dados, o qual é descrito aqui, o sistema conta com vários subsistemas periféricos, tais como Radar, Relógio, Giroscópio, Arma e Display. Esses subsistemas periféricos também são computadorizados e, por si mesmos, são sistemas de tempo real. Entretanto, apenas o subsistema de processamento de dados será descrito.

Duas variáveis aleatórias não independentes importantes são o número de objetos sendo correntemente rastreados e o número de objetos hostis detectados simultaneamente. Como os objetos monitorados pelo radar estão em um espaço tridimensional, vetores são usados para descrever suas posições, velocidades e atitudes (aceleração).

As principais tarefas do subsistema de processamento de dados são descritas a seguir. Em função da demanda de processamento e dos requisitos temporais, provavelmente a implementação usará vários processadores.

Detecção

Recebe e armazena os retornos de cada pulso emitido pelo radar (*dwells*). O retorno inclui a amplitude do sinal refletido, a data e hora correntes e a posição do objeto (vetores representando localização, velocidade e atitude). Quando sucessivos retornos foram acumulados, são aplicados filtros para separar os sinais dos alvos de outros sinais espúrios. Os retornos já filtrados devem ser agrupados em mensagens com uma frequência suficiente para satisfazer os requisitos temporais da tarefa Inicio de Rastreamento, descrita a seguir.

Inicio de Rastreamento

Recebe os retornos do radar que devem ser analisados, fornecidos pela tarefa Detecção, além da data e hora correntes. Esta tarefa conta o número de detecções ocorridas em uma área limitada. Grandes números de fontes pontuais (tais como uma revoada de pássaros) são eliminados. O tempo de processamento é proporcional ao número de detecções ocorridas. Esta tarefa deve eliminar rastros espúrios em até 30 segundos, contados a partir da detecção inicial. Para alguns alvos a análise vai produzir resultados ambíguos. Até 25 segundos de dados podem ser necessários para determinar que um rastro é espúrio. Logo, para cumprir o requisito temporal, esta tarefa deve ser executada em até 5 segundos.

Controle de Varredura

Esta tarefa recebe solicitações para uma série de novos pulsos (*dweels*), com as respectivas posições (vetores de localização, velocidade e atitude), além da data e hora correntes. A tarefa organiza os pedidos em uma escala de pulsos a serem emitidos pelo radar. Esta escala é passada para o radar. As escalas devem ser geradas com uma frequência de 1,5 KHz.

Identificação

Esta tarefa estima o movimento dos alvos a partir dos retornos obtidos do radar, na direção projetada do alvo, e da lista de alvos espúrios previamente detectados, além da data e hora correntes. A tarefa inicia com uma estimativa grosseira da posição do alvo e calcula sua presente posição, sua presente velocidade e estimativas para sua posição futura. O tempo de processamento é proporcional ao número de objetos rastreados. A tarefa gera pedidos para uma nova série de pulsos (*dwells*) e também a posição atual de todos os alvos hostis. Os pedidos de novos pulsos (*dwells*) devem ser produzidos a partir de dados que são no máximo de 0,2 segundos atrás.

Decisão de Ataque

Esta função decide quais alvos serão atacados. Ela recebe o rastro atual dos alvos hostis e a data e hora correntes. Esta tarefa aplica a doutrina tática em uso, ou seja, as regras usadas para decidir se um míssil deve ou não ser disparado. O perigo representado por cada alvo é avaliado e, caso o ataque automático seja permitido, a tarefa toma a decisão de quando atirar. O tempo de processamento é proporcional ao número de objetos hostis detectados. A avaliação do risco que um novo alvo representa deve ser feita em 0,5 segundos. A tarefa gera as ordens para o lançamento de mísseis.

Posição do Navio

Esta tarefa calcula a posição da plataforma (navio), sensores e armas, a partir de informações navegacionais fornecidas pelo giroscópio. A posição calculada é colocada em um banco de dados. Esta informação deve chegar ao sistema de armas em no máximo 200 milissegundos depois dos dados básicos terem sido obtidos do giroscópio. Ela consiste de vetores de posição, velocidade e atitude.

Sincronização de Relógios

Esta tarefa é responsável por manter a data e hora sincronizada entre os vários processadores do subsistema de processamento de dados, e também com os demais subsistemas. A hora deve ser mantida sincronizada entre quaisquer dois computadores do sistema com um erro máximo de 10 milissegundos.

Interceptação

Esta tarefa dispara mísseis contra os alvos selecionados. Ela recebe as ordens de tiro, o estado corrente de cada arma, a data e hora correntes, e vetores de localização, velocidade e atitude dos alvos. Esta tarefa configura e lança os mísseis como determinado pela tarefa "Decisão de Ataque". Os mísseis devem ser rastreados durante o voo, esta informação é obtida do radar. Os displays são atualizados e a eficácia do disparo avaliada. O tempo de processamento é proporcional ao número de alvos atacados simultaneamente. Solicitações de pulsos (*dwells*) para rastrear os mísseis durante o voo devem ser enviadas para o Controle de Varredura com uma frequência de 4 Hz. Também deve enviar comandos de direção, posicionamento e configuração para as armas.

Em [MOL1990] pode ser encontrada uma descrição mais detalhada do sistema de radar apresentado aqui como exemplo de sistema de tempo real. O mesmo artigo também contém a descrição de um sistema de sonar passivo para submarinos, neste caso inclusive com um cenário de implementação que descreve tarefas, processadores e solução de escalonamento. Embora sejam sistemas relativamente simples e antigos, eles ilustram bem a importância dos requisitos temporais, o que os caracteriza claramente como sistemas de tempo real.

1.8 Exercícios

1) Liste três aplicações de software que podem ser claramente identificadas como apresentando requisitos de tempo real (exemplo: piloto automático do avião).

2) Liste três aplicações de software que podem ser claramente identificadas como não apresentando requisitos de tempo real (exemplo: folha de pagamento).

3) Liste três aplicações de software que geram dúvida sobre apresentarem ou não requisitos de tempo real (exemplo: caixa automático no banco).

4) Considerando videogames, podemos considerar o Sid Meier's Civilization como uma aplicação de tempo real? E o Battlefield 1942? Justifique sua resposta.

5) O que você responderia caso alguém perguntasse: "afinal, o que é um sistema de tempo real"?

6) Identifique um requisito de tempo real que existe em sua vida, pode ser periódico ou eventual.

7) Com respeito aos sistemas de tempo real, assinale a alternativa FALSA:

a) São sempre sistemas pequenos, compostos principalmente por tratadores de interrupções para que a execução seja rápida.

b) São sistemas computacionais com requisitos temporais não triviais em sua especificação.

c) São sistemas computacionais acoplados ao mundo físico, o qual impõe requisitos temporais para o correto funcionamento do sistema.

d) São sistemas onde a corretude não está em executar rapidamente, mas sim em respeitar os requisitos temporais da especificação.

8) Qual dos itens abaixo NÃO é um exemplo de requisito temporal:

a) A tarefa possui um prazo máximo para executar.

b) A tarefa deve ser executada a cada 40 milissegundos.

c) Os dados do sensor devem ter sido obtidos a no máximo 10 milissegundos.

d) A tarefa deve executar o mais rapidamente possível.

9) Com relação à natureza dos sistemas de tempo real, é correto afirmar que:

a) Esses sistemas são desenvolvidos segundo a filosofia "fazer o trabalho usando o tempo necessário".

b) Os resultados e ações desses sistemas devem ser corretos temporalmente, mas não aritmeticamente ou logicamente.

c) Esses sistemas são assim chamados por apresentarem um processamento rápido de suas funcionalidades

d) A especificação de um sistema de tempo real reflete em seus requisitos temporais a dinâmica do ambiente físico em que este está inserido.

2. Conceitos Básicos dos Sistemas de Tempo Real

Quais são os principais conceitos dos sistemas de tempo real ?

Como visto no capítulo 1, sistemas de tempo real são aqueles submetidos a requisitos de natureza temporal não triviais. Os requisitos aparecem, na maioria das vezes, como um prazo máximo para a execução de uma dada funcionalidade do sistema ou um período no qual dada funcionalidade do sistema deve ser sempre executada. Nos sistemas de tempo real, os resultados e as ações do sistema devem ser corretos não apenas logicamente e aritmeticamente, mas também precisam ser corretos temporalmente, ou seja, precisam respeitar os requisitos temporais. E estes requisitos temporais são sempre definidos em função do ambiente físico que cerca o sistema computacional. Eles não são escolhidos na implementação, mas sim definidos na especificação.

Um sistema de tempo real deve ser construído para atender os requisitos temporais. Inclusive, podem existir vários requisitos temporais simultâneos, tais como várias malhas de controle realimentado simultâneas, respostas às ações do operador humano, requisições via rede de comunicação, etc. Isto tudo acontece junto com outras atividades que não são de tempo real, mas precisam ser realizadas com desempenho razoável.

É necessário entender como o sistema comporta-se no tempo para ter segurança de que os requisitos temporais serão cumpridos quando o mesmo for utilizado. Para facilitar este entendimento, e a análise de seu comportamento, são usados modelos que descrevem como a execução do software do sistema acontece. A grande vantagem dos modelos é que eles abstraem a maioria dos detalhes, permitindo que a análise do sistema seja focada nas questões específicas de tempo real.

2.1 Conceito de Tarefa

No estudo dos sistemas de tempo real, o principal conceito em questão é o conceito de **tarefa** (***task***). Em sistemas operacionais de propósito geral, é usual considerar tarefa como sinônimo de processo ou *thread*, isto é, uma abstração que representa a execução de um programa. Entretanto, em sistemas de tempo real, o termo tarefa é usado de forma mais específica, significando a execução de um segmento de código que possui algum atributo ou restrição temporal própria, tal como um período ou um deadline.

Por exemplo, uma função em linguagem C que deve ser executada uma vez a cada 10 ms é considerada uma tarefa no sistema de tempo real. O mesmo pode ser tido de um método Java, um trecho de código qualquer, uma cláusula Prolog, e assim por diante, desde que possuem propriedades temporais próprias. A definição de quais são as tarefas do sistema cabe ao projetista do sistema, em respeito aos requisitos temporais da aplicação. Em resumo, o termo tarefa é usualmente empregado no contexto do problema de escalonamento tempo real de uma forma um pouco diferente daquela usada no contexto de implementação de sistema operacional.

Na seção 1.7 foi descrito um exemplo de sistema de tempo real, no caso o Sistema de Defesa Antimíssil. Na descrição deste sistema é possível identificar oito tarefas. São elas: Detecção, Inicio de Rastreamento, Controle de Varredura, Identificação, Decisão de Ataque, Posição do Navio, Sincronização de Relógios e Interceptação. Embora a descrição seja simplificada em relação a um sistema real, podemos encontrar no texto diversas referências a restrições de tempo real, tais como período ("escalas devem ser geradas com uma frequência de 1,5 kHz") na tarefa Controle de Varredura, deadline ("tarefa deve ser executada em até 5 segundos") na tarefa Início de Rastreamento e frescor dos dados ("devem ser produzidos a partir de dados que são no máximo de 0,2 segundos atrás") na tarefa Identificação.

2.2 Tipos de Deadlines

O aspecto mais importante das tarefas é a sua classificação com respeito à **criticalidade** (***criticality***). Uma tarefa é considerada **crítica** (***hard real-time***) quando o não atendimento de seus requisitos temporais pode resultar em uma catástrofe. Neste contexto, catástrofe significa colocar pessoas em risco, ou a possibilidade de um grande prejuízo financeiro ou um grande dano ecológico. Entende-se que o custo de uma catástrofe vai além do custo de simplesmente cessar os benefícios da aplicação. Entende-se que danificar o maquinário da fábrica é catastrófico, mas parar a produção da fábrica não. Quando o fato de não atendermos os requisitos temporais de uma tarefa não é capaz de gerar uma catástrofe, é dito que a tarefa é **não crítica** (***soft real-time***).

Por vezes existem tarefas que não são críticas, no sentido definido aqui, porém são importantes o bastante para que recebam atenção especial, ou seja, sejam tratadas como se fossem críticas. Este tipo de tarefa é classificada como **crítica à missão** (***mission critical***). Por exemplo, uma tarefa que, ao perder seus prazos, para toda a produção da fábrica, seria considerada crítica à missão. Neste caso, a missão é fazer a fábrica produzir.

O requisito temporal mais comum encontrado na prática é o **deadline**, ou prazo para execução da tarefa. Pode-se falar em **deadline relativo** (***relative deadline***) quando o mesmo é definido em relação à chegada da tarefa. Por exemplo, a tarefa deve ser completada em 100 ms. Também é possível usar **deadline absoluto** (***absolute deadline***), quando o mesmo é definido em relação ao relógio da parede (relógio da parede é usado como sinônimo de UTC, a qual será descrita no capítulo 3). Por exemplo, a tarefa precisa estar concluída até as 10:00:00 do dia 1/1/2020. Tipicamente um deadline relativo é denotado pela letra "D" maiúscula, enquanto um deadline absoluto pela letra "d" minúscula.

Deadlines são classificados conforme as consequências de não cumpri-lo. Caso a perda do deadline possa gerar consequências catastróficas, o mesmo é dito um **deadline crítico** (***hard deadline***). Por exemplo, a válvula em um duto de alta pressão deve ser aberta em 500 ms ou o duto explode. A figura 2.1 ilustra este tipo de deadline mostrando que quando a tarefa é concluída até o instante do deadline ela resulta em um valor para o sistema, mas se a tarefa é concluída após o deadline ela resulta no valor infinito negativo, o que representa a catástrofe.

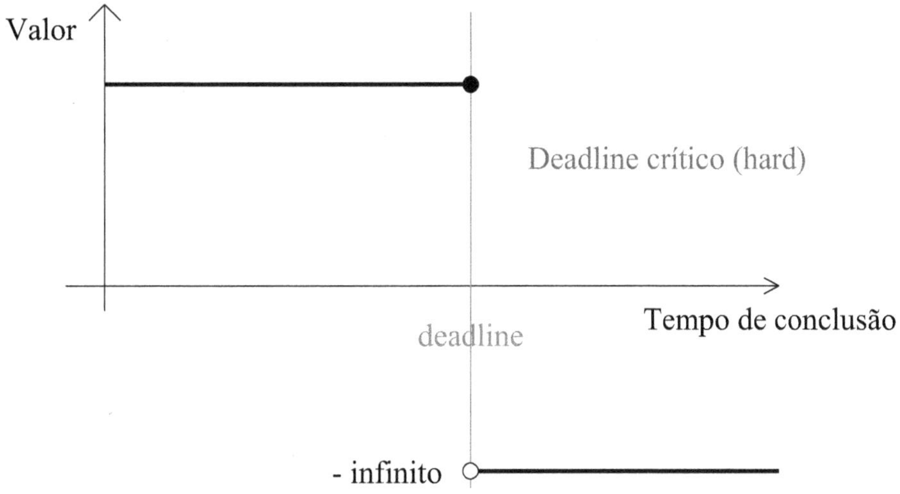

Figura 2.1 – Deadline crítico.

Quando a perda do deadline não tem consequências catastróficas, porém não existe valor (benefício) em terminar a tarefa após o deadline, o mesmo é chamado de **deadline firme** (***firm deadline***). Por exemplo, caso deseje-se amostrar uma variável física periodicamente a cada 1 ms, e uma dada amostragem está atrasada, é melhor pular para a amostragem seguinte, faze-la no instante correto, e depois estimar a amostra perdida através de uma interpolação. A figura 2.2 ilustra esta situação mostrando que se a tarefa é concluída até o deadline ela gera valor para o sistema, mas se concluída após o deadline o valor gerado para o sistema é zero.

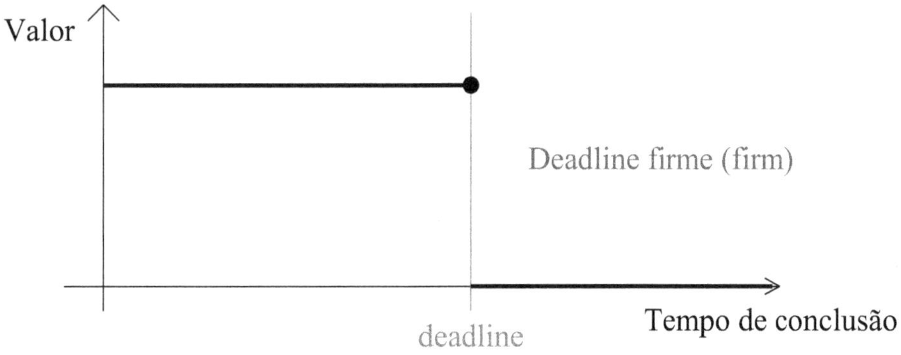

Figura 2.2 – Deadline firme.

Caso a perda do deadline não possa gerar consequências catastróficas, e ainda existe valor mesmo em terminar a tarefa com atraso, temos um **deadline brando** (***soft deadline***). No caso de um videogame, mover o objeto na tela com atraso não causa consequência catastrófica, e deve ser feito, mesmo com atraso. A figura 2.3 ilustra esta situação mostrando que a tarefa gera um valor máximo se concluída até o deadline, mas se concluída após o deadline este valor decresce, e torna-se menor à medida que o atraso de sua conclusão aumenta. Embora a figura 2.3 mostre um decaimento linear do valor com o aumento do atraso isto nem sempre é assim. Exatamente como este decaimento acontece vai depender da semântica da tarefa, ou seja, do que ela faz e qual a importância disto para o sistema como um todo.

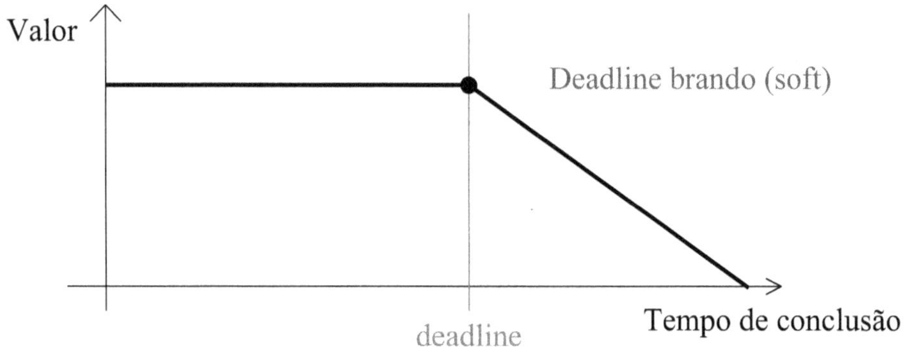

Figura 2.3 – Deadline brando.

2.3 Previsibilidade

A propriedade mais importante de um sistema de tempo real é a sua **previsibilidade temporal** (***predictability***). Ela está associada com a capacidade do desenvolvedor poder antecipar, antes do sistema entrar em operação real, se os processamentos serão executados dentro de seus prazos especificados. Pode-se considerar uma previsibilidade determinista, a qual garante que todos os deadlines serão sempre respeitados. Também pode ser feita uma antecipação probabilista, baseada em estimativas, que associa aos deadlines as possibilidades dos mesmos serem respeitados, isto é, a frequência na qual se espera atender aos deadlines com o sistema em operação.

Seja como for, a necessidade de previsibilidade temporal gera implicações em todos os níveis do sistema computacional. O comportamento no tempo de um dado sistema é afetado pela linguagem de programação usada, pelo sistema operacional, pelos algoritmos, pelos protocolos de comunicação, pela arquitetura do computador, e assim por diante. Em última instância, o objetivo do desenvolvedor de um sistema de tempo real é poder prever que os requisitos temporais serão atendidos, conforme definido na especificação do sistema. Em outras palavras, que o comportamento do sistema será temporalmente correto.

2.4 Recorrência das Tarefas

Tarefas são geralmente recorrentes, no sentido que são executadas várias vezes durante a vida útil do sistema. Muitas vezes a tarefa tem a forma de um laço que inicia com uma operação do tipo *sleep* ou *wait*, fazendo a tarefa esperar até a próxima vez de executar. Saindo desta espera, ela faz o que tem que fazer e volta ao início do laço, para esperar a próxima vez de executar.

Uma tarefa que deve ser executada uma vez a cada "P" unidades de tempo é dita **periódica** (***periodic***). Neste caso, é possível calcular antecipadamente os instantes nos quais esta tarefa se apresentará ao escalonador para execução. Supondo que a tarefa Ti inicia no instante Oi de tempo, as chegadas desta tarefa ocorrerão nos instantes Oi, Oi+Pi, Oi+(2×Pi), Oi+(3×Pi), etc. O valor Oi é chamado de **deslocamento** (***offset***) da tarefa, e define o instante da sua primeira chegada. Um exemplo clássico de tarefa periódica é o controle de uma variável física através de laço de realimentação.

Por vezes não é possível prever quando uma tarefa precisará ser executada, ou seja, seus instantes de chegada não são conhecidos. No entanto, o sistema é tal que, uma vez chegando, existe um intervalo mínimo de tempo conhecido até que esta tarefa seja solicitada novamente. Este tipo de tarefa é classificada como **esporádica** (***sporadic***), e a letra "P" é também usada normalmente para denotar o intervalo mínimo de tempo entre chegadas sucessivas. Por exemplo, suponha que uma câmera de vídeo é usada para tirar fotos de carros em uma estrada. Não é possível prever quando um carro vai passar na estrada. Porém, dadas as dimensões e velocidades possíveis dos carros, existe um intervalo mínimo de tempo para um segundo carro passar no mesmo lugar. Outro exemplo mais extremo seria o botão de parada de emergência de uma máquina industrial. Após a parada de emergência da máquina, a mesma vai precisar ser reinicializada, o que representa um intervalo mínimo de tempo entre duas paradas de emergência.

Por fim, existem tarefas sobre as quais nada pode ser dito. A princípio, esta tarefa pode chegar a qualquer momento, e sem nenhum limite quanto a sua frequência de chegadas. Nada é sabido sobre suas ativações. Esta tarefa é dita **aperiódica** (***aperiodic***). Por exemplo, o aparecimento de um objeto na tela do radar pode acontecer a qualquer momento, e vários objetos podem aparecer simultaneamente. A figura 2.4 ilustra os três tipos de recorrência.

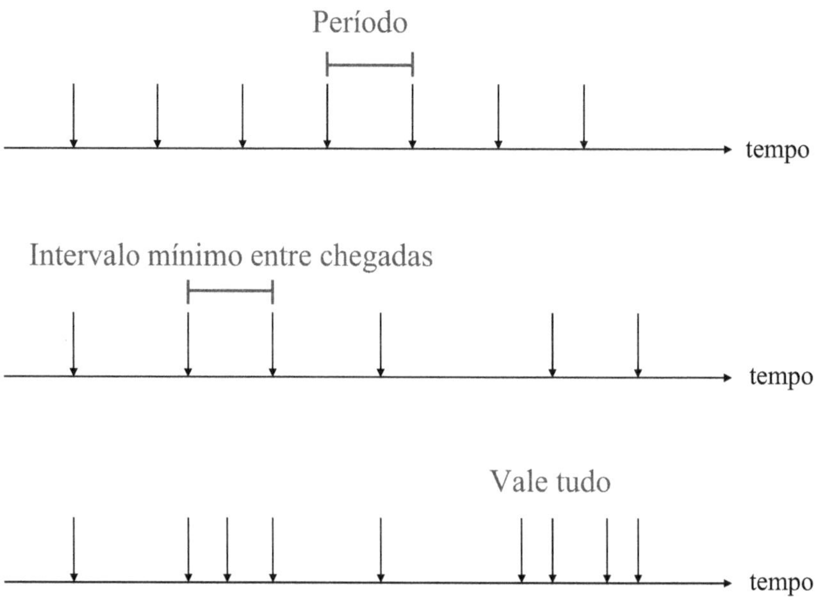

Figura 2.4 – Tipos de recorrência das tarefas.

Uma vez que uma tarefa é recorrente, isto significa que ela será ativada (acionada) muitas vezes ao longo da execução do sistema. Por exemplo, uma tarefa periódica com o período de 1 milissegundo será acionada 1000 vezes a cada segundo de execução do sistema. Cada execução de uma tarefa recebe o nome de **ativação** (***job***) e uma mesma tarefa poderá gerar um grande número de ativações, dependendo da sua taxa de recorrência e do tempo que o sistema permanecer ligado.

2.5 Tempo de Execução

Para fins de escalonamento, uma propriedade importante de cada tarefa é o seu **tempo de execução** (***execution time***). O tempo de execução é definido como o tempo que a tarefa precisa de um dado recurso para executar. Na maior parte do tempo, o recurso em questão é o processador. Mas o termo pode ser usado para outros recursos, como um conversor analógico/digital ou um barramento ethernet.

O tempo de execução indica a necessidade que a tarefa tem do recurso, sem considerar, por exemplo, o tempo que a tarefa precisará ficar em uma fila antes de usar o recurso, ou qualquer outro tipo de atrapalhação que ela possa receber do sistema operacional. Por exemplo, no caso de um sistema operacional típico, o tempo de execução da tarefa no processador supõe que ela está completamente sozinha no sistema, nenhuma interrupção ocorrerá e nenhuma outra tarefa executará enquanto a tarefa em questão executa. Trata-se de um cenário hipotético para a maioria dos sistemas, porém ele nos indica exatamente quanto tempo do processador (o recurso no caso) esta tarefa precisa exclusivamente para ela.

Obviamente, o tempo de execução é variável, e depende de muitos fatores. Esta questão será melhor discutida no capítulo 4 sobre a variabilidade dos tempos de execução. Os principais fatores que causam variabilidade são:

- Fluxo de controle: No caso de um IF, o tempo para executar o caminho do THEN pode ser muito maior do que o tempo para executar o caminho do ELSE. Ou ainda, no caso de um comando FOR de 1 a N, o tempo de execução vai depender do valor de N.

- Dados de entrada: Os algoritmos usados podem demorar mais ou menos tempo, dependendo dos dados de entrada, os quais podem depender de opções do usuário ou de comandos recebidos via rede. Pense, por exemplo, em um algoritmo de ordenação.

- Memória cache: Os computadores atuais possuem vários níveis de memória cache no hardware, tanto internas ao processador como externas na placa mãe. A memória cache apresenta um comportamento probabilista, e a taxa de acerto nas caches afeta o tempo de execução. O tempo para buscar um dado na memória cache é várias vezes menor do que o tempo necessário para buscar este mesmo dado nos circuitos integrados de memória na placa mãe.

- DMA (*Direct Memory Access*): No caso de barramentos compartilhados entre processadores e controladores de periféricos, conflitos no barramento podem resultar em atrasos na execução do código.

- Arquitetura do processador: No caso de microcontroladores simples, o tempo de execução de cada instrução de máquina pode ser calculado facilmente multiplicando-se o número de clocks que a instrução demora pelo período do clock do microcontrolador. No caso de arquiteturas mais sofisticadas, o uso de pipeline e outras técnicas torna o tempo de execução de uma instrução de máquina dependente das instruções que vieram antes dela. Por exemplo, um salto (*branch*) tende a aumentar o tempo de execução de uma sequência de código devido à necessidade de esvaziar o pipeline e perder trabalho já realizado.

Pelo exposto acima, fica claro que o tempo de execução de uma tarefa varia de ativação para ativação. Por isto, muitas vezes é necessário conhecer os casos extremos. O **tempo de execução no pior caso (WCET** – ***worst-case execution time***) é o tempo de execução máximo que poderá ser observado para uma dada tarefa em um dado computador. Ele depende do código da tarefa, da arquitetura do computador, e dos limites impostos sobre os dados de entrada. Por outro lado, o **tempo de execução no melhor caso (BCET** – ***best-case execution time***) é o menor tempo de execução possível para a tarefa. Como na maioria das vezes o projetista está interessado em garantir o deadline, o WCET, denotado pela letra "C", é usado com muito maior frequência do que o BCET.

A grande dificuldade na determinação tanto do WCET como do BCET está no fato de que testes são a princípio insuficientes. Pode-se executar a tarefa milhares de vezes sem nunca acontecer a combinação de eventos que faz surgir exatamente um dos tempos de execução extremos. É claro que, uma possibilidade, é fazer um conjunto de testes e depois acrescentar margens de segurança. A viabilidade de tal abordagem vai depender da criticalidade do sistema.

Existem ferramentas de software que, a partir do código da tarefa e de uma descrição detalhada da arquitetura do computador, são capazes de determinar analiticamente os valores do WCET e do BCET, ou pelo menos um **limite superior** (***upper bound***) para o WCET e um **limite inferior** (***lower bound***) para o BCET. Tais ferramentas são em geral caras e existem apenas para uma pequena variedade de processadores. Um excelente tutorial sobre este assunto pode ser encontrado em [MIT2008]. O capítulo 5 e o capítulo 6 deste livro tratam especificamente da estimação do WCET.

2.6 Propriedades Temporais das Tarefas

Tarefas são as entidades básicas de uma aplicação de tempo real. Elas possuem requisitos temporais, tais como período e deadline. Além disto, cada tarefa exibe uma série de propriedades temporais as quais são importantes para entendermos como o sistema funciona e podermos analisá-lo. A figura 2.5 ilustra várias das propriedades temporais de uma tarefa.

Uma propriedade temporal fundamental são os instantes de **chegada** (***arrival***) de uma tarefa. O instante de chegada corresponde ao instante inicial a partir do qual a tarefa poderia ser executada. Isto não significa que ela vai realmente ser executada a partir daquele instante, esta será uma decisão de escalonamento a ser tomada. Entretanto, a partir do seu instante de chegada, a tarefa pode ser executada. Para tarefas periódicas, considera-se como instante de chegada o início de cada período. Para tarefas esporádicas e aperiódicas, a chegada é causada pelo evento (normalmente uma interrupção) que dispara (solicita) a execução daquela tarefa.

Muitas vezes, a chegada de uma tarefa é sinalizada pela ocorrência de uma interrupção. Por exemplo, o início do período da tarefa pode ser sinalizado por uma interrupção de *timer*. Ou a chegada de uma tarefa aperiódica pode estar associada com a chegada de uma mensagem pela rede local, a qual é sinalizada por uma interrupção do controlador de rede. Ocorre que, em qualquer sistema operacional, existem momentos quando as interrupções estão desabilitadas. Isto é necessário para proteger estruturas de dados compartilhadas dentro do kernel do sistema operacional [STA2017]. Quando um dispositivo sinaliza uma interrupção, mas o processador está com as interrupções desabilitadas, a mesma ficará pendente até que o processador torne a habilitar interrupções. No reconhecimento da interrupção, a tarefa cuja chegada está sendo sinalizada provavelmente será inserida na **fila de aptos** (***ready queue***) e passará a disputar o processador com outras tarefas do sistema. O capítulo 7 e o capítulo 8 deste livro discutirão como tarefas podem ser implementadas em sistemas de software.

Define-se como instante de **liberação** (***release***) da tarefa o momento no qual a mesma é incluída na fila de aptos e passa a ser considerada para execução pelo kernel do sistema operacional. Note que é possível a ocorrência de um atraso entre a chegada e a liberação, principalmente devido às interrupções estarem desabilitadas no instante da chegada, mas também por que existe certo processamento necessário por parte do kernel para efetivar a liberação. O tempo entre a chegada e a liberação de uma tarefa é chamado de **atraso na liberação** (***release jitter***). Via de regra assume-se que o atraso na liberação pode estar entre zero e um valor máximo (*maximum release jitter*), sendo o valor máximo para a tarefa k usualmente representado por Jk.

Toda tarefa k precisa concluir sua execução antes de seu deadline. A partir do instante de sua chegada, a tarefa k possui Dk (deadline relativo) unidades de tempo para executar. O deadline relativo precisa ser grande o bastante para comportar o tempo de execução no pior caso Ck e ainda o atraso máximo Jk que pode ocorrer até a liberação da tarefa. Desta forma, podemos considerar como **folga** (***slack time*** ou ***laxity***) o valor do deadline relativo menos o tempo de execução no pior caso e menos o atraso de liberação no pior caso. A folga Sk da tarefa k é dada por Sk = Dk - Jk - Ck.

O requisito temporal mais comum de uma tarefa é o deadline. Para determinar se uma tarefa cumpriu ou não o seu deadline devemos calcular o seu **tempo de resposta** (***response time***), o qual é definido pelo intervalo de tempo entre a chegada da tarefa e a sua conclusão. Dentro do tempo de resposta entram diversos outros tempos já mencionados neste capítulo, como o tempo de execução da tarefa em questão, o tempo de execução de outras tarefas que executam enquanto ela espera, o atraso na liberação, e demais atrasos que porventura sejam impostos pelo sistema operacional. Obviamente, o tempo de resposta de uma tarefa varia de execução para execução desta tarefa. O **tempo de resposta no pior caso** (***worst-case response time***) da tarefa k é denotado por Rk. Desta forma, sabemos que uma tarefa k sempre cumprirá o seu deadline se tivermos Rk ≤ Dk.

Finalmente, o atraso de uma tarefa pode ser definido de duas formas. Em alguns textos o **atraso** (***lateness***) é definido como o tempo de resposta menos o deadline relativo, ou ainda o instante de conclusão menos o deadline absoluto, o que vem a ser a mesma coisa. Entretanto, em alguns textos o **atraso** (***tardiness***) deve ser necessariamente maior ou igual a zero. Neste caso, o atraso é definido como o intervalo de tempo entre seu deadline e sua posterior conclusão se positivo, ou zero caso o deadline tenha sido cumprido.

Em sistemas que trabalham com prioridades, uma tarefa k de baixa prioridade pode ser atrapalhada por tarefas de mais alta prioridade. O tempo de resposta da tarefa k deverá incluir, entre outras coisas, o tempo que a tarefa k precisou esperar enquanto tarefas de mais alta prioridade executavam. Este tempo é chamado de **interferência** (***interference***). Denota-se com Ik a máxima interferência recebida pela tarefa k. Se durante um intervalo de tempo executam continuadamente tarefas com prioridade igual ou superior a uma prioridade k, temos um **intervalo de tempo ocupado por tarefas** (***busy period***), e a duração deste intervalo de tempo ocupado é denotada por Wk.

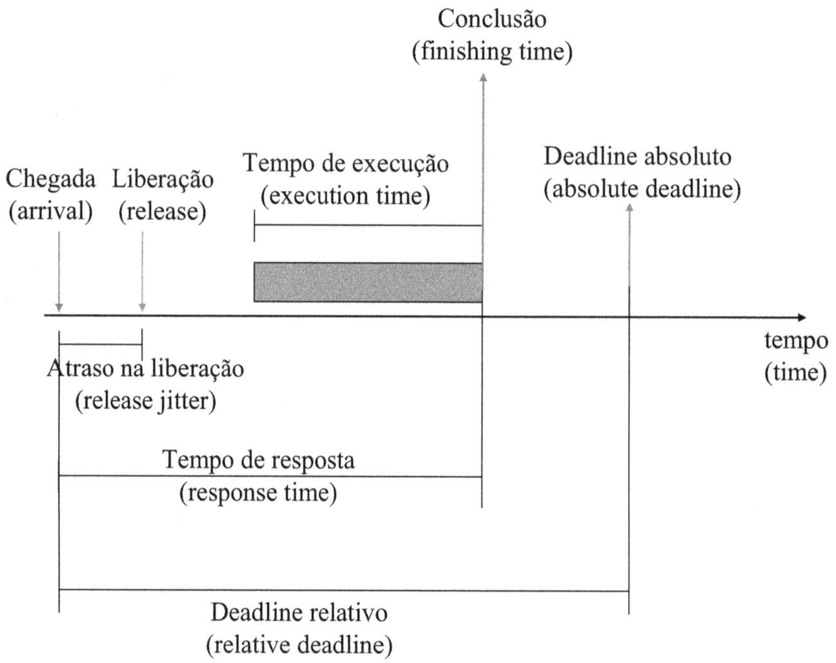

Figura 2.5 – Propriedades temporais de uma tarefa.

2.7 Relações de Exclusão Mútua

Em aplicações compostas por várias tarefas, é possível que algumas tarefas interajam com outras. Quando duas tarefas não dependem uma da outra de nenhuma forma, elas são ditas **tarefas independentes** (***independent tasks***). Quando tarefas compartilham um recurso, o qual não pode ser acessado simultaneamente pelas duas tarefas, o código de acesso ao recurso em questão é chamado de **seção crítica** (***critical section***), e medidas devem ser tomadas para que exista uma **exclusão mútua** (***mutual exclusion***) entre as tarefas no acesso a este recurso.

Entre os recursos que demandam exclusão mútua estão as estruturas de dados compartilhadas, os arquivos e os controladores de periféricos. Por exemplo, suponha que em uma aplicação de tempo real exista uma tabela que é acessada por duas tarefas para inserir e remover informações. Se as duas tarefas acessarem a tabela ao mesmo tempo é possível que os dados fiquem corrompidos. Tal acesso é uma seção crítica e algum mecanismo precisará ser empregado para garantir que o acesso de cada tarefa à tabela seja atômico, ou seja, uma tarefa acessa antes da outra, ou a outra tarefa acessa antes da uma, mas jamais as duas acessam ao mesmo tempo.

Os mecanismos de sincronização mais usados na prática são os mutex, as variáveis condição e os semáforos, os quais serão tratados no capítulo 11, no capítulo 12 e no capítulo 13 deste livro. Programas onde várias tarefas compartilham variáveis e requerem sincronização entre elas são chamados de programas concorrentes. Existem diversos livros que tratam de programação concorrente na perspectiva de sistemas operacionais, tais como [STA2017], [TAN2014] e [SIL2012].

Quando a tarefa executando tenta acessar o recurso compartilhado, mas é impedida pois o mesmo está alocado para outra tarefa, é dito que esta tarefa fica **bloqueada** (***blocked***). Este tempo de bloqueio precisa ser considerado quando analisamos o tempo total que uma tarefa demora para concluir. Ou seja, qualquer tempo de bloqueio deverá ser incluído no seu tempo de resposta. Normalmente estamos interessados no tempo total de bloqueio que uma tarefa k experimenta no pior caso, cujo valor é tipicamente denotado por Bk. O capítulo 12 deste livro trata a questão da sincronização entre tarefas na perspectiva dos sistemas de tempo real, inclusive abordando os mecanismos de sincronização entre tarefas criados especificamente para sistemas de tempo real.

2.8 Relações de Precedência

Em algumas aplicações de tempo real também é possível a ocorrência de **relações de precedência** (***precedence relationship***) entre tarefas, quando uma tarefa somente pode iniciar sua execução após a conclusão de outra tarefa. Uma tarefa τ1 é dita predecessora da tarefa τ2 quando τ2 somente pode iniciar depois que τ1 estiver concluída. Neste caso, a tarefa τ2 é sucessora da tarefa τ1. Por exemplo, a relação de precedência pode ser criada pelo envio de uma mensagem de τ1 para τ2.

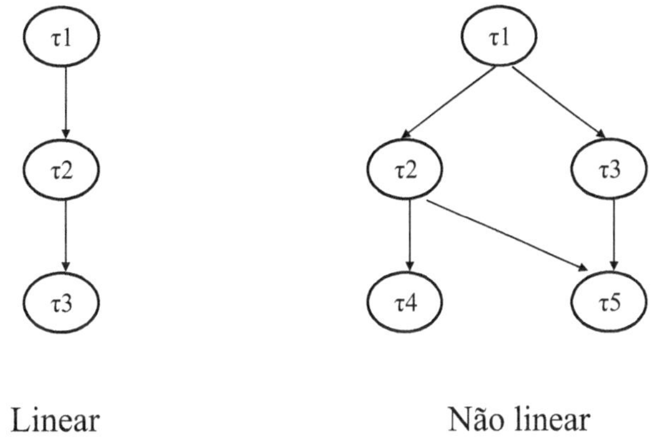

Figura 2.6 – Exemplos de atividades.

Um conjunto de tarefas interligadas por relações de precedência é chamado de **atividade** (***activity***). Caso a atividade como um todo possua um deadline, ele será chamado de **deadline fim-a-fim** (***end-to-end deadline***). Atividades são usualmente representadas por grafos dirigidos acíclicos, onde os nodos são as tarefas e os arcos são as relações de precedência, indo do predecessor para o sucessor. Quando cada tarefa possui no máximo um predecessor e um sucessor, temos uma **atividade linear**. A figura 2.6 descreve duas atividades, uma linear e a outra não.

2.9 Escalonamento

Na maioria dos sistemas de tempo real temos sempre várias tarefas disputando os recursos do computador. O recurso principal é o processador, e no caso de existirem várias tarefas aptas a executar, cada uma com um prazo a cumprir, é necessário decidir qual delas será executada a cada momento. Mesmo com a chegada dos processadores com vários núcleos (*multicore)* o problema permanece, pois geralmente existem muito mais tarefas do que núcleos processadores (*cores*). A tomada de decisão sobre a ordem de execução das tarefas recebe o nome geral de **escalonamento** (***scheduling***). É a solução de escalonamento do sistema que identifica a forma como os recursos são alocados às tarefas.

Durante a execução, o **escalonador** (***scheduler***) é o módulo do sistema operacional responsável por gerenciar o processador e determinar a ordem de execução das tarefas. A ordem de execução das tarefas pode aparecer explicitamente, na forma de uma tabela, ou ficar implícita, na medida que o escalonador decide quem executa a seguir. De qualquer forma, uma **escala de execução** (***schedule***) é gerada, na medida que é decidido quando cada tarefa ocupa cada recurso, embora ela possa existir explicitamente ou apenas implicitamente.

No **escalonamento estático** (***static scheduling***) as decisões são baseadas em informações que estão disponíveis já antes da execução do sistema. Temos **escalonamento dinâmico** (***dynamic scheduling***) quando a tomada de decisão utiliza informações que ficaram disponíveis durante a execução do sistema. Na verdade, a definição exata dos conceitos de escalonamento estático e escalonamento dinâmico varia de autor para autor, e estes termos devem ser usados com cautela.

O escalonamento também pode ser classificado de acordo com a forma através da qual o escalonador entra em ação. A figura 2.7 ilustra os dois principais tipos de escalonamento. No **escalonamento dirigido por eventos** (***event-triggered***), o sistema sempre reage a eventos. No caso, um evento externo gera uma interrupção, aciona o sistema operacional, o escalonador é chamado e ele decide qual tarefa deve executar em seguida. A passagem do tempo pode ser um dos geradores de eventos (interrupções do *timer*), mas também uma enorme variedade de periféricos. Este tipo de sistema é flexível, pois o escalonador pode receber os mais diferentes tipos de eventos e decidir o que fazer. Entretanto, no pior caso, todos os eventos podem acontecer ao mesmo tempo, levando o sistema a uma sobrecarga. É necessário analisar se, no caso de uma coincidência perversa de eventos, o sistema ainda será capaz de cumprir seus requisitos temporais. A grande maioria dos sistemas de tempo real emprega escalonamento dirigido por eventos.

No **escalonamento dirigido por tempo** (***time-triggered***) o único evento que existe é a passagem do tempo. Em outras palavras, o único sinal de interrupção que o processador recebe é uma interrupção do temporizador (*timer*) a cada “T” milissegundos, a qual é chamada de ***tick***. A cada *tick* o escalonador decide que tarefa(s) serão executadas até a ocorrência do próximo *tick*. Periféricos não geram interrupções. Sensores e atuadores precisam ser acessados em momentos pré-definidos, previamente planejados, dado que não existem interrupções além das do temporizador. Este é um tipo de sistema rígido, cuja construção exige trabalho para encontrar um compromisso entre as diversas demandas das tarefas e dos periféricos. Entretanto, uma vez definido ainda em projeto quem executa quando, temos um sistema altamente confiável e com total determinismo de sua escala de execução. O escalonamento dirigido por tempo é empregado em sistemas altamente críticos, onde faz sentido abrir mão de flexibilidade por uma maior confiança de que todos os deadlines serão cumpridos e, ainda, ter-se o conhecimento de antemão de que tarefa executa quando na linha do tempo. Escalonadores deste tipo também são chamados de **executivo cíclico** (***cyclic executive***).

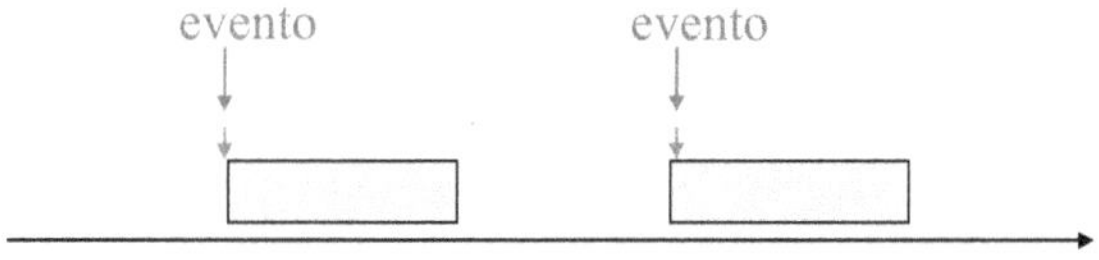

Dirigido por eventos

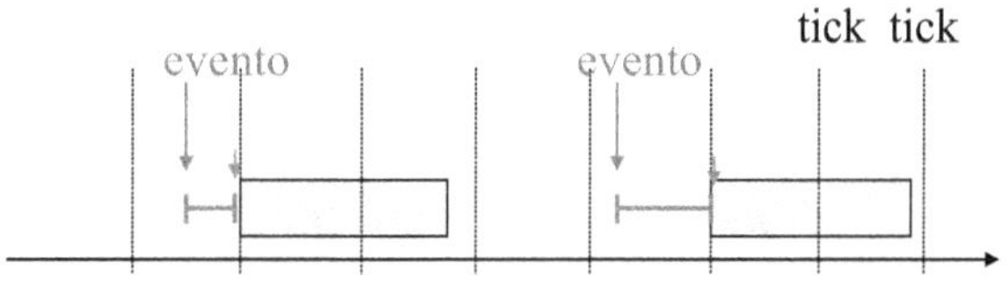

Dirigido por tempo

Figura 2.7 – Escalonamento dirigido por evento e dirigido por tempo.

2.10 Modelo de Tarefas

Pelo exposto até aqui, pode-se notar que existe uma grande variedade de diferentes tipos de tarefas. Porém, em um dado sistema de tempo real, possivelmente serão encontrados apenas alguns tipos de tarefas entre os vários possíveis. Vamos chamar de **modelo de tarefas** (***task model***) do sistema às propriedades temporais exibidas pelas tarefas deste sistema. Trata-se de uma descrição abstrata do sistema, a qual é muito útil para a análise de escalonabilidade, ou seja, para determinar analiticamente se um dado sistema cumpre os seus requisitos temporais.

Por exemplo, em um dado sistema hipotético, as tarefas são sempre periódicas, com deadline relativo igual ao período, independentes e com tempo de execução no pior caso conhecido. Ou seja, este é o modelo de tarefas daquele sistema. Modelos de tarefas variam muito de sistema para sistema. Entretanto, trata-se de uma informação muito importante, pois é ponto de partida para análise de escalonabilidade e escolha do suporte apropriado, em termos de linguagem de programação, sistema operacional e arquitetura do computador.

O modelo de tarefas inclui vários parâmetros para caracterizar as propriedades temporais das tarefas. Nas seções anteriores foram descritos os parâmetros mais importantes, incluindo o símbolo normalmente usado. Entre eles os mais importantes são:

C: tempo de execução no pior caso;
P: período ou intervalo mínimo entre ativações;
D: deadline relativo;
J: atraso de liberação máximo;
B: tempo de bloqueio no pior caso;
I: interferência sofrida de tarefas de prioridade mais alta;
R: tempo de resposta máximo.

O modelo de tarefas captura de forma simplificada as propriedades das tarefas e do seu escalonamento. Ele permite uma descrição analítica, algébrica, de como o tempo de resposta de cada tarefa é formado. Por exemplo, em um sistema onde cada tarefa tem uma prioridade, e sempre executa a tarefa de prioridade mais alta, o tempo de resposta máximo da tarefa é dado pelo seu tempo de execução no pior caso somado à interferência que ela sofre de tarefas de prioridade mais alta que ela própria, ou seja, $R = C + I$.

Dado um modelo de tarefas, diferentes aplicações que seguem àquele modelo apresentarão diferentes conjuntos de tarefas, com diferentes valores para período, deadline, etc. A descrição exata de quais tarefas existem no sistema, e quais os valores numéricos de suas propriedades temporais, corresponde à **carga de tarefas** (***task load***) deste sistema. A carga de tarefas pode ser estática, ou seja, limitada e conhecida antes do início da execução do sistema. Também pode ser dinâmica, isto é, conhecida somente ao longo da execução do sistema.

2.11 Exercícios

1) Descreva exemplos de tarefas com deadline hard, deadline firm e deadline soft.

2) Procure identificar no Sistema de Defesa Antimíssil descrito na seção 1.7 as propriedades temporais listadas na seção 2.10, quando as mesmas são fornecidas.

3) Os horários das aulas na faculdade representam uma forma de escalonamento de horários para alunos e professores. Trata-se de um escalonamento dinâmico ou estático ? Justifique.

4) Qual a diferença entre tarefa aperiódica e tarefa esporádica ?

5) Considerando suas atividades pessoais do dia a dia, identifique atividades periódicas, esporádicas e aperiódicas.

6) Suponha que você está em Blumenau-SC e tem uma prova as 16:00 em Florianópolis-SC. Quanto tempo leva para ir de carro de uma cidade a outra em uma situação típica ? Quanto tempo a viagem leva no pior caso ? E no melhor caso ? Suponha que é uma prova muito importante, quanto tempo você vai sair de casa antes ? Quais as vantagens e desvantagens de sair com maior ou menor antecedência ?

Obs: Substitua Blumenau e Florianópolis por cidades do seu estado.

7) Descubra como medir o tempo total de resposta de um programa em sua plataforma de trabalho usual. Por exemplo, no Linux é possível usar o comando "time" na interface de console ("bash"). Meça este tempo para algum programa várias vezes. Neste caso, o tempo variou ?

8) Os conceitos de "tarefa", "tempo de execução" e "tempo de resposta" são fundamentais para os sistemas de tempo real. Eles foram definidos aqui de forma um pouco diferente daquela encontrada nas conversas do dia. Para cada um destes três termos, compare a definição usada aqui com a definição que você conhecia antes.

9) Suponha que uma tarefa precise 50 ms de tempo de processador para executar, e um deadline relativo de 200 ms. Entretanto, durante sua execução, outras tarefas ocupam o processador por 120ms. Esta tarefa vai cumprir o seu requisito temporal ? Qual o seu tempo de resposta ?

10) Uma tarefa periódica é criada em t=1000s e tem um período de 3s. Quais os instantes de tempo de suas primeiras três chegadas ?

11) Uma tarefa demanda 50 ms de tempo de processador para executar, possui um deadline relativo de 200 ms, porém o sistema operacional demora 20 ms entre a sinalização da chegada da tarefa através de uma interrupção de periférico e sua inclusão na lista de tarefas aptas a executar. Qual a folga desta tarefa ?

12) Considerando uma tarefa periódica τk descrita por (Jk=4, Ck=3, Pk=10, Dk=8), determine os valores absolutos para a terceira ativação da tarefa: instante de chegada, instante de liberação, deadline absoluto e um limite inferior para o tempo de resposta no pior caso.

13) Com respeito aos tipos de deadlines, assinale a alternativa correta:

a) Cumprindo ou não o deadline, toda tarefa deve ser executada.

b) Perder um deadline "hard/crítico" pode gerar a perda de vidas humanas ou grande prejuízo.

c) Perder um deadline "firm/firme" tem o mesmo efeito de perder um deadline "hard".

d) Uma tarefa com deadline "soft/brando" jamais comprometerá a funcionalidade do sistema.

14) Qual a diferença entre tarefa aperiódica e tarefa esporádica ?

a) Tarefas aperiódicas são tarefas esporádicas cujo intervalo mínimo entre chegadas é infinito.

b) Tarefas aperiódicas são tarefas esporádicas cujo intervalo mínimo entre chegadas é zero.

c) Tarefas esporádicas são tarefas periódicas com período desconhecido.

d) Tarefas aperiódicas não são tarefas de tempo real.

15) Considerando a definição dos termos "tempo de execução" e "tempo de resposta", é possível afirmar:

a) Tempo de execução e tempo de resposta são termos que definem o mesmo conceito.

b) O tempo de resposta de uma tarefa nunca será menor do que o seu tempo de execução.

c) O tempo de execução de uma tarefa nunca será menor do que o seu tempo de resposta.

d) O tempo gasto com os tratadores de interrupção do computador precisa ser somado tanto no tempo de execução como no tempo de resposta de todas as tarefas.

16) Com respeito às propriedades temporais das tarefas, assinale a alternativa INCORRETA.

a) É garantido que uma tarefa sempre irá respeitar o seu deadline absoluto se o tempo de execução for menor que o deadline relativo.

b) Uma tarefa periódica pode ser executada a partir do início de cada período.

c) O tempo que uma tarefa precisa esperar enquanto outra tarefa de mais alta prioridade executa é chamado de tempo de interferência.

d) O tempo entre a chegada e a liberação de uma tarefa é chamado de atraso de liberação (*release jitter*).

17) Uma tarefa demanda 70 ms de tempo de processador para executar, possui um deadline relativo de 200 ms. O sistema operacional demora 10 ms entre a sinalização da chegada da tarefa e sua inclusão na fila de tarefas aptas. Qual a folga desta tarefa ?

a) 120 ms

b) 130 ms

c) 190 ms

d) 200 ms

3. O Tempo Real

O que é o tempo real ?

O tempo é um conceito interessante. Todo mundo sabe o que é o tempo, até o momento que precisamos defini-lo com precisão. Foge dos propósitos deste livro tentar definir o tempo em termos da física teórica, históricos ou mesmo filosóficos. Estamos interessados no tempo real, o qual corresponde ao tempo do mundo físico, o tempo do relógio da parede. É diferente, por exemplo, do tempo simulado como temos em simulações meteorológicas ou em videogames como Civilização de Sid Meier. Também é diferente do tempo lógico usado em alguns sistemas distribuídos para estabelecer uma ordem entre eventos, porém numericamente dissociada do tempo físico.

Vamos nos ater ao objetivo de medir a passagem do tempo físico. Um relógio é qualquer dispositivo usado para medir a passagem do tempo. Todo relógio consiste de um oscilador mais ou menos estável e uma forma de contar os ciclos deste oscilador. Mesmo este propósito simples teve uma evolução constante nos últimos séculos, com alguns saltos de vez enquanto. As várias seções deste capítulo descrevem como o conceito de segundo foi definido ao longo do, sim, do tempo.

Para entender a padronização do tempo é importante ter em mente duas coisas. Primeiramente, este não foi um desenvolvimento linear, uma simples evolução. Na verdade muitas diferentes tecnologias habilitadoras e técnicas específicas foram desenvolvidas concorrentemente, muitas vezes competindo entre si, até chegarmos ao estado de coisas que temos hoje. Outro fato importante a ser considerado é que a padronização do tempo ocorre em diferentes instituições e organizações, para diferentes propósitos. Desta forma, a adoção desta ou daquela definição de "segundo" pode ocorrer em diferentes momentos, conforme a organização de padronização que consideramos.

Neste capítulo será discutido o conceito de tempo real, como ele é definido em termos astronômicos e em termos atômicos, como é padronizado através da UTC, como pode ser obtido via GPS ou NTP e, finalmente, como é mantido nos computadores através de osciladores baseados em cristais de quartzo.

3.1 O Tempo Mecânico

Os primeiros **relógios mecânicos** que surgiram na Europa ao final do século XIII operavam inicialmente com um mecanismo tipo "verge-foliot" (haste pivotada com um braço horizontal em uma das extremidades) e mais tarde com pêndulo [AND2002b]. Eles possuíam marcação apenas das horas e eram desenvolvidos por membros da igreja, especialmente os monges Beneditinos. Relógios com marcação de minuto foram introduzidos na segunda metade do século XVII, enquanto que as marcações de segundos apareceram somente no século XVIII, em relógios de pêndulo usados em observatórios astronômicos e em cronômetros marítimos. Os relógios usados por Ole Christensen Rømer (1644–1710) no Observatório de Paris em 1676 para medir a velocidade da luz tinham uma resolução de uns poucos segundos, mas eram capazes de manter a hora com erros de apenas um ou dois minutos ao longo de um período de vários meses.

Em 1714, o governo Britânico ofereceu um grande prêmio em dinheiro para quem conseguisse determinar a longitude de um navio no mar. Uma solução para isto é considerar que o planeta Terra gira 360º em 24 horas, ou seja, são 15º a cada hora. Suponha que em Londres o capitão do navio ajuste seu relógio conforme a hora local. Dias mais tarde, no meio do oceano Atlântico a caminho do Caribe, ele observa que a hora local é meio-dia (observando o sol), e em Londres são 2 horas da tarde segundo o relógio. Isto indica que sua longitude é 30º a oeste de Londres. O prêmio oferecido pelo governo Britânico gerou um enorme desenvolvimento dos relógios mecânicos ao longo do século XVIII. O filme "Longitude", feito para a TV em 2000, conta em parte esta estória.

3.2 O Tempo Astronômico

Uma das primeiras definições formais do segundo como tendo a duração de 1/86400 do dia solar pode ser encontrada no tratado sobre "Metrology of Time, Length, Mass and Density", escrito pelo pesquisador italiano Tito Livio Burattini, na Polônia em 1685.

Em geral, todos os textos de física e astronomia posteriores assumiram que a definição de segundo seria uma simples consequência do movimento regular de rotação da terra em torno do seu eixo. Trânsito solar é como se chama o instante no qual o sol está no ponto aparente mais alto do céu, a cada dia. Desta forma, bastaria medir o intervalo de tempo entre dois trânsitos solares consecutivos, dividir por 86400 (24 horas/dia vezes 60 minutos/hora vezes 60 segundos/minuto) e teríamos precisamente a definição de segundo.

O tempo solar aparente, lido diretamente de um relógio solar, ou mais precisamente determinado pela altura aparente do sol, é a hora local definida pelo movimento real diário do sol. Entretanto, devido à inclinação do eixo da terra e a forma elíptica da órbita da Terra, o intervalo de tempo entre sucessivas passagens do sol sobre um dado meridiano não é constante.

A diferença entre o tempo solar médio e o tempo solar aparente é chamada de equação de tempo. O maior intervalo de tempo pelo qual o meio-dia aparente precede o meio-dia médio está em torno de 16,5 minutos e ocorre no início de novembro. Enquanto que o máximo intervalo de tempo que o meio-dia aparente atrasa em relação ao meio-dia médio está em torno de 14,5 minutos e ocorre em meados de fevereiro.

Até o início do século XIX, o tempo solar aparente era usado como base para a marcação do tempo. Entretanto, com a melhoria dos relógios mecânicos e o seu uso em navios e ferrovias, o tempo solar aparente foi sendo gradualmente substituído pelo tempo solar médio.

3.2.1 Universal Time (UT)

UT (***Universal Time***) é a medida de tempo astronômico definida em termos da rotação da terra em torno do seu eixo, com referência ao sol. Ela é nominalmente equivalente ao tempo solar médio como observado no meridiano de Greenwich. O dia solar médio é tradicionalmente descrito como o intervalo de tempo entre sucessivos trânsitos de um sol médio fictício sobre um dado meridiano. Historicamente, a unidade de tempo, o segundo solar médio, foi definido como 1/ 86400 do dia solar médio.

UT0 representa os valores iniciais do Universal Time obtidos através de observações óticas do trânsito de estrelas em diversos observatórios astronômicos. É mais preciso observar a posição das estrelas do que do sol, e no final é a mesma coisa, pois é o planeta Terra que gira. Esses valores diferem em parte devido às oscilações dos polos da Terra.

A UT1, a qual fornece a precisa coordenada angular da Terra com relação ao seu eixo de giro, é obtida através da correção da UT0 em função dos efeitos do movimento polar. UT1 é o nome dado a esta forma mais elaborada de hora a partir do movimento aparente do sol. Ela é definida como proporcional ao ângulo de rotação da Terra no espaço, o qual é tomado como referência. Desta forma, UT1 sofre das irregularidades da rotação da Terra, as quais incluem uma desaceleração através dos séculos somada a flutuações que ocorrem em uma escala de décadas. Flutuações de mais curto prazo também existem.

Três tipos de variação na rotação da Terra em torno de seu eixo foram identificados. Existe uma constante desaceleração da rotação da Terra em função do seu contínuo afastamento da Lua. Flutuações aleatórias são associadas com grandes terremotos como, por exemplo, o grande terremoto que aconteceu no Japão em 2011 e encurtou o dia em 1,8 us devido à redistribuição de massas que causou. Finalmente, existem mudanças periódicas em função de variações do eixo da terra com períodos longos. A taxa média de longo prazo de aumento na duração do dia é de cerca de 1,7 ms por século. A rotação da Terra também está sujeita a frequentes mudanças pequenas que são aleatórias, porém cumulativas. Existe ainda a variação da duração do dia conforme as estações do ano, da ordem de 0,5 ms em torno da média.

Uma correção empírica para a variação sazonal tem sido aplicada desde 1956, resultando na escala de tempo UT2. Esta variação do Universal Time, chamada UT2, é uma versão filtrada da UT1, corrigida para eliminar variações anuais de ±30 ms na velocidade de rotação da terra. Na década de 1950, a incerteza na leitura da UT estagnou em torno de 1 ms, até começar a decrescer nos anos 1970s e hoje está em torno de 10 μs.

3.2.2 Ephemeris time (ET)

As irregularidades da UT1 (baseada na rotação da terra em torno de seu eixo) ficam evidentes quando ela é usada para modelar o movimento dos planetas e da lua. Após cerca de 50 anos de pesquisas, **ET** (***Ephemeris Time***) foi definido em 1950, com base no movimento orbital da Terra em torno do Sol. Efeméride é uma tabela que fornece, em intervalos de tempo regularmente espaçados, as coordenadas que definem a posição de um astro.

Porque as variações na rotação da Terra são complexas, em 1950 foi recomendado para a IAU (*International Astronomic Union*) que, ao invés do período de rotação da Terra em torno de seu eixo, o novo padrão de tempo fosse baseado no período de translação da Terra em torno do Sol. A medida de tempo astronômico definida desta forma recebeu o nome de Ephemeris Time (ET). A definição prática de Ephemeris Time foi baseada na média geométrica da longitude do Sol. O IAU adotou esta proposta em 1952.

Infelizmente, a pouca precisão no posicionamento do Sol com respeito às estrelas tornou impossível explorar a uniformidade da ET em tempos aceitáveis. Uma melhor precisão de leitura foi obtida através da definição de medidas ETn secundárias através do movimento da lua. Mas este movimento, perturbado pelas marés oceânicas e fenômenos geofísicos, requerem uma calibração empírica com o ET fundamental a qual, apesar de válida por vários séculos, limita a uniformidade da medida.

3.3 O Tempo Atômico

Apesar da ET ser uma escala de tempo uniforme, ela não é facilmente medida ou disseminada. O rápido desenvolvimento de relógios atômicos permitiu outra definição de tempo, e diminuiu em grande parte a importância da ET.

3.3.1 O Mecanismo do Relógio Atômico

Átomos possuem frequências de oscilação características. Um átomo pode ter várias frequências, as quais podem ir desde a faixa das ondas de rádio até as faixas da luz visível. O átomo de Césio 133 é o elemento mais comumentemente usado em relógios atômicos [GIB2002].

Para criar um relógio, o Césio é inicialmente aquecido, formando uma pequena nuvem, de forma que átomos atravessem uma câmara de vácuo. Os átomos passam através de um campo magnético que seleciona apenas os átomos no estado de energia necessário para o relógio.

Em seguida, esses átomos selecionados atravessam um intenso campo de micro-ondas, onde os átomos são bombardeados por um gerador de micro-ondas, cujas emissões estão aproximadamente ajustadas para uma frequência pré-determinada através de um oscilador baseado em cristal.

O gerador de micro-ondas é capaz de gerar radiação em um estreito intervalo de frequências, em torno da frequência Fcs exata que maximiza o efeito buscado nos átomos de Césio. O intervalo de frequências geradas pelo gerador de micro-ondas já é regulado para ficar próximo de Fcs, sendo originado por um oscilador muito preciso baseado em cristal.

Quando o átomo de Césio recebe a energia das micro-ondas na frequência Fcs exata (a frequência característica neste caso), ele muda seu estado de energia. Observe que Fcs é uma propriedade natural do Césio 133 e, portanto, possui um valor constante ao longo do tempo. No final do percurso, outro campo magnético separa os átomos que tiveram seu estado de energia alterado pelo campo de micro-ondas supostamente na frequência Fcs correta.

Um detector no final fornece uma saída que é proporcional ao número de átomos de Césio chegando nele e, portanto, mostra um valor de pico quando a frequência das micro-ondas for exatamente Fcs. A detecção do pico é usada para fazer pequenas correções necessárias para trazer o oscilador de cristal, e por consequência a oscilação do emissor de micro-ondas, para a frequência Fcs exata. A frequência Fcs, uma propriedade constante do Césio 133, é então usada como entrada em um contador, o qual é capaz de medir a passagem do tempo com elevada precisão.

Para medir os segundos, o relógio trava seu gerador de micro-ondas no ponto ótimo do espectro em que a maior parte dos átomos de Césio reage, e então passa a contar os ciclos. Um relógio atômico de Césio requer portanto algumas outras partes, como um contador eletrônico para contar os ciclos do oscilador baseado em quartzo. A figura 3.1 ilustra o esquema básico utilizado.

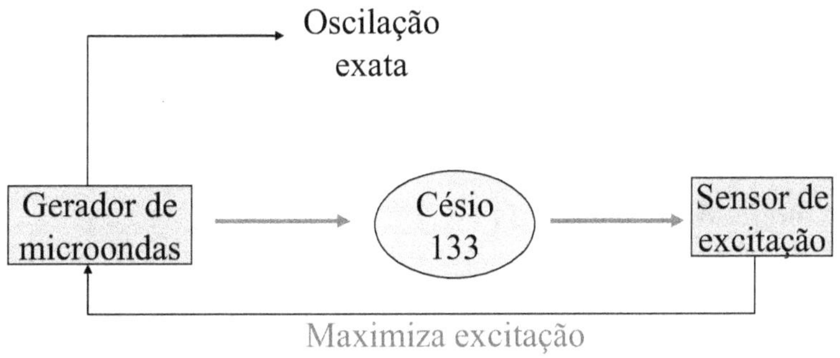

Figura 3.1 – Esquema básico de um relógio atômico.

3.3.2 Quanto Tempo é 1 Segundo ?

Uma vez estabelecido um gerador de pulsos que opera exatamente na frequência Fcs, é necessário determinar exatamente qual o valor numérico de Fcs. Ou seja, durante um segundo, quantas oscilações de Fcs acontecem. Desta forma, saberemos que passou um segundo quando um contador, iniciando em zero, contar Fcs ciclos do oscilador.

Na época da criação dos primeiros relógios atômicos, era necessário determinar o valor da frequência de ressonância do Césio, em termos da unidade corrente de segundo. Em outras palavras, conectar numericamente os processos astronômicos usados previamente para definir um segundo com a frequência natural de ressonância do átomo de Césio, a qual viria a ser usada como novo padrão.

Em princípio, comparar a frequência derivada das observações astronômicas com aquela obtida de uma transição atômica é simples. Dois relógios de quartzo eram independentemente sincronizados com cada um dos dois fenômenos e suas frequências de saída poderiam ser comparadas.

Em junho de 1955, Louis Essen e J. V. L. Parry do NPL (National Physical Laboratory, Reino Unido) mediram a frequência de ressonância do padrão de Césio do laboratório, através da comparação com a UT2, obtida do Royal Greenwich Observatory (RGO). Essen e Parry adotaram um valor provisório para a frequência característica do Césio de 9.192.631.830 ± 10 Hz. Desta forma, eles desenvolveram a primeira escala atômica de tempo do mundo.

Durante os três anos seguintes eles determinaram este valor com respeito ao segundo definido pela ET, graças a um esforço de Markowitz e Hall do Observatório Naval dos Estados Unidos, para determinar com precisão a ET através de um programa global de observações. A frequência de ressonância característica do Césio medida foi de 9.192.631.770 Hz com um erro provável de ± 20 Hz, sendo o erro devido principalmente às incertezas das medições astronômicas da ET.

Em 1967, o **segundo atômico** (***atomic second***) foi adotado como a unidade fundamental de tempo do padrão SI (Sistema Internacional de Unidades) [LES2005] [GUI2005]. O segundo foi definido como a duração de 9.192.631.770 períodos da radiação correspondente à transição entre os dois níveis hiperfinos do "*ground state*" do átomo de Césio 133. Em princípio, a adoção deste número de períodos resultará em um segundo atômico equivalente a um segundo do ET (Ephemeris Time).

3.3.3 Tempo Atômico Internacional (TAI)

Ainda na década de 1950 começaram a surgir modelos de relógios atômicos comerciais, entre eles um chamado Atomichron. Cerca de 50 desses dispositivos foram vendidos para laboratórios de pesquisa. Ao mesmo tempo, muitos laboratórios de pesquisa começaram a definir seus próprios padrões de tempo atômico. Como resultado, foram estabelecidas diversas horas atômicas locais independentes, designadas como TA(k), sendo k o nome do laboratório produzindo a escala de tempo em questão. Por exemplo, a designação TA(ONRJ) hoje indica a escala mantida pelo Observatório Nacional no Rio de Janeiro.

É preciso lembrar que o relógio atômico é um aparato de engenharia e, portanto, sujeito a erros, gerando pequenas diferenças entre relógios atômicos diferentes. Isto gerou a necessidade de comparar as diversas escalas de tempo com elevada precisão e fazer a média das várias escalas. Uma escala de tempo atômica média resultaria em maior uniformidade e confiabilidade do que as escalas individuais.

Escalas atômicas de tempo médias baseadas em dados de vários relógios foram estabelecidas pela USNO (US Navy Office), chamada escala A1, e pelo BIH (Bureau International de l'Heure). A escala do BIH daria origem ao **TAI** (***International Atomic Time*** ou ***Temps***

Atomique International) em 1972. De 1973 até hoje o número de laboratórios que participam da definição do TAI aumentou para mais de 400.

Em 1988, em uma reorganização global dos serviços internacionais de tempo e rotação da Terra, o BIH foi dissolvido e a responsabilidade pela definição do TAI passou para o BIPM (Bureau International des Poids et Mesures).

3.3.4 Tempo Universal Coordenado (UTC)

Uma vez definido o TAI, passaram a existir duas comunidades distintas de usuários. Os astrônomos e navegadores queriam uma marcação do tempo conectada com o ângulo de rotação da Terra no espaço. Por outro lado, físicos e engenheiros trabalhando em laboratórios preferiam uma marcação de tempo perfeitamente uniforme que estivesse de acordo com os melhores relógios atômicos do mundo. As tentativas de atender às necessidades de ambas as comunidades levou à criação da UTC (Coordinated Universal Time).

Os esforços que levaram à criação da UTC tiveram início em 1960 e muitos laboratórios participaram, sob a coordenação do BIH a partir de 1961. Em 1965, foi decidido associar a UTC à hora atômica do BIH, chamada na época de A3 (mais tarde tornar-se-ia o TAI). O nome **Tempo Universal Coordenado (UTC - *Coordinated Universal Time*)** foi aprovado em 1967.

A UTC foi recomendada como a base para a hora oficial em todos os países. Seria a hora disponível para uso comum (civil), disseminada através de sinais de rádio. Foi definido que a diferença máxima [UT1 – UTC] jamais poderia passar de ±0,950 s.

Atualmente, a UTC é uma escala de tempo mantida pelo BIPM (Bureau International des Poids et Mesures). A taxa de variação da UTC corresponde exatamente à taxa de variação do TAI. Entretanto, a UTC difere do TAI por um número inteiro de segundos. O valor da UTC é ajustado através da inserção ou remoção de segundos intercalados (segundos intercalados a princípio podem ser positivos ou negativos, até hoje todos foram positivos) para assegurar a proximidade da UTC com a UT1.

A necessidade de inserir segundos intercalados decorre da tendência de desaceleração da rotação do planeta Terra. A duração do dia tem aumentado cerca de 1,7 ms por século. Sobre esta variação de longo prazo existem variações de curto prazo, algo entre –3ms e +4ms ao longo de algumas décadas. Na verdade, a última vez que o dia solar médio foi composto exatamente de 86.400 segundos do TAI foi em torno de 1820.

A UTC é mantida próxima da UT1 com desvio máximo de 0,9s pela inserção ocasional de **segundos intercalados** (***leap second adjustment***) [NEL2001]. Quando o presente sistema foi estabelecido, em 1972, a diferença entre o TAI e a UT1 era de aproximadamente 10s. Para manter continuidade com a UT1, a UTC foi inicialmente definida como TAI–10s. A tabela abaixo mostra as diferenças TAI-UTC após cada inserção de segundo intercalado:

Data	Segundos	Data	Segundos
1972-Jan-01	+10	1988-Jan-01	+24
1972-Jul-01	+11	1990-Jan-01	+25
1973-Jan-01	+12	1991-Jan-01	+26
1974-Jan-01	+13	1992-Jul-01	+27
1975-Jan-01	+14	1993-Jul-01	+28
1976-Jan-01	+15	1994-Jul-01	+29
1977-Jan-01	+16	1996-Jan-01	+30
1978-Jan-01	+17	1997-Jul-01	+31
1979-Jan-01	+18	1999-Jan-01	+32
1980-Jan-01	+19	2006-Jan-01	+33
1981-Jul-01	+20	2009-Jan-01	+34
1982-Jul-01	+21	2012-Jul-01	+35
1983-Jul-01	+22	2015-Jul-01	+36
1985-Jul-01	+23	2017-Jan-01	+37

Os ajustes de 1 segundo são reflexo direto da diferença de tempo acumulada entre um tempo uniforme (TAI) e o tempo medido pela rotação da Terra (UT1). O segundo, como definido pela SI (Sistema Internacional de Unidades) equivale ao segundo do padrão ET (Ephemeris Time), o qual é igual ao segundo solar médio do início do século XIX. A duração do dia era exatamente 86400 segundos SI em torno de 1820. Antes disto, o dia solar médio era menor do que 86400s e desde então tem sido maior do que 86400s.

A duração atual do dia médio solar é cerca de 2,5 ms mais longa do que um dia composto precisamente por 86400 segundos SI, como consequência da tendência de longo prazo de redução na velocidade de rotação da Terra. Esta diferença diária de 2,5 ms soma quase 1s ao longo de um ano. Esta diferença acumulada é que é compensada pela inserção ocasional de um segundo intercalado (*leap second*), para fazer o ano UTC demorar 1 segundo a mais do que o ano TAI. A inserção ocorre sempre as 24:00 do dia 30 de junho ou 31 de dezembro, quando todos os relógios são atrasados de 1 segundo.

3.4 O Tempo Real no Século 21

Atualmente, o TAI é a escala de tempo de referência. Desde 1988 ele é calculado pelo BIPM (Bureau International des Poids et Mesures) através de ampla cooperação internacional. A UTC é calculado como algo que deriva do TAI através da aplicação de **segundos intercalados** (***leap seconds***).

Em novembro de 2017 a diferença entre o TAI e a UTC era de 37s. O TAI corresponde a uma escala de tempo uniforme que provê uma referência precisa para aplicações científicas. Por sua vez, a UTC é a escala de tempo para fins práticos, que serve para a definição da hora legal em cada país. Os termos "tempo solar médio" e "GMT" tornaram-se com o passar do tempo sinônimos de UTC na linguagem do dia a dia.

Para o cálculo do TAI um grande número de relógios são necessários. Também são considerados aspectos da relatividade geral, pois a gravidade da Terra afeta o tempo de forma diferente conforme a altitude do relógio. Em janeiro de 2005 eram em torno de 300 relógios, distribuídos em um total de 56 laboratórios em 41 países diferentes. Todos participam do cálculo do TAI feito no Bureau International des Poids et Mesures (BIPM), o qual substituiu o Bureau International de l'Heure (BIH) em 1988.

Atualmente, satélites disseminam uma escala de tempo conhecida como "GPS time". A hora do GPS foi ajustada com a UTC em 6 de janeiro de 1980, e desde então ela não mais acompanhou a intercalação de segundos (*leap seconds*). Logo, temos:

[TAI−GPStime] = 19 s + C, onde C é uma pequena quantidade sempre menor que 1 μs, e na prática da ordem de 10 ns.

Em resumo, existe atualmente uma escala de tempo puramente atômica, o TAI (International Atomic Time), e um sistema híbrido, a UTC (Coordinated Universal Time), o qual não é realmente uma escala de tempo, pois ela dá saltos de um segundo com o propósito de acompanhar a rotação irregular da Terra. A UTC é um compromisso que por um lado fornece acesso fácil ao TAI com total precisão e por outro fornece uma aproximação suficiente com o familiar tempo solar. A definição da UTC contribuiu para a aceitação do conceito de hora atômica pelo público em geral.

A partir da UTC os países podem definir sua hora local oficial. A longitude de cada país o faz adotar um ou mais **fusos horários**. Por exemplo, a hora oficial brasileira é UTC – 3 horas. Porém, ela fica UTC – 2 horas durante o horário de verão em alguns estados. Algumas regiões como Fernando de Noronha são UTC – 2 horas sempre. No estado do Amazonas é usado UTC – 4 horas, e no estado do Acre UTC – 5 horas. O fuso horário é uma conveniência para as pessoas, mas em sistemas de tempo real podem gerar confusão. Imagine que, após um grande apagão de energia elétrica, queremos comparar registros de eventos (*computer logs*) feitos em São Paulo e em Manaus. Fuso horário e horário de verão tornam a operação mais complicada. Por isto o registro de eventos em computadores é feito usando apenas UTC, e não o fuso horário local.

Nenhuma agência internacional sozinha poderia assumir completa responsabilidade pela definição e regras para disseminação da informação de tempo. Muitas organizações científicas internacionais combinaram seus esforços para o desenvolvimento, realização e disseminação do TAI e da UTC. Este empreendimento requereu estabelecer a ligação entre a tradicional determinação astronômica do tempo e a determinação do tempo baseada em fenômenos atômicos. Muito esforço e cooperação foram necessários para o estabelecimento dos fundamentos científicos que permitiram uma medição da passagem do tempo com a precisão existente hoje.

Existem diversas maneiras de obter-se a UTC atualmente. Por exemplo, nos Estados Unidos e Canada é possível usar as transmissões de rádio de onda longa na banda WWVB que são transmitidas do estado do Colorado, enquanto na Europa existe o sinal DCF77 da Alemanha.

Também existem receptores para os satélites GOES. Entretanto, de longe as formas mais utilizadas para obter a UTC hoje são os receptores GPS (mais baratos e precisos que o GOES) e o protocolo NTP na Internet. O protocolo NTP é usado na Internet em larga escala. Ele fornece precisão em torno de milissegundos quando os computadores envolvidos estão na mesma rede local, mas ela pode ser de dezenas de milissegundos quando os computadores estão em países diferentes. Quando o sistema operacional do computador inclui suporte para sinais de temporização de alta precisão (PPS - *pulse-per-second*), tais como os fornecidos por um receptor GPS especializado para tempo, a precisão do relógio pode ser melhorada até um erro absoluto de alguns nanosegundos e um erro relativo de um nanosegundo por segundo na frequência.

3.4.1 O Sistema de Posicionamento Global (GPS)

O **Sistema de Posicionamento Global**, ou **GPS** (***Global Positioning System***) é um sistema baseado em satélites desenvolvido pelo Departamento de Defesa dos EUA, cujo projeto iniciou oficialmente em 1973. O sistema GPS utiliza uma constelação de 24 satélites com um raio orbital de 26.560 km, correspondendo a um período de revolução de 12 horas siderais (11 horas e 58 minutos). Existem seis planos orbitais inclinados a 55 graus com quatro satélites por plano. A geometria da constelação garante que entre quatro e onze satélites estejam simultaneamente visíveis todo o tempo a partir de qualquer ponto da superfície da Terra [LOM2001].

Satélites usados como protótipos para o desenvolvimento do sistema foram lançados entre 1978 e 1985. Os satélites definitivos foram lançados a partir de 1989. O sistema foi declarado completamente operacional em 1995. Cada satélite carrega múltiplos relógios atômicos baseados em Césio e Rubídio. Com correções apropriadas para a propagação do sinal, relatividade e outros efeitos, o sistema GPS fornece uma referência de tempo com uma precisão de 10ns, ou melhor. O sistema GPS está sendo continuamente melhorado. Novos satélites são sempre lançados para substituir os satélites antigos que não estão mais em uso.

Existem diversos tipos de receptores GPS utilizados especificamente como fonte de tempo e frequência. O custo, tamanho e projeto de um receptor GPS de tempo pode variar enormemente de modelo para modelo. A maioria pode rastrear simultaneamente de 8 a 12 satélites e fornecer sinais de frequência e tempo obtidos da média de todos os satélites visíveis no momento.

A maioria fornece informações de hora e data em formato apropriado para computadores tipicamente via interface serial ou ethernet. O sinal fornecido é do tipo 1 pulso por segundo (pps). Este pulso pode ser sincronizado com a UTC com erro de 100ns ou menos, através da adição de um atraso constante referente a antena, o cabo da antena até o receptor e a eletrônica dentro do receptor. Alguns possuem um display onde aparece a hora atualizada. Por exemplo, este tipo de receptor pode ser usado como fonte de tempo para um servidor primário NTP. Pode ser usado para **anotações de tempo** (***timestamp***) em qualquer tipo de dado coletado e armazenado em computador.

Outro tipo de receptor GPS fornece frequências padronizadas além do pps e da informação da hora. Eles são chamados de **osciladores disciplinados por GPS**, ou **GPSDO** (***GPS disciplined oscillators***) e fornecem saídas nas frequências de 1 MHz, 5 MHz ou 10 MHz. Também as vezes fornecem frequências específicas usadas em telecomunicações, tais como 1.544MHz ou 2.048MHz.

O GPSDO contem um oscilador local de alta qualidade, usualmente um cristal de quartzo com controle de temperatura ou um oscilador baseado em rubídio. Relógios baseados em rubídio operam com o mesmo principio dos relógios de césio, são menos precisos, porém mais baratos. O oscilador local é constantemente disciplinado (ajustado) para concordar com os osciladores abordo dos satélites. O resultado é uma frequência padrão calibrada pelo GPS. Pode ser usado, por exemplo, como referência para calibrações de frequência, ou como oscilador externo para contadores de frequência e geradores de sinal.

GPSDO também é usado em aplicações de telecomunicações onde o uso de outros osciladores não é prático. Por exemplo, considere uma aplicação que requer que todos os nodos em uma rede de telecomunicações mantenham suas frequências com um desvio máximo de 10^{-11} entre eles. Este é um requisito impossível de obter com osciladores baseados em cristais de quartzo. Mesmo osciladores baseados em rubídio exigem ajustes periódicos. Relógios de césio são precisos o suficiente, mas seu custo é muito elevado. Os receptores GPSDO são muito úteis nesta situação.

As antenas usadas em receptores de tempo são pequenas, menores que 10 cm em diâmetro. Elas tipicamente possuem amplificadores cuja alimentação vai pelo próprio cabo da antena. O uso de antenas com alto ganho torna possível usar cabos longos, até mesmo 100m. Receptores GPS de tempo são tipicamente colocados dentro de prédios, e um longo cabo de antena é necessário.

Atualmente diversos países além dos Estados Unidos possuem sistemas de navegação baseados em satélites (*satellite navigation systems*). Entre eles destacam-se o GLONASS da Rússia, o GALILEO da Comunidade Européia, o BEIDOU da China, o NAVIC da Índia e o QZSS do Japão.

3.4.2 Network Time Protocol (NTP)

Em função dos custos e da dificuldade em posicionar antenas, não é possível colocar um receptor GPS em cada computador. Entretanto, é possível dispor de alguns computadores com receptor GPS, os quais passam a operar como servidores de tempo primários. Eles são usados como fonte para manter sincronizada a hora em outros computadores que atuam como servidores secundários (recebem a informação de outro servidor) e computadores que atuam apenas como clientes. Para tanto, um protocolo distribuído de sincronização de relógios é necessário.

O protocolo **NTP** (***Network Time Protocol***) é usado atualmente por milhões de computadores em todo o mundo para sincronizar os seus relógios com a UTC [MIL2003]. É bem possível que o NTP seja a aplicação distribuída na Internet que há mais tempo está operando de forma contínua. Sua tecnologia tem evoluído constantemente, permitindo uma precisão que era de centenas de milissegundos no início dos anos 1980, mas agora já está na faixa das dezenas de nanosegundos. A melhor fonte de informações sobre o NTP é o site www.ntp.org. O NTP é baseado no protocolo UDP e permite que os relógios sejam sincronizados com exatidão da ordem de centenas de microssegundos numa rede local, até alguns milissegundos numa WAN (*Wide-Area Network*) ou na Internet [MIL1994] [MIL1998].

A tecnologia de sincronização usada pelo NTP foi pela primeira vez documentada em 1981 na série Internet Engineering Note, como IEN-173. O que mais tarde seria conhecido como NTP Version 0 foi implementado em 1985, no Unix por Louis Mamakos e Michael Petry, e por David L. Mills para um sistema operacional experimental chamado Fuzzball. A primeira especificação formal desta versão pode ser encontrada como RFC-958. A precisão nominal que podia ser obtida em uma Ethernet daquela época estava na casa das dezenas de milissegundos. Mesmo quando a sincronização era feita através do Oceano Atlântico, onde as variações de atraso na comunicação podiam ser maiores que 1 segundo, a precisão era geralmente melhor que 100 ms.

A especificação do NTP Version 1 foi documentada em 1988 como RFC-1059. A especificação do NTP Version 2 seguiu a esta, como RFC-1119, em 1989. A Version 2 introduziu o NTP Control Message Protocol usado para gerenciar servidores e clientes, e também o esquema de autenticação baseado em criptografia com chave simétrica.

Em 1992 surgiu a especificação do NTP Version 3 como RFC-1305. Ela incluía uma descrição formal da análise de erros e um intrincado mapeamento de erros, incluindo todas as contribuições de erros que surgem entre a fonte de referência primária e o cliente final. Esta foi a base para o cálculo do erro máximo e as estatísticas sobre erro estimado, as quais fornecem uma caracterização confiável da qualidade da marcação do tempo e uma métrica confiável para a seleção do melhor servidor, entre os disponíveis para um dado computador cliente. Nos anos seguintes, o NTP continuou evoluindo de várias maneiras, com novas facilidades e algoritmos revisados, gerando assim o NTP Version 4.

Inicialmente, quase todos os servidores NTP operavam em modo cliente/servidor, onde o cliente envia requisições periódicas, com intervalos na ordem de alguns minutos entre requisições. Valores de tempo saem dos servidores primários através de possivelmente várias camadas de servidores secundários até chegarem nos clientes. No caso de servidores redundantes, eles operam de forma simétrica e valores podem ir de um para outro ou vice-versa, dependendo de qual deles está mais perto de uma fonte primária, de acordo com determinada métrica de qualidade.

Quando existe um número muito grande de clientes, como em uma grande empresa com milhares de PCs, o método usado não é mais cliente/servidor mas sim difusão (*broadcast mode*), o qual passou a fazer parte do NTP a partir da Version 3, ou ainda modo *multicast*, incluído no NTP Version 4. O problema é que nos modos *broadcast* e *multicast* os clientes não enviam mensagens para os servidores, logo não existe como fazer a calibração e correção do atraso de propagação servidor-cliente. Este problema foi resolvido no NTP Version 4 através da modificação do protocolo no qual o cliente, uma vez tendo recebido o primeiro pacote de difusão, executa uma sequência de trocas cliente/servidor para calibrar o atraso e então retorna ao modo de "apenas escuta", característico da difusão.

Uma versão simplificada do protocolo foi desenvolvida e chamada na RFC-2030 de Simple Network Time Protocol (SNTP) version 4. O SNTP é compatível com NTP em suas implementações para IPv4, IPv6 e as pilhas de protocolo OSI. O protocolo SNTP não inclui algoritmos que são desnecessários para uma implementação que atuará somente como servidor e jamais como cliente. SNTP version 4 tem sido muito usado em servidores NTP integrados com receptores GPS, os quais fornecem a referência de tempo. Existem hoje em dia dezenas de implementações de distribuições do SNTP para praticamente todas as plataformas de hardware executando Unix, Windows e VMS.

Embora o NTP e SNTP sejam os protocolos mais conhecidos e usados, em função da Internet, na verdade existem vários outros protocolos definidos para o propósito da sincronização de relógios. Um dos mais usados na indústria é o **Precision Time Protocol (PTP)**. Criado para uso em redes locais industriais, consegue precisão na faixa de microssegundos, o que o torna especialmente interessante para sistemas de medição e controle realimentado. Além disto, várias redes locais industriais, normalmente chamadas de **barramento de campo** ou ***fieldbus***, embutem nos protocolos de acesso ao meio mecanismos para sincronização de relógios entre os dispositivos conectados a rede (ver capítulo 19). Um exemplo é o Flexray, protocolo de rede desenvolvido especialmente para redes automotivas, visando conectar os vários dispositivos (ECUs - *Electronic Control Devices*) existentes dentro de um automóvel moderno.

3.5 O Tempo Real nos Computadores

Computadores possuem tipicamente relógios eletrônicos para manter a contagem do tempo. Tais relógios são baseados na frequência de oscilação dos cristais de quartzo (dióxido de silício, basicamente areia). O **cristal de quartzo** tem a propriedade de transformar a energia mecânica em energia elétrica e vice-versa. Este fenômeno é conhecido como Efeito Piezo-elétrico. O cristal oscilador é constituído por uma delgada lâmina de cristal translúcido, colocado entre duas placas de metal condutor ligadas aos seus terminais. Se o cristal é comprimido, aparece entre as duas placas metálicas uma tensão elétrica. Reciprocamente, se uma tensão elétrica alternada for aplicada nos terminais do cristal, ele oscilará. A frequência natural de oscilação do cristal depende de muitos fatores, tais como as impurezas no cristal, espessura da lâmina de cristal e o ângulo de corte do cristal com respeito ao eixo do cristal. A frequência do cristal também é afetada por fatores ambientais, tais como umidade, pressão atmosférica e temperatura. Até o próprio envelhecimento do cristal altera sua frequência. Em cristais de alta qualidade esta frequência é mais constante. Entretanto, cristais de baixa qualidade são geralmente usados em computadores. A figura 3.2 mostra alguns cristais de quartzo em seus invólucros metálicos.

Figura 3.2 – Aparência dos cristais de quartzo dentro de invólucro metálico.

A eletrônica do circuito do relógio inicialmente amplifica o sinal que surge na frequência natural do cristal. O mesmo é reforçado e tem-se uma oscilação naquela frequência. A saída do oscilador é convertida em pulsos apropriados para circuitos digitais. Esses circuitos são basicamente contadores. Eles contam os pulsos da oscilação do cristal e convertem esta contagem na informação da passagem do tempo. A figura 3.3 ilustra este aparato.

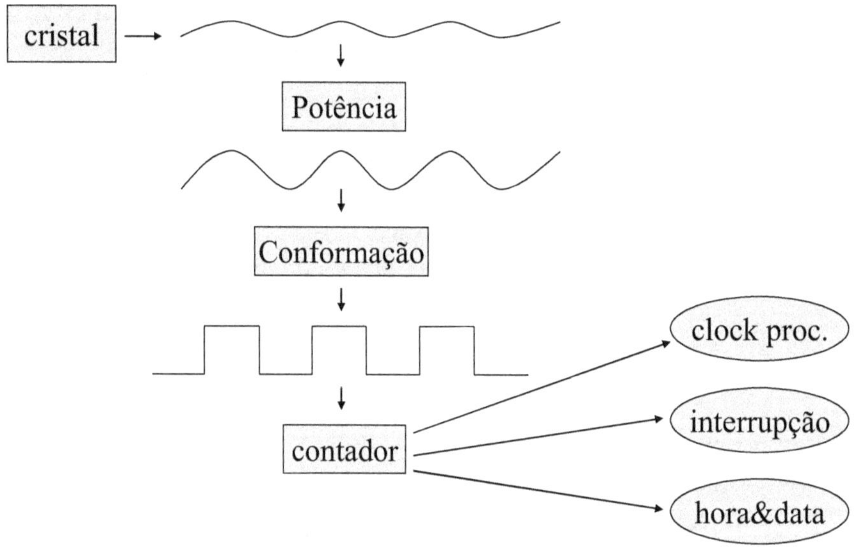

Figura 3.3 – Esquema básico de um relógio com cristal de quartzo.

Embora a frequência natural de oscilação de cada cristal seja razoavelmente estável, sempre existirá uma diferença entre sua frequência nominal e a frequência efetiva (aquela realmente gerada). E a frequência efetiva de um mesmo cristal ainda pode variar levemente ao longo do tempo. Um cristal de quartzo típico altera sua frequência de oscilação na taxa de 10^{-6} para cada grau Celsius de variação na temperatura. Mesmo para sistemas executando continuamente por vários dias em um escritório sem ar condicionado, podem-se notar variações na ordem de 10^{-6} ao longo de uma semana. Pequenas variações na tensão de alimentação também alteram a frequência de oscilação do cristal. A precisão dos relógios usados em computadores é limitada por estes fatores, porém ela é satisfatória para a maioria das aplicações do dia a dia.

Uma propriedade importante a ser observada nos relógios dos computadores é a sua **resolução** (***resolution***) ou **granularidade** (***granularity***). A resolução é o valor do menor incremento possível do contador do relógio, em geral determinada pela frequência do oscilador que é usado para alimentar o contador.

Já a **precisão** (***precision***) do relógio é o menor incremento de tempo que pode ser lido pelo computador. Normalmente é um valor maior do que a resolução, já que ler o relógio é uma tarefa realizada por software e há certo tempo e incerteza envolvidos nelas. Em princípio a precisão poderia até ser menor do que a resolução, caso o software conseguisse ler o relógio mais rapidamente do que ele pode contar.

Atualmente é comum encontrar, em um mesmo computador, vários cristais de quartzo, cada um associado com um oscilador diferente, o qual é usado para um determinado propósito. Desta forma, pode-se dizer que em um mesmo computador existem vários relógios operando simultaneamente no hardware. Um ou mais desses relógios de hardware são usados pelo sistema operacional na definição da "hora oficial" do computador. Além disto, diferentes sistemas operacionais podem usar os relógios de hardware de forma diferente para criar o relógio lógico mantido pelo kernel do sistema. Quando um programa executa uma chamada de sistema do tipo "gettime()", a resposta que ele recebe é a hora atual conforme este relógio lógico mantido pelo kernel.

3.5.1 Os Vários Relógios de um PC 80x86

A título de ilustração, vamos considerar uma arquitetura de PC típica, baseada nos processadores da família 80x86, na qual o sistema operacional Linux é utilizado [BOV2005]. Nela encontramos diversos relógios de hardware diferentes.

RTC (*Real-Time Clock*)

Este dispositivo está presente em todos os PCs. Ele continua marcando a passagem do tempo mesmo com o PC desligado, pois ele é independente do processador e alimentado por uma pequena bateria. Esta bateria alimenta o circuito integrado que tipicamente contém o RTC.

Além de manter a data e a hora, o hardware do RTC é capaz de gerar interrupções periódicas, com frequências entre 2 Hz e 8.192Hz. Ele também pode ser programado para ativar uma interrupção quando a marcação de tempo chegar a um valor específico, funcionando portanto como um despertador.

TSC (*Time Stamp Counter*)

O TSC é um registrador que começou a estar presente na família dos microprocessadores 80x86 a partir do Pentium. Ele é um registrador de 64 bits que é incrementado a cada período de clock do processador. Para usar o valor do TSC é necessário considerar a frequência do sinal de clock. Por exemplo, se o clock opera a 2 GHz, então o TSC será incrementado aproximadamente a cada 0,5ns. A aproximação decorre do fato do clock do processador ser gerado a partir de um cristal de quartzo, o qual possui uma frequência efetiva levemente diferente da sua frequência nominal. O valor desse registrador pode ser acessado através de uma instrução de máquina não privilegiada chamada RDTSC. Ou seja, pode ser lido normalmente por programas normais de usuário.

O Linux se aproveita do TSC para a determinação da frequência real do clock do processador, tarefa feita quando o Linux é iniciado. Durante o boot do sistema uma função chamada "calibrate_tsc()" computa esta frequência contando o número de ciclos de clock que ocorrem em um intervalo de tempo fixo e conhecido, de cerca de 5 ms. Este intervalo de tempo é definido por outro relógio de hardware, o PIT.

É preciso tomar cuidado com alguns fatores adicionais quando o TSC é usado. Em alguns computadores a frequência do processador é reduzida para economizar energia em determinados momentos. Isto pode afetar a contagem do TSC, embora alguns processadores usem sempre o clock máximo para alimentar o TSC, independentemente do clock usado pelo processador a cada momento. Um caso extremo ocorre quando o sistema é colocado para hibernar e continuado mais adiante, zerando a contagem do TSC.

Em processadores com vários núcleos (*multicore*), cada núcleo tem o seu próprio TSC, e podem haver pequenas diferenças entre eles. Desta forma, não existe problema em comparar contagens do TSC de um mesmo núcleo, mas pode haver discrepâncias quando TSC de diferentes núcleos são comparados.

PIT (*Programmable Interval Timer*)

O PIT é usado para a geração de interrupções de *timer*, a qual notifica o kernel da passagem de um intervalo de tempo. O PIT também é usado, desde os primeiros PCs, para alimentar o alto-falante interno do computador com uma frequência programável. No caso da geração de interrupções de *timer*, a frequência pode ser programada pelo kernel.

Por exemplo, o Linux programa o PIT para gerar interrupções de *timer* na IRQ0 com uma frequência aproximada de 1000Hz. Este intervalo de tempo é chamado um tick e sua duração em nanosegundos é armazenada na variável tick_nsec. Em um PC x86 o valor default é 999.848ns, o que significa uma frequência de cerca de 1000,15 Hz, mas este valor pode ser automaticamente ajustado caso o relógio seja sintonizado com um relógio externo mais preciso. Como a interrupção do *timer* é usada pelo kernel para uma série de tarefas internas, uma frequência maior significa um kernel mais preciso e responsivo, porém causando um *overhead* maior.

APIC (*Advanced Programmable Interrupt Controller*)

Originalmente, os PCs incluiam um dispositivo chamado PIC (*Programmable Interrupt Controller*), o qual era baseado no chip 8259A e gerenciava o envio de interrupções dos controladores de periféricos para o processador. Entretanto, seu projeto considerava apenas máquinas com um único processador.

A partir do Pentium III a Intel introduziu o APIC, uma versão melhorada do PIC original, para sistemas multiprocessados. Os computadores atuais também incluem um APIC local individual para cada processador, o qual é conectado ao APIC geral externo. Cada APIC local possui, entre outras coisas, um temporizador em hardware.

O temporizador do APIC local fornece outra possível base de tempo para o kernel. Este temporizador é semelhante ao PIT, e pode gerar interrupções periódicas ou individuais (*one-shot*). Entretanto, o contador interno do APIC é de 32 bits, enquanto o contador interno do PIT é de 16 bits. Desta forma, o APIC pode ser programado para gerar interrupções com frequências mais baixas.

O APIC, por ser local, gera interrupções apenas para o seu processador, ao passo que o PIT gera uma interrupção global a qual, a princípio, pode ser tratada por qualquer processador. O temporizador do APIC é alimentado pelo sinal de clock do barramento, enquanto o PIT usa o seu próprio sinal de clock, gerado a partir de um cristal específico.

HPET (*High Precision Event Timer*)

O HPET é um temporizador em hardware desenvolvido conjuntamente pela Intel e pela Microsoft. O HPET fornece um conjunto de temporizadores em hardware que podem ser aproveitados pelo kernel. São até oito contadores independentes com 32 ou 64 bits. Cada contador é alimentado por seu próprio sinal de clock, cuja frequência mínima é 10MHz, ou seja, o contador é incrementado pelo menos uma vez a cada 100ns.

Cada contador é associado com até 32 temporizadores, cada um composto por um registrador e um comparador. Quando o contador atinge o valor escrito no registrador, uma interrupção é gerada. Também é possível programar o temporizador para gerar interrupções periódicas. Tanto os registradores do HPET como os próprios contadores podem ser lidos e escritos.

PMT (*Power Management Timer*)

A ACPI (*Advanced Configuration and Power Interface*) é uma especificação aberta criada por várias empresas, incluindo Hewlett-Packard, Intel e Microsoft, entre outras. ACPI estabelece interfaces padronizadas para que o kernel configure e gerencie a energia e as condições termais dos computadores. Os computadores que seguem o padrão ACPI incluem um temporizador em hardware chamado PMT (*Power Management Timer*).

O sinal de clock usado neste temporizador tem uma frequência fixa de 3,58MHz. Trata-se de um simples contador que pode ser lido pelo kernel. Este temporizador tem vantagens sobre o TSC caso a frequência do processador seja ajustada dinamicamente para economizar energia e isto afete a contagem do TSC. Nestes casos, a frequência do PMT não é alterada. Por outro lado, a vantagem do TSC é ter uma resolução muito maior.

3.6 O Sincronização de Relógios entre Computadores

Computadores possuem tipicamente relógios eletrônicos para manter a contagem do tempo. Tais rel Por tudo o que já foi exposto neste capítulo até agora, percebe-se que é impossível garantir que cristais de quartzo em diferentes computadores oscilem exatamente na mesma frequência. Na prática, quando um sistema distribuído inclui vários computadores, os cristais desses vários computadores terão oscilações ligeiramente diferentes, fazendo com que alguns relógios andem mais rapidamente ou mais lentamente do que outros. Disto surgirá a necessidade de sincronizar explicitamente os relógios. A página web www.ntp.br, mantida pelo Comitê Gestor da Internet no Brasil, descreve o vocabulário básico da área de sincronização de relógios.

Considere o exemplo da figura 3.4. Partindo de uma hora inicial zero, após 1000s conforme a UTC, um relógio perfeito informaria que a hora atual é 1000s. Entretanto, o relógio do computador desvia-se do perfeito a uma taxa que é chamada de **taxa de deriva** ou **escorregamento** (***drift rate***). Na prática a taxa de deriva varia de computador para computador, e também varia ao longo do tempo em função da temperatura, pressão atmosférica, envelhecimento do cristal e outros fatores. Mas, supondo que existe uma taxa de deriva máxima denotada por ρ, após 1000s um relógio que adianta conforme a taxa de deriva máxima vai indicar que a hora é ($1000s + 1000s \times \rho$), ao passo que um relógio que atrasa conforme a taxa de deriva máxima vai mostrar ($1000s - 1000s \times \rho$).

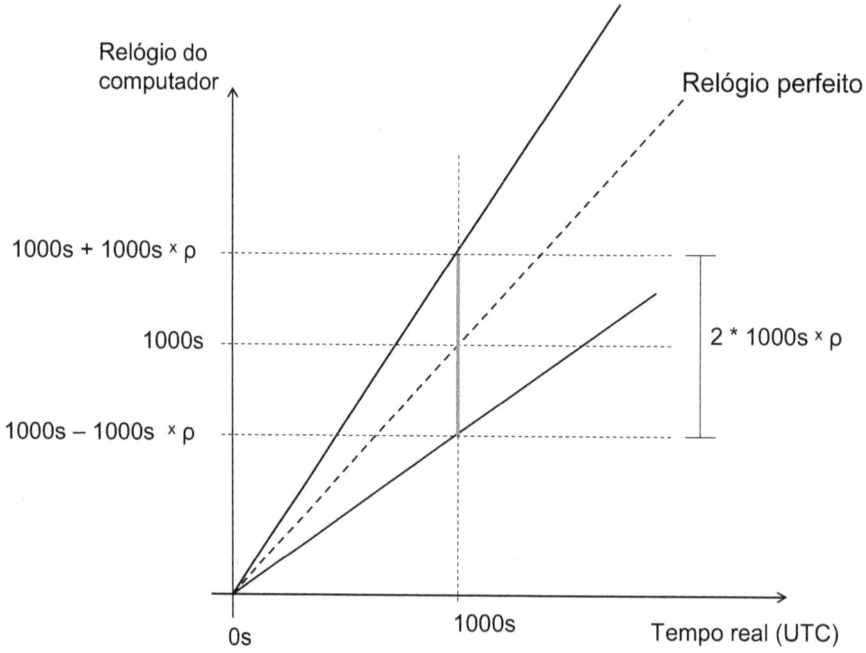

Figura 3.4 – Relógios afastando-se conforme a taxa de deriva máxima (ρ).

No pior caso teremos dois computadores, cada um com comportamento extremo oposto do outro. Partindo de zero, com os relógios dos dois computadores perfeitamente sincronizados, após 1000s teremos uma diferença entre os relógios de $2 \times \rho \times 1000s$. A diferença de tempo absoluta entre dois relógios quaisquer é chamada de **deslocamento** (***offset*** ou ***time offset***).

A taxa de deriva máxima tipicamente encontrada em relógios de computadores está na ordem de 10^{-5}, mas não é incomum encontrar taxas de 10^{-4} ou 10^{-6}. Suponha que a taxa de deriva máxima entre dois computadores (A e B) e um relógio ideal (UTC) seja de $\rho=10^{-5}$, sendo que o relógio do computador A (C_A) adianta e o relógio do computador B (C_B) atrasa. Neste caso, no instante correto t (UTC), o relógio do computador A vai indicar a hora $C_A(t)=t+\rho\times t$, enquanto o relógio do computador B indicará $C_B(t)=t-\rho\times t$. No caso geral não sabemos se o relógio de um computador K qualquer adianta ou atrasa. A hora indicada por ele será então $C_K(t) = t \pm (\rho\times t)$.

Partindo de uma sincronização perfeita entre os relógios dos computadores A e B, após 1000s haverá um deslocamento entre eles de $\Delta(t)=2\times\rho\times t$. Neste caso, $\Delta(1000s)=0{,}02s$. A cada dia os relógios desses dois computadores se afastarão 1,728 segundos. Após um mês o deslocamento será de 51,84s.

Por **exatidão** (***accuracy***) entende-se o quanto o relógio em questão está próximo da referência. Considera-se aqui o erro sistemático, em longo prazo. Se o relógio do computador nunca é sincronizado com outro, sua exatidão tende a piorar com o tempo. Por exemplo, se a taxa de deriva do relógio com relação à UTC for de 10^{-5}, então após 1 mes (o que significa 2.592.000 segundos) ele terá afastado-se 25,92 segundos da UTC. Terá perdido exatidão.

Em uma aplicação distribuída onde é importante comparar **anotações de tempo** (***timestamps***) feitas por diferentes computadores, será necessário ressincronizar os relógios periodicamente. Muitas aplicações atuais demandam sincronização de relógios entre computadores. Por exemplo, sincronização de relógio entre os diversos controladores semafóricos de uma cidade ou entre os diversos controladores de frequência de uma usina hidroelétrica com várias turbinas.

Uma forma é ajustar os relógios de todos os computadores com a UTC (sincronização externa), através do protocolo NTP ou algum outro protocolo de sincronização de relógios. Neste caso, o relógio utilizado como padrão de tempo é chamado de **relógio de referência** (***reference clock***).

Em algumas aplicações é importante apenas que todos os computadores apresentem a mesma hora simultaneamente, não sendo necessário que esta esteja ajustada com a UTC. Neste caso, basta uma sincronização interna, onde os computadores acertam os relógios entre si, sem considerar nenhuma fonte de relógio externa. O relógio de referência pode ser um dos relógios físicos do sistema, ou ainda um relógio imaginário, equivalente à média dos relógios físicos existentes.

É importante observar que qualquer algoritmo de sincronização de relógios deixa erro residual. Dependendo de como a sincronização é feita, estes erros variam de poucos microssegundos até vários milissegundos. Neste caso, a premissa da figura 3.4 de que o erro inicial é zero não se sustenta. Suponha que em um instante t0 arbitrário qualquer seja feita uma sincronização de relógios que deixa um erro residual Δr de no máximo 1 ms, podendo ser 1 ms adiantado ou 1 ms atrasado. A partir deste instante a taxa de deriva passa a atuar, e esta situação é descrita na figura 3.5.

Observe que, nas situações extremas, o relógio do computador pode iniciar adiantado de 1 ms e continuar adiantando mais em função da taxa de deriva, ou então pode iniciar atrasado de 1 ms e continuar atrasando mais. Estas duas situações extremas definem a faixa de horários que poderão ser observados no relógio do computador, a medida que o tempo real (UTC) avança. Como no caso geral não sabemos se o relógio de um computador K qualquer inicia adiantado ou atrasado, e depois disto ele ainda adianta ou atrasa, a hora indicada por ele será dada por $C_K(t)=(\pm\Delta r) + t + (\pm(\rho\times t))$.

O mais importante é ter em mente que só podemos comparar anotações de tempo se elas forem feitas segundo um mesmo relógio de referência. Este relógio de referência é normalmente a UTC, mas em alguns casos pode ser o relógio de um dos computadores do sistema, escolhido como referência. Anotações de tempo feitas a partir de outros relógios (C_K) precisam ser "traduzidas" para o relógio de referência (t), considerando os possíveis erros iniciais do relógio C_K e as possíveis taxas de deriva que ele pode experimentar.

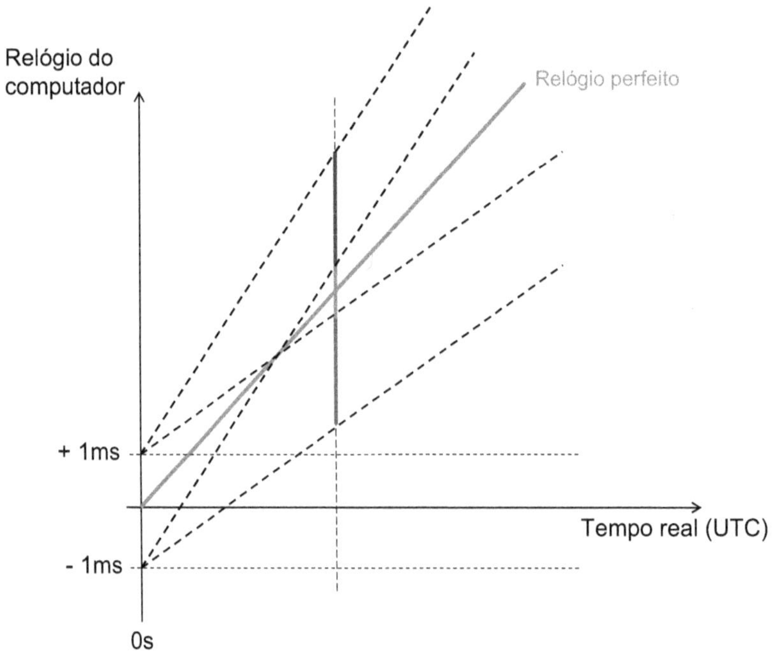

Figura 3.5 – Sincronização com erro residual.

Na busca de melhor exatidão, todo relógio deve ser disciplinado em relação a fontes de tempo e frequência mais confiáveis. Um **relógio disciplinado** (***disciplined clock***) é um relógio constantemente ajustado para concordar com uma fonte mais exata. Em outras palavras, disciplinar o relógio significa que ele é sincronizado e sintonizado com uma fonte mais estável de tempo, ou seja, o relógio de referência.

Sincronização (***synchronization***) é o processo de ajustar dois relógios de forma que o deslocamento entre eles seja zero. Após sincronizar dois relógios, não é garantido que o deslocamento entre eles permanecerá zero ao longo do tempo, a não ser que os dois estejam sintonizados.

Sintonização (***syntonization***) é o processo de ajustar dois osciladores para que forneçam a mesma freqüência. Isto não garante que a hora nos dois relógios será a mesma. Entretanto, após sintonizar os osciladores de dois relógios, se as frequências permanecerem constantes dali em diante, o deslocamento entre eles também permanecerá.

A sincronização entre relógios de computadores também é dificultada pelos erros que podem ocorrer na própria leitura do relógio. Erros podem ser causados por flutuações de curta duração na frequência do oscilador, ou por atrasos na realização da medida devido a sobrecarga na utilização do processador, latência causada por interrupções, latência na rede, etc. O desvio ou erro estimado nas leituras de um relógio é chamado de **dispersão** (***dispersion***) ou variação (*jitter*).

Um problema potencial decorrente da sincronização de relógios é a perda de **monotonicidade** (***monotonicity***). A princípio, cada leitura sucessiva do relógio deve apresentar um tempo mais no futuro do que a leitura anterior. Isso é natural para relógios implementados em hardware. Porém, operações de sincronização podem querer ajustar o tempo para um valor no passado, o que pode causar problemas em várias aplicações e protocolos. Em alguns casos, garantir a monotonicidade é mais importante do que garantir a exatidão. A solução típica é jamais atrasar o relógio, mas sim avançá-lo mais lentamente do que o normal por algum tempo, até ele atingir o valor desejado. Isto é ilustrado pela figura 3.6.

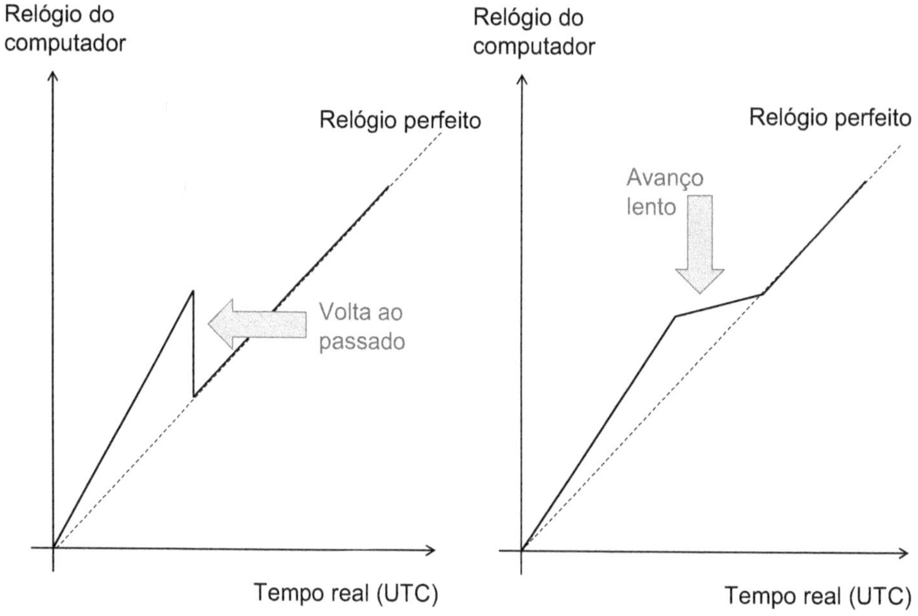

Figura 3.6 – Resincronização com recuo e sem recuo da hora do computador.

3.7 Considerações Finais

Para fins de engenharia e computação, tempo real no planeta Terra significa UTC. A UTC é definida a partir do TAI, ou seja, ela "avança no tempo" no mesmo ritmo do TAI. Entretanto, o TAI avança mais rápido que a hora solar (UT1) e, desta forma, segundos são atrasados para manter a UTC sincronizada com a UT1. Existem propostas para que a UTC seja abandonada completamente, e então apenas o TAI seria usado. Em outras palavras, a marcação da passagem do tempo deixaria de estar associada com a rotação da Terra e o movimento aparente do sol no céu, e seria definida unicamente por relógios atômicos. Talvez isto venha a ocorrer em décadas futuras.

Atualmente a UTC pode ser obtida facilmente através da Internet, via protocolo NTP. No ambiente industrial também existem protocolos com maior precisão do que o NTP que podem ser usados. Também pode ser obtida diretamente de receptores que recebem a informação de tempo de satélites em órbita da Terra, tal como o GPS dos Estados Unidos e outros. No mundo atual, a disponibilização da UTC passou a fazer parte da infraestrutura computacional. Pode-se projetar sistemas considerando que a UTC estará sempre disponível, algo inimaginável no passado.

Localmente, computadores usam cristais de quartzo como osciladores para marcar a passagem do tempo. Existem também circuitos integrados que imitam o comportamento dos cristais de quartzo e podem ser usados no lugar deles, com propriedades semelhantes. Deixado sozinho, um relógio baseado em cristal de quartzo vai divergir de um relógio ideal, em função de sua taxa de deriva. Por isto a necessidade de periodicamente ressincronizá-lo com a UTC, via rede de comunicação ou via receptor de satélite. Sistemas operacionais como o Linux fazem isto automaticamente para o usuário. Já em sistemas embutidos ou embarcados cabe ao projetista considerar se existe necessidade de acesso à UTC e qual o mecanismo que será usado para obtê-la.

3.8 Exercícios

1) Como são definidas a UT (Universal Time), a TAI (International Atomic Time) e a UTC (Universal Time Coordinated) ?

2) Qual o oscilador fundamental usado pela UT ? E pela ET ?

3) Quais as fontes de variação que afetam a UT ?

4) Eventos são coletados em uma rede composta por 4 computadores, e associados com a hora local do computador que detecta cada evento. Para que os mesmos possam ser analisados em conjunto, é necessário um erro máximo entre relógios de 300 milissegundos. Os cristais usados nesses computadores possuem uma taxa de deriva de 10^{-5} em relação uns aos outros, para mais ou para menos.

Supondo que pode existir um erro inicial máximo de 50 milissegundos entre quaisquer dois relógios da rede, calcule quanto tempo vai levar até que os dois relógios com maior erro entre eles apresentem um erro de 300 milissegundos, supondo sempre o pior caso. Dica: adote um deles como o relógio de referência.

5) Em um sistema industrial, um computador A é responsável por ler um certo sensor S a cada 100 milissegundos, e enviar a medida para um outro computador B, o qual executa a estratégia de controle. Os cristais de quartzo usados nos relógios desses computadores divergem um do outro no máximo por uma taxa de deriva (*drift rate*) de 10^{-5} . Não existe sincronização de relógios, e cada computador utiliza seu relógio local. Na perspectiva do computador B, qual o intervalo de tempo entre as medições realizadas pelo computador A ? Justifique. Dica: Use o relógio do computador B como referência.

6) Em um sistema industrial, um computador A é responsável por registrar um certo evento EVA enquanto o computador B é responsável por registrar um certo evento EVB. Os cristais de quartzo usados nos relógios desses computadores divergem um do outro no máximo por uma taxa de deriva (*drift rate*) de 10^{-4}. Quando o sistema foi ligado, o relógio do computador A estava adiantado em relação ao relógio do computador B por 1 ms. Os eventos foram registrados nos seguintes horários: EVA aos 20002 ms e EVB aos 20000 ms.

Qual evento aconteceu antes ? Justifique numericamente a sua resposta. Dica: Use o relógio do computador B como referência.

7) Em um sistema industrial, um computador A é responsável por ler a tensão e enviar para o computador central o valor lido e sua hora local em segundos desde 1/1/1970. Um outro computador B é responsável por ler a corrente e enviar para o computador central o valor lido e sua hora local em segundos desde 1/1/1970. O computador central recebeu as seguintes mensagens:

Do computador A: 15V aos 120000 segundos

Do computador B: 13A aos 130000 segundos

Suponha que os relógios dos computadores A e B estavam perfeitamente sincronizados em 1/1/1970 e que os cristais de quartzo usados nos relógios desses computadores divergem em relação ao relógio do computador central no máximo por uma taxa de deriva (*drift rate*) de 10^{-4}. Qual a máxima diferença de tempo que pode haver entre estas duas medidas, em segundos do computador central ?

8) Em um sistema industrial, um computador A é responsável por registrar um certo evento EVA enquanto o computador B é responsável por registrar um certo evento EVB. Os cristais de quartzo usados nos relógios desses computadores divergem da UTC no máximo por uma taxa de deriva (*drift rate*) de 10^{-4}. Quando o sistema foi ligado, o relógio do computador A estava adiantado em relação a UTC por 4 ms e o relógio do computador B estava adiantado em relação a UTC por 2 ms.

Após o sistema estar ligado por exatamente 20000 ms segundo a UTC, qual o intervalo de valores possíveis que pode ser apresentado pelo relógio do computador A e pelo relógio do computador B ?

9) Em uma aplicação industrial são utilizados dois computadores para coleta simultânea dos dados. Os relógios destes dois computadores são sincronizados a cada P segundos com a UTC, mas o mecanismo de sincronização usado deixa um erro residual no momento da sincronização de 5 ms (para mais ou para menos). Assume-se uma taxa de deriva máxima (*drift rate*) em relação à UTC de 10^{-4}, e a aplicação tolera erros de no máximo 1s entre as coletas dos dois computadores. Qual o valor máximo de P para manter o sistema dentro dos limites operacionais desejados ?

10) Suponha que o sistema operacional do seu computador sincronize o relógio local a cada uma hora, quando o erro em relação a UTC é reduzido para mais ou menos 50 ms. O relógio local apresenta uma taxa de deriva máxima de 10^{-5}. Qual o maior erro que o relógio local poderá apresentar em relação a UTC ?

11) Investigue se computadores desktop atuais também possuem todos os relógios descritos na seção 3.5.1 deste capítulo.

12) Pesquise na Internet receptores GPS de tempo. Quais valores de exatidão são mencionados nas descrições dos produtos ? Existem condicionantes ?

13) Com respeito às definições da UT (Universal Time), do TAI (International Atomic Time) e da UTC (Universal Time Coordinated), assinale a opção ERRADA:

a) A UT é baseada na translação da Terra em torno do Sol enquanto o TAI é baseado em relógios atômicos.

b) A UTC avança no mesmo ritmo do TAI, mas é corrigida em certas ocasiões através dos chamados "leap seconds".

c) O TAI e a UT se afastam um do outro com o passar do tempo, pois a UT não é tão estável como o TAI.

d) A UT é afetada por terremotos, pela Lua e pelas sazonalidades da órbita terrestre.

4. Variabilidade dos Tempos de Execução

Por que o tempo de execução de uma tarefa varia ?

Quando um programador implementa, por exemplo, uma função na linguagem C, ele tende a pensar que esta função, ao executar, demorará um tempo de execução mais ou menos constante. Na verdade, a realidade é completamente outra. Diversos aspectos inerentes aos programas de computador (software), somados às características dos processadores modernos (hardware), faz com que o tempo de execução de uma função C pareça mais uma variável aleatória do que uma constante. E isto vale não apenas para a linguagem de programação C, mas para qualquer linguagem de programação.

Neste capítulo vamos examinar quais são os aspectos construtivos do hardware e do software que fazem os tempos de execução das tarefas variarem, mesmo que elas estejam completamente sozinhas no computador. Um aspecto semelhante, porém diferente, a variabilidade do tempo de resposta, será discutida no capítulo 14. A diferença entre tempo de execução e tempo de resposta foi apresentada no capítulo 2 e será revisada na próxima seção.

4.1 Introdução

Como vimos no capítulo 2 sobre conceitos básicos, o tempo de execução de uma tarefa corresponde ao tempo que ela precisa de processador para concluir, considerando que a mesma está sozinha no computador. Supomos neste caso que não existem outras tarefas nem mesmo tratadores de interrupções ou atividades no kernel do sistema operacional. Isto é diferente do seu tempo de resposta que, neste caso sim, inclui todas as atrapalhações que ela recebe de outras tarefas, e do sistema operacional.

Suponha que a tarefa em questão é executada 10 vezes, e o tempo de execução de cada ativação seja medido. Embora não seja fácil medir o tempo de execução de uma tarefa, vamos por hora assumir que temos esta capacidade. Voltaremos à questão de como estimar o tempo de execução no pior caso no capítulo 5 e no capítulo 6.

O que poderia fazer com que o tempo de execução da, digamos, terceira ativação da tarefa fosse diferente do tempo de execução da quarta ativação da tarefa? Na verdade, existem aspectos tanto de software como de hardware capazes de causar este efeito.

Um aspecto fundamental é o fluxo de controle da tarefa, isto é, as linhas do código por onde a execução acontece. Suponha que a tarefa tem um comando IF(EXPRESSÃO) onde o código a ser executado caso a EXPRESSÃO seja verdadeira (THEN) é composto por poucas linhas e rápido, porém o código a ser executado caso a EXPRESSÃO seja falsa (ELSE) é composto por muitas linhas e lento. Neste caso, conforme o caminho da execução (fluxo de controle), muda o tempo de execução.

O mesmo argumento pode ser feito a partir de um comando do tipo laço, onde o número de iterações é variável. Quanto mais iterações forem feitas no laço, a princípio maior será o tempo de execução. As coisas ficam mais complicadas quando temos, por exemplo, um comando IF dentro do laço, um laço aninhado dentro de outro laço. A seção 4.2 discute aspectos relacionados com a variabilidade do tempo de execução causada pelo software.

Processadores modernos também contam com vários mecanismos de aceleração da execução os quais apresentam comportamento variável, isto é, o tempo de execução varia conforme o que foi executado antes. Por exemplo, memórias cache são amplamente empregadas. A memória cache é uma memória mais rápida (e mais cara) que mantém dados recentemente acessados no passado. Se a tarefa precisar acessar em seguida um dado que está na cache (*hit*), o acesso será rápido. Porém, se o dado não estiver na cache (*miss*), a memória mais lenta deverá ser acessada, e o dado provavelmente copiado para a memória cache, na expectativa que o mesmo seja novamente acessado em breve. Neste caso, o tempo de execução varia conforme a quantidade de vezes que os dados são encontrados na cache ou não.

Além das memórias cache, mecanismos tais como pipeline e *branch predictors*, entre outros, criam efeitos semelhantes. A seção 4.3 discute aspectos relacionados com a variabilidade do tempo de execução causada pelo hardware. Vamos tratar apenas de processadores únicos (*single core*), pois multiprocessadores (*multicore*) são ainda mais complexos e inclusive exacerbam estes efeitos.

O resultado de todos estes efeitos de software e de hardware é a variabilidade do tempo de execução. Em outras palavras, o tempo de execução de uma tarefa comporta-se como uma variável aleatória com uma certa distribuição de probabilidades. Considere como exemplo uma tarefa programada na linguagem C executando uma ordenação de acordo com o algoritmo Bubble Sort. A cada ativação da tarefa ela ordena um vetor de 100 números inteiros. A tarefa executa em uma plataforma BeagleBone White (http://beagleboard.org/bone). Após executar a tarefa 1000 vezes, cada vez com um vetor de entrada gerado aleatoriamente, foi construído um histograma com as frequências observadas para os tempos de execução. O histograma é apresentado na figura 4.1. Podemos constatar que os tempos de execução variaram aproximadamente entre 0,5 e 0,7 milissegundos. O tempo de execução mais observado foi de aproximadamente 0,615 milissegundos. O fato a ser notado é que o tempo de execução varia.

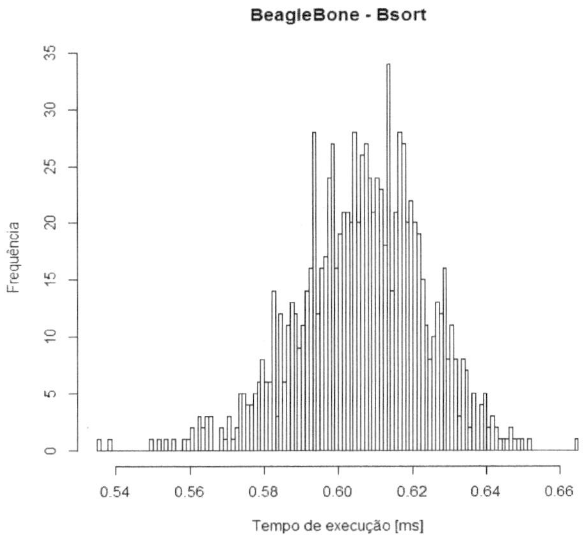

Figura 4.1 – Tarefa executando Bubble Sort em uma BeagleBone, entradas aleatórias.

No exemplo anterior temos efeitos de software pois cada execução precisa ordenar um vetor de entrada diferente. O que aconteceria se executássemos a tarefa 1000 vezes, porém agora ela recebe sempre o mesmo vetor de entrada ? A figura 4.2 mostra o resultado para 1000 ativações da tarefa, onde ela precisa ordenar um vetor de entrada que na verdade já está inversamente ordenado. Este é o cenário que gera o maior número de trocas no Bubble Sort. Apesar da variação ser menor, ainda assim o tempo de execução não é constante. Lembre-se que os dados de entrada são sempre os mesmos, logo o fluxo de controle é o mesmo, e o microcontrolador da BeagleBone é muito mais simples do que, digamos, os processadores que encontramos em computadores desktop e notebook.

Outro aspecto importante é que os tempos de execução observados com o vetor invertido são maiores do que aqueles observados com vetores de entrada aleatórios. Isto acontece por que gerar um vetor de entrada inversamente ordenado por acaso é muito improvável. Os 1000 vetores de entrada gerados aleatoriamente foram sempre "mais fáceis" para o Bubble Sort do que quando forçamos ele ordenar algo que está inversamente ordenado. Isto já dá uma ideia de como é difícil obter as situações que levam uma tarefa ao seu tempo de execução no pior caso.

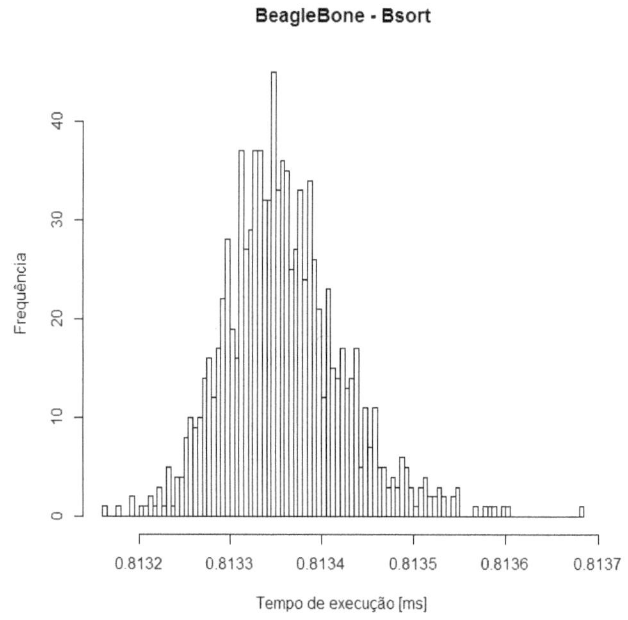

Figura 4.2 – Tarefa executando Bubble Sort em uma Beaglebone, entrada invertida.

4.2 Variabilidade Causada pelo Software

A variabilidade no tempo de execução causada pelo software está relacionada com a ideia de fluxo de controle. O fluxo de controle da tarefa indica por onde no código da tarefa a execução passa. Praticamente todos os programas de computador empregam comandos do tipo IF-THEN-ELSE, onde uma expressão é avaliada e, caso verdadeira, os comandos da cláusula THEN são executados. Se a expressão for avaliada como falsa são os comandos da cláusula ELSE que serão executados. A cada vez que um IF é executado, o fluxo de controle pode seguir por um caminho ou pelo outro.

Toda linguagem de programação também inclui mecanismos para a criação de laços onde os comandos são executados um certo número de vezes, ou seja, é realizado um certo número de iterações. Tais mecanismos aparecem nas mais variadas formas, tais como comandos FOR, WHILE, REPEAT-UNTIL, DO-WHILE, etc. Vamos usar WHILE no texto para representar todos os tipos de laços, pois o que acontece é semelhante. Embora o número de iterações possa ser fixo no código, muitas vezes ele depende do valor de uma ou mais variáveis do programa. Desta forma, a cada vez que o fluxo de controle entra no laço, seus comandos podem ser executados um número diferente de iterações.

A forma usual para representar os caminhos possíveis para o fluxo de controle é o **Grafo de Fluxo de Controle** (**GFC** – **C*ontrol flow graph***). A figura 4.3 ilustra a ideia do GFC a partir de um trecho de código na linguagem C. A expressão START precisa ser sempre executada. Se for verdadeira será executado o comando “I” e depois “END”. Se for falsa, a expressão “A” é avaliada. Resultando em verdadeiro o fluxo de controle segue para uma cascata de comandos IF que inclui as expressões “C” e “B” e o comando “E”. O caminho exato vai depender da avaliação das expressões “C” e “B”. Por outro lado, caso a expressão “A” seja falsa, a execução desce para o IF com a expressão “D” e os comandos “F” e “G”. Ao final, sendo a expressão “A” verdadeira ou falsa, o laço acaba no comando WHILE onde a expressão “H” é avaliada e, caso verdadeira, uma nova iteração do laço inicia (flecha em negrito retornando para cima). Se “H” for falsa, “END” é executado e a tarefa termina.

As expressões “A”, “C”, “B”, “D” e “H” podem ser qualquer expressão que resulte em verdadeiro ou falso, tais como “x > 10” ou “x + sqrt(y) > z / (x +100)”. Já os comandos “I”, “E”, “F”, “G”, “START” e “END” podem ser qualquer comando válido, tais como “x = 10” ou mesmo uma sequência “{ x = 10;   y = 20 }”.

O fluxo de execução de uma tarefa varia entre diferentes ativações da tarefa e mesmo entre diferentes passagens da execução pelo mesmo IF ou WHILE do programa. Isto acontece porque as decisões sobre qual caminho seguir dependem de valores que são calculados a partir dos dados de entrada. Ou seja, ao mudar os dados de entrada mudamos o comportamento da tarefa e o caminho de sua execução pelo GFC. Além dos dados de entrada, variáveis globais são muitas vezes usadas nas expressões, e o valor delas reflete a história da execução da tarefa. Dados de entrada do passado podem afetar o fluxo de controle na medida em que eles afetam as variáveis globais.

De forma menos corriqueira, o fluxo de controle pode também ser alterado quando data e hora correntes são usadas em testes de IF ou WHILE. Ao executar a mesma tarefa em um dia diferente (por exemplo, dia útil ou feriado), o caminho da execução ao longo do código da tarefa pode mudar. Também o emprego de geradores de números aleatórios no algoritmo que a tarefa implementa pode mudar o fluxo de execução da tarefa em diferentes momentos.

Uma pergunta que podemos fazer é: “Quantos caminhos diferentes existem entre “START” e “END” no exemplo da figura 4.3 ? Considere as possibilidades abaixo:

- Após “START”, o ramo da direita executa apenas “I” e termina, isto significa 1 caminho.

- Após “START”, o ramo da esquerda contém um laço que vai executar um certo número de iterações, digamos que NI iterações (lembre que no comando DO-WHILE da linguagem C o conteúdo do laço é sempre executado pelo menos 1 vez).

- Em cada iteração do laço, entre “A” e “H”, existem 5 caminhos possíveis (ramos) que podem ser seguidos. São eles: “A D F H”, “A D G H”, “A C H”, “A C B H” e “A C B E H”.

- Ocorre que o número total de possibilidades depende de quantas vezes o laço é executado. Se o laço for executado 1 vez teremos 5 caminhos possíveis (5 ou 5^1). Mas se o laço for executado 2 vezes, ele pode descer uma vez por um ramo e outra vez por outro ramo, gerando um total de 25 possibilidades (5 possibilidades na primeira iteração vezes 5 possibilidades na segunda iteração, 5^2). Se o laço for executado 3 vezes temos 125 possibilidades (5 x 5 x 5 ou 5^3), e assim por diante. De maneira geral, o número de caminhos em um laço simples é dado por NR^{NI}, ou seja, o número de ramos possíveis elevado à potência do número de iterações do laço.

- Por exemplo, um laço simples com 4 ramos possíveis dentro dele, executando 100 iterações, resulta em 4^{100} o que é aproximadamente 10^{60}. Em qualquer tipo de análise que seja feita é completamente intratável considerar cada caminho explicitamente. No capítulo 5 e no capítulo 6, sobre determinação do tempo de execução no pior caso, veremos algumas maneiras de lidar com o problema da explosão do número de caminhos.

- Na verdade ainda fica pior, pois muitas vezes não sabemos de antemão exatamente quantas iterações o laço vai realizar, pois este número pode depender de dados de entrada ou de variáveis globais. Isto significa que devemos considerar todas as possibilidades: laço itera 1 vez, laço itera 2 vezes, laço itera 3 vezes, etc. Ou seja, um somatório de x (número de iterações) variando de 1 até o número máximo de iterações previsto NMIP, incluindo no corpo do somatório sempre o valor NR^{NMIP}.

```
if( START )
  I;
else {
  do {
    if( A ) {
      if( C )
        if( B )
          E;
    }
    else {
      if( D )
        F;
      else
        G;
    }
  }while( H );
}
END;
```

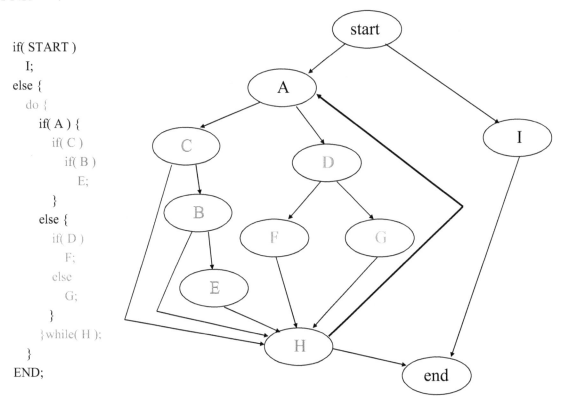

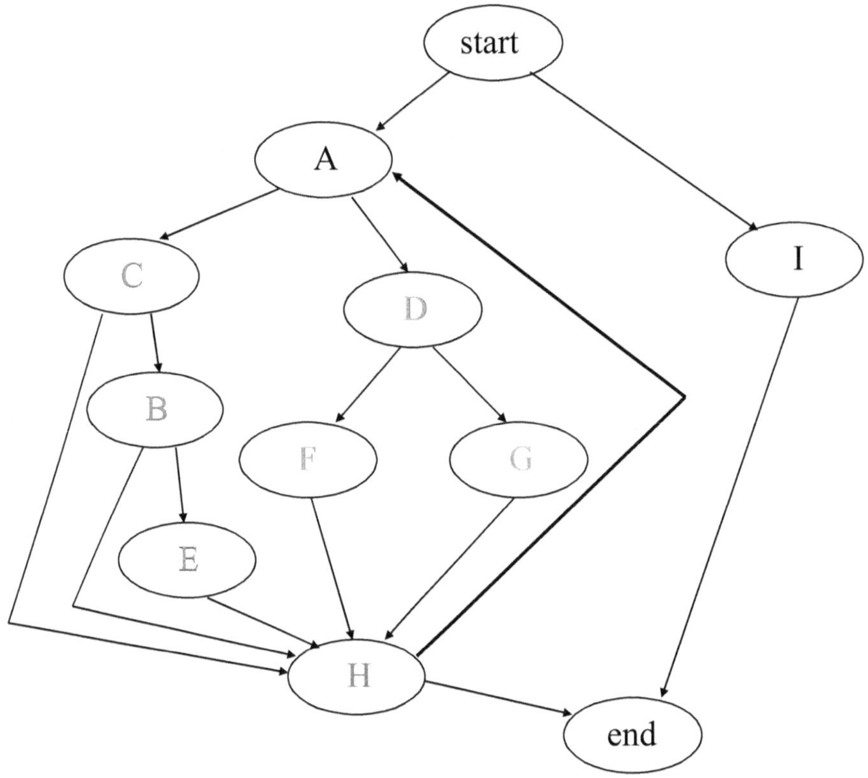

Figura 4.3 – Grafo de Fluxo de Controle.

O número de caminhos possíveis é consequência da estrutura do código da tarefa. Uma função C sem desvio nem laço apresenta apenas um caminho. Se a função C inclui desvios como IF mas nenhum laço ela apresenta um número em geral pequeno de caminhos, dependendo da combinação dos desvios. No caso da função C não usar IF (desvio) mas incluir laços, o número de caminhos aumenta, mas ainda será limitado pelo número máximo de iterações previsto.

Entretanto, como visto no exemplo, se tivermos laços com vários ramos dentro deles, o número de caminhos explode. E se tivermos laços dentro de laços (laços aninhados), algo que é relativamente comum, então a explosão explode novamente.

O número de caminhos possíveis para o fluxo de controle de uma tarefa vai determinar a variabilidade do tempo de execução da tarefa em questão, no que diz respeito àquela causada pelo software.

Porém, dentro do conjunto de caminhos que consideramos até agora, alguns desses caminhos podem ser semanticamente impossíveis. Por exemplo, considere o código abaixo:

```
IF( A > B )
    THEN        X;
    ELSE        Y;
IF( A > B )
    THEN        Z;
    ELSE        W;
```

A princípio teríamos quatro possibilidades: "X Z", "X W", "Y Z" e "Y W". Entretanto, se olharmos as expressões nos dois comandos IF, veremos que somente dois caminhos são possíveis: "X Z" quando A>B ou "Y W" quando A<=B. Ou seja, os caminhos "X W" e "Y Z" são semanticamente impossíveis. É comum a existência de caminhos impossíveis, mas não a ponto de mudar a natureza da questão, que é a explosão do número de caminhos com laços e desvios. Voltaremos a esta questão no capítulo 5 e no capítulo 6, os quais tratam da determinação do tempo de execução no pior caso.

Se uma tarefa possui apenas um caminho, então o tempo de execução dela é constante ? Infelizmente não é garantido. Quando a tarefa tem apenas um caminho, então não existe variação do tempo de execução causada pelo software. Porém, pode ainda existir muita variação no tempo de execução causada pelo hardware. Neste caso, mesmo que exatamente as mesmas instruções de máquina sejam sempre executadas pela tarefa, a cada execução o tempo de execução poderá ser diferente. A próxima seção discute a origem da variabilidade causada pelo hardware.

4.3 Variabilidade Causada pelo Hardware

Mesmo quando uma tarefa executa sempre exatamente as mesmas instruções de máquina, o seu tempo de execução pode variar ou não, dependendo das características do processador. Em processadores mais antigos, o tempo necessário para executar cada instrução de máquina corresponde a um número inteiro de ciclos de clock. Basta obter a duração do ciclo de clock em segundos invertendo o valor da frequência do processador em Hertz, multiplicar pelo número de ciclos de clock necessários, e temos quanto tempo demora a instrução de máquina.

Por exemplo, considere o microcontrolador Intel MCS-51 (usualmente chamado de Intel 8051), o qual faz parte de uma família de microcontroladores (*single chip microcontroller*) de 8 bits lançada pela Intel em meados de 1980 para uso em sistemas embutidos ou embarcados (*embedded systems*). As versões originais da Intel foram muito populares até a primeira metade dos anos 1990 e mesmo hoje existem muitas versões mais modernas porém compatíveis com a original.

Olhando o "MCS 51 MICROCONTROLLER FAMILY USER'S MANUAL" da Intel, podemos obter a informação de que, quando uma frequência de clock de 12MHz é empregada, a instrução de máquina ADD A,<byte> (soma ao acumulador um valor imediato de 8 bits) demora sempre 1 microssegundo. A instrução de máquina MUL AB (multiplicação inteira de dois registradores) demora sempre 4 microssegundos. O MOV <dest>,<src> (cópia de um byte entre dois registradores) demora sempre 2 microssegundos. Um JZ rel (jump condicional se zero) também demora sempre 2 microssegundos. O manual descreve todas as instruções de máquina suportadas assim como o tempo, constante, que cada uma delas demora.

Portanto, no caso do microcontrolador 8051 da Intel, o hardware não introduz variação no tempo de execução da tarefa. Se as mesmas instruções de máquina são executadas, o mesmo tempo de execução será obtido.

Processadores mais modernos empregam uma gama de mecanismos de hardware que aceleram a execução dos programas, apresentando entretanto um comportamento probabilista. Em outras palavras, tais mecanismos tornam a execução das instruções de máquina mais rápida, porém de tal forma que o tempo de execução de uma instrução de máquina passa a ser variável e não mais uma constante como no caso do Intel 8051. Exatamente quais mecanismos de aceleração são empregados varia de processador para processador. Entre os mais importantes podemos citar memória cache, *pipeline*, *branch predictor*, memórias DRAM (*Dynamic Random Access Memory*), DMA (*Direct Memory Access*) e TLB (*Translation Lookaside Buffer*).

Por exemplo, o processador ARM Cortex-M0 emprega um pipeline simples porém não emprega *branch predictor*. Por outro lado, o Intel Core i7 emprega um pipeline muito mais sofisticado, *branch predictor* e mais uma vasta gama de mecanismos que torna o tempo de execução das instruções de máquina consideravelmente variável. Nas próximas seções é feita uma rápida descrição destes mecanismos do hardware. Detalhes podem ser encontrados em livros que tratam da organização e arquitetura de computadores, tais como [BRY2003] e [SEH2005].

4.3.1 Memória Cache

A **memória cache** foi criada para explorar as propriedades de localidade espacial e temporal da execução dos programas. Cria-se uma ilusão de memória rápida de grande capacidade [GON2010]. O princípio básico é colocar uma memória de baixa capacidade rápida de alto custo entre o processador e a memória principal. Já a memória principal é mais barata e tem grande capacidade, porém é mais lenta. Em vários processadores não existe apenas uma memória cache, mas sim várias, em uma hierarquia com vários níveis da mais rápida/mais cara/menor até a memória principal. Isto é necessário para dar conta das grandes diferenças de custo e velocidade. Tipicamente, a memória cache de nível primário (L1, a mais rápida) consegue satisfazer 90% das referências. Quando o dado buscado está na cache é dito que aconteceu um acerto (*hit*). Se o dado não está na cache houve uma falta (*miss*).

A memória cache é administrada em blocos ou linhas e não em bytes. Cada linha da cache é capaz de armazenar um bloco de dados da memória. Os blocos/linhas definem a granularidade na qual a cache opera. Cada bloco é uma sequência contínua de bytes e todos os blocos são do mesmo tamanho, facilitando o alinhamento deles na memória. O menor tamanho utilizável de um bloco possui o tamanho natural das palavras do processador. Por exemplo, 4 bytes para máquinas de 32-bits.

Cada nível de cache implementa um mecanismo que permite uma procura rápida para verificar se dado bloco de memória está ou não contido na cache. Devido ao alinhamento dos blocos, os bits menos significativos do endereço são sempre zero. Se for preciso acessar um byte diferente do primeiro, os bits menos significativos são utilizados como deslocamento para encontrar o byte correto dentro do bloco em questão. Em termos de localização de blocos na cache, existem três formas básicas: mapeamento direto, mapeamento totalmente associativo e mapeamento associativo por conjunto.

No mapeamento direto um bloco de dados em particular pode residir em apenas uma única determinada linha da cache. A localização desta linha é normalmente determinada extraindo alguns bits do endereço do bloco e os utilizando para indexar diretamente uma das possíveis linhas da cache.

O mapeamento totalmente associativo permite o mapeamento de múltiplos endereços de blocos para múltiplas linhas na cache. Qualquer endereço de memória pode residir em qualquer localização na cache. Todas as linhas da cache devem ser verificadas para encontrar os dados desejados. Cada linha da cache deve possuir uma etiqueta com o endereço do bloco de dados que hospeda para o hardware comparar e detectar uma falta (*miss*) ou acerto (*hit*).

No mapeamento associativo por conjunto existe o mapeamento de múltiplos endereços para algumas linhas da cache. Em cada pesquisa, um subconjunto de bits do endereço do bloco são utilizados para geração do índice, o qual indicará um conjunto de linhas da cache as quais são pesquisadas em paralelo em busca da etiqueta correta.

Seja qual for o tipo de mapeamento empregado, muitos blocos podem ser mapeados para uma mesma linha da cache. Cada linha necessita de uma etiqueta (*tag*) que identifica o bloco de dados armazenado naquela linha. A cada pesquisa o hardware precisa ler a etiqueta da linha e comparar com o endereço do bloco desejado para determinar se foi acerto ou falta.

Como a memória cache possui uma capacidade finita, menor que a memória principal, é necessária uma política para escolher que ocupante corrente será removido da cache, abrindo espaço para blocos de dados acessados mais recentemente. O algoritmo para identificar que bloco será despejado da cache é chamado de **política de substituição**.

No mapeamento direto o problema é trivial, pois o bloco a ser desalojado é aquele ocupando a linha necessária para um novo bloco. Na associatividade completa ou por conjunto é preciso escolher qual bloco remover da cache e, como consequência, qual linha será liberada, pois o novo bloco pode ser colocado em qualquer uma de várias possibilidades. As políticas de substituição básicas são FIFO (primeiro a entrar, primeiro a sair), LRU (*least recently used* – menos recentemente utilizado), NMRU (*not most recently used* – não mais recentemente utilizado) e escolha aleatória.

Quando um dado é escrito, deve haver algum mecanismo para atualizar o bloco em questão na memória principal (e nos demais níveis da memória cache no caso de vários níveis). Existem dois mecanismos principais conhecidos como *write-through* (escreve através) e *write-back* (escreve de volta). O mecanismo ***write-through*** simplesmente propaga a atualização para a memória principal no momento da escrita. Este mecanismo é fácil de implementar e não existe ambiguidade sobre a versão dos dados, porém exige muita demanda dos barramentos. Existe ainda a questão sobre o que fazer quando uma operação de escrita não encontra a posição desejada na cache. A política ***write-allocate*** implica em escrever o dado na memória principal, mas deixá-lo também na cache. Já a política ***write-no-allocate*** altera a memória principal e não deixa uma cópia na cache. Os blocos de dados são inseridos na cache apenas em operações de leitura.

O mecanismo ***write-back*** posterga a atualização da memória principal (e dos outros níveis de cache se existirem) até quando a linha que o bloco alterado ocupa seja necessária para hospedar outro bloco ou quando existir um conflito entre caches de mesmo nível, no caso de multiprocessadores.

Caches são muito empregadas na prática, por serem memórias rápidas que armazenam as instruções e os dados mais recentemente acessados pelo processador. Quando um dado ou instrução está na cache, o tempo de acesso a ele é muito menor do que o tempo necessário para carregá-lo a partir da memória principal. Porém, a introdução desse mecanismo afeta o tempo de acesso aos dados na memória e, portanto, o tempo de execução das instruções de máquina. A mesma instrução de máquina pode ter tempos de execução muito diferentes, dependendo se o conteúdo necessário da memória encontra-se ou não na cache no instante em que ele é necessário.

Por exemplo, suponha que uma variável X na memória é copiada para registrador. Esta leitura da memória trará o bloco que contém X para a memória cache. Algumas outras instruções são executadas e, mais adiante, a variável X é novamente acessada. Se ela ainda estiver na memória cache (*hit*) o acesso será rápido. Caso ela tenha sido removida da memória cache (seu bloco foi substituído por outro bloco na cache) será necessário acessar a variável X na memória principal, várias vezes mais lenta (*miss*). O quanto mais lento depende do computador em questão, mas pode chegar a várias dezenas de vezes.

4.3.2 Pipeline

O mecanismo do **pipeline** particiona o processamento de instruções de máquina em múltiplos estágios, adicionando um buffer entre estágios [CUL2010] [SHE2013]. Suponha que uma instrução demore T unidades de tempo para ser executada. A computação original é decomposta em K estágios. Desta forma, uma nova instrução pode ser iniciada assim que a anterior atravessar o primeiro estágio do pipeline. Ao invés de iniciar uma instrução a cada T unidades de tempo, inicializa-se uma a cada T/K unidades de tempo. Temos o processamento de K instruções simultaneamente no pipeline, cada uma em um estágio diferente. Trata-se de uma técnica poderosa para aumentar o desempenho do sistema.

Um ciclo de instrução básico pode ser dividido em cinco subcomputações genéricas:

- Busca de instruções (*instruction fetch*);
- Decodificação da instrução (*instruction decode*);
- Busca dos operandos (*operand fetch*);
- Execução da instrução (*instruction execution*);
- Escrita dos resultados (*result store*).

As subcomputações genéricas correspondem a uma partição natural de um ciclo de instrução. Elas definem um pipeline genérico de cinco estágios. A figura 4.4 ilustra um processador sem pipeline. Uma instrução precisa ser executada completamente (passar pelos 5 estágios) antes da instrução seguinte começar. Sendo 5 estágios, a execução de 3 instruções demanda 15 ciclos de clock. Já a figura 4.5 mostra como seria a execução em pipeline de 5 estágios. Observe que agora a execução das três instruções termina no clock 7. E na verdade as próximas instruções já estariam em andamento nos primeiros estágios do pipeline.

Pode-se agrupar múltiplas subcomputações com baixa latência para formar um único estágio ou ainda dividir uma subcomputação em vários estágios. A princípio, o ganho de desempenho é proporcional ao comprimento do pipeline. Quanto mais estágios, maior o desempenho, pois mais coisas são feitas em paralelo. Porém, existem limitações físicas relacionadas à frequência às quais determinam a quantidade de estágios que podem ser utilizados.

Clock	Busca	Decodifica	Busca operandos	Execução	Escrita
1	Instrução 1				
2		Instrução 1			
3			Instrução 1		
4				Instrução 1	
5					Instrução 1
6	Instrução 2				
7		Instrução 2			
8			Instrução 2		
9				Instrução 2	
10					Instrução 2
11	Instrução 3				
12		Instrução 3			
13			Instrução 3		
14				Instrução 3	
15					Instrução 3

Figura 4.4 – Processador sem pipeline.

Clock	Busca	Decodifica	Busca operandos	Execução	Escrita
1	Instrução 1				
2	Instrução 2	Instrução 1			
3	Instrução 3	Instrução 2	Instrução 1		
4		Instrução 3	Instrução 2	Instrução 1	
5			Instrução 3	Instrução 2	Instrução 1
6				Instrução 3	Instrução 2
7					Instrução 3
8					
9					
10					
11					
12					
13					
14					
15					

Figura 4.5 – Processador com pipeline de 5 estágios.

O aumento de desempenho em K vezes, sendo K o número de estágios no pipeline, necessita de três idealismos:

- Subcomputações uniformes: A computação a ser realizada é dividida em subcomputações com latências iguais;
- Computações idênticas: A mesma computação é realizada repetidamente em uma grande quantidade de instruções;
- Computações independentes: As computações são independentes entre si.

As subcomputações uniformes mantêm o idealismo que cada estágio possui o mesmo tempo de execução, ou seja, T/K. Porém é impossível particionar computações em estágios perfeitos e balanceados. Por exemplo, considere uma instrução de máquina de 400ns dividida em 3 estágios com duração de 125ns, 150ns e 125ns. Como a duração do clock é determinada pelo estágio mais longo, esta será limitada pelo estágio de 150ns. O primeiro e o terceiro estágios possuem uma ineficiência de 25ns, pois todos os estágios precisam iniciar e terminar seu trabalho ao mesmo tempo. E o tempo total da operação utilizando o pipeline será de 450ns ao invés de 400ns.

As computações idênticas assumem que todos os estágios do pipeline são sempre utilizados em todas as instruções. Esta suposição não é válida quando há execução de múltiplas funções, onde nem todos os estágios são necessários para suportá-las. Por exemplo, as instruções de máquina DIV (divisão) e LOAD (carrega dado da memória) necessitam diferentes subcomputações. Como nem todas as instruções de máquina precisam de todos os estágios, algumas ficarão esperando mesmo que não precisem executar tal subcomputação, devido à característica síncrona do sistema.

As computações independentes assumem que não há dependência de dados ou controle entre qualquer par de computações. Esta suposição permitiria o pipeline operar em fluxo contínuo. Nenhuma operação precisa esperar a completude da operação anterior. Na prática é possível que uma instrução de máquina use como operando o resultado da instrução de máquina anterior. Suponha que a instrução 3 requer um operando que é resultado da execução da instrução 2. Por exemplo:

Instrução 2: R3 recebe R1 + R2
Instrução 3: R5 recebe R3 + R4

Esta é a dependência *read-after-write* (RAW) e, neste caso, a instrução 3 não pode executar até a completude da instrução 2. A figura 4.6 ilustra esta situação. A instrução 3 usa o resultado da instrução 2. Logo, em um dado momento a instrução 3 precisa parar e esperar até que a instrução 2 conclua. Isto ocasiona uma flutuação do pipeline (*pipeline stall*). Quando isto ocorre, todos os estágios anteriores também deverão esperar, ocasionando uma série de estágios ociosos. Observe agora que o tempo de execução de uma instrução de máquina depende de quais foram as instruções anteriores. Existem outros tipos de dependências de dados os quais não serão mostrados aqui.

Clock	Busca	Decodifica	Busca operandos	Execução	Escrita
1	Instrução 1				
2	Instrução 2	Instrução 1			
3	Instrução 3	Instrução 2	Instrução 1		
4	Instrução 4	Instrução 3	Instrução 2	Instrução 1	
5	Instrução 5	Instrução 4	Instrução 3	Instrução 2	Instrução 1
6				**espera**	Instrução 2
7	Instrução 6	Instrução 5	Instrução 4	Instrução 3	
8	Instrução 7	Instrução 6	Instrução 5	Instrução 4	Instrução 3
9					
10					
11					
12					
13					
14					
15					

Figura 4.6 – Pipeline sofre um *stall* em função de dependência de dados.

Além das dependências de dados existem as dependências de controle. Suponha que a instrução 3 seja um salto condicional (*conditional jump* ou *branch*). Dependendo do valor em algum registrador ou *flag* do processador o salto acontece ou não. Por exemplo, a instrução de máquina a ser executada depois da instrução 3 pode ser a instrução 4 caso o salto não aconteça ou a instrução 88, caso o salto aconteça. O pipeline precisa supor algo. Esta situação é ilustrada pela figura 4.7, onde o pipeline supõe que o salto não acontecerá e inicia a execução da instrução 4 antes da instrução 3 acabar. Quando a instrução 3 termina, e o salto acontece, todo o trabalho já realizado nos estágios iniciais com respeito às instruções 4, 5, 6 e 7 precisa ser jogado fora (*flushed*) e a execução da instrução 88, alvo do salto, iniciar.

Como a semântica do programa requer que as dependências sejam respeitadas e a execução de instruções por um pipeline pode facilmente romper o sequenciamento, deve haver mecanismos de identificação e resolução de dependências. Existem mecanismos de hardware (*pipeline interlock*) para minimizar o problema. Entretanto, não existe como fugir do fato de que o tempo para executar a mesma instrução de máquina varia em função de como pipelines são construídos. Embora um pipeline de K estágios possa potencialmente alcançar um aumento de desempenho de fator K em relação ao projeto normal, a construção de pipelines longos aumenta as penalidades relacionadas com dependências e suas resoluções.

Clock	Busca	Decodifica	Busca operandos	Execução	Escrita
1	Instrução 1				
2	Instrução 2	Instrução 1			
3	Instrução 3	Instrução 2	Instrução 1		
4	***Instrução 4***	Instrução 3	Instrução 2	Instrução 1	
5	***Instrução 5***	***Instrução 4***	Instrução 3	Instrução 2	Instrução 1
6	***Instrução 6***	***Instrução 5***	***Instrução 4***	Instrução 3	Instrução 2
7	***Instrução 7***	***Instrução 6***	***Instrução 5***	***Instrução 4***	**Instrução 3!!!**
8	Instrução 88				
9	Instrução 89	Instrução 88			
10		Instrução 89	Instrução 88		
11			Instrução 89	Instrução 88	
12				Instrução 89	Instrução 88
13					Instrução 89
14					
15					

Figura 4.7 – Pipeline sofre um *flush* em função de dependência de controle.

Além do pipeline simples mostrado aqui, **pipelines superescalares** são capazes de avançar múltiplas instruções simultaneamente pelos estágios do pipeline. Eles incorporam múltiplas unidades funcionais em cada estágio e assim aumentam a capacidade de processamento concorrente no nível de instrução, aumentando assim o *throughput* do processador.

Entretanto, pipelines superescalares podem executar instruções em ordem diferente daquela do programa. A ordem sequencial das instruções no programa implica em algumas precedências desnecessárias entre as instruções. A capacidade de executar as instruções fora de ordem alivia esta imposição e permite mais processamento paralelo sem modificação do programa original. Um pipeline de K estágios teoricamente pode aumentar o desempenho em K vezes, isto é chamado paralelismo temporal. De forma alternativa, pode-se atingir o mesmo fator de velocidade empregando K cópias do mesmo pipeline processando K instruções em paralelo, no que é chamado paralelismo espacial. Processadores superescalares utilizam as duas técnicas de paralelismo, obviamente com fatores diferentes.

Para evitar ciclos de flutuação do pipeline desnecessários é permitido que novas instruções sejam adiantadas quando as instruções anteriores precisam esperar por algo e não existe conflito de dependência entre elas. Como este adiantamento pode mudar a ordem de execução das instruções com relação ao código do programa, é necessário hardware adicional para garantir que o resultado final da execução das instruções seja aquele esperado pelo programador.

4.3.3 Previsor de Salto (*Branch Predictor*)

As dependências de controle, descritas na seção anterior, induzem uma quantidade significativa de atrasos no pipeline. O mecanismo chamado **previsor de salto** (***branch prediction***) foi criado para tentar minimizar a perda de trabalho no pipeline através da previsão do controle de fluxo [GON2010] [SHE2013]. Em outras palavras, o *branch predictor* tenta prever se cada desvio condicional irá ou não acontecer, para carregar para o pipeline as instruções que tem mais chances de serem as corretas após o desvio condicional. Com previsão de salto, as instruções "mais prováveis" são automaticamente carregadas no pipeline após instruções de desvio condicional.

O mecanismo parte da ideia de que o comportamento de desvios condicionais é altamente previsível. A técnica chave para minimizar as penalidades e maximizar o desempenho é especular tanto o endereço alvo como a condição do salto nas instruções de controle. Técnicas preditivas especulativas podem errar, então o hardware deve incluir um mecanismo de recuperação de erros de previsão.

A especulação sobre qual o endereço da instrução de máquina a ser executada após o desvio condicional (acontecer ou não) envolve o uso de um buffer chamado ***Branch Target Buffer*** (BTB). Ele armazena o endereço das instruções de máquina que foram executadas após este mesmo desvio condicional em passagens anteriores por este ponto do programa.

O BTB é uma memória cache pequena onde cada entrada contem dois campos: o endereço do desvio condicional (**BIA** – ***Branch Instruction Address***) e o endereço da instrução executada a seguir (**BTA** – ***Branch Target Address***). O BTB é acessado concorrentemente com o estágio de busca da instrução. Quando o contador de programa (*program counter*) é igual ao BIA, o campo BTA é utilizado para buscar a instrução de máquina a ser buscada após a instrução de desvio condicional. É um palpite, que poderá dar certo ou não. Caso a previsão esteja correta, a execução continua normalmente, o pipeline é totalmente aproveitado. Caso contrário, um erro de previsão ocorreu, deve-se iniciar a recuperação, o que significa descartar todo o trabalho já feito com as instruções erradas e fazer a busca da instrução de máquina correta. Um erro de previsão é custoso, porém taxas de acerto na ordem de 90% são comuns.

4.3.4 Memórias DRAM

As **memórias DRAM** (***Dynamic Random Access Memory***) são divididas em bancos que contêm uma ou mais matrizes de células que armazenam 1 bit cada. Cada célula é composta de um transistor e um capacitor. Esse capacitor sofre perdas de energia e precisa ser periodicamente "recarregado" para que sua tensão permaneça distinguível, em uma operação que é chamada de *refresh* [JAC2008] [REI2011].

Durante o *refresh* a memória não pode ser acessada, portanto acessos realizados durante o *refresh* precisam ser contidos (atrasados). Além disto, cada linha da matriz de células precisa ser transferida para um buffer antes de ser acessada. Células de uma mesma linha que já está no buffer podem ser acessadas sem necessitar de uma nova transferência para o buffer. Diferentes bancos são independentes e, portanto, podem ser acessados de forma paralela se a arquitetura permitir. Portanto, acessos consecutivos a uma memória DRAM podem ter latência (atraso) diferente, em função dos bancos, das linhas e das colunas acessadas, e essa latência é dependente do histórico de acessos anteriores. Por exemplo, dois acessos consecutivos a uma mesma linha fazem o buffer ser carregado apenas uma vez, enquanto dois acessos consecutivos a diferentes linhas fazem o buffer ser carregado duas vezes.

4.3.5 Acesso Direto à Memória – DMA

Controladores DMA (***Direct Memory Access*** **– Acesso Direto a Memória**) permitem que controladores de dispositivos periféricos acessem diretamente a memória, para a transferência rápida de dados, sem a necessidade do processador [SHE2013]. É um mecanismo muito eficiente para o caso de periféricos que fazem a leitura ou escrita de grandes blocos de dados de uma só vez, como um disco magnético ou um controlador ethernet.

Controladores DMA são conectados à memória através dos mesmos barramentos que o processador. Portanto podem causar atrasos devido à contenção, ou seja, disputa pelo barramento. Qualquer acesso do processador à memória sofrerá atrasos se ocorrer em um momento no qual o mecanismo de DMA estiver acessando-a. O acesso do controlador DMA impede o acesso do processador à memória, afetando os tempos de execução das instruções de máquina. A figura 4.8 ilustra a situação de barramento compartilhado entre o controlador de DMA e o processador.

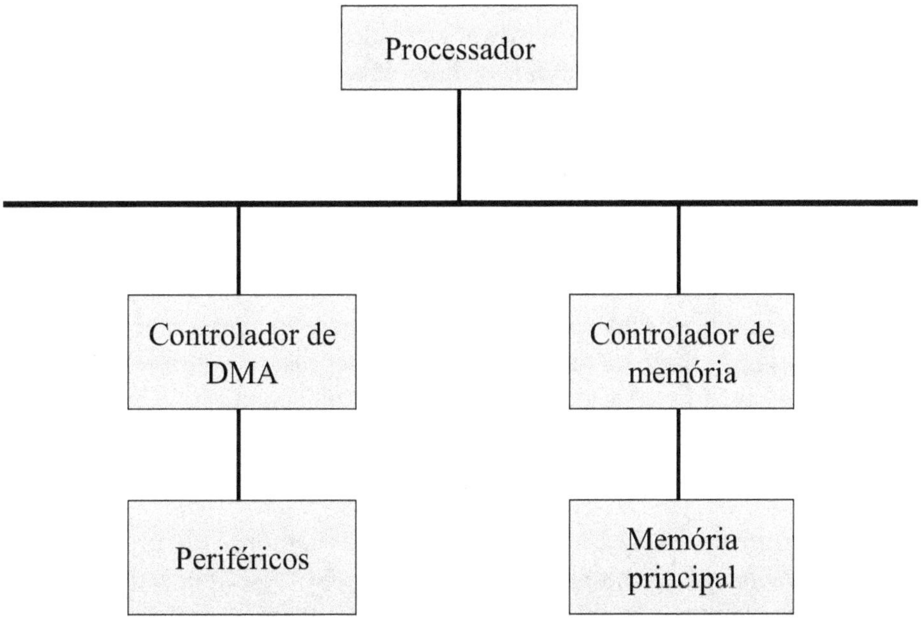

Figura 4.8 – Barramento da memória compartilhado por processador e controlador de DMA.

4.3.6 *Translation Lookaside Buffer* – TLB

Em computadores que empregam gerência de memória baseada em paginação, os processos utilizam endereços de memória lógicos, os quais precisam ser mapeados para endereços de memória físicos a cada acesso à memória. Mesmo que memória virtual não seja empregada, a paginação simples permite uma gestão mais eficaz da memória por parte do kernel do sistema operacional. Mais detalhes sobre paginação e gerência de memória podem ser encontrados no capítulo 8 ou em [TAN2014] e [STA2017].

A tradução de endereço lógico (usado pelos processos) para endereço físico (usado nos circuitos de memória) é feita através de consultas a tabelas de páginas, que indicam em qual página física foi colocada cada página lógica. O sistema operacional é responsável por construir e manter tais tabelas atualizadas. O componente de hardware chamado de **unidade de gerência de memória (MMU** – ***Memory Management Unit***) deve acessar o conteúdo das tabelas de páginas para determinar o endereço físico de cada acesso lógico que ocorre no computador. Em geral, cada entrada da tabela de páginas deve conter o endereço lógico de uma página, seu endereço físico, bits de permissão que dizem o que pode ser feito com aquela página (leitura, escrita, execução), além de outros bits necessários para realizar a gestão das tabelas de páginas.

As tabelas de páginas podem ser organizadas de várias formas, tais como tabelas de páginas diretas (*forward page tables*) ou tabelas de páginas invertidas (*inverted page tables* ou *hashed page tables*). Seja como for, as tabelas de páginas são relativamente grandes e ficam na memória principal. Porém, com o propósito de acelerar a tradução de endereço lógico para endereço físico, a MMU mantém uma cache interna com os mapeamentos recentemente feitos, armazenando porções da tabela de páginas. Esta cache interna da MMU é chamada de **TLB** (***Translation Lookaside Buffer***). A TLB contém um número pequeno de entradas de páginas, tipicamente de 64 a 256. Existe um hardware rápido de pesquisa associativa para realizar os mapeamentos. As informações necessárias que não são encontradas na TLB precisam ser buscadas na memória principal, o que torna o mapeamento em si bem mais lento. Porém, dada a forma como os programas são escritos, quase sempre com muitas pequenas funções, as taxas de acerto na TLB são superiores a 90%.

O efeito em termos de tempo de execução é que mapeamentos de endereço lógico para endereço físico que acontecem com informações presentes na TLB são significativamente mais rápidos que aqueles que precisam ser carregados da memória principal. Um acesso para leitura ou escrita da memória por parte da tarefa pode tornar necessária outra leitura prévia da memória, para recuperação das informações de mapeamento associadas com o endereço lógico acessado pela tarefa. Além disso, acessos a tabelas de páginas residentes em memórias DRAM estão ainda sujeitos às latências adicionais básicas desse tipo de memória.

Como este mapeamento é necessário a cada acesso à memória, ele produz efeitos semelhantes aos das memórias cache sobre os tempos de execução. No caso, por exemplo, de uma função C que é chamada, possivelmente a leitura da primeira instrução da função C requererá um acesso extra à tabela de páginas na memória para copiar as informações de mapeamento para a TLB. A segunda instrução da função C já terá suas informações de mapeamento na TLB, tornando o trabalho da MMU muito mais rápido. Desta forma, com respeito à TLB, o tempo de acesso à memória e, consequentemente, o tempo de execução de uma instrução de máquina, depende de quais instruções foram executadas antes.

4.3.7 Controle de Frequência

Muitos processadores modernos oferecem mecanismos para o **escalonamento dinâmico de frequência** (***dynamic frequency scaling***), o qual permite alterar a frequência do clock do processador dinamicamente, durante a execução do sistema. Isto é feito para economizar energia, reduzir a quantidade de calor gerado e também reduzir o nível de ruído gerado, através da redução da frequência do clock e consequente redução do desempenho. No caminho inverso, a frequência pode ser elevada em momentos de grande demanda por processamento. Atualmente esta técnica é usada em computadores dos mais variados tamanhos e propósitos.

No caso dos sistemas de tempo real, o escalonamento dinâmico de frequência tem um impacto direto e enorme nos tempos de execução das tarefas e, consequentemente, na capacidade ou não do sistema atender os seus requisitos temporais.

Computadores de propósito geral empregam a técnica de forma agressiva. No caso dos sistemas com requisitos temporais não críticos, onde a verificação do comportamento temporal é feita através de testes, o desenvolvedor precisa ficar atento aos efeitos deste mecanismo e seu uso pelo sistema operacional. Uma prática comum neste caso é simplesmente desligar o emprego de escalonamento dinâmico de frequência por parte do sistema operacional.

Por exemplo, no caso do sistema operacional Linux, isto é feito através do conceito de **governador de frequência do processador** (***CPU frequency governor***). O governador é responsável por determinar a frequência do processador, baseado em certos limites e certa heurística de decisão. No caso do Linux existem vários governadores, com diferentes propósitos, cabe ao usuário escolher qual usar. Por exemplo, são oferecidos governadores chamados "Performance", "Powersave", "Userspace", "Ondemand", "Conservative", "Schedutil", etc.

Em sistemas de tempo real críticos, a técnica de escalonamento dinâmico de frequência também pode ser usada. Porém, neste caso, é necessário verificar com mais rigor se todos os requisitos temporais serão atendidos. Em [BAM2016] são apresentadas várias técnicas de escalonamento tempo real avançadas que consideram a variação dinâmica da frequência do processador.

4.3.8 Modo de Gerência do Sistema

O **Modo de Gerência do Sistema** (**SMM** – ***System Management Mode***) é um modo de operação do processador criado para atividades de controle geral, notadamente proteção contra sobreaquecimento e gestão de energia. Tais atividades são invisíveis mesmo para o sistema operacional, e o código que as implementam fica normalmente em memória permanente (*firmware*), fora do acesso do sistema operacional. Dependendo do fabricante do computador, este recurso é usado ou não, e pode ser usado de diferentes maneiras. O problema é que fabricantes de computadores muitas vezes não divulgam o seu uso deste mecanismo e, portanto, qual o impacto temporal dele sobre o sistema operacional e as aplicações.

Por exemplo, processadores da arquitetura x86 (Intel 8086, 486, Pentium, etc.) possuem quatro modos de operação [AMD2010] [INT2010]. Modo real (*real mode*) é usado durante a inicialização do sistema (*boot sequence*). Depois o mesmo é chaveado para modo protegido (*protected mode*), onde recursos de hardware para a implementação de proteção entre processos ficam disponíveis para o sistema operacional, tais como níveis de proteção e paginação da memória. Existe ainda o modo 8086 virtual (*virtual 8086 mode*), o qual pode ser usado pelo sistema operacional para executar programas antigos desenvolvidos para o 8086 executando MS-DOS.

O modo de gerência do sistema (SMM) é o quarto modo possível. Quando o processador recebe uma SMI (*system mode interrupt*) ele entra no modo SMM, a execução das aplicações e do kernel do sistema operacional é suspensa, e o processador passa a executar um código específico, colocado no *firmware* do computador. O kernel do sistema operacional não controla mais o computador, até que o processador saia do modo SMM, quando o conteúdo dos registradores é reposto e tudo volta ao normal. O tempo que o computador permanece no modo SMM depende do código no *firmware*, o qual é definido pelo fabricante do computador e, em geral, não documentado publicamente. Interrupções SMI não podem ser desabilitadas nem mesmo pelo sistema operacional. Ao contrário das NMI (*non-maskable interrupt*), o sistema operacional não define as ações executadas na ocorrência da SMI. Isto é definido pelo fabricante do computador no seu *firmware*.

Em [STA2013] é mostrado como determinar o atraso gerado pela ocorrência de uma SMI em um determinado sistema. Existem computadores onde SMI nunca acontece, enquanto em outros elas ocorrem frequentemente, até mesmo várias por segundo. O artigo mostra que as interrupções SMI são invisíveis para o kernel do sistema operacional em computadores com arquitetura x86. Um método para a medição das ativações do SMM é descrito e usado para analisar diversos computadores comerciais de prateleira (COTS - *commercial off-the-shelf*).

O SMM é usado para implementar funcionalidades diferentes em diferentes computadores, principalmente relacionadas com a proteção física do sistema. Desta forma, a frequência de ativação e o tempo de atraso introduzido variam de computador para computador. Infelizmente os fabricantes de computadores não costumam fornecer informações detalhadas sobre os aspectos temporais do SMM.

4.3.9 Múltiplas Threads em Hardware

Hiperprocessamento (***hyper-threading***) é uma tecnologia usada em processadores para que, a partir da duplicação de alguns de seus componentes em hardware, possam ser executados vários (normalmente dois) fluxos de controle concorrentes e independentes [TAN2012] [HEN2012]. Como nem todos os componentes de hardware são duplicados, não se trata de um processador com dois núcleos (*multicore*). Trata-se de duas threads em hardware que compartilham um processador parcialmente duplicado. A vantagem está em obter mais processamento médio por unidade de tempo do que com apenas uma thread de hardware no processador original.

Em processadores com *hyperthreading*, cada thread de hardware possui seu próprio conjunto de registradores e controlador de interrupção, enquanto outros componentes do processador são compartilhados (unidade lógico-aritmética, memória cache, barramentos). Este compartilhamento gera momentos quando uma thread de hardware precisa esperar pela outra pois ambas precisam do mesmo componente de hardware não duplicado. Portanto, o desempenho é necessariamente menor do que seria obtido com dois processadores completos. Entretanto, o processamento resultante é maior do que seria obtido com apenas um processador convencional. Em geral assume-se um ganho de 30% na capacidade de processamento. Um processador com quatro núcleos e *hyperthreading* tem grosso modo a capacidade de processamento equivalente de um processador com cinco núcleos.

O grande problema de *hyperthreading* para os sistemas de tempo real é o fato do tempo de execução de uma tarefa depender profundamente do que sua companheira de processador está fazendo. Uma tarefa sofrerá mais ou menos atrasos dependendo dos conflitos que ela tiver com a outra tarefa que executa no mesmo processador e compartilha componentes de hardware. A mesma tarefa pode exibir tempos de execução muito diferentes caso execute em um momento sozinha e em outro momento com outra tarefa pesada como companheira de *hyperthreading*. Em outras palavras, o tempo de execução das tarefas depende da interferência entre threads de hardware que compartilham o mesmo processador. Esta interferência apresenta grande variabilidade, pois depende de quais instruções de máquina as tarefas (cada thread de hardware) executam simultaneamente a cada instante. Um aspecto crítico é como decidir qual thread de hardware executa antes na ocorrência de conflito pelo uso de algum componente de hardware.

Hyperthreading não é recomendada para sistemas de tempo real, pois a variação gerada nos tempos de execução torna a verificação dos requisitos temporais muito difícil. Muitas vezes o ganho no desempenho global (*throughput*) de cerca de 30% não compensa a falta de previsibilidade com respeito ao cumprimento dos requisitos temporais. Somente faz sentido usar *hyperthreading* em sistemas de tempo real com requisitos temporais muito brandos (*very-soft real-time systems*).

4.3.10 Impacto dos Tratadores de Interrupção e de Múltiplas Tarefas

As seções anteriores mostraram que o tempo de execução de uma instrução de máquina depende do que aconteceu antes no processador, caso mecanismos de aceleração com comportamento probabilista sejam empregados. Foram apresentados especificamente seis mecanismos de hardware que são muito usados na prática. Em todos eles, as instruções de máquina executadas no passado impactam os tempos de execução das instruções de máquina seguintes. Temos que:

- O fato de uma instrução ou de um dado ter sido acessado recentemente aumenta as chances de ele ser encontrado na memória cache, o que reduziria em várias vezes o seu tempo de acesso;

- O fato da instrução anterior ser um desvio condicional que provocou o esvaziamento do pipeline aumenta em várias vezes o tempo de execução da instrução de máquina imediatamente após a execução do desvio;

- O fato do previsor de saltos acertar a decisão de um desvio condicional (desvia do fluxo sequencial ou não desvia) permite que sejam carregadas para o pipeline as instruções corretas a serem executadas após o desvio condicional, evitando o esvaziamento do pipeline e diminuindo o tempo de execução de tais instruções;

- O fato de dois dados estarem na mesma linha do mesmo banco de uma memória DRAM reduz o tempo para buscar tais dados na memória;

- O fato do controlador de DMA ocupar o barramento de memória exatamente no momento que uma instrução de máquina requer acesso à memória aumenta em muito o seu tempo de execução;

- O fato de uma instrução de máquina residir em uma página lógica cuja informação de mapeamento se encontra na TLB da MMU reduz para a metade o tempo de ler esta instrução de máquina da memória (*fetch*).

É preciso ainda observar que todos estes mecanismos de hardware operam simultaneamente. Isto é, o que um deles faz acaba afetando o comportamento dos demais e torna complexo tentar prever quanto tempo exatamente cada instrução de máquina demora, a cada vez que ela é executada. Esta questão será tratada com mais detalhes no capítulo 5 e no capítulo 6, que tratam da estimação do WCET.

Todos os exemplos apresentados acima consideraram a execução de apenas uma tarefa. Ou seja, o tempo de execução de cada instrução de máquina depende do histórico da tarefa, ou seja, de quais instruções de máquina ela executou antes.

Na grande maioria dos sistemas de tempo real uma tarefa não está sozinha no computador. Sua execução é por vezes interrompida e depois retomada do ponto onde parou. Isto é feito para que seja possível executar os tratadores de interrupções de periféricos e também tarefas de mais alta prioridade em sistemas operacionais multitarefa (multiprogramados). A execução de múltiplas tarefas em um mesmo processador de forma concorrente (alternada) torna necessária a troca de contexto de execução. A tarefa em execução é interrompida, seu contexto (estado do processador) é armazenado, uma nova tarefa tem seu contexto restaurado e passa a executar (ver capítulo 7 e capítulo 8).

No caso de uma tarefa X ser interrompida por um tratador de interrupção ou para a execução de outras tarefas, todos os exemplos acima de como o tempo de execução de uma instrução de máquina pode variar continuam válidos. Porém, agora a situação é muito pior, pois a execução de um trecho de código que não pertence à tarefa X em questão (pertence ao tratador de interrupções ou a outras tarefas) vai destruir a história da tarefa X nos vários mecanismos de hardware:

- Instruções e dados da tarefa X serão removidos da memória cache para abrir espaço para novas instruções e dados dos tratadores de interrupções e/ou outras tarefas;

- Quando ocorre o desvio da execução, interrompendo a tarefa X, o conteúdo do pipeline é esvaziado e no retorno da tarefa X o pipeline inicia vazio;

- A memória do *branch predictor* é limitada e as informações relativas à tarefa X serão substituídas pelas informações dos outros códigos, fazendo com que no retorno da tarefa X o *branch predictor* precise "aprender" novamente como são os desvios condicionais da tarefa X;

- Uma sequência de acessos pela tarefa X a dados da mesma linha e banco da memória DRAM seria interrompida;

- As demais tarefas do sistema podem solicitar acessos a periféricos que aumentam a atividade do controlador de DMA, gerando mais contenção nos barramentos de memória, quando a tarefa X volta a executar;

- Informações de mapeamento relativas à memória lógica da tarefa X serão removidas da TLB da MMU para abrir espaço para as informações de mapeamento das outras tarefas executando.

Na presença de mecanismos de hardware que aceleram a execução, mas apresentam comportamento variável dependendo da história das instruções executadas antes, o tempo de execução de uma instrução de máquina varia. Além disto, no caso de múltiplos fluxos de execução intercalados, tais como tratadores de interrupções e múltiplas tarefas que compartilham o mesmo processador, a variabilidade dos tempos de execução é ainda maior, pelo grande impacto que os chaveamentos de contexto causam nos mecanismos de hardware. Mecanismos como SMM, *hyperthreading* e controle dinâmico de frequência pioram o cenário.

Em computadores que incluem tais mecanismos de hardware (a grande maioria atualmente), é muito difícil senão impossível calcular analiticamente o tempo de execução no pior caso de uma tarefa, o que seria o ideal. Isto leva a proposições baseadas em medição e métodos estatísticos. O grande problema da determinação do WCET em arquiteturas de computadores modernos será tratado no capítulo 5 e no capítulo 6.

4.4 Exercícios

1) Construa uma função ou sub-rotina simples, preferencialmente em C ou assembly, e construa manualmente o Grafo de Fluxo de Controle dela. Se ficar muito complexo para fazer a mão, simplifique o programa. Precisa ter pelo menos um IF e um laço.

2) Considerando o Grafo de Fluxo de Controle construído na questão anterior, quantos caminhos de execução diferentes existem entre o início e o fim da função ?

3) É possível identificar quais dados de entrada conduzem ao caminho mais longo em termos de linhas de código ?

4) Como dados de entrada do passado, de ativações passadas da tarefa, podem alterar o seu fluxo de controle em uma execução no futuro ?

5) Caso já tenha programado um microcontrolador alguma vez, o microcontrolador que você programou tinha memória cache ? Tinha pipeline ? O que a documentação dele fala sobre o tempo de execução de cada instrução de máquina ?

6) Suponha que no computador em questão o acesso a um dado na cache demore 1us e o acesso ao mesmo dado na memória principal demore 100us. A tarefa X possui uma taxa média de acertos na cache de 95%. Considerando apenas este fator, e o fato da tarefa fazer 100.000 acessos a dados durante sua execução, qual será o seu tempo de execução ? Se não existisse a memória cache, qual seria o seu tempo de execução ?

7) Considere o computador desktop ou notebook que você utiliza no dia a dia. Identifique qual processador ele usa. Pesquise a documentação do fabricante deste modelo de processador e liste os elementos de aceleração probabilista que ele inclui. Esta informação provavelmente estará espalhada pelo site do fornecedor.

8) Na implementação de threads é possível que uma thread B em execução seja temporariamente suspensa para a execução de outra thread A de mais alta prioridade. De que maneira a execução da thread A poderá aumentar o **tempo de execução** que falta para completar a thread B ?

9) Com respeito à variabilidade dos tempos de execução das tarefas, é possível afirmar que:

a) Mesmo uma tarefa sem laços nem desvios (IF) pode ter um tempo de execução variável.

b) Uma tarefa executada com os mesmos dados de entrada apresenta sempre o mesmo tempo de execução.

c) O tempo de execução não varia desde que a tarefa execute sozinha no computador.

d) O conteúdo das variáveis globais não tem como afetar o tempo de execução das tarefas.

10) Com respeito à variabilidade dos tempos de execução das tarefas, é possível afirmar que:

a) O tempo de execução de uma dada instrução de máquina é sempre constante.

b) O tempo de execução de uma tarefa pode ser afetado por outras tarefas, através do impacto que elas causam através dos mecanismos de aceleração do hardware.

c) Mecanismos de aceleração do hardware, tais como pipelines e memórias cache, não afetam a variância dos tempos de execução.

d) Mecanismos de aceleração do hardware não são usados em sistemas embarcados.

5. Estimação do WCET usando Análise Estática

Quais são as técnicas para estimar analiticamente o tempo de execução no pior caso ?

Sistemas de tempo real são classificados de acordo com a criticalidade dos requisitos temporais em sistemas críticos (*hard real-time*) e sistemas não críticos (*soft real-time*). Para sistemas críticos é necessário oferecer garantias quanto ao atendimento dos deadlines. Para isto é necessário conhecer o tempo de execução no pior caso (WCET – *Worst Case Execution Time*) de cada tarefa. Mesmo para sistemas não críticos esta é uma informação relevante.

Neste capítulo é mostrado como Análise Estática pode ser usada na obtenção de uma estimativa que represente um limite superior seguro (*upper-bound*) para o WCET, ou seja, uma estimativa que será sempre igual ou maior do que o verdadeiro valor do WCET.

5.1 Introdução

Existe uma demanda crescente por capacidade de processamento, inclusive nos sistemas de tempo real. Uma maior capacidade de processamento requer o uso de arquiteturas de computador modernas e complexas. Entretanto, arquiteturas modernas são projetadas visando a redução do **tempo médio de execução (ACET – *Average-Case Execution Time*)**. Arquiteturas modernas geram tempos de execução variáveis e podem apresentar um comportamento patológico no pior caso, o qual tem uma probabilidade muito pequena de ocorrer, porém uma probabilidade maior que zero (ou seja, é possível ocorrer).

A figura 5.1 ilustra a distribuição dos tempos de execução Ck de uma dada tarefa τk. A curva contínua mostra as probabilidades considerando todos os cenários e entradas possíveis, ou seja, tudo o que pode ocorrer com a tarefa τk. Uma execução em particular de τk vai demorar (tempo de execução) um valor que aparece no eixo x da curva contínua. Já a curva tracejada mostra as frequências dos tempos de execução observadas durante certo número de testes com a tarefa. Em geral é improvável gerar nos testes as condições que levam aos tempos de execução extremos (mais demorados e mais lentos). Por isto os tempos de execução observados (curva tracejada) são diferentes daquilo tudo que poderia ocorrer (curva contínua).

Para ocorrer o tempo de execução no pior caso de uma tarefa é necessário que os piores comportamentos para o software e para o hardware aconteçam ao mesmo tempo. Isto inclui o pior fluxo de controle (caminho) dentro do código da tarefa, os piores dados de entrada, os piores valores para variáveis globais, o pior comportamento das caches, o pior comportamento do pipeline, o pior comportamento do *branch predictor*, enfim o pior comportamento de tudo.

Na análise estática o WCET é estimado sem executar o código. Esta estimativa representa na verdade um **limite superior seguro (*upper-bound*)**. A precisão da estimativa do WCET vai depender das técnicas de análise utilizadas. Não é possível obter limites superiores para os tempos de execução de programas em geral pois seria equivalente a resolver o problema da parada (*halting problem*). Para estimar o WCET é necessário uma forma restrita de programação, a qual garante que o programa sempre termina. Alguns analisadores não permitem recursão e exigem que laços tenham um número de iterações explicitamente limitado. Em geral, o cenário que gera o pior tempo de execução de uma tarefa não é conhecido de antemão, e muito difícil de identificar: dados de entrada, valores das variáveis globais, estado inicial do hardware (cache, pipeline, *branch predictor*, etc.).

O método mais empregado na prática para estimar o tempo de execução no pior caso é simplesmente executar a tarefa (medição). Mede-se o tempo de execução da tarefa sozinha para um certo número de cenários (casos de teste). Com isto é obtido o máximo tempo de execução observado (linha tracejada na figura 5.1), o que também é chamado de **Marca D'água (HWM –** ***High Water Mark***,). Porém, como colocado antes, é altamente improvável que o verdadeiro WCET seja observado em testes, e a estimativa gerada por medições será sempre otimista. Normalmente o tempo máximo de execução observado será menor que o verdadeiro (e desconhecido) WCET (linha contínua na figura 5.1). Por exemplo, uma prática comum na indústria é usar como estimativa do WCET o valor HWM adicionado de uma margem de segurança (20% é um valor típico). Mesmo com a margem de segurança de 20% não é possível termos certeza que a estimativa é superior ao verdadeiro WCET.

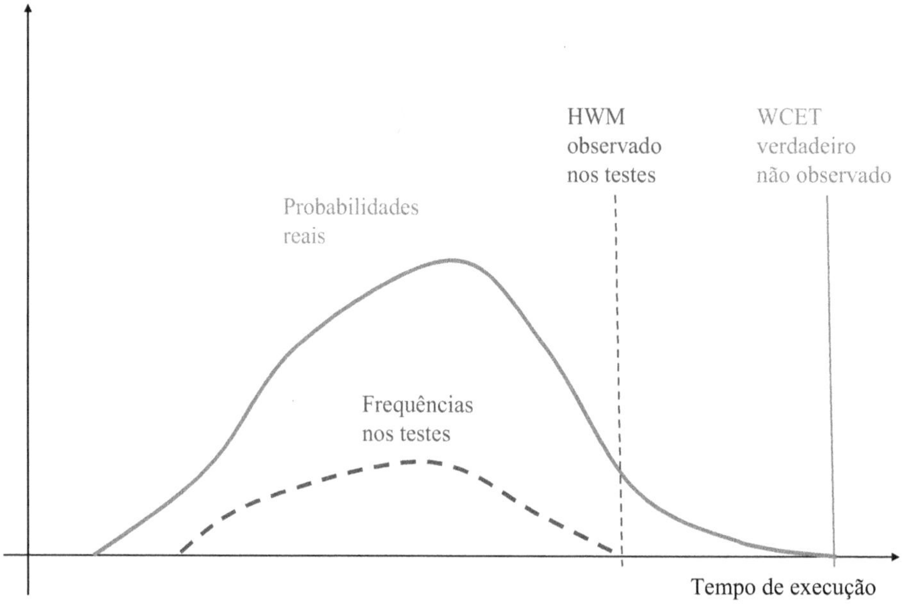

Figura 5.1 – Distribuição dos tempos de execução de uma dada tarefa.

Uma estimativa garantidamente segura para o WCET requer que o método usado considere todos os possíveis tempos de execução. Tais métodos realizam uma análise estática do código da tarefa, sem executá-lo realmente. Uma visão abstrata da tarefa é empregada para simplificar o trabalho. Mas esta visão abstrata da tarefa implica em alguma perda de informação. Uma simplificação pessimista da tarefa é empregada de forma que a estimativa obtida é um limite superior para o WCET (*upper bound*). Ou seja, a estimativa obtida é garantidamente maior que o verdadeiro WCET. Exatamente o quanto pessimista é a estimativa depende dos métodos usados para fazer a análise estática e da previsibilidade do sistema em questão. Previsibilidade no caso tanto do comportamento do hardware como do fluxo de controle da tarefa.

5.2 Importância do Tipo de Hardware

Como visto no capítulo 4, o hardware usado tem um grande impacto sobre a variabilidade do tempo de execução e sua previsibilidade. O caso mais fácil são os processadores clássicos de 8 e 16 bits com arquiteturas simples, como por exemplo o Intel MCS-51 e o ATmega128, onde cada instrução tem um tempo fixo de execução. Tais processadores são fáceis de modelar com respeito aos tempos do hardware e o principal trabalho a fazer na análise do WCET é determinar o grafo de fluxo de controle e o caminho mais longo do início ao fim deste grafo. Entretanto, estes processadores são cada vez menos usados, em função da sua limitação de desempenho.

Existem também processadores com pipeline simples, que executam as instruções exatamente na ordem na qual elas aparecem no programa (*in-order pipeline*). Por exemplo, os processadores ARM7 TDMI. Este tipo de processador é muito usado atualmente em computadores embutidos em equipamentos (*embedded systems*) com restrições de custo, mas que necessitam mais desempenho do que o disponível em processadores clássicos de 8 e 16 bits. Processadores desta classe incluem pipeline e memória cache, porém com uma solução simples, de forma que é possível fazer a análise estática do WCET neste tipo de hardware, como será visto neste capítulo.

Para aplicações mais complexas, que exigem maior desempenho do hardware, é necessário empregar processadores com arquiteturas complexas. Nestes processadores existem memórias cache e pipelines com execução fora de ordem, como por exemplo o PowerPC 750, PowerPC 7448 e ARM Cortex R. A análise estática deste tipo de processador é muito mais difícil.

A tendência atual é que a arquitetura dos computadores fique cada vez mais complexa. Elementos especulativos (com comportamento probabilista) são cada vez mais usados para aumentar o desempenho médio do processador, embora com isto aumentando a variabilidade do tempo de execução e tornando muito mais difícil prever seu comportamento. Tais arquiteturas utilizam múltiplas threads de hardware em cada núcleo do processador (*hyperthreading*), pipelines com muitos estágios em paralelo (*deep pipeline*) e ainda diversos níveis de cache (hierarquia de cache). Podemos citar nesta classe o Intel Core i7 e IBM Power9.

5.3 Análise Estática

O objetivo da análise estática é determinar o tempo de execução no pior caso (WCET) sem realmente executar a tarefa. As técnicas de análise estática determinam estimativas através de modelos do programa e do hardware. Os modelos devem ser corretos, mas não são necessariamente exatos. Os valores obtidos são seguros, ou seja, o WCET estimado sempre será maior do que o WCET real. Para tanto, na falta de informações do modelo, o tempo de execução será pessimista. Na prática a análise estática obtém um limite superior (*upper bound*) para o WCET. A análise estática é discutida em detalhes no artigo [WIL2008].

A análise estática determina um limite superior para o tempo de execução de uma **tarefa** quando executada em um **hardware específico**. O tempo de uma execução em particular depende do caminho na tarefa feito pelo fluxo de controle e do tempo gasto nas instruções de máquina neste caminho e neste hardware. A determinação de um limite para o tempo de execução precisa considerar todos os caminhos possíveis para o fluxo de controle, e os tempos de execução das instruções neste conjunto de caminhos. A abordagem típica divide o problema da análise em uma sequência de subproblemas. Alguns lidam com as questões do fluxo de controle. Outros lidam com o tempo de execução de sequências de instruções de máquina. Vários métodos distintos são usados para atacar os vários subproblemas.

A análise estática apresenta várias limitações. O número máximo de iterações em laços precisa ser conhecido. Na maioria das vezes a recursão é proibida. Não é possível usar ponteiros (*pointers*) para dados e funções que não possam ser resolvidos (conhecidos) estaticamente. Muitas vezes não é possível usar alocação dinâmica de memória. Muitas análises requerem que o padrão no processador em questão para chamadas de função seja rigorosamente seguido. Atualmente apenas monoprocessadores são suportados.

Determinar o número máximo de iterações para cada laço da tarefa pode ser difícil. Modelar corretamente o comportamento do processador, com seus diversos elementos, pode ser muito difícil. Uma análise estática baseada em suposições erradas a respeito do comportamento do processador gerará resultados errados.

A maioria das análises supõe que a tarefa analisada seja executada sem interrupções, ou seja, com interrupções desabilitadas. A preempção da tarefa por tratadores de interrupção ou outras tarefas de mais alta prioridade causam grandes perturbações no contexto de execução, principalmente na memória cache. A execução de uma tarefa de mais alta prioridade vai arruinar o conteúdo da cache para a tarefa que sofreu a preempção. Ao voltar, a tarefa preemptada precisa recarregar a memória cache com seus conteúdos. Exatamente quanto tempo será perdido neste caso depende do código das duas tarefas.

5.4 Análise do Fluxo de Controle

Uma tarefa irá exibir seu WCET em um caminho de execução específico, ou seja, o caminho de execução no pior caso (**WCRP** – ***Worst-Case Execution Path***). Algumas vezes diversos caminhos de execução podem levar ao WCET, mas isto não é a regra.

Se os dados de entrada e o estado inicial do hardware (conteúdo inicial de cache, pipeline, previsor de saltos, etc.) que leva ao WCET fosse conhecido, obter o WCET seria bem mais fácil.

Bastaria executar a tarefa com estes dados de entrada a partir destas condições iniciais e medir o tempo de execução. Entretanto, em geral, isto não é possível.

O **Grafo de Fluxo de Controle** (**GFC** – ***Control-Flow Graph***) é usado para descrever todos os caminhos de execução possíveis. Ele inclui o **Grafo de Chamadas** (***Call Graph***), que mostra qual sub-rotina (função) chama qual sub-rotina (função) na tarefa.

Muitas vezes os nodos do Grafo de Fluxo de Controle não são instruções de máquina individuais, mas sim blocos básicos. Um **Bloco Básico** (**BB** – ***Basic Block***) é uma sequência de instruções de máquina consecutivas nas quais a execução sempre inicia pela primeira instrução do bloco básico e sempre termina na última instrução do bloco básico. Ou seja, não existem desvios para entrar no meio do bloco básico e não existem desvios para sair no meio do bloco básico. Em um bloco básico, o fluxo de execução sempre vai do início até o fim, sem interrupções nem desvios de fluxo [MUC1997] [ENG1999]. A figura 5.2 apresenta um exemplo de Grafo de Fluxo de Controle com quatro blocos básicos.

```
i = 5;
i = i * j;
if( i > 55 )
  {  z = i;
     i = 0;
     }
else
  {  z = j;
     j = 0;
     }
K = i + j;
return;
```

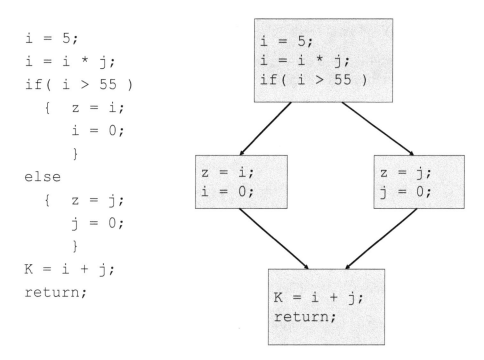

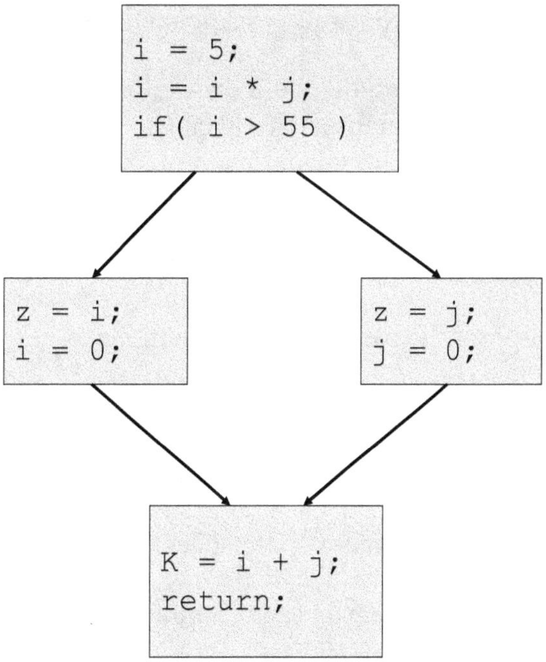

Figura 5.2 – Exemplo de Grafo de Fluxo de Controle.

Seria mais fácil construir o Grafo de Fluxo de Controle a partir do código fonte, pois os desvios e as chamadas são fáceis de identificar ali. Entretanto, é difícil mapear o GFC obtido a partir do código fonte para as instruções de máquina no código binário por causa das otimizações que o compilador realiza. Compiladores modernos são agressivos no que diz respeito a otimizar o código, e isto implica em gerar um código de máquina as vezes muito diferente daquele que um programador humano esperaria encontrar a partir do código fonte em questão. O código binário já inclui também a ligação entre os módulos compilados separadamente e as bibliotecas da linguagem de programação. Por estas razões o Grafo de Fluxo de Controle é geralmente construído a partir do código de máquina.

O GFC deve conter todas as instruções da tarefa. A construção do GFC é dificultada pela existência de saltos dinâmicos (indexados), que surgem na compilação de comandos do tipo SWITCH/CASE. Neste caso pode ser necessária também a análise do código fonte para identificar os alvos dos saltos. Dificuldades adicionais são criadas por chamadas de sub-rotina com endereço calculado (variável). Por exemplo, quando são usados ponteiros para funções em um programa na linguagem C.

O propósito da análise do fluxo de controle é gerar informações sobre os possíveis caminhos da execução. Este conjunto de caminhos é sempre finito, pois a terminação do programa precisa ser garantida. Embora o número exato de caminhos possíveis possa ser difícil de determinar, uma aproximação segura pode ser usada. Para isto, além do GFC, podem ser usados limites para os valores possíveis dos dados de entrada e limites para o número de iterações dos laços, os quais podem ser determinados por **análise de valor** ou fornecidos pelo desenvolvedor via comentários no código ou arquivos adicionais.

A anotação do código da tarefa com informações disponíveis do desenvolvedor da aplicação pode facilitar muito a análise. São tipicamente anotadas informações adicionais tais como:

- Layout de memória e características das diferentes áreas de memória, principalmente o tempo de acesso (microcontroladores podem ter memória interna e externa, com tempos de acesso muito diferentes);

- Valores possíveis para os dados de entrada;

- Limites para o número de iterações de cada laço;

- Limites para o número de chamadas recursivas;

- Relações entre o número de iterações de laços internos e variáveis usadas no laço externo;

- Frequência esperada para cada caminho em um dado saldo condicional (comando IF);

- Chamadas de sub-rotina que fogem do padrão para o processador em questão, o que acontece quando o código não é compilado mas sim programado diretamente em linguagem de máquina (ou linguagem assembly).

A decisão de qual dos possíveis caminhos será seguido pela execução da tarefa é tomada com base nos dados de entrada. Porém, alguns caminhos que aparecem no GFC podem ser impossíveis, não importando os dados de entrada. Por exemplo, no código

```
IF(A>B) X();
IF(A<B) Y();
```

se X() não altera nem A nem B, jamais X() e Y() serão executados na mesma passada. Eliminar tais caminhos impossíveis vai aumentar a precisão da análise pois vai evitar que o GFC mostre como pior caminho na verdade um caminho que é impossível.

A **análise do fluxo de controle** (***control-flow analysis***) busca eliminar caminhos impossíveis e também determinar um limite máximo para o número de iterações de cada laço. Para isto as informações adicionais fornecidas pelo programador (anotações no código fonte) são importantes. Porém, outra técnica importante é a **análise de valor**, a qual analisa os valores possíveis para as variáveis e as expressões dos comandos que podem causar desvios.

A **análise de valor** (***value analysis***) é capaz de determinar várias informações relevantes para a análise estática do tempo de execução, especialmente em programas com código bem comportado. A análise de valor computa os intervalos possíveis para valores armazenados nos registradores do processador, assim como nas variáveis de memória. Além de tentar determinar limites para o número de iterações de laços e caminhos impossíveis, a análise de valor busca computar os endereços de memória efetivamente gerados quando ponteiros (*pointers*) são usados no programa, o que será muito útil mais tarde na análise da memória cache.

Processadores complexos podem na verdade executar as instruções de máquina em uma ordem diferente daquela que aparece no código binário do programa, ou seja, daquela suposta pela análise do fluxo de controle. Isto acontece devido a técnicas tais como pipeline com busca antecipada (*prefetching*), pipeline com postergação de salto (*delayed branching*), previsão de saltos (*branch prediction*) e execução especulativa ou fora de ordem (*out-of-order*). A análise estática nestes casos fica muito mais difícil ou mesmo impraticável [CAR2018].

5.5 Análise do Comportamento do Processador

Em processadores clássicos simples (8 e 16 bits) é possível assumir que o tempo de execução de uma instrução de máquina é constante, ele independe de contexto. O tempo de execução de uma dada instrução de máquina individual independe do que foi executado antes, independe da história da execução (a qual determina o contexto no qual a execução chega a uma dada instrução de máquina). Estes tempos podem ser encontrados no manual do processador, podendo variar conforme o tipo de operando da instrução de máquina (registrador ou memória) ou da área de memória acessada (memória interna ou memória externa no caso de um microcontrolador).

No caso de independência de contexto, se a tarefa primeiro executa um trecho de código "A" e depois um trecho "B", e o tempo de execução de "A" no pior caso é WCET(A), e o tempo de execução de "B" no pior caso é WCET(B), então a execução no pior caso de "A;B" será WCET(A)+WCET(B).

Esta independência de contexto não é verdadeira para processadores um pouco mais modernos (em geral 16 e 32 bits). A maioria deles inclui memória cache (pelo menos de instruções) e pipeline simples (escalar). O tempo de execução de uma instrução de máquina individual neste caso pode variar por várias ordens de magnitude, dependendo do estado do processador quando ela é executada. Neste caso, as instruções de máquina apresentam tempo de execução dependente do contexto deixado pela história da execução até o momento. No caso do exemplo anterior "A;B", o tempo de execução de "B" vai depender do contexto deixado pela execução de "A". Isto significa depender do estado deixado por "A" no pipeline, na cache, etc. Pior ainda, podem existir vários outros caminhos para chegar até "B", via saltos para "B". Cada caminho para chegar em "B" gera um diferente contexto de execução para "B", potencialmente resultando em diferentes tempos de execução.

A obtenção de limites para o tempo de execução de uma instrução de máquina vai depender do estado do processador quando ela for executada. Informações sobre o estado do processador são obtidas através da análise dos potenciais caminhos de execução que levaram até aquela instrução. Diferentes estados nos quais a instrução pode ser executada podem levar a tempos de execução muito variáveis.

Suponha que um laço itere 100 vezes e o tempo de execução do corpo do laço no pior caso seja 1ms. Mas suponha que este tempo na verdade ocorra apenas na primeira vez que o corpo do laço é executado. Nas demais outras 99 vezes a memória cache foi povoada com os blocos de memória do laço e o tempo de execução no pior caso é de 0,5 ms. O tempo total no pior caso sem análise de cache seria estimado em 100 x 1 ms = 100 ms. Porém, com análise de cache, o tempo total no pior caso seria estimado em 1 x 1 ms + 99 x 0.5 ms = 50,5 ms.

A precisão da estimativa é melhorada se forem consideradas as possíveis histórias de execução que aconteceram até então, definindo assim os contextos de execução possíveis para cada instrução de máquina. A história de execução é o caminho que a execução seguiu até chegar em um ponto específico do programa, passando por laços, desvios, chamadas de sub-rotinas, etc. Sempre que existir dúvida sobre o contexto de execução uma suposição pessimista deve ser empregada, ou todas as possibilidades precisam ser exploradas na análise, para termos certeza que o pior caso foi considerado.

O contexto de execução inclui conhecimento estático sobre o conteúdo da memória cache, a ocupação das unidades funcionais do pipeline, o estado interno do previsor de saltos (*branch-predictor*), e qualquer outro elemento de hardware que apresente comportamento variável e influencie o tempo de execução das instruções de máquina. Este conhecimento será usado para determinar se a posição de memória acessada está ou não na memória cache, para determinar se haverá algum atraso (*stall*) no pipeline, para determinar se o previsor de saltos irá acertar ou errar sua previsão, e assim por diante.

A análise do comportamento do processador reúne informações sobre o comportamento do processador durante a execução de uma dada tarefa. Especificamente o comportamento dos componentes que influenciam os tempos de execução. Portanto, a análise do comportamento do processador requer um modelo da arquitetura do processador. Este modelo não precisa incluir todos os detalhes da funcionalidade do processador. Basta um modelo simplificado que seja seguro com respeito aos tempos de execução das instruções de máquina. A corretude da análise depende obviamente da corretude temporal do modelo usado. A criação de tal modelo é a etapa mais difícil da análise estática dos tempos de execução [SCH1999] [THE2004].

Em geral, os fabricantes de processadores não divulgam informações detalhadas sobre a organização interna do processador (microarquitetura). Quem faz a análise estática precisa então desenvolver e validar o modelo do processador que será usado. Esta validação pode ser feita com medições e observações. Tempos de execução medidos são comparados com os tempos de execução previstos pelo modelo. Eventos observados na execução real são comparados com eventos previstos pelo modelo. De qualquer forma, a validação sempre será limitada. Ela é capaz de mostrar a presença de erros mas ela não é capaz de provar a ausência de erros.

A complexidade da análise do comportamento do processador obviamente depende da complexidade da arquitetura do processor. Os microprocessadores mais poderosos sofrem o que é chamado de **Anomalias Temporais** (***timing anomalies***). Anomalias são influências contraintuitivas da execução de uma certa instrução de máquina no tempo de execução total da tarefa. São causadas pela presença de muitas características incluídas para melhorar o desempenho de forma probabilística que acabam afetando umas às outras de forma complexa. Neste caso, a construção de modelo temporal apropriado é muito difícil, beirando o impraticável.

Por exemplo, suponha que não é sabido se a próxima instrução de máquina a ser buscada na memória (digamos instrução X) está ou não na memória cache. Se a instrução X não estiver na cache haverá uma falta da cache (*cache miss*) e o tempo de execução será maior. Se a instrução X estiver na cache (*cache hit*) o acesso será rápido e o tempo de execução será menor. A intuição sugere que o segundo caso (*cache hit*) sempre levará a um tempo menor de execução total para a tarefa.

Em processadores com **anomalias temporais** isto pode não acontecer. A execução mais rápida (*cache hit*) da instrução X pode levar a um tempo maior de execução para a tarefa como um todo. Por exemplo, se a previsão de saltos (*branch prediction*) errar um salto anterior à instrução X, ela na verdade não deveria ser executada. Um *cache hit* aumentaria o prejuízo da previsão errada, enquanto um *cache miss* limitaria o prejuízo, gerando um tempo de execução total menor para a tarefa [HEA1999].

Um caso especial de anomalia temporal é o **efeito dominó** (***domino effect***), quando uma sequência de instruções é executada em um laço, dependendo do estado inicial do pipeline ou da memória cache, o tempo de execução do corpo do laço irá variar a cada iteração sem convergir para nenhum valor específico. Neste caso, não é possível assumir um único tempo de execução para todas as iterações.

Anomalias temporais violam a suposição intuitiva de que com o pior caso local chegaremos ao pior caso global. Com anomalias temporais não é possível fazer a análise simplesmente buscando o pior caso para cada instrução de máquina individualmente e depois somando tudo. Isto não resulta no pior tempo de execução para a tarefa como um todo. A existência de anomalias temporais em um processador limita os métodos de análise que podem ser aplicados e torna a análise muito mais complexa. A análise é forçada a seguir a execução por vários caminhos alternativos, pois o pior caminho não é conhecido a priori. Isto até ter certeza sobre qual o pior caminho. Logo, o espaço de busca torna-se muito grande.

5.5.1 Análise da Memória Cache

Com respeito à memória cache, uma abordagem segura para a análise seria supor sempre falta na cache (*cache miss*), ou seja, fazer a análise como se não existisse memória cache. Entretanto, o impacto da memória cache no tempo de execução é muito grande para ser ignorado. Tal abordagem faria uma estimativa pessimista demais para o WCET.

A **análise da cache** (***cache analysis***) busca determinar qual é o conteúdo da memória cache a cada ponto da execução do programa. Isto seria fácil para um programa sem desvios e com o conteúdo inicial da cache conhecido, bastaria simular o comportamento da cache. Porém, é difícil no caso geral, quando o fluxo de controle depende dos dados de entrada. Pode-se chegar em um dado ponto do programa por vários caminhos diferentes, e cada um deles gera uma memória cache com conteúdo diferente. A análise procura determinar aqueles dados ou instruções que com certeza estarão na memória cache (*Always Hit*) sempre que a execução passou por determinado ponto do programa. Mas a análise não é perfeita e, em caso de dúvida, deve-se sempre optar por uma suposição pessimista.

A análise da memória cache busca calcular o estado da cache para exatamente amenizar o pessimismo da análise. O resultado da análise indica, para cada bloco de memória, qual a sua situação para cada ponto de execução do programa. As opções principais são:
- Certamente não está na cache (*Always Miss*);
- Certamente está na cache (*Always Hit*);
- Dentro de um laço, não está na primeira iteração, porém estará nas demais iterações (*First Miss*);
- Caminhos diferentes geram estados diferentes (*Conflict*), é necessário tratar de forma pessimista (*Always Miss*) por segurança.

5.5.2 Análise do Pipeline

A **análise do pipeline** depende da complexidade do processador. Em um pipeline simples a análise também será simples. Suponha um processador que seja livre de anomalias temporais, onde não existe previsão de saltos (*branch prediction*) e também não existe execução fora de ordem. Uma vez iniciada a execução do bloco básico, o comportamento do pipeline é contínuo e completamente previsível. Ainda assim podem haver atrasos (*stalls*) no pipeline dentro do bloco básico, quando uma instrução de máquina precisa do resultado da instrução de máquina anterior. Neste caso, a execução da instrução de máquina que precisa do resultado vai ter que esperar. Podem também haver atrasos no pipeline entre blocos básicos, quando a primeira instrução de máquina do bloco básico sucessor precisa do resultado da última instrução de máquina do bloco básico predecessor. Novamente, a execução da instrução de máquina que precisa do resultado vai ter que esperar.

A entrada em um bloco básico pode ocorrer de duas formas. Pode acontecer um salto para o início do bloco básico. Neste caso o bloco básico inicia com o pipeline vazio e sua execução vai demorar mais. Basta somar o tempo de execução em separado dos dois blocos básicos. A figura 5.3 ilustra a situação quando dois blocos básicos são executados com desvio, sendo que o bloco básico 1 é composto por três instruções e o bloco básico 2 é composto por duas instruções. O tempo total de execução dos dois blocos básicos é a soma dos tempos em separado (7 + 6 = 13).

Clock	Busca	Decodifica	Busca operandos	Execução	Escrita
1	Bloco básico 1				
2	Bloco básico 1	Bloco básico 1			
3	Bloco básico 1	Bloco básico 1	Bloco básico 1		
4		Bloco básico 1	Bloco básico 1	Bloco básico 1	
5			Bloco básico 1	Bloco básico 1	Bloco básico 1
6				Bloco básico 1	Bloco básico 1
7					Bloco básico 1
8	Bloco básico 2				
9	Bloco básico 2	Bloco básico 2			
10		Bloco básico 2	Bloco básico 2		
11			Bloco básico 2	Bloco básico 2	
12				Bloco básico 2	Bloco básico 2
13					Bloco básico 2

Figura 5.3 – Bloco básico 2 inicia após um salto não previsto.

Outra forma de um bloco básico iniciar é a execução simplesmente continuar sequencialmente do final do bloco básico predecessor para o início do bloco básico sucessor. Neste caso, o pipeline permanece sempre ocupado, não sofre atraso (*stall*). As instruções iniciais do bloco básico sucessor começam a ser executadas nos estágios iniciais do pipeline enquanto as instruções finais do bloco básico predecessor são concluídas nos estágios finais do pipeline. Não é correto simplesmente somar os tempos de execução em separado dos dois blocos básicos. A figura 5.4 ilustra a situação quando dois blocos básicos são executados sem desvio, o tempo total de execução é menor que a soma dos tempos em separado (9 < 13).

Clock	Busca	Decodifica	Busca operandos	Execução	Escrita
1	Bloco básico 1				
2	Bloco básico 1	Bloco básico 1			
3	Bloco básico 1	Bloco básico 1	Bloco básico 1		
4	Bloco básico 2	Bloco básico 1	Bloco básico 1	Bloco básico 1	
5	Bloco básico 2	Bloco básico 2	Bloco básico 1	Bloco básico 1	Bloco básico 1
6		Bloco básico 2	Bloco básico 2	Bloco básico 1	Bloco básico 1
7			Bloco básico 2	Bloco básico 2	Bloco básico 1
8				Bloco básico 2	Bloco básico 2
9					Bloco básico 2
10					
11					
12					
13					

Figura 5.4 – Bloco básico 2 inicia na continuação do bloco básico anterior.

A análise do pipeline precisa lidar com as características do pipeline no processador em questão, pois o tempo de execução do bloco básico não depende apenas do pipeline. É necessário considerar os acessos à memória cache que podem provocar atrasos no pipeline. No caso de falta da cache é necessário acessar a memória principal muito mais lenta e atualizar a memória cache. Uma alteração em qualquer das características do processador requer uma revisão e possível adaptação da análise realizada, isto é, adaptar o modelo abstrato do comportamento do processador.

5.6 Cálculo do Limite Superior para o WCET

O objetivo da análise estática é determinar um limite superior para o WCET da tarefa. O limite superior precisa considerar o fluxo de controle e todas as informações obtidas nas outras etapas. Existem três classes principais de métodos que podem ser usados para combinar analiticamente as informações obtidas:

- Baseados na estrutura (*structure-based*);
- Baseados em caminhos (*path-based*);
- Enumeração implícita de caminhos (*implicit-path enumeration*, IPET);

Nos métodos **Baseados na Estrutura**, um limite superior para o WCET é obtido combinando sucessivamente limites para o WCET de nodos próximos, conforme o tipo de estrutura de controle que foi usada no programa original (IF, FOR, etc). Nodos próximos no Grafo de Fluxo de Controle são agrupados em nodos únicos e o WCET estimado para o nodo agrupado resultante deve ser o comportamento de pior caso para o grupo de nodos agrupados. Para cada nodo precisa ser considerado o seu pior contexto de execução, ou seja, a história de execução que leva ao pior caso. Considerar diferentes contextos de execução pode requerer transformações no Grafo de Fluxo de Controle para refletir os diferentes contextos. O programa precisa ser programado de forma bem estruturada. A abordagem assume uma correspondência direta entre as estruturas do código fonte e o programa em código de máquina, não lidando bem com otimizações feitas pelo compilador.

Nos métodos **Baseados em Caminhos**, um limite superior para o WCET da tarefa é determinado através do cálculo de limites para o WCET em cada caminho da tarefa, e da identificação do caminho que leva ao maior tempo de execução. Todos os caminhos de execução possíveis precisam ser representados explicitamente. O método baseado em caminho é viável na ausência de laços. Porém encontra problemas quando existem laços aninhados. O número de caminhos cresce exponencialmente com o número de pontos de desvio no programa (ver seção 4.2 deste livro).

O método mais usado é a **Enumeração Implícita de Caminhos** (**IPET** – ***Implicit-Path Enumeration***) [LI1995]. O fluxo do programa e os limites para o WCET da execução de cada bloco básico são combinados em conjuntos de restrições aritméticas. Para cada bloco básico e fluxo de execução (**entidade**) é definido:

- Um **coeficiente de tempo** (***time coefficient***), que expressa um limite superior para a contribuição daquela entidade para o tempo total de execução, toda vez que ela é executada;

- Uma **variável contadora** (***count variable***), que corresponde ao número de vezes que a entidade é executada.

Um limite superior para o WCET da tarefa é obtido através da maximização da soma dos produtos de cada coeficiente de tempo (ti) pela sua respectiva variável contadora (xi), ou seja, maximizar $\sum_{i \in \text{entidades}} (x_i \times t_i)$.

As variáveis contadoras estão sujeitas a restrições que refletem a estrutura da tarefa e os possíveis caminhos de execução. Uma solução para o problema colocado pelo IPET é um limite superior para o tempo de execução da tarefa através da definição de valores para t_i e x_i que maximizem o tempo de execução. Para isto é usada a Programação Linear Inteira.

A **Programação Linear** é um método genérico para codificar os requisitos de um sistema na forma de um sistema de restrições lineares. Uma função objetivo deve ser maximizada ou minimizada para obter-se uma atribuição ótima de valores às variáveis do sistema. Temos **Programação Linear Inteira** quando os valores envolvidos devem ser valores inteiros. Um problema descrito através da Programação Linear Inteira é NP-hard. Ele tem uma complexidade computacional potencialmente exponencial com respeito ao tamanho da tarefa. Logo, o uso de Programação Linear Inteira deveria ser limitado a pequenas instâncias de problemas ou subproblemas da análise estática. Entretanto, ferramentas atuais conseguem resolver problemas de Programação Linear Inteira de tamanho considerável.

O fluxo de controle das tarefas é descrito como um problema de Programação Linear Inteira. Informações adicionais sobre o controle de fluxo podem ser codificadas como restrições adicionais. A função objetivo expressa o tempo de execução da tarefa completa. Este valor maximizado representa um limite superior para todos os tempos de execução possíveis para a tarefa. Exemplos de ferramentas (*solvers*) para resolver problemas de Programação Linear Inteira são o GLPK do GNU Project - Free Software Foundation (https://www.gnu.org/software/glpk/) e o CPLEX Optimizer da empresa IBM (https://www.ibm.com/products/ilog-cplex-optimization-studio).

No IPET as características do fluxo de controle são traduzidas em restrições da Programação Linear Inteira. As restrições estruturais refletem os possíveis fluxos de execução. As restrições *start* e *exit* determinam que a tarefa deve ser iniciada exatamente uma vez e terminada exatamente uma vez. Todo bloco básico é terminado exatamente o mesmo número de vezes que ele é iniciado (fluxo é conservado). Todo laço tem um limite para o número de iterações, o qual aparece como uma restrição no número de vezes que o bloco básico que representa o início do laço pode ser executado (laços não podem executar além deste limite). O bloco básico que avalia a condição de teste do laço deve executar uma vez a mais do que o corpo do laço, pois após a última avaliação do teste o corpo do laço não será executado.

Questões ligadas ao comportamento do processador (pipeline, cache, etc.) aparecem nos valores de ti ou em restrições adicionais. Cada entidade pode ser simplesmente um bloco básico, ou cada entidade pode ser um bloco básico acessado a partir de outro bloco básico específico, ou ainda cada entidade pode ser um bloco básico acessado a partir de um caminho específico. A modelagem vai depender da complexidade do processador em questão, precisa incluir compensações para os efeitos do pipeline. O objetivo da Programação Linear Inteira é maximizar $\sum_{i \in entities} (x_i \,.\, t_i)$ definindo para isto valores de x_i que respeitem as restrições colocadas.

5.7 A Ferramenta aiT

Desenvolvido pela empresa AbsInt, aiT é o analisador estático de WCET comercial mais usado pela indústria (www.absint.com/ait). O aiT analisa diretamente código de máquina e considera o comportamento de elementos tais como cache e pipeline. Um conjunto de ferramentas é fornecido, inclusive com interface gráfica de usuário para diversos aspectos.

O aiT, como toda análise estática de WCET, emprega várias fases no processo, como ilustrado pela figura 5.5.

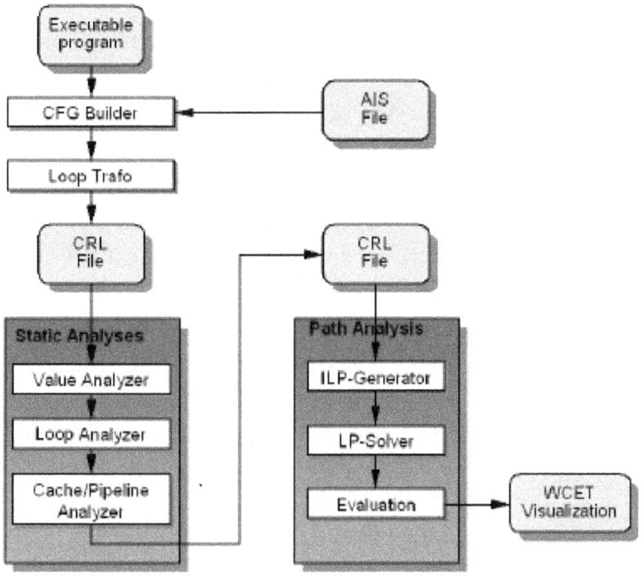

Figura 5.5 – Diagrama de blocos do aiT (Fonte: www.absint.com/ait).

A construção do GFC (*CFG Building*) identifica as instruções de máquina do processador em questão e reconstrói o Grafo de Fluxo de Controle a partir do código binário. A decodificação das instruções de máquina é capaz de identificar o endereço alvo de saltos que utilizem endereços absolutos ou relativos ao *program counter*, mas tem dificuldades com endereços alvos computados a partir do conteúdo de registradores. São usados decodificadores especializados que sabem como alguns compiladores geram o código binário. Entretanto, em códigos de máquina mais complexos pode ser necessário que o programador informe através de uma anotação qual o endereço alvo do salto.

A **análise de valor** (***value analysis***) computa intervalo de valores para registradores e intervalos de endereços para as instruções que acessam a memória. A análise de valor tenta determinar os valores nos registradores para cada ponto do programa em cada caminho possível. Normalmente não é possível determinar o valor exatamente, mas sim um limite inferior e um limite superior. Estes valores são usados para determinar os endereços alvo no caso de acesso indireto à memória (via ponteiros), o que é importante na análise da cache. Também pode ser usado na determinação de limites para o número de iterações de laços. O que não poder ser determinado pela análise de valor deverá ser fornecido pelo usuário na forma de anotações.

A **análise de laços** (***loop bound analysis***) determina limite superior para o número de iterações de laços simples. A análise de laços utiliza a análise de valor e também o reconhecimento de padrões de código gerados pelos compiladores. Anotações do usuário devem fornecer os limites que não puderem ser determinados automaticamente.

A **análise da cache** (***cache analysis***) classifica as referências à memória como acerto (*cache hit*) ou falta (*cache miss*). A análise considera caches que utilizam a política de substituição

LRU (***Least Recently Used***), e também outras políticas de substituição tais como *pseudo-roundrobin* (ColdFire MCF 5307) e *pseudo-LRU* (PLRU, PowerPC MPC 750 e 755).

A **análise do pipeline** (***pipeline analysis***) prevê o comportamento do programa no pipeline do processador. O resultado é o tempo de execução para cada bloco básico, para as várias histórias de execução possíveis até chegar ao bloco básico em questão. A análise da cache usa os resultados da análise de valor para prever o comportamento da cache de dados. Os resultados da análise da cache são usados pela análise do pipeline, permitindo identificar atrasos no pipeline (*pipeline stalls*) devidos às faltas da cache.

A **análise de caminhos** (***path analysis***) determina o caminho que leva ao tempo de execução no pior caso. A análise de caminhos emprega o método IPET descrito antes, e a estimativa do WCET da tarefa é obtida através da Programação Linear Inteira. As análises de valor, de cache e de pipeline utilizam Interpretação Abstrata [COU1977], um método baseado em semântica para a análise estática de programas. A análise de caminhos utiliza Programação Linear Inteira.

A lista de processadores suportados pelo aiT é relativamente extensa e pode ser encontrada no site da empresa. Entre os mais conhecidos podemos citar:

- 486 (enhanced Am486 DX processors, write-back enhanced IntelDX4);
- ARM (Cortex-M3, Cortex-R4F, Cortex-R5F, Cortex-M4, ARM7TDMI);
- C16x/ST10 (C167CR-LM, C167CS-LM, C167CS-L40M, ST10F269, ST10F276, XC167CI-32F40F);
- XC2000 (XC2387A-104F80L, XC2387A-72F80L, XC2365A-104F80L);
- Texas (TMS320F, TMS320C33);
- HCS12 (HCS12/STAR12, HCS12X/XE);
- 386 (Intel 386DX processors with *mask revision* D1 ou posterior);
- LEON2, LEON3;
- 68020 (with 68882 coprocessor);
- PowerPC (5xx, 55xx, 56xx, 57xx, 603e, 82xx, 83xx, 52xx, 7448, 7448s, 750, 755, 755s);
- TriCore (1197, 1767, 1782, 1784, 1796, 1797, TC275 AURIX, TC277 AURIX).

5.8 Considerações Finais

A análise estática calcula um limite superior para o tempo de execução no pior caso. A análise de fluxo de controle cobre todos os caminhos de execução possíveis. Também são cobertas todas as possíveis dependências de contexto de execução do comportamento do processador. O aspecto negativo é a necessidade de modelos específicos para o comportamento do processador. Os resultados são apenas aproximados, no caso um limite superior pessimista, porém garantido, para o WCET.

Um aspecto positivo é que a análise pode ser feita sem precisar realmente executar a tarefa analisada. Mas as técnicas para estimação do WCET via análise estática acabam sendo limitadas no que se refere às plataformas de hardware suportadas e ao estilo de programação tolerado. A maior dificuldade técnica da análise estática é a modelagem do comportamento do processador. E o modelo é sempre específico para um processador e uma plataforma de hardware.

Este é um problema que não existe na maioria dos métodos baseados em medição. Implementar um método de medição para um novo processador é muito mais fácil do que criar um modelo abstrato do seu comportamento. Entretanto, uma medição é apenas uma aproximação otimista do WCET, a não ser que algum tratamento estatístico seja aplicado, como será visto no capítulo 6 sobre estimação de WCET usando medições.

5.9 Exercícios

1) Considerando a figura 5.1, é possível obter um HWM maior do que o verdadeiro WCET ? É possível obter um HWM igual ao verdadeiro WCET ? Em que cenários seria possível garantir que o HWM obtido é mesmo igual ao verdadeiro WCET ?

2) Que tipo de código possui tempo de execução com baixa variação ? Pense em termos de algoritmo e dependência dos dados de entrada.

3) E o contrário da questão anterior, que tipo de código possui tempo de execução com alta variação?

4) Suponha que o Intel MCS-51 é usado e temos o código da tarefa em assembly. O que deveríamos fazer para determinar o seu WCET ? Descreva quais passos seriam necessários. Lembre-se que dados de entrada podem variar.

5) Suponha agora que o processador em questão é um Intel i7, com *pipeline* superescalar (paralelo), *branch predictor*, vários níveis de *cache*, etc. De que maneira o problema de obter o WCET ficou mais complicado ?

6) O que é um bloco básico ?

7) Qual o propósito da análise de valor ?

8) O que é uma anomalia temporal ?

9) Por que são usados previsores de saltos (*branch predictors*) para tentar adivinhar de antemão se um salto (*branch*) condicional vai ocorrer ou não ? O que muda no tempo de execução da tarefa se o previsor acerta ou não a sua previsão ?

10) Visite o site da ferramenta aiT. Localize a lista de processadores suportados. Escolha um deles, visite o site do fabricante daquele processador, e procure identificar os elementos de aceleração probabilista empregados naquele processador.

6. Estimação do WCET usando Medições

Quais são as técnicas para estimar com medições o tempo de execução no pior caso ?

Para sistemas críticos de tempo real é necessário conhecer o tempo de execução no pior caso de cada tarefa (WCET – *Worst Case Execution Time*). Entretanto, mesmo para sistemas não críticos, uma estimativa do WCET é relevante. Ela permite ao projetista do sistema antecipar os piores cenários com respeito ao cumprimento dos requisitos temporais.

O tempo de execução no pior caso acontece através da combinação dos piores comportamentos para o software e para o hardware. Ao mesmo tempo, a demanda crescente por capacidade de processamento nos sistemas de tempo real requer o uso de arquiteturas de computador modernas e complexas, onde a análise estática do WCET é muito difícil ou impossível. Neste capítulo é mostrado como medições do tempo de execução podem ser usadas na obtenção de uma estimativa que represente um limite superior seguro (*upper-bound*) para o WCET, ou pelo menos uma estimativa aproximada, mesmo que insegura.

6.1 Introdução

Em arquiteturas de computador simples, o tempo de execução de uma instrução de máquina depende apenas do tipo de instrução e dos tipos de operandos. Não existem elementos de hardware tais como pipeline, memória cache, etc. Arquiteturas de computador complexas apresentam efeitos temporais locais (execução sobreposta de instruções no pipeline) e efeitos temporais globais (caches de dados e instruções, previsores de saltos). Os elementos complexos de hardware melhoram o **tempo médio de execução** (**ACET** – ***Average-Case Execution Time***) mas tornam a análise do WCET difícil ou mesmo impossível. Arquiteturas modernas geram tempos de computação variáveis e podem ainda apresentar um comportamento patológico no pior caso. Em geral, a probabilidade de ocorrer o pior caso é muito pequena, porém maior que zero (ele é possível).

A figura 6.1 apresenta novamente o mesmo gráfico da figura 5.1. Ela ilustra a distribuição dos tempos de execução Ck de uma dada tarefa τk. A curva contínua mostra as probabilidades considerando todos os cenários e entradas possíveis, ou seja, tudo o que pode efetivamente ocorrer com a tarefa τk. Já a curva tracejada mostra as frequências dos tempos de execução observadas a partir de um conjunto de testes com a tarefa. Como destacado no capítulo anterior, é improvável conseguir casos de teste que gerem os tempos de execução extremos (mais demorados e mais lentos). Por isto os tempos de execução realmente observados durante os testes (curva tracejada) ficam contidos dentro de tudo que pode ocorrer (curva contínua).

O método mais empregado na prática para estimar o tempo de execução no pior caso é simplesmente executar a tarefa (medição). Mede-se o tempo de execução da tarefa sozinha no computador, para um certo número de casos de teste, gerando assim o tempo máximo de execução observado (linha tracejada na figura 6.1), chamado de **Marca D'água** (**HWM** – ***High Water Mark***,). Como é altamente improvável que o verdadeiro WCET seja observado em testes, a estimativa gerada por medições será sempre otimista. Uma prática comum é usar como estimativa do WCET o valor HWM adicionado de uma margem de segurança (20% é um valor típico). Mesmo com a margem de segurança não é possível garantir que teremos um valor igual ou superior ao verdadeiro WCET.

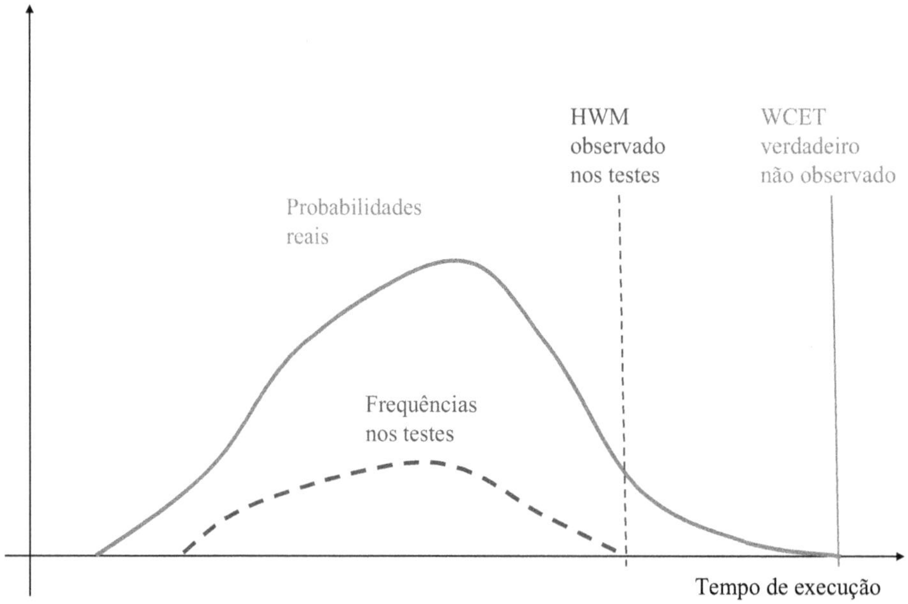

Figura 6.1 – Distribuição dos tempos de execução de uma dada tarefa.

Algumas abordagens medem o tempo de execução de diferentes partes (segmentos) do código, e não da tarefa inteira. Estas medições do tempo de execução de segmentos são depois combinadas, da pior forma possível, para obter-se uma estimativa mais segura para o WCET. Mesmo assim, não existe garantia de que a estimativa obtida será maior que o verdadeiro WCET.

As principais fontes da variabilidade temporal da tarefa são o hardware do processador e o caminho de execução efetivamente medido (o caminho que a execução seguiu dentro da tarefa). Tanto os efeitos do hardware como do caminho de execução dependem diretamente ou indiretamente dos dados de entrada. A qualidade das medições depende dos dados de entrada da tarefa e do contexto inicial de execução encontrado no processador. Na maioria dos casos o espaço de possibilidades é muito grande para ser completamente explorado, o que permitiria encontrar o verdadeiro WCET. Na maior parte da indústria o método convencional para estimar tempos de execução é medir o tempo de execução da tarefa para um subconjunto de todos os possíveis casos de execução.

Caso os dados de entrada que levam ao pior caminho de execução fossem conhecidos, assim como fosse conhecido o pior estado inicial do hardware (estado inicial da cache, do pipeline, etc.), seria fácil medir o WCET. Bastaria medir o tempo de execução neste cenário. Em geral, os dados de entrada e o estado inicial do processador no pior caso não são conhecidos.

Em arquiteturas de computador complexas uma tarefa pode sofrer grandes interferências das outras atividades existentes no sistema (por exemplo, quando o sistema operacional Linux é usado). Isto torna ainda mais difícil determinar se um dado de entrada gera tempos de execução maiores ou menores do que outro dado de entrada. Existe uma **interferência direta** quando o sistema operacional suspende a tarefa em questão para executar outras tarefas de prioridade mais alta ou tratadores de interrupção. Esta interferência é relativamente fácil de medir e não ser incluída no tempo de execução da tarefa.

Por outro lado, em arquiteturas complexas, existem diversas **interferências indiretas**, tais como a alteração do conteúdo da memória cache por outras tarefas. A mesma coisa acontece com a **TLB** (*Translation Lookaside Buffer*) da **MMU** (*Memory Management Unit*) e a tabela com o histórico de saltos usada pelo previsor de saltos. Estas alterações podem aumentar o tempo de execução de uma tarefa por remover suas informações do hardware, colocando informações relativas as outras tarefas.

Como são alterações difíceis de prever e detectar, podem mascarar os efeitos dos dados de entrada. Isto é, dados de entrada que geram o pior tempo de execução são favorecidos em uma dada medição por, por acaso, haverem poucas alterações decorrentes de outras atividades do sistema operacional.

6.2 Medição do Tempo de Execução

A medição do tempo de execução requer a execução da tarefa, ou de partes dela, para um dado conjunto de dados de entrada, em um hardware específico ou em um simulador com precisão temporal. Os tempos de operação dos diferentes componentes e procedimentos definidos em cada tarefa são medidos, porém só é possível medir uma rota de execução por vez. Cabe ao projetista encontrar os dados de entrada com alta probabilidade de gerar situações com o pior tempo de execução. Apesar da utilização frequente de medições, o método perde em exaustividade. O maior tempo de execução medido pode não ser o pior tempo de execução real e com isto teremos estimativas otimistas para o pior tempo de execução. Por outro lado, é possível ser aplicado a qualquer arquitetura de processador. Também é possível combinar os tempos de execução medidos e aplicar métodos estatísticos, normalmente via alguma forma de extrapolação, para produzir estimativas do WCET.

Métodos baseados em medição executam a tarefa em um dado hardware ou simulador. Fazem isto para um conjunto de diferentes dados de entrada e medem o tempo de execução da tarefa inteira ou de partes dela. As medições do tempo de execução da tarefa produzem uma distribuição das frequências dos tempos observados, como a curva tracejada da figura 6.1, mas não produzem nenhum limite superior para o tempo de execução. Não é garantido que o pior caso será observado durante os testes. Se as condições que geram o pior caso fossem conhecidas, bastaria uma execução [MYE2004].

Sempre é possível executar mais testes para medir o tempo de execução mais vezes, com mais variações de dados de entrada e com mais variações de contexto de execução (estado inicial da cache, etc.). Isto diminui o risco de resultados muito otimistas, mas não elimina este risco completamente. Testes para medir tempo de execução representam um custo adicional no processo de desenvolvimento. Tais custos são mais bem aceitos se os testes forem aproveitados para outros propósitos também (testar a funcionalidade, por exemplo). O teste exaustivo de todos os caminhos de execução possíveis para a tarefa é geralmente impossível.

Existem muitas formas de realizar as medições. A abordagem mais simples é adicionar código à tarefa (instrumentar a tarefa) para obter e salvar o instante de tempo (*timestamp*) no qual a execução passa por determinado ponto do código. Pode ser usado um relógio de tempo real para isto. Também pode ser usado um contador de ciclos do processador. Existem técnicas que usam soluções combinadas de software e hardware, onde o software da tarefa é instrumentado, mas a coleta das informações é feita por um hardware externo especialmente projetado para isto, para minimizar o impacto sobre a tarefa. Mecanismos de medição totalmente transparentes (*non-intrusive*) são possíveis com instrumentos de hardware como, por exemplo, analisadores lógicos.

Qualquer método para avaliar o tempo de execução da tarefa por meio de testes (medições) deve prover resposta para as seguintes questões:

- Quantos caminhos testar?
- Quais caminhos testar?
- Quantas vezes testar cada caminho individual?
- Como gerar os dados de entrada para forçar o caminho a ser testado?
- Como avaliar o grau de confiança sobre o valor estimado para o WCET?
- Como orientar o desenvolvedor sobre a testabilidade do seu código e o que pode ser feito a este respeito?

A determinação de quantos caminhos testar depende da tarefa. A quantidade de caminhos que existem pode ser um número tratável ou intratável explicitamente. As tarefas podem ser divididas em 4 grandes classes:

- Tarefa sem desvio e sem laço: existe apenas um caminho para executar.
- Tarefa com desvios mas sem laços: depende da combinação dos desvios, mas apresenta um número de caminhos tratável explicitamente, é possível testar todos os caminhos.
- Tarefa sem desvio mas com laços: depende da combinação dos laços, mas em geral apresenta um número de caminhos tratável explicitamente.

- Tarefa com desvios e com laços: um imenso número de caminhos, sendo intratável explicitamente, ou seja, é inviável executar pelo menos uma vez cada caminho de execução possível.

No caso geral, não são viáveis testes exaustivos onde todos os caminhos de execução possíveis são executados. Neste caso, podem ser utilizadas técnicas que analisam a cobertura dos testes. A **análise da cobertura** dos testes procura medir o quanto do código fonte de uma tarefa é executado durante certo conjunto de testes. Uma maior cobertura dos testes implica em uma maior probabilidade de observar tempos de execução mais próximos do pior caso. Um dos primeiros trabalhos a considerar cobertura de testes foi [MIL1963]. Entre os principais tipos de cobertura podemos citar:

- Cobertura de funções: Todas as funções (sub-rotinas) foram executadas ?
- Cobertura de comandos: Todos os comandos (linhas) foram executados ?
- Cobertura de desvios: Todos os caminhos possíveis a partir de cada situação de desvio condicional (IF, WHILE, SWITCH, etc.) foram executados ?
- Cobertura de caminhos: Todos os caminhos possíveis ao longo da tarefa foram executados ?

Na literatura de engenharia de software, a questão de quais caminhos testar está relacionada com a cobertura dos caminhos. Uma grande dificuldade é encontrar casos de teste adequados, que garantam uma cobertura significativa. No caso de teste temporal, o desafio está em encontrar os piores caminhos e garantir que estes tenham sido testados. A seleção de caminhos não só é vital para encontrar dados de entrada para forçar um dado caminho de execução, mas para encontrar dados de entrada para testar bons (longos) caminhos de execução.

O que define qual caminho de execução acontece são os dados de entrada da tarefa e as variáveis permanentes (globais) alteradas em execuções anteriores. Alguns dos caminhos de execução são impossíveis pela semântica do programa (se a linha X foi executada então é garantido que a linha Y não será executada) ou pela semântica do ambiente (na prática os dados de entrada jamais terão um certo valor). Geralmente há uma diferença significativa entre os tempos de execução obtidos considerando-se os dados de entrada no pior caso e dados de entrada aleatórios quaisquer. Existe portanto a necessidade da geração de dados de entrada que levem a execução para os piores (mais longos) caminhos.

A determinação de quantas vezes testar cada caminho individual vai depender da tarefa em análise, e do estabelecimento de um compromisso (*trade-off*) entre confiabilidade e custo do teste. Em qualquer projeto de software a etapa de testes é cara e os testes a serem aplicados não podem inviabilizar economicamente o desenvolvimento do software. Porém, os resultados devem ter uma certa confiabilidade. Buscando extremos, um teste barato porém de baixa confiabilidade é executar a tarefa uma única vez, com dados de entrada aleatórios. No outro extremo, temos os métodos analíticos de sistemas críticos, capazes de prover uma estimativa segura para o WCET.

Estimar o grau de confiança sobre a estimação do WCET obtida é difícil na prática. A confiabilidade da medição está ligada ao conceito de cobertura dos testes citado antes. Métodos estatísticos (vistos mais adiante neste capítulo) podem fazer boas inferências, no entanto, existem algumas restrições para sua aplicabilidade.

As abordagens baseadas em medição seguem uma metodologia em comum: determinar dados de entrada que gerem o pior caso ou algo próximo disto, executar a tarefa, medir seu tempo de execução e adicionar uma margem de segurança. Para que os dados de entrada selecionados sejam representativos, é possível utilizar otimização combinatória, mais especificamente, métodos heurísticos.

6.3 Teste de Software Baseado em Busca

No **teste de software baseado em busca** (**SBST** – ***Search-Based Software Testing***), a estimação do WCET de uma determinada tarefa é vista como um problema de busca complexo. O resultado depende da arquitetura do computador onde a tarefa executa e de seus dados de entrada. Este problema pode ser modelado como um problema de busca ou otimização. Trata-se de uma otimização ao contrário onde o objetivo é maximizar o tempo de execução da tarefa, alterando os seus dados de entrada. Podem ser aplicadas soluções heurísticas para maximizar o tempo de execução e assim estimar o WCET.

Em todo problema de otimização existe uma função objetivo e existe um conjunto de restrições relacionadas às variáveis de decisão, no caso os dados de entrada da tarefa. Os valores possíveis para as variáveis de decisão são delimitados pelas restrições impostas sobre essas variáveis, formando um conjunto discreto de soluções factíveis para o problema. O problema pode ser de minimização ou maximização da função objetivo (neste caso, maximização). A resposta para o problema de otimização é o ótimo global. Este será o maior valor possível para a função objetivo (tempo de execução da tarefa) desde que o valor atribuído às variáveis (dados de entrada) não viole nenhuma restrição. Em alguns casos, chegamos a valores cuja alteração discreta não conduz a resultados melhores, mas que não são também o ótimo global (a essas soluções chamamos de ótimo local).

Existem métodos heurísticos de diversos tipos. Entre eles podemos citar:

- Heurísticas de Construção: Uma ou mais soluções são construídas elemento a elemento, seguindo algum critério heurístico de otimização, até que se tenha uma solução viável.
- Heurísticas de Busca em Vizinhança: Partem de uma solução inicial viável, tentando melhorar esta solução através de operações de troca, remoção ou inserção, até que não seja mais possível a melhoria ou algum outro critério de parada seja satisfeito.
- Heurísticas Sistemáticas: A árvore de espaço de soluções é percorrida utilizando critérios de ramificação e corte da árvore.

- Meta-heurísticas: São heurísticas genéricas mais sofisticadas, onde uma heurística mais simples é gerenciada por um procedimento que visa explorar inteligentemente a instância do problema e o seu espaço de soluções (por exemplo, algoritmos genéticos).
- Heurísticas Híbridas: Resultantes da combinação de duas ou mais heurísticas com estratégias diferentes.

6.4 Métodos Híbridos

Com o objetivo de obter uma estimativa para o WCET que não seja tão pessimista como os gerados por análise estática e nem tão otimista como os gerados por medições simples, existe a possibilidade de melhorar as estimativas do WCET de tarefas através da utilização de uma abordagem híbrida.

A análise WCET híbrida é uma combinação de ambas as abordagens. Com o objetivo de gerar um valor mais preciso para o pior caso de tempo de execução, as abordagens de análise de WCET híbridas genéricas incluem os cinco passos seguintes:

- Análise estática do código do programa;
- Particionamento do fluxo de controle em segmentos;
- Execução de caminhos contemplando todos os segmentos;
- Medição do tempo de execução de cada segmento individual;
- Cálculo de um limite superior para o tempo de execução total da tarefa.

É medido o tempo de execução de segmentos de código, muitas vezes blocos básicos. Os tempos de execução medidos são então combinados e analisados. Normalmente esta análise inclui algum tipo de cálculo de limite superior para produzir uma estimativa do WCET mais segura. As medições do tempo de execução dos segmentos substituem a análise do comportamento do processador usada em métodos estáticos. A figura 6.2 ilustra este tipo de abordagem.

O problema da escolha dos caminhos de execução pode ser atacado da mesma forma que na análise estática. A análise de fluxo de controle encontra todos os caminhos possíveis. Os tempos medidos para cada segmento de código são combinados em uma estimativa total.

Esta solução inclui todos os possíveis caminhos de execução, mas ainda pode produzir resultados inseguros se o tempo de execução medido para alguns segmentos for menor que o seu respectivo pior caso. Outro problema que permanece é o fato de apenas um subconjunto de todos os possíveis contextos de execução (estado inicial do processador e interferência indireta de outras atividades do sistema) ser considerado pela medição de cada segmento de código.

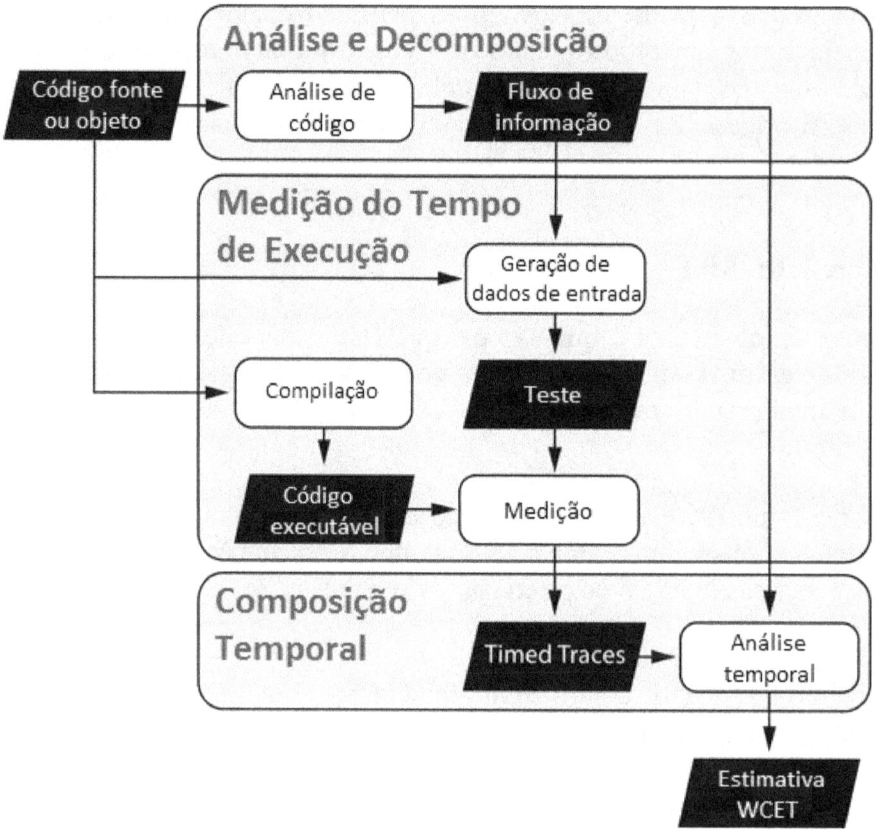

Figura 6.2 - Estimativa via método híbrido (Adaptado de [BUN2011]).

6.5 A Ferramenta RapiTime

RapiTime é uma ferramenta de software comercializada pela empresa Rapita Systems de York, Reino Unido (www.rapitasystems.com/products/rapitime). RapiTime combina análise estática e dinâmica do código em sua plataforma alvo para prover informações detalhadas sobre seu comportamento temporal. Emprega medições para obter informações sobre quanto tempo um segmento particular de código demora para executar na plataforma alvo. Os resultados da medição são combinados de acordo com a estrutura do programa para determinar uma estimativa para o tempo de execução no pior caso. RapiTime é capaz de computar a distribuição de probabilidade do tempo de execução do caminho mais longo assim como segmentos menores do código.

O código a ser analisado pode ser o código fonte, nas linguagens C, C++, ADA ou linguagem de montagem (*assembly language*). O resultado da análise são diversos relatórios em vários formatos, incluindo a descrição da estimativa do WCET e os tempos de execução realmente medidos. São fornecidos dados separados para cada função ou segmento de código especificado pelo usuário.

A informação temporal pode ser capturada no sistema em execução através de diferentes formas:

- Bibliotecas com instrumentação puramente via software;
- Instrumentação via software pouco intrusiva auxiliada por hardware externo, como CAN, porta serial, Ethernet ou depuradores;
- Mecanismos completamente não intrusivos de monitoração via hardware próprio;
- Rastros de execução a partir de simuladores do processador.

O usuário pode adicionar anotações no código para guiar a instrumentação e a análise dos dados. Existe suporte para ponteiros para funções, recursão, e estruturas de código complexas, algo normalmente não disponível em análise estática.

A ferramenta RapiTime não necessita de um modelo do processador. Então, em princípio, pode lidar com qualquer tipo de processador, mesmo com execução fora de ordem, múltiplas unidades de execução, várias hierarquias de memória cache, etc. A limitação está na necessidade de extrair rastros de execução, os quais necessitam alguma forma de instrumentação e um mecanismo para extrair estes rastros da plataforma alvo para serem analisados.

A lista de processadores suportados por RapiTime é extensa e pode ser obtida no site da empresa. Ela inclui várias versões de ARM (ARM7, ARM9, ARM10, ARM11, Cortex-M, Cortex-R, Cortex-A) e várias processadores dos fabricantes Analog Devices, Freescale Semiconductor, IBM, Infineon, Intel, NXP Semiconductors, Renesas (previously Hitachi, Mitsubishi, NEC), Rockwell Collins, Rolls Royce, STMicroelectronics e Texas Instruments.

6.6 Métodos Estatísticos

É possível obter estimativas do WCET através de métodos estatísticos [LU2012]. Para a análise estática o WCET é um valor fixo. Quando o WCET é estimado com um método estatístico, são obtidas evidências estatísticas sobre qual seria este valor, mas não há certeza. O resultado da análise estatística a partir de medições fornece duas informações: uma estimativa probabilística para o WCET, chamada de pWCET, e a probabilidade de que essa estimativa seja ultrapassada na prática. A probabilidade é baseada no princípio de que o comportamento futuro tende a seguir um padrão similar ao que já foi observado no passado, o qual pode ser extrapolado. É possível fazer previsões inclusive para probabilidades de excedência muito menores do que seria possível ao examinar diretamente apenas os dados obtidos das medições.

A **Análise Temporal Probabilística Baseada em Medições** (ATPBM) [HAN2009] [CAZ2016] é uma abordagem proposta recentemente para derivar estimativas probabilísticas de Worst-Case Execution Time (WCET). Tais estimativas são também conhecidas na literatura como *Probabilistic Worst-Case Execution Times* (pWCETs). São estimativas de WCET que são excedidas com probabilidade máxima a qual é conhecida e é extremamente baixa (por exemplo 10^{-12}). Baseia-se na aplicação da **Teoria de Valores Extremos** (TVE) sobre as medições dos tempos de execução da tarefa analisada. É considerada uma técnica muito promissora para a determinação de pWCET para sistemas de tempo real, inclusive aqueles com requisitos temporais críticos, executando em processadores relativamente complexos. Mesmo em sistemas críticos (por exemplo, aviões), a probabilidade de falhas de natureza não temporal (por exemplo, estrutural) não é nula. Podendo o sistema falhar com certa probabilidade não nula por causas diversas, o custo/esforço adicional para prover garantias absolutas para os requisitos temporais não se justifica [GRI2010] [LIM2016].

Métodos estatísticos, quando aplicados corretamente, podem fornecer confiabilidade suficiente, para a estimativa do WCET obtida através de medição. Porém é necessário um bom ajuste dos dados ao modelo probabilístico usado. Os tempos medidos devem seguir distribuições de probabilidade conhecidas. As variáveis aleatórias associadas às medições devem ser independentes e identicamente distribuídas. A técnica faz uma aplicação prática da Teoria de Valores Extremos.

6.6.1 Teoria de Valores Extremos

A **Teoria de Valores Extremos (TVE** – ***Extreme Value Theory***) é uma estrutura de inferência estatística com o objetivo de descrever comportamento extremo raro. Sua aplicação varia desde hidrologia, finanças, gestão de risco, telecomunicações até, recentemente, para derivar limites pWCET. Uma estimativa do pior caso de uma tarefa pode ser obtida a um determinado nível de precisão estatística por meio do uso de medição para recolher dados. TVE é usada para generalizar os processos que produzem estas medições e a sua análise. Ela oferece uma abordagem alternativa aos testes convencionais, bem como à análise estática do tempo de execução [SIL2017] [ARC2018].

Existem premissas básicas para a aplicabilidade da TVE. Os tempos de execução observados devem poder ser descritos como variáveis aleatórias independentes e identicamente distribuídas (iid). Os tempos de execução devem ser produzidos por um processo aleatório e estacionário (a distribuição dos valores medidos não muda com o passar do tempo). É necessário que a distribuição dos tempos de execução possa ser ajustada a uma distribuição assintótica de valores extremos.

Para provar que as premissas da TVE são atendidas pelas medições obtidas, vários testes estatísticos podem ser utilizados. Os principais são:

- Teste Kolmogorov-Smirnov (KS): avalia se duas amostras proveem de uma mesma distribuição;
- Teste Ljung-Box (LB): verifica a independência nas observações;
- Teste Turning Point (TP): verifica se existe correlação entre observações vizinhas;
- Teste Wald-Wolfowitz (*Runs*): verifica a aleatoriedade da amostra e se os eventos são amostrados de uma população estacionária;
- Função ACF: verifica a auto-correlação entre as observações.

A TVE é normalmente referida como uma técnica baseada na medição e consiste de 5 etapas:

1) Medir quanto tempo uma tarefa leva para executar utilizando um conjunto representativo de seus possíveis dados de entrada.

2) Selecionar uma amostra de máximos a partir dessas medições, pois apenas um subconjunto das medições é usado nos cálculos.

3) Selecionar um modelo de valor extremo que melhor se ajuste aos valores máximos amostrados.

4) Verificar se o modelo obtido é consistente com as medições realizadas.

5) Uma vez que o modelo derivado é validado, obter a estimativa de pior caso pWCET para uma dada probabilidade de excedência.

No contexto da TVE, é necessária uma seleção de valores máximos (cauda da curva) da amostra para a análise. Eles serão usados para achar uma curva que mostre a probabilidade de valores extremos serem observados. Há duas abordagens principais para isto: Máximos de Blocos e Picos Acima do Limiar.

Na técnica **Máximos de Blocos** (**BM** – ***Block Maxima***), o conjunto de dados amostrados (medições do tempo de execução realizadas) é particionado em blocos do mesmo tamanho. Por exemplo, 500.000 medições são particionadas em 1000 blocos de 500 medições cada um. Seleciona-se apenas o valor máximo de cada bloco. A figura 6.3 ilustra sua aplicação.

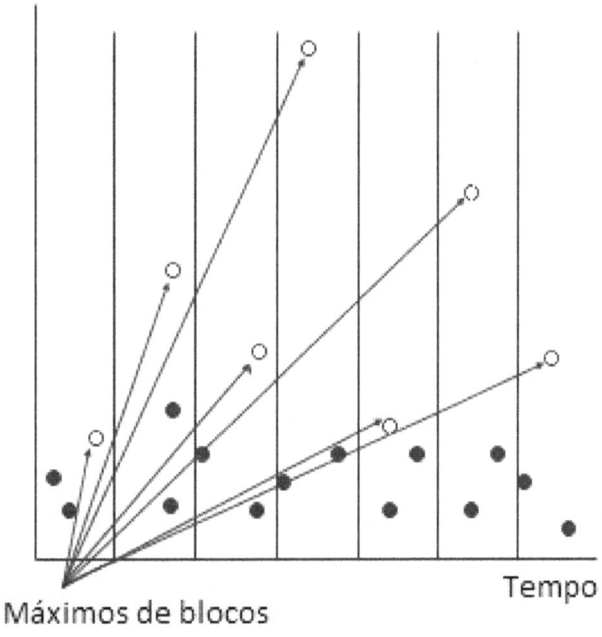

Figura 6.3 – Aplicação da técnica Máximos de Blocos.

Na técnica **Picos Acima do Limiar** (**POT** – ***Peaks Over Threshold***), é escolhido um limiar (*threshold*) para definir a partir de qual valor serão consideradas as medições (valores da cauda). Apenas as medições acima deste limiar serão consideradas. O método ajusta uma distribuição de probabilidade para os valores acima deste limiar. A figura 6.4 ilustra a sua aplicação.

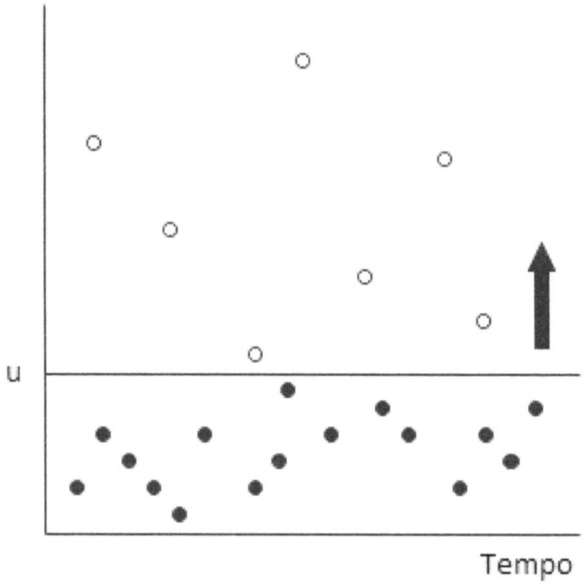

Figura 6.4 – Aplicação da técnica Picos Acima do Limiar.

Para obter um modelo de valor extremo usando Máximos de Blocos (BM), uma amostra de máximos, selecionada via BM, deve ser ajustada para a distribuição **Generalizada de Valores Extremos** (**GVE**). A GVE unifica as três distribuições Weibull, Gumbel e Fréchet, e tem função de distribuição acumulada de probabilidade dada por:

$$F(x) = \exp \{ -[1 + \xi ((x-\mu) / \sigma)]^{-1/\xi} \} \quad \text{para } \xi \neq 0 \ \text{ e}$$

$$F(x) = \exp \{ -\exp [-((x-\mu) / \sigma)] \} \quad \text{para } \xi = 0.$$

Os parâmetros em questão são a localização (μ), a escala (σ) e a forma (ξ). No caso, as três curvas unificadas pela GEV são:

- Weibull: Com $\xi < 0$, com cauda curta delimitada;
- Gumbel: Com $\xi = 0$, com cauda ilimitada e decrescimento exponencial ($\xi \rightarrow 0$);
- Fréchet: Com $\xi > 0$, com cauda pesada ilimitada.

A figura 6.5 ilustra três funções densidade de probabilidade da distribuição GVE, no caso a curva Weibull tem $\xi = -0{,}3$, a curva Gumbel tem $\xi = 0$ e a curva Fréchet têm $\xi = 0{,}3$. Em todas elas temos $\mu = 10$ e $\sigma = 2{,}6$.

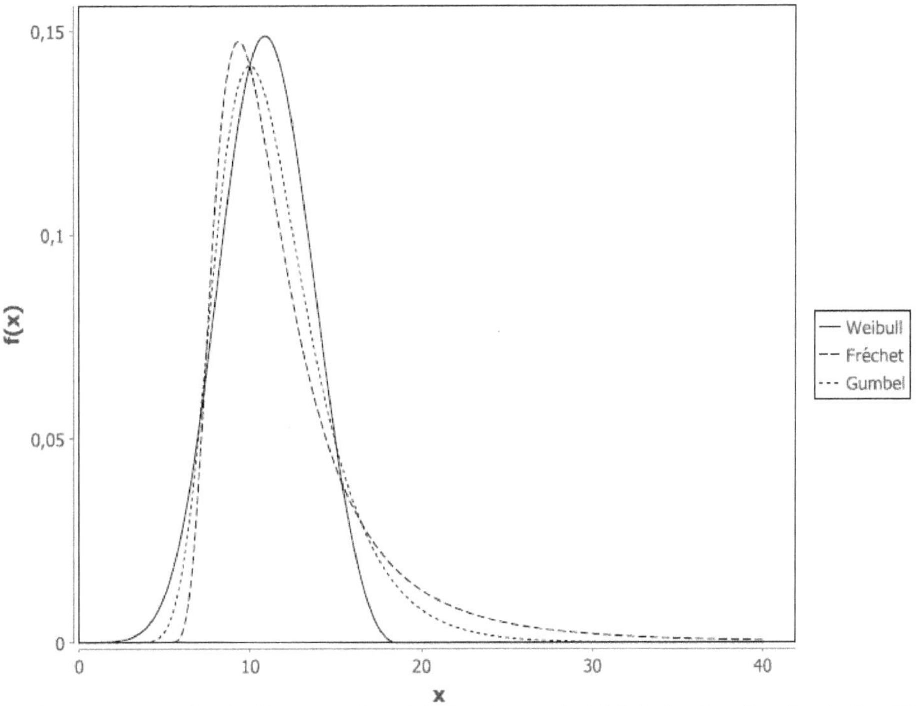

Figura 6.5 – Exemplo de função densidade de probabilidade da distribuição GVE.

Para obter um modelo de valor extremo usando Picos Acima do Limiar (POT), uma amostra de máximos, selecionada via POT, deve ser ajustada para a distribuição Generalizada de Pareto (GP). A GP é uma aproximação para a distribuição dos excessos acima de um limiar elevado, e sua função de distribuição acumulada de probabilidade é dada por:

$$F(x) = 1 - [\, 1 + \xi \times (\ (x-\mu) / \sigma\ )\,]^{-1/\xi} \quad \text{para } \xi \neq 0 \text{ e}$$

$$F(x) = 1 - \exp[\, - (\ (x-\mu) / \sigma\ )\,] \quad \text{para } \xi = 0.$$

A função de distribuição GP permite a modelagem de diferentes tipos de caudas, dependendo dos valores atribuídos aos seus parâmetros limiar ou *threshold* (μ), escala (σ) e forma (ξ). Dependo do valor da forma (*shape*), a distribuição assume diferentes formatos:

- Com $\xi < 0$ modela caudas leves, limitadas por um valor máximo, semelhante à distribuição Beta;
- Com $\xi = 0$ modela caudas ilimitadas, cuja densidade decresce exponencialmente, como a distribuição Exponencial;
- Com $\xi > 0$ modela caudas pesadas assintóticas, cuja densidade decresce polinomialmente no caso de parâmetro ξ elevado, semelhante à distribuição de Pareto.

A próxima etapa é a **estimação de parâmetros** ou **ajuste do modelo**. A partir dos valores selecionados via BM (ou POT), são estimados os parâmetros que definem a curva GEV (ou GP) que melhor se ajusta aos valores observados nas medições. No caso a GEV (ou GP) representa a distribuição de valores extremos que foi ajustada aos dados obtidos, as medições dos tempos de execução. A curva obtida de certa forma explica o comportamento destas medições, em termos probabilistas. Existem diferentes métodos para estimar os parâmetros das distribuições de valores extremos. Os métodos mais usuais são Maximum-likelihood estimation (MLE), Generalized maximum-likelihood estimation (GMLE), L-moments e Bayesiano.

Uma vez definido o modelo a partir da estimação dos parâmetros, é necessário agora fazer a **verificação do modelo** obtido. Uma vez que os parâmetros do modelo são estimados, os testes de **qualidade de ajuste** (***goodness-of-fitness***) são usados para verificar a adequação (aderência) do modelo obtido com relação aos dados medidos, ou seja, o quão bem a curva GEV (ou GP) obtida se ajusta às medições realizadas. Estão disponíveis testes estatísticos para avaliar a qualidade de ajuste dos modelos estimados. A verificação pode ser visual (gráficos Quantil-Quantil) ou empregar técnicas matemáticas (avaliação numérica para a precisão).

Finalmente, com o modelo definido e verificado, pode-se passar a obtenção do pWCET para uma dada probabilidade de excedência. A obtenção da estimativa de pior caso pWCET para uma dada probabilidade de excedência é feita a partir da simples leitura da curva (modelo) obtido. Para cada valor pWCET do eixo-X da curva com a distribuição acumulada de probabilidade da GEV (ou GP), o eixo-Y fornece o complemento da respectiva probabilidade de excedência. Pode-se escolher uma probabilidade de excedência, por exemplo de 10^{-9}, e localizar o valor pWCET correspondente (eixo-X). Pode-se também escolher um valor para o pWCET (eixo-X) e obter a probabilidade de excedência, ou seja, a probabilidade de ser observado um tempo de execução superior ao valor pWCET escolhido.

Em resumo, primeiramente medem-se tempos de execução da tarefa alvo na plataforma alvo. As condições de medição devem se igualar ou serem pessimistas em relação aos cenários esperados no ambiente de operação. Amostras devem ser representativas com relação às situações extremas esperadas no ambiente em que o sistema irá operar. Os tempos medidos precisam atender os requisitos da TVE, como iid, e aderência dos máximos a modelos de valores extremos (GEV ou GP). Mesmo que todos os requisitos da TVE sejam satisfeitos, os resultados produzidos podem mostrar-se não confiáveis. Condições de medição e características construtivas do sistema analisado impactam diretamente na confiabilidade dos resultados.

Nesta seção foi apresentada apenas uma ideia geral de como a TVE é usada. Vários detalhes foram omitidos por limitação de espaço, e por ser necessária fundamentação estatística. Também é preciso ter em mente que tempos de execução diferem fenomenologicamente daqueles para os quais a TVE foi inicialmente criada (por exemplo, o nível máximo de um rio). Variabilidade temporal no computador é induzida por fatores controláveis e/ou especulativos, e portanto pode não ter comportamento adequado. As principais fontes de variabilidade temporal são o hardware do processador utilizado e os caminhos de execução que são efetivamente medidos. Tanto os efeitos do hardware quanto dos caminhos de execução dependem direta ou indiretamente dos dados de entrada usados, por isto a importância dos dados de entrada no momento das medições.

6.6.2 Avaliação Experimental

No artigo [SIL2017] intitulado "On Using GEV or Gumbel Models when Applying EVT for Probabilistic WCET Estimation", apresentado no IEEE Real-Time Systems Symposium (RTSS'2017), os autores descrevem um estudo experimental sobre a aplicação de TVE para obter pWCET. A tarefa escolhida para realização da análise foi a ordenação de um vetor de 10 valores inteiros pelo método *bubble sort.* O caminho de execução foi fixado para aquele que executa o maior número possível de operações elementares, através de dados de entrada que correspondem ao vetor ordenado em ordem reversa do desejado. A tarefa foi executada sempre de forma exclusiva e ininterrupta.

Os tempos de execução foram medidos em uma plataforma de hardware aleatorizada, executada a 50MHz em um FPGA. O hardware em questão incluía um processador *dual-core*, memória RAM separada (instruções e dados), barramento compartilhado arbitrado com uma política aleatória e pipeline de cinco estágios que implementa instruções MIPS, e uma memória cache com políticas de posicionamento e substituição aleatórias. Em suma, o processador foi projetado para prover tempos de execução razoavelmente aleatorizados, de maneira a favorecer a aplicação da TVE.

Para a análise foi empregado o método dos máximos de blocos com uma amostra de 50000 medições particionada em 1000 blocos de 50 medições em cada bloco. Os testes de iid foram positivos. Foram considerados os valores máximos de cada bloco e descartadas as demais medições, gerando assim um conjunto reduzido de máximos de bloco.

Os valores máximos de bloco foram usados no ajuste de dois modelos baseados nas distribuições GEV e Gumbel. Os parâmetros das distribuições foram ajustados através dos métodos L-moments para GEV e Maximum Likelihood Estimation (MLE) para Gumbel.

A verificação do ajuste feito aconteceu através da geração de gráficos de comparação a fim de evidenciar a aderência dos dados à distribuição e, assim, a validade dos resultados. Para isso, foram utilizados gráficos de comparação de quartis e gráficos de comparação de probabilidades. O modelo GEV representou corretamente os tempos de execução máximos observados, ressaltando que um modelo GEV incorpora a possibilidade de representar as distribuições Weibull, Gumbel ou Fréchet. O modelo Gumbel obtido não representou exatamente os máximos de bloco analisados, mas levou a limites superiores confiáveis, pois o modelo gerado superestimava os dados medidos nos quantis altos.

A partir dos modelos GEV e Gumbel gerados, foi possível obter estimativas do pWCET em ciclos de clock do processador, para diferentes probabilidades de excedência:

	Modelo GEV	Modelo Gumbel
pWCET(10^{-6})	46638,9927	46801,7270
pWCET(10^{-7})	46654,6620	46864,6327
pWCET(10^{-8})	46667,2991	46927,5385
pWCET(10^{-15})	46708,2801	47367,9007

Como seria de esperar, probabilidades de excedência menores levam a pWCET maiores. Também observa-se que o pWCET obtido do modelo Gumbel é sempre maior que o pWCET obtido do modelo GEV, para uma mesma probabilidade de excedência.

Os resultados obtidos com os modelos GEV e Gumbel foram avaliados com relação à confiabilidade das estimativas pWCET produzidas. Para isto, foram feitas 10^8 medições do tempo de execução da tarefa e observado o HWM(10^8). Espera-se que, em 10^8 execuções, o HWM fique necessariamente abaixo do pWCET(10^{-15}). A confirmação da confiabilidade viria do fato de que as estimativas não são excedidas pelo maior valor observado, uma vez que a magnitude da amostra considerada é muito menor do que o necessário pela probabilidade de excedência utilizada. Ou seja, não espera-se ver em 10^8 medições algo cuja probabilidade de ocorrer seja de apenas 10^{-15}.

O artigo conclui que existem dúvidas quanto à confiabilidade do modelo obtido pelo uso da distribuição GEV. Neste caso, o pWCET(10^{-15}) convergiu para valores muito próximos dos maiores valores observados em 10^8 execuções, o que não deveria acontecer.

Já o emprego da TVE especificamente com a distribuição Gumbel mostrou-se confiável. Todos os pWCET(10^{-15}) e seus intervalos de confiança permaneceram acima dos maiores valores observados em 10^8 execuções.

A aplicação de TVE na estimação de WCET é algo novo, ainda não empregado na indústria, mas com enorme potencial caso seja provado confiável. Trata-se de uma técnica que poderá crescer muito em relevância nos próximos anos. Em [ARC2018] é apresentado um estudo de confiabilidade quando POT é usado no lugar de BM. Em [SIL2017] e [ARC2018] também são descritos os detalhes operacionais da aplicação de TVE na obtenção de pWCET.

6.7 Considerações Gerais

Métodos estáticos são capazes de computar um limite superior garantido para o tempo de execução de uma tarefa. Isto é possível pois a análise de fluxo de controle permite considerar todos os possíveis caminhos de execução. E são usadas abstrações para cobrir todas as possíveis dependências de contexto de execução no processador em questão. O preço pago pela segurança da análise estática é a necessidade de modelos para o comportamento do processador e a possibilidade de resultados imprecisos, isto é, uma superestimação do WCET. A análise estática não requer a execução do sistema, o que poderia requerer aparatos complexos para simular o hardware e periféricos.

Métodos baseados em medição substituem a análise do comportamento do processador por medições. Dificilmente todos os possíveis caminhos de execução são medidos. E dificilmente o estado inicial do processador (*cache*, etc.) no pior caso é conhecido. Algumas possibilidades para o tempo de execução que dependam de contexto específico não serão observadas. Desta forma, o método não garante a observação do verdadeiro WCET.

Métodos híbridos são possíveis onde análise de fluxo de controle é usada para garantir que todos os possíveis caminhos de execução sejam considerados (considerados aqui significa medidos ou mostrados serem mais rápidos do que os medidos).

Métodos baseados em medição são mais simples para aplicar em processadores modernos, pois não necessitam de um modelo para o comportamento do processador. Eles produzem estimativas para o WCET que são mais precisas (menos pessimistas) do que os métodos analíticos. Especialmente para processadores complexos e aplicações complexas. Mas é muito difícil estimar o quanto otimista é uma estimativa obtida via medições.

As técnicas baseadas em análise estática para estimação do WCET são limitadas no que se refere a plataformas de hardware suportadas e também estilos de programação aceitos. Porém, as abordagens de teste convencional fornecem apenas estimativas grosseiras sobre o tempo de execução no pior caso.

Para suportar a demanda computacional das aplicações executadas em sistemas de tempo real, o uso de hardware complexo será fundamental. Portanto, métodos para orientar os testes a serem realizados e métricas que quantifiquem o conceito de confiabilidade para estimativas do WCET são necessários. Uma possibilidade são os métodos estatísticos, baseados na Teoria de Valores Extremos, que agora começam a ser definidos.

No que se refere a WCET, existem 3 principais dimensões a serem consideradas: aplicabilidade, confiabilidade e custo. Muitas técnicas de análise possuem aplicabilidade limitada em termos de hardware e design do software. A confiabilidade da estimação do WCET obtida varia, ou seja, o grau de confiança de que o verdadeiro WCET foi observado ou pelo menos um valor suficientemente próximo dele, ou maior que ele foi determinado. Finalmente, o custo da análise é importante, dado que em qualquer projeto de software a etapa de testes é uma etapa cara assim como a análise estática é cara, e a obtenção de uma estimativa para o WCET não pode inviabilizar economicamente o desenvolvimento do sistema.

6.8 Exercícios

1) Considerando o seu ambiente usual de programação, existe algum recurso pronto para medir o tempo de resposta de uma tarefa ? E o seu tempo de execução ?

2) Caso já tenha programado microcontroladores, que recursos de hardware poderiam ser usados para medir tempos em um computador auxiliar ? Pense em pinos de entrada/saída digital, portas seriais, etc.

3) Durante a bateria de testes, todas as linhas de código da tarefa foram executadas pelo menos uma vez. Isto garante que o WCET será observado ? Justifique.

4) Vários autores propõe o uso de Algoritmo Genético para procurar a entrada de dados que maximiza o tempo de execução. Cite uma vantagem e uma desvantagem de usar meta-heurísticas com este propósito.

5) Qual a vantagem de usar o método híbrido sobre o método completamente analítico descrito no capítulo 5 ?

6) Qual a vantagem de usar o método híbrido sobre o método completamente baseado em medição?

7) Pesquise na Internet em quais áreas a Teoria de Valores Extremos é mais usada. Liste exemplos de aplicações em quaisquer outras áreas.

8) Quais os grandes atrativos da Teoria de Valores Extremos para a indústria que precisa lidar com o WCET das tarefas, como por exemplo a indústria aeronáutica ?

9) O que significa "qualidade de ajuste (*goodness-of-fitness*)" ? Como isto pode impedir a aplicabilidade da Teoria de Valores Extremos ?

10) Normalmente o tempo de execução de uma tarefa é uma variável aleatória com algum tipo de distribuição. Em que tipo de algoritmo, em que tipo de processador, uma tarefa apresentaria um tempo de execução constante ?

11) Diversas técnicas podem ser empregadas para definir o pior caso do tempo de execução, do inglês, Worst Case Execution Time (WCET). Uma possível abordagem é medir o tempo de execução de diferentes partes (segmentos) do código, e não da tarefa inteira. Estas medições do tempo de execução de segmentos são depois combinadas, da pior forma possível. Esta abordagem garante que a estimativa do WECT terá um valor:

a) Maior ou igual ao WECT

b) Inferior ao WECT

c) Exatamente igual ao WECT

d) Mais seguro no entanto sem garantias

12) Métodos de teste de tempo de execução devem prover resposta para diversas questões. Uma delas diz respeito à quantidade de caminhos possíveis a serem testados. Selecione a alternativa que representa o tipo de tarefa com o menor número tratável explicitamente de caminhos.

a) Tarefa sem desvio e sem laço

b) Tarefa com desvio e sem laço

c) Tarefa sem desvio e com laço

d) Tarefa com desvio e com laço

13) Métodos estatísticos para estimar o pior caso de tempo de execução, quando aplicados corretamente, podem fornecer confiabilidade suficiente na estimativa, utilizando, por exemplo, a teoria de valores extremos que é normalmente dividida em cinco etapas. Selecione a alternativa que contém a etapa descrita incorretamente.

a) Medir o tempo de execução da tarefa para um conjunto representativo de seus possíveis dados de entrada.

b) Selecionar uma amostra de mínimos a partir dessas medições.

c) Selecionar um modelo de valor extremo que melhor se ajuste aos valores amostrados.

d) Verificar se o modelo obtido é consistente com as medições realizadas.

e) Uma vez que o modelo derivado é validado, obtenção da estimativa de pior caso pWCET para uma dada probabilidade de excedência.

7. Implementação de Tarefas em Sistemas Pequenos

Como tarefas de tempo real podem ser implementadas em um sistema simples?

O conceito de tarefa de tempo real foi apresentado no capítulo 2, o qual tratou dos conceitos básicos do escalonamento tempo real. O tempo de resposta (*response time*) de uma tarefa é definido pelo intervalo de tempo entre a chegada da tarefa e a sua conclusão, incluindo aqui eventuais intervalos de tempo quando a mesma é suspensa para a execução de outras atividades do sistema. No contexto de um sistema de software, várias atividades podem ser definidas e, de alguma forma, todas elas compartilham o mesmo processador (ou os mesmos processadores, no caso de máquinas com múltiplos processadores).

O tempo de resposta de uma tarefa de tempo real está diretamente associado com a forma adotada para implementá-la em um sistema de software. Em outras palavras, depende da **organização dos fluxos de execução** no sistema, ou seja, do **design do software do sistema** (***system software design***). A variedade de possibilidades neste aspecto é imensa.

Neste capítulo vamos considerar os três cenários mais usuais na implementação das tarefas de tempo real em sistemas simples, especialmente no que se refere aos sistemas de tempo real com requisitos temporais rigorosos: Executivo cíclico, laço principal com interrupções, e sistema operacional multitarefa na forma de um microkernel simples. Outro cenário possível, usando sistema operacional multitarefa na forma de um kernel completo, será tratado no capítulo 8.

7.1 Executivo Cíclico

Os sistemas mais simples podem ser construídos de tal forma que existe apenas um único fluxo de controle no sistema. Todo o sistema consiste de um grande laço que sempre é repetido periodicamente. Por isto, este tipo de solução é usualmente chamado de **Executivo Cíclico** (***Cyclic Executive***), sendo também chamado de **escalonamento dirigido por tempo** (***clock-driven scheduling***). O período de repetição deste laço deve ser controlado através de um temporizador em hardware (*timer*) que marca a passagem do tempo real. Por exemplo:

```
CicloMaior = 40 ms
While( true ) {
   Espera_próximo_ciclo_maior_iniciar( );
   funcao_tarefa_1( );
   funcao_tarefa_2( );
   funcao_tarefa_3( );
   funcao_tarefa_4( );
   funcao_tarefa_5( );
}
```

Ainda é possível pensar em termos de tarefas da aplicação. No caso do exemplo anterior, temos 5 tarefas, cada uma mapeada para uma função. O tempo de execução de cada tarefa pode ser diferente. Porém todas elas executam com o mesmo período, 40 ms no caso do exemplo. É necessário garantir que a soma dos tempos de execução no pior caso de todas as tarefas seja menor que 40 ms. O período de tempo no qual todas as execuções se repetem é chamado de **Ciclo Maior** (***major cycle***). A figura 7.1 mostra como ficaria a escala de execução neste caso.

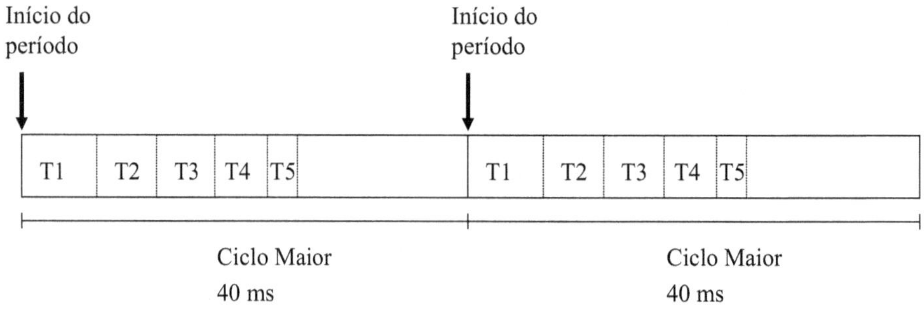

Figura 7.1 – Escala de execução do executivo cíclico, tarefas com mesmo período.

No caso mais geral, as tarefas devem ter períodos diferentes. Por exemplo, a tarefa que executa a estratégia de controle de um motor elétrico provavelmente precisará executar com maior frequência (menor período) do que a tarefa que atualiza o display para um operador humano. Suponha que nosso sistema continua com 5 tarefas, mas cujos períodos e tempos de execução no pior caso sejam os mostrados na tabela 7.1.

Tarefa τi	Período Pi	Tempo de execução no pior caso Ci
τ1	20	8
τ2	20	7
τ3	40	4
τ4	40	3
τ5	80	2

Tabela 7.1 – Exemplo de sistema com 5 tarefas.

Isto pode ser acomodado no executivo cíclico, através da divisão do ciclo maior em um número inteiro de ciclos menores. Dentro de cada **Ciclo Menor** (***minor cycle***) apenas algumas tarefas executam. A cada ciclo maior tudo se repete. O código abaixo utiliza 4 ciclos menores dentro do ciclo maior para executar as tarefas descritas na tabela 7.1.

```
CicloMenor = 20 ms
While( true ) {
    Espera_próximo_ciclo_menor_iniciar( );
    funcao_tarefa_1( );
    funcao_tarefa_2( );
    funcao_tarefa_3( );
    Espera_próximo_ciclo_menor_iniciar( );
    funcao_tarefa_1( );
    funcao_tarefa_2( );
    funcao_tarefa_4( );
    funcao_tarefa_5( );
    Espera_próximo_ciclo_menor_iniciar( );
    funcao_tarefa_1( );
    funcao_tarefa_2( );
    funcao_tarefa_3( );
    Espera_próximo_ciclo_menor_iniciar( );
    funcao_tarefa_1( );
    funcao_tarefa_2( );
    funcao_tarefa_4( );
}
```

É importante observar que o período de cada tarefa é respeitado. A tarefa $\tau 1$ é executada em todos os ciclos menores, pois desta forma ela é executada uma vez a cada 20 ms, ou seja, seu período. Já a tarefa $\tau 5$ é executada em apenas um dos ciclos menores, ou seja, apenas uma vez a cada ciclo maior, pois seu período é 80 ms. Tipicamente o valor do ciclo maior corresponde ao mínimo múltiplo comum dos períodos das tarefas, por isto mesmo ele é chamado às vezes de **Hiperperíodo** (***Hyperperiod***). Uma duração conveniente, quando possível, para o ciclo menor, é o máximo divisor comum dos períodos das tarefas. No caso do sistema descrito pela tabela 7.1, o ciclo menor (20 ms) foi escolhido desta forma. Entretanto, esta não é a única solução possível.

Também é importante garantir que a soma dos tempos de execução no pior caso das tarefas contidas em cada ciclo menor nunca ultrapasse os 20 ms. Usando os dados da Tabela 7.1 é possível perceber que a computação em cada ciclo menor totaliza 19 ms, 20 ms, 19 ms e 18 ms, respectivamente. A figura 7.2 mostra como fica a escala de execução neste caso.

O conjunto de tarefas descrito na Tabela 7.1 apresenta períodos e tempos de computação que permitiram uma divisão em ciclos menores com relativa facilidade. Porém, existem conjuntos de tarefas para os quais é impossível aplicar este tipo de solução. Uma tarefa com tempo de execução grande pode dificultar esta divisão. Neste caso, pode ser necessário adaptar as tarefas. Por exemplo, uma tarefa com período Pk e tempo de execução Ck talvez possa ser dividida em duas partes, ou seja, duas novas tarefas com período Pk e tempo de execução Ck/2 cada uma delas. Este tipo de divisão facilita a organização dos ciclos menores.

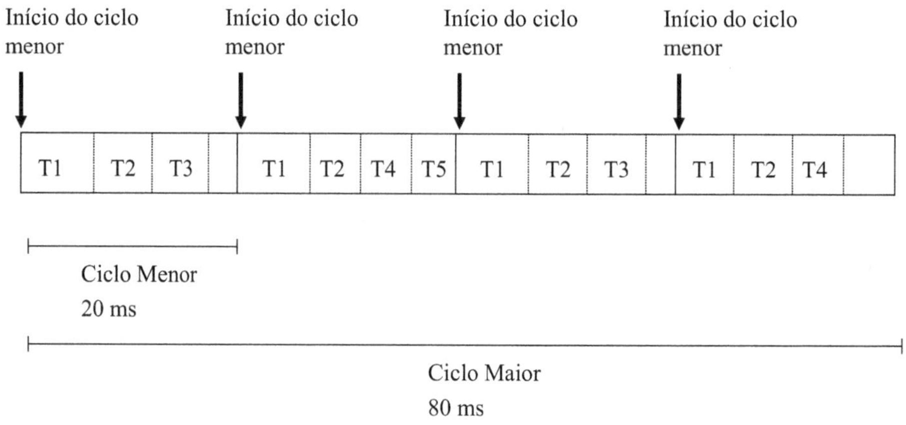

Figura 7.2 – Escala de execução do executivo cíclico, tarefas com períodos diferentes.

A função *Espera_próximo_ciclo_menor_iniciar( )* representa a espera pelo final do ciclo menor corrente, e este efeito pode ser obtido por um laço que fica constantemente lendo um relógio de tempo real no hardware ou por uma interrupção de temporizador em hardware (*timer*) previamente programado. De qualquer forma, o tempo gasto nesta função deve ser somado ao tempo total de execução do ciclo menor.

É usual sobrar algum tempo de execução em cada ciclo menor. No caso do exemplo anterior, temos sobras de 1 ms no primeiro e terceiro ciclos menores, e uma sobra de 2 ms no quarto ciclo menor. Este tempo pode ser aproveitado para a execução de tarefas que não são de tempo real e aproveitam o tempo restante. Na verdade os tempos previstos na construção do executivo cíclico são para o pior caso. No caso típico as tarefas executam em menos tempo e, desta forma, a sobra ao final de cada ciclo menor será na verdade ampliada com este tempo adicional. Todo tempo de processamento reservado para uma tarefa porém não utilizado por ela é chamado de **tempo ganho** (***gain time***) e pode ser recuperado para ser usado por outras tarefas. Uma interrupção de *timer* pode ser usada para indicar o término de cada ciclo menor.

Caso o tempo alocado para o ciclo menor tenha terminado, mas ainda existe código de tarefa para executar, é dito que ocorreu um ***overrun*** do ciclo menor. Neste caso, alguma ação é necessária, dependendo da criticalidade das tarefas envolvidas. Uma abordagem simples é continuar a execução das tarefas normalmente, na esperança de que as folgas existentes nos ciclos menores em sequência recomponham a corretude temporal do sistema. Entretanto, no caso de sistemas críticos, a ocorrência do *overrun* representa uma grave **falta temporal** (***timing fault***) e algum tipo de tratamento de falta será necessário, tal como sinalizar a ocorrência da falta no painel do equipamento, enviar mensagem para o fabricante, reinicializar o equipamento, ou mudar para um modo de segurança onde ações físicas perigosas do equipamento são suspensas. Obviamente, o que fazer depende da aplicação ser o controle de estabilidade de um avião ou um congelador doméstico, por exemplo. Existe um dilema entre continuar a execução normalmente de todas as tarefas, o que pode causar um efeito atraso em cascata afetando todo o sistema, ou abortar a tarefa que excedeu o tempo de execução alocado para ela, o que poderá gerar inconsistências em estruturas de dados ou mesmo em elementos físicos do sistema.

O planejamento da execução das tarefas em ciclos menores e ciclo maior pode ser feita manualmente no caso de sistemas pequenos e simples. Porém, dado que a escala de execução é construída em tempo de projeto, algoritmos mais complexos também podem ser usados. Trata-se de um problema de otimização com complexidade exponencial. Desta forma, soluções ótimas são possíveis até um certo tamanho de sistema. Para sistemas grandes (muitas dezenas de tarefas) devem ser usadas heurísticas sub-ótimas. Também é possível usar meta-heurísticas tais como Busca Tabu, Algoritmos Genéticos e Recozimento Simulado (*Simulated Annealing*). Neste caso, o código do executivo cíclico em si pode ficar grande, composto por uma grande quantidade de ciclos menores.

Podem existir ainda objetivos secundários no momento de decidir a escala de execução. Por exemplo, distribuir as folgas uniformemente entre os ciclos menores favorece o tratamento de *overrun*. O posicionamento de cada tarefa na escala de execução também pode afetar sua **variação de saída *(output jitter*)**, ou seja, a variação do intervalo de tempo entre términos consecutivos de uma mesma tarefa.

A maior vantagem do executivo cíclico é a sua simplicidade. As tarefas são implementadas como simples funções, facilitando a gerência do processador em sistemas pequenos e simples, onde um sistema operacional não é usado devido às limitações do hardware. Como as tarefas implementadas como funções podem compartilhar um espaço de endereçamento de memória comum, por exemplo variáveis globais, é fácil passar dados entre elas. Esses dados não precisam ser protegidos (via mecanismos de sincronização tais como mutex e semáforo) porque o acesso concorrente não é possível. A sequência de execução das tarefas é sempre a mesma, e repete-se a cada ciclo maior. Desta forma, fica fácil verificar se todas as tarefas cumprem os seus respectivos requisitos temporais. Basta inspecionar a escala de execução gerada.

Embora simples, o executivo cíclico apresenta diversas limitações. Todos os períodos das tarefas devem ser múltiplos do tempo de ciclo menor. Por vezes é difícil encontrar uma duração para o ciclo menor que atenda este requisito. Também é difícil incorporar tarefas com períodos longos. Qualquer tarefa com tempo de execução muito grande precisará ser dividida em um número fixo de procedimentos com tamanho mediano, o que pode prejudicar a estrutura do código, sendo mais sujeito a erros.

Métodos mais flexíveis de escalonamento são difíceis de suportar. Por exemplo, tarefas que atendem a situações de emergência e precisam executar imediatamente não são facilmente posicionadas na escala de execução. O executivo cíclico funciona bem quando todas as tarefas possuem um deadline relativo igual ao período. Tarefas esporádicas, ou tarefas periódicas com deadline relativo menor que o período, são difíceis de serem acomodadas e, quando feito, geram ociosidade no sistema. Além disto, a manutenção do software é custosa. Qualquer inclusão de uma nova tarefa, assim como alterações no período ou tempo de execução de uma tarefa existente, requer uma nova escala de execução.

A programação das tarefas deve ser muito cuidadosa, pois nenhuma tarefa pode ficar bloqueada esperando por algum evento. Considere o exemplo de um teclado. A tarefa responsável por ler o teclado é posicionada em um ou mais ciclos menores da escala de execução. Quando ela executa, ela acessa diretamente o controlador do teclado e verifica se uma tecla foi acionada ou não. Caso afirmativo, a tecla pode ser lida e processada (talvez copiada para um array de caracteres na memória). Caso nada tenha sido teclado, a tarefa pode simplesmente terminar, e a execução prossegue conforme determinado pela escala de execução. Em resumo, não existe algo como uma função *scanf()* que a tarefa possa chamar e ficar bloqueada até que algo seja teclado. Quando uma tarefa espera pela realização de uma operação de entrada ou saída a mesma é chamada de **entrada e saída síncrona**. É desta forma que a maioria dos programas são construídos. Na linha de código do programa imediatamente após uma operação de entrada ou saída assume-se que a entrada ou saída já foi concluída. Esta é a forma mais simples de programar, mais legível e menos sujeita a erros.

No caso do executivo cíclico é necessário empregar operações de **entrada e saída assíncronas**, pois a tarefa não fica bloqueada esperando por elas. Para saber se uma dada operação de entrada ou saída comandada antes foi concluída, é necessário ler alguma variável ou registrador. O acesso aos controladores de periféricos pode ser feito diretamente, ou através de bibliotecas específicas para cada periférico, que não geram bloqueio nunca. A programação usando entrada e saída assíncrona é mais difícil e, portanto, mais sujeita a erros e com manutenção mais custosa.

O executivo cíclico puro não inclui tratadores de interrupções, no máximo um tratador de interrupção para o temporizador no hardware que sinaliza o início de um ciclo menor. Desta forma, ações urgentes não podem ser associadas com tratadores de interrupções. Todos os sensores precisam ser amostrados por tarefas, no momento da execução da tarefa correspondente, como previsto na escala de execução.

A não associação de eventos externos relevantes com interrupções de hardware torna a resposta aos eventos externos urgentes bem mais lenta do que seria com tratadores de interrupções. Para muitos sistemas, alguns eventos externos não podem esperar até que chegue a vez da tarefa correspondente executar em seu ciclo menor futuro. Esta limitação nos leva à necessidade de empregar o mecanismo de interrupções e soluções baseadas nele.

7.2 Mecanismo de Interrupções

O **mecanismo de interrupções** é um recurso presente em processadores de qualquer porte. Ele permite, por exemplo, que um controlador de periférico (ethernet, *timer*, teclado, etc.) acione um sinal elétrico no barramento de controle do computador e, desta forma, chame a atenção do processador.

Toda interrupção está associada com a ocorrência de algum evento que requer alguma resposta do processador. Quando uma interrupção acontece o processador termina a instrução de máquina em andamento e desvia então a execução para uma rotina específica chamada de **tratador de interrupção** (***interrupt handler***). O tratador de interrupção realiza as ações necessárias em função da ocorrência daquela interrupção. Trata-se de uma rotina que não é chamada como uma função normal, mas é executada quando ocorre uma interrupção. Quando a rotina que realiza o tratamento da interrupção termina, o processador volta a executar as instruções de máquina seguintes àquela quando a interrupção aconteceu. Pode-se pensar que uma rotina estava sendo executada, acontece a interrupção, ela é suspensa momentaneamente para a execução do tratador de interrupção, após o que a execução retorna para a rotina interrompida. A figura 7.3 mostra a escala de execução resultante.

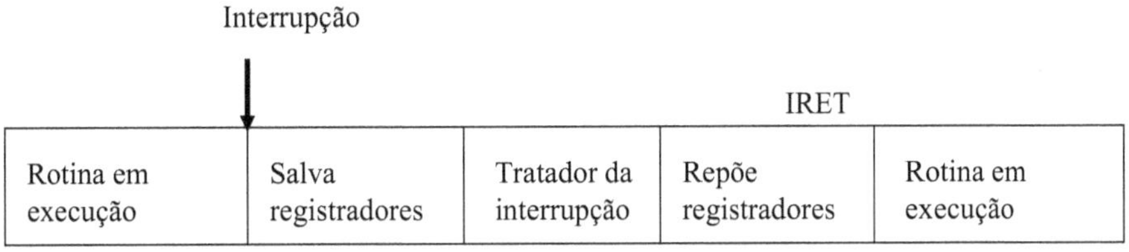

Figura 7.3 – Escala de execução gerada pela ocorrência de uma interrupção.

Durante a execução do tratador de interrupção é necessário preservar o conteúdo dos registradores associados com a rotina interrompida. Isto é necessário para que, quando a execução da rotina interrompida for retomada, o conteúdo de todos os registradores seja o mesmo que no momento da interrupção. A maioria dos processadores salvam automaticamente os principais registradores quando ocorre uma interrupção, sendo responsabilidade do tratador da interrupção salvar os demais registradores que ele venha a utilizar. Tipicamente, os valores são copiados para uma pilha. Ao final, o tratador deve repor os valores que ele salvou no início, e empregar uma instrução de máquina "retorno de interrupção" (IRET), a qual repõe o conteúdo original nos registradores salvos automaticamente e faz o processador retomar a execução da rotina interrompida.

Em geral, computadores incluem uma variada gama de periféricos os quais são comandados através de um componente eletrônico chamado de **controlador de periférico** (***peripheral device controller***). O processador é capaz de ler e escrever registradores do controlador de periférico e, desta forma, enviar comandos ou receber informações. Cabe ao controlador de periférico executar os comandos através de acionamentos eletrônicos, elétricos e mecânicos apropriados. Obviamente mandar um pacote de dados pela rede ethernet ou receber um caractere do teclado requer acionamentos bem diferentes por parte dos respectivos controladores de ethernet e de teclado. Controladores de periféricos utilizam interrupções para alertar ao processador que algo aconteceu. Por exemplo, a recepção ou transmissão de um pacote de dados e o acionar de uma tecla podem gerar interrupções.

Em um computador podem existir diversos controladores capazes de gerar interrupções. No caso de um **microcontrolador** (***microcontroller***) muitos controladores de periféricos ficam no mesmo circuito integrado junto com o processador. Já os computadores baseados em **microprocessador** (***microprocessor***) colocam a maioria dos controladores de periféricos em outros circuitos integrados na mesma **placa mãe** (***motherboard***) do processador. A figura 7.4 ilustra a arquitetura básica de um computador com um único processador.

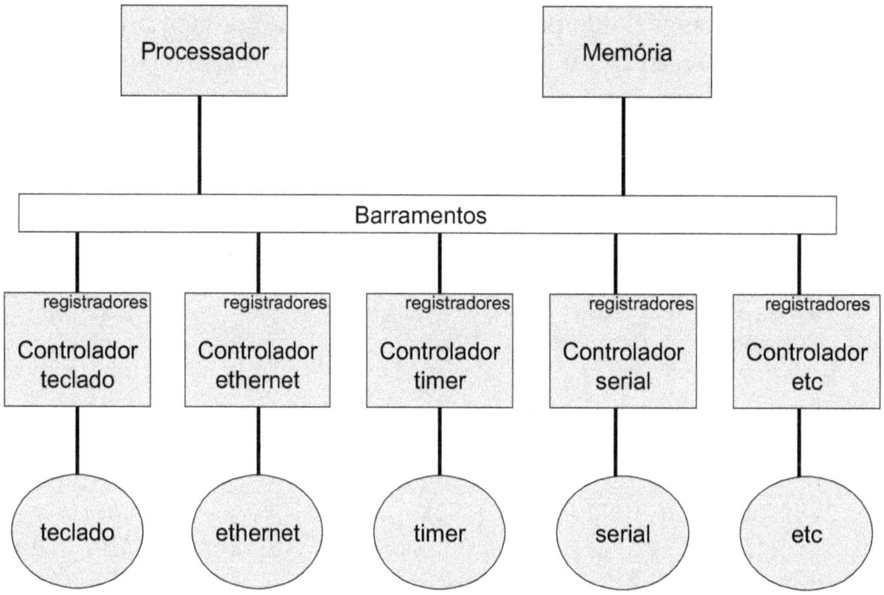

Figura 7.4 – Arquitetura típica de um computador.

A forma mais simples de identificar a origem de uma interrupção é associar a cada controlador um tipo diferente de interrupção. Dessa forma, o controlador não somente interrompe o processador, mas também informa qual o tipo da interrupção. A maioria dos processadores identifica diferentes **tipos de interrupções** através de um número, tipicamente entre 0 e 255. Cada tipo de interrupção é associado com uma causa diferente. Por exemplo, o controlador do teclado gera interrupções do tipo 20 enquanto o controlador ethernet gera interrupções tipo 30. É possível associar um tratador específico para cada tipo de interrupção. Desta forma, uma interrupção do tipo 20 aciona automaticamente o tratador de interrupções do teclado, enquanto uma interrupção do tipo 30 desvia a execução para o tratador de interrupções da ethernet. O endereço de um tratador de interrupção é muitas vezes chamado de **vetor de interrupção** (***interrupt vector***), pois ele "aponta" para a rotina de atendimento da interrupção. Cada tipo de interrupção possui associado um vetor de interrupção. O processador utiliza uma tabela na memória com os vetores de todos os tipos de interrupção definidos. Cada computador define os tipos de interrupções associados com cada periférico a sua maneira.

Em muitos processadores os diferentes tipos de interrupção possuem diferentes prioridades de atendimento. Por exemplo, o processador pode considerar interrupções com tipo numérico menor como sendo mais prioritárias. Desta forma, se as interrupções 20 e 30 ocorrerem simultaneamente, primeiro será executado o tratador de interrupções do tipo 20 e depois o tratador de interrupções do tipo 30. Em alguns sistemas é permitido que tratadores de interrupções sejam eles próprios interrompidos pela ocorrência de tipos mais prioritários (ver figura 7.5). Neste caso, o tratador de interrupção do tipo 30 poderia ser interrompido pelo tratador de interrupção do tipo 20, mas não o contrário. Como este tipo de situação torna o design do software mais complexo, em muitos sistemas os tratadores de interrupção sempre executam completamente antes de outra interrupção ser reconhecida (ver figura 7.6).

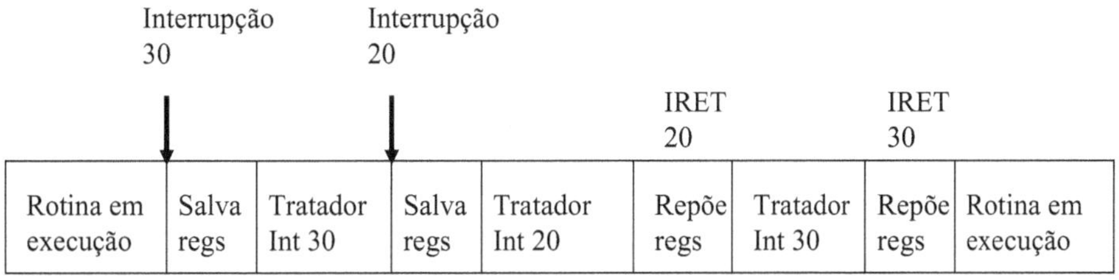

Figura 7.5 – Escala de tempo quando tratadores de interrupção podem ser interrompidos.

Figura 7.6 – Escala de tempo quando tratadores de interrupção não podem ser interrompidos.

Nem sempre interrupções podem ser atendidas. Suponha que um programa está alterando variáveis globais as quais também são acessadas pelo tratador de interrupções. As variáveis globais podem ficar temporariamente inconsistentes enquanto são alteradas. Se uma interrupção acontece enquanto elas estão inconsistentes e o tratador da interrupção em questão acessa estas variáveis, ele poderá gerar resultados errados. Os processadores permitem que interrupções sejam desabilitadas temporariamente através de instruções de máquina específicas, tais como **Desabilita Interrupção** (**DI** - ***Disable Interrupt***) e **Habilita Interrupção** (**EI** - ***Enable Interrupt***). Desta forma, o programa pode executar DI imediatamente antes de iniciar o acesso às variáveis globais e executar EI quando as variáveis globais estiverem liberadas para uso novamente. Caso ocorra uma interrupção e as mesmas estão desabilitadas, a mesma não é perdida. Ela fica pendente, e será reconhecida tão logo as interrupções seja habilitadas novamente. Interrupções que podem ser desabilitadas são chamadas de **Interrupções Mascaráveis** (***Maskable Interrupts***). Um tipo especial de interrupção que nunca pode ser desabilitada é chamada de **Interrupção Não Mascarável** (**NMI** – ***Non-Maskable Interrupt***). As

NMI são associadas com eventos críticos no sistema, por exemplo, com uma iminente falta de energia.

Até aqui foram consideradas interrupções geradas por controladores de periféricos. As **Interrupções de Software** (***Software Interrupts***) são geradas pela execução de uma instrução de máquina específica, usualmente representada por INT. Ela tem como parâmetro o número do tipo de interrupção a ser gerada. O efeito é semelhante a uma interrupção de hardware do mesmo tipo, porém seu momento de ocorrência é controlado pelo programa sendo executado, ao contrário de uma interrupção de periférico, a qual em geral não é possível prever no programa o seu momento de ocorrência. Da mesma forma que antes, a ocorrência de uma interrupção de software desabilita interrupções e a mesma sequência de eventos que ocorrem após uma interrupção de hardware acontece também após uma interrupção de software. Não é necessário desabilitar interrupções de software, pois somente quem pode gerar uma interrupção de software é a própria rotina em execução. Se a rotina em execução não deseja que interrupções de software aconteçam, basta não gerar nenhuma. Interrupções de software são principalmente usadas na implementação de chamadas de sistema, como será visto na seção 7.4.

Existe uma terceira classe de interrupções, geradas pelo próprio processador, as quais são chamadas de **Interrupções de Proteção** ou **Exceções** (***Exceptions***). São interrupções geradas pelo processador quando o mesmo detecta algum tipo de erro ou de violação dos mecanismos de proteção. Por exemplo, uma divisão por zero ou o acesso a uma posição de memória que na verdade não existe. A sequência de atendimento a essa classe de interrupções é igual ao descrito anteriormente. As exceções são tipadas da mesma forma que as interrupções de periféricos e de software.

7.3 Laço Principal com Tratadores de Interrupções

Como descrito na seção 7.1, o executivo cíclico é uma forma simples e efetiva de resolver o problema de escalonamento quando todas as tarefas são periódicas e possuem um deadline relativo igual ao período. Isto se torna especialmente verdade quando os períodos das tarefas são múltiplos entre si, pois a definição dos ciclos menores é facilitada. Entretanto, tarefas esporádicas, que podem chegar a qualquer momento, são mais difíceis de acomodar, pois a escala de execução precisa reservar momentos para a sua execução que atendam seus requisitos temporais. Tarefas com deadline relativo menor que o período também dificultam a construção da escala.

Suponha um sistema onde existe um sensor de pressão que deve ser amostrado e, caso a pressão no duto ultrapasse certo limiar, a tarefa que abre a válvula de saída deve ser executada. Suponha ainda que a válvula precise ser aberta (a tarefa executada) em no máximo 200 ms (seu deadline relativo ao instante de chegada), e o tempo de execução no pior caso da tarefa em questão é 40 ms.

Esta tarefa pode ser acomodada em um executivo cíclico, desde que a cada intervalo de 200 ms sejam reservados 40 ms para ela. Por exemplo, caso o ciclo menor seja de 200 ms, em todo ciclo menor devem ser reservados 40 ms para esta tarefa, não importa se ela executa ou não. Embora a execução da tarefa seja um evento raro, que pode inclusive jamais acontecer, 20% do tempo total do processador (40/200) precisa ser reservado para ela e não pode ser alocado para outras tarefas de tempo real. Na grande maioria dos ciclos menores a tarefa não executa, a sua reserva de 40 ms se transforma em tempo ganho, e pode ser usada para executar tarefas que não são de tempo real. Não obstante, este tempo foi perdido no que se refere a tarefas de tempo real.

Este exemplo na verdade descreve uma situação fácil. Não é incomum termos tarefas que realizam ações de emergência e sua execução precisa ser imediata. Suponha que nossa tarefa de abertura de válvula apresente um deadline relativo de 80 ms ao invés de 200 ms. A cada 80 ms precisamos reservar 40 ms para ela, o que é a metade do tempo do processador.

Para sistemas onde existem tarefas esporádicas, especialmente com deadlines relativos menores que o intervalo mínimo entre chegadas, um design mais eficiente para o sistema é não usar um executivo cíclico puro, mas sim um **Laço Principal com Tratadores de Interrupções**. Desta forma, todas as atividades que não são de tempo real, ou são periódicas com um deadline relativo igual ao período, são colocadas no laço principal que executa periodicamente. Assume-se implicitamente que as tarefas no laço ou não possuem deadline (não são de tempo real) ou possuem um deadline relativo maior ou igual ao período do laço. Também se assume implicitamente que o período de tais tarefas é igual ao período do laço, pois elas são executadas uma vez dentro do laço.

É possível acomodar facilmente tarefas com períodos múltiplos inteiros do período do laço, basta colocar um contador que é incrementado a cada execução do laço e executar a tarefa em questão a cada X execuções do laço principal. Soluções mais complexas para o código do laço principal podem ser pensadas. Porém, quando a organização do código do laço principal torna-se complexa, é um claro indicativo de que o design do software deve ser alterado para o que será apresentado na próxima seção deste capítulo.

Na solução baseada em laço principal com tratadores de interrupções, as tarefas de tempo real mais exigentes são implementadas como tratadores de interrupção. Desta forma, tão logo um evento seja sinalizado através da ocorrência de uma interrupção, a tarefa responsável por lidar com ele é executada, na forma do tratador de interrupções daquele tipo. Todos os tratadores de interrupções tem prioridade sobre as tarefas do laço principal, salvo por aqueles momentos onde interrupções são desabilitadas. Isto pode ocorrer quando tarefas do laço principal precisam acessar variáveis globais compartilhadas com os tratadores de interrupções.

Os vários tratadores de interrupção podem implementar tarefas que precisam ser executadas esporadicamente. No caso da tarefa responsável por abrir a válvula de saída no duto, é possível usar um dispositivo de hardware que gera uma interrupção sempre que a pressão ultrapassa o limiar desejado, acionando assim a tarefa em questão. Também é possível usar interrupções de um temporizador em hardware (*timer*) para ativar a tarefa periodicamente, quando a mesma então amostra a pressão no duto e decide se deve ou não abrir a válvula de saída. Na verdade várias tarefas periódicas podem ser associadas à interrupção do *timer*, desde que seus períodos sejam múltiplos inteiros do período das interrupções do *timer*, ou o computador em questão ofereça vários temporizadores no hardware. Em qualquer caso, estas atividades mais urgentes (com deadlines menores) executarão mais rapidamente, não precisando esperar pelas tarefas que agora formam o laço principal.

Caso o laço principal seja periódico, é importante observar que o período do laço principal deve comportar não somente o tempo de execução no pior caso de todas as tarefas implementadas no laço, mas também o tempo de execução no pior caso dos tratadores de interrupções, considerando-se todas as interrupções que podem ocorrer durante um ciclo do laço. Por exemplo, se o período do laço principal for 100 ms e existe uma porta de comunicação serial capaz de gerar uma interrupção a cada 2 ms, então ao longo de um ciclo do laço principal podem ocorrer 50 interrupções da porta serial, o que requererá 50 execuções da tarefa associada com o tratador de interrupções da porta serial.

A desvantagem desta abordagem construtiva em relação ao executivo cíclico é que agora não existe mais uma escala de execução fixa para inspeção. Não é possível prever quando ocorrerão interrupções de dispositivos como teclado, ethernet, porta serial, etc. Além disto, a natureza esporádica destas interrupções faz com que a escala de execução realmente observada varie completamente de ciclo para ciclo do laço principal. Por exemplo, em um ciclo do laço temos uma interrupção do controlador ethernet no início de sua execução, no ciclo seguinte ocorre uma interrupção ethernet no final da execução do laço, e no ciclo seguinte chegam não uma, mas duas interrupções da ethernet. A escala de tempo, que antes era definida a priori, agora varia com a dinâmica do sistema. Qualquer análise do tempo de resposta das tarefas deve ser feita com cuidado. Mesmo os tratadores de interrupção podem ser atrapalhados por que as interrupções são por vezes desabilitadas ou ainda diferentes interrupções podem ocorrer simultaneamente gerando uma situação de prioridade entre elas. Na verdade, a dinâmica do sistema em termos de tempo de resposta das tarefas não é muito diferente do que acontece em sistemas operacionais multitarefas, os quais serão discutidos na próxima seção.

7.4 Microkernel Simples como Sistema Operacional Multitarefa

Na medida em que a complexidade da aplicação aumenta, com um número maior de tarefas para executar e mais periféricos para gerenciar, passa a ser vantajoso o emprego de um sistema operacional multitarefa. Nesta seção vamos considerar apenas o caso mais simples, quando o sistema operacional faz basicamente a gerência do processador. Um bom exemplo é o FreeRTOS (www.freertos.org). No capítulo 8 serão tratados os sistemas operacionais que oferecem uma gama de serviços mais ampla.

A parte principal do sistema operacional é chamada de **kernel** (em português seria núcleo ou miolo, mas o uso do termo kernel é corrente), trata-se da camada de software que controla diretamente os recursos do hardware. Acima do kernel executa o código da aplicação. Quando o kernel oferece apenas serviços básicos de gerência do processador e não inclui outros serviços, tais como sistema de arquivos ou gerência de memória sofisticada, ele é chamado de **microkernel**.

No contexto deste livro, o serviço mais importante oferecido pelo sistema operacional é mesmo a gerência do processador. A técnica conhecida como **multiprogramação** (***multiprogramming***) é empregada para criar a abstração ***thread*** (***thread of execution***), a partir da divisão do tempo do processador. Desta forma, acima do microkernel existem threads as quais executam o código de aplicação. O microkernel cria a ilusão de que as threads executam simultaneamente, enquanto na verdade elas se revezam no uso do processador, sob o controle do microkernel. A figura 7.7 ilustra esta organização clássica de um microkernel simples como sistema operacional multitarefa.

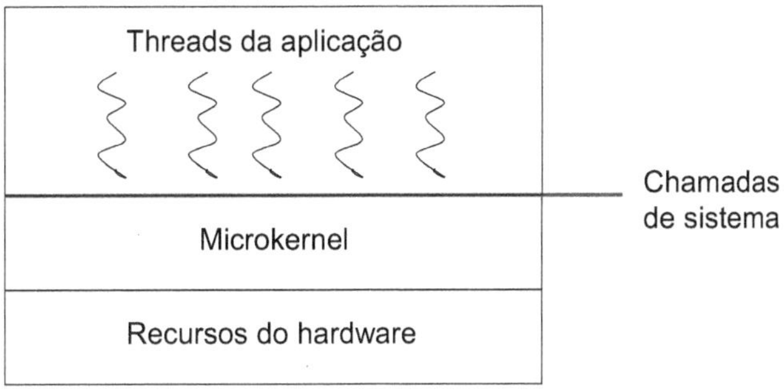

Figura 7.7 – Representação clássica do sistema operacional baseado em microkernel.

Quando um microkernel simples é usado como sistema operacional multitarefa, as tarefas da aplicação não são mais implementadas como funções em um executivo cíclico ou como tratadores de interrupção como no caso do laço principal com tratadores. Tarefas de tempo real são implementadas como threads, cada thread representando um fluxo de execução distinto, o qual é composto basicamente pelo conteúdo dos registradores do processador. Cabe ao microkernel implementar a abstração thread, como será descrito nas próximas seções.

7.4.1 Chamadas de Sistema

Threads solicitam serviços ao microkernel através de **chamadas de sistema** (***system calls***). Tipicamente, chamadas de sistema são implementadas como interrupções de software cujo tratador faz parte do microkernel. Por exemplo, uma thread desejando ler um caractere do teclado deve colocar em um registrador específico o código numérico da operação e gerar a interrupção de software que aciona o microkernel em questão. Por exemplo, no caso do MS-DOS seria colocar 0x01 (hexadecimal) no registrador AH e executar a instrução de máquina "INT 21H". O caractere lido é retornado no registrador AL. Quando a aplicação é programada em uma linguagem de mais alto nível, como C ou C++, as chamadas de sistema ficam escondidas dentro das bibliotecas da linguagem, mas elas estão lá. São as rotinas da biblioteca que fazem as chamadas de sistema.

Chamadas de sistema são sinalizadas através da execução de uma instrução do tipo interrupção de software. São as threads que fazem chamadas de sistema ao executar uma interrupção de software. Caso a aplicação possua, por exemplo, 5 threads, é possível que cada uma delas faça uma chamada de sistema e então existirão potencialmente 5 chamadas de sistema sendo atendidas simultaneamente, cada uma delas solicitada por uma thread. Em resumo, cada thread representa um fluxo de execução independente.

Na perspectiva do usuário, o computador foi comprado para executar código de aplicação. Entretanto, vez por outra, uma thread da aplicação requer um serviço do microkernel e faz uma chamada de sistema na forma de uma interrupção de software. Neste momento, o microkernel entra em execução, atendendo esta chamada de sistema. Se ela pode ser atendida imediatamente, isto é feito, e a thread retoma sua execução. Por exemplo, isto acontece em chamadas do tipo "lê a hora" ou "cria uma nova thread". Porém, muitas vezes a chamada não pode ser atendida imediatamente. Por exemplo, uma leitura de teclado ou uma chamada do tipo *sleep*. Neste caso, o microkernel comanda o controlador de periférico apropriado, e a thread precisará aguardar. Exatamente como o controlador de periférico é comandado varia enormemente conforme o periférico em questão. O tempo de espera também varia. Um *sleep* de 1 segundo demora 1 segundo, mas uma leitura do teclado depende de fatores fora do controle do microkernel.

Na multiprogramação, quando uma thread não pode continuar a executar pois está esperando por algum evento, o que o microkernel faz é colocar outra thread para executar. Desta forma, o microkernel sempre volta a não fazer nada e temos novamente uma thread da aplicação ocupando o processador. A maioria dos sistemas inclui uma **thread ociosa** (***idle thread***), a qual executa quando não existe nenhuma outra thread para executar, apenas para evitar que o microkernel fique sem threads para executar. Em algum momento no futuro o evento esperado acontecerá: o tempo de *sleep* passou, um caractere foi teclado, etc. Neste momento, o controlador do periférico em questão gera uma interrupção e aciona o tratador, que faz parte do microkernel. O microkernel volta a executar, faz o tratamento dos dados que for necessário, e agora a thread que fez a chamada de sistema pode continuar sua execução. Na existência de várias threads aptas a executar e apenas um processador, o microkernel precisará escolher quem executa antes. De qualquer forma, uma delas é colocada para executar, e o microkernel volta a não fazer nada.

Nesta forma básica de microkernel, ele comporta-se como um **sistema reativo** (***reactive system***). O microkernel não faz nada até que ocorra um evento. Evento aqui é a chamada de sistema de uma thread via interrupção de software ou o controlador de algum periférico requerendo atenção através de uma interrupção de hardware. O microkernel então reage ao evento (comanda periférico, muda estado de thread, etc.), coloca outra thread de aplicação para executar e volta a não fazer nada. A figura 7.8 ilustra a situação do microkernel como um sistema reativo. Embora este comportamento reativo esteja na base de todo kernel de sistema operacional, sistemas grandes como o Linux por exemplo precisam de mecanismos mais sofisticados para lidar com a complexidade dos muitos serviços oferecidos [BOV2005]. O próprio código do kernel emprega várias threads internas para organizar suas várias atividades internas.

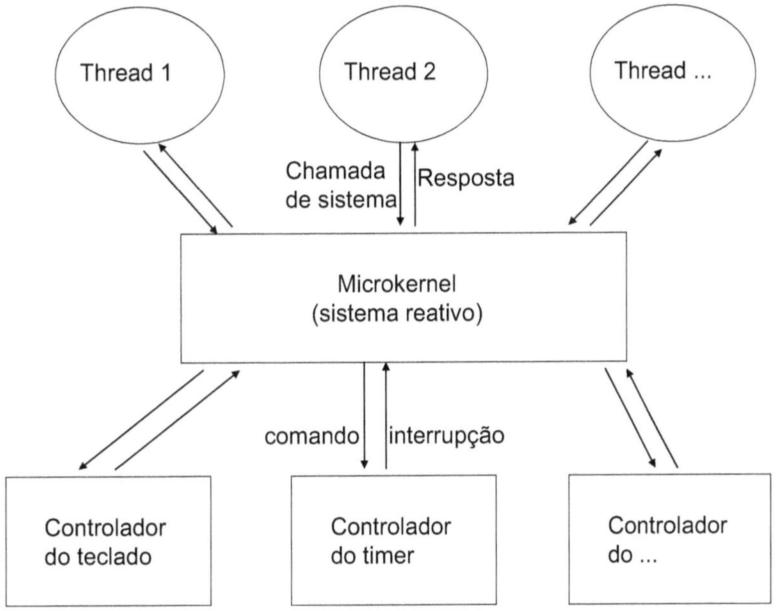

Figura 7.8 – Microkernel como um sistema reativo.

No caso de sistemas operacionais completos, como Linux ou Windows, todo acesso aos periféricos é feito através de chamadas de sistema. O desenvolvimento dos programas é facilitado pois em sistemas operacionais completos o programador dificilmente precisa acessar diretamente os registradores dos controladores de periféricos. Basta solicitar o serviço ao kernel, que se encarrega dos detalhes operacionais necessários para fazer o periférico em questão funcionar. Tipicamente os comandos detalhados são enviados por um módulo do kernel chamado de *device-driver*. Cada periférico possui o seu respectivo *device-driver*.

Já um microkernel simples contém apenas os *device-drivers* para os periféricos mais fundamentais do sistema. Tipicamente um temporizador em hardware (*timer*) está presente, pois o mesmo é usado para serviços do tipo *sleep* e por vezes pelo algoritmo de escalonamento do processador. Muitos incluem um mecanismo básico de comunicação de dados com o mundo exterior, como por exemplo uma porta serial ou um controlador ethernet.

Outra abordagem é o fornecedor do microkernel oferecer uma gama de *device-drivers* para vários periféricos, porém apenas incluir no código do microkernel, no momento de sua compilação, aqueles *device-drivers* que o programador da aplicação realmente necessita. É preciso ter em mente que microkernel é usado em plataformas de hardware com recursos limitados e, desta forma, não faz sentido incluir no microkernel algo que não será usado.

Também é muito comum utilizar um microkernel em plataforma de hardware parcialmente projetada pelo desenvolvedor da aplicação. No caso de um **sistema computacional embutido** ou **embarcado** (***embedded computer system***) em máquinas ou equipamentos, é comum a existência de **periféricos especializados** (***custom peripherals***) para os quais não existem *device-drivers* previamente programados. Ou seja, cabe ao desenvolvedor da aplicação também programar o código que fará este periférico especializado funcionar.

Uma solução de projeto popular é implementar o *device-driver* do periférico especializado como uma thread da aplicação. Outras threads da aplicação podem solicitar serviços do periférico especializado através de mecanismos de comunicação entre threads, os quais serão tratados no capítulo 11 sobre sincronização entre tarefas. A thread que comanda o periférico especializado acessa diretamente os registradores do seu controlador. Porém, ainda é necessário tratar as interrupções de hardware geradas pelo controlador do periférico especializado. Alguns microkernels permitem que a aplicação instale seus próprios tratadores de interrupção associados com certos tipos de interrupção que interessam à aplicação. Outra abordagem é não permitir que a aplicação defina diretamente tratadores de interrupção, mas que threads da aplicação possam fazer uma chamada de sistema do tipo "espera pela ocorrência de uma interrupção do tipo X". Ao fazer tal chamada, a thread para de executar. Quando no futuro ocorrer a interrupção do tipo esperado, um tratador de interrupções padrão do microkernel é acionado e ele então libera para execução a thread da aplicação que fez a chamada de sistema e estava esperando por esta interrupção. Desta forma, o código associado com fazer o periférico funcionar está todo contido na thread da aplicação. O microkernel apenas recebe as interrupções de hardware e libera threads que porventura estejam esperando a ocorrência de tais interrupções.

7.4.2 Estados de uma Thread

Threads podem ser criadas e destruídas dinamicamente, através de chamadas de sistema realizadas por threads já existentes. É claro que a primeira thread precisa ser criada na inicialização do microkernel, pois neste momento ainda não existe ninguém para fazer chamadas de sistema. No caso de um microkernel também é possível que todas as threads sejam criadas automaticamente, apenas na inicialização do sistema. Também existem chamadas de sistema para a destruição de threads.

As threads passam por diversos estados ao longo de sua existência, como mostra a figura 7.9. O propósito da multiprogramação é ter-se várias threads compartilhando o mesmo processador, o que naturalmente leva aos estados mostrados na figura 7.9 e descritos a seguir.

Após ser criada, uma thread precisa do processador para executar suas instruções de máquina. Porém, na multiprogramação, podem existir dezenas de threads competindo pelo mesmo processador. A cada momento podem existir diversas threads em fila esperando pelo processador. Esta fila é chamada de **Fila de Aptos** ou **Fila de Prontos** (***Ready Queue***). No momento de sua criação, a thread passa para o estado de apta a executar (figura 7.9 [1]).

Uma vez na fila de aptos, em algum momento no futuro a thread é escolhida para ser executada (figura 7.9 [2]). Esta decisão cabe ao **escalonador** (***scheduler***) que é um módulo do microkernel. A questão de qual thread o escalonador deve escolher será tratada no capítulo 9 sobre escalonamento de tarefas.

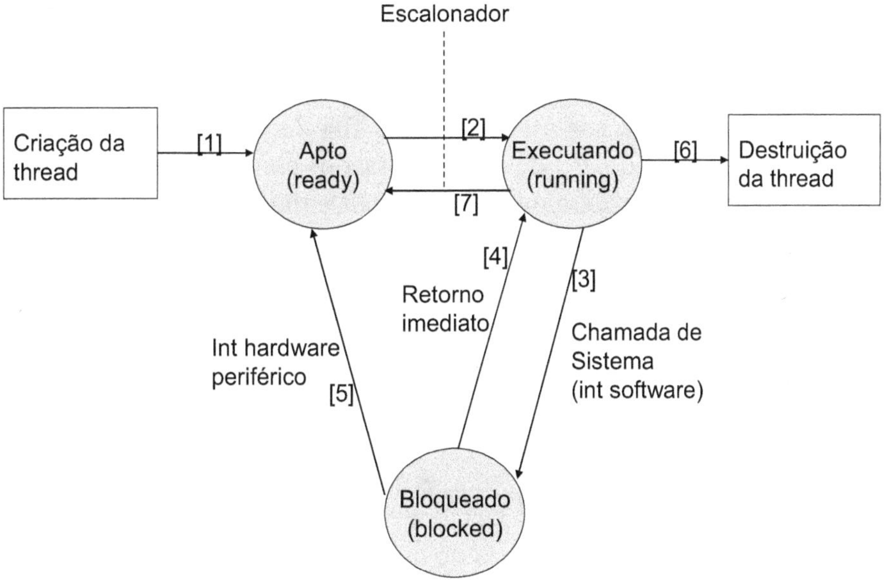

Figura 7.9 – Estados de uma thread.

A thread executa instruções de máquina até o ponto onde algum serviço é requerido do microkernel através de uma chamada de sistema (figura 7.9 [3]). Pode ser a recepção de um byte pela porta serial ou mesmo a suspensão por certo período de tempo (*sleep*). Normalmente tais atividades são demoradas se comparadas com a velocidade do processador e a thread em questão ficará bloqueada, liberando o processador para ser usado por outra thread. Em alguns poucos casos, a chamada de sistema pode ser atendida imediatamente. Por exemplo, uma chamada para ler a hora atual (*gettime*). Neste caso, a thread não precisa ficar bloqueada e pode retornar imediatamente para a sua execução (figura 7.9 [4]).

Mesmo no caso de bloqueio, após algum tempo, a ação solicitada pela thread é concluída. Por exemplo, o byte esperado pela porta serial chegou ou o tempo de suspensão solicitado passou. Em qualquer caso, o evento em questão será sinalizado por algum controlador de periférico através de uma interrupção de hardware. Neste momento a thread que estava bloqueada é liberada (*released*) e poderá retornar para a fila de aptos (figura 7.9 [5]) onde novamente irá disputar o tempo do processador com as demais threads na fila.

A forma tradicional de uma thread terminar é a mesma solicitar isto ao microkernel através de uma chamada de sistema (figura 7.9 [6]). Entretanto, existe a possibilidade de uma thread ser destruída por outra thread através de chamada de sistema. Também é possível a destruição de uma thread caso a mesma cometa um erro crítico que gere uma interrupção de proteção (exceção). Desta forma, existem caminhos de todos os estados para a destruição da thread (não mostrados na figura 7.9). No caso de um microkernel também é possível que todas as threads executem até o desligamento total do equipamento.

Quando uma thread torna-se apta, cabe ao escalonador decidir se a thread em execução prossegue com o processador, ou se a mesma deve ceder lugar para a thread recém tornada apta, por uma questão de prioridades entre as threads, por exemplo. Isto pode gerar uma mudança do estado executando para o estado apto (figura 7.9 [7]). Ou seja, a thread executando gostaria de continuar executando, mas é forçada a voltar para a fila de aptos para ceder o processador para outra thread mais prioritária. No caso de um processador com **múltiplos núcleos** (***multicore***), o estado executando pode ser ocupado por várias threads simultaneamente, conforme o número de núcleos. Mas como tipicamente existem muito mais threads que núcleos, a fila de aptos existe da mesma maneira.

7.4.3 Chaveamento de Contexto entre Threads

Na multiprogramação, threads que estão executando são por vezes interrompidas e mais tarde continuadas. Por exemplo, uma thread está executando quando ocorre uma interrupção do controlador de ethernet. Ela é suspensa, o tratador de interrupção é executado, talvez outra thread de alta prioridade seja liberada pela chegada de um pacote de dados pela rede e passe a executar. Somente no futuro a thread interrompida será novamente escolhida pelo escalonador e colocada para retomar sua execução.

A operação de suspender a thread em execução (passar a thread do estado de executando para o estado de apto) e colocar outra thread para executar (passar a thread do estado de apto para executando) é chamada de **troca de contexto** (***context switch***). Na multiprogramação isto acontece o tempo todo. Quando uma thread tem sua execução suspensa é necessário salvar o seu contexto de execução. Para que uma thread possa passar a executar, ocupando o processador, é necessário recarregar o seu contexto. O contexto de execução é formado principalmente pelo conteúdo dos registradores do processador. Quando a thread é interrompida, o conteúdo dos registradores precisa ser salvo. No futuro, quando a thread retoma sua execução (foi escolhida pelo escalonador para executar), este mesmo conteúdo é recolocado nos registradores, de tal forma que a thread não perceba que sua execução foi temporariamente interrompida, a não ser por um lapso de tempo no relógio de tempo real. Ao repor o conteúdo usado pela thread no registrador **apontador de instruções** (***program counter***), a próxima instrução de máquina a ser executada pelo processador será uma instrução de máquina do código da thread.

A troca de contexto é uma operação delicada, pois o conteúdo de todos os registradores precisa ser salvo sem alteração de nenhum bit, e normalmente o código do microkernel precisa usar registradores para realizar esta operação. Uma pilha é usada para auxiliar na operação, dado que todo chaveamento de contexto é disparado por uma interrupção (de software, de periférico ou de proteção) e o próprio mecanismo de atendimento de interrupções salva automaticamente os principais registradores em uma pilha, ajudando no trabalho. O salvamento e a reposição do contexto de execução de uma thread é na maioria das vezes programado em **linguagem de montagem** (***assembly language***) dada a necessidade de um controle fino sobre o que acontece com cada registrador. Exatamente como fazer depende totalmente dos detalhes do processador em questão, e varia muito de processador para processador.

O microkernel precisa manter as informações relativas ao contexto de execução de cada thread, de forma a efetuar as cargas e os salvamentos de contexto quando necessário. Para isto o microkernel mantém uma estrutura de dados chamada de **Bloco Descritor de Thread** (**TCB** - ***Thread Control Block***). As informações específicas de cada thread são mantidas no seu respectivo TCB, e são constituídas basicamente pelos conteúdos dos registradores quando a thread não estiver executando, além de informações complementares tais como um número **identificador da thread** (**TID** – ***Thread Identification***) e a prioridade da thread usada pelo escalonador para definir a ordem de execução. Em alguns microkernels a própria pilha de execução da thread é usada para armazenar o conteúdo de parte dos registradores quando a thread é temporariamente suspensa. Mesmo neste caso um TCB é necessário para guardar algumas informações, tal como o conteúdo do registrador SP (*Stack Pointer*) que aponta para onde os demais registradores foram armazenados na pilha da thread. Usar a pilha da própria thread para armazenar informações do sistema requer alguns cuidados. É necessário ter certeza que existe espaço na pilha da thread para esta finalidade, e que outras threads em execução não destruirão tal informação.

Tipicamente as filas de threads esperando por recursos são representadas dentro do microkernel como listas encadeadas dos respectivos TCBs. Desta forma, por exemplo, a ideia abstrata de uma thread ser inserida na fila de aptos significa, dentro do microkernel, que o TCB desta thread será inserido na lista encadeada de TCBs que representa a fila de aptos dentro do microkernel.

Somente quando uma thread nova é criada, um contexto inicial de execução é definido para ela pelo microkernel. Depois disto, a thread executa, altera os registradores, seu contexto de execução é sempre salvo e posteriormente reposto. Portanto, criar uma nova thread significa alocar um TCB para ela, preencher todos os campos do TCB com o contexto de execução inicial da thread, e inseri-la na fila de aptos. Depois disto a dinâmica dos estados e chaveamentos de contexto passa a funcionar e a thread existe.

7.4.4 Design do Microkernel

Pela descrição feita antes sobre o funcionamento de um microkernel simples, é possível imaginar como seria o seu design básico, em termos de seu comportamento reativo. O microkernel é um programa de computador, normalmente escrito na linguagem C, com algumas pequenas partes em linguagem de montagem (*assembly language*). Programas normais tem uma inicialização, depois eles fazem o que tem que fazer e terminam. O microkernel é diferente. Quando o computador é energizado ou reinicializado o microkernel começa a executar e pode inicializar as suas estruturas de dados. A partir deste momento, não é o microkernel que executa, mas as threads da aplicação. O microkernel não faz nada até que ocorra um evento, ele reage ao evento, e depois volta a não fazer nada.

Os eventos que acionam o microkernel são as interrupções. Pode ser uma interrupção de software, sinalizando que a thread em execução requer um serviço através de chamada de sistema. Pode ser uma interrupção de hardware, associada com um periférico que requer atenção. Ou pode ser uma interrupção de proteção, pois a thread em execução cometeu alguma falta e gerou uma exceção. A figura 7.10 mostra como seria o fluxograma de um microkernel simples, a partir destes três pontos de entrada.

No caso de uma chamada de sistema, a primeira coisa a fazer é "salvar o contexto" da thread executando, pois quando ela voltar a executar no futuro, ela deverá encontrar os mesmos valores nos registradores do processador, com exceção de algum resultado da própria chamada de sistema retornado em registrador. Isto é feito copiando tais valores para os campos apropriados no TCB da thread em questão.

Em seguida, o microkernel deve "identificar a chamada" feita. Tipicamente um código numérico em um registrador específico define qual a chamada solicitada. Algumas chamadas de sistema tem um "retorno imediato", tais como "obtém a hora atual" ou "obtém a versão do microkernel". Se for este o caso, pode-se "executar a chamada" de sistema imediatamente. Uma vez concluída a chamada, o "escalonador" é chamado para decidir que thread executará em seguida. No caso de uma chamada de sistema imediata, tipicamente a mesma thread que fez a chamada continuará a executar, mas a rigor isto é uma questão para o escalonador resolver. O capítulo 10 deste livro tratará dos algoritmos de escalonamento mais usados em sistemas de tempo real. O microkernel "carrega o contexto" da thread escolhida a partir do seu TCB para os registradores do processador.

Várias chamadas de sistema não podem ser concluídas imediatamente, levando a thread chamadora a um estado de bloqueado. No caso de "não haver retorno imediato" é necessário "retirar a thread chamadora da fila de aptos" e "inserir esta thread chamadora na fila do periférico em questão". A manutenção da fila do periférico é tipicamente feita pelo *device-driver* daquele periférico. O mesmo também é responsável por "enviar comandos" ao controlador do periférico, quando isto for necessário. Uma vez que o *device-driver* concluiu sua execução, não há nada mais a fazer, senão esperar pelo periférico trabalhar. Neste momento, o "escalonador" é chamado, ele escolhe uma nova thread para executar. O microkernel "carrega o contexto" da thread escolhida nos registradores do processador e ela passa a executar.

No caso de uma exceção, a resposta do microkernel vai depender da seriedade da violação de proteção que ocorreu. Na figura 7.10 é suposto um cenário simples onde o microkernel "aborta a thread" que causou a interrupção de proteção. Não é necessário salvar seu contexto de execução pois a mesma será abortada e não voltará a executar. O TCB que ela ocupava será liberado para hospedar outras threads criadas no futuro. De qualquer forma, o processador ficou livre. O "escalonador" é chamado, escolhe a próxima thread a executar, e o microkernel "carrega o contexto" da thread escolhida.

No caso de uma interrupção de periférico, é necessário "salvar o contexto" da thread em execução, pois a mesma será suspensa por algum tempo e retomará sua execução mais tarde. A "identificação do periférico" que causou a interrupção é trivial na maioria das vezes, pois as interrupções são tipadas e o tratador de interrupções apropriado já é acionado.

Algumas interrupções de periférico terminam uma chamada de sistema. Por exemplo, a thread esperava por uma tecla e o controlador de teclado gera uma interrupção pois uma tecla foi acionada. Ou a thread solicitou um *sleep* de 1s e o temporizador em hardware (*timer*) gera uma interrupção pois passou 1s. Porém, às vezes a interrupção do periférico sinaliza um avanço parcial e não a conclusão da chamada de sistema. Por exemplo, a thread esperava pelo acionamento da tecla "ENTER" porém o controlador de teclado gera uma interrupção pois a tecla "A" foi acionada. Ou a thread solicitou um *sleep* de 10s e o *timer* interrompe a cada segundo. No caso da "chamada de sistema não ter sido concluída", o *device-driver* associado com o periférico em questão "talvez envie comandos" novos ao controlador, dependendo do periférico. Uma vez concluídas as ações do *device-driver* do periférico, o "escalonador" é chamado para escolher a próxima thread a executar e o microkernel "carrega o contexto" desta thread.

No caso da "chamada de sistema ter sido concluída", é necessário "retirar a respectiva thread da fila do periférico". Esta thread passa do estado de bloqueada para o estado de apta e, portanto, é necessário "inserir a thread na fila de aptos". Neste momento o *device-driver* do periférico em questão tem a oportunidade de "enviar comandos" para o controlador, caso existam outras chamadas de sistema pendentes relativas a este mesmo periférico. Como sempre, uma vez concluídas as ações do *device-driver*, o "escalonador" é chamado para escolher a próxima thread e o microkernel "carrega o contexto" desta thread.

Embora simples, este fluxograma captura a essência do funcionamento do microkernel como um programa reativo. A organização do código do microkernel em funções e módulos não é mostrada na figura 7.10, mas todas as recomendações da Engenharia de Software continuam válidas, tais como a busca por modularização com alta coesão e baixo acoplamento entre módulos [SOM2015]. O que a figura 7.10 mostra é a sequência de atividades quando da ocorrência de um evento que interessa ao microkernel, ou seja, uma interrupção, em um estilo semelhante ao que é mostrado no Diagrama de Atividades da UML (*Unified Modeling Language*) no caso de orientação a objetos [FOW2003].

O microkernel sempre inicia salvando o contexto da thread interrompida, a não ser quando a mesma será destruída. Ao final, o microkernel sempre chama o escalonador para escolher a próxima thread a executar e então carrega o seu contexto de execução. Para evitar a situação inconveniente de não existir nenhuma thread para executar, muitos sistemas definem uma **thread ociosa** (***idle thread***), a qual sempre permanece em um laço infinito sem fazer nada, mas ela só executa quando não existe nenhuma outra thread para executar.

O fluxograma apresentado na figura 7.10 supõe implicitamente que interrupções são desabilitadas automaticamente na ocorrência de uma interrupção, e só voltam a ser habilitadas quando o microkernel repõe o contexto de execução de alguma thread. Threads sempre executam com interrupções habilitadas. Esta solução é simples e eficaz, porém só é possível em um microkernel simples, cuja execução é sempre rápida e, portanto, interrupções não ficarão desabilitadas por muito tempo. Um kernel completo como Linux e Windows não pode fazer isto, pois o tempo de execução do código do kernel é longo e o sistema perderia responsividade caso as interrupções permanecessem desabilitadas por tanto tempo.

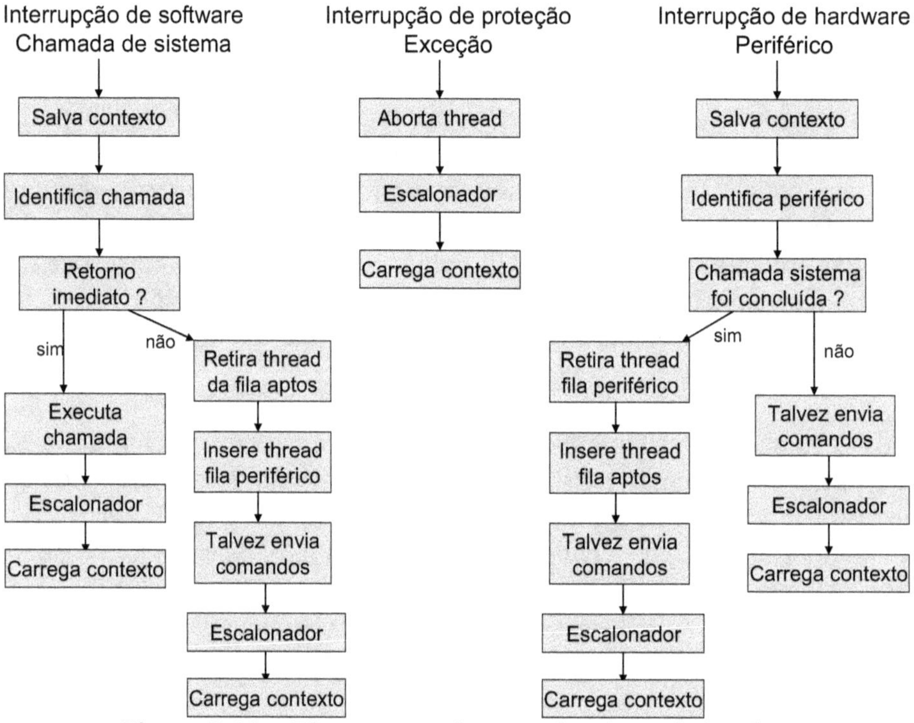

Figura 7.10 – Fluxograma de um microkernel simples.

7.5 Comparação entre as Formas de Implementar Tarefas de Tempo Real

As seções anteriores mostraram que existem várias formas possíveis para implementar uma tarefa de tempo real. No caso de um executivo cíclico, tarefas de tempo real aparecem como funções chamadas no código do executivo. No caso de laço principal com tratadores de interrupção, as tarefas de tempo real podem aparecer como funções no laço principal ou como tratadores de interrupção. Quando um microkernel simples é usado, tarefas são em geral threads da aplicação executando fora do microkernel. Excepcionalmente, tarefas de tempo real podem ser associadas com tratadores de interrupção que ficam dentro do microkernel.

Os três cenários apresentados em diferentes seções deste capítulo mostram um crescente em termos de complexidade do sistema. A forma mais simples é o executivo cíclico. A forma mais complexa mostrada neste capítulo é usar um microkernel. No capítulo 8 será descrito como tarefas são implementadas em kernel completo, uma forma ainda mais complexa de fazê-lo. Uma complexidade crescente é acompanhada por um **sobrecusto** (***overhead***) de implementação crescente. Desta forma, o executivo cíclico é preferido em computadores pequenos, onde recursos como processamento e memória são escassos. Já um kernel completo consome, ele próprio, um bom conjunto de recursos computacionais. Laço com tratadores de interrupção e microkernel simples são formas intermediárias.

Por outro lado, a maior complexidade da solução também implica em maior flexibilidade e comodidade para o programador da aplicação. O único serviço que o executivo cíclico provê é o escalonamento do processador. Tudo mais é programado pelo desenvolvedor da aplicação. Com um laço principal e tratadores de interrupções o desenvolvedor tem mais flexibilidade para compor o sistema, em termos de tarefas periódicas e esporádicas, por exemplo. Ao usar um microkernel simples ou um kernel completo, o desenvolvedor da aplicação tem agora acesso a uma gama de serviços, os quais podem ser acessados através de chamadas de sistema. Obviamente, os serviços oferecidos por um microkernel estão basicamente associados com a gerência do processador, e são muito mais limitados do que aqueles encontrados em um kernel completo.

A melhor solução depende da aplicação em questão. Não existe uma melhor solução universal. Entre um simples controle de porta automática, até uma grande máquina industrial, existe uma vasta gama de aplicações e exemplos onde cada uma das abordagens descritas neste capítulo aparece como a melhor solução em algum momento.

7.6 Exercícios

1) Tente montar uma solução de escalonamento do tipo executivo cíclico para o sistema composto pelas três tarefas abaixo. Construa um digrama de tempo como aquele apresentado na figura 7.1.

τ1: C1=4	P1=10	D1=10
τ2: C2=4	P2=15	D2=15
τ3: C3=5	P3=30	D3=30

2) Faça o mesmo para o seguinte sistema com quatro tarefas:

τ1: C1=1	P1=5	D1=5
τ2: C2=2	P2=5	D2=5
τ3: C3=2	P3=10	D3=10
τ4: C4=2	P4=15	D4=15

O que acontece se a tarefa τ4 necessitar C4=3 ?

3) Faça o mesmo para o seguinte sistema com quatro tarefas:

τ1: C1=2	P1=8	D1=8
τ2: C2=4	P2=16	D2=16

$\tau 3$:	C3=4	P3=24	D3=24
$\tau 4$:	C4=6	P4=48	D4=48

4) Cite alguns fatores que orientam a definição do ciclo menor na construção da grade de tempo de um executivo cíclico ?

5) Cite uma vantagem e uma desvantagem da implementação de tarefas através de executivo cíclico em relação à implementação através de threads em microkernel.

6) Suponha uma tarefa esporádica com tempo de execução de 20 ms, intervalo mínimo de tempo entre chegadas de 30 ms e deadline relativo também 30 ms. Qual o percentual de tempo do processador será necessário reservar para atender esta tarefa ? Qual o percentual de tempo do processador mínimo e máximo que esta tarefa pode efetivamente utilizar ?

7) Quando uma tarefa de tempo real é implementada como um tratador de interrupção em uma solução do tipo laço principal com tratadores de interrupções, qual o pior cenário possível no que diz respeito ao seu tempo de resposta ?

8) Tipicamente, na ocorrência de uma interrupção, os processadores automaticamente desabilitam interrupções, para permitir que o tratador da interrupção execute de forma segura. Entretanto, a maioria dos sistemas operacionais torna a habilitar interrupções tão logo quanto possível, mesmo não tendo ainda terminado a execução de todas as ações desencadeadas pela ocorrência da interrupção sendo tratada. Ilustre através de exemplo uma potencial desvantagem de manter as interrupções desabilitadas além do estritamente necessário.

9) Qual dos itens abaixo NÃO é uma razão para implementar chamadas de sistema como interrupções de software.

a) É possível evitar chamadas de sistema desabilitando as interrupções.

b) A aplicação não precisa conhecer os endereços das rotinas do microkernel.

c) Na ativação de um tratador de interrupções as interrupções são automaticamente desabilitadas.

10) É possível usar a própria pilha de execução da thread para salvar seu contexto de execução, através de uma sequência de instruções do tipo PUSH ? Comente as vantagens e desvantagens de tal solução. Considere aspectos tais como:
- Espaço na pilha da thread para salvar o conteúdo dos registradores;
- Viabilidade de salvar todos os registradores do processador na pilha da thread (pense no *stack pointer*);
- Regras para uso da pilha por parte da própria thread.

11) Descreva de forma sucinta o que é necessário fazer para criar uma nova thread dentro do microkernel, ou seja, quais as ações do microkernel para atender uma chamada de sistema que

solicita a criação de uma nova thread ? Alocar bloco descritor livre, preencher os campos, inserir na fila de aptos.

12) Considere um microkernel simples, que executa com interrupções desabilitadas, implementa multiprogramação e algumas poucas chamadas de sistema. Esboce, através de um fluxograma, o comportamento deste microkernel na ocorrência de interrupção de software (chamada de sistema) e de interrupção de hardware (gerada por periférico). Considere no fluxograma duas chamadas de sistema: *sleep* (suspende o processo por alguns segundos) e rxchar (recebe um caractere pela porta serial). Apenas dois tipos de interrupções de hardware são possíveis: uma do temporizador em hardware avisando a passagem de 100 ms e outra da porta serial avisando a chegada de um caractere.

Descrever o fluxograma supondo a existência das seguintes funções: insere_fila_x, remove_fila_x, salva_contexto, coloca_contexto, seleciona_processo. Supor a existência de quaisquer funções auxiliares necessárias.

13) Qual dos fatores abaixo é o MENOS importante para a definição dos ciclos na construção de um executivo cíclico ?

a) Todos os períodos das tarefas precisam ser múltiplos da duração do ciclo menor.

b) O tempo máximo de execução de cada tarefa precisa ser menor ou igual à duração do ciclo menor.

c) O ciclo maior precisa ser múltiplo de todos os períodos.

d) O ciclo menor precisa ser múltiplo do tempo máximo de execução de cada tarefa.

14) Qual dos itens abaixo NÃO é uma limitação do executivo cíclico:

a) Dificuldade em acomodar tarefas esporádicas.

b) Dificuldade em acomodar tarefas com deadline apertado (menor que o período).

c) Impossibilidade de usar entrada e saída síncrona.

d) Dificuldade em verificar o cumprimento dos deadlines.

15) Em sistemas implementados como um laço principal e tratadores de interrupção, pode-se afirmar que:

a) Uma tarefa implementada como tratador de interrupção terá um tempo de resposta sempre igual ao seu tempo de execução.

b) O laço principal é projetado exatamente como um executivo cíclico é projetado, no que diz respeito à duração dos ciclos menores e maiores.

c) As tarefas no laço principal não podem ter requisitos temporais.

d) Não é possível usar entrada e saída síncrona.

16) O design clássico de um microkernel é o de um sistema reativo pois:

a) Os requisitos de tempo real são definidos como reações do computador ao mundo físico.

b) O microkernel reage a eventos sinalizados através de interrupções de hardware e de software.

c) São tipicamente usadas linguagens de programação reativas.

d) As tarefas da aplicação precisam reagir aos eventos sinalizados pelo microkernel.

17) Qual o impacto potencial de uma interrupção gerada pelo controlador de serial sobre o estado das threads no sistema ?

a) Thread executando pode ser substituída por uma thread liberada de mais alta prioridade.

b) Thread executando pode ficar bloqueada.

c) Sinaliza o término da fatia de tempo da thread executando.

d) Thread apta pode ficar bloqueada.

18) Com respeito à implementação de chamadas de sistema como interrupções de software, assinale a alternativa FALSA.

a) É possível evitar chamadas de sistema desabilitando as interrupções.

b) A aplicação não precisa conhecer os endereços das rotinas do microkernel.

c) Na ativação de um tratador de interrupções as interrupções são automaticamente desabilitadas.

19) Considere um sistema com três tarefas periódicas, cujos períodos são 20 ms, 5 ms e 10 ms. Pensando na implementação de um executivo cíclico, qual seria a melhor solução para o tamanho do ciclo maior e do ciclo menor, respectivamente ?

a) 5 ms e 20 ms

b) 40 ms e 5 ms

c) 20 ms e 5 ms

d) 20 ms e 10 ms

20) Sobre chaveamento de contexto entre threads, assinale a afirmativa INCORRETA.

a) A troca de contexto entre threads é uma operação delicada, onde o conteúdo de todos os registradores deve ser salvo garantindo sua integridade.

b) O microkernel é responsável por manter as informações relativas ao contexto de execução de cada thread.

c) Threads podem ser suspensas para a execução de outras threads de mais alta prioridade.

d) Não é possível relacionar matematicamente o deadline absoluto com o deadline relativo.

21) Sobre o microkernel, é falso afirmar que:

a) É um sistema reativo.

b) O microkernel é uma aplicação do usuário.

c) O microkernel chama o escalonador para escolher a próxima thread a executar.

d) Tipicamente não implementa proteção entre threads.

8. Implementação de Tarefas em Kernel Completo

Como tarefas são implementadas em sistemas operacionais tradicionais ?

Cada vez mais aplicações complexas são incluídas em equipamentos e veículos, aplicações estas que incluem um grande número de tarefas de tempo real com muitos periféricos para gerenciar. Muitas aplicações de tempo real, mesmo aquelas que executam em computadores embutidos (*embedded*) em equipamentos, precisam de interface gráfica de usuário, sistema de arquivos, pilhas de protocolos de comunicação, controle de acesso, e estes são serviços normalmente providos por um sistema operacional. Aplicações deste tipo requerem um **kernel completo** (***full-fledge kernel***) como sistema operacional multitarefa. O exemplo clássico neste caso é o sistema operacional **Linux**.

Neste capítulo vamos considerar a implementação das tarefas de tempo real no contexto de sistemas operacionais tradicionais, ou seja, através de um sistema operacional multitarefa implementado por um kernel que oferece funcionalidade completa.

8.1 O Sistema Operacional Tradicional

O sistema operacional é um componente de software que atua como um mediador entre as tarefas da aplicação e os recursos do sistema, especialmente os periféricos. Ele torna o uso do computador mais conveniente e mais eficiente.

O sistema operacional torna mais simples o trabalho, tanto de usuários finais como dos programadores das aplicações, ao esconder as complexidades do hardware. Ele cria abstrações mais convenientes do que os recursos do hardware. Por exemplo, arquivos e diretórios são abstrações criadas a partir de espaço em disco, processos e threads são criados a partir da divisão do tempo do processador, portas de comunicação são criadas a partir do controlador ethernet, espaços de endereçamento são criados a partir dos circuitos de memória, e assim por diante.

No caso específico dos programadores de aplicação, o desenvolvimento é facilitado, pois o acesso aos periféricos não é mais feito acessando diretamente os registradores dos controladores de periféricos mas sim solicitando este acesso ao kernel, que se encarrega dos detalhes operacionais do periférico em questão. Por exemplo, o código da aplicação pode solicitar ao kernel o envio de um pacote de dados pela porta serial sem precisar detalhar a série de comandos que precisam ser enviados ao controlador da porta serial. Os comandos detalhados são enviados pelo kernel, neste caso por um módulo do kernel usualmente chamado de *device-driver*, no caso o *device-driver* da porta serial.

Ao ser responsável pelo acesso direto dos recursos do hardware, o sistema operacional procura gerenciar com eficiência estes recursos. Muito esforço é colocado no desenvolvimento dos algoritmos que serão usados para gerenciar o espaço em memória, o espaço em disco, o tempo do processador, etc.

O sistema operacional fornece uma gama de serviços, a qual pode ser mais ou menos extensa, dependendo do seu tamanho. Entre os tipos de serviços que podem ser oferecidos por um sistema operacional podemos citar a execução de programas, a gerência do processador, gerência da memória sofisticada, sistemas de arquivos, gerência de periféricos, proteção entre processos, pilhas de protocolo de comunicação, controle de acesso e contabilizações.

O componente mais importante de um sistema operacional é o seu **kernel** (núcleo ou miolo em português, mas o termo kernel está estabelecido), trata-se da camada de software que controla diretamente os recursos do hardware. Usualmente os sistemas de arquivos, pilhas de protocolos de comunicação e *device-drivers* são implementados dentro do kernel. Acima do kernel executa o código da aplicação, mas também podem ser executadas atividades do sistema, ou seja, atividades que não fazem parte do kernel, porém desempenham um papel típico de administração do sistema, tais como servidores de impressão ou interface com usuário humano (podendo esta ser gráfica ou via linha de comando). Tais programas são chamados de **programas de sistema** (***system programs***). Como visto no capítulo anterior, quando o kernel oferece apenas serviços básicos de gerência do processador ele é chamado de **microkernel**.

No contexto deste livro, o serviço mais importante é a gerência do processador. A **multiprogramação** (***multiprogramming***) é usada para realizar a execução aparentemente simultânea de vários programas em um único processador a partir da divisão do tempo do processador e de outros recursos. Desta forma, acima do kernel são executados os programas de aplicação e possivelmente também programas de sistema. A figura 8.1 ilustra esta organização clássica de um sistema operacional.

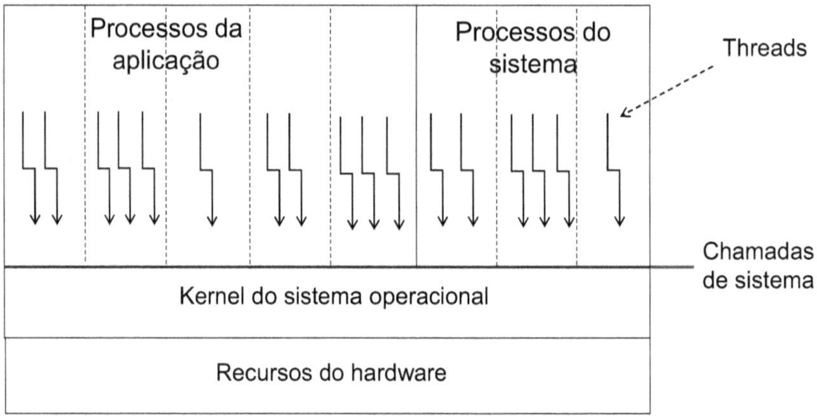

Figura 8.1 – Representação clássica do sistema operacional.

O emprego de multiprogramação torna o uso do computador muito mais eficiente. Por exemplo, considere que o programa em execução precise ler informações de um arquivo as quais estão em um certo setor do disco magnético. O tempo aproximado para ler um setor do disco fica em torno de 10ms. Suponha que neste computador a frequência do clock seja 2GHz. Neste caso o período do clock é de 0,5 ns. Se uma instrução de máquina demora 4 clocks em média para executar, teremos 2ns. Ou seja, durante um acesso ao disco é possível executar 5 milhões de instruções de máquina. Graças à multiprogramação, enquanto um programa espera pelo acesso ao disco, outro programa utiliza o processador, e o computador como um todo é usado com muito mais eficiência.

Podemos entender um **processo** (***process***) como uma abstração criada pelo kernel a qual possui uma série de atributos tais como espaço de endereçamento, descritores de arquivos abertos, permissões de acesso, contabilizações, etc. Todo processo também possui pelo menos um fluxo de execução. Em sistemas operacionais modernos este fluxo de execução é chamado de ***thread*** (***thread of execution***), a qual é composta basicamente pelo conteúdo dos registradores do processador. Nos sistemas operacionais mais antigos, processos possuíam apenas uma thread. Porém, em sistemas operacionais modernos o conceito de thread ganhou destaque e um processo pode possuir várias threads. Ou seja, um processo pode incluir dentro dele vários fluxos de execução concorrentes, suas threads.

Caso todo processo possua apenas uma thread, não existe a necessidade de diferenciá-la, e considera-se apenas processos, cada um com seu fluxo de execução. Porém, caso o sistema operacional em questão permita que processos possuam várias threads, então a thread passa a ser uma entidade por si só, diferenciada de processo. Na verdade threads existem dentro dos processos, usando a memória, os arquivos e demais recursos do seu processo. Todos as threads de um processo compartilham os recursos deste processo.

Existem bibliotecas que executam fora do kernel e são capazes de implementar o conceito de **thread a nível de usuário** (***user-level thread***), ou seja, implementam threads no programa de aplicação sem o conhecimento do kernel. Neste caso, para o kernel trata-se de um processo normal com apenas uma thread, mas os recursos são na verdade divididos entre threads que somente existem a nível de código de usuário, pois são criadas e gerenciadas por bibliotecas fora do kernel. Este tipo de solução possui muitas limitações e não será tratado neste livro. Neste livro iremos considerar apenas as chamadas **threads ao nível de kernel** (***kernel-level threads***), ou seja, threads implementadas e reconhecidas pelo kernel do sistema operacional.

8.2 Terminologia: Processos, Threads e Tarefas

Para fins práticos, no que diz respeito aos sistemas de tempo real, e no decorrer deste livro, o processo será considerado uma abstração criada pelo kernel a qual possui um conjunto de atributos tais como espaço de endereçamento, descritores de arquivos abertos, direitos de acesso, contabilizações, etc. Todo processo possui obrigatoriamente pelo menos uma thread, podendo possuir mais de uma thread caso o kernel permita. A thread corresponde a um fluxo de execução, definido pelo conteúdo instantâneo dos registradores do processador. Na prática podemos classificar os sistemas operacionais existentes conforme eles lidam com os conceitos de processos e threads. As principais formas são:

- Um pequeno microkernel tipicamente implementa apenas threads, isto é, todos os fluxos de execução da aplicação são threads que compartilham todos os recursos do sistema. Não existe sentido em pensar em processos.

- Um kernel antigo não implementa threads explicitamente, apenas processos, cada processo contendo um único fluxo de execução (uma única thread implícita). Existem fora do kernel processos de aplicação e processos de sistema.

- Um kernel moderno implementa processos os quais podem incluir uma ou mais threads. Tanto processos de aplicação como de sistema podem ser compostos por uma ou mais threads, a critério do desenvolvedor. Dentro do kernel também existem threads que executam exclusivamente código do kernel. Threads de processos podem por vezes também executar código do kernel, através das chamadas de sistema.

Na literatura em geral existe certa confusão sobre como são empregados os termos processos, threads e tarefas (*tasks*). No contexto deste livro, o termo **processo** será usado para denotar uma abstração criada pelo kernel a partir da gerência dos recursos do sistema, ou seja, gerência do processador, gerência da memória, etc. O termo **thread** representa um fluxo de execução, o qual é caracterizado principalmente pelo conteúdo dos registradores a cada momento. Todo processo tem pelo menos uma thread. Finalmente, o termo **tarefa** será empregado no sentido definido no capítulo 2, que tratou dos conceitos básicos do escalonamento tempo real, ou seja, uma tarefa corresponde à execução de um trecho de código que deve respeitar certos requisitos temporais.

Na aplicação de tempo real uma tarefa pode aparecer como um conjunto de funções, uma única função, ou mesmo uma sequência de linhas de código. A definição do que é uma tarefa é feita no escopo da aplicação. Por exemplo, ler o sensor de temperatura e colocar este valor na tela pode ser uma tarefa da aplicação. Receber uma mensagem pela rede de comunicação e fechar a válvula de combustível pode ser outra tarefa. Embora muitas vezes a tarefa da aplicação de tempo real seja implementada como um processo ou thread no âmbito do sistema operacional, esta relação nem sempre é direta e vale a pena diferenciar os termos. Por vezes uma tarefa da aplicação de tempo real é implementada diretamente como um tratador de interrupção.

8.3 Chamadas de Sistema

Processos solicitam serviços ao kernel através de **chamadas de sistema** (***system calls***). As chamadas de sistema são implementadas como interrupções de software cujo tratador faz parte do kernel. Por exemplo, um processo desejando ler um arquivo deve colocar em um registrador específico o código numérico da operação e gerar a interrupção de software que aciona o kernel em questão. Por exemplo, a interrupção 0x80 (hexadecimal) foi usada originalmente pelo Linux.

Programas escritos em linguagens de alto nível usam as bibliotecas da linguagem de programação, e são as funções da biblioteca que fazem as chamadas de sistema.

São as threads de um processo que executam as instruções do tipo interrupção de software as quais indicam chamadas de sistema. Caso um processo possua, por exemplo, 5 threads, é possível que cada uma delas faça uma chamada de sistema e este processo terá então 5 chamadas de sistema sendo atendidas simultaneamente, cada uma delas solicitada por uma de suas threads.

Idealmente, o kernel nunca deveria executar, pois o computador foi comprado para executar código de aplicação. Desta forma, quem normalmente ocupa o processador são os processos da aplicação. Às vezes um processo da aplicação requer um serviço do kernel e faz uma chamada de sistema. Neste momento o kernel entra em execução, atendendo esta chamada de sistema. Como no caso do microkernel, se a chamada de sistema pode ser atendida imediatamente, isto é feito, e o processo da aplicação retoma sua execução. Porém, isto não é normalmente possível em uma leitura de teclado, a espera por um pacote da rede ethernet, ou mesmo uma chamada do tipo *sleep*. Neste caso, o kernel comanda o controlador de periférico apropriado, e o processo da aplicação precisará aguardar. Em processadores modernos o tempo de espera é gigantesco se comparado com a velocidade do processador. Em um desktop típico, ler um setor de disco magnético demora tempo semelhante à execução de vários milhões de instruções de máquina pelo processador.

Na multiprogramação, quando a thread de um processo não pode continuar a executar, pois está esperando por algum evento, o que o kernel faz é colocar outra thread para executar, do mesmo processo ou de outro processo. Desta forma, o kernel volta a não fazer nada e temos novamente um processo da aplicação ocupando o processador.

Quando no futuro o evento esperado pela chamada de sistema acontecer, o controlador do periférico em questão gera uma interrupção e aciona o kernel. O kernel volta a executar, faz o tratamento dos dados que for necessário, e agora a thread que fez a chamada de sistema pode continuar sua execução. Na existência de várias threads aptas a executar e apenas um processador, o kernel precisará escolher quem executa antes. Uma thread é colocada para executar e o kernel volta a não fazer nada.

Nesta forma básica de kernel, ele comporta-se como um **sistema reativo** (***reactive system***). O kernel não faz nada até que ocorra uma chamada de sistema de um processo via interrupção de software ou uma interrupção de hardware gerada por um controlador de periférico que requer atenção. O kernel então reage ao evento (comanda periférico, muda estado de processo, etc.), coloca outra thread do mesmo processo ou outro processo de aplicação para executar e volta a não fazer nada.

Todo kernel de sistema operacional é construído com este comportamento reativo em mente. Entretanto, kernels de grande porte como Linux ou Windows precisam de mecanismos mais sofisticados para lidar com o paralelismo e a complexidade dos muitos serviços oferecidos. Um kernel completo emprega vários fluxos de execução internos para organizar suas atividades.

Também é possível dividir o kernel em duas partes: um microkernel subjacente que gerencia o processador e implementa a abstração thread como visto no capítulo 7, e em cima dele várias threads de kernel, as quais implementam os serviços mais sofisticados como gerência de memória, sistema de arquivos, etc.

8.4 Estados da Thread de um Processo

Tanto processos como threads podem ser criados e destruídos dinamicamente, através de chamadas de sistema realizadas por processos e threads já existentes. Isto acontece o tempo todo em sistemas operacionais como o Linux. É claro que o primeiro processo precisa ser criado na inicialização do kernel.

O kernel pode disponibilizar uma chamada de sistema para a criação de um novo processo. Novos processos são criados tipicamente com apenas uma thread. Outra chamada de sistema existe para criar novas threads. A nova thread é tipicamente criada no mesmo processo da thread que efetuou a chamada de sistema de criação.

Também existem chamadas de sistema para a destruição de threads e processos. A destruição de uma thread não implica na destruição das demais threads do processo em questão. Porém, é normal que a destruição da única thread de um processo cause também a destruição do processo em questão. Já a destruição de um processo implica automaticamente na destruição de todas as suas threads.

As threads dos processos passam por diversos estados ao longo de sua existência, da mesma forma que as threads em um microkernel, como mostrado na figura 8.2. Não importa se cada processo possui uma única thread ou possui várias threads, a ideia da multiprogramação é ter-se várias threads compartilhando o mesmo processador, o que naturalmente leva aos estados mostrados na figura 8.2. Após ser criada, uma thread precisa do processador para executar suas instruções de máquina, por isto a mesma é inserida na **Fila de Aptos**. Em algum momento no futuro a thread é escolhida para ser executada pelo **escalonador.** A thread executa até requerer algum serviço do kernel através de uma **chamada de sistema**. Esta chamada de sistema pode ter um **retorno imediato**, mas na maioria das vezes é necessário esperar, como por exemplo em uma leitura de arquivo. Isto leva a thread para o estado de **bloqueada**. A conclusão do serviço é sinalizada por uma **interrupção de hardware** gerada por algum controlador de periférico, **liberando a thread**, que volta para a Fila de Aptos.

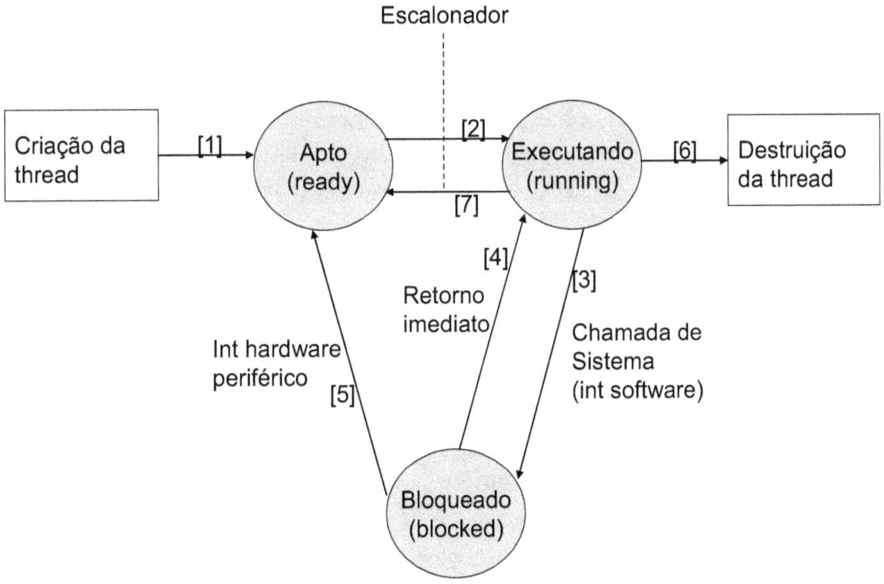

Figura 8.2 – Estados de uma thread que pertence a um processo.

Os estados apresentados na figura 8.2 referem-se ao fluxo de execução (*control flow*), o que é uma característica da thread em si, e não do processo como um todo. Desta forma, podemos falar em estados das threads em vez de estados dos processos. Se um processo tem três threads, é perfeitamente possível que uma thread esteja executando, uma thread esteja bloqueada esperando pelo teclado e outra thread esteja na fila de aptos.

Na maioria das vezes uma thread termina ao solicitar isto ao kernel através de uma chamada de sistema. Entretanto, existe a possibilidade de uma thread ou mesmo um processo inteiro ser destruído por outra thread através de chamada de sistema. Também é possível a destruição de uma thread (ou do seu processo inteiro) caso a mesma cometa um erro crítico que gere uma interrupção de proteção (exceção). Exatamente como threads e processos terminam varia conforme o sistema operacional, e inclusive várias maneiras podem estar disponíveis no mesmo sistema operacional.

Na multiprogramação diversos processos compartilham o computador e é desejável que o sistema operacional seja capaz de evitar que um processo com problemas comprometa todo o sistema. Mesmo quando o computador está embutido em um sistema maior (*embedded system*), como um equipamento industrial, a detecção de problemas no software pode permitir um desligamento controlado do equipamento, evitando prejuízos maiores.

O kernel do sistema operacional implementa a **proteção entre processos** através de recursos específicos da arquitetura do processador (hardware). A forma usual é definir dois modos de operação para o processador: **modo usuário** (***user mode***) e **modo supervisor** (***supervisor mode***). O kernel executa em modo supervisor, onde não existem restrições e qualquer instrução pode ser executada. Porém, processos da aplicação executam em modo usuário, onde algumas instruções não podem ser executadas. Essas instruções são chamadas de **instruções privilegiadas** e, caso uma thread do processo da aplicação tente executar uma instrução privilegiada em modo usuário, o hardware automaticamente gera uma **interrupção de proteção**, chamada de **exceção** (***exception***). O kernel será acionado e poderá, por exemplo, abortar esta thread, ou abortar o seu processo, ou tomar outra ação apropriada para a violação detectada. Nem todos os processadores incluem o hardware necessário para a implementação da proteção entre processos. Exemplos de instruções privilegiadas são "desabilita interrupção", "passa para modo supervisor", "lê registrador de periférico" e "escreve em registrador de periférico", entre outras.

Quando o sistema operacional implementa proteção entre processos, existem três maneiras do código do kernel ser ativado: (1) por uma chamada de sistema (interrupção de software) feita pelo processo em execução, (2) por uma interrupção de periférico o qual requer atenção, ou (3) por uma interrupção de proteção sinalizando uma violação de proteção causada pelo processo em execução. Observe que a ativação se dá sempre através de algum tipo de interrupção. A maioria dos processadores chaveia automaticamente para modo supervisor ao iniciar a execução de um tratador de interrupção, exatamente por assumir que neste momento código do kernel passa a ser executado.

Para que a proteção entre processos seja completa também é necessário proteger a memória. Caso uma thread de um processo tente acessar uma memória que não foi alocada para o seu processo, novamente uma interrupção de proteção será gerada, o kernel acionado, e as medidas necessárias poderão ser tomadas. Gerência de memória será tratada mais adiante neste capítulo.

8.5 Chaveamento de Contexto

Na multiprogramação, processos que estão executando são por vezes interrompidos e mais tarde continuados. Por exemplo, a thread de um processo está executando quando ocorre uma interrupção do controlador de ethernet. Ela é suspensa, o tratador de interrupção é executado, talvez outra thread de outro processo de alta prioridade seja liberada pela chegada de um pacote de dados pela rede e passe a executar. Somente no futuro a thread do processo interrompido será novamente escolhida pelo escalonador e colocada para retomar sua execução.

A operação de suspender a thread em execução e colocar outra thread (talvez de outro processo) para executar é chamada de **troca de contexto** (***context switch***). Na multiprogramação isto acontece o tempo todo. Quando a thread de um processo tem sua execução suspensa é necessário salvar o seu contexto de execução. Para que uma thread de qualquer processo possa passar a executar, ocupando o processador, é necessário recarregar o seu contexto. Tudo isto ocorre sem ser percebido pelo programa da aplicação. Basta pensar que, em um desktop com Linux ou Windows, nossos programas são interrompidos e continuados milhares de vezes, e nós como programadores jamais precisamos nos preocupar com isto. A troca de contexto é sempre uma operação delicada, pois o conteúdo de todos os registradores precisa ser salvo e o código do kernel precisa usar registradores para realizar esta operação. O salvamento e a reposição do contexto de execução é geralmente programado em **linguagem de montagem** (***assembly language***) e exatamente como fazer isto depende dos detalhes do processador em questão, os quais variam muito.

Além daqueles registradores que são visíveis ao programador em linguagem de montagem (*assembly language*), existem várias outras informações que o kernel mantém sobre cada processo e também definem o seu contexto de execução. Entre elas destacam-se as informações sobre os segmentos de memória usados pelo processo, os quais precisam ser informados para a **Unidade de Gerência de Memória** (**MMU** – ***Memory-Management Unit***), caso exista uma no computador em questão. Aspectos da gerência de memória serão tratados mais adiante neste capítulo. A quantidade de informação necessária para descrever a memória usada pelo processo varia de nenhuma (pois o processo pode acessar toda a memória física existente em um pequeno microcontrolador) até várias tabelas de páginas com vários Kbytes de tamanho (no caso do Linux em um computador com MMU e paginação).

O kernel precisa manter as informações relativas ao contexto de execução de cada processo, de forma a efetuar as cargas e os salvamentos de contexto quando necessário. Para isto o kernel mantém uma estrutura de dados chamada de **Bloco Descritor de Processo** (**PCB** – ***Process Control Block***). São colocadas ali as informações relativas aos segmentos de memória usados pelo processo ou o endereço de suas tabelas de páginas, conforme a gerência de memória empregada. No PCB do processo também podem ser mantidas outras informações, necessárias para o kernel gerenciar o sistema, tais como um número **identificador do processo** (**PID** - ***Process Identification***), a prioridade do processo usada pelo escalonador para definir a ordem de execução, o usuário associado com este processo, indicação dos arquivos abertos pelo processo, contabilizações de uso de recursos, direitos especiais de acesso aos recursos do sistema, e quaisquer outros dados que o kernel possa precisar sobre cada processo. Exatamente quais campos compõe o PCB varia de sistema operacional para sistema operacional.

No caso de processos com múltiplas threads, torna-se necessário o emprego de um **Bloco Descritor de Thread** (**TCB** - ***Thread Control Block***). As informações específicas de cada thread são mantidas no seu respectivo TCB, e são constituídas basicamente pelos conteúdos dos registradores quando a thread não estiver executando, além de um apontador para o PCB de seu processo. Como cada thread faz parte de um processo, todas as demais informações são obtidas no PCB do seu processo. Ao mesmo tempo, o PCB não inclui campos para salvar o conteúdo dos registradores, mas sim uma série de apontadores para os TCBs de suas threads. Como a entidade a ser escalonada no uso do processador é a thread e não o processo, a ideia abstrata da fila de aptos passa a ser implementada como uma lista encadeada de TCBs.

Obviamente cada processo possui seu próprio PCB. Somente quando um processo novo é criado um contexto inicial de execução é definido para ele pelo kernel. Depois disto, o processo executa, altera os registradores, seu contexto de execução é sempre salvo e posteriormente reposto. Portanto, criar um novo processo significa alocar um PCB para ele, preencher todos os campos do PCB com o contexto de execução inicial do processo.

Sistemas operacionais modernos permitem que cada processo possua várias threads, isto é, vários fluxos de execução. A thread de certa forma é uma simplificação do processo, também sendo chamada de **processo leve** (**LWP** – ***light-weight process***). Por exemplo, threads não possuem um espaço de endereçamento de memória exclusivo e as várias threads de um mesmo processo precisam usar a mesma memória. Cada thread é representada por um TCB próprio, mas todas as threads de um mesmo processo usam a memória, arquivos, e demais informações constantes no PCB do seu processo.

Como as threads existem no interior de um processo, compartilhando os recursos do processo, a gerência de threads (criação, destruição, troca de contexto, sincronização) é "mais leve" quando comparada com processos. Por isto threads são chamadas de processos leves em alguns sistemas. Por exemplo, criar um processo implica alocar e inicializar estruturas de dados no kernel para representar todos os atributos de um processo (memória, arquivos, etc.). Porém, criar uma thread implica apenas em definir um fluxo de execução adicional dentro de um processo já existente, ou seja, alocar e inicializar um novo TCB e incluí-lo no PCB do processo já existente. Da mesma forma, o chaveamento entre duas threads de um mesmo processo é mais rápido que o chaveamento entre dois processos, pois vários aspectos não mudam. Notadamente, threads de um mesmo processo compartilham o mesmo espaço de endereçamento, logo as informações usadas pela MMU (*Memory Management Unit*) não são afetadas pelo chaveamento entre elas.

Normalmente considera-se que um processo pode conter várias threads, as quais compartilham entre elas todos os recursos deste processo. Porém threads podem ser usadas tanto em código da aplicação no espaço do usuário, como também para organizar o código do próprio kernel. **Threads internas do kernel** não fazem parte de um processo, logo não estão associadas com nenhum PCB, e são tratadas de forma diferenciada. Em geral podem acessar toda a memória do computador e possuem amplos direitos de acesso, dado que são threads que sempre executam código do kernel.

8.6 Gerência de Memória

Em um kernel de sistema operacional que implementa proteção entre processos, para que a proteção entre eles seja completa também é necessário proteger a memória. Caso uma thread de um processo tente acessar uma memória que não foi alocada para o seu processo, uma interrupção de proteção será gerada, o kernel acionado, e as medidas necessárias poderão ser tomadas.

Para que o acesso ilegal à memória seja detectado, é necessária a participação do hardware. Cada instrução de máquina, ao ser executada, gera um, dois, ou mais acessos à memória. Desta forma, é necessário um componente específico de hardware junto ao processador para verificar a validade de cada acesso. Dependendo da complexidade e dos serviços providos por tal componente, diferentes mecanismos de gerência de memória podem ser empregados. Nas próximas seções serão descritas as duas soluções mais comuns: partições variáveis usando uma Unidade de Proteção de Memória ou paginação usando uma Unidade de Gerência de Memória.

Neste contexto, é útil fazer distinção entre memória física e memória lógica. A **memória física** (***physical memory***) é aquela usualmente chamada de RAM ou **memória principal** (***main memory***), isto é, a memória implementada pelos circuitos integrados (CIs) de memória. Ela é acessada através de **endereços físicos** (***physical addresses***) de memória, os quais indicam qual posição nos CIs de memória será lida ou escrita a cada momento. O **espaço de endereçamento físico** (***physical address space***) é composto pelos endereços de memória física válidos no computador em questão, ou seja, para os quais existem posições associadas nos CIs de memória.

Como foi visto no capítulo 4, na maioria dos computadores existe ainda uma **memória cache** (***cache memory***) de alta velocidade, onde parte do conteúdo da memória física é mantida para acesso mais rápido. Entretanto, a memória cache é normalmente gerenciada pelo hardware e não pelo sistema operacional.

A **memória lógica** (***logical memory***) de um processo é aquela acessada pelas threads do processo em questão. O computador possui apenas uma memória física, porém cada processo possui a sua memória lógica. Os endereços manipulados pelos programas são portanto **endereços lógicos** (***logical addresses***) pois fazem referência à memória lógica do processo em questão. Todas as threads de um processo compartilham sua memória lógica. O **espaço de endereçamento lógico** (***logical address space***) é o conjunto de endereços lógicos a disposição do processo, os quais permitem o acesso a sua memória lógica.

O objetivo da proteção de memória é exatamente impedir que um processo acesse a memória lógica de outro processo. Para isto é utilizado um componente específico de hardware que fica entre o processador e os CIs de memória. A figura 8.3 ilustra os conceitos básicos da proteção de memória. Tipicamente o processador e o componente de proteção ficam no mesmo CI, e a memória física em CIs separados. A complexidade do hardware de proteção de memória também varia muito. Ela pode não existir em um microcontrolador simples, ou prover suporte para vários tipos de gerência de memória sofisticada em processadores mais avançados.

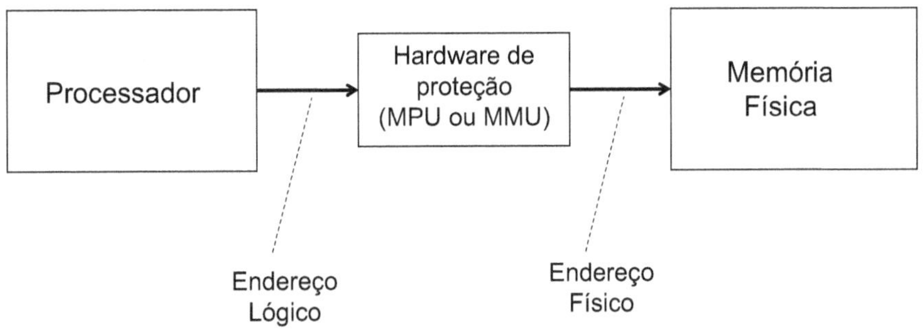

Figura 8.3 – Conceitos básicos da proteção de memória.

8.7 Partições Variáveis

Uma forma muito comum de gerência de memória em pequenos computadores é através de **partições variáveis** (***variable partitioning***). Neste tipo de gerência a memória física é dividida em **partições** (***memory partitions***), cujos tamanhos são definidos conforme as necessidades dos processos. Tipicamente a memória lógica de um processo corresponde a uma área contígua de memória, a qual é associada com uma partição específica da memória física. Em alguns sistemas um processo pode ter sua memória lógica dividida em algumas áreas contíguas, ou seja, algumas partições, mas o número de partições por processo tende a ser pequeno. Por exemplo, três partições para acomodar o código, a pilha e as variáveis globais do processo.

Na medida em que processos são criados e destruídos, partições de memória são alocadas e liberadas. O tamanho de cada partição é ajustado para a necessidade de cada processo. Tipicamente o sistema operacional mantém uma lista de regiões livres na memória física. Quando um processo é criado, e necessita de uma memória lógica de um certo tamanho, a lista é percorrida e uma região de memória física livre com tamanho suficiente é escolhida. Caso a região de memória física livre seja maior do que a memória lógica do processo, apenas o necessário será alocado. Por exemplo, se o processo a ser criado tem uma memória lógica de 100 Kbytes e a região de memória física livre tem 150 Kbytes, então 100 Kbytes serão alocados e restará ainda uma região de memória livre com 50 Kbytes.

Existem diferentes algoritmos para selecionar qual área livre será usada por um processo. Por exemplo, no ***Best-Fit*** é escolhida a menor região livre disponível com tamanho suficiente, tentando assim preservar as regiões livres grandes para os processos maiores. No ***Worst-Fit*** é escolhida a maior região livre existente, desde que grande o suficiente. Neste caso busca-se gerar a maior sobra possível, a qual será provavelmente mais útil do que uma sobra pequena. Já o algoritmo ***First-Fit*** percorre a lista de regiões de memória livre e utiliza a primeira que tiver tamanho suficiente. Trata-se portanto de uma implementação mais simples, que desconsidera os tamanhos das regiões livres. Uma variação popular do First-Fit é o Circular-Fit. Enquanto o First-Fit inicia a busca sempre do início da memória, o ***Circular-Fit*** inicia a busca do ponto onde parou a última pesquisa, tentando distribuir as alocações pela memória. Não existe dominância de um dos algoritmos sobre os demais, no sentido de sempre ser melhor. Na prática, os algoritmos First-Fit e Circular-Fit são mais usados.

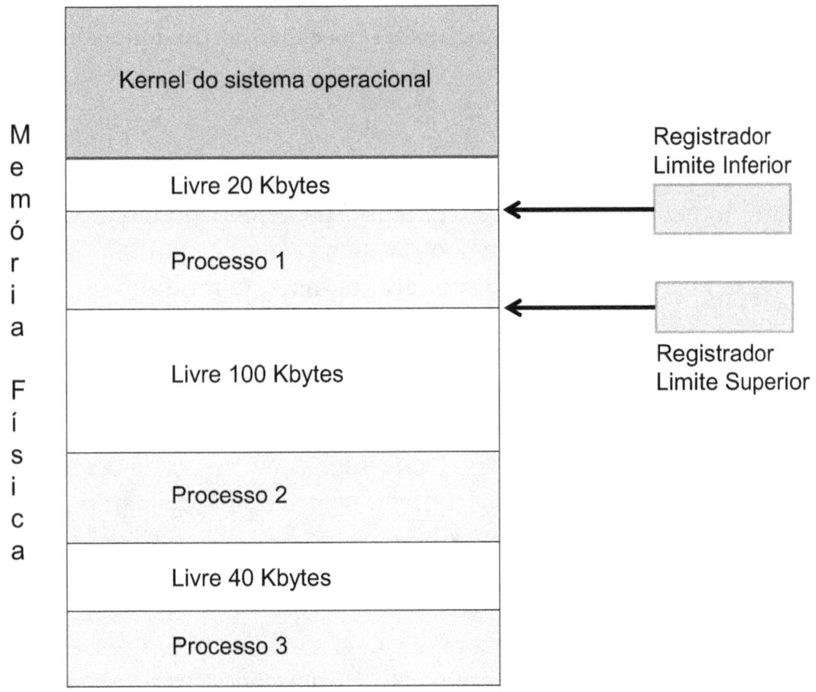

Figura 8.4 – Memória física no caso de partições variáveis.

Quando um processo termina, a memória física usada por ele é liberada. Caso esta região de memória física liberada seja adjacente a uma outra região livre, as duas são concatenadas. Ou seja, não existe sentido em manter regiões livres adjacentes. Após algum tempo criando e destruindo processos de tamanhos diferentes, a memória ficará "fatiada", com a memória física composta por regiões livres e regiões ocupadas intercaladas, como mostra a figura 8.4. Neste exemplo, além da memória física usada pelo kernel, existem três processos alocados na memória e três regiões livres.

Proteção de memória entre processos, no caso de partições variáveis, pode ser obtida através de um componente de hardware chamado de **Unidade de Proteção de Memória** (**MPU** – ***Memory Protection Unit***). Ela fica entre o processador e a memória física, como mostrado na figura 8.3. No caso de uma MPU, não existe **tradução de endereços** (***address translation***). Os valores dos endereços lógicos são iguais aos valores dos endereços físicos. O que a MPU faz é verificar se os endereços lógicos gerados por um processo são válidos, ou seja, estão dentro do seu espaço de endereçamento. Para isto a MPU dispõe de **registradores de limite** (***fence registers***). No momento da carga do contexto de execução de um processo, o kernel carrega nos registradores da MPU os endereços que representam o limite inferior e o limite superior de cada região de memória alocada para o processo em questão. Na figura 8.4 os registradores de limite estão configurados para proteger a memória do Processo 1. Durante a execução do processo, a cada acesso à memória, o hardware da MPU compara o endereço gerado com os limites das regiões de memória do processo. Se o endereço for válido, a memória é acessada normalmente. Caso o endereço gerado pelo processo esteja fora do espaço lógico do processo, uma **exceção de**

memória (***memory exception***) é sinalizada como uma interrupção de proteção, o kernel volta a executar, e poderá abortar o processo em questão ou executar qualquer outra ação de resposta à exceção que ocorreu.

Na prática cada MPU possui peculiaridades próprias, algumas são mais simples, outras mais complexas. Por exemplo, a MPU nos processadores da família ARMv8-M suporta até 16 regiões de memória e permitem especificar se o conteúdo da região pode ser executado ou não. Ela requer que o endereço inicial de uma região de memória seja múltiplo de 32 bytes, ou seja, o tamanho de uma região de memória deve ser necessariamente múltiplo de 32 bytes.

No caso do ARMv8-M, como as regiões tem um tamanho múltiplo de 32 bytes, a unidade de alocação de memória deixa de ser o byte e passa a ser, no mínimo, blocos de 32 bytes. Em alguns sistemas a unidade de alocação de memória é chamada de **parágrafo** (***paragraph***). Neste exemplo, teríamos parágrafos de 32 bytes. Toda região de memória alocada, assim como toda região de memória livre, é formada por um número inteiro de parágrafos. Mesmo que um processo precise de apenas 2049 bytes (2 Kbyte + 1 byte), ele receberá 65 parágrafos, ou seja, 2080 bytes (2 Kbyte + 32 bytes).

Qualquer tipo de gerência de memória precisa ser analisada com respeito às suas limitações, as quais resultem em subutilização da memória. É chamado **fragmentação interna** (***internal fragmentation***) quando mais memória do que é necessário é alocada para o processo, resultando portanto no desperdício desta memória extra alocada. No exemplo acima, o processo necessita de 2049 bytes, porém são alocados para ele 2080 bytes, o que representa uma fragmentação interna de 31 bytes.

A menor região de memória física livre tem o tamanho de um parágrafo. Em geral isto não é um problema, pois parágrafos são pequenos e qualquer coisa menor que um parágrafo não seria útil de qualquer forma. Além disto, o kernel tipicamente utiliza um registro "descritor de região livre" para manter informações sobre cada região livre, tais como seu endereço e tamanho. Como não é possível antecipar quantas regiões livres existirão, uma lista duplamente encadeada de descritores é usada, mantida ordenada em ordem crescente dos endereços. Desta forma o descritor de cada região livre aponta para os descritores das regiões livres imediatamente antes e depois na memória. Um local conveniente para hospedar o descritor de uma região livre é a própria região de memória livre. Se o tamanho do descritor for menor ou igual a um parágrafo, sempre teremos certeza que a região livre é grande o bastante para conter seu próprio descritor.

Por outro lado, quando a memória livre total é maior do que o solicitado pelo processo, mas o pedido não pode ser atendido em função da forma como a memória é gerenciada, dizemos que ocorre **fragmentação externa** (***external fragmentation***). Por exemplo, considerando o estado da memória física descrita na figura 8.4, a memória livre total é de 160 Kbytes. Entretanto, caso um processo necessite uma região de memória de 110 Kbytes, o mesmo não poderá ser atendido, o que caracteriza fragmentação externa. A maior região disponível é de 100 Kbytes, dado que toda região precisa ser contígua.

Se o sistema apresentar uma dinâmica intensa de alocações e liberações de regiões de memória com tamanhos diferentes, a fragmentação externa torna-se um grande problema. Se a memória livre estiver divida em, digamos, dez regiões, poderemos ter a maior região de memória livre com apenas 10% de toda a memória livre, e esta será a maior solicitação de alocação que poderá ser atendida.

No caso de **sistemas embutidos** ou **embarcados** (***embedded systems***) o problema pode ser menor ou mesmo não existir, pois neste tipo de sistema o computador encontra-se embutido dentro de algum equipamento ou máquina maior. O software é responsável por controlar o equipamento maior, e os processos são todos criados na inicialização do equipamento e somente são destruídos no desligamento do equipamento. Como não existe destruição de processos, não existe liberação de memória e, portanto, não existe a formação de regiões de memória livre separadas. Alocações e liberações de memória via funções de biblioteca, tais como “malloc()” e “free()” são feitas com a memória do próprio processo, previamente alocada já na sua criação.

8.8 Paginação

Com partições variáveis a fragmentação externa pode tornar-se um grande problema. Além disto, caso uma região de memória alocada precise ser aumentada, isto somente será possível se depois dela na memória física vier uma região de memória livre. A origem do problema está na necessidade de cada região ocupar uma área contígua de memória. Se pudéssemos quebrar o processo em pequenos pedaços, espalhar os pedaços pela memória física, e ainda assim o processo funcionar como se ocupasse uma área contígua de memória, então não existiria mais fragmentação externa. A paginação faz exatamente isto, e os pequenos pedaços são chamados de páginas.

Na **paginação** (***paging***) a memória lógica de cada processo é dividida em **páginas lógicas** (***logical pages***) de igual tamanho. O tamanho da página varia de sistemas para sistema, porém é sempre uma potência de 2, e tipicamente cada página ocupa entre 4 Kbytes e 64 Kbytes. Esta divisão é feita pelo kernel, sendo completamente transparente para o programador e o compilador. Por outro lado, a memória física também é dividida em **páginas físicas** (***physical pages*** ou ***frames***). As páginas físicas possuem o mesmo tamanho que as páginas lógicas.

No momento de alocar a memória lógica do processo na memória física, cada página lógica é posicionada individualmente. Qualquer página lógica pode ser colocada em qualquer página física que esteja livre. Naturalmente a memória lógica do processo ficará espalhada pela memória física. Mas, desta forma, não existe mais fragmentação externa. Por exemplo, se existirem 10 páginas físicas livres espalhadas pela memória, um processo com tamanho de 10 páginas lógicas poderá ser carregado. Se um processo precisa aumentar de tamanho, basta alocar para ele uma página física livre qualquer da memória. As limitações das partições variáveis desapareceram.

Porém ainda existe um problema, pois as instruções do programa executado pelo processo imaginam que o mesmo ocupa uma área contígua de memória. As instruções de máquina de uma função ou sub-rotina são supostas contíguas na memória, mas se elas ocuparem duas ou mais páginas lógicas, estarão na verdade em várias páginas físicas espalhadas pela memória. Para que o programa funcione normalmente precisaremos de auxílio do hardware.

A implementação do mecanismo de paginação requer um componente de hardware chamado de **Unidade de Gerência de Memória** (**MMU** – ***Memory Management Unit***), que fica entre o processador e a memória física, como ilustrado na figura 8.3. A MMU é responsável pela **tradução de endereços** (***address translation***) dos endereços lógicos gerados pelo processo em endereços físicos a serem utilizados nos CIs de memória. Para isto, são utilizadas tabelas de páginas.

A **tabela de páginas** (***page table***) indica onde na memória física foi colocada cada página lógica. Tipicamente existe uma tabela de páginas separada para cada processo. Se um processo possui, digamos, 30 páginas lógicas, a sua tabela de páginas precisa ter 30 entradas, cada uma indicando onde a respectiva página lógica está na memória física.

Da mesma forma que na maioria dos livros, como em [OLI2010] e [SIL2012], o funcionamento da tabela de páginas será ilustrado com páginas de apenas 4 bytes. A figura 8.5 mostra uma memória física de 28 bytes, divididos em 7 páginas físicas de 4 bytes. Cada **endereço físico** (***physical address***) é composto por 5 bits, de 00000 até 11011. Cada endereço físico é dividido em duas partes: número da página física e deslocamento dentro da página. O **deslocamento** dentro da página (***offset***) indica a posição específica do byte dentro da sua página. Como a página tem 4 bytes, existem os deslocamentos 00, 01, 10 e 11 para cada página (ver figura 8.5). Já o **número da página física** (***physical page number***) é único para cada página, no caso do exemplo vai de 000 até 110. Desta forma, o endereço físico 11010 indica página física 110 e deslocamento 10.

A figura 8.5 também mostra a memória lógica do processo X, composta por 12 bytes divididos em 3 páginas lógicas de 4 bytes. Cada endereço lógico de 4 bits é dividido em **número da página lógica** (***logical page number***) e **deslocamento** dentro da página (***offset***). No momento de alocar memória física para este processo, cada página lógica foi colocada em uma página física diferente, e seu número anotado na tabela de páginas do processo X. Foram usadas as páginas físicas 100, 010 e 110 para as páginas lógicas 00, 01 e 10, respectivamente. A tabela de páginas também possui um bit de válido/inválido para cada página lógica. Como a página lógica 11 não existe para o processo X, esta entrada é marcada inválida na tabela de páginas.

Um aspecto fundamental da paginação é que, como a página lógica tem o mesmo tamanho da página física, o i-ésimo byte em uma página lógica também será o i-ésimo byte na página física usada para hospedá-la. Por exemplo, o byte B3 tem deslocamento 11 na página lógica e deslocamento 11 na página física. Para que o deslocamento dentro de uma página possa ser indicado por exatamente um número inteiro de bits (2 no exemplo), o tamanho da página precisa ser potência de dois ($4=2^2$ no exemplo).

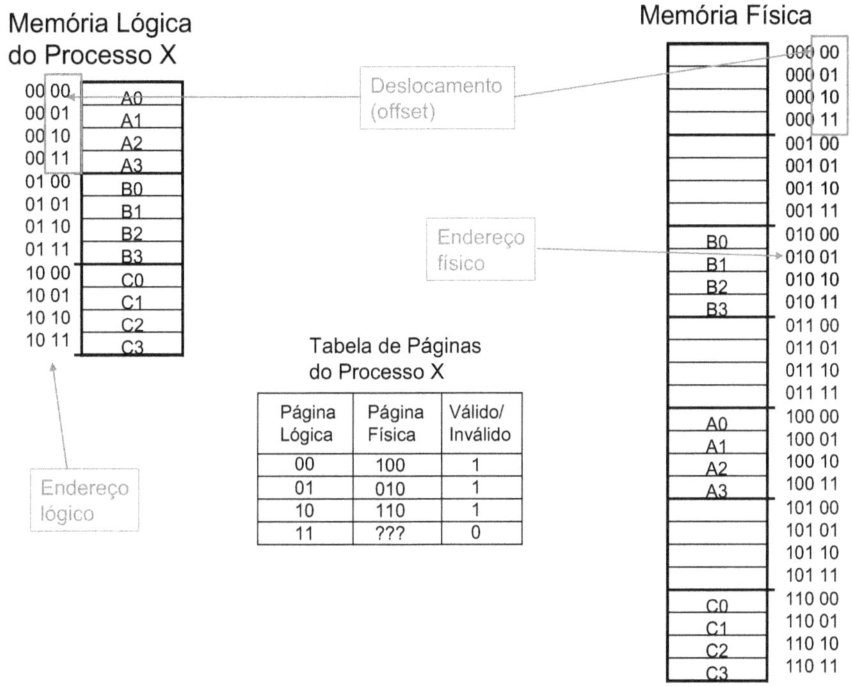

Página Lógica	Página Física	Válido/ Inválido
00	100	1
01	010	1
10	110	1
11	???	0

Figura 8.5 – Memórias lógica e física paginadas.

Durante a execução, o processo gera endereços lógicos. Se o programa executado foi escrito na linguagem de programação C, uma variável do tipo apontador para inteiro (*integer pointer*) contém um endereço lógico. Os endereços lógicos são traduzidos para endereços físicos pela MMU no momento do acesso à memória física. A figura 8.6 ilustra o mecanismo de tradução. Suponha que o processo deseja acessar o byte C1 cujo endereço lógico é 1001. A MMU separa o endereço lógico em número da página lógica (10) e deslocamento (01). Como o deslocamento do byte dentro da página lógica é igual ao seu deslocamento dentro da página física, este valor é simplesmente copiado do endereço lógico para o endereço físico. Já o número da página lógica é usado para indexar a tabela de páginas. Caso a entrada em questão seja inválida, a MMU gera uma exceção de acesso à memória, ou seja, uma interrupção de proteção, pois aquela página lógica não existe para aquele processo. Se a entrada é válida, que é o caso no exemplo da figura 8.6, o número da página física em questão (110) é obtido da tabela e colocado com o deslocamento no endereço físico, resultando em 11001. É este endereço físico que será usado nos CIs de memória.

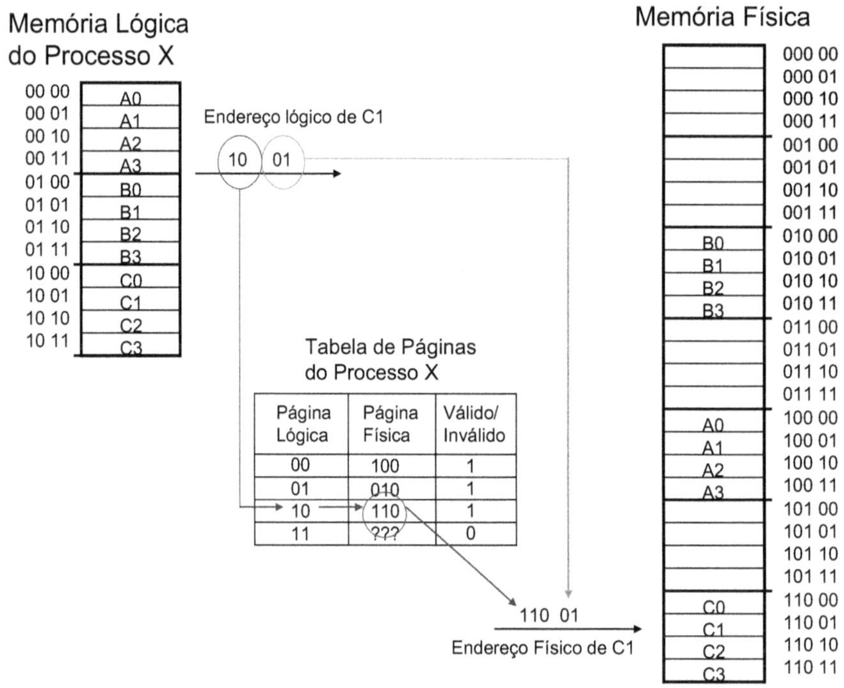

Figura 8.6 – Tradução de endereço lógico em endereço físico.

A tradução de endereço lógico em endereço físico ocorre a cada acesso à memória, ou seja, pode ser necessária várias vezes no decorrer da execução de uma única instrução de máquina. A MMU mantém dentro dela uma memória pequena, porém rápida, onde ficam armazenadas as entradas da tabela de páginas mais recentemente utilizadas. Essa memória interna à MMU é chamada de ***Translation Lookaside Buffer*** (**TLB**). Ela não é grande o suficiente para conter toda a tabela de páginas, que fica completa na memória principal. A cada acesso à memória, caso a entrada requerida da tabela de páginas esteja na TLB dentro da MMU, o endereço físico é montado e o acesso do processo à memória realizado. Nesse caso, é dito que tivemos um **acerto na TLB (TLB *hit*)**. Porém, quando a entrada da tabela de páginas necessária para a tradução de endereço lógico em endereço físico não está na TLB, a MMU primeiro acessa a tabela de páginas completa na memória e copia para a TLB a entrada em questão, em seguida faz a tradução e o acesso à memória física solicitado pelo processo. Neste caso, quanto temos uma **falta na TLB (TLB *miss*)**, o tempo de acesso à memória na prática dobra. Esta penalização é tolerada por que a taxa típica de acertos na TLB é alta, pois é comum o acesso em sequência a vários bytes da mesma página. O primeiro byte acessado pode gerar uma falta na TLB, mas a partir daí serão muitos acertos. Taxas de acerto acima de 90% são comuns.

Como cada processo possui a sua própria tabela de páginas, faz parte do chaveamento de contexto informar qual tabela de páginas a MMU deve usar. Como isto é feito varia de processador para processador, mas em geral basta escrever em um registrador da MMU o endereço e tamanho da tabela de páginas. A troca da tabela de páginas em uso significa esvaziar (*flush*) a TLB, pois ela foi carregada com informações da tabela de páginas anterior. Alguns processadores incluem o número do processo em cada entrada da TLB, para evitar esvaziá-la quando ocorre uma troca de contexto.

Na paginação, a gestão da memória em termos de partes ocupadas e partes livres é feita em termos de páginas. Desta forma, o processo precisa ocupar um número inteiro de páginas. Por exemplo, caso o processo precise de 87 Kbytes e o sistema trabalhe com páginas de 2 Kbytes, ele receberá 44 páginas, ou seja, 88 Kbytes. Percebe-se que na paginação temos uma fragmentação interna. Em média podemos esperar uma perda por fragmentação interna de meia página por processo. O tamanho da página é definido pelo hardware da MMU sendo que, na maioria das vezes, o desenvolvedor do kernel pode optar entre alguns valores possíveis suportados. Embora muitos processadores suportem páginas com 64 Kbytes ou mesmo com Mbytes de tamanho (***huge pages***), o valor mais usado é de 4 Kbytes. Páginas menores apresentam fragmentação interna menor, porém geram tabelas de páginas maiores para o mesmo espaço de endereçamento. Uma discussão completa sobre as vantagens e desvantagens de páginas menores ou maiores foge do escopo deste livro.

No exemplo das figuras 8.5 e 8.6 o endereço lógico é composto por 4 bits, o que significa que um processo poderia ter até 16 bytes de tamanho. Já o endereço físico é composto por 5 bits, com a memória física podendo ter até 32 bytes. Não existe impedimento na paginação para que o endereço lógico seja menor do que o endereço físico. Apenas neste caso um único processo não será capaz de endereçar a memória física inteira, a qual será ocupada por vários processos. Não obstante, na maioria dos processadores os endereços lógicos e físicos possuem o mesmo tamanho.

Como toda a gestão da memória é feita em termos de páginas, seria interessante que a própria tabela de páginas ocupasse exatamente uma página. Isto significa que a tabela de páginas teria um número definido de entradas independentemente do tamanho do processo. Suponha que em certo sistema as páginas são de 4 Kbytes e cada entrada da tabela ocupa 4 bytes. Então a tabela de páginas teria sempre 1K entradas, suportando uma memória lógica de até 1K páginas lógicas. Caso o processo não precise de tantas páginas lógicas, basta marcar as entradas não usadas como inválidas.

Porém, caso o processo precise de, digamos 2K páginas lógicas, ele precisaria de uma tabela de páginas com 2K entradas, o que ocuparia 2 páginas da memória para ser armazenado. Não é conveniente ter que procurar na memória física duas páginas livres adjacentes para armazenar tal tabela, pois desta forma estaríamos reintroduzindo fragmentação externa no sistema. O ideal é manter a tabela de páginas com apenas 1K entradas e dar duas dessas tabelas para o processo. A solução típica neste caso é empregar **tabelas de páginas hierárquicas** (***multilevel page tables***). No caso de uma tabela de páginas em dois níveis, inicialmente o endereço lógico é dividido em número da página lógica e deslocamento. Porém agora o número da página lógica é dividido em duas partes. A primeira parte indexa uma tabela de páginas de primeiro nível, também conhecida como **diretório de páginas** (***page directory***) e desta forma a MMU descobre qual tabela de páginas de segundo nível a ser usada. A segunda parte indexa a tabela de páginas de segundo nível e descobre onde está a página física a ser acessada. A figura 8.7 ilustra este esquema. Em grandes processadores podem ser usadas tabelas de páginas com três ou quatro níveis de hierarquia. Voltando ao exemplo numérico, cada processo teria um diretório de páginas com o tamanho exato de uma página, e cada tabela de páginas também teria o tamanho exato de uma página. Entradas não usadas pelo processo tanto no diretório de páginas como nas tabelas de páginas são marcadas como inválidas.

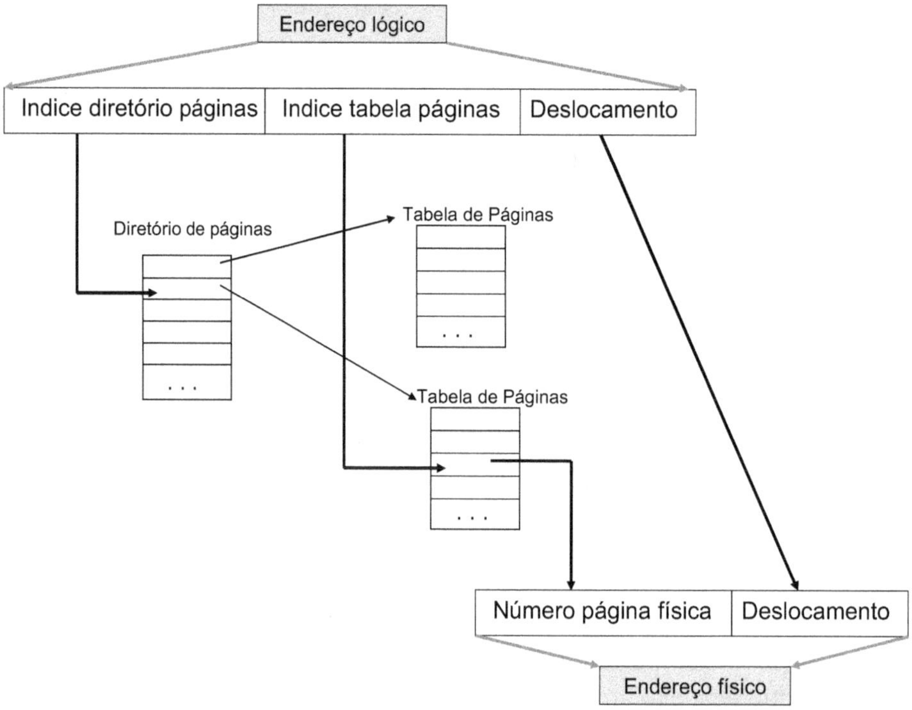

Figura 8.7 – Tabela de páginas hierárquica com dois níveis.

Além do bit de válido/inválido, é usual incluir vários bits em cada entrada para ajudar na proteção da memória, por exemplo pode ser usado um bit para indicar se a página pode ser escrita ou não. Também pode ser usado um bit para indicar se o conteúdo daquela página pode ser executado como código binário ou não. Violações no acesso são detectadas pela MMU que então gera uma interrupção de proteção do tipo **exceção de memória** (***memory exception***). Cada hardware de MMU oferece um conjunto de possibilidades as quais o desenvolvedor do kernel pode usar ou não em seu sistema.

Tamanhos reais de memória lógica, memória física, tabelas de páginas, etc., variam de processador para processador e através da história. Considere a título de exemplo o processador Intel 80386. Endereços lógicos (chamados endereços lineares no caso do 80386) possuem 32 bits, permitindo um espaço de endereçamento lógico de até 4 Gbytes. Páginas são de 4 Kbytes, e portanto o deslocamento é composto por 12 bits, sobrando 20 bits para o número da página lógica. Uma tabela de páginas hierárquica com dois níveis é empregada. Dos 20 bits disponíveis, os primeiros 10 bits são usados para indexar um diretório de páginas com 1K entradas. A partir do diretório de páginas é identificada qual tabela de páginas deve ser usada, a qual é indexada com os 10 bits restantes para determinar o número da página física.

8.9 Outros Aspectos da Paginação

Como mencionado antes, em alguns sistemas, a memória lógica dos processos é dividida em regiões, conforme o seu uso. Uma divisão clássica é composta por código do programa, código da biblioteca da linguagem de programação, pilha onde ficam parâmetros de funções e variáveis locais, variáveis globais inicializadas e memória alocada dinamicamente. Tal divisão pode ser acomodada em um sistema paginado de forma simples. Basta colocar as diferentes regiões do processo em diferentes partes do espaço de endereçamento lógico.

Em algumas arquiteturas, as regiões são elevadas a entidades de primeira ordem, com endereçamento próprio. Este esquema é chamado de **segmentação** (***segmentation***). O endereço lógico é composto por um número de segmento e por um deslocamento dentro do segmento. Uma **tabela de segmentos** (***segment table***) informa onde o segmento foi colocado na memória física. Segmentos possuem tamanhos diversos, o que torna a implementação de segmentação pura difícil, em função da fragmentação externa.

A segmentação permite o compartilhamento de código entre processos. Se dois processos usam a mesma biblioteca da linguagem de programação, e a mesma nunca é alterada (apenas leitura ou *read-only*), não faz sentido manter duas cópias idênticas dela na memória física. Através das tabelas de segmentos é possível mapear os segmentos lógicos dos dois processos para a mesma área da memória física. Obviamente a MMU usa bits de controle para impor as regras de compartilhamento, como por exemplo nunca alterar o código executável.

Para viabilizar a segmentação é necessário eliminar a fragmentação externa que surge quando segmentos de tamanhos variados são alocados de forma contígua na memória física. Isto pode ser obtido através da divisão dos segmentos em páginas que são espalhadas pela memória. Temos neste caso a **segmentação paginada** (***paged segmentation***), onde o espaço lógico do processo é formado por segmentos, e cada segmento é dividido em páginas lógicas. O emprego de segmentação paginada requer um processador e uma MMU que suportem tal mecanismo. Como a alocação de espaço na memória física tem como unidade a página, e qualquer página física livre pode hospedar qualquer página lógica de qualquer segmento, não existe fragmentação externa. Entretanto, continuamos com a fragmentação interna típica da paginação.

A literatura sobre paginação de memória é imensa. Sistemas operacionais com paginação de memória existem desde os anos 1960, são usados atualmente em desktops, notebooks, servidores e em muitos microcontroladores embutidos em máquinas e equipamentos. Existem muitas soluções alternativas àquelas apresentadas aqui. Por exemplo, um esquema chamado **Tabela de Páginas Invertida** (***Inverted Page Table***) é usado em alguns processadores, como o IA-64 (Intel Itanium architecture). O leitor interessado poderá encontrar material adicional em várias referências bibliográficas, tais como [OLI2010], [SIL2012], [TAN2014], [AND2014] e [STA2017].

8.10 Memória Virtual com Paginação por Demanda

Em geral imagina-se que um programa precise estar completo na memória do computador para executar. Entretanto, isto não é verdade. Considere por exemplo um grande aplicativo como o editor de texto Word da Microsoft. Navegando por seus menus pode-se constatar que ele oferece dezenas senão centenas de funcionalidades. Cada funcionalidade oferecida está associada com o código executável que a implementa. Durante uma sessão de trabalho com o Word, caso o usuário não ative uma determinada opção do menu, aquele código que a implementa jamais será executado. Não existe razão para colocá-lo na memória do computador, junto com as variáveis que só ele utiliza. Outro bom exemplo de programa nesta situação é o Matlab da MathWorks.

Mesmo que todo o código de um programa seja eventualmente necessário, ele não é necessário o tempo todo. No caso do Word, ao longo de uma tarde de trabalho talvez a função de contar palavras seja usada apenas uma vez. No caso do Matlab, ao longo de várias horas talvez apenas uma vez seja necessário desenhar um histograma. O código e as variáveis que implementam estas funcionalidades não precisam ficar na memória do computador o tempo todo. Mas o processo que executa o programa precisa achar que eles estão lá.

Seria possível uma substancial economia de memória física se cada programa ocupasse somente aquilo que realmente necessita a cada momento. Desta forma, o espaço de memória física liberado permitiria a execução simultânea de mais programas. E programas poderiam ser maiores que toda a memória física do computador. Por exemplo, executar uma máquina virtual que pensa que tem 4 Gbytes de memória só para ela em um computador real com menos memória física que isto.

A técnica de gerência de memória que permite executar programas que estão apenas parcialmente na memória física é chamada de **memória virtual** (***virtual memory***). Embora memória virtual possa ser implementada de várias formas, a sua implementação típica emprega **paginação por demanda** (***demand paging***), e será a forma considerada nesta seção.

A implementação de memória virtual requer a existência de um ou mais dispositivos de **armazenamento secundário** (***secondary storage***), tais como uma **unidade de disco rígido** (***hard disk drive***) ou **memória flash** (***flash drive***). No armazenamento secundário os programas são mantidos completos, enquanto que apenas a parte necessária deles é trazida para a memória principal. Por exemplo, em um computador desktop, o código dos programas já está nos arquivos executáveis mantidos pelo sistema de arquivos. Espaço adicional pode ser necessário para páginas com as variáveis alteradas pelo processo. Por exemplo, no caso do Linux é usada a **partição de swap** (***swap partition***) para isto. A partição recebe este nome por razões históricas, pois nas suas primeiras versões o Linux não implementava memória virtual mas sim um mecanismo mais simples chamado de ***swapping***, no qual o processo inteiro é copiado para o disco e suspenso quando o kernel detecta escassez de memória.

Na paginação simples o processo é colocado inteiro na memória física. Todas as páginas lógicas do processo são alocadas na memória física e marcadas como válidas na tabela de páginas. Se o processo tentar acessar uma página inválida temos uma violação da proteção de memória.

Já na paginação por demanda apenas as páginas lógicas efetivamente acessadas pelo processo, demandadas por ele, são alocadas na memória física. Se uma página lógica jamais for acessada pelo processo, ela nunca ocupará espaço na memória física. Páginas lógicas que fazem parte do espaço de endereçamento do processo, mas ainda não foram carregadas para a memória física, são marcadas como inválidas na tabela de página, da mesma forma que as páginas que são realmente inválidas. A distinção entre elas é feita através de bits adicionais na tabela de página ou de informações no bloco descritor do processo.

Na paginação por demanda, assim como na paginação simples, a MMU verifica o bit de válido/inválido de cada página lógica acessada. Se a página é válida, o endereço lógico é traduzido para endereço físico e o acesso ocorre normalmente. Se a página lógica é inválida, a MMU gera uma interrupção de proteção (*memory exception*) e aciona o kernel. O tratador desta interrupção no kernel obtém da MMU o endereço lógico que causou a exceção, acessa a tabela de páginas ou o bloco descritor do processo em execução, e determina se foi um acesso realmente inválido ou não. Caso o endereço lógico em questão seja realmente inválido, ocorreu uma violação da proteção de memória, e o processo pode ser abortado ou realizado algum outro tratamento de exceção. Porém, caso o endereço lógico em questão seja na verdade válido, apenas esta página lógica ainda não foi carregada para a memória, é dito que ocorreu uma **falta de página** (***page fault***).

No caso de uma falta de página, o processo em questão ficará suspenso até que a página demandada seja alocada na memória física. Para isto uma página física livre deve ser alocada, a página lógica demandada deve ser localizada no armazenamento secundário, e então lida do armazenamento secundário para a página física alocada. Esta leitura normalmente implica em acesso a disco magnético, o que é demorado, então outros processos serão executados. É como se o processo que sofreu a falta de página solicitasse uma operação de entrada/saída no dispositivo de armazenamento secundário.

Quando a operação de leitura da página demandada estiver concluída, a tabela de páginas do processo suspenso será atualizada, e ele poderá voltar a executar. Como a página lógica acessada agora está marcada como válida na tabela de páginas, sua execução prosseguirá normalmente, até a próxima falta de página. A instrução de máquina que gerou a falta de página precisa ser repetida. Observe que o processo inicia apenas com algumas páginas lógicas carregadas na memória, todas a demais serão carregadas quando foram efetivamente demandadas, como parte do tratamento das faltas de páginas.

O **tempo efetivo de acesso à memória** (***effective memory access time***) é a média ponderada dos tempos de acesso quando ocorre e quando não ocorre uma falta de página. Por exemplo, para um processo onde a taxa média de falta de páginas é de 0,00001, então a taxa de acessos normais será de 0,99999. Estes pesos devem ser calculados considerando que na ocorrência de falta de página é necessário usar o tempo médio para ler a página que faltou do disco, pois este tempo domina (é muito maior) que todos os demais. Quando não ocorre falta de página temos o tempo de acesso normal da paginação.

No atendimento a uma falta de página é necessário alocar uma página física livre. Porém, com a dinâmica do sistema e a ocorrência normal das faltas de páginas, é possível que todas as páginas físicas estejam ocupadas. Neste caso, é necessário liberar uma página física ocupada, copiando a página lógica que ela hospeda para o armazenamento secundário. A página escolhida para ser removida da memória física é chamada de **página vítima** (***victim page***). Obviamente ela passará a constar como inválida na sua respectiva tabela de páginas, podendo ela própria gerar uma falta de página no futuro, se vier a ser demandada novamente.

Um algoritmo de **substituição de páginas** (***page replacement***) é usado para escolher a página vítima. Idealmente ele deveria remover da memória física as páginas que não serão necessárias logo em seguida. Mas isto significa prever o comportamento futuro dos processos, o que não é em geral possível. Algoritmos de substituição de páginas realizam estimativas do comportamento futuro com base no comportamento passado, e de forma simples para minimizar o custo da implementação. Existe na literatura uma grande variedade de algoritmos de substituição de páginas, e uma descrição detalhada foge do escopo deste livro.

A tabela de páginas oferece vários **bits auxiliares** (***auxiliary bits***) para cada página lógica, os quais facilitam a implementação da substituição de páginas. Os mais usados são:

- **Bit de alteração** (***dirty bit***) indica quando uma página foi alterada pelo processo;
- **Bit de referência** (***reference bit***) indica quando uma página foi acessada pelo processo;
- **Bit de tranca** (***lock bit***) informa ao sistema operacional que a página lógica está trancada na memória física e não pode ser escolhida como vítima.

O algoritmo de substituição de páginas é muito importante, pois escolhas erradas farão aumentar a **taxa de falta de páginas** (***page-fault rate***), a qual indica qual a probabilidade de ocorrer uma falta de página a cada acesso à memória. Uma taxa zero significa que nunca ocorre uma falta de página, enquanto uma taxa igual a um significa que sempre ocorre falta de página. Em um sistema com memória virtual o valor real estará entre estes dois extremos. Uma taxa elevada significa que o processo ficará frequentemente suspenso a espera que páginas sejam copiadas do armazenamento secundário para a memória física. Isto pode aumentar consideravelmente seu tempo de execução. Em casos extremos, quando a taxa de falta de página torna-se muito elevada, os processos param de realizar trabalho útil e passam quase o tempo todo esperando pelo atendimento de faltas de páginas. Nesse momento, é dito que está ocorrendo ***thrashing*** no sistema. Para um usuário humano em um desktop, por exemplo, o *thrashing* só percebido como um congelamento no sistema, quando os processos avançam lentamente e o disco trabalha sem parar.

O que torna memória virtual possível é o princípio da **localidade de referência** (***locality of reference***), segundo o qual os acessos à memória pelo processo são em geral concentrados às áreas de memória onde estão o código e os dados necessários no momento. Por exemplo, durante a execução de uma função na linguagem C, apenas as páginas com o código, parâmetros e variáveis da função serão necessárias.

Sistemas operacionais de tempo real evitam empregar memória virtual. O impacto deste mecanismo na variabilidade dos tempos de execução das tarefas é muito grande. Tarefas com requisitos temporais rigorosos em geral desligam o mecanismo, o que o kernel pode fazer usando o bit de tranca mencionado antes. Ou simplesmente configurar o kernel para que memória virtual seja totalmente desligada. Em sistemas computacionais embutidos em máquinas e equipamentos o conjunto de processos a ser executado é previamente conhecido, e a memória principal pode ser dimensionada de maneira que memória virtual não é necessária. De qualquer forma, muitos destes sistemas sequer possuem uma unidade de armazenamento secundário, tornando inviável a implementação da técnica. Por outro lado, aplicações de tempo real brando em computadores desktop podem por vezes tolerar a variação causada pela memória virtual e o inevitável impacto nos tempos de resposta caso ela seja realmente acionada.

8.11 Comparação entre as Formas de Implementar Tarefas de Tempo Real

O capítulo 7 mostrou que existem várias formas possíveis para implementar tarefas de tempo real em sistemas computacionais simples. No caso foram descritos o executivo cíclico, o laço principal com tratadores de interrupções, e o microkernel simples. Estas três formas apresentam baixo **sobrecusto** (***overhead***) de implementação. Entretanto, elas proveem basicamente apenas a implementação das tarefas a partir da divisão do tempo do processador, e quase nenhum outro serviço.

Neste capítulo foi discutida implementação de tarefas através de um sistema operacional tradicional. Neste caso o kernel fornece uma gama ampla de serviços, ao custo do consumo de um bom conjunto de recursos computacionais. No caso de um kernel completo, tarefas de tempo real aparecem como threads de processos em espaço de usuário. Também excepcionalmente, podem aparecer como parte de um *device-driver* que é inserido no kernel em questão.

Cabe repetir que a melhor solução depende da aplicação em questão. Para um controle simples de porta automática, possivelmente um executivo cíclico é suficiente. Já para uma injetora plástica ou uma máquina de corte a laser o uso de um kernel completo é necessário. É papel do desenvolvedor do projeto escolher a plataforma mais apropriada para cada aplicação.

8.12 Exercícios

1) Responda as questões com respeito às consequências da multiprogramação, e justifique:

a) Multiprogramação gera uma pior/melhor utilização do processador?

b) Multiprogramação gera uma pior/melhor utilização dos periféricos?

c) Multiprogramação gera uma menor/maior necessidade de memória?

d) Multiprogramação gera uma menor/maior necessidade de hardware para proteção?

2) Quais das operações abaixo devem ser privilegiadas? Justifique.

a) Desabilita interrupções.

b) Escreve caractere na interface da impressora.

c) Desliga o temporizador.

3) Em qual das situações abaixo não é necessário ocorrer a passagem do processador de modo usuário para modo supervisor ?

a) Controlador de disco gera interrupção avisando que comando anterior foi concluído.

b) Processo faz uma chamada de sistema.

c) Processo chama uma rotina da biblioteca da linguagem.

d) Processo executa um *opcode* que na verdade não existe naquele processador.

e) *Timer* gera uma interrupção alertando a passagem de mais 10 ms.

4) Explique quais são as vantagens do processador realizar a passagem de modo usuário para modo supervisor automaticamente com o atendimento de uma interrupção.

5) Explique como o mecanismo de modos de execução do processador, associado com o mecanismo de interrupções, pode impedir que um processo executando código de usuário possa, por exemplo, acessar diretamente o controlador do disco ou qualquer controlador de periférico.

6) Explique os vários mecanismos do kernel que, em conjunto, impedem que um programador coloque um processo de usuário propositadamente em loop infinito para travar a máquina (ele vai tentar todas as possibilidades).

7) Considerando o modo dual de operação dos processadores que oferecem suporte para a proteção entre processos, é ERRADO afirmar que:

a) A execução de qualquer instrução privilegiada em modo usuário dispara uma interrupção de proteção (exceção).

b) Quando os registradores dos controladores são mapeados em endereços de memória, a proteção de memória evita o acesso indevido aos periféricos.

c) Em modo usuário, as interrupções de periféricos podem ser desabilitadas, desde que as interrupções de proteção (exceções) não sejam desabilitadas.

d) Uma instrução do tipo "passa para modo usuário" não precisa ser privilegiada.

e) O hardware de proteção pode ser desativado em modo supervisor.

8) Descreva as ações do kernel para atender uma chamada de sistema que solicita a criação de um novo processo, o qual inclui uma única thread.

9) Qual a potencial desvantagem de manter as interrupções desabilitadas além do estritamente necessário, enquanto código do kernel é executado ?

a) Dispositivos livres ficam parados desnecessariamente.

b) Pode ocorrer a postergação indefinida de processos com baixa prioridade.

c) O sistema passa a não contar com a proteção entre processos.

d) Desabilitar interrupções é uma instrução privilegiada.

10) Qual o impacto potencial de uma interrupção gerada pelo controlador de disco sobre o estado dos processos no sistema ?

a) Processo executando pode ser substituído por um processo liberado de mais alta prioridade.

b) Processo executando pode ficar bloqueado.

c) Sinaliza o término da fatia de tempo do processo executando.

11) Embora ambos tenham seu escalonamento feito pelo gerenciamento do processador, threads e processos são estruturalmente distintos. Qual a diferença entre eles?

a) Apenas threads podem ser executadas em paralelo.

b) Threads possuem contexto simplificado.

c) Processos executam mais rapidamente.

d) Threads apenas podem ocorrer em processadores *multicore*.

12) Embora ambos sejam criados pela gerência do processador realizada pelo kernel, threads e processos são estruturalmente distintos. Qual a diferença entre eles?

a) Uma thread pode incluir vários processos.

b) O descritor de uma thread é simplificado em relação ao descritor de um processo.

c) Existe proteção de memória entre threads de um mesmo processo.

d) Threads podem ser implementadas apenas em processadores multicore.

13) Assim como o processador, outros recursos do computador podem ser gerenciados de tal forma que os mesmos possam ou não possam ser preemptados, isto é, o recurso é retirado temporariamente do processo para que outro ocupe. Discuta a possibilidade de preemptar a memória de um processo. Em que situação isto é desejável ? Como o processo pode ser retomado mais tarde sem inconsistência?

14) Fragmentação externa é o principal problema das partições variáveis. Entretanto, podem existir atenuantes em um sistema computacional embutido em uma máquina industrial onde são

sempre executados os mesmos processos. Em que situações partições variáveis tornam-se menos problemáticas ?

15) Considere um sistema operacional que trabalha com paginação simples. As páginas são de 1Kbyte. O endereço lógico é formado por 16 bits. O endereço físico é formado por 20 bits. Qual o tamanho do:

- Espaço de endereçamento lógico (maior programa possível) ?
- Espaço de endereçamento físico (memória principal) ?
- Entrada da tabela de páginas, sem considerar bits de proteção ?
- Tabela de páginas (número de entradas necessárias no pior caso) ?

16) Qual a fragmentação apresentada pelo método de gerência de memória baseado em partições variáveis ?

17) Qual a fragmentação apresentada pelo método de gerência de memória baseado em paginação ?

18) Sobre gerência de memória e fragmentação, pode-se afirmar que obrigatoriamente:

a) Partições variáveis apresenta fragmentação externa e paginação apresenta fragmentação interna.

b) Partições variáveis apresenta fragmentação interna e paginação apresenta fragmentação interna.

c) Partições variáveis apresenta fragmentação externa e paginação apresenta fragmentação externa.

d) Partições variáveis apresenta fragmentação interna e paginação apresenta fragmentação externa.

19) Para proteção da memória, o melhor modelo é:

a) Um kernel completo, que consiste de vários processos, onde é detectada a má utilização da memória por alguma thread.

b) Um microkernel, evitando separações entre as threads, o que poderia gerar uma má utilização da memória.

c) Não é possível proteger a memória de acessos indevidos gerados por threads.

d) A utilização de um executivo cíclico sempre garante proteção em casos de exceções geradas pelo acesso indevido à memória.

20) Uma forma de gerência de memória em pequenos computadores é através de partições variáveis. Dentro deste tema, pode-se afirmar que:

a) O algoritmo best-fit percorre a lista de regiões de memória livre e seleciona a primeira que tiver tamanho suficiente.

b) A Unidade de Proteção de Memória (MPU - Memory Protection Unit) é responsável por traduzir endereços lógicos em endereços físicos através de tabelas de páginas.

c) Após algum tempo com alocações e liberações de áreas de memória com tamanhos variados a memória física será composta por regiões ocupadas e livres, intercaladas entre si.

d) A memória é toda dividida em partições com tamanho definido no momento da inicialização do microkernel, e estas permanecem com o mesmo tamanho durante a execução do sistema.

21) Como seria possível determinar se uma interrupção de proteção acionada pela MMU é devida a um acesso ilegal à memória ou a uma falta de página? Suponha que a MMU informa o endereço lógico de memória que causou a interrupção de proteção ?

22) Considere um sistema operacional que trabalha com paginação simples. As páginas são de 2Kbytes. O endereço lógico é formado por 20 bits. O endereço físico é formado por 24 bits. Assinale a afirmativa CORRETA:

EEL = Espaço de endereçamento lógico (maior programa possível)
EEF = Espaço de endereçamento físico (memória principal)
NTP = Número de entradas na maior tabela de páginas possível

a)	EEL = 1Mbytes	EEF = 1Mbytes	NTP = 8K entradas
b)	EEL = 1Mbytes	EEF = 16Mbytes	NTP = 8K entradas
c)	EEL = 16Mbytes	EEF = 1Mbytes	NTP = 512 entradas
d)	EEL = 1Mbytes	EEF = 16Mbytes	NTP = 512 entradas

23) Assinale a opção correta: Na gerência de memória os tamanhos de páginas são sempre potência de 2 pois:

a) Na computação existe um preferência por trabalhar com potências de dois.

b) Para que o tamanho das páginas lógicas e das páginas físicas possa ser o mesmo.

c) Para que o deslocamento ocupe um número inteiro de bits dentro do endereço.

d) Para que o número de páginas físicas possa ser maior que o número de páginas lógicas.

e) Para que dois processos possam compartilhar páginas na segmentação paginada.

24) Um dado computador possui MMU que suporta paginação. O espaço de memória física é de 4 Gbytes. O tamanho do endereço lógico é de 30 bits. Os projetistas então em dúvida se devem usar páginas com tamanho de 1Kbyte ou 16Kbytes. Argumente a favor de cada uma das opções, na perspectiva da gerência de memória baseada em paginação pura.

25) Um dado computador possui MMU que suporta paginação. O espaço de memória física é de 4 Gbytes. O tamanho do endereço lógico é de 30 bits. Os projetistas então em dúvida se devem usar páginas com tamanho de 1Kbyte ou 16Kbytes. Qual dos argumentos abaixo, a favor ou contra uma opção, está ERRADO na perspectiva da gerência de memória baseada em paginação.

a) Páginas menores geram menos fragmentação interna.

b) Com páginas maiores os processos necessitam tabelas de páginas menores.

c) No caso de memória virtual, páginas menores são mais eficientes para capturar exatamente a localidade do processo.

d) Com páginas maiores a cache interna à MMU (TLB) também precisa ser maior.

26) Qual a origem da motivação para colocar um bit de válido/inválido na tabela de páginas?

27) Suponha que não existe o bit de válido/inválido na tabela de páginas, como isto poderia ser contornado, embora gerando ineficiências ? Aponte as ineficiências de sua solução.

28) Em um sistema de paginação, suponha que o espaço de endereçamento lógico é no máximo 4 Gbytes e o tamanho de uma página é 4 Kbytes. Mostre através de um desenho como tabelas de páginas hierárquicas permitem executar um programa pequeno (poucas páginas lógicas) sem gastar memória com uma tabela de páginas completa. Faça o exemplo com 1 processo que precisa apenas de 1 página lógica.

29) Em um sistema de paginação, suponha que o espaço de endereçamento lógico é no máximo de 4 Gbytes e o tamanho de uma página é 4 Kbytes. Cada entrada na tabela de páginas tem 4 bytes. A unidade de alocação de memória é a página. A tabela de páginas completa fica na memória. Analise os problemas decorrentes dos seguintes métodos de alocação de memória para armazenar a tabela de páginas (um problema/desvantagem para cada método):

a) Sempre alocar uma tabela de páginas com tamanho máximo e marcar as entradas não usadas como inválidas.

b) Sempre alocar uma tabela de páginas com o tamanho exato necessário para o processo e colocá-la em uma área de memória contígua.

c) Usar uma tabela de páginas hierárquica (dividida em 2 níveis como visto neste capítulo).

30) Suponha que um computador possua, na sua MPU (*memory protection unit*), dois conjuntos de registradores limite, os quais são usados para proteger separadamente o código e os dados do processo. No arquivo executável são identificados dois segmentos para o programa, um de código e outro de dados. Discuta as consequências deste esquema, considerando os aspectos:

a) Fragmentação interna.

b) Fragmentação externa.

c) Compartilhamento de código entre processos diferentes.

d) Possibilidade de implementar memória virtual.

31) Descreva passo a passo o que acontece após uma falta de página.

32) Considerando os sistemas de memória virtual, sobre a relação entre a quantidade de memória física que um processo dispõe e a sua taxa de falta de páginas, assinale verdadeiro ou falso, e justifique:

a) A taxa de falta de página jamais será zero, não importando quanta memória física o processo disponha.

b) A taxa de falta de páginas jamais será um, não importando quanta memória física o processo disponha.

c) A taxa de falta de páginas cresce linearmente com o número de páginas físicas disponíveis.

d) A taxa de falta de páginas decresce linearmente com o número de páginas físicas disponíveis.

e) A taxa de falta de páginas decresce de forma proporcional ao quadrado do número de páginas físicas disponíveis.

f) Após certa quantidade de páginas físicas, não é mais possível reduzir a taxa de falta de páginas do processo.

33) Em um dado computador, suponha que o tempo de acesso à memória física seja 100 ns, o tempo médio de acesso ao disco seja 10 ms e o overhead associado com o atendimento da falta de página (manipulação de tabelas) seja 10 us. Um programa é composto por 100 páginas lógicas e recebe 50 páginas físicas para executar em um sistema com memória virtual. Discuta o impacto da taxa de falta de páginas sobre o tempo efetivo de acesso à memória. Use um exemplo numérico.

34) Um programa escrito em C utiliza as rotinas de biblioteca malloc() e free(), as quais administram uma parte da memória lógica do processo. Malloc(x) serve para o programa alocar uma área contínua de memória com x bytes de tamanho. Free() permite o programa liberar uma área previamente alocada com malloc(). Malloc()/Free() são implementadas pela biblioteca do C.

A parte da memória lógica do processo administrada pelas rotinas da biblioteca malloc()/free() pode ser definida estaticamente (tamanho fixado já no arquivo executável) ou pode ser definida dinamicamente (tamanho do processo é alterado durante a execução através de chamadas de sistema feitas pela biblioteca na medida da necessidade, ou seja, quando é feito um malloc e a biblioteca não tem memória para atendê-lo). Discuta quais as implicações dessas duas abordagens (malloc/free administra área alocada estaticamente ou dinamicamente) considerando que o sistema operacional utiliza para a gerência de memória dos processos:

(a) Partições variáveis.

(b) Paginação.

9. Escalonamento em Sistemas de Propósito Geral

Como escalonar as tarefas em um sistema de propósito geral ?

Como visto no capítulo 7 e no capítulo 8 sobre a implementação de tarefas, normalmente existe um número de tarefas aptas a executar que é maior do que o número de processadores. Desta forma é preciso definir que algoritmo será usado para escolher qual tarefa executar a seguir (ou quais no caso de *multicore*).

Em sistemas de propósito geral existem algumas formas básicas de escalonamento, as quais são frequentemente usadas e, muitas vezes, misturadas em soluções híbridas. O tema deste capítulo é o escalonamento de tarefas em sistemas de propósito geral. O escalonamento em sistemas de tempo real será tratado no capítulo no capítulo 10.

9.1 Introdução

Em sistemas de propósito geral o objetivo do algoritmo de escalonamento do processador é duplo. Por um lado, aumentar a **capacidade de processamento de dados** (*throughput*) do computador, reduzindo os **sobrecustos** (*overhead*) associados com o sistema operacional ao mínimo possível. Este objetivo é especialmente importante quando o computador é usado para realizar grandes processamentos de dados em *background*, ou seja, produz resultados em arquivos sem interação frequente com usuários humanos.

Por outro lado, quando o computador é usado para executar aplicações em *foreground*, ou seja, que interagem constantemente com usuários humanos, busca-se oferecer uma ilusão de paralelismo entre os programas do usuário (ou usuários), através da redução do tempo médio de resposta percebido pelos usuários. Esses dois objetivos são por vezes conflitantes.

Na apresentação dos algoritmos de escalonamento será suposto que podem existir, a cada momento, diversas tarefas aptas a executar e o propósito do algoritmo é escolher qual delas será executada a seguir. Também é suposto que existe sempre pelo menos uma tarefa apta a executar. Isto simplifica a descrição dos algoritmos e, em geral, é verdade, pois a maioria dos sistemas mantém uma tarefa ociosa (*idle*) que executa quando não existe nenhuma tarefa útil para executar.

Concorrentemente com as tarefas, tratadores de interrupção continuam sendo acionados por dispositivos periféricos. Será suposto que os tratadores de interrupção possuem coletivamente prioridade mais alta que as tarefas e, portanto, podem interromper a qualquer momento a tarefa em execução. Desta forma, na descrição dos algoritmos de escalonamento, os tratadores de interrupção não serão considerados, assim como o tempo gasto pelo código do kernel para realizar os chaveamentos de contexto.

9.2 Ordem de Chegada

Em qualquer situação onde um conjunto de clientes disputa um recurso único, a solução mais básica é atender os clientes pela ordem de chegada. Por exemplo, é como funciona a fila do xerox e da lanchonete e também pode ser usada na fila do processador.

O algoritmo **Ordem de Chegada**, também conhecido como **FCFS** (***First-Come, First-Served***) ou **FIFO** (***First-In, First-Out***), é de fácil implementação. Toda tarefa que fica apta vai para o fim da fila. Sempre que o processador fica livre, a tarefa do início da fila é colocada para executar. A tarefa executa até que termine ou que fique bloqueada em função de alguma chamada de sistema, como *sleep* ou esperar pacote pela rede ethernet.

Por exemplo, suponha que em um dado instante a fila de aptos inclua quatro tarefas (τ1, τ2, τ3 e τ4), nesta ordem, e com as seguintes necessidades de processamento: $C_1=6$, $C_2=20$, $C_3=3$ e $C_4=11$. A figura 9.1 mostra como fica a escala de tempo quando as tarefas são escalonadas conforme a ordem de chegada.

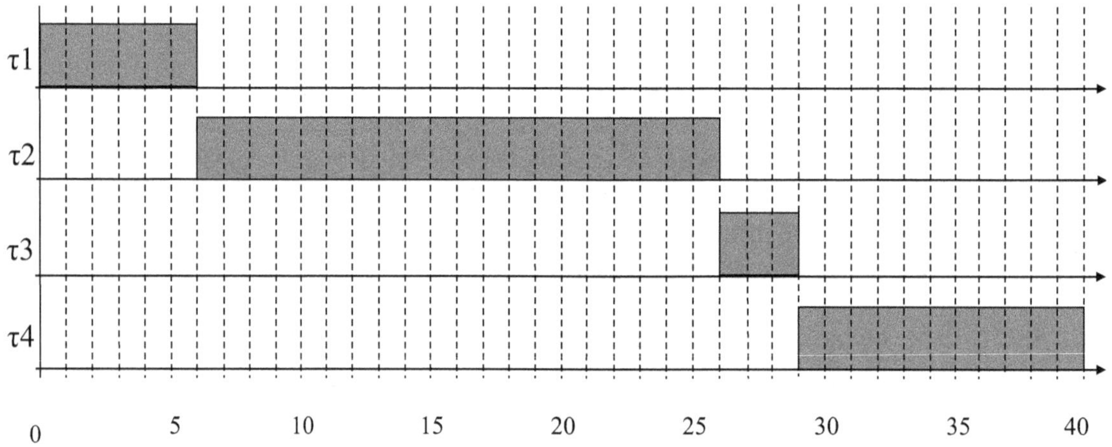

Figura 9.1 – Exemplo de escalonamento usando "ordem de chegada".

Este algoritmo tem a vantagem de impossibilitar a postergação indefinida de uma tarefa, ou seja, é impossível uma tarefa ser sucessivamente postergada, dando lugar para outras tarefas. Uma vez que a tarefa entrou na fila, ela será executada tão logo as tarefas a sua frente na fila executem e fiquem bloqueadas.

Este algoritmo também é intrinsecamente não preemptivo. Em outras palavras, uma vez que uma tarefa começou a executar, ela continua até que faça uma chamada de sistema que leve ao seu bloqueio. Tarefas que precisam de muito processador, como um cálculo numérico complexo, deixam todas as tarefas na fila esperando, o que diminui a percepção de paralelismo no sistema. Por esta razão não é um bom algoritmo para sistemas com tarefas interagindo com pessoas (como em um computador pessoal), e também não é recomendado para sistemas de tempo real, pois mesmo tarefas com deadlines apertados precisam esperar até que a tarefa do cálculo numérico faça uma chamada de sistema e fique bloqueada. Por outro lado, o seu custo de execução é baixo, pois acontecem poucos chaveamentos de contexto.

9.3 Menor Ciclo de Processamento Antes

Um algoritmo pelo menos teoricamente possível seria executar antes a tarefa, entre as aptas, que necessite de menos tempo de processador até ficar bloqueada. Ciclo de processamento denota exatamente o tempo de processador necessário até que a tarefa faça uma chamada de sistema e fique bloqueada. Este algoritmo também é conhecido como **SJF** (***Shortest Job First***). Na prática sua implementação é muito difícil ou mesmo impossível, pois conforme foi mostrado no capítulo 4 sobre a variabilidade do tempo de execução, determinar antecipadamente quanto tempo de processador é necessário para executar um trecho de código não é possível em geral.

Supondo novamente que, em um dado instante, a fila de aptos inclua quatro tarefas com as necessidades de processamento: C_1=6, C_2=20, C_3=3 e C_4=11, a figura 9.2 mostra como fica a escala de tempo quando as tarefas são escalonadas de acordo com o tamanho do ciclo de processamento.

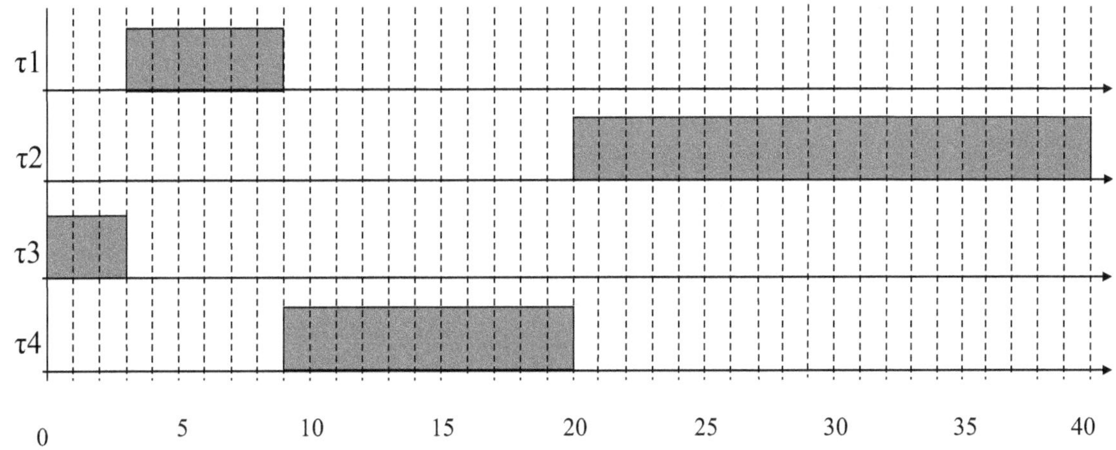

Figura 9.2 – Exemplo de escalonamento usando "menor processamento antes".

Este algoritmo tem o atrativo de minimizar o tempo médio de espera na fila de aptos, o que é relevante em sistemas de propósito geral. E, a princípio, poderiam ser usadas estimativas dos tempos de execução. Entretanto, na prática, mesmo em sistemas operacionais de propósito geral são buscadas soluções menos custosas, e SJF não é usado para escalonar o processador.

9.4 Fatias de Tempo

Possivelmente o método mais empregado em sistemas operacionais de propósito geral é baseado em **Fatias de Tempo**, também conhecido como **RR** (***round-robin***). Este método é semelhante ao Ordem de Chegada no sentido de que quando uma tarefa torna-se apta ela é inserida no fim da fila, e sempre que o processador fica disponível a primeira tarefa da fila é colocada para executar. A diferença está no fato do sistema operacional definir uma fatia de tempo (denominada quantum) máxima para a tarefa executar. Caso a tarefa não libere o processador antes, ao final da fatia de tempo uma interrupção de *timer* alerta o escalonador que salva o contexto da tarefa em execução, insere ela no final da fila de aptos, e coloca para executar a nova primeira tarefa da fila.

Este método é intrinsecamente preemptivo, pois é da essência do método tirar o recurso processador da tarefa ao final da sua fatia de tempo, mesmo quando ela gostaria de continuar executando. Este algoritmo também impossibilita a postergação indefinida de uma tarefa. Uma vez que a tarefa entrou na fila, ela será executada tão logo as tarefas a sua frente na fila executem até ficarem bloqueadas ou esgotem suas respectivas fatias de tempo.

A figura 9.3 mostra como fica a escala de tempo quando as tarefas são escalonadas de acordo com fatias de tempo. É suposto o mesmo conjunto de tarefas das seções anteriores. Serão usadas fatias de tempo de tamanho 10. Observe que a tarefa τ1 fica bloqueada após 6 unidades de tempo, não precisando usar toda a fatia de tempo de 10 unidades. Já a tarefa τ2 executa por 10 unidades de tempo esgota sua fatia de tempo, e volta para o fim da fila. A tarefa τ3 fica bloqueada sem esgotar sua fatia de tempo. A tarefa τ4 é preemptada após esgotar sua fatia de tempo com duração 10. Neste momento a execução da tarefa τ2 é retomada, pois a mesma é agora a primeira da fila e recebe uma fatia de tempo, a qual coincide com a necessidade da tarefa. Finalmente, a execução da tarefa τ4 é retomada e a mesma fica bloqueada após executar uma unidade de tempo.

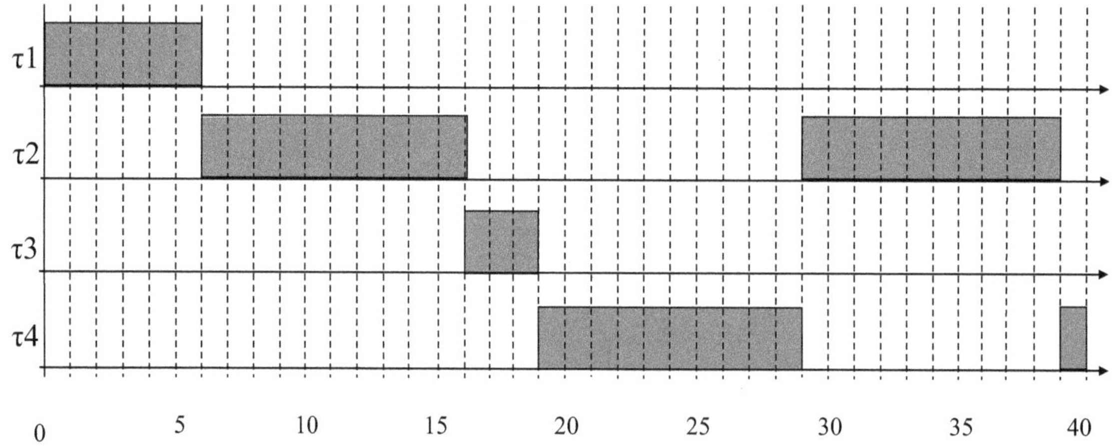

Figura 9.3 – Exemplo de escalonamento usando "fatias de tempo" com duração 10.

Um aspecto crítico deste algoritmo é definir a duração da fatia de tempo. Pensando em extremos, caso a fatia de tempo seja infinita, a tarefa executando jamais irá esgotar sua fatia de tempo, liberando o processador apenas quando ficar bloqueada. Com fatia de tempo infinita o algoritmo comporta-se como o Ordem de Chegada. Por outro lado, caso a fatia de tempo seja o mínimo concebível, ou seja, uma única instrução de máquina, a aparência de paralelismo entre as tarefas será perfeita porém a capacidade de processamento do computador será seriamente reduzida. O tempo de chaveamento de contexto seria, neste caso, muito maior do que a própria fatia de tempo. Em resumo, a escolha do valor para a fatia de tempo é um balanço entre valores pequenos para criar a ilusão de paralelismo entre tarefas, e valores grandes para reduzir o custo de implementação (*overhead*) do algoritmo.

Uma heurística possível é usar como fatia de tempo a mediana das durações de ciclo de processamento. Ciclo de processamento é o tempo de processador necessário para a tarefa entre duas situações de bloqueio. Prever este valor é difícil ou impossível, porém observar o sistema e registrar os valores observados no passado é viável. A partir dos dados coletados, a mediana é escolhida como fatia de tempo. Isto significa que, em geral, metade das vezes a fatia de tempo será estourada, e metade das vezes a tarefa ficará bloqueada antes de gastar toda a fatia de tempo. Isto busca "quebrar" as execuções longas, evitando que uma tarefa monopolize o uso do processador por muito tempo. Ao mesmo tempo, tenta manter o custo de implementação (*overhead*) baixo.

9.5 Prioridades

Uma solução de escalonamento simples é atribuir uma **prioridade** (***priority***) para cada tarefa e executar antes a tarefa apta com prioridade mais alta. Não existe padrão para a representação numérica de prioridades. Em alguns sistemas, números menores representam prioridades mais altas enquanto em outros sistemas números maiores representam prioridades mais altas. Para evitar a confusão, neste livro são empregados os termos genéricos "prioridade mais alta" e "prioridade mais baixa", não importando sua representação numérica. Tipicamente a fila de aptos é mantida ordenada pelas prioridades. Quando uma tarefa fica apta, ela é inserida na fila conforme a sua prioridade. Quando o processador fica disponível, a tarefa com prioridade mais alta aparece como primeira da fila e é colocada para executar.

Como definir a prioridade de cada tarefa é uma questão complexa. Em sistemas operacionais de propósito geral isto pode ser feito pelo usuário, através de comandos próprios da interface do sistema operacional (por exemplo, "nice" no Linux), ou dentro dos programas através de chamadas de sistema próprias (por exemplo, "setpriority()" no Linux). Neste caso o critério é do usuário, quais programas ele quer executar antes.

A definição de prioridades das tarefas pode também ser feita pelo kernel. Por exemplo, processos que usam muito tempo de processador podem ter a prioridade reduzida para não monopolizar o recurso e gerar atrasos para todas as demais tarefas. Tipicamente o kernel monitora o comportamento passado de cada tarefa e ajusta sua prioridade conforme seu comportamento muda.

Diferentemente de Fatias de Tempo e Ordem de Chegada, escalonamento baseado em prioridades pode gerar postergação indefinida. Imagine uma tarefa com prioridade muito baixa, de maneira que sempre existe alguma outra tarefa na fila com prioridade mais alta que ela. Esta tarefa poderá jamais executar, caso sempre entre na fila alguma tarefa mais prioritária antes dela conseguir o processador. Sistemas operacionais de propósito geral tentam minimizar este problema através de um mecanismo chamado de **Envelhecimento** (***aging***). À medida que uma tarefa "envelhece" na fila, sem executar, sua prioridade é lentamente elevada pelo sistema, até o ponto em que sua prioridade torna-se competitiva e ela finalmente é escolhida para executar. Esta elevação de prioridade é lenta e gradual, pois é desejo do sistema que ela execute com baixa prioridade. O mecanismo de envelhecimento não quer mudar isto, apenas quer evitar que ela fique na fila para sempre sem executar. Depois que esta tarefa consegue executar e fica bloqueada, quando ela voltar para a fila de aptos, ela retorna com sua prioridade original muito baixa novamente.

Uma questão importante é o que fazer quando uma tarefa de prioridade mais baixa está executando e uma tarefa de prioridade mais alta torna-se apta. Quando Prioridades Preemptivas são usadas, o contexto da tarefa de baixa prioridade é salvo e a mesma é reinserida na fila de aptos, enquanto a tarefa de alta prioridade recém liberada assume o processador. Esta é a forma natural de implementar prioridades, pois respeita a atribuição de prioridades feita pelo sistema e/ou o usuário.

Também é possível implementar prioridades de forma não preemptiva. Neste caso, quando uma tarefa é colocada para executar, ela permanece até que faça uma chamada de sistema e fique bloqueada. Qualquer tarefa de alta prioridade que seja liberada (torne-se apta) será inserida na fila de aptos, sem preemptar a tarefa de baixa prioridade em execução. Observa-se neste caso uma **inversão de prioridades** (***priority inversion***). A tarefa de alta prioridade na fila de aptos espera pela tarefa de baixa prioridade em execução. Tal situação não é desejada em sistemas operacionais de propósito geral e muito menos em sistemas de tempo real. Entretanto, no caso da programação concorrente discutida no capítulo 11, a ausência de preempção simplifica a sincronização entre as tarefas, sendo ainda empregada em alguns sistemas, pelo menos em alguns momentos.

9.6 Combinação das Formas Básicas

A maioria dos sistemas operacionais de propósito geral emprega uma mistura dos métodos básicos apresentados antes. Tipicamente são usadas prioridades para permitir ao sistema e ao usuário definirem o que deve ser executado antes. Por exemplo, o sistema pode aumentar a prioridade das tarefas que fazem muitas operações de entrada e saída para tornar a interação com o usuário mais rápida. E o usuário pode usar prioridades para definir qual programa ele gostaria que fosse executado antes. Diversas tarefas podem receber a mesma prioridade, então é necessário também um algoritmo para ordenar tarefas que possuem a mesma prioridade. Tais algoritmos são chamados de **Múltiplas Filas** pois se considera que cada nível de prioridade dá origem a uma fila diferente, a qual é organizada conforme algum algoritmo, e cada nível de prioridade pode inclusive usar um algoritmo diferente. No caso de tarefas com mesma prioridade, é tipicamente usada fatia de tempo, embora alguns sistemas pequenos (microkernel) utilizem ordem de chegada para reduzir o custo de implementação.

A figura 9.4 ilustra uma solução de escalonamento interessante para sistemas de propósito geral com muitas tarefas de diferentes características. Ela é baseada em várias filas, as quais são escolhidas conforme prioridade preemptiva. Sempre executam tarefas da fila de mais alta prioridade. Caso ela esteja vazia, executa tarefa da fila de média prioridade. Caso as filas de alta e média prioridade estejam vazias, executa uma tarefa da fila de baixa prioridade. Embora o exemplo empregue apenas três filas, podem ser usadas dezenas delas. Internamente, cada fila é escalonada com fatias de tempo. Porém, quanto mais alta a prioridade da fila, menor sua fatia de tempo. No exemplo são usadas fatias de tempo de 1 ms, 10 ms e 100 ms.

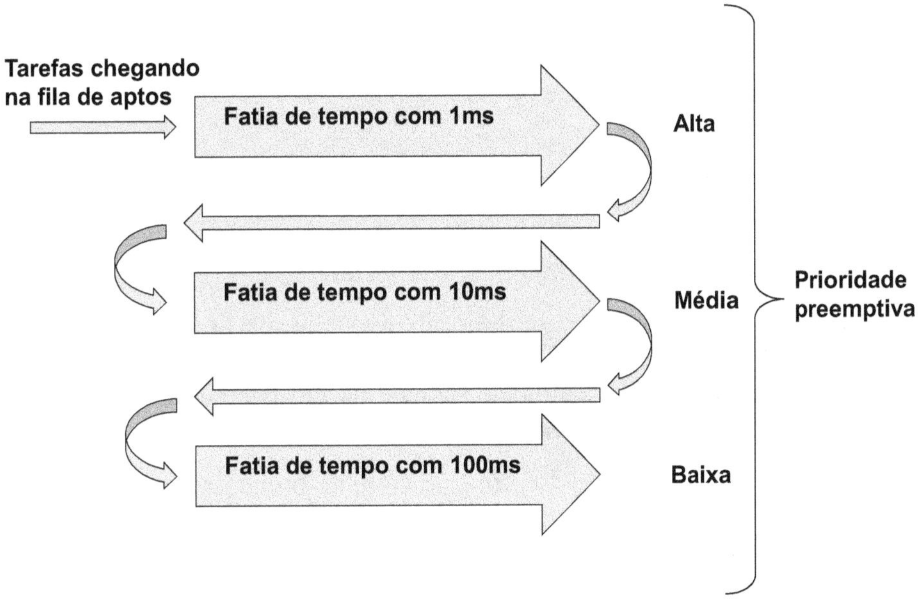

Figura 9.4 – Exemplo de escalonamento com múltiplas filas.

Quando uma tarefa torna-se apta, no sistema ilustrado pela figura 9.4, ela sempre entra na fila de alta prioridade. Caso fique bloqueada antes de 1 ms de execução, sem esgotar a sua fatia de tempo, a mesma sai da fila de aptos, faz sua operação de entrada e saída, e retorna para a fila de alta prioridade quando ficar apta novamente. Uma tarefa com ciclos de processamento pequenos tende a habitar somente a fila de alta prioridade. Porém, quando a tarefa em execução esgota sua fatia de tempo, a mesma passa para o fim da fila de prioridade imediatamente mais baixa. Se a tarefa ficar bloqueada antes de 10 ms, ela faz sua operação de entrada e saída e depois retorna para a fila de alta prioridade. Caso ela esgote a fatia de tempo de 10 ms, ela passa para a fila de baixa prioridade, e permanece lá até concluir seu ciclo de processamento. Este mecanismo faz com que tarefas com processamento menor recebam em geral prioridade mais alta, em uma aproximação do que é feito pelo escalonamento que usa "menor ciclo de processamento antes", descrito na seção 9.3.

A definição do algoritmo de escalonamento entre filas e dentro de cada fila depende fundamentalmente do propósito do computador em questão. O melhor algoritmo de escalonamento para um computador usado como servidor web provavelmente será diferente daquele que é melhor para um desktop usado para jogar videogame. Muitos computadores executam uma mistura de programas com características bem diferentes. Na prática cada sistema operacional de propósito geral emprega uma solução de escalonamento ligeiramente diferente dos demais, além de permitir certo nível de configuração por parte do administrador do sistema.

9.7 Exercícios

1) Alguns algoritmos de escalonamento do processador apresentados são preemptivos, outros são não preemptivos, e outros ainda podem ser implementados de uma ou outra forma. Pode-se afirmar que:

a) Escalonamento baseado em fatia de tempo pode ser implementado de uma ou de outra forma.

b) Algoritmos preemptivos são mais fiéis aos níveis de prioridade, no caso de escalonamento baseado em prioridades.

c) Algoritmos não preemptivos geram maior *overhead*.

d) Algoritmos não preemptivos tornam impossível a postergação indefinida.

2) Para cada um dos itens abaixo, indique se trata-se de um problema para a implementação do *shortest-job first* no escalonamento do processador:

a) É necessário conhecer a duração do próximo ciclo de processamento das threads.

b) É possível a ocorrência de postergação indefinida no caso de uma thread com ciclo de processamento muito longo.

c) É necessário manter a fila ordenada conforme a duração do próximo ciclo de processamento e o número de threads pode chegar à casa de centenas em alguns sistemas.

d) É impossível adaptar este algoritmo para multiprocessadores.

3) Considere um sistema hipotético onde todas as threads apresentam ciclos de processamento com duração exatamente de 10 ms (50% dos ciclos), 30 ms (40% dos ciclos) ou 100 ms (10% dos ciclos). Eles aparecem alternados na fila do processador. O tempo para chaveamento de contexto é de 1 ms. Ignore os demais *overhead* do sistema. O escalonamento será feito com fatias de tempo. Do ponto de vista do escalonamento, está ERRADO afirmar que:

a) Uma fatia de tempo de 1 ms tem a vantagem de fornecer uma boa ilusão de paralelismo na execução das threads.

b) Após certo valor a fatia de tempo transforma o algoritmo de escalonamento em FCFS (FIFO).

c) Uma fatia de tempo de 100 ms vai gerar baixo *overhead* por chaveamento de contexto.

d) Quanto menor a fatia de tempo mais rápida será a execução de todas as threads.

4) Sobre postergação indefinida no escalonamento do processador:

a) Qualquer algoritmo de escalonamento de processador pode gerar postergação indefinida.

b) O mecanismo de envelhecimento não é capaz de ser adaptado para impedir a postergação indefinida em todos os casos estudados.

c) Postergação indefinida pode acontecer como consequência do desejo de favorecer threads com ciclos de processamento curtos.

d) Fatias de tempo muito grandes podem levar à ocorrência de postergação indefinida.

5) O fato de um dado algoritmo de escalonamento ser "não preemptivo" torna impossível a ocorrência de postergação indefinida ?

a) Sim, pois threads não podem mais ser suspensas arbitrariamente.

b) Não, pois ainda é possível deixar uma thread para sempre esperando na fila de aptos.

c) Sim, pois a thread executa sempre até o final do seu ciclo de processamento.

d) Não, pois a preempção é intrínseca a todos os algoritmos de escalonamento.

6) Considere um sistema operacional cujo escalonamento do processador é feito através de prioridades, sendo que a prioridade de uma thread é sempre escolhida aleatoriamente entre 1 e 100, toda vez que esta thread passa do estado de bloqueado para o estado de apto. Ou seja, cada thread recebe uma nova prioridade aleatória entre 1 e 100 sempre que entra na fila de aptos. Existe um número finito de threads e o caso de mesma prioridade é usado FIFO. É correto afirmar que:

a) Não existe a possibilidade de postergação indefinida, embora uma thread possa ficar um longo tempo na fila de aptos.

b) Esta solução será obrigatoriamente preemptiva.

c) Esta solução evita o monopólio do processador por uma única thread.

d) Esta solução apresenta *overhead* de chaveamento de contexto maior do que quando fatias de tempo são usadas.

7) Com respeito aos algoritmos de escalonamento FIFO (ordem de chegada) e FT (fatia de tempo), podemos afirmar que:

a) Ambos podem ser preemptivos.

b) Somente FIFO apresenta a possibilidade de postergação indefinida.

c) FIFO apresenta um nível de *overhead* menor.

d) O tempo médio de espera na fila de aptos é o mesmo.

8) Sobre os algoritmos de escalonamento usados em sistemas de propósito geral, podemos afirmar:

a) FIFO e SJF são intrinsicamente não preemptivos.

b) FIFO e prioridades permitem postergação indefinida.

c) Prioridades e fatias de tempo são obrigatoriamente preemptivos.

d) SJF e fatias de tempo podem ser não preemptivos.

9) Considerando os algoritmos de escalonamento usados em sistemas de propósito geral, assinale a alternativa INCORRETA:

a) O algoritmo FIFO para de executar tarefas bloqueadas.

b) O algoritmo de fatias de tempo se aproxima do algoritmo FIFO ao utilizar grandes fatias de tempo.

c) Todos os algoritmos impedem postergação indefinida.

d) O algoritmo SJF tem como vantagem diminuir o tempo médio de espera das tarefas.

10) Um dado sistema operacional emprega filas multinível como algoritmo de escalonamento, onde cada fila utiliza fatia de tempo e entre filas é utilizada prioridade preemptiva. Threads nunca mudam de fila. Pode-se afirmar que:

a) É possível postergação indefinida.

b) Threads podem ser preemptadas apenas por threads da mesma fila.

c) É obrigatório usar fatias de tempo com a mesma duração em todas as filas.

d) Não existe propósito em separar as threads em várias filas neste caso.

11) Um dado sistema operacional emprega filas multinível como algoritmo de escalonamento, onde cada fila utiliza fatia de tempo e entre filas é utilizada prioridade preemptiva. Threads nunca mudam de fila. Discuta os seguintes aspectos: Postergação indefinida e *overhead.*

12) Compare os algoritmos de escalonamento FIFO (ordem de chegada) e FT (fatia de tempo) com respeito aos seguintes aspectos: Preemptividade, postergação indefinida, tempo médio de espera na fila, *overhead.*

13) O fato de um dado algoritmo de escalonamento ser “não preemptivo” torna impossível a ocorrência de postergação indefinida ? Mostre através de um exemplo.

14) Em um sistema cujo escalonamento do processador é feito através de fatias de tempo, considerando a fila do processador mostrada abaixo, e uma fatia de tempo igual a 6, calcule o instante no qual cada thread conclui o seu ciclo de processamento. Construa o diagrama de tempo mostrando a escala de execução.

Thread	Duração do próximo ciclo de processamento
A	4
B	15
C	8
D	3
E	17
F	4

15) Em um sistema cujo escalonamento do processador é feito através de fatias de tempo, considerando a fila do processador mostrada abaixo, considere o valor 10 para a fatia de tempo. Construa o diagrama de tempo até a conclusão do ciclo de processamento das threads listadas.

Thread/Duração do próximo ciclo de processamento
A/4 B/15 C/8 D/3 E/17 F/4

16) O gerenciamento de processadores em sistemas modernos é feito, quase sempre, com o uso de preempção de threads através de técnicas de compartilhamento de tempo. O que a introdução de processadores com vários núcleos (*cores*) altera nesse gerenciamento?

a) Torna possível a paralelização efetiva de threads concorrentes.

b) Torna possível o uso do algoritmo de escalonamento *shortest job first* (SJF).

c) Torna possível o uso de várias threads em um mesmo processo, o que não era possível antes.

d) Torna possível separar os demais mecanismos de gerenciamento do sistema operacional do gerenciamento do processador.

e) Torna possível o uso de sistemas operacionais multitarefas.

17) Em um sistema cujo escalonamento do processador é feito através de fatias de tempo, considerando a fila do processador mostrada abaixo, e uma fatia de tempo igual a 7, calcule o instante no qual cada tarefa conclui seu ciclo de processamento.

Tarefa	Duração do próximo ciclo de processamento
A	4
B	13
C	6
D	3
E	16
F	4

a) A=4, B=37, C=17, D=20, E=46, F=31

b) A=4, B=17, C=23, D=26, E=42, F=46

c) A=4, B=20, C=27, D=31, E=51, F=60

d) A=7, B=21, C=28, D=35, E=56, F=63

10. Escalonamento em Sistemas de Tempo Real

Como escalonar as tarefas em um sistema de tempo real ?

Normalmente existe um número de tarefas aptas a executar que é maior do que o número de processadores. O algoritmo de escalonamento usado é responsável por escolher qual tarefa executar a seguir (ou quais no caso de *multicore*).

Soluções de escalonamento para sistemas de propósito geral foram tratadas no capítulo 9. Mas no caso dos sistemas de tempo real, a forma mais utilizada é a baseada em prioridades preemptivas. Neste caso ainda resta um problema importante: definir quais critérios utilizar para atribuir a prioridade de cada tarefa.

Este capítulo discute os principais algoritmos de escalonamento encontrados na prática, com principal atenção às prioridades preemptivas, dada sua importância para sistemas de tempo real. A questão da inversão de prioridades é apresentada, quando o sistema não consegue executar as tarefas na ordem exata de suas prioridades. Também são apresentadas as características das principais políticas de atribuição de prioridades, incluindo aqui o conceito de utilização, o qual é fundamental na teoria de escalonamento tempo real.

10.1 Introdução

Embora os objetivos do escalonamento em sistemas de propósito geral sejam também válidos para sistemas de tempo real, nestes últimos a ênfase do escalonamento está em propiciar condições para o atendimento dos requisitos temporais. Em especial, dos deadlines das tarefas.

Considerando as possíveis formas usadas para implementar tarefas em sistemas de tempo real, as quais foram apresentadas no capítulo 7 e no capítulo 8, a solução de escalonamento vai aparecer de diferentes maneiras.

No caso de um executivo cíclico, a ordem de execução das tarefas é expressa no próprio código do executivo. Trata-se neste caso de uma solução não preemptiva, pois as tarefas, na forma de funções, executam sem serem interrompidas para a execução de outras tarefas.

No caso de laço principal com tratadores de interrupção, naturalmente todos os tratadores de interrupção possuem prioridade mais alta que o laço principal, e preemptam sua execução. Entre as interrupções, tipicamente o hardware define uma ordem de prioridade. Caso duas interrupções ocorram simultaneamente, esta ordem define qual é atendida primeiro. Em muitos processadores esta ordem pode ser definida pelo software durante a inicialização do sistema. Caso uma interrupção de mais alta prioridade ocorra durante a execução do tratador de uma interrupção de mais baixa prioridade, o comportamento varia. Em alguns sistemas todos os tratadores de interrupção executam com interrupções desabilitadas, e nunca são eles próprios interrompidos. Em outros sistemas é permitido que uma interrupção de mais alta prioridade interrompa o tratador em execução. Temos, portanto que tratadores de interrupção podem ou não ser preemptados, conforme o design do sistema em questão.

Este capítulo refere-se principalmente ao escalonamento das tarefas quando um microkernel ou kernel é usado como suporte de execução. Neste caso as tarefas de tempo real são implementadas como threads, fazendo parte de processos pesados no caso de um kernel. Em sistemas de tempo real o algoritmo de escalonamento preferido são prioridades preemptivas. O uso de prioridades permite ao desenvolvedor gerenciar o uso do processador de maneira a favorecer o cumprimento dos deadlines das tarefas.

Embora prioridades não preemptivas possam em princípio ser usadas, o fato de uma tarefa de baixa prioridade poder ocupar o processador por um longo período dificulta o atendimento dos deadlines das demais tarefas. O uso de preempção torna o escalonamento mais ágil, embora também aumente o *overhead,* pois o número de chaveamento de contextos será maior.

Uma vez definido que prioridades preemptivas serão usadas, resta ainda à questão de como atribuir prioridades às tarefas. A política de atribuição de prioridades em um sistema é muito importante, e existem várias alternativas, as quais serão descritas nas próximas seções deste capítulo. A seção 10.2 trata das políticas de atribuição de prioridades fixas, enquanto a seção 10.3 descreve as políticas de atribuição de prioridades variáveis.

10.2 Atribuição de Prioridades Fixas

Como descrito no capítulo 2 sobre conceitos de escalonamento, em sistemas de tempo real as tarefas são recorrentes, ou seja, são executadas de tempos em tempos. Tarefas periódicas chegam para execução no início de cada período. Uma tarefa esporádica pode chegar a qualquer momento porém, uma vez que chegou, existe um intervalo mínimo de tempo até sua próxima chegada. Tarefas aperiódicas podem chegar a qualquer momento, sem restrições.

Seja qual for o padrão de chegadas, cada chegada representa uma nova ativação da tarefa (um novo *job*). Uma tarefa possui prioridade fixa quando todas as suas **ativações** (***jobs***) possuem a mesma prioridade. Como a prioridade não muda em tempo de execução, a mesma pode ser definida em tempo de projeto. Existem diversos algoritmos que podem ser usados para atribuir prioridades fixas. Nesta seção vamos considerar os três mais utilizados: taxa monotônica, deadline monotônico e importância.

10.2.1 Taxa Monotônica

Quando o algoritmo **Taxa Monotônica** (**RM** - ***Rate Monotonic***) é utilizado, a prioridade mais alta é atribuída para a tarefa com o menor período, a segunda prioridade mais alta para a tarefa com o segundo menor período, e assim por diante. O mesmo pode ser aplicado a tarefas periódicas, quando o período é considerado. Também pode ser aplicado a tarefas esporádicas. Neste caso, o intervalo mínimo entre chegadas é utilizado no lugar do período. Como tanto o período como o intervalo mínimo entre chegadas de uma tarefa são fixos, a prioridade também é fixa.

Por exemplo, considere um sistema composto por três tarefas periódicas τ1, τ2 e τ3, respectivamente com períodos $P_1=4$, $P_2=5$ e $P_3=20$ e tempos de execução $C_1=1$, $C_2=2$ e $C_3=4$. Neste caso, τ1 receberá a prioridade mais alta e τ3 a prioridade mais baixa. A figura 10.1 mostra como fica o escalonamento deste sistema com esta atribuição de prioridades preemptivas. A escala de execução (*schedule*) é mostrada para as primeiras 20 unidades de tempo.

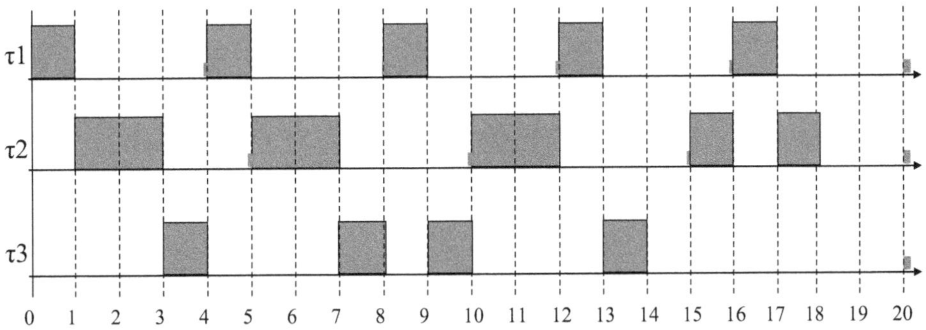

Figura 10.1 - Exemplo de sistema escalonado com Taxa Monotônica.

10.2.2 Deadline Monotônico

Quando o algoritmo **Deadline Monotônico** (**DM** - ***Deadline Monotonic***) é utilizado, a prioridade mais alta é atribuída para a tarefa com o menor deadline relativo, a segunda prioridade mais alta para a tarefa com o segundo menor deadline relativo, e assim por diante. Como o deadline relativo de uma tarefa é tipicamente fixo, a prioridade também é fixa. Observe que é muito comum termos o deadline relativo igual ao período em aplicações reais. Neste caso, as prioridades atribuídas por DM e RM serão as mesmas.

Retomando o exemplo apresentado na seção anterior, considere agora também os deadlines relativos das tarefas: períodos $P_1=4$, $P_2=5$ e $P_3=20$, tempos de execução $C_1=1$, $C_2=2$ e $C_3=4$, e deadlines relativos $D_1=4$, $D_2=3$ e $D_3=20$. Com deadline monotônico a tarefa τ2 receberá a prioridade mais alta, pois seu deadline relativo é o menor. A segunda prioridade mais alta será de τ1 e a prioridade mais baixa será de τ3. A figura 10.2 mostra como fica agora o escalonamento deste sistema com prioridades preemptivas. A escala de execução é novamente mostrada para as primeiras 20 unidades de tempo.

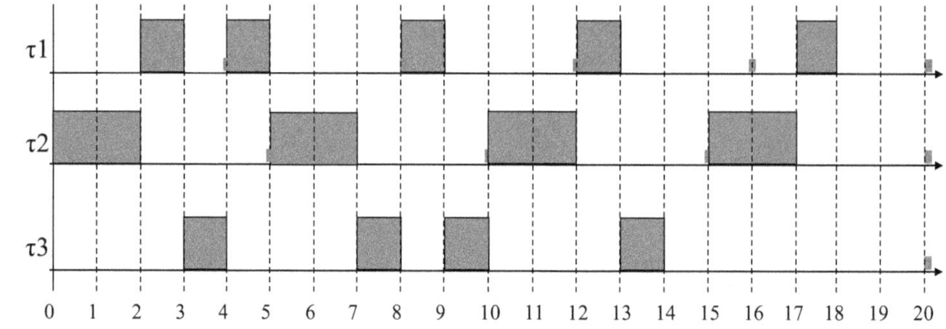

Figura 10.2 - Exemplo de sistema escalonado com Deadline Monotônica.

10.2.3 Importância

Prioridades fixas podem ser atribuídas com base em qualquer critério, desde que sejam fixas, ou seja, a mesma prioridade é usada para todas as ativações de uma mesma tarefa. Entretanto, como será discutido mais adiante neste capítulo, alguns critérios são melhores que outros.

Uma política de atribuição de prioridades também usada na prática é a importância das tarefas. Neste caso, recebe prioridade mais alta a tarefa mais importante da aplicação, e assim sucessivamente. A ordem de importância é definida de maneira arbitrária pelo desenvolvedor da aplicação. A motivação neste caso é dar prioridade para as tarefas que são mais valiosas para a aplicação. Em outras palavras, dar prioridade mais alta para as tarefas cuja perda de deadline resultaria no maior prejuízo para o sistema.

Via de regra as chances de conseguir cumprir todos os deadlines é maximizada com a aplicação de Taxa Monotônica ou Deadline Monotônico. Entretanto, quando uma aplicação possui uma tarefa muito importante, cujo deadline deve ser cumprido em detrimento de qualquer outro, pode ser dada a ela a prioridade mais alta do sistema.

10.3 Atribuição de Prioridades Variáveis

Quando políticas de atribuição de prioridades variáveis são usadas, cada ativação de uma mesma tarefa pode receber prioridade diferente. A prioridade é dita variável, pois a mesma tarefa poderá ter diferentes prioridades ao longo de sua existência. Como as prioridades são definidas ao longo da existência da tarefa, informações disponíveis somente durante a execução podem ser usadas para alterar as prioridades, algo que não é possível com prioridades fixas. Embora a prioridade de uma única ativação (*job*) possa também variar durante sua execução, tipicamente cada ativação tem uma prioridade fixa, visando à redução dos *overheads*.

Um exemplo simples de prioridades variáveis é o algoritmo baseado na Ordem de Chegada (FCFS), descrito na seção 9.2. Suponha que o sistema tenha duas tarefas τ1 e τ2 e o escalonamento é feito conforme a ordem de chegada na fila de aptos. Em alguns momentos, τ1 estará na fila quando τ2 chega, e neste caso a prioridade de τ1 é mais alta que a de τ2, pois ela chegou antes. Em outros momentos, τ2 estará na fila quando τ1 chega, e agora a prioridade de τ1 é mais baixa que de τ2, pois ela terá que esperar τ2 ficar bloqueada para então executar. Desta forma, as prioridades entre as tarefas variam.

Na prática o algoritmo FCFS é pouco usado em sistemas de tempo real, pois uma tarefa muito demorada poderá fazer outras tarefas na fila perderem o seu deadline. As políticas de atribuição de prioridades variáveis mais importantes para sistemas de tempo real são baseadas no deadline absoluto (seção 10.3.1) e na folga restante (seção 10.3.2).

10.3.1 Menor Deadline Absoluto Antes

O algoritmo mais usado para atribuir prioridades variáveis em sistemas de tempo real busca executar antes a ativação de tarefa com o **menor deadline absoluto** no momento (**EDF** – ***Earliest Deadline First***). Tipicamente as tarefas possuem deadline relativo constante, o qual gera deadlines absolutos variáveis. Por exemplo, um deadline relativo de 1s significa que sempre que a tarefa chegar ela precisará ser concluída em no máximo 1s. Se a tarefa for ativada (chegar) às 15:20:00 (15h20min) de hoje então ela precisará estar concluída às 15:20:01 de hoje, este é o seu deadline absoluto. Considerando duas tarefas quaisquer τ1 e τ2, a dinâmica de chegadas do sistema fará com que às vezes o deadline absoluto de τ1 seja menor e ela seja mais prioritária, e às vezes será o contrário. Logo, a ordem de prioridades varia. Como será visto na seção 10.4, EDF é um excelente algoritmo para monoprocessadores em termos de utilização do processador.

Considere novamente o sistema composto por três tarefas periódicas, com as seguintes características: períodos $P_1=4$, $P_2=5$ e $P_3=20$, tempos de execução $C_1=1$, $C_2=2$ e $C_3=4$, deadlines relativos $D_1=4$, $D_2=5$ e $D_3=20$, os quais são iguais aos períodos. A figura 10.3 mostra como fica o escalonamento deste sistema quando prioridades preemptivas e EDF são usados. A escala de execução é mostrada para as primeiras 20 unidades de tempo. Quando duas ativações de tarefas apresentam o mesmo deadline absoluto, a escolha pode ser qualquer, sem violar a política EDF.

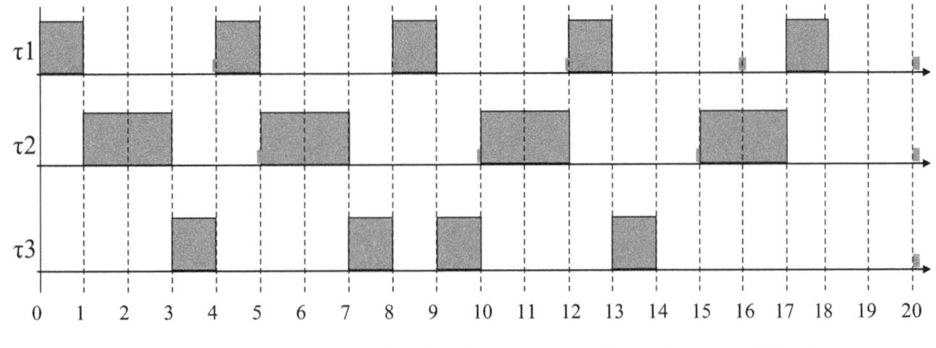

Figura 10.3 - Exemplo de sistema escalonado com EDF.

10.3.2 Menor Folga Antes

A cada instante, a **folga** (***laxity*** ou ***slack***) de uma tarefa é dada pelo tempo que resta até o seu deadline absoluto menos o tempo de processador que ela ainda precisa no pior caso. A folga é o tempo que a tarefa pode ficar sem executar e ainda conseguir cumprir o seu deadline. Quando a política de **Menor Folga Antes (LSF – *Least Slack First*** ou **LLF – *Least Laxity First)*** é empregada, a prioridade mais alta é atribuída à tarefa com a menor folga no momento.

Assim como EDF, o LSF apresenta excelente comportamento com respeito à utilização do processador. Entretanto, LSF apresenta um número de chaveamentos de contexto maior do que EDF. Isto acontece por que quando uma tarefa não executa, sua folga diminui. Depois de não executar por algum tempo sua folga torna-se a menor (prioridade mais alta) e ela recebe o processador. Enquanto a tarefa executa sua folga fica constante, é a folga das outras tarefas que não estão executando que diminui agora. E, em seguida, um novo chaveamento de contexto acontece, pois a folga de uma tarefa apta ficou menor do que a folga da tarefa executando. Na prática LSF é raramente usado, pois EDF fornece resultados semelhantes com menor número de chaveamentos de contexto (menor *overhead*).

A figura 10.4 mostra como ficam os escalonamentos quando EDF e quando LSF são usados em um sistema com duas tarefas τ1 e τ2 com as seguintes características: períodos iguais aos deadlines relativos $P_1=D_1=4$ e $P_2=D_2=7$ e tempos de execução $C_1=1$ e $C_2=5$.

No instante zero EDF seleciona τ1, pois seu deadline absoluto está mais próximo. Porém LSF seleciona τ2, pois sua folga é 7-5=2, enquanto a folga de τ1 é 4-1=3. No instante 2 a folga de τ1 cai para 2-1=1, enquanto a folga de τ2 permanece 5-3=2, o que faz o LSF chavear para a tarefa τ1. Os dois algoritmos conseguem escalonar este sistema, mas LSF gera um número maior de chaveamentos de contexto entre τ1 e τ2.

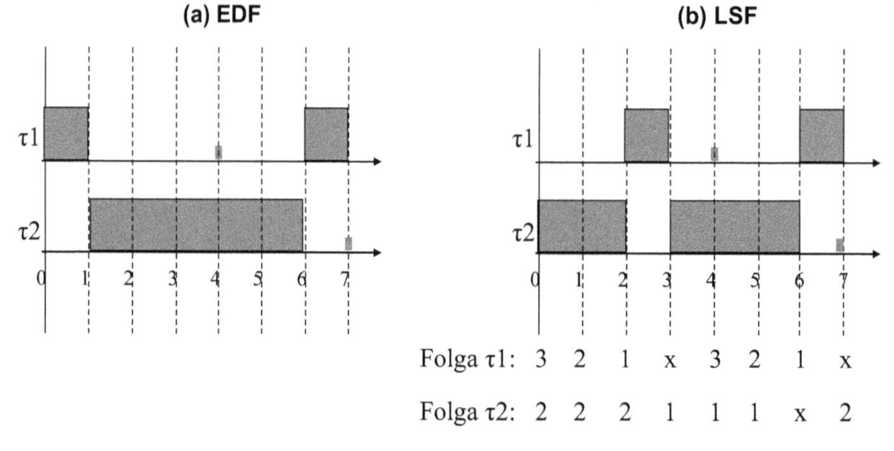

Figura 10.4 – Diferença entre escalonamento com EDF e com LSF.

10.4 Conceito de Utilização e Teoremas Fundamentais

Existe uma vasta gama de trabalhos teóricos sobre escalonamento de tempo real. O artigo normalmente citado como primeiro trabalho na área foi publicado em 1973 por Chang Liu e James Layland [LIU1973]. Naquele artigo são apresentados testes de escalonabilidade para sistemas que empregam EDF e Taxa Monotônica, testes estes baseados no conceito de utilização.

A **utilização** (***utilization***) de uma tarefa periódica é definida como seu tempo de execução no pior caso dividido pelo seu período. Por exemplo, se a tarefa $\tau 1$ tem $C_1=12$ e $P_1=50$, então sua utilização será $U_1 = 12 / 50 = 0{,}24$. Intuitivamente, a utilização de uma tarefa nos diz qual o percentual do tempo do processador que esta tarefa necessita no pior caso, a longo prazo. O conceito de utilização pode ser expandido para tarefas esporádicas utilizando o intervalo mínimo de tempo entre chegadas da tarefa esporádica no lugar do período. A utilização total de um sistema U é dada pelo somatório das utilizações de todas as suas tarefas.

Existem na literatura de tempo real muitos testes de escalonabilidade baseados em utilização. Um **teste de escalonabilidade** (***schedulability test***) é capaz de dizer se é garantido que todas as tarefas de um dado sistema sempre cumprirão seus deadlines.

Os testes de escalonabilidade são classificados em três tipos. **Testes suficientes mas não necessários** são muito rigorosos. Se o sistema é aprovado pelo teste, é garantido que todos os deadlines serão cumpridos. Se o sistema é reprovado pelo teste, nada pode ser dito, pois o teste é muito rigoroso e não é sabido se o sistema é ou não escalonável.

Testes necessários mas não suficientes são muito tolerantes. Se o sistema é reprovado pelo teste, então é garantido que, no pior caso, um ou mais deadlines serão perdidos. Entretanto, se o sistema é aprovado pelo teste, nada pode ser dito, pois o teste é muito tolerante e não é sabido se o sistema é ou não escalonável. Por exemplo, obviamente não é possível utilizar um processador mais do que 100% do seu tempo. Desta forma, uma utilização total do sistema menor ou igual a 100% é em geral um teste de escalonabilidade necessário mas não suficiente para qualquer atribuição de prioridades. Se a utilização for maior que 100% certamente algum deadline será perdido, mas uma utilização menor que 100% não garante automaticamente que todos os deadlines serão cumpridos, isto precisa ser provado.

Um **teste de escalonabilidade exato** é tal que, se o sistema é aprovado pelo teste, é garantido que todos os deadlines serão cumpridos. Se o sistema é reprovado pelo teste, então é garantido que, no pior caso, um ou mais deadlines serão perdidos. Obviamente testes exatos são os melhores. Porém, testes exatos são mais custosos computacionalmente para executar, e também mais difícil de desenvolver do que testes apenas suficientes ou apenas necessários.

Testes de escalonabilidade baseados em utilização definem um **limiar máximo de utilização** (***utilization threshold***) para o sistema como um todo. Se a utilização do sistema ficar abaixo ou igual a este limiar, é matematicamente garantido que todos os deadlines serão sempre cumpridos.

A garantia matemática da escalonabilidade é obtida a partir de algumas premissas. Dado um modelo de tarefas que especifica como as tarefas são, dada uma política de atribuição de prioridades, o limiar deve ser demonstrado como um teorema. Se a utilização total do processador ficar abaixo do limiar, então jamais um deadline será perdido.

Testes de escalonabilidade baseados em utilização normalmente assumem modelos de tarefas simplificados, o que limita sua aplicação em casos práticos. A maioria deles é do tipo suficiente mas não necessário, dada a complexidade matemática de provar como teorema um limiar de utilização exato. Entretanto, eles são rápidos, pois na maioria das vezes basta fazer o somatório das utilizações das tarefas e comparar com um valor de limiar simples de ser calculado, uma vez que o teorema que o define foi demonstrado.

A demonstração matemática dos testes de escalonabilidade emprega, na maioria das vezes, o conceito de instante crítico. Dado um conjunto de N tarefas, o **instante crítico** (***critical instant***) para a tarefa τk, 1≤ k ≤N, é o instante no tempo quando acontece a chegada de τk juntamente com o pior padrão possível de chegadas de todas as tarefas do conjunto, pior no sentido de maximizar o tempo de resposta de τk. Para modelos de tarefas simples, o instante crítico acontece quando todas as tarefas chegam ao mesmo tempo, gerando a maior demanda de processador possível em um mesmo instante. É o caso, por exemplo, de modelos onde todas as tarefas são periódicas, independentes entre si, e com deadline relativo igual ao período. Por outro lado, a identificação de qual é o instante crítico não é tão fácil em sistemas de tarefas mais complexos.

10.4.1 Limiar de Utilização para EDF

Existe na literatura sobre sistemas de tempo real um grande número de teoremas sobre limiar de utilização quando EDF é empregado. Ocorre que todo limiar é provado para um conjunto específico de premissas. Ao mudar qualquer precisa, um novo limiar precisa ser provado, e isto leva a uma grande quantidade de teoremas.

Em [LIU1973] os autores assumiram como premissa um sistema com N tarefas, todas periódicas e independentes. Independente neste contexto significa que não existem restrições de sincronização entre elas, tais como a disputa por recursos compartilhados outros além do processador. É suposto escalonamento preemptivo com prioridades atribuídas de acordo com EDF. Naquele artigo é demonstrado que, se todas as tarefas tiverem deadline relativo igual ao período ($D_k=P_k$ para toda tarefa τk), o sistema será escalonável se a utilização não for maior que 100% ($U \leq 1$). Este é um teste exato pois, caso $U > 1$, será possível a perda de deadlines. A equação 10.1 mostra o teste em questão.

$$\sum_{i=1}^{N} \left(\frac{C_i}{P_i}\right) \leq 1$$

Equação 10.1

Este resultado é excelente, pois significa que é possível ocupar 100% do tempo do processador e ainda assim ter garantido que jamais um deadline será perdido. Isto significa que, para este modelo de tarefas, EDF é um algoritmo ótimo, no sentido de que é impossível obter um algoritmo melhor que ele. Entretanto, o limiar somente é válido enquanto as premissas assumidas forem verdadeiras.

Considere por exemplo um sistema formado por três tarefas, onde a utilização total é 1:

τ1: $P_1=8$	$C_1=3$	$U_1=0{,}375$
τ2: $P_2=20$	$C_2=4$	$U_2=0{,}200$
τ3: $P_3=40$	$C_3=17$	$U_3=0{,}425$

A figura 10.5 mostra como fica a escala de execução para as primeiras 40 unidades de tempo, a partir do instante crítico (t=0), ou seja, quando todas as tarefas chegam juntas. No caso de duas tarefas possuírem o mesmo deadline, a escolha da ordem de execução entre elas é arbitrária. Observe que, em t=32, a tarefa τ3 está executando e chega novamente a tarefa τ1, ambas com deadline absoluto 40. Neste exemplo acontece de τ3 continuar sua execução.

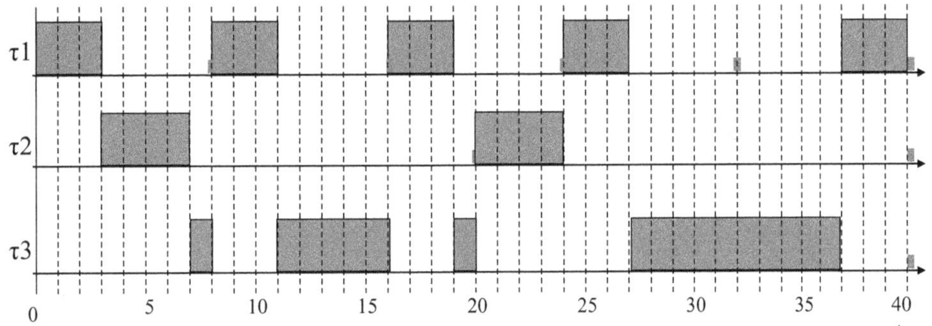

Figura 10.5 – Escala de tempo para EDF, exemplo com utilização 100%.

No caso de tarefas com deadline relativo menor ou igual ao período ($D_i \leq P_i$) para toda tarefa τi, é possível calcular o somatório para todas as tarefas de C_i/D_i, e o sistema será escalonável se o valor obtido for menor ou igual a 1, como mostra a equação 10.2. Entretanto, este teste de escalonabilidade é suficiente mas não necessário.

$$\sum_{i=1}^{N} \left(\frac{C_i}{D_i}\right) \leq 1$$

Equação 10.2

Existe uma grande variedade de testes de escalonabilidade para EDF. Em geral, quanto mais flexível for o modelo de tarefas, mas complexo será o teste. A maioria dos testes são suficientes mas não necessários, por serem testes rigorosos além do necessário. Em geral, quanto mais rigoroso (pessimista) for o teste, menos esforço computacional é requerido para executá-lo.

10.4.2 Limiar de Utilização para Taxa Monotônica

Em [LIU1973] os autores também consideraram um limiar de execução para quando prioridades fixas atribuídas pelo algoritmo Taxa Monotônica são usadas. No modelo de tarefas considerado todas as N tarefas são periódicas e independentes. E todas possuem um deadline relativo igual ao período. Neste caso, é demonstrado que nenhum deadline jamais será perdido se a utilização do sistema U for menor ou igual ao limiar dado pela equação 10.3.

$$\sum_{i=1}^{N} \left(\frac{C_i}{P_i}\right) \leq \mathrm{N}(2^{\frac{1}{N}} - 1)$$

Equação 10.3

É possível demonstrar matematicamente que Taxa Monotônica é ótimo para este modelo de tarefas entre as prioridades fixas. Ou seja, não existe uma atribuição de prioridades fixas capaz de escalonar um sistema (com este modelo de tarefas) que Taxa Monotônica não escalone.

O limiar empregado na equação 10.3 considera apenas o número N de tarefas. Para N=1 o limiar é 1, ou seja, utilização de 100% do tempo do processador. Quando N tende ao infinito, o limiar tende para o valor aproximado de 0,693. Em outras palavras, se o processador não estiver utilizando mais do que 69,3% do tempo, não importa o número de tarefas nem seus períodos nem seus tempos de execução no pior caso, todos os deadlines serão sempre cumpridos (respeitadas as premissas do modelo). Abaixo estão os limiares de utilização calculados de acordo com a equação 10.3 para alguns números de tarefas:

N	Limiar de utilização do Taxa Monotônica [LIU1973]
1	100.0%
2	82.8%
3	78.0%
4	75.7%
5	74.3%
10	71.8%

O teste é suficiente mas não necessário pois considera o pior padrão possível de relações entre os períodos das tarefas, que é supor que todos são primos entre si. As relações entre os períodos das tarefas é muito importante para o limiar do algoritmo Taxa Monotônica. Por exemplo, se os períodos das tarefas forem múltiplos entre si, o limiar de utilização passa a ser de 100%.

Considere por exemplo um sistema com três tarefas:

$\tau 1$:	P1=8	C1=2
$\tau 2$:	P2=20	C2=2
$\tau 3$:	P3=40	C3=17

Temos as utilizações U_1=0,25, U_2=0,1 e U_3=0,425, para uma utilização total de U=0,775. O limiar para N=3 dado pela equação 10.3 é 0,78. Desta forma, podemos afirmar que este sistema jamais perderá um deadline.

Considere agora um novo exemplo, outro sistema com três tarefas:
τ1: P1=10 C1=3
τ2: P2=20 C2=4
τ3: P3=40 C3=20

Temos agora as utilizações U_1=0,3, U_2=0,2 e U_3=0,5, para uma utilização total de U=1. Como visto, o limiar para N=3 é 0,78. Desta forma, segundo este teste de escalonabilidade, não podemos garantir que todos os deadlines serão sempre cumpridos. Porém, este teste é suficiente mas não necessário. Reprovar no teste não significa que necessariamente algum deadline será algum dia perdido. A figura 10.6 mostra como fica a escala de execução para as primeiras 40 unidades de tempo, a partir do instante crítico, ou seja, quando todas as tarefas chegam juntas. Observe que nenhuma tarefa perde o deadline. Isto ocorre porque, neste exemplo, todos os períodos são múltiplos entre si, e o verdadeiro limiar máximo de utilização é 100%.

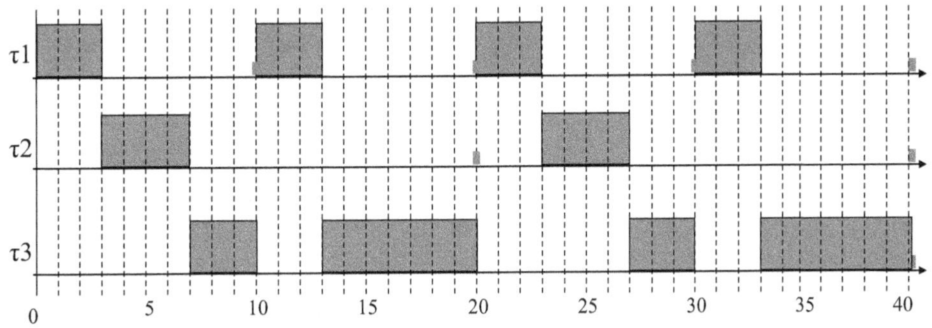

Figura 10.6 – Escala de tempo para Taxa Monotônica, exemplo com utilização 100%.

10.4.3 Deadline Monotônico versus Taxa Monotônica

No que se refere a prioridades fixas, os algoritmos Taxa Monotônica e Deadline Monotônico são os mais usados. Em sistemas onde o deadline relativo é igual ao período, eles fazem a mesma atribuição de prioridades. Por exemplo, os limiares de utilização apresentados na seção anterior são também válidos para Deadline Monotônico, dado que no modelo de tarefas usado temos D_k=P_k para toda tarefa τk.

No entanto, quando o deadline relativo é menor do que o período, Deadline Monotônico é mais eficaz. Em [LEU1982] os autores mostram que Deadline Monotônico (DM) é ótimo entre os algoritmos de prioridade fixa, para modelos de tarefas periódicas e independentes, com D_k=P_k para toda tarefa τk. Isto significa que qualquer conjunto de tarefas escalonável com algum algoritmo de prioridades fixas também será escalonável com DM. Pode-se provar que DM é ótimo através da transformação das prioridades de um sistema escalonável qualquer, sem perder a escalonabilidade, até que a ordenação seja aquela do DM. A demonstração pode ser encontrada em [LEU1982].

10.5 Questões Práticas da Atribuição de Prioridades

Nesta seção serão apresentados alguns aspectos práticos relacionados com o escalonamento baseado em prioridades preemptivas e as políticas de atribuição de prioridades. Em particular, são feitas algumas comparações entre prioridades fixas (DM) e prioridades variáveis (EDF). Embora EDF apresente uma escalonabilidade superior ao DM em modelos de tarefas simples, prioridade fixa é mais usado na prática. Isto decorre do comportamento menos previsível de EDF em situações de sobrecarga, e também da maior facilidade para implementar prioridades fixas em sistemas operacionais.

Na verdade, em implementações reais, não é possível respeitar a ordem das prioridades o tempo todo. Existem vários momentos quando uma tarefa de alta prioridade acaba tendo que esperar pela execução de uma tarefa de baixa prioridade. Este tipo de situação é chamada de **inversão de prioridades** (***priority inversion***). Inversões de prioridades acontecem quando, por exemplo, as interrupções são desabilitadas e a interrupção que tornaria apta a tarefa de mais alta prioridade do sistema tem o seu atendimento atrasado. Também na implementação de um kernel ou microkernel é necessário desligar as preempções durante certos trechos críticos do código. Por exemplo, quando a própria fila de aptos está sendo manipulada. Finalmente, o próprio código da aplicação pode gerar inversões de prioridades, ao incluir trechos de código onde a exclusão mútua entre tarefas é necessária e, por isto, estes trechos são protegidos por mecanismos de sincronização para evitar preempções. Mecanismos de sincronização entre tarefas serão tratados no capítulo 11, no capítulo 12 e no capítulo 13. Os modelos de tarefas apresentados neste capítulo supuseram tarefas independentes, ou seja, ausência de inversão de prioridades. No capítulo 15, sobre tempos de resposta no pior caso, serão utilizados modelos de tarefas mais realistas, os quais incluirão inversões de prioridades.

10.5.1 Escalonabilidade superior do EDF em Modelos Simples

Na seção 10.4.1 foi mostrado que o emprego de EDF permite ocupar o processador 100% do tempo sem jamais perder um deadline. Isto em um sistema simples onde as tarefas são periódicas, independentes e possuem deadline relativo igual ao período.

Já a seção 10.4.2 mostrou que, ao usar deadline monotônico (ou taxa monotônica pois neste modelo de tarefas eles são idênticos), o limiar de utilização do processador vai depender do número de tarefas e das relações entre seus períodos. Pode até chegar em 100% do tempo do processador, mas isto em condições especiais. Em geral, será menor que 100%.

Esta constatação tem uma implicação importante: EDF apresenta uma escalonabilidade superior ao Deadline Monotônico (DM). Em outras palavras, assumido um modelo de tarefas simples (tarefas periódicas, independentes, D=P), qualquer sistema escalonável com prioridade fixa também será escalonável com EDF, mas o contrário não é verdadeiro.

A figura 10.7 mostra as escalas de uso do processador para um sistema composto por apenas duas tarefas: τ1 (C_1=10, P_1=D_1=20) e τ2 (C_2=25, P_2=D_2=50). A escala inicia no instante crítico (t=0), quando as duas tarefas chegam juntas. A figura 10.7a mostra o que acontece quando EDF é utilizado. Inicialmente executa τ1, a qual libera o processador em t=10 para τ2 executar. Em t=20 a tarefa τ1 chega novamente e, como seu deadline absoluto é 40, ela tem prioridade mais alta e executa até t=30, quando novamente libera o processador para τ2. Em t=40 a tarefa τ1 chega novamente. Porém agora seu deadline absoluto é 60, enquanto que τ2 tem um deadline absoluto de 50 e ainda não concluiu sua execução de C_2=25. Desta forma, τ2 tem a prioridade mais alta e executa até t=45, quando conclui sua primeira ativação.

A figura 10.7b mostra o que acontece quando DM é utilizado. Neste caso, a tarefa τ1 sempre terá a prioridade (fixa) mais alta. Inicialmente executa τ1, a qual libera o processador em t=10 para τ2 executar. Em t=20 a tarefa τ1 chega novamente, preempta τ2 e executa até t=30, quando novamente libera o processador para τ2. Em t=40 a tarefa τ1 chega novamente, preempta τ2, e executa até t=50. Neste momento a tarefa τ2 perderá seu deadline absoluto de 50, pois executou até agora apenas 20 unidades de tempo e ela precisa de C_2=25. Portanto, este sistema que é escalonável com EDF, não é escalonável com DM, sendo um exemplo da escalonabilidade superior de EDF em modelos simples.

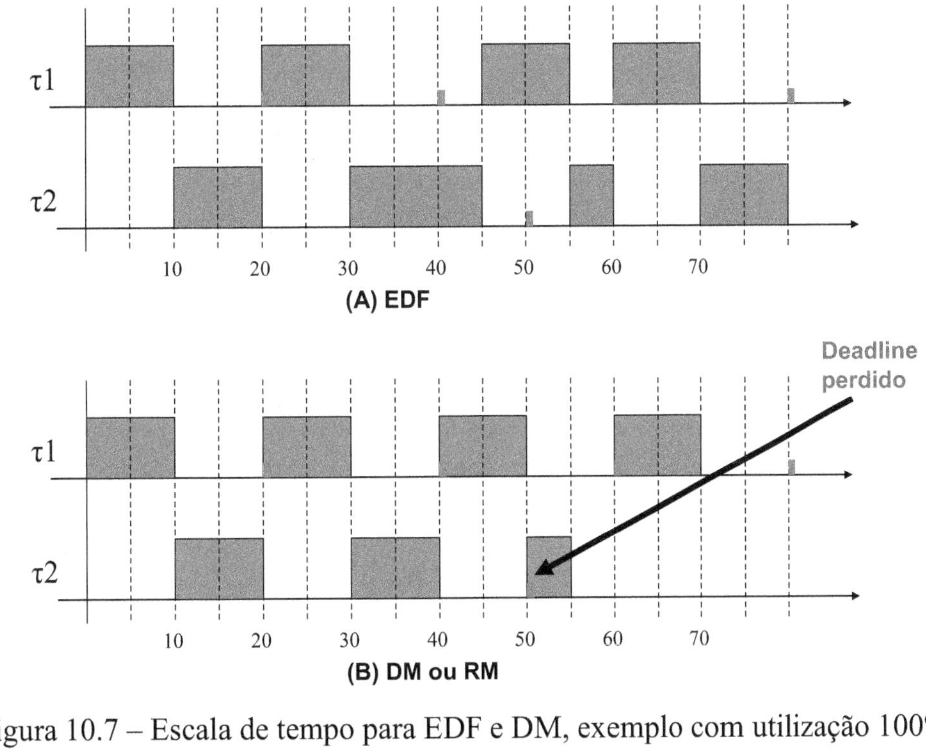

Figura 10.7 – Escala de tempo para EDF e DM, exemplo com utilização 100%.

10.5.2 Comportamento em Sobrecarga

Em todos os modelos de tarefas considerados neste capítulo foi suposto conhecido o tempo máximo de execução (WCET - Worst-Case Execution Time) de cada tarefa, o qual é respeitado durante a execução do sistema. Na verdade, o tempo de execução de uma ativação específica da tarefa τk será tipicamente menor que seu WCET C_k, em função da variabilidade do tempo de execução, a qual foi discutida no capítulo 4 deste livro. O valor C_k representa na verdade um limite superior para os tempos de execução que a tarefa τk poderá exibir, como foi mostrado no capítulo 5 e no capítulo 6 sobre estimação de WCET.

Podemos considerar uma falha de projeto caso, em algum momento, uma ativação específica da tarefa τk demande mais tempo de processador do que C_k. Embora isto não deva ocorrer, determinar C_k é difícil (ver capítulo 5 e capítulo 6), e existe um balanço entre o pessimismo incluído em C_k e a probabilidade de C_k ser excedido na prática.

Considere, por exemplo, um sistema composto por três tarefas, todas periódicas, independentes, e com deadline relativo igual ao período. Temos τ1 com $C_1=1$ e $P_1=D_1=2$, tarefa τ2 com $C_2=1$ e $P_2=D_2=4$ e tarefa τ3 com $C_3=2$ e $P_3=D_3=8$. Neste sistema as utilizações são: $U_1=0,5$, $U_2=0,25$ e $U_3=0,25$. Como a utilização total é U=1, sabemos que nenhuma tarefa perderá o deadline se EDF for utilizado. Embora o limiar genérico para DM e RM seja menor que 1, como os períodos das tarefas são múltiplos entre si, sabemos que também com estes algoritmos de prioridade fixa nenhum deadline será perdido.

A figura 10.8 mostra a escala de execução até o instante t=16 quando EDF é utilizado. Como esperado, nenhum deadline é perdido. Suponha agora que o WCET da tarefa τ2 foi estimado de forma otimista. As figuras 10.9, 10.10 e 10.11 mostram escalas de execução possíveis no caso da segunda chegada de τ2, que acontece no instante t=4, demandar mais tempo de execução do que o valor C_2. Isto faz a execução das tarefas, conforme EDF, ser deslocada no tempo, gerando a perda do deadline das tarefas τ1, τ2 e τ3, respectivamente. Exatamente qual tarefa perderá o deadline depende de decisões arbitrárias do escalonador.

O problema de EDF é que, neste caso, as tarefas afetadas podem variar, conforme a dinâmica de execução do sistema. Por exemplo, quando duas tarefas aptas possuem o mesmo deadline absoluto, a escolha do EDF pode ser qualquer. Na maioria das implementações de EDF será usada para desempate a ordem de inclusão na fila de aptos, o que acaba sendo um fator aleatório. Com uma simples implementação de EDF não é possível saber antecipadamente quais tarefas vão perder o seu deadline em caso de sobrecarga. Em sistemas reais as tarefas possuem importância distinta, e seria importante definir no projeto quais tarefas serão preservadas e quais serão sacrificadas em caso de uma falha, tal como uma tarefa executando mais do que seu WCET estimado.

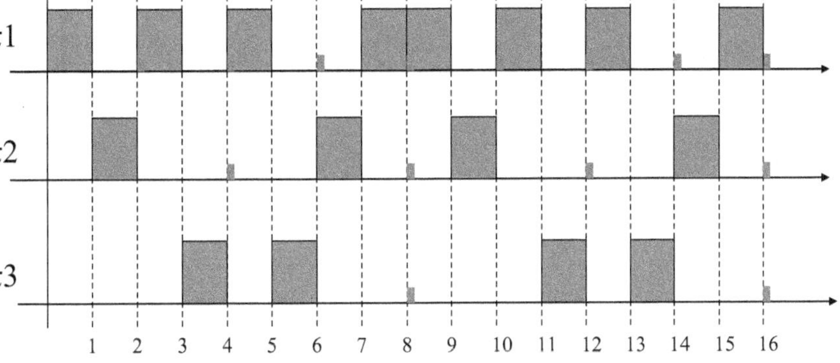

Figura 10.8 – Escala de tempo para EDF, execução normal.

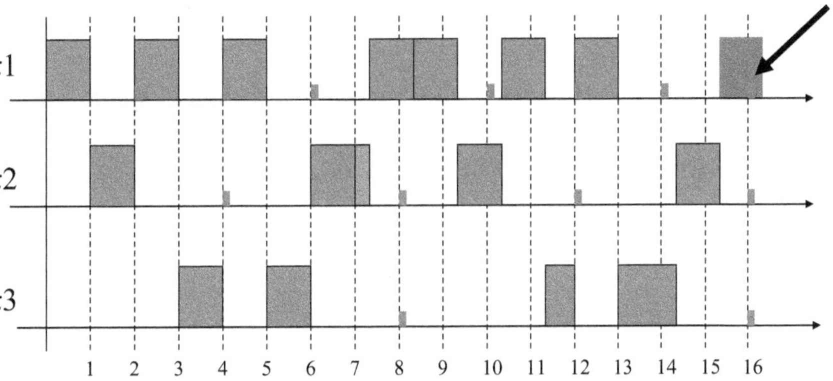

Figura 10.9 – Escala de tempo para EDF, execução com sobrecarga, τ1 perde deadline.

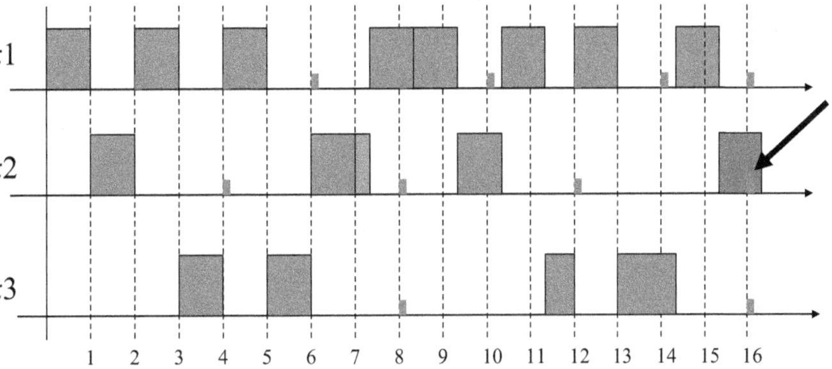

Figura 10.10 – Escala de tempo para EDF, execução com sobrecarga, τ2 perde deadline.

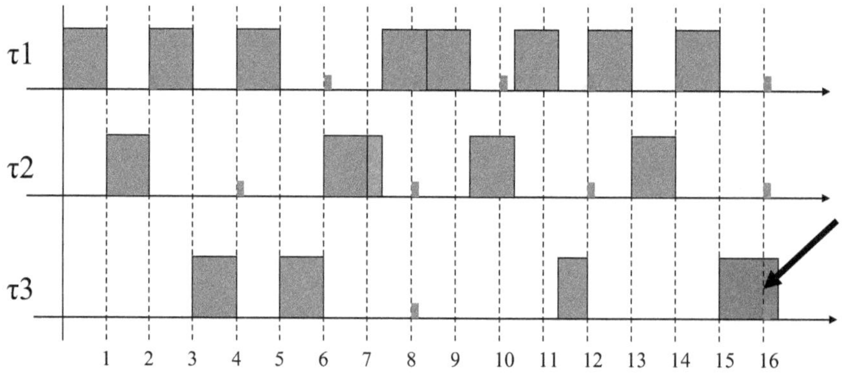

Figura 10.11 – Escala de tempo para EDF, execução com sobrecarga, τ3 perde deadline.

A título de comparação, a figura 10.12 mostra a escala de execução até o instante t=16 quando DM é utilizado, e nenhum deadline é perdido. A figura 10.13 mostra o que acontece quando, novamente, a segunda chegada de τ2 em t=4 demanda um pouco mais de tempo do que o valor C_2. Neste caso τ3 perde o deadline. Isto acontece pois qualquer algoritmo de prioridade fixa irá naturalmente preservar as tarefas com prioridade mais alta, gerando atrasos nas tarefas de mais baixa prioridade. Quantas tarefas serão afetadas vai depender de quanto tempo τ2 usar além do C_2 previsto. Entretanto, é sabido que as tarefas de prioridade alta serão as últimas a serem afetadas.

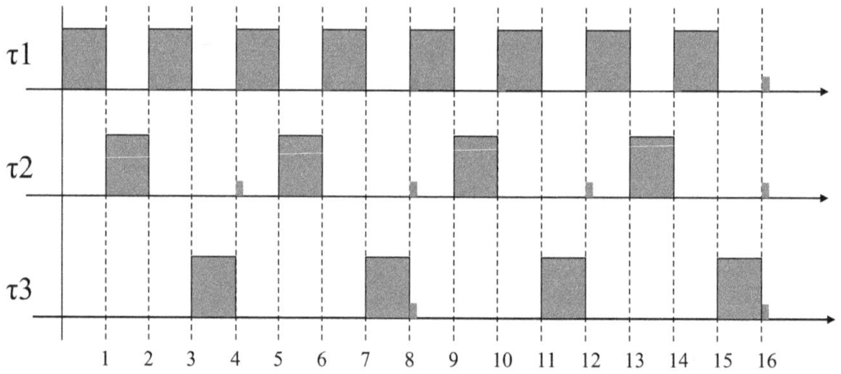

Figura 10.12 – Escala de tempo para DM, execução normal.

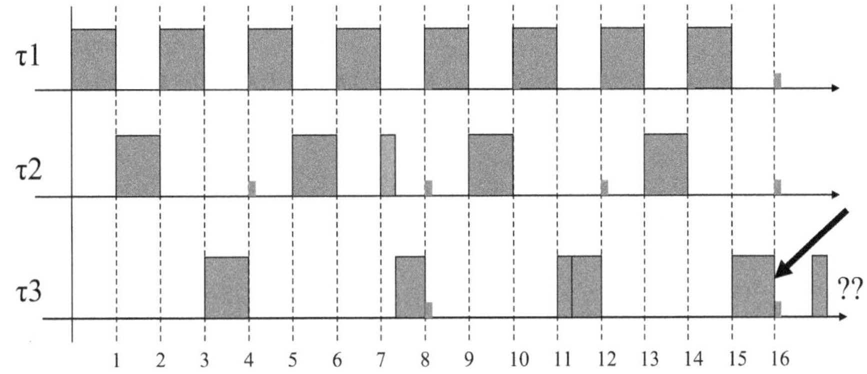

Figura 10.13 – Escala de tempo para DM, execução com sobrecarga, τ3 perde deadline.

10.5.3 Custo da Implementação

A quase totalidade dos sistemas operacionais existentes, seja um pequeno microkernel ou kernel complexo, oferecem escalonamento com prioridades fixas. Isto acontece pois a implementação é simples. Quando uma tarefa é criada ela recebe uma prioridade default, normalmente um valor inteiro dentro do intervalo de prioridades aceito pelo sistema operacional em questão. Eventualmente esta prioridade pode ser alterada, através de chamada de sistema. De qualquer forma, quando esta tarefa torna-se apta, basta consultar sua prioridade fixa em seu bloco descritor (ver capítulo 7 e capítulo 8 sobre implementação de tarefas) e inseri-la de forma apropriada na fila de aptos.

A implementação de EDF é mais complexa por duas razões. Em primeiro lugar, a prioridade de uma tarefa é definida pelo seu deadline absoluto corrente. O deadline absoluto é uma indicação de tempo de acordo com o relógio de tempo real do sistema. Esta indicação de tempo varia, mas em geral é maior do que um valor inteiro, podendo ser dois valores do tipo inteiro longo, por exemplo. Desta forma, a manipulação da prioridade numérica por si só já apresenta um custo maior.

Em segundo lugar, como a prioridade da tarefa com EDF é o seu deadline absoluto corrente, a cada ativação (chegada) da tarefa o deadline absoluto precisa ser recalculado e informado ao sistema. Se o escalonamento EDF for nativo no sistema operacional, e o mesmo implementar a abstração de tarefa periódica, este cálculo pode ser feito automaticamente pelo sistema operacional sempre que um novo período da tarefa inicia. Entretanto, caso o próprio código do usuário precise calcular o valor do deadline absoluto corrente a cada ativação da tarefa, e informá-lo ao sistema operacional através de uma chamada de sistema, o custo de implementação será elevado.

10.6 Exercícios

1) Aponte as diferenças de propósito do escalonamento em Sistema Operacional de Tempo Real e em Sistema Operacional de Propósito Geral.

2) Considere um sistema escalonado com prioridade preemptiva, composto por três tarefas periódicas independentes, com as seguintes características:

$\tau 1$: P1=100 C1=30 D1=100
$\tau 2$: P2=5 C2=1 D2=5
$\tau 3$: P3=25 C3=5 D3=25

Através de testes de utilização, tente determinar a escalonabilidade ou não deste sistema quando RM e quando EDF são usados.

Desenhe a escala de tempo resultante para RM e para EDF até o instante de conclusão da primeira ativação de $\tau 3$.

3) Considere um sistema escalonado com prioridade preemptiva, composto por três tarefas periódicas independentes, com as seguintes características:

$\tau 1$: P1=13 C1=6 D1=13
$\tau 2$: P2=5 C2=1 D2=5
$\tau 3$: P3=25 C3=7 D3=25

Através de testes de utilização tente determinar a escalonabilidade ou não deste sistema quando RM e quando EDF são usados.

Desenhe a escala de tempo resultante para RM e para EDF até o instante de conclusão da primeira ativação de $\tau 3$.

4) Crie um exemplo com duas tarefas periódicas que, desenhando a linha do tempo, ilustre a diferença entre as políticas de atribuição de prioridades DM (deadline monotônico) e EDF (*earliest deadline first*).

5) Por que DM (deadline monotônico) é considerada uma política de atribuição de prioridade fixa e EDF (*earliest deadline first*) uma política de prioridade variável ?

6) Considerando o sistema descrito abaixo, desenhe a escala de execução obtida quando usada a política RM (taxa monotônica) e quando usada a política EDF (*earliest deadline first*). Faça a escala até o instante 20.

Tarefas	Tempo de execução	Período	Deadline
$\tau 1$:	3	6	6
$\tau 2$:	4	11	11
$\tau 3$:	1	20	20

7) Crie um conjunto com três tarefas periódicas que possa ser escalonado por alguma política de prioridade dinâmica (ex. EDF), mas que não possa ser escalonado por prioridade estática (ex. RM). Mostre através de um diagrama de tempo a execução dessas tarefas.

8) Crie um conjunto com três tarefas periódicas que seja escalonável pelo RM mas que não passe no teste baseado em utilização. Mostre que esse conjunto é escalonável desenhando a escala de execução até o mínimo múltiplo comum dos períodos das tarefas.

9) Considerando o sistema descrito abaixo, desenhe a escala de execução quando RM é usado e quando DM é usado. Faça o desenho até o instante 30 de tempo.

Tarefas	Tempo Computação	Período	Deadline
$\tau 1$:	4	20	20
$\tau 2$:	3	30	15
$\tau 3$:	11	40	30

10) Considere um sistema composto por três tarefas periódicas, independentes:

$\tau 1$:	P1=4	C1=2	D1=4
$\tau 2$:	P2=7	C2=3	D2=7
$\tau 3$:	P3=28	C3=2	D3=28

Podemos escalonar este sistema com prioridades preemptivas fixas ? E com prioridades preemptivas variáveis ? Justifique sua resposta.

11. Sincronização e Comunicação entre Tarefas

Como coordenar a ação das tarefas da aplicação para que colaborem entre si ?

Aplicações de tempo real precisam reagir a estímulos externos ao mesmo tempo que respeitam requisitos temporais como deadlines e períodos. Isto acontece porque a aplicação interage de alguma forma com o mundo físico, e é este mundo físico que define os requisitos temporais. Por exemplo, a dinâmica de um motor elétrico define o período da sua tarefa de controle, o funcionamento do ouvido humano define o período da tarefa que reproduz um áudio.

O mundo físico é intrinsecamente paralelo. Várias coisas acontecem simultaneamente e, muitas vezes, a aplicação de tempo real precisa reagir a várias delas. Por exemplo, a aplicação precisa, ao mesmo tempo, controlar o motor elétrico, registrar informações em arquivos e interagir com um operador humano através de tela e teclado. Neste caso, fica muito mais fácil dividir a aplicação em várias tarefas de software, cada uma cuidando de um aspecto da aplicação. Tais tarefas não são independentes. Elas precisam colaborar entre si, ou seja, é preciso existir sincronização e comunicação (troca de dados) entre as tarefas.

Este capítulo trata dos problemas e soluções relacionados com a sincronização e comunicação entre tarefas. Inicialmente o termo Programação Concorrente é definido e são apresentados cenários onde seu emprego é vantajoso. A sincronização e comunicação entre tarefas pode ser feita através da troca de mensagens ou do acesso a variáveis compartilhadas. As duas formas são apresentadas e discutidas. No capítulo 12 serão apresentados mecanismos criados especialmente para sistemas de tempo real, enquanto no capítulo 13 serão tratadas situações mais complexas de sincronização.

11.1 Caracterização da Programação Concorrente

A grande maioria dos programas de computador existentes são programas sequenciais. **Programas sequenciais** (***sequential programs***) são aqueles executados por uma tarefa sozinha, a qual utiliza serviços do sistema operacional através de chamadas de sistema, mas é a única tarefa no programa. Como a tarefa é única, a cada momento existe apenas um único "próximo comando" e podemos acompanhar a execução da tarefa mostrando onde no código fonte ela está a cada momento.

Programas concorrentes (***concurrent programs***) são aqueles executados simultaneamente por várias tarefas, as quais cooperam entre si. Cooperar aqui significa trocar dados (por exemplo, uma tarefa produz um dado que é usado por outra tarefa) ou sincronizar a execução (por exemplo, uma tarefa precisa esperar outra tarefa fazer algo para ela poder prosseguir). Um conjunto de tarefas independentes que não interagem entre si não forma um programa concorrente, mas sim um conjunto de programas sequenciais. Programação concorrente requer a interação entre as tarefas.

Algumas vezes os termos **Programação Paralela** (***Parallel Programming***) e **Programação Distribuída** (***Distributed Programming***) são usados com semântica similar à **Programação Concorrente**. Entretanto, programação paralela refere-se a paralelismo físico na execução de instruções, como em um processador *multicore*. E Programação Distribuída refere-se à existência de vários computadores conectados através de uma rede de comunicação. Programação concorrente pode ser implementada em processadores *multicore* e pode ser implementada também em uma rede de computadores. Mas Programação Concorrente pode também ser implementada em um processador único, onde processos e threads são criados a partir do compartilhamento deste processador único (chaveamento de contexto). Desta forma, Programação Concorrente é um termo mais genérico e apropriado no contexto deste capítulo.

11.2 Motivação para Programação Concorrente

Programar, depurar e manter programas concorrentes é mais difícil do que programas sequenciais. Em um programa concorrente muitas coisas acontecem ao mesmo tempo, e a ordem (ou velocidade) de execução das tarefas pode variar. Por exemplo, enquanto a execução passo-a-passo é um recurso importante para a depuração de programas sequenciais, ela não é tão simples em um programa concorrente. Se existirem, por exemplo, quatro tarefas no programa, é preciso supor qual delas executará o próximo passo. Uma vez que programação concorrente é mais difícil que programação sequencial, a primeira pergunta a ser feita é por que sequer utilizá-la. Existem algumas situações onde programação concorrente tem vantagens. Vamos descrever nesta seção três cenários onde isto acontece.

Uma razão para usar programação concorrente é aproveitar processadores com múltiplos núcleos. Até o início dos anos 2000, a cada cerca de 2 anos, a frequência do clock dos processadores dobrava (lei de Moore). Ou seja, bastava escrever um programa sequencial, não fazer nada, e em dois anos o programa executaria na metade do tempo, pelo mesmo custo de hardware. Porém, a partir de certo momento nos anos 2000, fatores como o consumo de energia e a dissipação de calor passaram a limitar a frequência viável para novos processadores. Desde então, processadores continuam ficando cada vez mais poderosos, porém sem aumentar a frequência de operação mas sim aumentando o número de núcleos de processamento (*cores*) no mesmo chip.

Por exemplo, um processador *quadcore* em um computador desktop pode ser bem aproveitado com a execução simultânea de vários programas sequenciais. Cada programa ocupa apenas um dos quatro núcleos, mas o conjunto de programas ocupa todos os quatro núcleos. Porém, para que um destes programas execute mais rapidamente, será necessário paralelizá-lo. Em outras palavras, dividir o programa em várias tarefas que colaboram entre si e ocupem vários núcleos simultaneamente. Ou seja, o programa que era sequencial precisa passar a ser um programa concorrente.

Em **sistemas embutidos** ou **embarcados** (***embedded systems***) a situação é pior, pois tipicamente computadores dentro de máquinas industriais ou veículos executam uma única aplicação, isto é, a aplicação que automatiza tal equipamento. Neste caso, para que esta única aplicação utilize o poder computacional de um processador *multicore*, ela precisará ser necessariamente concorrente.

Outra razão para usar programação concorrente é poder usar entrada e saída síncrona em algumas situações específicas. Suponha que um programa escrito na linguagem C precise ler comandos do teclado ao mesmo tempo que executa o algoritmo de controle de algum equipamento físico. O algoritmo de controle não tolera esperas longas, pois o equipamento físico requer constante supervisão. Logo, um programa sequencial não pode ficar bloqueado a espera que algo seja teclado, pois isto traria o risco do equipamento físico ficar descontrolado. Um simples "scanf()" não pode ser usado. Existem soluções com entrada e saída assíncrona ou uso de sinais Unix, mas a programação ficará mais complexa.

Um programa concorrente poderia ter duas tarefas. Uma tarefa faz o controle do equipamento físico, enquanto outra tarefa fica bloqueada (entrada e saída síncrona) no "scanf()" até que algo seja teclado pelo operador humano. Cada uma delas é um código sequencial simples, a não ser pela eventual troca de dados entre elas.

Finalmente, a terceira razão para usar programação concorrente, e provavelmente a mais importante delas, é simplesmente ser capaz de projetar mais facilmente programas com alto paralelismo intrínseco. Por exemplo, suponha um programa responsável por controlar uma caldeira, como as existentes em hotéis e hospitais. A caldeira tem entrada de água e aquecimento controlados, porém a saída de água depende do consumo no prédio, a cada momento. Algoritmos de controle são usados para manter o nível e a temperatura da água nos valores desejados (valores de referência). Tal programa precisa executar várias funcionalidades simultaneamente. Ele precisa executar um laço de controle de nível, um laço de controle de temperatura, apresentar na tela informações de status, aceitar comandos de um operador humano via teclado para mudar o nível e a temperatura desejadas, manter em arquivo um registro das ocorrências anormais no sistema, disparar alarmes em caso de falhas, entre outras funcionalidades.

É certamente possível implementar tal programa como um programa sequencial, utilizando para isto algumas técnicas especiais. Entrada e saída deverá ser assíncrona, pois o programa não pode bloquear nunca, sob pena de perder o controle da temperatura e do nível. Ao forçar a implementação de um programa inerentemente paralelo em uma forma sequencial, o resultado é um projeto (design) complexo, com depuração e manutenção difíceis. Neste caso, um programa concorrente, onde cada tarefa cuida de uma das funcionalidades citadas antes, resulta em um design simples, que reproduz no código fonte de maneira mais elegante o que o programa deve fazer. Além de poder usar entrada e saída síncrona (bloqueante), cada tarefa tem um código simples, pois é responsável por apenas uma das funcionalidades do programa.

Aplicações inerentemente paralelas (aplicações que possuem um paralelismo natural) são mais facilmente construídas como programas concorrentes. Isto acontece frequentemente, por exemplo, com servidores de rede, no controle e supervisão de máquinas e equipamentos e na construção do kernel de sistemas operacionais complexos.

11.3 Métodos de Sincronização e Comunicação entre Tarefas

A sincronização e comunicação entre tarefas é feita, na maioria dos programas concorrentes, através de dois métodos: **troca de mensagens** (***message passing***) ou acesso a **variáveis compartilhadas** (***shared memory***).

Quando a troca de mensagens é empregada, as tarefas enviam mensagens umas para as outras. O envio de mensagens serve a dois propósitos. Dados podem ser trocados através do conteúdo das mensagens enviadas. E o fato de enviar ou receber uma mensagem também permite que as tarefas sincronizem suas ações.

Quando variáveis compartilhadas são empregadas, existem variáveis que podem ser acessadas por várias tarefas. Os tipos das variáveis vão depender da aplicação em questão, podendo ser inteiro, string, ou qualquer tipo de dado usado na linguagem de programação em questão. Muitas vezes são compartilhadas estruturas de dados mais complexas tais como listas encadeadas e tabelas. As variáveis compartilhadas permitem diretamente a troca de dados. Para a sincronização é usual a disponibilização pelo sistema operacional (kernel ou microkernel) de mecanismos criados especialmente para isto, como será visto mais adiante neste capítulo.

Interações entre tarefas podem ser programadas tanto com troca de mensagens como com variáveis compartilhadas. O poder de expressão dos dois métodos é equivalente e a maioria dos sistemas operacionais oferece suporte para os dois. Desta forma, a escolha entre um e outro leva em consideração outros aspectos.

Em sistemas distribuídos, quando as tarefas executam em diferentes computadores, o emprego de mensagens é natural. Para isto é necessário o emprego de protocolos de comunicação de dados entre computadores. Porém, mesmo quando as tarefas executam no mesmo computador, mensagens podem ser uma boa escolha. A necessidade das tarefas trocarem mensagens explícitas cria entre elas um protocolo que precisa ser seguido. Desvios do protocolo, causados por exemplo por um erro de programação, podem ser mais facilmente detectados e a falha controlada. As mensagens criam um isolamento entre as tarefas que pode ser usado na detecção de falhas e na construção de sistemas mais robustos.

Por outro lado, o acesso das tarefas às variáveis compartilhadas em geral é mais rápido, gerando menos custo de implementação (*overhead*). Basta a tarefa acessar a variável desejada, embora certos cuidados sejam necessários, como será visto mais adiante no capítulo quando o problema da seção crítica for apresentado. O lado negativo disto é que, se uma tarefa corromper os dados compartilhados, todas as tarefas que precisam daqueles dados terão provavelmente sua execução corrompida.

Atualmente um grande número de aplicações são distribuídas, requerendo a cooperação de tarefas executando em diferentes computadores. Desta forma, o uso de troca de mensagens é muito comum. Ao mesmo tempo, dado o paralelismo intrínseco de muitas aplicações e também a disponibilidade de computadores com múltiplos núcleos de processamento (*multicore*), programação concorrente com variáveis compartilhadas também é muito empregada. Em resumo, os dois métodos são igualmente importantes e necessários, sendo muitas vezes os dois métodos usados na mesma aplicação. A escolha de quando usar um ou o outro decorre de fatores como a disponibilidade de memória física para compartilhar, o isolamento desejado entre as tarefas ou o desejo de aproveitar processamento paralelo local.

11.4 Sincronização e Comunicação com Mensagens

A sincronização entre tarefas através de mensagens requer que o sistema operacional ou alguma biblioteca ofereça suporte à troca de mensagens. Existem diversas opções neste sentido, com muitas variações de chamadas e parâmetros a serem utilizados. Entretanto, em essência, toda infraestrutura para troca de mensagens precisa oferecer para as tarefas uma forma de enviar mensagens e receber mensagens. Foge do escopo deste livro um levantamento abrangente das soluções existentes neste sentido. Neste capítulo vamos considerar apenas que o sistema operacional ou uma biblioteca de comunicação oferecem uma primitiva chamada SEND que permite enviar mensagens e uma primitiva chamada RECEIVE que permite receber mensagens. Estas primitivas podem ser oferecidas pelo sistema operacional como chamadas de sistema, mas podem também ser implementadas como funções de uma biblioteca de comunicação que executa fora do kernel ou microkernel.

A primitiva SEND possui dois parâmetros principais: a mensagem a ser enviada e o destinatário da mensagem. Entretanto, existem variações sobre como estes parâmetros são tratados. No caso do destinatário, é possível usar endereçamento direto ou indireto.

No endereçamento direto, a mensagem é endereçada a uma tarefa específica. A identificação da tarefa destinatária requer, por exemplo, o **PID** (***Process Id***) do processo que a implementa no computador destino. Caso a comunicação seja entre tarefas executando em diferentes computadores, também é necessário identificar o computador destino, provavelmente com o seu **endereço IP** (***Internet Protocol***), o qual é um número que identifica um dispositivo único conectado à Internet. Também pode ser usado um nome do **Sistema de Nomes de Domínios** (**DNS** - ***Domain Name System***), o qual é traduzido pelo serviço DNS para um endereço IP. No caso de endereçamento direto a tarefa remetente deve conhecer o endereço específico da tarefa destinatária.

No endereçamento indireto é usado o recurso da **caixa-postal** (***mail-box***). Mensagens são enviadas pela tarefa remetente para uma caixa-postal. As mensagens serão lidas no futuro por alguma tarefa destinatária cuja identificação específica não é conhecida pela tarefa remetente. A caixa-postal facilita a conexão entre tarefas e ainda oferece naturalmente um espaço para armazenamento de mensagens enviadas porém ainda não recebidas.

Seja com endereçamento direto, seja com indireto, normalmente o destinatário é único (uma tarefa ou uma caixa postal apenas). Entretanto, alguns sistemas permitem a criação de grupos de destinatários. Neste caso, o envio de uma mensagem para um grupo pode ter semânticas variadas. Enviar para um grupo pode significar enviar para todos do grupo, ou enviar para pelo menos um do grupo, ou enviar para no máximo um do grupo, ou enviar para todos ou para nenhum, entre outras semânticas possíveis.

Alguns aspectos das próprias mensagens podem variar. Por exemplo, mensagens podem ter tamanho fixo, em função do sistema subjacente usado para transportá-las entre computadores. Isto é mais comum em redes industriais conhecidas como *fieldbus*. Já na Internet ou entre tarefas no mesmo computador mensagens podem ter tamanho variável, podendo ser tão grandes o quanto a aplicação requeira.

O conteúdo das mensagens pode ou não ser transformado pelo sistema de troca de mensagens. O mais comum é o sistema de mensagens considerar mensagens como sequências de bytes que são transportados de uma tarefa para a outra, sem qualquer tipo de alteração. Entretanto, em algumas situações, o sistema de mensagens pode facilitar a programação. Por exemplo, suponha que no computador remetente caracteres são representados por 1 byte seguindo o código ASCII, enquanto no computador destinatário caracteres são representados por 2 bytes seguindo o código Unicode. Se o sistema que transporta as mensagens souber disto, e souber onde estão os caracteres na mensagem, ele poderá fazer a conversão automaticamente. O mesmo acontece com números inteiros cuja representação pode variar entre diferentes arquiteturas de computadores.

Os principais valores retornados pela primitiva RECEIVE são o conteúdo da mensagem recebida e o endereço do remetente desta mensagem. Tipicamente a primitiva RECEIVE é usada para receber mensagens de qualquer remetente. Porém, em muitos sistemas é possível definir um remetente específico e receber mensagem apenas dele. Também pode ser possível atribuir níveis de prioridade às mensagens, o que vai definir a ordem de entrega das mesmas, embora o mais comum seja entregar as mensagens na ordem de chegada das mesmas.

Uma questão importante é o que acontece quando a primitiva RECEIVE é usada porém nenhuma mensagem ainda foi enviada para aquele destinatário. O RECEIVE é dito síncrono ou bloqueante quando a tarefa que executa o RECEIVE fica bloqueada até que uma mensagem chegue para ela. O RECEIVE é dito assíncrono quando ocorre retorno imediato, não importando se mensagem foi recebida ou não. Caso uma mensagem tenha sido recebida, ela é entregue. Caso nenhuma mensagem esteja disponível, o RECEIVE retorna com um código que indica isto, um retorno de -1 ou algo semelhante. Uma abordagem intermediária é bloquear a tarefa até que ou uma mensagem chegue ou passe um certo intervalo de tempo (***time-out***) sem chegar nenhuma mensagem.

Esta questão também pode ser levantada com respeito à primitiva SEND, ou seja, o que acontece quando um SEND é executado porém o destinatário ainda não executou a respectiva primitiva RECEIVE. Na grande maioria dos sistemas baseados em troca de mensagens, a própria implementação do serviço de mensagens fica responsável por armazenar temporariamente (*buffering*) as mensagens enviadas porém ainda não entregues. Elas serão entregues no futuro quando o respectivo RECEIVE for executado. Obviamente existem limitações quanto à capacidade de bufferização de qualquer sistema e também é necessário algum mecanismo de descarte de mensagens depois de um longo período de espera sem que elas possam ser entregues.

Embora menos comum, também é possível utilizar a primitiva SEND de forma síncrona, isto é, a tarefa remetente fica bloqueada até que o respectivo RECEIVE seja executado. O emprego simultâneo de SEND e RECEIVE síncronos é chamado de **Rendezvous** ("encontro" em francês), porque a comunicação só ocorre quando ambas tarefas "se encontram ao mesmo tempo", uma no SEND e a outra no RECEIVE. Quem chega antes precisa esperar pela outra.

As primitivas SEND e RECEIVE descritas nesta seção são as mais básicas usadas em aplicações com troca de mensagens. A partir desta forma básica é possível construir esquemas mais complexos. Por exemplo, a troca de mensagens pode ser disfarçada de uma simples chamada de sub-rotina através do mecanismo conhecido como **Chamada Remota de Procedimento (RPC**, ***Remote Procedure Call***), ou seu equivalente da programação orientada a objetos, a **Invocação Remota de Método (RMI**, ***Remote Method Invocation***).

Em sistemas distribuídos é comum o emprego de uma camada de software chamada de ***middleware***, a qual fornece serviços básicos e sofisticados relacionados com a troca de mensagens, além daqueles disponibilizados pelo sistema operacional. Tais serviços podem ser encontrados, por exemplo, em **CORBA** (***Common Object Request Broker Architecture***), **DDS** (***Data Distribution Service***) e em várias tecnologias da **Java EE** (***Java Enterprise Edition***). Middleware é um tema vasto e foge do escopo deste livro. Material sobre middleware pode ser encontrado por exemplo em [COU2011] e [MAH2010].

Sempre que computadores trocam mensagens através de uma rede de comunicação existe o risco da perda de mensagens. Alguns protocolos de comunicação são capazes de mascarar estas perdas através de retransmissão. Porém em outros protocolos mensagens podem ser mesmo perdidas. Uma aplicação inclui mecanismos de **tolerância a faltas** (***fault tolerance***) com respeito a um certo tipo de faltas quando ela é capaz de lidar com a falta sem gerar prejuízos para o usuário da aplicação. Ou seja, uma **falta** (***fault***) interna não chega a gerar uma **falha** (***failure***) da aplicação. No caso de uma aplicação distribuída por vários computadores é possível inclusive a falha total de um dos computadores. A capacidade de tolerar faltas é muito importante em sistemas críticos e existem diversas técnicas possíveis. Existem muitos livros específicos sobre tema, tais como [BIR2005].

Na prática existem diversos sistemas de trocas de mensagens, todos fornecendo algum tipo de primitiva SEND e RECEIVE, mas variando bastante nos detalhes. Por exemplo, vamos considerar a biblioteca Posix Sockets, a qual é amplamente usada e disponível. Ela pode ser usada com diferentes protocolos de comunicação. Um uso frequente em sistemas de tempo real é junto com o protocolo de comunicação UDP/IP. Neste caso, o destinatário da mensagem é indicado através do endereço IP ou DNS do computador destino e de um **número de porta** (***port***

number) que identifica na verdade uma caixa-postal no computador destino, a qual será lida por alguma tarefa do computador destino cuja identificação não é conhecida pela tarefa remetente. O destinatário pode ser único ou um grupo, através do mecanismo de *multicast* suportado. Mensagens possuem tamanho variável e são transportadas sem nenhuma alteração, consideradas portanto como uma sequência de bytes. Porém, a implementação da biblioteca de Sockets em alguns sistemas oferece a possibilidade de converter a representação de dados local em uma representação padrão de rede, e depois converter de volta da representação padrão da rede para a local no computador destino.

A primitiva RECEIVE no caso do Posix Sockets pode operar conforme qualquer uma das três formas descritas antes: bloqueio até chegar uma mensagem, bloqueio até chegar uma mensagem ou um tempo máximo, ou sem bloqueio (retorno imediato sempre, com ou sem mensagem). As mensagens enviadas são armazenadas temporariamente pelo sistema. Tanto SEND como RECEIVE recebem na verdade outros nomes e possuem uma série de parâmetros opcionais usados para alterar o comportamento default. Uma descrição completa deve ser sempre buscada na documentação da implementação do Posix Socket em questão.

11.5 Padrões de Interação Usando Mensagens

Um aspecto importante quando mensagens são usadas na construção de programas concorrentes é definir como será o padrão de interação (*messaging pattern*) entre as tarefas. Isto significa definir o protocolo de aplicação, ou seja, quais mensagens existem e qual tarefa manda mensagem para qual tarefa em que ordem. Esta questão pode ser considerada um subproblema dentro da questão maior dos **padrões de projeto** (***design pattern***).

A literatura descreve um grande número de padrões possíveis, dependendo do tipo de contexto e dos propósitos da aplicação. No caso dos sistemas de tempo real, três padrões merecem destaque, os quais são representados na figura 11.1. Em aplicações pequenas muitas vezes uma simples **comunicação direta** (***direct communication***) entre duas tarefas é o bastante. Por exemplo, uma tarefa periodicamente lê um sensor de temperatura e envia o valor lido através de uma mensagem para a tarefa responsável pela execução da estratégia de controle.

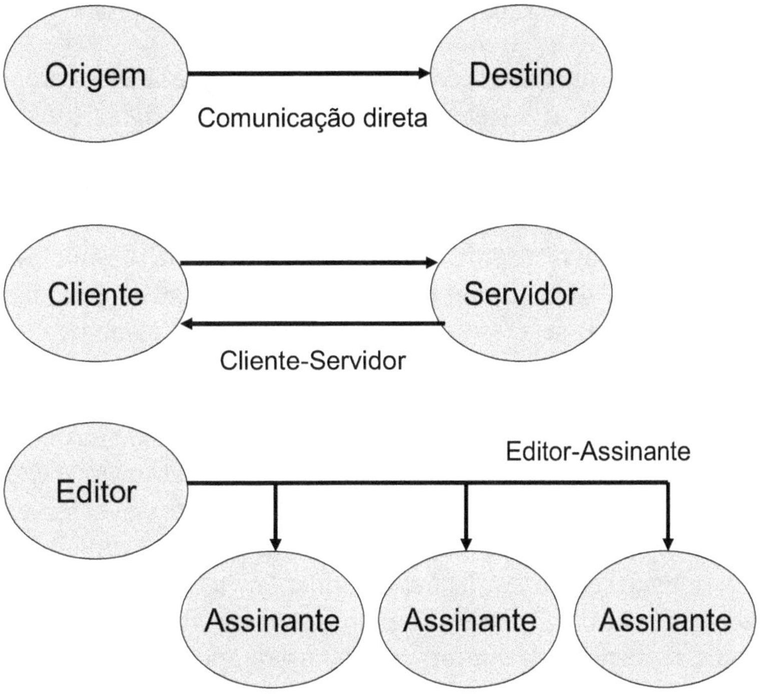

Figura 11.1 – Padrões de interação usando mensagens.

O padrão **cliente-servidor** (***client-server***) é o padrão dominante na Internet e é também muito usado em aplicações de tempo real. Neste caso, a tarefa cliente sempre tem a iniciativa de enviar uma mensagem contendo uma requisição (*request*) para a tarefa servidora. A tarefa servidora nunca toma a iniciativa, ela sempre espera receber uma requisição e então executa o que foi solicitado e envia uma mensagem de resposta (*response*) de volta para o remetente da requisição. Obviamente "executar o que foi solicitado" varie enormemente e depende do propósito da aplicação em questão.

Finalmente, o padrão **editor-assinante** (***publisher-subscriber***) é muito usado em sistemas de tempo real pois permite que uma tarefa que possua uma informação relevante (a leitura de um sensor por exemplo) possa comunicar esta informação (editor) para todas as tarefas (assinantes) que possuam interesse nela. Cada tarefa pode publicar uma ou mais informações e também ser assinante de outras informações. As mensagens não são endereçadas para tarefas mas sim identificadas como carregando certas informações. O sistema de mensagens é encarregado de levar as mensagens pertinentes a todos os assinantes interessados. Este padrão de interação permite uma montagem mais flexível da aplicação, pois cada tarefa interessada em certa informação apenas faz uma assinatura junto ao sistema de mensagens e passa então a receber esta informação sempre que for atualizada pela tarefa editora.

11.6 Sincronização e Comunicação com Variáveis Compartilhadas

Para construir um programa concorrente, onde variáveis compartilhadas são usadas, o primeiro requisito é que o sistema operacional permita o acesso das tarefas a uma mesma memória física. A forma como a memória compartilhada é implementada depende da gerência de memória empregada.

No caso mais simples, o sistema operacional consiste de um microkernel que não implementa proteção de memória. Desta forma, todas as threads do sistema podem acessar toda a memória física do computador, ou seja, toda a memória é automaticamente compartilhada entre todas as threads.

Tarefas podem ser implementadas como processos em sistemas operacionais com proteção de memória entre processos. Neste sistemas é possível utilizar chamadas de sistema específicas para criar regiões de memória compartilhadas entre os processos. Por exemplo, em sistemas que seguem o padrão Posix isto é principalmente feito com as chamadas "shm_open()", a qual cria uma região de memória compartilhada, e "mmap()", usada para mapear uma região de memória compartilhada na memória acessível pelo processo. Embora seja possível criar programas concorrentes desta forma, não é a forma mais usada, pois os custos associados com a montagem deste esquema e com o chaveamento de contexto entre processos pesados (ver capítulo 8 sobre implementação de tarefas) é maior do que em outras técnicas.

Em programas concorrentes com variáveis compartilhadas as tarefas são normalmente implementadas como threads de um mesmo processo. Desta forma, todas as threads automaticamente compartilham as variáveis globais do programa, sem ser necessário nenhum esquema especial para isto. Variáveis locais são tipicamente alocadas na pilha de cada thread e, por isto, são privativas de cada thread. Uma vantagem adicional é a rapidez no chaveamento de contexto entre threads de um mesmo processo.

O emprego de threads predomina na construção de programas concorrentes com variáveis compartilhadas. Provavelmente a biblioteca mais usada para isto é a Posix Threads ou Pthreads. Trata-se da biblioteca de threads que é parte do padrão POSIX de sistemas operacionais. O Posix foi criado pela IEEE para padronizar sistemas operacionais estilo Unix nos anos 80 e tornou-se extremamente popular ao longo dos anos. A biblioteca Pthread é rica em funções, com muitas variações e parametrizações possíveis. Uma descrição completa das Pthreads pode ser encontrada com facilidade na Internet, em inúmeros livros e tutoriais.

A figura 11.2 mostra como criar threads quando Pthreads são usadas. Deve-se incluir as declarações da biblioteca que estão no arquivo "pthread.h". O programa inicia normalmente na função "main()" com apenas uma thread. Cada thread adicional precisa de um identificador do tipo "pthread_t", como no caso do exemplo foi feito na declaração das variáveis "th1" e "th2". As threads adicionais são criadas através da função "pthread_create()". O primeiro parâmetro de "pthread_create()" é a variável que vai servir como identificador da thread. O segundo parâmetro permite alterar propriedades tais como tamanho da pilha e a prioridade da thread, NULL é usado para aceitar os valores default. O terceiro parâmetro é o endereço da função que será executada pela thread criada, no caso do exemplo as funções "codigo_th1()" e "codigo_th2()". Finalmente, o quarto parâmetro permite passar informações para a thread recém criada, sendo usado NULL quando isto não acontece. A função "pthread_join()" bloqueia a thread chamadora até que a thread indicada como parâmetro termine.

```
#include <pthread.h>
...
pthread_t th1, th2;
...
void main(void)
{   ...
    pthread_create(&th1, NULL,(void *)codigo_th1, NULL);
    pthread_create(&th2, NULL,(void *)codigo_th2, NULL);
    ...
    pthread_join( &th1);
    pthread_join( &th2);
    ...
}
...
void codigo_th1( void)
{   ...
    ...
    ...
}
...
void codigo_th2( void)
{   ...
    ...
    ...
}
```

Figura 11.2 – Criação de threads com a biblioteca Pthreads.

Tipicamente, a thread inicial, criada automaticamente para executar a função "main()", é responsável por inicializar todo o programa, enquanto as threads adicionais criadas ficam responsáveis, cada um delas, por uma função específica. Por exemplo, atualizar a tela, ler um sensor, gravar histórico em arquivo, e assim por diante. Desta forma, as threads adicionais tipicamente executam um laço com a sua funcionalidade, muitas vezes de forma periódica. Qualquer variável global que seja declarada no programa da figura 11.2 poderá ser acessada pelas threads th1 e th2.

11.7 Problema da Seção Crítica

Suponha que uma lista encadeada de medições de sensor seja mantida como uma estrutura de dados global, acessada por várias threads do programa. A implementação clássica é manter um apontador para o início da lista e outro para o fim da lista. Usando a linguagem C os elementos da lista seriam implementados como variáveis do tipo "struct", cada um contendo as informações armazenadas (por exemplo, um campo do tipo "double") e o apontador para o próximo elemento da lista. A figura 11.3 mostra como ficaria o código do programa. A variável "inicio" aponta a primeira medição da lista e a variável "fim" aponta a última medição da lista. Se a lista estiver vazia ambas as variáveis conterão NULL.

A figura 11.3 mostra também como ficariam rotinas tipicamente usadas para inserir uma medição no fim da lista e retirar uma medição do início da lista. Elas foram chamadas de "insere()" e "retira()", respectivamente.

No caso da inserção, caso a lista esteja vazia, tanto "inicio" como "fim" passam a apontar a nova e única medição da lista. Caso a lista não esteja vazia, o campo próximo da atual última medição passa a apontar para a nova medição. A variável "fim" também passa a apontar a nova medição recém inserida.

```
...
struct medicao_t{
    double  medida;
    struct medicao_t *proximo;
    }

struct medicao_t *inicio = NULL;  /*Indica o primeiro da lista*/
struct medicao_t *fim = NULL;         /*Indica o último da lista*/

...

/** Novo é sempre inserido no fim da lista */
void insere(struct medicao_t *novo)
{
    novo->proximo = NULL;

    if( inicio == NULL )     /* Lista vazia */
          {     inicio = novo;
                fim = novo;
          }
    else                     /* Lista não vazia */
          {
                fim->proximo = novo;
                fim = novo;
          }
}

/** Retira o primeiro da lista, retorna NULL se lista vazia */
struct medicao_t *void retira( void)
{
    struct medicao_t *retirado;

    retirado = inicio;
    inicio = inicio->proximo;

    /* Se era o único, acerta apontador do fim da lista */
    if( inicio == NULL )    fim = NULL;

    return retirado;
}
```

Figura 11.3 – Exemplo de seção crítica.

No caso da retirada, a variável "inicio" passa a apontar para a segunda medição da lista, pois a primeira está sendo retirada. Caso a lista tivesse apenas uma medição, ela ficará agora vazia, com a variável "inicio" contendo NULL (valor do campo "proximo" da medição retirada) e a variável "fim" também recebe NULL. A função retorna um apontador para o elemento retirado da lista.

Em um programa sequencial o código mostrado na figura 11.3 funcionaria bem, pois neste caso seriam feitas inserções e retiradas, mas sempre em momentos distintos. Porém, em um programa concorrente com várias threads, é possível que a thread th1 chame a função "insere()" ao mesmo tempo que a thread th2 chama a função "retira()". No caso de um único processador, é possível que uma delas esteja no meio da função chamada quando ocorre uma interrupção e a outra thread passa a executar. No caso de multiprocessamento, as duas threads vão executar as funções em paralelismo real.

As funções "insere()" e "retira()" foram programadas com a premissa de que elas iniciam com a estrutura de dados consistente (todas as coisas no lugar certo), fazem alterações durante as quais a estrutura de dados fica temporariamente inconsistente (apontadores com valores errados), e ao final deixam a estrutura de dados consistente novamente. Em um programa sequencial isto é verdade. Mas em um programa concorrente é possível que uma thread chame a função e encontre a estrutura de dados inconsistente, ou seja, com apontadores errados. Obviamente o programa não funcionará neste caso.

A situação descrita é típica de programas concorrentes. Quando várias threads acessam e alteram os mesmos dados concorrentemente, e o resultado da execução será correto ou errado dependendo da ordem específica na qual os acessos aconteceram, temos o que é chamado de **condição de corrida** (***race condition***).

Condições de corrida são indesejadas pois queremos que o programa execute corretamente não importando o momento exato no qual o contexto entre threads é chaveado ou se o paralelismo entre elas é real ou uma ilusão criada pelo escalonamento do processador. Para isto, as próximas seções deste capítulo apresentarão mecanismos criados exatamente para evitar condições de corrida.

A figura 11.3 ilustra o problema da condição de corrida com uma lista encadeada. Entretanto, condições de corrida podem ocorrer mesmo com dados elementares, como uma variável inteira. Suponha uma variável global do tipo inteiro que é incrementada pelas threads th1 e th2. Na linguagem C o incremento de uma variável inteira "xyz" aparece como um comando simples "++xyz", embora na prática a implementação de tal comando em linguagem de máquina requeira, tipicamente, três instruções [SIL2012]:

```
MOVE XYZ,ACC    ; Move o valor de XYZ para o acumulador
INC  ACC        ; Incrementa o conteúdo do acumulador
MOVE ACC,XYZ    ; Coloca o valor incrementado em XYZ
```

Suponha que o valor inicial de XYZ é zero, e a variável é incrementada uma vez por th1 e uma vez por th2. Uma variável que inicia com 0 (zero) e é incrementada duas vezes deveria terminar com o valor 2 (dois). Entretanto, a sequência de instruções abaixo mostra que este resultado não é garantido sempre, pois o acumulador faz parte do contexto de execução da thread e cada thread tem o seu valor:

- Thread th1 move XYZ para o seu acumulador, logo acumulador de th1 recebe 0
- Thread th1 incrementa o seu acumulador, logo acumulador de th1 recebe 1
- Thread th2 move XYZ para o seu acumulador, logo acumulador de th2 recebe 0

- Thread th2 incrementa o seu acumulador, logo acumulador de th2 recebe 1
- Thread th2 move o seu acumulador para XYZ, logo XYZ recebe 1
- Thread th1 move o seu acumulador para XYZ, logo XYZ recebe 1

O erro somente acontece quando as instruções de máquina relativas aos dois incrementos são misturadas. Caso seja feito um incremento completo e depois outro incremento completo, o resultado final será dois, como esperado. Em outras palavras, a probabilidade do erro acontecer é pequena, porém maior que zero. O programa executará corretamente muitas e muitas vezes antes do erro acontecer. Entretanto, no caso de equipamentos industriais que operam continuamente por longos períodos de tempo, como o controlador de uma turbina hidroelétrica ou o controle de estabilidade de um avião, não é possível conviver com esta situação. Condições de corrida não são toleradas. Condições de corrida são eliminadas através de mecanismos de sincronização que controlam o acesso das threads às variáveis compartilhadas.

Na programação concorrente todo segmento de código que acessa uma variável compartilhada é chamado de **seção crítica** (***critical section***). O problema da seção crítica (*critical section problem*) consiste em garantir que todas as threads possam executar suas seções críticas sem interferir com as seções críticas das outras threads. Uma solução para o problema da seção crítica precisa apresentar uma série de características:

- **Exclusão mútua** (***mutual exclusion***): Quando uma thread está executando sua seção crítica com respeito a uma dada variável compartilhada nenhuma outra thread pode executar sua respectiva seção crítica com respeito àquela mesma variável compartilhada.

- **Progresso** (***progress***): Quando uma thread deseja executar uma seção crítica e nenhuma outra thread está em sua respectiva seção crítica relacionada com a mesma variável compartilhada, a thread que deseja executar a seção crítica deve poder executar.

- **Espera limitada** (***bounded waiting***): Nenhuma thread deve ficar para sempre esperando para executar uma seção crítica, ou seja, ausência de postergação indefinida no acesso às variáveis compartilhadas.

- **Independência do escalonador** (***scheduling independence***): A solução não pode depender de algoritmos de escalonamento específicos nem do número de processadores existentes, apenas supor que todas as threads eventualmente executam.

As próximas seções descrevem mecanismos que procuram solucionar o problema da seção crítica. Tipicamente, uma solução define um protocolo de acesso à seção crítica, isto é, trechos de código que devem ser colocados na entrada e na saída da seção crítica de maneira que as características desejadas sejam obtidas. Mecanismos de baixo nível são soluções que aproveitam recursos disponíveis no hardware, mas podem apresentar limitações. Mecanismos de alto nível são construídos a partir dos mecanismos de baixo nível e constituem abstrações de software criadas especificamente para resolver o problema da seção crítica.

11.8 Seção Crítica: Mecanismos de Baixo Nível

Talvez o mecanismo mais básico para atacar o problema da seção crítica seja simplesmente **desabilitar interrupções** (***disable interrupts***). Antes de acessar uma variável compartilhada a thread desabilita interrupções. Como o chaveamento de contexto sempre acontece em resposta a uma interrupção, e interrupções estão desabilitadas, a thread em questão poderá executar a seção crítica de forma atômica (indivisível) e voltar a habilitar as interrupções na saída da seção crítica. A **execução atômica** (***atomic execution***) da seção crítica garante a propriedade de exclusão mútua.

Na verdade este mecanismo já é usado quando tarefas de tempo real são implementadas como um laço principal e tratadores de interrupções, como visto no capítulo 7, quando variáveis são compartilhadas entre código no laço principal e código no tratador de interrupções. Também podem ser usados em sistemas pequenos, executando em microcontrolador e baseados em microkernel simples.

Desabilitar interrupções como mecanismo para proteger seção crítica tem algumas limitações. Primeiramente não funciona em processadores com múltiplos núcleos (*multicore*). Não adianta desabilitar interrupções em todo o sistema e impedir o chaveamento de contexto nos vários núcleos se várias threads estão executando em paralelismo físico, cada uma no seu núcleo, e podem todas entrar na seção crítica simultaneamente.

Desabilitar interrupção é considerada uma instrução privilegiada e, portanto, é proibida para código de usuário em sistemas operacionais que implementam proteção. Um processo ou thread de usuário ao desabilitar interrupções poderia comprometer a execução do sistema como um todo. Por exemplo, interrupções de temporizador (*timer*) não seriam capazes de acionar o kernel para abortar uma thread em laço infinito, o qual travaria o computador como um todo. Entretanto, é possível desabilitar interrupções em sistemas operacionais sem proteção entre processos ou como parte do código do kernel, o qual executa em modo supervisor (ver capítulo 8).

Finalmente, deve-se evitar desabilitar as interrupções pois isto reduz a responsividade do sistema como um todo. Um sistema computacional toma ciência do que acontece em seu ambiente em grande parte através das interrupções. Uma tecla foi teclada, chegou um pacote de dados pela rede, a passagem do tempo, um sensor de alarme, todas estas são situações que acontecem no ambiente do computador e são sinalizadas através de interrupções. As interrupções não são perdidas, elas ficarão pendentes e serão atendidas após a seção crítica, quando interrupções forem novamente habilitadas. Não existe grande prejuízo se a seção crítica for rápida. Porém, uma seção crítica longa no código da aplicação levaria as interrupções a ficarem desabilitadas por um longo período de tempo, reduzindo a qualidade temporal do sistema como um todo. Em casos extremos, pode haver a perda de dados. Por exemplo, um controlador de porta serial pode ter um buffer em hardware para apenas um caractere. Ao chegar um caractere pela linha, uma interrupção é gerada para que o *device-driver* (parte do kernel) seja acionado e retire o caractere do buffer do controlador. Caso isto não seja feito, pois interrupções estão desabilitadas, e outro caractere chegue pela linha, ele sobrescreverá o primeiro caractere, o qual será perdido.

Um mecanismo alternativo, também de baixo nível, para o problema da seção crítica é chamado ***spin-lock***. Esta solução é baseada em uma instrução de máquina chamada muitas vezes de "**Test-and-Set**", embora seu nome possa variar de processador para processador. Por exemplo, na arquitetura Intel x86 ela é chamada de "Exchange Register/Memory with Register" e representada por **XCHG**. Ela faz a **troca atômica** (***atomic swap***) entre dois operandos, os quais podem ser dois registradores do processador ou um registrador e uma posição de memória. Para realizar a troca atômica entre o registrador EAX e a posição de memória cujo endereço é denotado pelo rótulo MEMVAR usaríamos a seguinte instrução:

```
XCHG        EAX, [MEMVAR]
```

Os detalhes das instruções de máquina deste tipo variam de arquitetura para arquitetura de computador, e sua implementação a nível de hardware também. Entretanto, seu propósito é simples: passar o conteúdo do registrador para a posição de memória e vice-versa, de forma atômica. A "forma atômica" aqui significa que, se uma interrupção for sinalizada, o tratador da interrupção vai executar antes do XCHG (quando os valores originais ainda estão no lugar) ou vai executar depois do XCHG (quando a troca de valores já estiver completa). O tratador da interrupção jamais verá a troca em andamento.

A atomicidade das instruções do tipo "Test-and-Set" também é mantida no caso de vários processadores ou vários núcleos no mesmo processador executarem em paralelismo real. Caso duas threads em núcleos distintos tentem executar XCHG, sobre os mesmos operandos, exatamente ao mesmo tempo, o hardware é construído de tal forma que uma thread vai completar o seu XCHG antes da outra, ou vice-versa. Mas jamais uma thread acessará valores intermediários, que ocorrem no meio da execução da XCHG da outra thread. Em resumo, para quaisquer fins, pode-se observar o estado do sistema antes do XCHG ou depois, porém nunca no meio. Isto é a execução atômica da instrução de máquina XCHG, garantida na construção do hardware.

O *spin-lock* é construído em torno de uma variável inteira compartilhada chamada usualmente de "lock", a qual indica se a seção crítica que ela protege está livre (lock == 0) ou ocupada (lock == 1). Usando o exemplo da instrução XCHG, quando uma thread deseja entrar na seção crítica, ela coloca o valor 1 no registrador EAX e em seguida executa:

```
XCHG        EAX, [lock]
```

Imediatamente após esta instrução de máquina duas situações são possíveis. Caso a seção crítica estivesse livre antes, "lock" teria o valor 0. Então após a instrução a variável terá o valor 1 e EAX terá 0 (troca dos valores). Em outras palavras, a seção crítica estava livre ("lock" com 0) e agora está ocupada ("lock" com 1). Ao mesmo tempo, EAX agora possui 0, o que indica que foi esta thread que ocupou a seção crítica. Basta testar EAX e, caso seu valor seja 0, significa que a thread possui agora acesso exclusivo à seção crítica.

A outra situação acontece quando a seção crítica está ocupada antes, então "lock" teria o valor 1. Após a instrução XCHG a variável "lock" terá o valor 1 e EAX terá 1 (troca de 1 por 1 e vice-versa). A seção crítica estava ocupada por outra thread ("lock" com 1) e agora continua ocupada ("lock" com 1). EAX continua com o valor 1, o que indica que esta thread não conseguiu ocupar a seção crítica. É importante observar que EAX é um registrador e, portanto, cada thread possui a sua própria versão, ao contrário da variável "lock", a qual é única e compartilhada por todas as threads.

No caso da thread executar XCHG e obter EAX com o valor 1 (seção crítica ocupada), ela precisa tentar novamente. Desta forma, a instrução XCHG e o posterior teste de EAX são colocados dentro de um laço, e executados repetidamente, até que em algum momento no futuro EAX fique com 0 e a thread possa entrar na seção crítica. A thread fica girando (*to spin*) em torno da variável "lock", daí o nome *spin-lock*. A atomicidade de XCHG garante que mesmo que duas threads tentem obter o "lock" ao mesmo tempo, somente uma (a primeira que executar XCHG) terá sucesso.

Ao sair da seção crítica, a thread coloca 0 em "lock", sinalizando que a seção crítica ficou livre novamente. Se houverem threads no *spin-lock*, a primeira a executar a instrução XCHG obterá acesso à seção crítica. Observe que escrever 0 na variável inteira "lock" é por si só uma operação atômica, pois a escrita de um valor inteiro em uma posição de memória é uma operação indivisível na maioria dos computadores. Porém, isto não é universal, e em alguns computadores é necessário usar também aqui a instrução XCHG ou outro mecanismo semelhante.

Podem-se observar duas limitações do *spin-lock*. Quando a seção crítica é liberada acontece uma espécie de "sorteio" entre as threads no *spin-lock* para determinar qual thread acessará a seção crítica em seguida. Uma thread "azarada" poderia ficar um longo intervalo de tempo esperando para acessar uma seção crítica muito disputada. Em outras palavras, existiria a possibilidade de postergação indefinida. A postergação indefinida somente é uma preocupação quando as seções críticas são muito longas ou muito disputadas. Existem soluções mais elaboradas para o *spin-lock* onde é criada uma fila de threads e as mesmas são atendidas pelo *spin-lock* pela ordem de chegada (FIFO, First-In First-Out). Um exemplo deste tipo de solução são os **ticket locks** [MEL1991].

A outra limitação do *spin-lock* é chamada de **espera ocupada** (***busy-waiting***). Enquanto espera para entrar na seção crítica, a thread ocupa o processador para executar o laço onde repete constantemente XCHG e o teste do valor obtido. *Spin-lock* é usado normalmente em multiprocessadores, de maneira que enquanto uma thread acessa a seção crítica em um processador (ou núcleo), a thread que espera no *spin-lock* executa em outro processador, gastando ciclos em *busy-waiting*. Esta situação é tolerável enquanto as seções críticas forem rápidas. No caso de um monoprocessador, o escalonamento precisa ser preemptivo, para que a thread bloqueada no *spin-lock* não monopolize o processador.

Tanto desabilitar interrupções como *spin-lock* são largamente usados na prática. Em monoprocessadores, desabilitar interrupções é o mecanismo básico para proteger seções críticas dentro do kernel, ao impedir o chaveamento de contexto. Instruções privilegiadas como desabilitar interrupções podem ser usadas livremente dentro do kernel. E a programação de qualquer kernel é cuidadosa no sentido de minimizar a duração das seções críticas com interrupções desabilitadas. Desta forma a responsividade do sistema não é sacrificada. No caso de multiprocessamento, *spin-lock* é usado para obter exclusão mútua quando código executado em diferentes processadores (ou núcleos) tentam acessar a mesma variável compartilhada. Novamente, o problema da postergação indefinida e do *busy-waiting* é minimizado pela programação cuidadosa das seções críticas, fazendo-as de duração a mais curta possível. Em multiprocessamento o *spin-lock* é geralmente empregado em conjunto com desabilitar interrupções, para que a retenção de um lock seja a mais rápida possível, reduzindo o *busy-waiting* dos demais processadores.

Embora muito usados na implementação do kernel do sistema operacional, estes dois mecanismos de baixo nível são inconvenientes para a programação de aplicações. Eles obrigam o programador da aplicação a considerar aspectos da arquitetura do computador, os quais deveriam ser completamente escondidos pelo compilador e pelo sistema operacional. A programação das aplicações pode utilizar mecanismos de mais alto nível, os quais serão descritos nas próximas seções.

11.9 Seção Crítica: Mutex

Para resolver o problema da seção crítica no contexto de uma aplicação, é possível utilizar mecanismos implementados pelo sistema operacional e acessado através de chamadas de sistema. Tais mecanismos implementam abstrações de mais alto nível, as quais mitigam as limitações associadas com os mecanismos de baixo nível desabilitar interrupções e *spin-lock.*

Provavelmente o mecanismo mais usado por aplicações na proteção de seções críticas é o mutex. O próprio nome **mutex** é uma contração de "*mutual exclusion*" (exclusão mútua). O mutex é um tipo abstrato de dado cujos atributos são um valor lógico e uma fila de threads bloqueadas. O valor lógico registra o fato de, a cada momento, o mutex estar no estado livre ou ocupado. Já a fila de threads contém todas as threads bloqueadas esperando a liberação deste mutex.

Embora bibliotecas possam oferecer uma variedade de operações sobre um mutex, apenas duas primitivas são realmente essenciais. Quando uma thread executa a primitiva LOCK sobre um mutex livre, o mesmo passa para ocupado e a thread segue sua execução. Se uma thread executa a primitiva LOCK sobre um mutex ocupado, a thread fica bloqueada, sai da fila do processador, e é inserida na fila do mutex em questão.

Quando uma thread executa a outra primitiva, UNLOCK, sobre um mutex livre, nada acontece. Se uma thread executa a primitiva UNLOCK sobre um mutex ocupado e a sua fila de threads está vazia, o mutex passa para o estado livre. Finalmente, se uma thread executa a primitiva UNLOCK sobre um mutex ocupado cuja fila de threads não está vazia, o mutex permanece ocupado e a primeira thread bloqueada em sua fila é liberada e novamente inserida na fila processador. Em qualquer circunstância, uma thread jamais é bloqueada ao executar UNLOCK.

A figura 11.4 ilustra como o mutex pode ser usado para resolver o problema da seção crítica no contexto da biblioteca Pthread. Neste exemplo existe uma variável global inteira "soma", a qual é incrementada pelas threads th1 e th2. A seção crítica de cada thread corresponde ao incremento da variável global.

Após incluir o arquivo "pthread.h", é criada a variável "meuMutex" do tipo pthread_mutex_t e ela recebe a inicialização padrão PTHREAD_MUTEX_INITIALIZER. Antes de cada seção crítica é necessário executar "pthread_mutex_lock()" sobre "meuMutex". Na saída de cada seção crítica, a mesma é liberada através de "pthread_mutex_unlock()".

Desta forma, caso as duas threads tentem incrementar a variável "soma" ao mesmo tempo, aquela que primeiro executar "pthread_mutex_lock()" terá o acesso à seção crítica. A outra thread ficará bloqueada ao executar o seu "pthread_mutex_lock()". Quando a thread que detém o acesso à seção crítica liberá-la através da execução de "pthread_mutex_unlock()", a thread bloqueada será retirada da fila do mutex e inserida novamente na fila do processador, pois agora é ela que detém o acesso à seção crítica. Quando ela também executar "pthread_mutex_unlock()", a seção crítica (e o mutex) voltará a ficar livre.

```
#include <pthread.h>
...
pthread_mutex_t meuMutex = PTHREAD_MUTEX_INITIALIZER;
...
int soma = 0;
...
void codigo_th1( void)
{   ...
    pthread_mutex_lock( &meuMutex );
    ++soma;
    pthread_mutex_unlock( &meuMutex );
    ...
}
...
void codigo_th2( void)
{   ...
    pthread_mutex_lock( &meuMutex);
    ++soma;
    pthread_mutex_unlock( &meuMutex);
    ...
}
```

Figura 11.4 – Utilização de mutex com a biblioteca Pthreads.

Para que o mecanismo exemplificado pela figura 11.4 funcione, as primitivas LOCK e UNLOCK precisam ser atômicas. No caso da aplicação, LOCK e UNLOCK são chamadas de sistema, ou funções de uma biblioteca que por sua vez as mapeia para chamadas de sistema equivalentes. No código da aplicação elas são usadas supondo-se sua atomicidade. É responsabilidade do kernel do sistema operacional prover esta atomicidade. Tipicamente o kernel utiliza os mecanismos de baixo nível apresentados na seção 11.8 para prover a atomicidade das primitivas do mutex.

No caso de computadores com um único processador, as interrupções são desabilitadas durante a implementação de LOCK e UNLOCK. Como esta implementação acontece dentro do kernel, o fato de desabilitar interrupções ser uma instrução privilegiada não é um problema mesmo em sistemas operacionais com proteção entre processos. Interrupções são desabilitadas apenas durante a execução das primitivas. O código da seção crítica da aplicação executará com interrupções habilitadas. Desta forma, a responsividade do sistema não é muito afetada.

No caso de computadores com vários processadores, além de desabilitar interrupções, é necessário empregar *spin-lock* para evitar que threads em diferentes processadores manipulem o mesmo mutex ao mesmo tempo. O *spin-lock* é usado para proteger o pequeno código das primitivas LOCK e UNLOCK, e não para proteger o código da seção crítica da aplicação. Desta forma, questões como o *busy-waiting* e a postergação indefinida não são tão preocupantes. Por exemplo, caso um LOCK resulte no bloqueio da thread, a mesma é removida da fila do processador, inserida na fila do mutex e outra thread colocada para executar. O *busy-waiting* acontece durante a execução da primitiva LOCK mas não durante a execução da seção crítica da aplicação.

11.9.1 Aninhamento de Mutex

Seções críticas podem ser aninhadas, como mostra a figura 11.5. A situação mais comum acontece quando uma função "func_x" acessa um recurso compartilhado X protegido por um mutex MX. A função "func_x" tem LOCK(MX) no início e UNLOCK(MX) no final. Porém, dentro da função "func_x" é chamada a função "func_y", a qual acessa um recurso compartilhado Y protegido pelo mutex MY. A função "func_y" tem LOCK(MY) no início e UNLOCK(MY) no final. A sequência das operações sobre o mutex será: LOCK(MX), LOCK(MY), UNLOCK(MY), UNLOCK(MX). Esta situação é chamada de **aninhamento perfeito** (***perfect nesting***), onde as operações de UNLOCK acontecem exatamente na ordem reversa das operações de LOCK. Ao longo deste capítulo, quando aninhamentos forem considerados, será suposto sempre que trata-se de aninhamento perfeito. Também ao longo deste capítulo, sempre que não gerar ambiguidade no texto, será considerado que o recurso X é protegido por um mutex X, acessado através das primitivas LOCK(X) e UNLOCK(X).

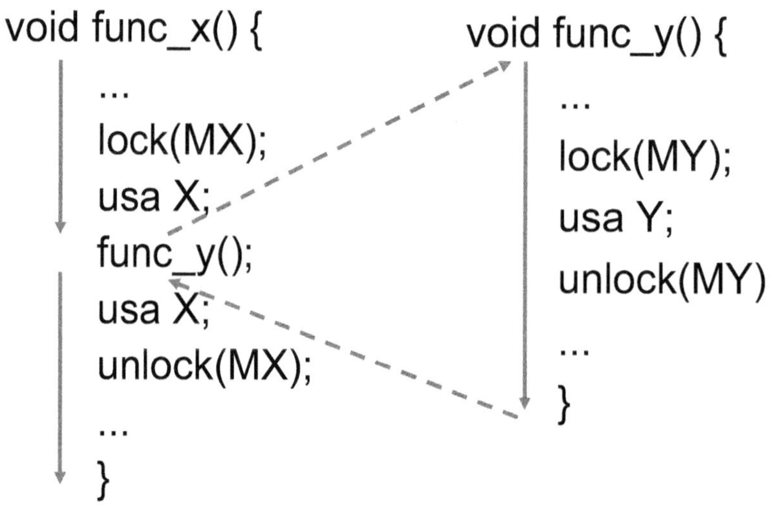

Figura 11.5 – Formação de seções críticas aninhadas.

11.10 Deadlock

Quando é possível o aninhamento de mutex, surge também a possibilidade da ocorrência de **deadlock (impasse)**. Um conjunto de N tarefas está em deadlock quando cada uma das N tarefas está bloqueada à espera de um evento que somente pode ser causado por uma das N tarefas do conjunto. Neste caso, teríamos N tarefas bloqueadas por uma operação LOCK em algum mutex, o qual foi ocupado anteriormente por alguma destas N tarefas.

No capítulo 13 serão apresentados mecanismos de sincronização mais avançados, os quais também podem gerar deadlocks. Entretanto, não é preciso nada mais do que mutex para gerar deadlocks. Note que, se um deadlock é possível, o tempo de resposta das tarefas envolvidas será infinito.

O exemplo mais simples de formação de deadlock é quando temos duas tarefas, $\tau 1$ e $\tau 2$, sendo que a tarefa $\tau 1$ faz LOCK(X) e LOCK(Y), enquanto a tarefa $\tau 2$ faz LOCK(Y) e LOCK(X). Suponha que a tarefa $\tau 2$ chega, começa a executar e faz LOCK(Y). Neste momento a tarefa $\tau 1$ chega, preempta o processador, executa LOCK(X) e, ao fazer LOCK(Y) fica bloqueada. Com isto a tarefa $\tau 2$ volta a executar, faz LOCK(X) e fica bloqueada. Temos agora a tarefa $\tau 1$ com o recurso X esperando pelo recurso Y, e a tarefa $\tau 2$ com o recurso Y, esperando pelo recurso X. Em outras palavras, temos um deadlock envolvendo as tarefas $\tau 1$ e $\tau 2$.

Para ser possível a ocorrência de um deadlock são necessárias quatro condições:

- Existência de recursos que precisam ser acessados de forma exclusiva, o que é inevitável na maioria dos sistemas;

- Possibilidade das tarefas manterem recursos alocados enquanto esperam por recursos adicionais, o que acontece com aninhamento de mutex;
- Necessidade dos recursos serem liberados pelas próprias tarefas que os estão utilizando, o que em geral é necessário para evitar que estruturas de dados sejam corrompidas;
- Possibilidade da formação de uma espera circular onde cada tarefa espera por um recurso que foi obtido por outra tarefa que espera outro recurso e assim por diante, fechando o círculo com a tarefa inicial.

No caso desta última condição necessária, uma solução clássica é ordenar os mutex e exigir que as tarefas somente executem a operação LOCK na ordem crescente deles. Supondo que os mutex X e Y estejam em ordem alfabética, fazer LOCK(X) e LOCK(Y) é válido. Porém fazer LOCK(Y) e LOCK(X) é proibido. Caso a tarefa já detenha o recurso Y e precise do recurso X, a tarefa precisa executar UNLOCK(Y), LOCK(X) e LOCK(Y) para manter a regra da ordenação. Com esta regra de alocação, é impossível a ocorrência de um deadlock.

É importante notar que deadlocks podem surgir tanto em programas concorrentes que usam variáveis compartilhadas como em programas concorrentes que empregam troca de mensagens. Considere um programa concorrente que emprega primitivas RECEIVE do tipo síncrono, ou seja, a tarefa que executa RECEIVE fica bloqueada até receber uma mensagem. Neste programa, em certo momento, a tarefa $\tau 1$ executa RECEIVE e somente a tarefa $\tau 2$ envia mensagens para ela. Logo depois, a tarefa $\tau 2$ também executa RECEIVE, sendo que apenas a tarefa $\tau 1$ envia mensagens para ela. Temos então a tarefa $\tau 1$ bloqueada a espera da tarefa $\tau 2$ e tarefa $\tau 2$ bloqueada a espera da tarefa $\tau 1$, o que caracteriza um deadlock.

11.11 Exercícios

1) Com respeito ao uso de "desabilita interrupção" como mecanismo de sincronização, é correto afirmar que:

a) Não existem restrições quanto ao seu uso em qualquer sistema operacional.

b) Apresenta o problema de *busy-waiting*.

c) Não funciona em multiprocessadores.

d) Pode apresentar postergação indefinida.

2) Com respeito ao uso de *spin-lock* como mecanismo de sincronização, é correto afirmar que:

a) Reduz a responsividade do sistema ao desabilitar interrupções.

b) Apresenta o problema de *busy-waiting*.

c) Não funciona em multiprocessadores.

d) Trata-se de instrução privilegiada.

3) Com respeito às seções críticas em programas concorrentes, é correto afirmar que:

a) É um problema que ocorre apenas em multiprocessadores (*multicore*).

b) Pode ocorrer mesmo que todas as threads acessem as variáveis compartilhadas apenas para leitura.

c) É responsabilidade do escalonador prover a atomicidade das seções críticas.

d) Requerem um protocolo de acesso para garantir a exclusão mútua entre as threads.

4) Cite uma limitação do uso de "desabilita interrupção" como mecanismo de sincronização e também uma limitação do *spin-lock* como mecanismo de sincronização.

5) Em um sistema XYZ existe uma chamada de sistema comum (não privilegiada) que permite a uma tarefa qualquer desligar as preempções temporariamente. Ou seja, após executar DESLIGA_PREEMPÇÃO os chaveamentos de contexto entre tarefas ficam proibidos até que esta mesma tarefa execute a chamada de sistema LIGA_PREEMPÇÃO. Entretanto, as interrupções continuam habilitadas, e são atendidas pelo kernel, apenas os chaveamentos de contexto (preempções) são postergados até serem ligados novamente.

Considerando o problema da seção crítica em monoprocessadores, compare o uso destas chamadas de sistema com o simples desabilitar de interrupções, a respeito das propriedades e limitações. Liste pelo menos quatro aspectos.

6) Em muitos sistemas operacionais existe uma chamada de sistema "yield()", cujo efeito é passar a thread chamadora para o final da fila de aptos. Suponha que um dado kernel escalone o processador utilizando fatias de tempo e suporte a chamada "yield()". Suponha ainda que, em todas as aplicações, o tempo necessário para executar uma seção crítica seja menor que a duração de uma fatia de tempo. Para este caso em particular, buscando resolver o problema da seção crítica, considere o seguinte mecanismo de sincronização:

- Imediatamente antes de entrar na seção crítica, a thread chama "yield()";
- Ao sair da seção crítica, a thread não faz nada.

Responda as questões abaixo, sempre justificando sua resposta com um exemplo.

a) Esta solução oferece exclusão mútua ?

b) Esta solução apresenta a possibilidade de postergação indefinida ?

c) Esta solução funciona para mais de duas threads ?

d) Esta solução apresenta *busy-waiting* ?

e) Quais as maiores desvantagens de usa-la na prática.

7) Para que funcione, as operações "lock" e "unlock" sobre os mutexes precisam ser atômicas. Indique como isto pode ser obtido. Não precisa entrar em detalhes, apenas indicar como isto poderia ser implementado.

8) Em um sistema que suporta programação concorrente apenas através da troca de mensagens, será criado uma tarefa Servidor para controlar o uso das portas seriais. Quando uma tarefa Cliente deseja usar uma porta serial, ela envia uma mensagem "Aloca" para o Servidor. Existem N portas seriais, todas equivalentes, mas cada uma pode ser usada somente por um Cliente de cada vez. O Servidor informa ao Cliente a porta que ele vai usar através da mensagem "Porta p". Ao concluir o uso, o Cliente envia para o Servidor a mensagem "Libera p". Suponha que exista mais do que N tarefas Clientes. Mostre o algoritmo do Servidor, em português estruturado. Supor RECEIVE bloqueante.

9) Em um sistema que suporta programação concorrente apenas através da troca de mensagens, deve ser criado um Servidor de Medições para o mesmo problema da questão anterior. Supor que o Servidor é monothread. As mensagens existentes são mostradas abaixo. Usar apenas RECEIVE bloqueante.

"M"+123.4	Informa uma medição válida com o valor 123.4
"N"	Informa que uma medição inválida aconteceu
"P"	Solicita a medição corrente, desde que válida
"L"+123.4	Solicita uma resposta quando a medição válida for maior que 123.4
"A"	Informa que o limite foi atingido

Mostre o algoritmo do Servidor de Medições em português estruturado, o qual deve implementar operações com a mesma semântica da questão anterior. Mostre como estas três operações podem ser realizadas pelos clientes através das primitivas SEND e RECEIVE.

10) Considere um programa concorrente que implementa um sistema semelhante à bolsa de valores. Várias threads do tipo "Comprador" e do tipo "Vendedor" fazem ofertas de compra e venda através de um "Servidor de Negócios". Suponha a existência de ações de uma única empresa.

Mostre o algoritmo da tarefa "Servidor de Negócios" em português estruturado (apenas o algoritmo). Supor que o Servidor é monothread e a primitiva RECEIVE é bloqueante. Não precisa descrever as demais tarefas. Os seguintes serviços são oferecidos pelo servidor:

<u>Comprador envia "ofertaCompra valor"</u>
Usada por uma tarefa compradora para fazer uma oferta de compra, "valor" é o valor da oferta. A tarefa compradora ficará bloqueada em um RECEIVE até que o negócio seja fechado (o valor do negócio é retornado) ou que uma outra oferta de compra melhor seja feita por outra tarefa (o valor retornado é -1 neste caso). Para o negócio ser fechado a oferta de compra deve ser maior ou igual à oferta de venda. O valor do negócio é a média entre os dois.

<u>Vendedor envia "ofertaVenda valor"</u>
Usada por uma tarefa vendedora para fazer uma oferta de venda, "valor" é o valor da oferta. A tarefa vendedora ficará bloqueada em um RECEIVE até que o negócio seja fechado (o valor do negócio é retornado) ou que outra oferta de venda melhor seja feita por outra tarefa (o valor

retornado é -1 neste caso). Para o negócio ser fechado a oferta de compra deve ser maior ou igual à oferta de venda. O valor do negócio é a média entre os dois.

O servidor deve manter sempre a melhor oferta de compra e a melhor oferta de venda recebidas até o momento. Ao receber uma nova oferta de compra ou de venda este valor pode ou não ser atualizado, dependendo dos valores em questão. Também é possível que o negócio seja fechado ou não. Inicialmente, a melhor oferta de compra é INFINITO_NEGATIVO e a melhor oferta de venda é INFINITO_POSITIVO. Estes mesmos valores devem ser assumidos logo em seguida ao fechamento de um negócio.

11) Ilustre um aninhamento imperfeito de LOCK através de um exemplo.

12. Seções Críticas em Sistemas de Tempo Real

É possível melhorar o mutex para uso em sistemas de tempo real ?

O capítulo 11 apresentou alguns problemas e soluções relacionados com a sincronização e comunicação entre tarefas. Programação Concorrente foi definida e mostrado como a sincronização e comunicação entre tarefas pode ser feita através da troca de mensagens ou do acesso a variáveis compartilhadas. No caso de variáveis compartilhadas, foi apresentado o problema da seção crítica e alguns mecanismos de sincronização possíveis, notadamente o mutex.

O mutex tradicional, apresentado no capítulo 11, resolve o problema da seção crítica em sistemas de propósito geral. Entretanto, em sistemas de tempo real, ele pode gerar situações onde ocorre uma demorada inversão de prioridades entre as tarefas. Em sistemas de tempo real é possível empregar mutex especiais, os quais são projetados exatamente para minimizar as situações de inversão de prioridades, as quais são prejudiciais para a qualidade temporal do sistema.

Neste capítulo será discutido o problema da inversão de prioridades e apresentados os principais protocolos de alocação de recursos usados em versões do mutex especialmente criadas para sistemas de tempo real.

12.1 Inversão de Prioridades

Como descrito no capítulo 11, seções críticas surgem naturalmente quando variáveis compartilhadas são usadas, e também podem ocorrer quando periféricos que requerem acesso exclusivo são compartilhados. Duas tarefas entram em conflito quando precisam usar o mesmo recurso ao mesmo tempo. O mutex é usado para ordenar o acesso, e a execução da operação LOCK pode fazer uma tarefa ficar bloqueada por algum tempo, até que o mutex em questão seja liberado pela tarefa que o detém.

Suponha um sistema de tempo real composto por três tarefas $\tau 1$, $\tau 2$ e $\tau 3$, sendo que $\tau 1$ tem a prioridade mais alta e $\tau 3$ a prioridade mais baixa. As três tarefas compartilham o recurso X, o qual é protegido pelo mutex X. A figura 12.1 ilustra a situação quando a tarefa $\tau 3$ chega antes e executa LOCK(X). Algum tempo depois chega a tarefa $\tau 2$, a qual possui prioridade mais alta do que $\tau 3$ e, portanto, preempta o processador de $\tau 3$. Em seguida $\tau 2$ executa LOCK(X), mas como o mutex está ocupado, ela bloqueia, e $\tau 3$ volta a executar. O mesmo então acontece depois com $\tau 1$, isto é, a tarefa $\tau 1$ chega, preempta $\tau 3$ pois sua prioridade é mais alta, e utiliza o processador até executar LOCK(X), quando fica bloqueada. Neste momento, $\tau 1$ e $\tau 2$ estão bloqueadas a espera do mutex, enquanto $\tau 3$ executa. Esta situação é chamada de **inversão de prioridade** (***priority***

inversion), pois temos tarefa de mais alta prioridade esperando pela execução de tarefa de mais baixa prioridade. Em outras palavras, as prioridades estão invertidas.

A ocorrência de inversões de prioridade é inevitável quando mutex são empregados. Basta a tarefa de baixa prioridade chegar antes e obter o mutex que, quando a tarefa de alta prioridade chegar e tentar obter o mutex ocupado, ela ficará bloqueada. Em sistemas de tempo real em geral o objetivo é minimizar as inversões de prioridades, e não eliminá-las. Existem na literatura soluções para o problema da seção crítica que não geram bloqueio e, portanto, não geram inversão de prioridade. Elas são chamadas de ***wait-free*** ou ***lock-free***, dependendo de como são implementadas. Entretanto, elas possuem limitações práticas na sua utilização e não serão descritas aqui. Detalhes sobre essas soluções podem ser encontrados em [HER1988] e [AND1997], entre muitas outras referências.

Quando finalmente a tarefa τ3 executa UNLOCK(X) ela libera uma das tarefas bloqueadas no mutex. No caso de um mutex de propósito geral, a tarefa liberada seria provavelmente τ2, pois a liberação ocorre conforme a ordem de bloqueio. Entretanto, o capítulo 10 sobre escalonamento mostrou a importância das prioridades em sistemas de tempo real. Desta forma, em sistemas de tempo real, espera-se que as tarefas sejam liberadas no mutex conforme a prioridade e não conforme a ordem de chegada. No caso do exemplo mostrado na figura 12.1, a tarefa τ1 é liberada e executa. Quando ela concluir, a tarefa τ2 passará a ser a tarefa apta de prioridade mais alta e ela executará. Finalmente, quando τ2 concluir, a tarefa τ3 poderá retomar sua execução.

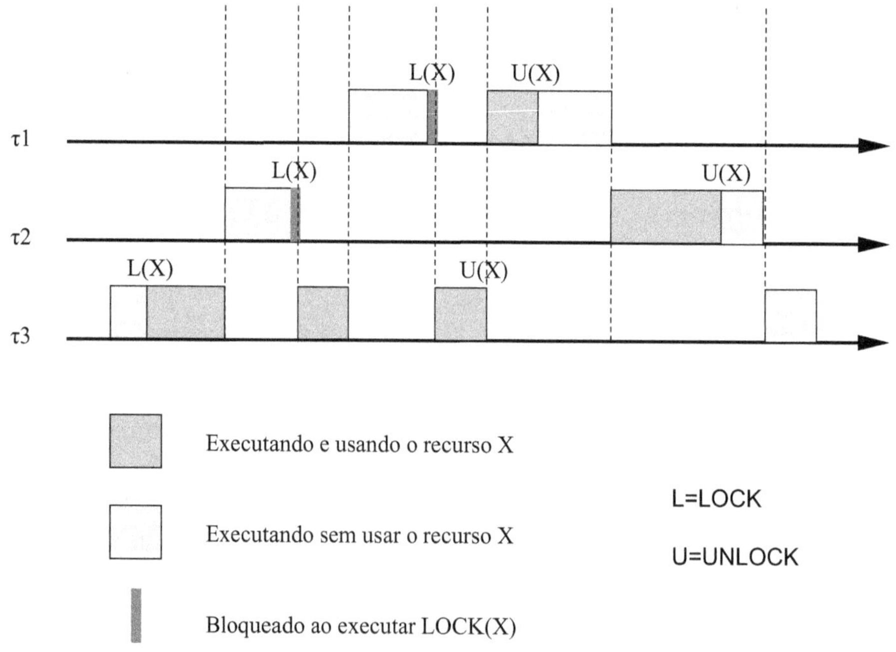

Figura 12.1 – Inversão de prioridades.

A inversão de prioridades pode acontecer de forma ainda mais intensa. A figura 12.2 ilustra novamente um sistema com tarefas $\tau 1$, $\tau 2$ e $\tau 3$, sendo que $\tau 1$ tem a prioridade mais alta e $\tau 3$ a mais baixa. Agora apenas as tarefas $\tau 1$ e $\tau 3$ compartilham o recurso X. A tarefa $\tau 3$ chega antes e executa LOCK(X). Algum tempo depois chega a tarefa $\tau 1$, a qual possui prioridade mais alta do que $\tau 3$, preempta o processador de $\tau 3$ e executa LOCK(X). Como o mutex está ocupado, ela bloqueia, e $\tau 3$ volta a executar. Até aqui temos uma inversão de prioridades normal. Porém agora a tarefa $\tau 2$ chega e preempta $\tau 3$, pois sua prioridade é mais alta. Temos então que $\tau 2$ completa toda a sua execução. Neste caso a tarefa $\tau 1$, a mais prioritária do sistema, fica bloqueada a espera de t3 liberar X, mas também precisa esperar por toda a execução da tarefa t2, a qual nem sequer utiliza o recurso X. Este tipo de situação é chamada de **inversão descontrolada de prioridades** (***unbounded priority inversion***), e é capaz de prejudicar em muito o tempo de resposta das tarefas de mais alta prioridade.

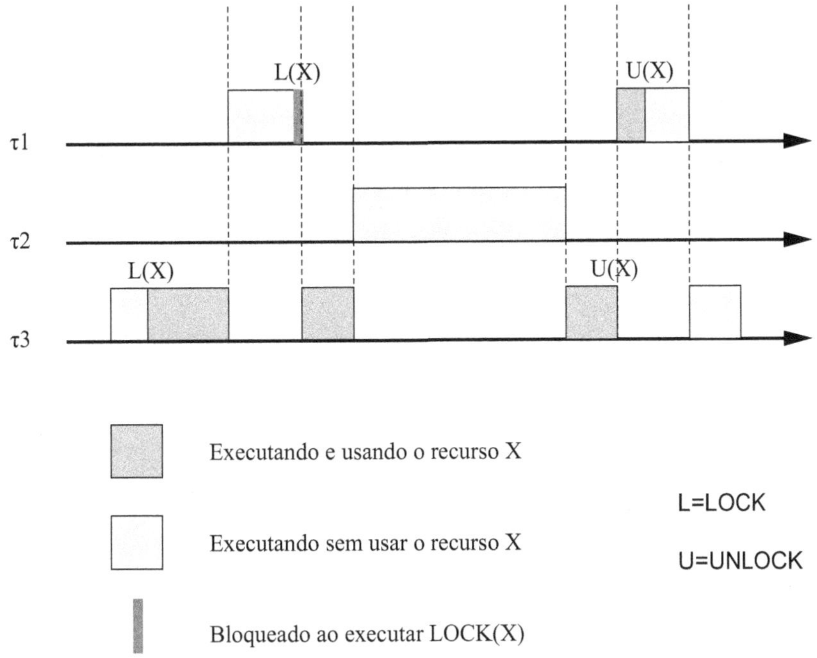

Figura 12.2 – Inversão descontrolada de prioridades.

12.2 Mutex para Tempo Real

Em sistemas de tempo real sempre pensamos no processador como o recurso mais importante, o qual precisa ser cuidadosamente escalonado, como visto no capítulo 10 sobre escalonamento de tarefas. Embora um recurso essencial, existem outros recursos que também são usados, tais como canais de comunicação, estruturas de dados, arquivos, etc. Quando tais recursos requerem exclusão mútua e, por exemplo, um mutex é empregado, surge uma situação de contenção entre tarefas. Por exemplo, suponha que um mutex protege uma variável compartilhada acessada por três tarefas. Em um dado momento o mutex está ocupado por uma das tarefas, e as outras duas tarefas executam LOCK, ficando portanto bloqueadas. Quando a tarefa que detém o mutex executa UNLOCK, precisamos escolher qual das duas tarefas bloqueadas será liberada primeiro. Ou seja, temos uma situação de escalonamento. Em aplicações de propósito geral, as tarefas bloqueadas em um mutex são tipicamente liberadas conforme a ordem de bloqueio (FIFO, *First-In First-Out*). Porém, como será visto nesta seção, FIFO não é a melhor política para mutex em sistemas de tempo real.

Nesta seção serão considerados sistemas com um único processador onde existem diferentes **recursos compartilhados** além do processador. O acesso a cada recurso compartilhado é controlado por um mutex próprio. O recurso pode ser uma estrutura de dados compartilhada, mas pode também ser um periférico, como um conversor analógico/digital que requer exclusão mútua no acesso, por exemplo. Não são considerados aqui recursos que podem ser acessados simultaneamente, como uma tabela que é apenas lida, por exemplo.

Um mutex é usado pelas tarefas para controlar o acesso aos recursos compartilhados. Uma tarefa executa LOCK(X) para indicar que ela requer o uso do recurso X, e ficará bloqueada até o acesso ao recurso ser autorizado. Enquanto bloqueada, ela sai da fila do processador e não disputa o processador, ou seja, a implementação do mutex não gera *busy-waiting* na aplicação. UNLOCK(X) é usado pela tarefa para indicar que ela não mais requer acesso ao recurso X e isto poderá liberar outra tarefa que estava esperando para usar o recurso X.

Podemos descrever o comportamento de uma tarefa com respeito aos recursos compartilhados através de uma notação baseada na utilizada em [LIU2000]. O uso de um recurso X por 3 ut (unidades de tempo), por exemplo, será denotado por [X,3]. O uso de recursos aninhados também pode ser facilmente representado. Suponha que a tarefa execute LOCK(X), utilize por 3 ut, então execute LOCK(Y), mantenha X e Y alocados por 5 ut, libere Y executando UNLOCK(Y) e, 4 ut depois, execute UNLOCK(X). Isto pode ser representado com o aninhamento dos colchetes, ou seja, [X,3[Y,5]4].

A demanda por recursos das tarefas também pode ser representada através de um grafo dirigido acíclico, como mostra a figura 12.3. Neste caso, círculos representam tarefas e quadrados representam recursos. Uma flecha partindo de uma tarefa para um recurso indica que aquela tarefa necessita daquele recurso. O número anotado ao lado da flecha indica por quantas unidades de tempo, no pior caso, a tarefa precisa usar o recurso. No caso específico da figura 12.3, as seguintes demandas são representadas:

$\tau 1$: [X,3][Y,1]
$\tau 2$: [X,2]
$\tau 3$: [X,3[Y,5]4]

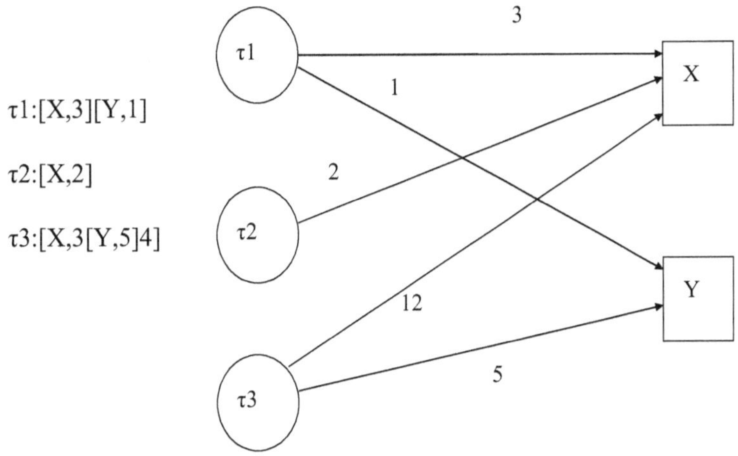

Figura 12.3 – Descrição do acesso aos recursos usando grafo.

Aplicações de tempo real são, na maioria das vezes, implementadas como programas concorrentes. E, inevitavelmente, surgem situações onde é necessário o acesso exclusivo da tarefa a um dado recurso, seja estrutura de dados ou periférico. Nestas situações, o mutex é o mecanismo mais empregado para regular este acesso. Enquanto em sistemas de propósito geral é empregado o mutex clássico, descrito no capítulo 11, em sistemas de tempo real são usados mutex que empregam protocolos de acesso criados especificamente para minimizar as inversões de prioridade e impedir deadlocks. Alguma inversão de prioridades é inevitável, mas as inversões descontroladas de prioridade podem ser eliminadas. Deadlocks até podem ser impedidos pelo método da alocação ordenada, descrito no capítulo 11, mas em aplicações grandes é difícil garantir sua aplicação. Existem alguns protocolos para mutex que tornam sua ocorrência impossível.

Nas próximas seções deste capítulo serão apresentados quatro protocolos para alocação de recursos quando prioridades fixas são usadas no escalonamento das tarefas. Porém, existem na literatura de tempo real muitas soluções propostas para a gerência de recursos que requerem exclusão mútua. Mais detalhes e referências para artigos sobre o assunto também podem ser encontradas em [LIU2000], [BUR2009] e [BUT2011].

12.3 Mutex para Tempo Real: Desliga Preempção

Um protocolo de acesso muito simples, que pode apresentar bom comportamento em alguns sistemas, é simplesmente desligar preempções. Ao executar uma operação LOCK, a tarefa em questão **desliga as preempções** e passa a ser a única tarefa que pode executar. Ao executar a operação UNLOCK, as preempções voltam a acontecer normalmente. Todas as seções críticas executam de forma não preemptiva. Desligar as preempções significa que o escalonador não fará trocas de contexto conforme as prioridades das tarefas até que as preempções sejam religadas.

Esta solução somente funciona em monoprocessador, pois no caso de um computador multinúcleo (*multicore*) ela não impediria que duas tarefas, executando em núcleos diferentes, acessassem o recurso simultaneamente. É uma solução semelhante a desabilitar interrupções. Porém, agora as interrupções continuam habilitadas e acontecem, apenas a tarefa em execução após um LOCK não será substituída por outra tarefa até executar UNLOCK.

Trata-se de uma solução perigosa, pois se a tarefa entrar em loop infinito após executar o LOCK, nenhuma outra tarefa executará e o sistema travará. Não existe proteção entre tarefas neste sistema, pois um "bug" em uma tarefa vai comprometer o funcionamento do sistema. Mas é uma abordagem possível, e usada, em sistemas embutidos (*embedded systems*) executando uma aplicação única em cima de um microkernel.

Empregando este protocolo de acesso é impossível a ocorrência de deadlocks pois, uma vez executado o primeiro LOCK, as demais tarefas não poderão executar para que elas também possam chamar LOCK, condição necessária para a formação do deadlock. Por outro lado, seções críticas aninhadas funcionam sem problema. Apenas o número de operações LOCK executadas deve ser mantido pelo sistema e as preempções somente voltam a ocorrer depois que um número igual de operações UNLOCK tiver sido executado.

Também não existe a inversão descontrolada de prioridades, como aquela mostrada na figura 12.2, onde mutex normal é usado. Uma vez que a tarefa de baixa prioridade executou um LOCK, ela não poderá ser preemptada pela tarefa de média prioridade, como no caso da figura 12.2. Na verdade ela não pode ser preemptada por nenhuma tarefa até executar UNLOCK, quando a ordem das prioridades volta a valer, e ela seria imediatamente preemptada pela tarefa de prioridade mais alta apta a executar no momento.

A inversão de prioridades continua a acontecer. A figura 12.4 mostra um padrão de chegadas de tarefas semelhante ao apresentado na figura 12.1. Mas agora o mutex desliga preempções. Por exemplo, na figura 12.4, quando a tarefa $\tau 2$ chega, ela deveria preemptar $\tau 3$ e começar a executar imediatamente. Porém, preempções estão desligadas e ela permanece bloqueada até que $\tau 3$ execute a operação UNLOCK(X). Mesmo que a tarefa $\tau 2$ não utilizasse o recurso X ou qualquer recurso, ela seria bloqueada por $\tau 3$.

Quando desliga preempção é usado como política de acesso a recursos compartilhados, o tempo máximo de bloqueio Bi de uma tarefa τi é dado pela duração da maior seção crítica de qualquer tarefa com prioridade mais baixa do que τi, não importando se τi acessa recursos compartilhados ou não. Por outro lado, a tarefa τi poderá ser bloqueada somente pela duração de uma seção crítica. Quando a tarefa que causou o bloqueio executar UNLOCK, ela será imediatamente preemptada por τi, e nenhuma outra tarefa com prioridade mais baixa do que τi poderá executar até que τi conclua sua execução.

Desligar as preempções é terrível quando, por exemplo, tarefas de baixa prioridade possuem seções críticas demoradas. No pior caso, a tarefa de alta prioridade chega imediatamente após o LOCK da tarefa de baixa prioridade e precisará esperar pela duração quase total desta seção crítica demorada. Entretanto, quando quase todas as tarefas de alta prioridade acessam elas próprias seções críticas, e todas as seções críticas da aplicação são aproximadamente de mesma duração, e rápidas, desligar as preempções passa a ser uma solução simples de implementar e com bons resultados.

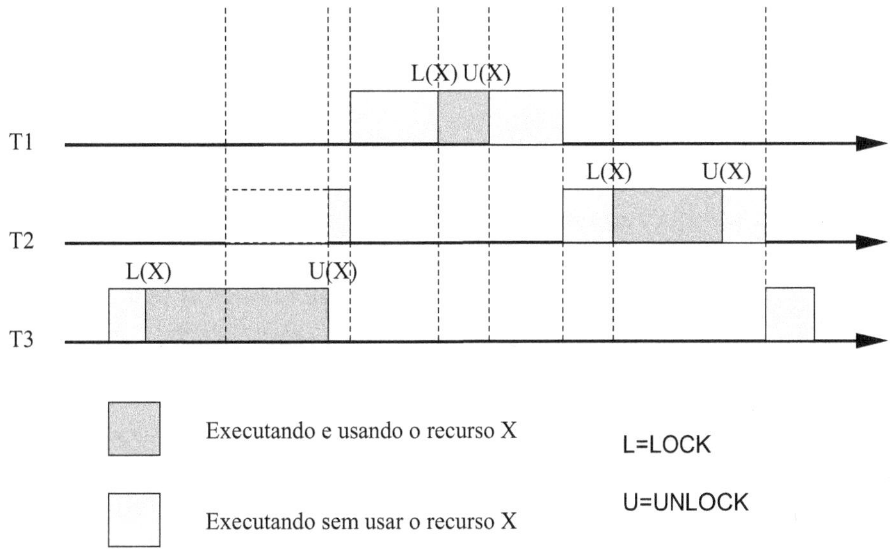

Figura 12.4 – Exemplo com o protocolo de acesso "desliga preempção".

12.4 Mutex para Tempo Real: Herança de Prioridade

Outro protocolo de acesso a recursos compartilhados muito usado é a **herança de prioridade** (***priority inheritance***). Neste protocolo, quando uma tarefa de baixa prioridade está bloqueando a execução da tarefa de alta prioridade, ela herda a alta prioridade da tarefa bloqueada. Desta forma, a execução da tarefa de baixa prioridade é acelerada, liberando antes a tarefa de alta prioridade.

Cada tarefa possui sua **prioridade nominal** fixa, atribuída segundo alguma política de atribuição de prioridades, como visto no capítulo 10 sobre escalonamento. Na herança de prioridade, além da prioridade nominal, cada tarefa também possui uma **prioridade efetiva** corrente (***effective priority***). Ao contrário da prioridade nominal, a qual é única e fixa, a prioridade efetiva pode variar ao longo da execução da tarefa. O escalonador usa as prioridades efetivas das tarefas aptas para decidir qual tarefa deve executar a seguir.

Quando uma tarefa chega para execução, sua prioridade efetiva recebe o valor da sua prioridade nominal. Quando uma tarefa executa a operação LOCK(X) sobre um mutex X, caso X esteja livre, o mutex passa para ocupado e a tarefa em questão recebe acesso exclusivo ao recurso protegido por X até que execute UNLOCK(X).

Quando uma tarefa τi executa a operação LOCK(X) sobre um mutex X ocupado pela tarefa τk, a tarefa τi ficará bloqueada até que seja executado UNLOCK(X) e seja ela a tarefa de mais alta prioridade naquele momento esperando pela liberação de X. Neste caso, a prioridade efetiva da tarefa τk (que ocupa X) passará a ser a prioridade mais alta entre sua efetiva atual e a prioridade efetiva de τi. É possível que várias tarefas de alta prioridade estejam bloqueadas a espera de X. Neste caso, a prioridade efetiva de τk será a prioridade mais alta entre as prioridades efetivas de todas as tarefas bloqueadas em X. Quando τk executa UNLOCK(X), ela perde a prioridade efetiva mais alta herdada em função dos bloqueios que ela causou através de X.

A herança de prioridade é transitiva. Suponha que a tarefa τi tenha sua prioridade efetiva elevada em função de ter alocado antes um recurso Y, bloqueando a tarefa τj de alta prioridade. E agora τi fica bloqueada ao fazer LOCK(X), pois a tarefa τk detém X. Neste caso, esta prioridade efetiva elevada que τi herdou de τj será herdada também pela tarefa τk, até que libere X. A tarefa τi somente perderá sua herança quando, no futuro, liberar Y.

A figura 12.5 mostra o mesmo padrão de chegadas de tarefas usado na figura 12.2 para ilustrar inversão descontrolada de prioridades. Mas a figura 12.5 mostra o que acontece quando herança de prioridade é usada. Quando τ1 bloqueia em X, a tarefa τ3 herda sua prioridade. Quando em seguida a tarefa τ2 chega, ela não consegue bloquear τ3, cuja prioridade efetiva no momento é 1. Portanto, τ2 é bloqueada por τ3, mesmo sem jamais executar a primitiva LOCK. Quando τ3 executa UNLOCK(X), ela perde sua prioridade efetiva herdada, e é preemptada pela tarefa τ1, a qual é a tarefa apta de prioridade mais alta no momento. Desta forma, o protocolo herança de prioridade impede a inversão descontrolada de prioridades.

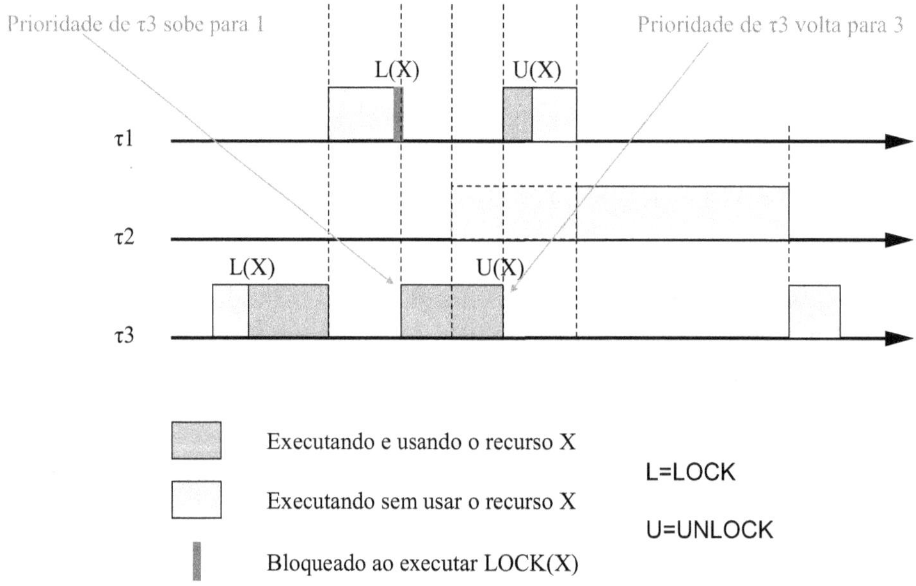

Figura 12.5 – Exemplo com o protocolo de acesso herança de prioridade.

Já deadlocks continuam possíveis. Suponha que a tarefa de baixa prioridade execute LOCK(X) e seja em seguida preemptada pela tarefa de alta prioridade. A tarefa de alta prioridade executa LOCK(Y) e então executa LOCK(X), ficando bloqueada pois X está ocupado. A tarefa de baixa prioridade volta a executar (pois a tarefa de alta prioridade está bloqueada) e chama LOCK(Y), ficando bloqueada pois Y está ocupado. Temos agora uma tarefa com o recurso X esperando por Y, e a outra tarefa com o recurso Y, esperando por X. Ou seja, deadlock. Algum mecanismo adicional, como comentado no capítulo 11, será necessário para impedir a ocorrência de deadlocks quando herança de prioridade é usada.

A figura 12.6 mostra o grafo de recursos para um sistema composto por 4 tarefas (τ1, τ2, τ3 e τ4) e 3 recursos (X, Y, Z). A tarefa τ1 possui a prioridade nominal mais alta. As tarefas τ2 e τ3 usam recursos aninhados.

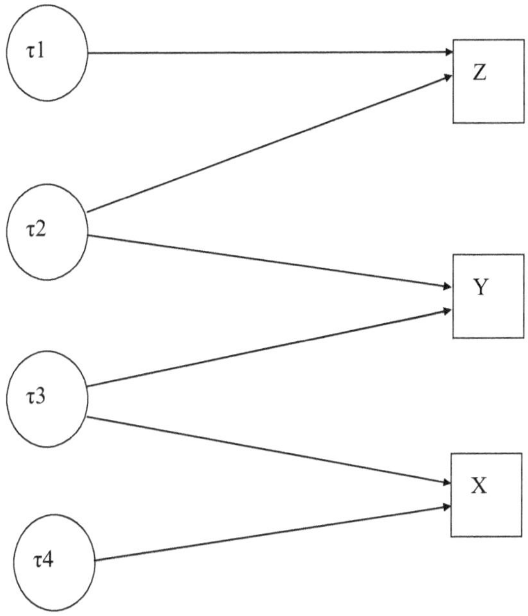

Figura 12.6 – Grafo descrevendo sistema com 4 tarefas e 3 recursos.

A figura 12.7 mostra a escala de execução do sistema da figura 12.6, a partir de certo padrão de chegadas ilustrativo. Inicialmente chega τ4 e aloca X. Ela é preemptada por τ3, que aloca Y, mas tenta alocar X que está ocupado por τ4 e bloqueia. A tarefa τ4 herda a prioridade de τ3 e volta a executar.

Quando a tarefa τ2 chega, ela preempta τ4, aloca o recurso Z, tenta alocar Y e fica bloqueada. Como a tarefa τ3 detém Y, ela herda a prioridade 2, mas isto não adianta no momento pois ela própria está bloqueada a espera de X, ocupado por τ4. Isto faz com que τ4 herde transitivamente a prioridade 2 e volte a executar.

Finalmente, chega a tarefa τ1 que ocupa imediatamente o processador mas fica bloqueada ao executar LOCK(Z). A prioridade 1 é herdada por τ2 (via Z) e também herdada por τ3 (via Y) e finalmente herdada por τ4 (via X). A tarefa τ4 executa até chamar UNLOCK(X), quando perde sua herança de prioridade e é preemptada por τ3 (as tarefas τ1 e τ2 continuam bloqueadas). A partir deste ponto a execução prossegue até o término de cada tarefa, conforme as alocações e liberações acontecem.

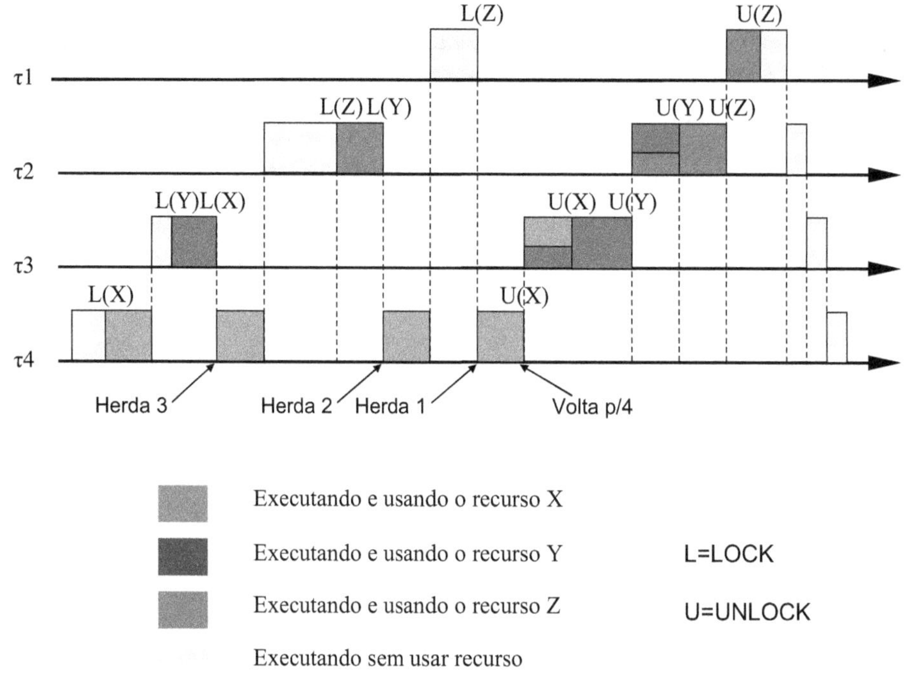

Figura 12.7 – Exemplo com o grafo da figura 12.6 e usando herança de prioridade.

Quando uma tarefa τi fica bloqueada ao executar LOCK(X) sobre um mutex X, ocupado pela tarefa τk de mais baixa prioridade, é dito que ocorreu um **bloqueio direto** (***direct blocking***). Ao executar LOCK, uma tarefa pode ser bloqueada diretamente por outra tarefa de mais baixa prioridade, mas somente uma vez. No momento que a tarefa de prioridade mais baixa executa UNLOCK, ela é preemptada. Porém, se a tarefa em questão acessa diversas seções críticas em sequência (LOCK,UNLOCK,LOCK,UNLOCK,etc), ela poderá experimentar bloqueio direto cada vez que executar um LOCK.

Quando uma tarefa τi chega, mas não pode preemptar uma tarefa de prioridade nominal mais baixa, pois a mesma herdou uma prioridade mais alta em função de um LOCK anterior, é dito que ocorreu **bloqueio por herança** (***priority-inheritance blocking***). Trata-se de um bloqueio pois está acontecendo inversão de prioridade, de acordo com as prioridades nominais.

A determinação do **tempo máximo de bloqueio** (***worst-case blocking time***) Bi que a tarefa τi pode sofrer depende de quais recursos existem e de como eles são usados pelas tarefas. Por exemplo, no cenário da figura 12.7, pode-se perceber que B1 inclui uma espera por τ2 usar Z, mais uma espera por τ3 usar Y e mais uma espera por τ4 usar X. Se mudarmos a escala de tempo para fazermos com que as chegadas ocorram sempre apenas um infinitesimal depois do LOCK anterior, B1 seria dado pelo somatório de SC(τ2,Z) + SC(τ3,Y) + SC(τ4,X), onde SC(τi,R) é o tempo de execução no pior caso do código da seção crítica da tarefa τi quando a mesma acessa a seção crítica R. Observe que SC(τ2,Y) aparece contido dentro de SC(τ2,Z). O mesmo acontece com SC(τ3,X) que aparece contido dentro de SC(τ3,Y).

A determinação de Bi pode ficar complexa se os padrões de uso dos recursos forem complexos. Maiores detalhes sobre o comportamento das tarefas quando herança de prioridade é usada podem ser encontrados em [SHA1990] e [BUT2011]. Em [RAJ1991] é apresentado um algoritmo capaz de computar Bi quando herança de prioridade é usada. Porém, como o algoritmo emprega uma pesquisa exaustiva, sua complexidade computacional é exponencial.

12.5 Mutex para Tempo Real: Teto de Prioridade

Um protocolo de acesso a recursos compartilhados fundamental é o **teto de prioridade** (***priority ceiling***). Este protocolo estende a herança de prioridade, porém ele recusa algumas alocações de recursos livres para, com isto, tornar impossível a ocorrência de deadlocks. O protocolo teto de prioridade também reduz o tempo de bloqueio no pior caso.

Para aplicação deste protocolo é assumido que é sabido, antes da execução, quais recursos são utilizados por cada tarefa. O **teto de prioridade** (***priority ceiling***) de um recurso X corresponde a mais alta prioridade entre todas as tarefas que usam X. O teto de prioridade de X será denotado por Πx. Também é definida uma prioridade imaginária mais baixa que todas as prioridades existentes no sistema, a qual é denotada por Ω.

Da mesma forma que na herança de prioridade, cada tarefa possui uma **prioridade nominal** (***nominal priority***) fixa, dada por taxa monotônica, deadline monotônico, ou qualquer política de atribuição de prioridades fixas. Cada tarefa também possui uma **prioridade efetiva** corrente (***effective priority***), a qual varia ao longo do tempo. A tarefa apta com a prioridade efetiva mais alta é sempre escolhida para executar.

Inicialmente, quando uma tarefa chega para executar, sua prioridade efetiva é igual à sua prioridade nominal. A prioridade efetiva pode mudar em decorrência da alocação de recursos que ocorrem no sistema, através do sistema de herança de prioridade.

Suponha que uma tarefa τi executa LOCK(X) no instante t. A regra de alocação deste protocolo define que, se X estiver ocupado, o pedido é negado e a tarefa τi permanecerá bloqueada a espera de X. O mecanismo de herança de prioridade é empregado. A tarefa que detém X herdará a prioridade efetiva corrente de τi, ou seja, a tarefa que detém X passará a ter como prioridade efetiva a mais alta entre sua prioridade efetiva corrente e aquela de τi no momento do LOCK(X). A herança de prioridade termina quando a tarefa que detém X executar UNLOCK(X). A herança de prioridade continua transitiva.

Quando uma tarefa τi executa LOCK(X) no instante t, e o recurso X está livre, o pedido será aceito somente se a prioridade efetiva corrente de τi for mais alta que o teto de prioridade do sistema calculado para τi naquele momento e denotado por Πi(t). Caso contrário, o pedido é negado e τi ficará bloqueada, valendo também aqui a regra da herança de prioridade.

O teto de prioridade do sistema calculado para τi e denotado por Πi(t) é definido como o mais alto teto de prioridade entre os mutex correntemente ocupados, desconsiderando-se os mutex alocados pela própria tarefa τi. Caso no instante t nenhum mutex esteja ocupado, temos Πi(t)=Ω.

A figura 12.8 mostra a escala de tempo para o sistema descrito pelo grafo da figura 12.6, e considerando o mesmo padrão de chegadas usado na figura 12.7, porém agora na figura 12.8 é empregado o protocolo teto de prioridade. Inicialmente é necessário computar o teto de prioridade de cada recurso. Olhando a figura 12.6 pode-se constatar que o teto de prioridade do recurso Z, Πz é igual a 1. Πy é 2 e Πx é 3. Lembre-se que neste exemplo número menor indica prioridade mais alta, e τ1 é a tarefa de mais alta prioridade.

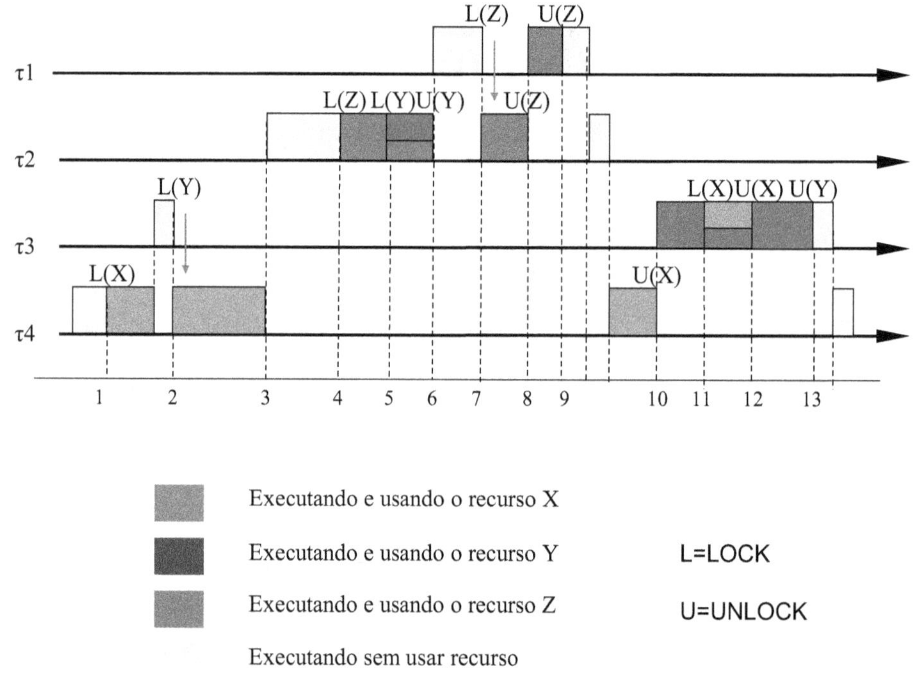

Figura 12.8 – Exemplo com o grafo da figura 12.6 e usando teto de prioridade.

Inicialmente chega τ4 e no instante 1 ela chama LOCK(X). Como X está livre e Π4(1)=Ω, o recurso é alocado. Em seguida chega τ3 e preempta τ4. A tarefa τ3 chama LOCK(Y) no instante 2, o recurso Y está livre mas Π3(2)=3 (recurso X alocado por τ4), a tarefa τ3 bloqueia e a tarefa τ4 herda sua prioridade.

No instante 3, quando τ2 chega, ela preempta o processador e inicia sua execução. No instante 4 a tarefa τ2 chama LOCK(Z). O recurso Z está livre e Π2(4)=3, logo o recurso é alocado. No instante 5 a tarefa $\tau 2$ faz LOCK(Y). O recurso Y está livre e $\Pi 2(5)=3$ (recursos alocados pela própria tarefa não contam), logo a tarefa $\tau 2$ tem sucesso e agora ela detém Z e Y.

No instante 6 chega a tarefa $\tau 1$ e imediatamente preempta o processador, pois sua prioridade efetiva é a mais alta de todas no momento. No instante 7 a tarefa $\tau 1$ chama LOCK(Z). Como o recurso Z está ocupado, a tarefa $\tau 1$ bloqueia e sua prioridade é herdada pela tarefa $\tau 2$. Quando no instante 8 a tarefa $\tau 2$ executa UNLOCK(Z) ela perde a prioridade herdada de $\tau 1$ e é preemptada por ela, dado que agora a tarefa $\tau 1$ aloca Z e pode executar. No instante 9 a tarefa $\tau 1$ libera o recurso Z, mas sua prioridade efetiva é a mais alta entre as tarefas aptas e ela continua a executar.

Quando a tarefa $\tau 1$ termina, a tarefa $\tau 2$ retoma sua execução. Quando a tarefa $\tau 2$ termina, a tarefa $\tau 4$ volta a executar, pois $\tau 3$ está bloqueada. Porém, no instante 10 a tarefa $\tau 4$ executa UNLOCK(X), retorna a sua prioridade original, e é preemptada por $\tau 3$.

No instante 11 a tarefa $\tau 3$ chama LOCK(X), X está livre e $\Pi 3(11)=\Omega$, logo $\tau 3$ consegue alocar o recurso X. A tarefa $\tau 3$ libera X no instante 12 e libera Y no instante 13, mas continua executando até terminar. Neste instante a tarefa $\tau 4$ executa até o final, pois é a única tarefa apta.

Uma análise detalhada das propriedades do protocolo teto de prioridade pode ser encontrada em [SHA1990]. Entre suas principais propriedades está o fato de que uma tarefa τi poderá ficar bloqueada por no máximo uma seção crítica. No caso de seções críticas aninhadas, deve-se considerar a seção crítica mais externa.

A tarefa τi pode ser bloqueada apenas uma vez por uma mesma tarefa de prioridade mais baixa pois, ao liberar o recurso a primeira vez, a tarefa de baixa prioridade será preemptada e não conseguirá alocar outro recurso antes de τi executar. Também não é possível τi ser bloqueada por duas tarefas de mais baixa prioridade pois, após o bloqueio causado por uma delas, a outra não conseguirá executar antes de τi. Desta forma, a tarefa τi pode ser bloqueada no máximo pela duração de uma única seção crítica. Não importando quantas tarefas compartilham recursos com τi.

O protocolo também previne bloqueio transitivo e impede deadlocks. A figura 12.9 mostra a escala de tempo para o clássico exemplo com duas tarefas alocando recursos na ordem invertida. A tarefa $\tau 2$ chega antes e aloca X, depois chega a tarefa $\tau 1$ e passa a executar, pois sua prioridade é mais alta. Quando $\tau 1$ tenta alocar Y ela fica bloqueada pois, apesar de Y estar livre, temos naquele instante $\Pi 1()=1$ o que impede a alocação. Desta forma a tarefa $\tau 2$ volta a executar, aloca Y pois o recurso está livre e $\Pi 2()=\Omega$ naquele momento, e segue até o final. Após liberar X e Y ela é preemptada pela tarefa $\tau 1$, a qual executa até o final. É impossível ocorrer deadlock com o protocolo teto de prioridade.

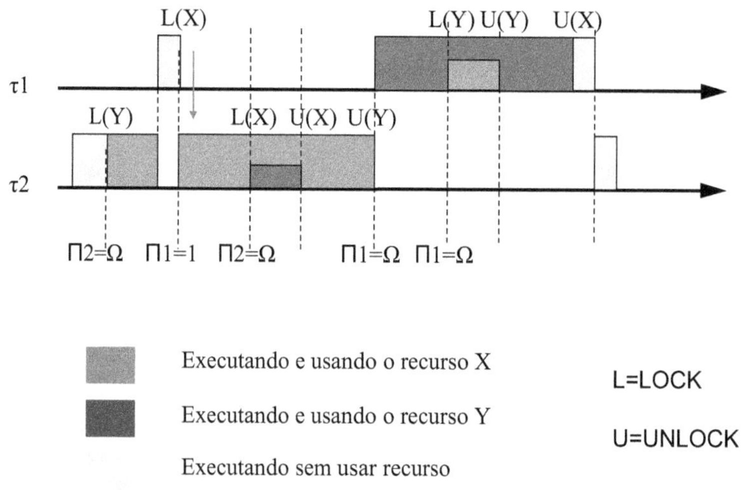

Figura 12.9 – Exemplo mostrando como o protocolo teto de prioridade impede deadlocks.

Neste protocolo uma tarefa pode ficar bloqueada por três razões. Pode ocorrer um **bloqueio direto** (***direct blocking***), quando a tarefa de alta prioridade tenta alocar um recurso ocupado por uma tarefa de baixa prioridade. Pode ocorrer um **bloqueio por herança** (***priority-inheritance blocking***), quando uma tarefa de alta prioridade chega mas não consegue executar, pois uma tarefa de baixa prioridade nominal herdou uma alta prioridade efetiva o que impede a preempção. Finalmente, pode ocorrer o **bloqueio por teto** (***avoidance blocking***), quando a tarefa de alta prioridade tenta alocar um recurso livre porém é impedida pela regra do teto das prioridades entre os recursos já alocados.

Apesar dos três tipos de bloqueio, em função das propriedades exibidas pelo protocolo, a determinação do tempo máximo de bloqueio Bi que uma tarefa τi pode experimentar é simplificada. Ao executar um LOCK, a tarefa poderá ficar bloqueada por no máximo uma seção crítica. Para determinar Bi é necessário identificar todas as seções críticas que podem fazer τi esperar e então selecionar a de mais longa duração, pois a sua duração será o valor de Bi. As seções críticas a serem consideradas são (condição 1) aquelas usadas por tarefas com prioridade mais baixa que τi e (condição 2) que possuam uma prioridade teto mais alta ou igual à prioridade de τi.

Considere o sistema descrito na figura 12.3, formado por três tarefas com as seguintes necessidades de recursos:

τ1: [X,3][Y,1]
τ2: [X,2]
τ3: [X,3[Y,5]4]

As prioridades teto de X e Y são Πx=1 e Πy=1, pois ambas são usadas por τ1. No caso de τ3, não existe tarefa com prioridade mais baixa que ela, logo B3=0. No caso de τ2, temos a condição

1 satisfeita por τ3, a qual usa os recursos X e Y que satisfazem a condição 2. Como a seção crítica de τ3 mais demorada é X, temos B2 = 12.

No caso de τ1, a condição 1 é satisfeita por τ2 e τ3. A tarefa τ2 usa X que satisfaz a condição 2, e a tarefa τ3 usa X e Y que satisfazem a condição 2. Entre as três seções críticas consideradas a maior é X usada por τ3 e portanto B1=12.

A determinação de B3, B2 e B1 pode ser resumida desta forma:

τ3:	nenhuma tarefa com prioridade mais baixa			
	B3 = 0			
τ2:	τ3 usa [X,12]	Πx=1	ok	12
	τ3 usa [Y,5]	Πy=1	ok	5
	B2 = 12			
τ1:	τ3 usa [X,12]	Πx=1	ok	12
	τ3 usa [Y,5]	Πy=1	ok	5
	τ2 usa [X,2]	Πx=1	ok	2
	B1 = 12			

A figura 12.10 mostra um sistema com cinco tarefas e três recursos, onde as tarefas τ1 e τ2 usam dois recursos, as tarefas τ3 e τ5 usam um recurso e a tarefa τ4 não usa recursos. As prioridades teto são Πx=1, Πy=2 e Πz=1. Podemos repetir o método descrito acima neste sistema:

τ5:	nenhuma tarefa com prioridade mais baixa			
	B5 = 0			
τ4:	τ5 usa [Z,6]	Πz=1	ok	6
	B4 = 6			
τ3:	τ5 usa [Z,6]	Πz=1	ok	6
	B3 = 6			
τ2:	τ5 usa [Z,6]	Πz=1	ok	6
	τ3 usa [Y,5]	Πy=2	ok	5
	B2 = 6			
τ1:	τ5 usa [Z,6]	Πz=1	ok	6
	τ3 usa [Y,5]	Πy=2	não	
	τ2 usa [X,2]	Πx=1	ok	2
	τ2 usa [Y,4]	Πy=2	não	
	B1 = 6			

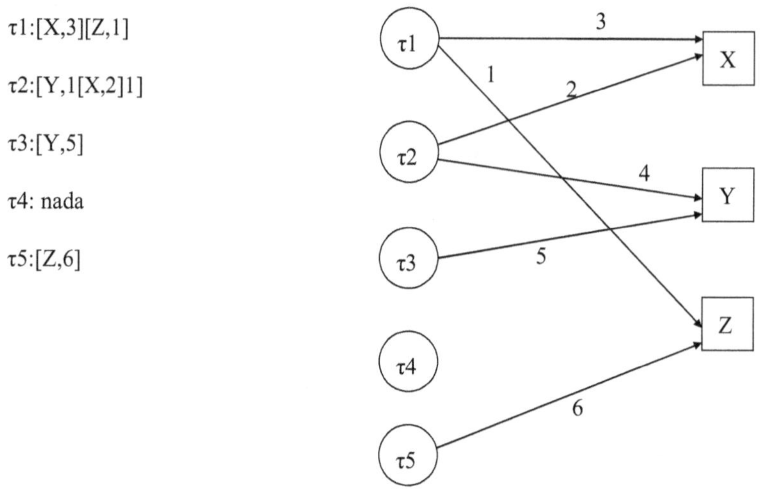

Figura 12.10 – Exemplo de sistema com 5 tarefas e 3 recursos.

É importante observar que, no pior caso, o protocolo teto de prioridade não gera um bloqueio de pior caso maior do que o protocolo herança de prioridade. Entretanto, ele gera um número maior de chaveamentos de contexto, pois tarefas são por vezes bloqueadas mesmo com o mutex livre. A vantagem está na impossibilidade de ocorrência de deadlock. Por fim, a implementação deste protocolo não é simples, pois requer que o sistema saiba que tarefa bloqueia qual tarefa para fazer corretamente as heranças de prioridade e também aplicar a regra do teto de prioridade.

12.6 Mutex para Tempo Real: Teto de Prioridade Imediato

O protocolo conhecido como **teto de prioridade imediato** (***immediate priority ceiling***) apresenta propriedades semelhantes ao protocolo teto de prioridade, porém com uma implementação muito mais simples. Ele também é conhecido como **prioridade do alocador máximo** (***highest locker priority***).

Novamente cada tarefa possui uma **prioridade nominal** (***nominal priority***) atribuída por alguma política de prioridade fixa. Cada tarefa também tem um **prioridade efetiva** corrente (***effective priority***), sendo que a tarefa apta com a prioridade efetiva mais alta no momento é sempre escolhida para executar. Cada recurso possui uma **prioridade teto** (***priority ceiling***) definida como a prioridade mais alta entre as tarefas que acessam o recurso.

Inicialmente, a prioridade efetiva de uma tarefa é igual a sua prioridade nominal. Porém, ao alocar um recurso, a prioridade efetiva da tarefa passa a ser a mais alta entre sua prioridade efetiva no momento do LOCK e a prioridade teto do recurso alocado.

Uma consequência interessante deste protocolo é que uma tarefa poderá sofrer apenas um bloqueio, no momento da sua chegada. Isto acontece quando uma tarefa de prioridade nominal mais baixa estiver executando com prioridade efetiva elevada em função de um LOCK realizado.

Uma vez que a tarefa realmente inicia sua execução no processador, todos os recursos que ela necessita estarão necessariamente livres. Se eles não estivessem, então alguma outra tarefa teria uma prioridade efetiva igual ou mais alta e a execução da tarefa em questão não teria iniciado.

A figura 12.11 mostra a escala de tempo para o sistema descrito pelo grafo da figura 12.6, e considerando o mesmo padrão de chegadas usado na figura 12.7 e 12.8, porém agora na figura 12.11 é empregado o protocolo teto de prioridade imediato. Novamente, pode-se constatar que o teto de prioridade do recurso Z, Πz é igual a 1, Πy é 2 e Πx é 3.

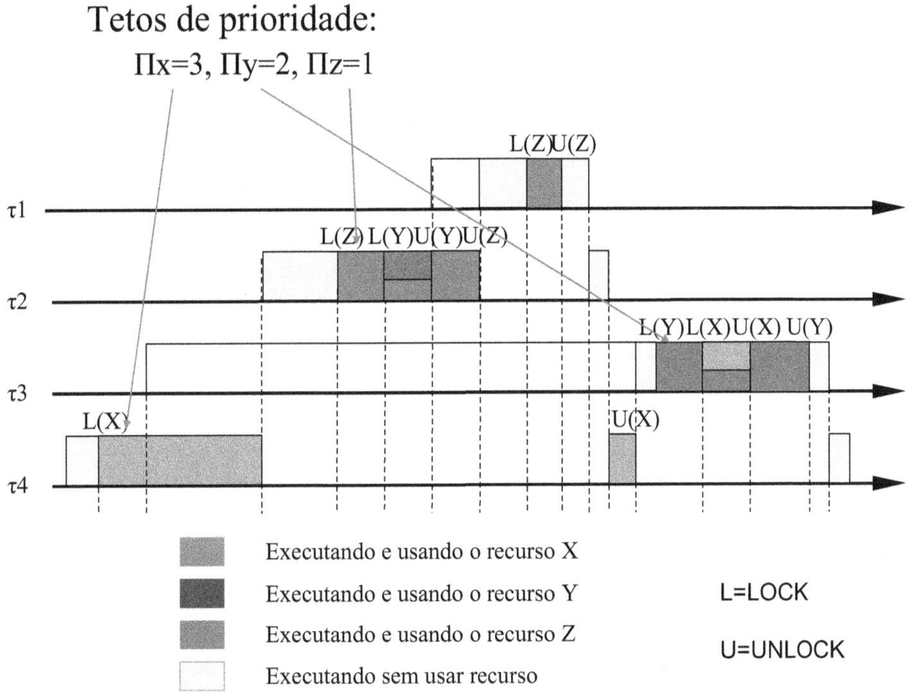

Figura 12.11 – Exemplo com o grafo da figura 12.6 e usando teto de prioridade imediato.

Quando a tarefa τ4 chega ela inicia a executar e, em seguida, chama LOCK(X). Como X está livre, ele é alocado por τ4, e sua prioridade efetiva passa imediatamente a ser Πx, ou seja, 3. Depois disto a tarefa τ3 chega mas não consegue preemptar τ4, que tem prioridade efetiva 3. Mais tarde chega a tarefa τ2, a qual preempta τ4 e passa a executar. Ao fazer LOCK(Z) sua prioridade efetiva é elevada para Πz=1. Ao fazer LOCK(Y) a prioridade poderia ser elevada para Πy=2, porém a tarefa τ2 permanece com a prioridade efetiva 1 pois é mais alta.

Quando a tarefa τ1 chega, ela não consegue executar pois sua prioridade não é mais alta que a prioridade efetiva de τ2 no momento. Como a tarefa τ1 está sendo impedida de executar pela tarefa τ2, trata-se de um bloqueio. Quando τ2 executa UNLOCK(Z) sua prioridade efetiva retorna para a prioridade nominal 2 e ela é imediatamente preemptada pela tarefa τ1.

Após as tarefas τ1 e τ2 concluírem, a tarefa τ4 volta a executar até o seu UNLOCK(X), quando é preemptada por τ3. Mais adiante o LOCK(Y) de tarefa τ3 também elevará sua prioridade efetiva enquanto a tarefa mantiver o recurso alocado.

Usando teto de prioridade imediato, o tempo máximo de bloqueio sofrido por qualquer tarefa é o mesmo de quando teto de prioridade é usado. Uma tarefa τi pode ser bloqueada apenas por uma seção crítica usada por alguma tarefa de prioridade mais baixa que τi, mas que possui um teto de prioridade mais alto ou igual a prioridade de τi. O mesmo método usado na seção anterior pode ser usado novamente aqui para determinar o tempo máximo de bloqueio Bi.

Ao mesmo tempo, o teto de prioridade imediato é muito mais fácil de implementar. Não é necessário manter estruturas de dados para aplicar a regra da herança de prioridade. Basta manter para cada mutex qual o seu teto de prioridade e, no caso de uma alocação, alterar imediatamente a prioridade efetiva da tarefa que executa o LOCK. O número de chaveamentos de contexto é também reduzido, pois depois que uma tarefa inicia sua execução a mesma não pode mais ser bloqueada.

Por outro lado, este protocolo gera bloqueios de tarefas de alta prioridade que seriam a princípio desnecessários, pois o faz preventivamente. Tais bloqueios preventivos acabam por aumentar o tempo médio de resposta das tarefas. Embora em sistemas de tempo real crítico isto não seja relevante, em sistemas de tempo real com requisitos temporais mais brandos o tempo médio de resposta pode ser uma métrica relevante também.

12.7 Mutex para Tempo Real: Outros Protocolos

As seções anteriores apresentaram os principais protocolos usados para a alocação de recursos compartilhados em sistemas de tempo real quando o escalonamento emprega prioridades fixas. Os protocolos apresentados lidam com recursos onde existe apenas uma unidade por recurso. É possível estender os protocolos para situações onde existam múltiplas unidades de cada recurso. Por exemplo, existem 3 unidades do recurso X e 4 unidades do recurso Y. Na prática a grande maioria das situações envolve recursos com apenas uma unidade.

Quando prioridades variáveis são empregadas, protocolos similares aos apresentados neste capítulo, porém apropriados para prioridades variáveis, estão disponíveis. Provavelmente o mais conhecido deles é o **protocolo baseado em pilha** (***stack-based protocol***). Além de ser apropriado para sistemas escalonados com EDF, ele permite a gerência de recursos com múltiplas unidades e não apenas uma. Uma propriedade interessante para sistemas embutidos (*embedded systems*) de pequeno porte é que este protocolo permite o compartilhamento de pilha entre tarefas, algo interessante em sistemas com grande restrição de memória. Mais informações sobre o protocolo baseado em pilha podem ser obtidas em [BAK1991].

Todos os protocolos de acesso a recursos apresentados neste capítulo supõe a existência de um único processador. Existem extensões de todos eles, e muitos outros mais, desenvolvidos especificamente para multiprocessadores. Mais informações a respeito do acesso a recursos compartilhados em multiprocessadores podem ser encontrados em [RAJ1988], [RAJ1990], [BLO2007], [CAR2014], entre muitas outras publicações a respeito.

12.8 Exercícios

1) Um sistema contém os cinco *jobs* a seguir, em ordem decrescente de prioridade: J1, J2, J3, J4 e J5. Existem neste sistema dois recursos: X e Y. As necessidades de recursos estão listadas abaixo:

J1: C1 = 5 composto por 1 [X ; 3]1
J2: C2 = 5 composto por 1 [Y ; 3]1
J3: C3 = 4 composto por nenhum
J4: C4 = 6 composto por 1 [Y ; 4]1
J5: C5 = 7 composto por 1 [X ; 2 [Y ; 2] 1]1

a) Determine o tempo máximo de bloqueio de cada um dos *jobs*, assumindo como política de alocação de recursos Desabilita Preempção.

b) Determine o tempo máximo de bloqueio de cada um dos *jobs*, assumindo como política de alocação de recursos Teto de prioridade (*Priority Ceiling*).

2) Um sistema contém os cinco *jobs* a seguir, em ordem decrescente de prioridade: J1, J2, J3, J4 e J5. Existem neste sistema três recursos: X, Y e Z. Os instantes de liberação (*release*) de cada *job* e as suas necessidades de recursos estão listadas abaixo:

J1:r1 = 8C1 = 41 [X ; 3]
J2:r2 = 6C2 = 61 [Y ; 5]
J3:r3 = 4C3 = 3nenhum
J4:r4 = 2C4 = 51 [Z ; 4]
J5:r5 = 0C5 = 61[X ; 1 [Y ; 2 [Z ; 1] 1]]

Desenhe a escala de tempo deste sistema, de zero até a conclusão do último *job*, considerando que recursos são gerenciados através de Herança de prioridade.

3) Para este mesmo sistema da questão anterior, determine o tempo máximo de bloqueio de cada uma das tarefas, assumindo como política de alocação de recursos:

a) Desliga Preempção
b) Teto de prioridade (*Priority Ceiling*)

4) Um sistema contém os cinco *jobs* a seguir, em ordem decrescente de prioridade: J1, J2, J3, J4 e J5. Existem neste sistema dois recursos: X e Y. Os instantes de liberação (*release*) de cada job e as suas necessidades de recursos estão listadas abaixo:

J1: r1 = 5 C1 = 4 1 [Y ; 3]
J2: r2 = 4 C2 = 6 1 [X ; 5]
J3: r3 = 3 C3 = 3 nenhum

J4: r4 = 2 C4 = 5 1 [Y ; 4]
J5: r5 = 0 C5 = 6 1[X ; 3 [Y ; 1] 1]]

Desenhe a escala de tempo deste sistema, de zero até a conclusão do último *job*, considerando que recursos são gerenciados através de Teto de Prioridade Imediato (*Immediate Priority Ceiling*).

5) Para este mesmo sistema da questão anterior, determine o tempo máximo de bloqueio de cada uma das tarefas, assumindo como política de alocação de recursos:

a) Desliga Preempção
b) Teto de Prioridade (*Priority Ceiling*)

6) Três tarefas periódicas τ1, τ2 e τ3 compartilham os recursos R1 e R2. As restrições temporais das tarefas e as durações de suas seções críticas que atuam nos recursos compartilhados são indicadas nas tabelas abaixo. Com base nestes dados calcule os piores casos de bloqueios (Bi) que podem estar sujeitas cada uma destas tarefas quando o protocolo Herança de Prioridade é usado no controle de acesso aos recursos compartilhados. Também desenhe a escala de execução correspondente ao pior caso de execução de cada tarefa na forma de um diagrama de tempo.

Tarefas	Tempo de execução	Prioridade	Recurso R1	Recurso R2
τ1	15	Alta	1	0
τ2	16	Média	3	4
τ3	20	Baixa	0	2

7) Um sistema contém os cinco *jobs* a seguir, em ordem decrescente de prioridade: J1, J2, J3, J4 e J5. Existem neste sistema três recursos: X, Y e Z. Os instantes de liberação (*release*) de cada *job* e as suas necessidades de recursos estão listadas abaixo:

J1: r1 = 8 C1 = 5 1 [X ; 4]
J2: r2 = 6 C2 = 7 1 [Y ; 6]
J3: r3 = 4 C3 = 3 nenhum
J4: r4 = 2 C4 = 6 1 [Z ; 5]
J5: r5 = 0 C5 = 5 [X ; 1 [Y ; 2 [Z ; 1] 1]]

Desenhe a escala de tempo deste sistema de zero até a conclusão do último *job*, considerando que recursos são gerenciados através da seguinte política:

a) Seção crítica não preemptiva.

b) Herança de prioridade.

c) Teto de Prioridade (*Priority Ceiling*).

d) Teto de Prioridade Imediato (*Immediate Priority Ceiling*).

8) Três tarefas periódicas τ1, τ2 e τ3 compartilham os recursos R1 e R2. As restrições temporais das tarefas e as durações de suas seções críticas que atuam nos recursos compartilhados são indicadas nas tabelas abaixo. Com base nestes dados, calcule os piores casos de bloqueios (Bi) a

que podem estar sujeitas cada uma destas tarefas quando o Protocolo "Desliga a Preempção" é usado no controle de acesso aos recursos compartilhados. Desenhe a escala de execução correspondente ao pior caso de execução da tarefa τ1.

Calcule também os piores casos de bloqueios (Bi) a que podem estar sujeitas cada uma destas tarefas quando o Protocolo Teto de Prioridade (*Priority Ceiling*) é usado no controle de acesso aos recursos compartilhados. Desenhe a escala de execução correspondente ao pior caso de execução da tarefa τ1.

Tarefas	Tempo de execução	Prioridade	Recurso R1	Recurso R2
τ1	4	Alta	1	0
τ2	8	Média	3	5
τ3	20	Baixa	0	2

τ1: 2 [R1 ; 1] 1
τ2: 2 [R2 ; 1 [R1 ; 3] 1] 1
τ3: 8 [R2 ; 2] 10

9) Quatro tarefas compartilham os recursos globais R1 e R2. Desliga Preempção é utilizado, sendo que as preempções são desligadas em todos os processadores. As restrições temporais das tarefas e as durações de suas seções críticas que atuam nos recursos compartilhados são indicadas na tabela abaixo. As tarefas são particionadas entre dois processadores. Com base nestes dados, construa o diagrama descrevendo a escala de ocupação dos processadores até o completo atendimento destas requisições. A exclusão mútua é obtida ?

Tarefas	Processador	Chegada	Execução	Prioridade
τ1	A	2	1[R1, 2]1	mais alta
τ2	B	1	2[R2, 2]2	
τ3	B	0	1[R1, 3]2	
τ4	A	0	1[R2, 4]2	mais baixa

13. Mecanismos de Sincronização com Variáveis Compartilhadas

Que outros problemas de sincronização existem com variáveis compartilhadas ?

No capitulo 11, sobre a sincronização e comunicação entre tarefas, foi apresentado o problema da seção crítica quando variáveis compartilhadas são usadas. Naquele capítulo também foram descritos mecanismos de baixo nível para lidar com este problema, e o tipo abstrato de dado mutex, o qual é amplamente empregado. No capítulo 12 foram apresentadas as versões do mutex para sistemas de tempo real.

Embora o problema da seção crítica seja realmente o problema de sincronização mais frequente com variáveis compartilhadas, ele não é o único. Neste capítulo são apresentados exemplos de outras situações onde é necessário sincronizar tarefas que colaboram através de variáveis compartilhadas, em cenários mais complexos que a simples seção crítica. Neste caso, mecanismos adicionais além do mutex são necessários. Especificamente, são apresentados os semáforos e os monitores. Para o caso dos monitores são apresentados dois exemplos baseados em situações que surgem no contexto das aplicações de controle e automação.

13.1 Problemas Clássicos de Sincronização

Na programação concorrente através de variáveis compartilhadas, o **problema da exclusão mútua** (***mutual exclusion problem***), é sem dúvida o mais comum. Sempre que pelo menos duas tarefas acessam a mesma variável compartilhada e pelo menos uma delas altera esta variável, temos uma seção crítica e algum mecanismo precisa ser usado para tornar este acesso atômico, ou seja, prover exclusão mútua.

Entretanto, esta não é a única situação onde mecanismos de sincronização são necessários. Tarefas podem apresentar outros padrões de interação, mais complexos do que a simples necessidade de exclusão mútua. Na prática existem alguns **padrões de interação** entre tarefas que são encontrados com relativa frequência, e não podem ser resolvidos apenas com mutex. São padrões de interação os quais podemos considerar como **padrões de projeto** (***design patterns***) recorrentes na programação concorrente com variáveis compartilhadas.

Em geral, tais padrões incluem, além da sempre presente necessidade de exclusão mútua, relações de precedência entre tarefas. Neste caso, uma tarefa precisa esperar até que outra tarefa conclua alguma operação, para então prosseguir. Esta espera é uma relação de sincronização entre essas tarefas, e requer algum mecanismo de sincronização para tanto. Na literatura de programação concorrente os padrões de interação mais frequentes são descritos na forma de cenários exemplo que capturam a essência da situação. Tais cenários exemplo são chamados de **problemas clássicos de sincronização** (***classic problems of synchronization***) e existem vários deles.

No clássico **problema dos produtores e consumidores** (***bounded–buffer problem***) existe um conjunto de tarefas repetidamente produzindo dados e um conjunto de tarefas repetidamente consumindo estes dados. Os dados podem ser de qualquer tipo, como um inteiro, um string ou uma struct. Qualquer tarefa consumidora pode receber o dado gerado por qualquer tarefa produtora, desde que esteja livre. A solução consiste em implementar um buffer (área de armazenamento temporário) onde produtores depositam dados e consumidores retiram dados. O buffer consiste de um array, usado de maneira circular, onde dados são depositados nas posições livres e dados são retirados das posições ocupadas. Além da necessidade de exclusão mútua no acesso às variáveis compartilhadas, é necessário bloquear produtores quando o array fica lotado e bloquear consumidores quando o array fica vazio.

No clássico **problema dos leitores e escritores** (***readers–writers problem***) existe um conjunto de dados que é compartilhado entre várias tarefas. A grande maioria das tarefas deseja apenas ler estes dados, o que pode ser feito concorrentemente sem a necessidade de exclusão mútua entre elas. Aliás, é desejado que não exista exclusão mútua, pois tarefas leitoras podem executar em processadores diferentes, com paralelismo físico. Entretanto, existem algumas tarefas que atualizam estes dados e, neste caso, é necessária a exclusão mútua, pois as tarefas escritoras precisam de acesso exclusivo durante a alteração (leitura e escrita) dos dados. O problema pode ser enunciado requerendo prioridade para os leitores, prioridade para os escritores, ou justiça no sentido de que a ordem de chegada das tarefas é respeitada.

No clássico **problema dos filósofos jantadores** (***dining-philosophers problem***) cinco filósofos (tarefas) estão sentados em torno de uma mesa circular. Cada um deles tem um prato para seu uso exclusivo (recurso privativo), e existe um garfo entre cada dois filósofos (recurso compartilhado). Existe uma panela com macarrão no centro da mesa. Para comer, cada filósofo usa seu prato privativo, porém precisa simultaneamente dos dois garfos ao seu lado, os quais são compartilhados com os filósofos imediatamente a sua direita e a sua esquerda. A vida de cada filósofo resume-se a pensar (quando garfos não são necessários), e a comer (quando os dois garfos próximos são necessários). Caso dois filósofos vizinhos desejem comer ao mesmo tempo, haverá uma disputa pelo garfo entre eles, e seu comportamento precisa ser sincronizado. O problema consiste em usar mecanismos de sincronização entre tarefas para impor o uso correto dos garfos, sem que nenhum filósofo morra de fome (postergação indefinida) nem o sistema entre em um impasse global (deadlock). Embora pouco higiênico (garfos compartilhados), este exemplo coloca um importante problema de sincronização onde espera circular é possível.

No clássico **problema do barbeiro dorminhoco** (***sleeping barber problem***) existe uma barbearia onde trabalha apenas um barbeiro. Existe uma cadeira de barbeiro usada no momento do corte da barba e algumas (digamos N) cadeiras de espera, para os clientes usarem enquanto esperam sua vez de serem atendidos. Quando não existem clientes, o barbeiro senta na cadeira de barbeiro e dorme. Quando um cliente chega, ele precisa acordar o barbeiro dorminhoco e então sentar na cadeira do barbeiro para ser atendido. Se um cliente chega, porém o barbeiro está ocupado, o cliente senta em uma das cadeiras de espera. No caso de todas as cadeiras de espera estarem ocupadas, o cliente simplesmente vai embora. O barbeiro atende os clientes pela ordem de chegada, e cada cliente vai embora após cortar sua barba. Uma solução para este problema deve respeitar as restrições do enunciado, ao mesmo tempo em que impede a postergação indefinida de qualquer cliente e evita um impasse que trave o funcionamento da barbearia.

No clássico **problema da barreira** (***barrier problem***) existem várias tarefas que cooperam dividindo o trabalho a ser feito entre elas. Entretanto, existe um ponto do algoritmo (a barreira) no qual todas as tarefas precisam chegar antes que qualquer uma delas possa prosseguir. A barreira é um ponto de encontro de todas as tarefas no código. Esta é uma situação prática que surge com frequência quando algoritmos paralelizados são usados em computadores com múltiplos processadores (*multicore*).

Além destes, que são os problemas clássicos de sincronização mais conhecidos, existem outros. Também existem muitas variações dos problemas descritos nesta seção. Descrições mais detalhadas dos problemas clássicos de sincronização podem ser encontradas em [SIL2012], [RAY2013], [TAN2014] e [BUT2014], entre outros.

Embora o **mutex** seja um mecanismo excelente para resolver o problema da exclusão mútua (ver seção 11.9 sobre seção crítica e mutex), ele não consegue lidar de forma conveniente com os demais problemas descritos nesta seção. Portanto, nas próximas seções serão descritos mecanismos de sincronização entre tarefas mais poderosos, os quais permitem resolver qualquer problema de sincronização entre tarefas.

13.2 Semáforos

Um dos mais clássicos mecanismos de sincronização entre tarefas é o **semáforo** (***semaphore***), criado pelo matemático holandês E. W. Dijkstra nos anos 1960. O semáforo é um tipo abstrato de dado que possui como atributos um valor inteiro, cujo valor inicial pode variar, e uma fila de tarefas bloqueadas no semáforo. Embora implementações de semáforos ofereçam diversas operações sobre eles, somente duas primitivas são realmente essenciais. Elas são conhecidas como **P** (do holandês *proberen*, testar) e **V** (do holandês *verhogen*, incrementar). Alguns autores utilizam **DOWN** no lugar do **P**, e **UP** no lugar de **V**, mas neste livro manteremos a notação original **P** e **V**.

A operação P(S) serve para bloquear a tarefa que a executa, no caso do valor do semáforo S ser menor ou igual a zero. Primeiramente o valor inteiro de S é decrementado. Caso o novo valor do semáforo seja negativo, a tarefa sai da fila do processador e fica bloqueada na fila do semáforo, inserido normalmente no final da fila. Podemos sintetizar o funcionamento da operação P(S) da seguinte forma:

```
P(S):
    S.valor = S.valor - 1;
    Se  S.valor < 0
         Então bloqueia a tarefa, insere em S.fila
```

A operação V(S) serve fundamentalmente para liberar uma tarefa previamente bloqueada no semáforo S. Na execução de V(S), primeiramente o valor inteiro de S é incrementado. Caso a fila de tarefas bloqueadas em S não esteja vazia, a primeira tarefa é liberada e colocada novamente na fila do processador para execução. O funcionamento da operação V(S) pode ser sintetizado assim:

```
V(S):
    S.valor = S.valor + 1;
    Se S.fila não está vazia
         Então  libera para execução primeira tarefa de S.fila
```

A implementação das primitivas P(S) e V(S) deve ser tal que suas execuções sejam atômicas. Caso duas tarefas tentem realizar P ou V sobre um mesmo semáforo S, uma das operações será completamente executada antes da outra, ou vice-versa. Uma operação P ou V não pode ser interrompida no meio e outra operação sobre o mesmo semáforo iniciada, pois elas acessam dados compartilhados.

Tipicamente semáforos são implementados pelo kernel do sistema operacional, ou em uma biblioteca de programação que se vale de algum mecanismo equivalente oferecido pelo kernel. Desta forma, a atomicidade de **P** e **V** pode ser obtida, dentro do kernel, pelos mecanismos de baixo nível descritos na seção 11.8, desabilitação de interrupções e *spin-lock*, este último no caso de multiprocessamento (vários processadores ou processador com vários núcleos). Da mesma forma que ocorre com a implementação do mutex no kernel, desabilitar interrupções é uma instrução privilegiada mas o kernel executa em modo supervisor. Problemas como responsividade reduzida, possibilidade de postergação indefinida e *busy-waiting* são minimizados pois os mecanismos de baixo nível são usados para proteger as operações **P** e **V** somente. Código de aplicação executa sempre com interrupções habilitadas e não usa *spin-lock*. Situações de espera, mapeadas para o uso da primitiva **P**, geram o bloqueio da tarefa sem que ela fique em *busy-waiting*.

O problema da exclusão mútua pode ser facilmente resolvido com apenas um semáforo S. Basta iniciar seu valor inteiro com 1. Cada tarefa, antes de entrar na seção crítica, deve executar uma operação P(S), e ao sair da seção crítica executar uma operação V(S). Em outras palavras:

```
P(S);
Seção crítica
V(S);
```

O valor inicial 1 do semáforo indica que a seção crítica está livre. A primeira tarefa que executa P(S) decrementa o valor para 0 e entra na seção crítica. Porém, se uma segunda tarefa tentar entrar na seção crítica, e para isto executar P(S), o valor do semáforo será decrementado para -1, e esta segunda tarefa será impedida de entrar na seção crítica (ficará bloqueada). O mesmo acontecerá com uma terceira tarefa que tente acessar a seção crítica, e assim por diante. O valor negativo do semáforo neste caso indica que tarefas estão bloqueadas e o seu valor absoluto indica quantas tarefas estão bloqueadas.

Quando a tarefa que detém o acesso à seção crítica deseja liberá-la, executa um V(S) o qual resulta em um incremento do valor inteiro do semáforo S e a liberação de uma das tarefas bloqueadas, a qual pode agora entrar na seção crítica. Isto prossegue até que a última tarefa libera a seção crítica e, neste caso, o semáforo assuma o valor inteiro 1 indicando que a seção crítica está livre novamente.

Semáforos são amplamente disponíveis para uso, pois existem implementações de semáforos para um grande número de sistemas operacionais e linguagens de programação. Obviamente detalhes podem variar entre implementações, porém a essência de seu funcionamento foi descrita nesta seção. Uma versão simplificada de semáforo é quando ele pode assumir apenas os valores 0 e 1. Nesse caso, os semáforos são denominados de **semáforos binários** (***binary semaphore***) e funcionam de maneira semelhante ao mutex descrito na seção 11.9. O semáforo completo, como descrito nesta seção, é as vezes chamado de **semáforo contador** (***counting semaphore***).

O semáforo contador é, na verdade, muito mais poderoso do que o mutex. O fato de ele possuir um valor inteiro associado lhe concede uma memória. Por exemplo, suponha que sejam executadas 1000 operações V(S), levando o valor inteiro do semáforo S até 1000. Neste caso, serão necessárias 1000 operações P(S) até que uma tarefa seja bloqueada. O semáforo S tem "memória" das operações V executadas sobre ele. Considere agora situação semelhante com o mutex. Após 1000 operações "unlock()" o mutex estará livre. Uma operação "lock()" deixará o mutex ocupado e uma segunda operação "lock()" bloqueará a tarefa em questão. Ou seja, o mutex não tem memória dos 1000 unlocks executados antes.

Na verdade, o mutex serve basicamente para prover exclusão mútua. Ele é extremamente conveniente para resolver o problema da seção crítica. Por sua vez, o semáforo é um mecanismo genérico de sincronização entre tarefas. Qualquer problema de sincronização pode ser programado com semáforos, inclusive todos aqueles listados antes na seção 13.1. Obviamente, semáforos também podem ser usados no problema da exclusão mútua.

Embora semáforos tenham um poder de expressão tão grande quanto qualquer outro mecanismo de sincronização que exista, seu emprego deixa o código difícil de entender. Alguns problemas de sincronização exigem um uso complexo de semáforos, o que reduz a legibilidade do código e, por consequência, aumenta o custo de desenvolvimento e manutenção. Na próxima seção será apresentado um mecanismo que tem o mesmo poder de expressão dos semáforos, porém tende a gerar um código muito mais legível e fácil de entender.

13.3 Monitores

Monitores (***monitor***) foram criados originalmente pelo cientista da computação inglês C. A. R. Hoare em 1974. Seu propósito foi definir um mecanismo de sincronização entre tarefas que tivesse o mesmo poder de expressão do semáforo, mas que resultasse em programas mais legíveis.

A ideia básica por trás do monitor é que, na maioria dos programas, a maior parte do código é sequencial, privativo de cada tarefa. Em outras palavras, a maior parte do código refere-se ao comportamento independente e paralelo de cada tarefa, cada uma cuidando das suas responsabilidades.

Porém, em algumas poucas situações, as tarefas precisam interagir entre elas, dando origem a situações de exclusão mútua e outras mais complexas, como ilustrado na seção 13.1 pelos problemas clássicos de sincronização. Monitores são módulos onde as interações entre tarefas acontecem, fazendo com que todo o código fora dos monitores seja sequencial. Todos os problemas relacionados com o acesso a variáveis compartilhadas acontecem apenas dentro dos monitores

Em termos de linguagens de programação, o monitor é um módulo que encapsula variáveis compartilhadas e operações sobre elas. As variáveis compartilhadas não podem ser acessadas diretamente de fora do monitor. A única forma de acessá-las de fora do monitor é chamar as funções públicas do monitor, as quais formam a sua interface. Como em qualquer módulo, também é possível a existência de funções internas, que somente podem ser chamadas de dentro do monitor. O monitor é passivo, um conjunto de funções chamadas por tarefas que foram criadas fora do monitor, e executam fora do monitor a maior parte do tempo.

Em função de seu propósito, o monitor possui algumas características adicionais àquelas normalmente associadas com módulos. Por definição, existe exclusão mútua automática dentro do monitor. Em outras palavras, somente uma tarefa pode executar dentro do monitor a cada momento. Se uma primeira tarefa estiver executando uma função do monitor e outra tarefa chamar aquela mesma ou qualquer outra função do monitor, esta segunda tarefa ficará bloqueada até que a primeira tarefa pare de executar código do monitor. A exclusão mútua obrigatória entre tarefas no acesso ao monitor cria um cenário de contenção entre tarefas. Desta forma, pode ser interessante criar vários monitores no mesmo programa, de maneira que tarefas sem nenhuma relação entre si possam acessar monitores diferentes e não gerem bloqueios desnecessários. Uma aplicação pode ter tantos monitores quantos forem desejados.

Outra característica própria do monitor é a possibilidade de criar e usar, dentro dele, **variáveis condição** (***condition variables***). A variável condição é um tipo abstrato de dado cujo único atributo é uma fila de tarefas bloqueadas esperando por determinada condição. Variáveis condição oferecem duas operações fundamentais. Quando uma tarefa executa a operação **WAIT(CV)** ela fica imediatamente bloqueada, ou seja, é retirada da fila do processador e inserida na fila da variável condição CV. Neste momento ela para de executar dentro do monitor, permitindo que outras tarefas possam executar funções do monitor, respeitando a regra da exclusão mútua obrigatória dentro do monitor.

Quando uma tarefa executa a operação **SIGNAL(CV)**, e existem tarefas bloqueadas na fila da variável condição CV, uma delas é liberada para execução, ou seja, é retirada da fila de CV e inserida na fila do processador. Normalmente a liberação das tarefas da fila de CV ocorre por ordem de chegada (FIFO, *First-In First-Out*). Caso a fila da variável condição CV esteja vazia no momento do SIGNAL(CV), a operação é inócua e não gera nenhuma consequência.

É preciso compatibilizar a operação SIGNAL(CV) com a regra básica do monitor: somente uma tarefa pode estar ativa dentro do monitor a cada momento. Após o signal teríamos duas tarefas executando código do monitor: a tarefa que executou o SIGNAL(CV) e a tarefa liberada da fila de CV, e isto não pode acontecer. Esta compatibilização pode ocorrer de formas diversas, conforme a implementação dos monitores. Na implementação mais frequente a tarefa que executou o SIGNAL(CV) continua sua execução e somente quando ela deixa o monitor é que a tarefa liberada pode voltar a executar código do monitor. Outra possibilidade é, na ocorrência de um SIGNAL(CV) que libera uma tarefa, colocar a tarefa liberada imediatamente para executar, o que implica em bloquear a tarefa que executou o SIGNAL(CV). Quando a tarefa liberada deixar o monitor, a tarefa que antes executou o SIGNAL(CV) volta a executar dentro do monitor, do ponto onde havia parado. Uma terceira possibilidade é fazer com que a tarefa que executa a operação SIGNAL(CV) seja imediatamente expulsa do monitor, como um "return" automático para fora da função do monitor, deixando a tarefa liberada executando dentro do monitor.

A ideia por trás das variáveis condição é que às vezes uma tarefa entra no monitor mas descobre que precisará esperar por algum evento futuro. Neste caso a operação WAIT permite que ela fique bloqueada esperando, sem impedir que outras tarefas acessem as funções do monitor. Quando, no futuro, o evento esperado acontecer, outra tarefa sinalizará esta ocorrência através da execução de SIGNAL, o que liberará a tarefa que estava esperando. Caso, em um mesmo monitor, existam tarefas esperando por diferentes eventos futuros, para cada evento deve ser criada uma variável condição correspondente. Desta forma cada tarefa esperando será liberada na ocorrência do seu evento de interesse. A variável condição em questão é passada como parâmetro para as primitivas WAIT e SIGNAL.

A descrição de monitores apresentada nesta seção é abstrata e genérica. Para ser usado, o conceito de monitor precisa ser implementado em alguma linguagem de programação ou biblioteca. Algumas linguagens de programação incorporam totalmente a ideia do monitor, como **Euclid Concorrente** (***Concurrent Euclid***, [HOL1982]) e **Pascal Concorrente** (***Concurrent Pascal***, [HAN1975]). Em algumas outras linguagens, eles podem ser facilmente implementados, como em Ada ([MCC2011], [BUR2016]) e Java [BLO2018]. Em Java uma classe pode ser transformada em um monitor através do modificador "synchronized" colocado na declaração dos métodos (impõe exclusão mútua entre os métodos) e através do uso dos comandos "wait" e "notify" de Java, os quais equivalem ao WAIT e SIGNAL descritos nesta seção. Mesmo em linguagens de programação sequenciais, como C e C++, monitores podem ser implementados com a ajuda de uma biblioteca. Isto será visto na próxima seção.

13.4 Monitores com a Linguagem C e Pthreads

Nesta seção será mostrado como aplicar o conceito de monitor programando com a linguagem C e a biblioteca das **Pthreads**. Anteriormente, na seção 11.6, a figura 11.2 já mostrou como threads podem ser criadas neste contexto.

Primeiramente, precisamos considerar que o monitor é um módulo. Logo, precisamos implementar módulos usando a linguagem C. Na linguagem C, um programa organizado em módulos é um programa composto por vários arquivos do tipo ".c", onde cada arquivo é um módulo. Variáveis locais e parâmetros de funções são naturalmente privados pois somente podem ser acessados dentro da respectiva função. A palavra reservada "static" na declaração de uma função indica que a mesma somente pode ser diretamente chamada dentro do módulo (arquivo) onde foi definida. A palavra reservada "static" na frente de uma variável global também indica que a mesma somente pode ser diretamente usada dentro do módulo. Finalmente, um arquivo do tipo ".h" pode ser criado para indicar as coisas públicas (exportadas) pelo módulo, tipicamente constantes criadas com "#define" e a declaração de suas funções públicas, ou seja, aquelas que podem ser chamadas de fora do módulo. Detalhes sobre como obter uma programação modular com a linguagem C podem ser obtidos, por exemplo, em [OUA2011]. Esta seção focará apenas nos aspectos relacionados com a programação concorrente.

Uma propriedade fundamental dos monitores é permitir que apenas uma tarefa esteja ativa dentro do monitor a cada momento. No caso das Pthreads, exclusão mútua é obtida com o emprego de mutex. Na seção 11.9 sobre mutex a figura 6.4 mostra como um mutex é criado e utilizado no contexto das Pthreads. Para que as funções de um módulo em C exibam a propriedade de exclusão mútua, como um monitor deve fazer, basta criar um mutex geral para o monitor, colocar uma operação LOCK no início de cada função pública do monitor e colocar uma operação UNLOCK ao final de cada função pública. Não é necessário usar mutex nas funções privadas do monitor, as quais são chamadas somente de dentro do próprio monitor, pois qualquer tarefa já executando código do monitor obteve acesso exclusivo ao entrar através de uma função pública. No caso de uma função que termine com o comando "return", é necessário colocar o UNLOCK imediatamente antes do "return", e usar no "return" apenas variáveis locais da função. A figura 13.1 ilustra este esquema básico.

```
/* Monitor sensor, no arquivo sensor.c */

static pthread_mutex_t exclusao_mutua = PTHREAD_MUTEX_INITIALIZER;
static double sensor_lido = 0;

/* Função interna, não pode ser chamada de fora do monitor */
static int funcao_interna( void)
{
...
}

...

/* Função pública, pode ser chamada de fora do monitor */
void sensor_put( double lido)
{   pthread_mutex_lock( &exclusao_mutua);
    sensor_lido = lido;
    pthread_mutex_unlock( &exclusao_mutua);
}

/* Função pública, pode ser chamada de fora do monitor */
double sensor_get( void)
{   double aux;

    pthread_mutex_lock( &exclusao_mutua);
    aux = sensor_lido;
    pthread_mutex_unlock( &exclusao_mutua);

    return aux;
}
```

Figura 13.1 – Esquema básico de um monitor na linguagem C usando a biblioteca Pthreads.

A implementação do monitor também requer o emprego de variáveis condição. A biblioteca das Pthreads inclui recursos para a criação de variáveis condição e também implementa as operações WAIT e SIGNAL, como descritas antes. Também implementa uma versão especial de SIGNAL, chamada BROADCAST, a qual permite liberar todas as threads bloqueadas na variável condição naquele instante, e não apenas uma delas como o SIGNAL normal. A função BROADCAST equivale ao método "notifyAll" da linguagem Java.

Quando uma thread fica bloqueada ao executar a operação WAIT, ela precisa liberar o acesso ao monitor, ou seja, executar um unlock sobre o mutex que controla o acesso exclusivo ao monitor. A implementação de WAIT nas Pthreads inclui um unlock implícito quando a thread fica bloqueada. Sintaticamente, a operação WAIT na biblioteca das Pthreads recebe dois parâmetros, a variável condição em questão, e também o mutex que deve ser liberado quando acontece o bloqueio da thread que executa o WAIT.

Caso exista uma thread bloqueada na variável condição quando um SIGNAL é executado, apenas uma thread pode continuar a executar, para mantermos a premissa de que existe exclusão mútua obrigatória dentro do monitor. No caso da biblioteca das Pthreads, a thread que executa o SIGNAL continua a executar, e a thread liberada da variável condição fica esperando pelo mutex que permite acesso exclusivo ao código do monitor. Existe portanto um LOCK implícito no WAIT, quando a thread é liberada. Quando a thread que executou o SIGNAL e continuou a executar finalmente liberar o monitor (UNLOCK na variável mutex), a thread liberada da variável condição poderá obter implicitamente este mutex e retomar sua execução dentro do monitor. Caso várias threads sejam liberadas por um BROADCAST, uma a uma terá sucesso no LOCK do mutex e executará com exclusividade o monitor.

Uma variável condição "vc" pode ser criada e receber uma inicialização default da seguinte forma:

pthread_cond_t vc = PTHREAD_COND_INITIALIZER;

E os protótipos das funções "wait", "signal" e "broadcast" são:

int pthread_cond_wait(pthread_cond_t *cond, pthread_mutex_t *mutex);
int pthread_cond_broadcast(pthread_cond_t *cond);
int pthread_cond_signal(pthread_cond_t *cond).

Para ilustrar a programação de monitores com Pthreads, considere uma aplicação de automação industrial onde existe um sensor de temperatura o qual é lido por uma thread e o valor lido é posteriormente usado por várias outras threads. Por exemplo, uma thread pode coloca-lo na tela para o operador humano, ao passo que outra thread deve desligar a fonte de calor sempre que a temperatura ultrapassar um valor limite. Vamos estender o exemplo da figura 13.1 para comportar este cenário. O monitor completo é apresentado na figura 13.2. A função sensor_put() é chamada pela thread que leu o sensor, para informar o novo valor. A função sensor_get() permite que qualquer thread obtenha o último valor lido do sensor.

Uma thread que chame a função sensor_alarme() ficará bloqueada até que o valor lido do sensor ultrapasse o limite fornecido como parâmetro. Nesta função, inicialmente o valor limite é copiado para a variável global "limite_atual" e testado. Caso o valor atual já seja superior ao limite indicado, a thread chamadora retornará imediatamente. Caso contrário, a thread executará um WAIT e ficará bloqueada. Sempre que o valor lido do sensor muda, na chamada de sensor_put(), o novo valor é comparado com o limite desejado e, caso tenha chegado ao valor limite, um SIGNAL é usado para liberar a thread bloqueada na função sensor_alarme(). Antes de sair de sensor_alarme(), a variável global limite_atual recebe HUGE_VAL, que aqui representa infinito positivo. Isto é feito para que o SIGNAL na função sensor_put() não seja executado desnecessariamente. A operação WAIT aparece dentro de um comando WHILE para que a thread, ao ser liberada, reteste a situação e decida se deve deixar o monitor ou voltar para o WAIT.

No caso deste exemplo, nenhuma função interna auxiliar foi necessária no monitor. Na verdade esta é apenas uma das várias possíveis implementações. Por exemplo, este monitor aceita que apenas uma thread fique bloqueada esperando pela condição de alarme. Porém, é uma implementação eficiente, pois o SIGNAL somente é executado quando existe uma thread esperando e o valor lido chegou ao valor limite. Uma implementação alternativa seria trocar o SIGNAL por BROADCAST, permitindo que várias threads ficassem bloqueadas no WAIT esperando pelo mesmo valor limite. Outra possibilidade é cada thread chamar sensor_alarme() com o seu limite e, a cada sensor_put(), todas serem liberadas com BROADCAST e cada uma delas retestar o seu próprio limite. Esta implementação seria flexível porém custosa, pois a cada sensor_put() todas as threads bloqueadas na variável condição "alarme" seriam liberadas e possivelmente voltariam a bloquear em seguida. A melhor implementação vai sempre depender dos propósitos e das condições da aplicação.

```
/* Monitor sensor, no arquivo sensor.c */
#include <math.h>

static pthread_mutex_t exclusao_mutua = PTHREAD_MUTEX_INITIALIZER;
static pthread_cond_t alarme = PTHREAD_COND_INITIALIZER;
static double sensor_lido = 0;
static double limite_atual = HUGE_VAL;

/* Chamado pela thread que le o sensor e disponibiliza aqui o valor lido */
void sensor_put( double lido)
{   pthread_mutex_lock( &exclusao_mutua);
    sensor_lido = lido;
    if( sensor_lido >= limite_atual )
          pthread_cond_signal( &alarme);
    pthread_mutex_unlock( &exclusao_mutua);
}

/* Chamado por qualquer thread que precisa do valor lido do sensor */
double sensor_get( void)
{   double aux;
    pthread_mutex_lock( &exclusao_mutua);
    aux = sensor_lido;
    pthread_mutex_unlock( &exclusao_mutua);
    return aux;
}

/* Thread fica bloqueada até o valor do sensor chegar em limite */
void sensor_alarme( double limite)
{   pthread_mutex_lock( &exclusao_mutua);
    limite_atual = limite;
    while( sensor_lido < limite_atual )
          pthread_cond_wait( &alarme, &exclusao_mutua);
    limite_atual = HUGE_VAL;
    pthread_mutex_unlock( &exclusao_mutua);
}
```

Figura 13.2 – Monitor protegendo um valor amostrado.

A figura 13.3 ilustra outro exemplo de sincronização resolvida através de um monitor. Neste caso, trata-se de um buffer duplo. Em aplicações de tempo real é comum a situação onde uma thread lê com frequência um dado sensor e armazena na memória os valores lidos. Quando certa quantidade de leituras, digamos 100, foram efetuadas, outra thread envia todas as 100 leituras para armazenamento. Isto é feito através de uma mensagem através da rede ethernet ou através da escrita em um arquivo, por exemplo. Neste cenário temos uma thread produzindo dados pequenos (por exemplo um double) com alta frequência e outra thread consumindo os dados em batelada (100 de cada vez), com uma frequência menor. O importante neste cenário é que a thread produtora de dados não precise jamais esperar pela thread consumidora de dados, pois o envio de dados pela rede ou para arquivos pode demorar bem mais do que o tempo entre duas leituras do sensor em questão.

Uma solução clássica para este cenário é usar um **buffer duplo** (***double buffering***), ou um buffer dividido em duas metades, digamos buffer_0 e buffer_1. Inicialmente a thread escreve os dados no buffer_0. Quando ele ficar cheio, a thread escritora passa a usar o buffer_1 para escrever, enquanto outra thread esvazia de uma só vez o buffer_0. É essencial que o buffer_0 seja esvaziado antes do buffer_1 lotar, pois quando o buffer_1 lotar, a thread escritora passará novamente a usar o buffer_0, e encaminhará o buffer_1 para a thread que consome os dados. O tamanho do buffer deve ser dimensionado de tal forma que seja garantido que um buffer possa ser sempre esvaziado mais rapidamente do que um buffer demora para ser preenchido.

A figura 13.3 mostra um monitor que implementa a ideia do buffer duplo. Neste caso, os dados são valores do tipo double e cada buffer comporta TAMBUF elementos. A função "bufduplo_insereLeitura()" é chamada por uma thread para inserir um dado de cada vez. A variável "prox_insercao" indica a posição no buffer "emuso" que receberá o próximo dado inserido. Quando o buffer indicado pela variável "emuso" ficar lotado, a variável "gravar" recebe o número do buffer lotado a ser gravado, o buffer "emuso" passa a ser o outro, seu uso iniciará da posição zero, e um SIGNAL é executado para sinalizar que existe um buffer lotado a ser gravado.

A função "bufduplo_esperaBufferCheio()" é chamada pela thread responsável por encaminhar (consumir) um buffer inteiro de cada vez. Enquanto não existir um buffer lotado, ela executa WAIT, sempre liberando a exclusão mútua do monitor enquanto espera. Quando a variável "gravar" indicar que existe um buffer lotado a ser consumido, ela coloca na variável local "buffer" o endereço deste buffer, coloca novamente o valor -1 na variável "gravar", e retorna para a thread chamadora o endereço do buffer lotado a ser gravado. Imagina-se que esta thread conhece o tamanho do buffer, através da constante TAMBUF no arquivo bufduplo.h, por exemplo.

Como no caso do exemplo anterior, esta é apenas uma das possíveis implementações do buffer duplo. Poderíamos incluir uma função de inicialização na qual o tamanho do buffer é definido. Ou ainda, retornar os próprios dados ao invés do endereço do buffer interno do monitor. Também existem implementações onde vários buffers, e não apenas dois, são empregados. Novamente, a melhor implementação depende dos propósitos da aplicação.

```
/* Monitor buffer duplo, no arquivo bufduplo.c */
#define TAMBUF 100

static double buffer_0[TAMBUF];
static double buffer_1[TAMBUF];

static int emuso = 0;
static int prox_insercao = 0;
static int gravar = -1;

static pthread_mutex_t exclusao_mutua = PTHREAD_MUTEX_INITIALIZER;
static pthread_cond_t buffer_cheio = PTHREAD_COND_INITIALIZER;

void bufduplo_insereLeitura( double leitura)
{   pthread_mutex_lock( &exclusao_mutua);

    if( emuso == 0 )
          buffer_0[prox_insercao] = leitura;
    else
          buffer_1[prox_insercao] = leitura;

    ++prox_insercao;

    if( prox_insercao == TAMBUF ) {
          gravar = emuso;
          emuso = (emuso + 1) % 2;
          prox_insercao = 0;
          pthread_cond_signal( &buffer_cheio);
    }
    pthread_mutex_unlock( &exclusao_mutua);
}

double *bufduplo_esperaBufferCheio( void)
{   double *buffer;
    pthread_mutex_lock( &exclusao_mutua);
    while( gravar == -1 )
          pthread_cond_wait( &buffer_cheio, &exclusao_mutua)
    if( gravar==0 )
          buffer = buffer_0;
    else  buffer = buffer_1;
    gravar = -1;
    pthread_mutex_unlock( &exclusao_mutua);
    return buffer;
}
```

Figura 13.3 – Monitor que implementa um buffer duplo.

Nesta seção foi usada a linguagem de programação C para exemplificar como recursos da biblioteca das Pthreads podem ser usados na implementação de monitores. Entretanto, tais recursos podem ser usados igualmente com outras linguagens. Com mutex para garantir exclusão mútua e mais as variáveis condição podemos usar a biblioteca das Pthreads para implementar monitores em qualquer linguagem de programação. Um exemplo óbvio é C++, onde uma classe pode ser transformada em um monitor através dos recursos citados das Pthreads.

13.5 Exercícios

1) Comparando semáforos com variáveis condição, é correto afirmar que:

(a) A decisão de bloquear ou não uma thread no caso de semáforos depende do passado, mas no caso da Variável Condição não depende.

(b) A operação P é idêntica a WAIT e a operação V é idêntica ao SIGNAL.

(c) Somente semáforos são implementados de forma atômica.

(d) As operações V e SIGNAL são usadas para incrementar um contador inteiro.

2) Considere um sistema de medição onde várias threads colaboram através de um monitor que encapsula variáveis compartilhadas relacionadas com os dados medidos via dois sensores, um sensor de corrente e um sensor de tensão. O monitor mantém a medida mais recente de corrente e de tensão, juntamente com a hora de cada uma das medições.

Implemente o monitor utilizando as funções da biblioteca de pthreads, sem *busy-waiting*. Várias threads podem chamar cada uma das rotinas de entrada do monitor. Não precisa criar as threads, apenas implementar o monitor. O monitor em questão possui 5 rotinas de acesso:

```
/* set_medida_tensao
Permite a uma thread registrar a última medição que ela obteve do sensor de tensão e a hora da medida. Medidas de tensão antigas são descartadas.
*/
void set_medida_tensao( double tensao, long hora);

/* set_medida_corrente
Permite a uma thread registrar a última medição que ela obteve do sensor de corrente e a hora da medida. Medidas de corrente antigas são descartadas.
*/
void set_medida_corrente( double corrente, long hora);

/* pega_tensao
Permite a uma thread ler do monitor a medição de tensão registrada no monitor. Fica bloqueada caso nenhuma tensão tenha sido registrada até o momento.
*/
double pega_tensao( void);
```

/* pega_corrente
Permite a uma thread ler do monitor a medição de corrente registrada no monitor. Fica bloqueada caso nenhuma corrente tenha sido registrada até o momento.
*/
double pega_corrente(void);

/* espera_medicao_sincrona
Bloqueia a thread chamadora até que a diferença entre a hora da leitura de tensão e a hora da leitura de corrente registradas seja menor que 10.
*/
void espera_sincronizacao(void);

3) Considere um sistema bancário onde uma conta é implementada na forma de um monitor com Pthreads. A conta mantém um valor de saldo e oferece 4 rotinas de acesso, as quais podem ser chamadas por muitas threads. Implemente apenas o monitor.

/* Deposita um valor na conta, soma no saldo, nunca bloqueia.
*/
void deposita(double valor);

/* Retira o valor da conta, subtrai do saldo, fica bloqueado até que exista saldo suficiente na conta para atender a retirada. Pedidos de retirada são atendidos por ordem de chegada.
*/
void retira(double valor);

/* Bloqueia a thread até que o somatório dos depósitos, sem considerar as retiradas, ultrapasse o valor_vip.
*/
void espera_saldo_vip(double valor_vip);

/* Aplica sobre o saldo da conta uma correção monetária, fornecida em pontos percentuais.
*/
void aplica_correcao(double correcaoPP);

4) Em um programa concorrente existem várias tarefas do tipo "calcula" e várias tarefas do tipo "mostra". As tarefas do tipo "calcula" iniciam sua execução no início do programa. Já as tarefas do tipo "mostra" precisam esperar autorização das tarefas "calcula" para começar. Além disto, cada três tarefas "calcula" permitem que exatamente uma tarefa "mostra" execute. Implemente uma solução para este problema usando semáforos. A solução consiste de 2 rotinas:

/* tarefa "calcula" usa para informar que está autorizando, ela mesmo nunca fica bloqueada
*/
void autoriza (void);

```
/* tarefa "mostra" usa para ficar bloqueada até que pelo menos três autorizações sejam feitas,
quando então ela é liberada, não importa quando as autorizações foram feitas
*/
void espera_3_autorizacoes( void );
```

Cada 3 autorizações permite a liberação de apenas uma tarefa "mostra". Não importa se as autorizações aconteceram antes ou depois da tarefa "mostra" chamar a rotina "espera_3_autorizacoes()". Não é permitido deixar uma tarefa "mostra" bloqueada no caso de já terem acontecido 3 chamadas da rotina "autoriza" que não foram usadas. A tarefa "calcula" nunca bloqueia.

5) Um simulador de tráfego urbano foi implementado como um programa concorrente para melhor aproveitar os computadores com arquitetura *multicore*. Neste simulador cada carro é representado por uma thread. Todas as vias são de sentido único. Cada cruzamento é representado por um monitor.

Quando um carro deseja passar por um cruzamento, a thread que o representa chama a rotina "pedePassar()" do monitor e passa como parâmetro o sentido desejado. A thread então fica bloqueada até que a passagem seja autorizada. Depois que o carro passou pelo cruzamento, a thread que o representa chama a rotina "jaPassei()" do monitor.

A gerência do recurso cruzamento é feita da seguinte forma:
- Se o carro pede para passar, e o cruzamento está livre, ele pode passar;
- Se o carro pede para passar, e estão passando carros no mesmo sentido que ele, ele pode passar;
- Se o carro pede para passar, e estão passando carros no outro sentido, ele fica em espera.

Implemente o monitor utilizando as funções da biblioteca de pthreads, sem *busy-waiting*, sem postergação indefinida e sem deadlock. Não precisa criar as threads, apenas implementar o monitor. O monitor em questão possui duas rotinas de acesso:

```
void pedePassar( int sentido );// 1 é norte-sul,        -1 é leste-oeste
void jaPassei( void );
```

6) Implemente a semântica de um semáforo (primitivas P e V) usando para isto as primitivas da biblioteca das pthreads (mutex e variável condição). As funções a serem implementadas são:

```
void p(void);
void v(void);
```

Suponha que existe um único semáforo.

7) Considere um programa concorrente que implementa um sistema semelhante à bolsa de valores. Várias threads do tipo "Comprador" e do tipo "Vendedor" fazem ofertas de compra e venda através de um "Pregão de Negócios". Suponha a existência de ações de uma única empresa.

Implemente o "Pregão de Negócios" seguindo a ideia de um monitor, utilizando as funções da biblioteca de pthreads, sem *busy-waiting*. Várias threads podem chamar cada uma das rotinas de entrada do monitor. Não precisa criar as threads, apenas implementar o monitor. O monitor em questão possui 2 rotinas de acesso: ofertaCompra e ofertaVenda.

As variáveis compartilhadas do monitor incluem a atual melhor oferta de compra e atual melhor oferta de venda. Uma oferta de compra é melhor do que outra quando apresenta um preço maior. Uma oferta de venda é melhor do que outra quando apresenta um preço menor. O negócio é fechado quando a oferta de compra é maior do que a oferta de venda e neste caso o negócio acontece com o preço médio entre as duas ofertas.

Inicialmente, como não existem ofertas ainda, a melhor oferta de compra é INFINITO_NEGATIVO e a melhor oferta de venda é INFINITO_POSITIVO.

double ofertaCompra(double valor);

Usada por uma thread compradora para fazer uma oferta de compra, "valor" é o valor da oferta. Existem 3 cenários possíveis.

- Caso a oferta de compra seja alta o bastante para fechar o negócio, o negócio é fechado, a correspondente thread vendedora é liberada e a função retorna o valor do negócio.
- Caso a oferta de compra não seja suficiente para fechar o negócio, mas é mais alta do que a atual melhor oferta de compra, a antiga thread com a melhor oferta de compra é liberada e a thread chamadora ficará bloqueada, pois possui agora a melhor oferta de compra.
- Caso a oferta de compra seja menor do que a atual melhor oferta de compra, a thread chamadora retorna imediatamente com -1.

double ofertaVenda(double valor);

Usada por uma thread vendedora para fazer uma oferta de venda, "valor" é o valor da oferta. Existem 3 cenários possíveis.

- Caso a oferta de venda seja baixa o bastante para fechar o negócio, o negócio é fechado, a correspondente thread compradora é liberada e a função retorna o valor do negócio.
- Caso a oferta de venda não seja suficiente para fechar o negócio, mas é mais baixa do que a atual melhor oferta de venda, a antiga thread com a melhor oferta de venda é liberada e a thread chamadora ficará bloqueada, pois possui agora a melhor oferta de venda.
- Caso a oferta de venda seja maior do que a atual melhor oferta de venda, a thread chamadora retorna imediatamente com -1.

8) Considerando o código abaixo, uma variação da implementação do produtor/consumidor, responda as seguintes perguntas (justificando):

a) Está garantido o acesso exclusivo à variável "buffer" no caso de 1 produtor e 1 consumidor?

b) É possível a ocorrência de deadlock no caso de 2 produtores e 2 consumidores ?

c) É possível a postergação indefinida de um consumidor ?

```
struct tipo_dado buffer;
semaphore espera_vaga = 1;
semaphore espera_dado = 0;

void produtor( void)
{
    ...
    P( espera_vaga );
    buffer = dado_produzido;
    V( espera_dado );
    ...
}

void consumidor( void)
{
    ...
    P( espera_dado );
    dado_a_consumir = buffer;
    V( espera_vaga );
    ...
}
```

9) Considere um sistema de medição onde existem duas threads sensoras. Cada thread sensora faz medições em vários pontos da planta, gerando uma "struct C" com todos os dados lidos por ela em uma dada medição. As threads sensoras são identificadas como tipo A e tipo B.

Existe neste sistema também uma série de threads que utilizam os dados medidos para vários propósitos, tais como alimentar sinótico, gerar históricos, etc. Essas threads consultam sempre a última medição disponível de um dado tipo.

Finalmente, existe neste sistema também uma thread de alarme, a qual fica bloqueada até que a condição de alarme torne-se verdadeira. Esta condição é indicada por uma função auxiliar "int situacao_alarme(void)", a qual retorna "1" quando a situação de alarme está ocorrendo. Considere que esta função auxiliar já está implementada. Implemente um monitor utilizando as funções da biblioteca de pthreads, sem *busy-waiting*, tal que existam 3 chamadas possíveis:

```
Struct dados_medidos_t {
...
};

#define TIPO_A 0
#define TIPO_B 1

void insere_medicao( int tipo, struct dados_medidos_t xxx);
struct dados_medidos_t consulta_medicao( int tipo);
void espera_alarme(void );
```

Dentro do monitor são mantidas apenas a última medição disponível para cada tipo, ou seja, existe uma estrutura para a medição mais recente do tipo A e outra para a medição mais recente do tipo B.

A função “consulta_medicao()” apenas informa o valor atual daquele tipo de medição sem consumi-lo (apaga-lo) do monitor. No caso de não haver ainda nenhuma medição do tipo desejado no monitor, a thread fica bloqueada até uma medição do tipo desejado ser incluída no monitor.

A função “espera_alarme()” bloqueia a thread chamadora até que a situação de alarme seja detectada (torne-se verdadeira). A condição de alarme é testada quando a função “insere_medicao()” é chamada.

10) Em um programa concorrente existem N threads trabalhadoras e uma única thread finalizadora. O programa é tal que a thread finalizadora precisa esperar todas as threads trabalhadoras terminarem para então ela finalizar o programa. Este tipo de sincronização é chamada de “barreira” e é típica da programação em máquinas paralelas. O valor de N é conhecido.

Implemente uma solução para o problema da barreira usando pthreads. A solução consiste de 2 rotinas:

```
/* thread trabalhadora "meuId" informa que acabou sua parte do serviço
*/
void acabei (int meuId);
/* thread finalizadora fica bloqueada até todos os N trabalhadores acabarem o serviço
*/
void espera_todos( void );
```

11) Para que funcionem, as operações “P” e “V” sobre os semáforos precisam ser atômicas. Indique como isto pode ser obtido. Não precisa entrar em detalhes, apenas indicar como isto poderia ser implementado em um processador.

12) Considere uma relação produtor/consumidor onde vários produtores e vários consumidores acessam o mesmo buffer circular. O buffer circular possui capacidade para N caracteres. Cada produtor deposita no buffer um número variável de caracteres, sempre menor do que N. Da mesma forma, cada consumidor retira do buffer um número variável de caracteres, sempre menor do que N, que não guarda relação com a quantidade de caracteres que são depositados de cada vez. O número de caracteres a ser inserido ou retirado do buffer é fornecido como parâmetro pela thread.

Crie uma solução para este problema utilizando pthreads. Tanto produtor quanto consumidor devem ficar bloqueados caso o buffer não tenha como atender ao pedido imediatamente. Soluções com *busy-waiting* não são aceitáveis. Os produtores precisam ser atendidos na ordem de chegada.

Os consumidores precisam ser atendidos na ordem de chegada. Os dados precisam ser consumidos na mesma ordem na qual foram produzidos. Rotinas a serem implementadas:

```
insere( char *s, int numero_caracteres);

retira( char *s, int numero_caracteres);
```

Pode ser usada uma rotina auxiliar "copiachar" para fazer cópias de caracteres, desde que ela faça uma simples cópia sem qualquer tipo de sincronização dentro dela.

13) Em um programa concorrente que controla o estacionamento da universidade, a gerência das vagas é feita através de um monitor programado usando Pthreads. Existem no estacionamento NP+NA vagas. A principio são NP vagas para professores e NA vagas para alunos, mas quando as vagas para professores acabam, eles podem usar as vagas dos alunos. Alunos podem usar somente as vagas dos alunos. O monitor oferece 4 rotinas de acesso.

```
/* Se existe vaga para professor, ocupa 1 vaga de professor. Se não existe vaga para professor porem existe vaga para aluno, pega a vaga emprestada e ocupa uma vaga de aluno. Se não existe nenhum tipo de vaga, bloqueia até que surja uma vaga de qualquer tipo. */
void entra_prof( void);

/* Se existe vaga para aluno, ocupa 1 vaga de aluno. Se não existe vaga para aluno, bloqueia até que surja uma vaga de aluno. */
void entra_aluno( void);

/* Libera uma vaga do estacionamento. Se professores pegaram vagas emprestadas dos alunos, devolve a vaga para os alunos. Poderá liberar um professor ou aluno esperando por vaga. */
void sai_prof( void);

/* Libera uma vaga do estacionamento para alunos. Poderá liberar um professor ou aluno esperando por vaga. */
void sai_aluno( void);
```

14. Variabilidade dos Tempos de Resposta

Por que o tempo de resposta de uma tarefa varia ?

Como descrito no capítulo 2, sobre os conceitos básicos dos sistemas de tempo real, o tempo de execução (*execution time*) de uma tarefa considera que ela está sozinha no sistema, ao passo que o tempo de resposta (*response time*) da tarefa é definido pelo intervalo de tempo entre a chegada da tarefa e a sua conclusão. O tempo de resposta inclui eventuais intervalos de tempo quando a tarefa é suspensa para a execução de outras atividades do sistema, tais como tratadores de interrupções e outras tarefas. O tempo de resposta é muito importante pois é ele que deverá ser menor ou igual ao deadline da tarefa, caso esta possua um deadline.

O capítulo 7 e o capítulo 8 descreveram formas usadas na implementação de tarefas de tempo real em sistemas de software. A **variabilidade dos tempos de resposta** está diretamente associada com o design do software do sistema (*system software design*). Ainda que, hipoteticamente, o tempo de execução de uma tarefa fosse constante, na grande maioria dos sistemas o seu tempo de resposta variaria, em função das outras atividades do sistema.

Neste capítulo será descrito como estas outras atividades do sistema somam no tempo de resposta de uma tarefa, fazendo-o variar. Uma questão igualmente relevante, a determinação do tempo de resposta no pior caso (WCRT – *Worst-Case Response Time*), será tratada no capítulo 15 e no capítulo 16.

14.1 Fontes da Variabilidade do Tempo de Resposta

No capítulo 7 e capítulo 8 foi descrito como os fluxos de execução do sistema podem ser organizados, ou seja, como o software do sistema pode ser projetado. A melhor solução depende do tipo de sistema em questão. Sistemas pequenos e críticos ganham confiabilidade temporal se implementados com um executivo cíclico. Já a maioria dos sistemas baseados em microcontroladores de pequeno porte são implementados com um laço principal e tratadores de interrupção, pois este design tem flexibilidade para atender tarefas esporádicas com deadline apertado, ao mesmo tempo em que mantém o sistema simples, algo necessário em uma plataforma com recursos de hardware limitados. Mesmo aplicações baseadas em microcontroladores podem tornar-se complexas o suficiente para requerer um sistema operacional simples. Neste contexto, o FreeRTOS (www.freertos.org) é muito empregado. Ele implementa threads e sincronização entre threads. Por incluir apenas a gerência do processador, este tipo de sistema operacional é usualmente chamado de microkernel. Finalmente, aplicações grandes que requerem, além da gerência do processador, uma gerência de memória sofisticada, sistema de arquivos, pilhas de protocolos e outros serviços, necessitam utilizar um kernel completo, como o kernel Linux (www.kernel.org).

Seja como for, uma tarefa de tempo real implementada na forma de thread, ou mesmo na forma de tratador de interrupção, pode ser atrapalhada pelas demais atividades do sistema. Obviamente, uma grande fonte de variabilidade para o tempo de resposta de uma tarefa é o seu próprio tempo de execução, o qual tipicamente varia bastante. Mesmo que seu tempo de execução fosse constante (o capítulo 4 deste livro mostrou que quase nunca é), seu tempo de resposta varia pois varia o quanto a tarefa em questão é atrapalhada pelas demais atividades do sistema, cada vez que ela executa. Nas seções a seguir serão descritas várias formas através das quais uma tarefa de tempo real pode ser atrapalhada (ter seu tempo de resposta aumentado) pelas diversas outras atividades que acontecem em um sistema computacional.

14.2 Variabilidade Causada por Outras Tarefas da Aplicação

A fonte de variação mais óbvia é a execução de outras tarefas da aplicação. Uma aplicação de tempo real complexa, a qual pode incluir diversas malhas de controle com períodos diferentes, interface humano-máquina gráfica ou textual, emprego de arquivos de configuração e de histórico, detecção de alarmes, comunicação via rede com outros computadores ou equipamentos, fatalmente leva a um software de aplicação composto por várias tarefas. A decisão de quantas tarefas de aplicação usar e de como implementar estas tarefas como processos, threads, funções ou tratadores de interrupção depende totalmente da natureza da aplicação. São decisões associadas com o design arquitetônico do software de aplicação. De qualquer forma, teremos tarefas de tempo real, com períodos e deadlines, compartilhando o mesmo processador.

Muitas vezes diversas threads da aplicação estarão na fila de aptos esperando para executar. O escalonador é o módulo do kernel responsável por decidir qual delas será executada primeiro. O capítulo 10 discutiu como pode ser feito o escalonamento com prioridades preemptivas, a forma mais usada em sistemas de tempo real. Por exemplo, quando uma dada thread da aplicação entra na fila de aptos ela pode estar com sorte, encontrar a fila de aptos vazia, e executar imediatamente. Em um momento posterior, a mesma thread da aplicação pode entrar na fila de aptos e encontrá-la repleta de outras threads mais prioritárias que ela, o que significa um certo tempo de espera nesta fila. O tempo de espera na fila de aptos irá somar-se ao próprio tempo de execução da tarefa para compor o seu tempo de resposta. Como o tempo de espera na fila de aptos varia, o tempo de resposta da tarefa varia também.

14.3 Variabilidade Causada por Outros Processos do Sistema

Como visto no capítulo 8, em sistemas operacionais maiores, além dos processos de aplicação executando fora do kernel, podem existir também processos do sistema. São processos normais, no sentido de que executam fora do kernel e fazem chamadas de sistema. Porém, eles não executam código de aplicação mas sim realizam tarefas de manutenção e administração do sistema, ou seja, fazem parte do sistema operacional. São aqueles processos que já existem antes mesmo da aplicação iniciar.

As threads dos processos de sistema disputam o processador com as threads da aplicação, convivendo na mesma fila de aptos e ficando a mercê das decisões do escalonador. Desta forma, a existência de threads de processos de sistema na fila de aptos faz variar o tempo de espera de uma thread de aplicação na fila de aptos, o que faz variar o seu tempo de resposta. É importante observar que, mesmo que a aplicação tenha uma única thread, os processos de sistema farão seu tempo de espera na fila de aptos variar. Principalmente por que, na maioria dos sistemas operacionais, processos de sistema tem preferência no uso do processador sobre processos da aplicação.

14.4 Variabilidade Causada por Threads do Kernel

Muitas vezes são empregadas threads dentro do kernel na implementação de funções tais como, por exemplo, *device-drivers* associados com periféricos. Estas threads executam apenas código do kernel, possuem mais privilégios que threads de aplicação no acesso aos controladores de periféricos, e são acionadas para atender as chamadas de sistema que o kernel recebe. Entretanto, na perspectiva do escalonador, são threads que também são inseridas na fila de aptos e competem pelo processador com as demais threads que existem no sistema como um todo.

Threads de kernel também podem ser usadas para atividades de manutenção da gerência de memória e gerência de sistema de arquivos em sistemas operacionais mais sofisticados. Por exemplo, escrever uma página alterada da memória virtual para o disco ou escrever partes da cache do sistema de arquivos para o disco, atualizar contabilizações, etc. Tipicamente elas executam com prioridade sobre as threads da aplicação e, desta forma, fazem o tempo de resposta das threads de aplicação variar, fazendo variar seu tempo de espera na fila de aptos.

Threads de kernel são tipicamente liberadas (inseridas na fila de aptos) pela ocorrência de uma interrupção de periférico. Neste tipo de design de kernel o tratador de interrupção limita-se a desbloquear a thread de kernel em questão, a qual faz o trabalho real associado com o periférico que gerou a interrupção.

14.5 Variabilidade Causada por Tratadores de Interrupção

Tipicamente interrupções permanecem habilitadas durante a execução de threads da aplicação. Isto significa que, a qualquer momento, a thread de aplicação pode ser suspensa para a execução de um tratador de interrupção, por exemplo, do teclado ou da ethernet. Talvez o tratador de interrupção execute e, em seguida, a thread de aplicação retome sua execução. Ou talvez o tratador de interrupção acionado libere uma thread de kernel a qual é inserida na fila de aptos e, após a conclusão do tratamento da interrupção, o escalonador escolha para execução esta thread de kernel em detrimento da thread da aplicação que executava antes.

Interrupções são uma importante fonte de variação no tempo de resposta de qualquer tarefa do sistema. Mesmo uma tarefa de tempo real crítica, a qual foi implementada exatamente como um tratador de interrupções para ter um tempo de resposta menor, será atrapalhada por outros tratadores de interrupções. Isto acontece por que a quase totalidade dos tratadores de interrupções desabilita as interrupções no computador durante pelo menos parte de sua execução. Qualquer outra interrupção que ocorra enquanto interrupções estão desabilitadas no processador sofrerá um atraso, e um atraso de natureza variável, dependente da dinâmica do sistema.

Cada tratador de interrupção pode ser considerado como uma **pseudo-thread** de prioridade mais alta do que as threads do sistema, pois as threads são suspensas temporariamente para que o código do tratador de interrupção apropriado seja executado. Em geral, o momento de ocorrência de uma interrupção é assíncrono com relação ao código da aplicação, ou seja, não é sabido com antecedência quando uma dada interrupção será acionada. Por exemplo, quando uma tecla é acionada ou quando um pacote chega pela rede ethernet, o processador passa a atender a interrupção, executando o tratador de interrupção associado com o periférico em questão. Se o sistema possui muitos tratadores de interrupção, chamados com grande frequência, e o com tempo de execução considerável, o efeito sobre o tempo de resposta das threads de aplicação e de kernel pode ser significativo.

14.6 Variabilidade Causada pela Manipulação das Prioridades

Como foi visto no capítulo 10 sobre escalonamento de tarefas, é muito comum o escalonador empregar prioridades para decidir qual thread executa a seguir, ou seja, para decidir quem passa do estado de apto para o estado executando. Prioridades são usadas em sistemas operacionais de propósito geral, mas são especialmente usadas em sistemas de tempo real.

No capítulo 10 foi discutido como atribuir prioridades às tarefas visando atender os requisitos temporais da aplicação. O problema é que muitos sistemas operacionais manipulam por conta própria as prioridades. Por exemplo, o mecanismo de **envelhecimento** (***aging***) é usado por vezes para aumentar temporariamente a prioridade de um processo ou thread que, por ter prioridade muito baixa, nunca consegue executar. Muitos sistemas operacionais de propósito geral também incluem mecanismos que reduzem automaticamente a prioridade de uma thread na medida que ela consome tempo de processador. Este mecanismo é utilizado para favorecer as tarefas com ciclos de execução menores e diminuir o tempo médio de resposta no sistema.

Esses mecanismos fazem sentido em um sistema operacional de propósito geral, quando o objetivo é estabelecer certo grau de justiça na distribuição dos recursos do computador entre os processos e evitar **postergação indefinida** (***indefinite postponement***), ou seja, evitar que um processo ou thread fique para sempre na fila de aptos sem jamais conseguir executar. Porém, no contexto dos sistemas de tempo real, não existe preocupação com justiça na distribuição dos recursos mas sim com o atendimento dos requisitos temporais. Mecanismos como o de envelhecimento alteram as prioridades e fazem com que o tempo de resposta de uma dada tarefa da aplicação varie, pois a prioridade da thread ou processo que executa esta tarefa varia, conforme a dinâmica do sistema, e fora do controle do desenvolvedor da aplicação.

14.7 Variabilidade Causada por Kernel Não-Preemptivo

Threads da aplicação normalmente executam código da aplicação. Porém, quando algum serviço do kernel é necessário, são feitas chamadas de sistema. O atendimento da chamada de sistema (implementada como uma interrupção de software) implica na execução de código do kernel.

Suponha que uma thread de baixa prioridade está executando, faz uma chamada de sistema, e código do kernel passa a ser executado no sentido de atender a chamada. Imagine que, enquanto o código do kernel executa em prol da thread de baixa prioridade, uma interrupção de hardware acontece e o seu efeito é a liberação (inserção na fila de aptos) de uma thread de alta prioridade. Esta thread de alta prioridade poderia estar, por exemplo, em um *sleep* ou esperando a leitura de um sensor, e agora precisa executar.

Em um **kernel preemptivo** (***preemptive kernel***), o escalonador irá respeitar a ordem das prioridades. A chamada de sistema da thread de baixa prioridade será suspensa e a thread de alta prioridade passará a executar. Quando a thread de alta prioridade ficar bloqueada por alguma razão, a chamada de sistema da thread de baixa prioridade será retomada. Esta situação é ilustrada pela figura 14.1.

Ocorre que nem todos os kernels são completamente preemptivos, especialmente os mais antigos. Em um **kernel não premptivo** (***non-preemptive kernel***), a execução de uma chamada de sistema jamais é suspensa para a execução de outra thread. Neste tipo de kernel a thread de alta prioridade terá que esperar até que a chamada de sistema da thread de baixa prioridade termine, para então poder executar. Temos então que o kernel está executando antes o pedido da thread de baixa prioridade, em detrimento da thread de alta prioridade, o que configura uma inversão de prioridades. A figura 14.2 ilustra esta situação.

No caso de um kernel não preemptivo, o tempo de resposta da tarefa de alta prioridade irá variar, dependendo do que está acontecendo quando a mesma torna-se apta. Caso a thread de baixa prioridade esteja executando código da aplicação quando a thread de alta prioridade torna-se apta, a sua execução inicia imediatamente. Caso a thread de baixa prioridade esteja realizando uma chamada de sistema quando a thread de alta prioridade torna-se apta, a sua execução somente iniciará quando o código da chamada de sistema estiver concluído. Ou seja, um kernel não preemptivo aumenta a variabilidade dos tempos de resposta.

Mesmo um kernel preemptivo apresenta segmentos de código onde não pode ser permitida a troca de contexto entre threads, em função de estruturas de dados internas ao kernel estarem temporariamente inconsistentes. Por exemplo, quando um bloco descritor de segmento de memória ou de arquivo está sendo alterado. Quanto menos segmentos de código não preemptivos tiver o código do kernel, menos variabilidade será introduzida nos tempos de resposta. Uma solução de compromisso é obtida quando o kernel possui **pontos de preempção** (***preemption points***). Este kernel é em geral não preemptivo, porém o seu código inclui pontos onde chaveamento de contexto pode ocorrer. Neste caso, a thread de alta prioridade, uma vez tornada apta, precisará esperar apenas até que a execução da chamada de sistema da thread de baixa prioridade atinja o próximo ponto de preempção do código do kernel. Mesmo assim, o tempo de resposta da thread de alta prioridade vai depender do acaso, ou seja, do que a thread de baixa prioridade está fazendo quando a thread de alta prioridade torna-se apta.

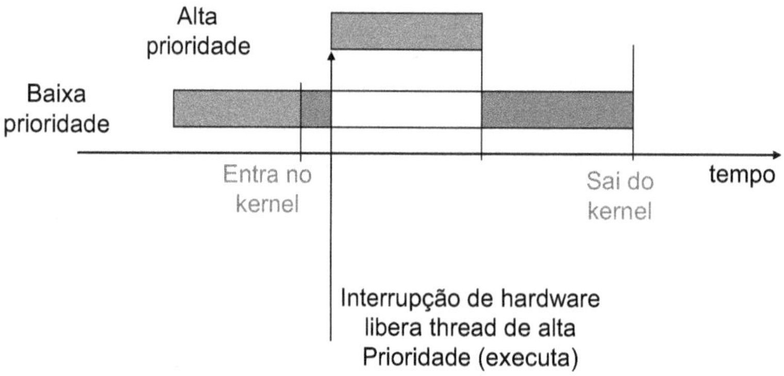

Figura 14.1 – Kernel preemptivo executa tarefa de alta prioridade quando ela chega.

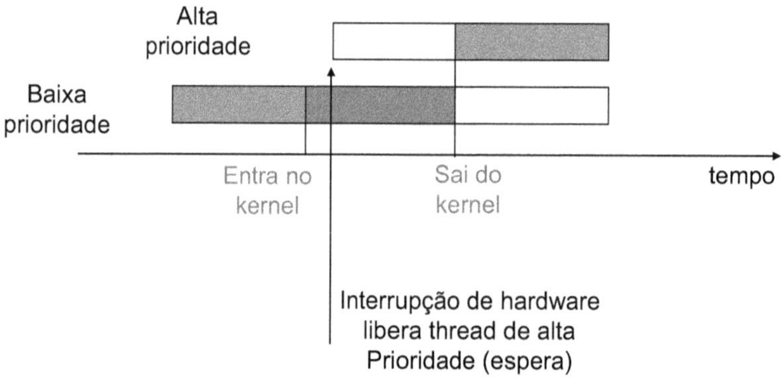

Figura 14.2 – Kernel não preemptivo gera espera adicional para tarefa de alta prioridade.

14.8 Variabilidade Causada pela Desabilitação das Interrupções

Todo kernel de sistema operacional, não importa o seu tamanho, em alguns momentos precisa **desabilitar interrupções** temporariamente. Por exemplo, quando o código do escalonador está executando e fazendo alterações na fila de aptos, a ocorrência de uma interrupção que libere uma thread de kernel e necessite também alterar a fila de aptos deve ser evitada. Deixar dois códigos distintos alterar concorrentemente uma lista encadeada possivelmente acabará em uma lista encadeada inconsistente.

Quando uma função ou sub-rotina pode iniciar uma segunda instância de si mesma enquanto uma primeira instância dela ainda está executando ela é dita ser **reentrante** (***reentrant***). Tipicamente, funções de baixo nível do sistema operacional, como o código do escalonador, não são reentrantes. Device-drivers de periféricos também costumam desabilitar interrupções em momentos críticos. Tratadores de interrupção em geral desabilitam, pelo menos, interrupções do seu mesmo tipo, e também desabilitam interrupções de tipos menos prioritários, enquanto executam.

Suponha que, enquanto as interrupções estão desabilitadas, um temporizador em hardware (*timer*) tenta sinalizar que está na hora de executar uma thread de alta prioridade. Como as interrupções estão desabilitadas, esta interrupção ficará pendente. Quando, mais tarde, interrupções forem habilitadas novamente, esta sinalização será recebida, e a thread em questão será inserida na fila de aptos. O fato de interrupções permanecerem desabilitadas por algum tempo gerou um atraso adicional no reconhecimento da interrupção de hardware que sinaliza a chegada da thread para execução. Desta forma, tempos de resposta também variam por que as interrupções às vezes são atendidas imediatamente, e às vezes precisam esperar algum tempo até que interrupções do tipo em questão sejam habilitadas. Esta variação no tempo de atendimento das interrupções é propagada para as threads que estão esperando que estas interrupções aconteçam para retomar suas execuções.

14.9 Variabilidade Causada por *Overhead* do Kernel

Aplicações de tempo real são mais facilmente construídas se puderem aproveitar os serviços do kernel de um sistema operacional. Porém, neste caso, o comportamento temporal do sistema operacional passa a também afetar o comportamento temporal da aplicação. Diversas atividades do sistema operacional demandam tempo de processamento. Tempo de processador gasto com atividades de gerência do sistema e não com código de aplicação é normalmente chamado de ***overhead***. Uma tradução apropriada seria **sobrecusto**, mas mesmo no Brasil o termo *overhead* é normalmente empregado.

Uma fonte de *overhead* é o **código do escalonador** que implementa o algoritmo de escalonamento usado no sistema. Mesmo o mais simples escalonamento requer algum tempo para execução. O mais simples possível seria por ordem de chegada (FIFO, *First-In First-Out*). FIFO é terrível para sistemas de tempo real, como será visto no capítulo seguinte deste livro, porém mesmo ele requer algum tempo de processador para inserir threads no fim da fila e remover threads do início da fila. Um algoritmo melhor para tempo real, como baseado em prioridades, tipicamente mantém a fila de aptos ordenada pela prioridade das threads. Logo, a inserção de uma thread na fila requer algum tempo de processador para mantê-la ordenada. O tempo que o escalonador executa varia em função da dinâmica do sistema, e obviamente isto faz variar o tempo de resposta das tarefas, dado que o escalonador tem preferência para usar o processador.

Uma outra fonte de *overhead* é o código que realiza o **chaveamento de contexto** (***context switch***) entre threads (do mesmo processo ou de processos diferentes). Quando uma thread deve ser suspensa para a execução de outra thread, existe a necessidade de salvar o contexto da thread suspensa e carregar o contexto da thread a executar. Naturalmente existe um tempo de processador necessário para realizar o chaveamento de contexto. Este tempo é definido basicamente pela cópia dos valores que estão nos registradores do processador para um bloco descritor e a cópia para os registradores do processador dos valores que estão no bloco descritor da thread que vai executar. A figura 14.3 ilustra esta situação. O tempo de processador gasto para realizar um chaveamento de contexto varia muito de processador para processador. De qualquer forma, os tempos de resposta das tarefas no sistema incluirá o tempo de processador gasto com chaveamentos de contexto que vierem a ocorrer enquanto as tarefas em questão esperam. E o número de chaveamentos de contexto varia, depende da dinâmica do sistema, de quando e quais interrupções acontecem. Logo, chaveamentos de contexto também contribuem para a variação dos tempos de resposta no sistema.

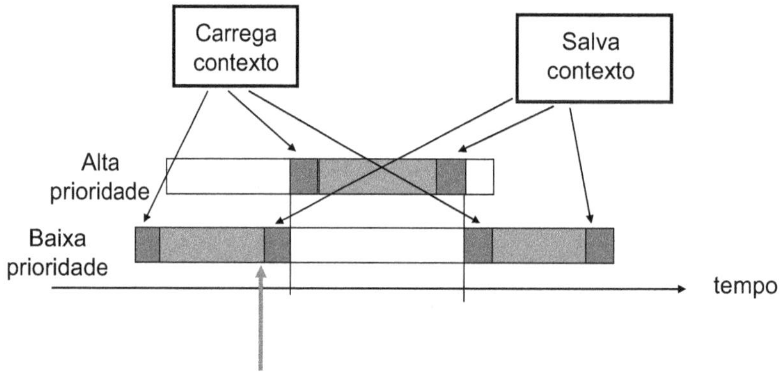

Figura 14.3 – Efeito do chaveamento de contexto no tempo de resposta das tarefas.

Apesar de sua importância, o processador não é o único recurso do sistema. Memória e os diversos controladores de periféricos são também recursos disputados pelos processos e threads que precisam ser escalonados. Sempre que um recurso for disputado por vários processos ou threads, será necessário implementar uma fila e uma política de alocação. Quando uma thread em particular tenta acessar o recurso e o mesmo está ocupado, a mesma é inserida na **fila do recurso** e precisa esperar até que possa utilizá-lo. Este tempo de espera é variável, pois depende da disputa pelo recurso naquele momento. Desta forma, o tempo de resposta varia também por que o tempo para acessar os diversos recursos do sistema varia, em função da carga no sistema e sua dinâmica.

14.10 Variabilidade Causada por Mecanismos de Sincronização na Aplicação

Uma aplicação de tempo real é tipicamente composta por várias threads que colaboram para a realização da funcionalidade desejada e, neste sentido, acessam variáveis compartilhadas entre várias threads. Por exemplo, uma aplicação responsável por controlar a temperatura de uma caldeira pode incluir uma thread que lê o sensor de temperatura e escreve o valor lido em uma variável global enquanto outra thread acessa esta variável global, compara a temperatura atual com a desejada, e comanda o aquecimento da caldeira segundo alguma lei de controle.

Quando duas ou mais threads acessam concorrentemente a mesma variável compartilhada existe a possibilidade de erros. Se a alteração da variável requer várias instruções de máquina é possível que uma thread inicie a alteração e então ocorra uma interrupção de algum tipo e ela seja suspensa, deixando a variável compartilhada em questão temporariamente inconsistente, ou seja, com um valor que não é nem o antigo, nem o novo. Isto pode facilmente acontecer se a variável compartilhada for uma estrutura de dados maior, como uma tabela ou uma lista encadeada. Caso outra thread seja colocada para executar e acesse esta variável compartilhada inconsistente, fatalmente a aplicação entrará em um estado de erro.

Neste tipo de programação é importante empregar métodos para evitar que uma variável compartilhada inconsistente seja acessada. Tais métodos empregam o que são chamados genericamente de mecanismos de sincronização. O mecanismo de sincronização mais básico é possivelmente o **mutex**, que oferece uma primitiva LOCK e uma primitiva UNLOCK. Neste caso, uma thread antes de acessar uma variável compartilhada executa a operação LOCK. Caso ela seja suspensa, outra thread seja colocada para executar, e esta outra thread tente acessar ela própria a variável compartilhada executando LOCK, ela ficará bloqueada e não poderá executar. Quando a thread que executou o LOCK antes finalmente concluir o acesso à variável compartilhada, deixá-la consistente, e liberá-la através da operação UNLOCK, só então a segunda thread terá seu LOCK atendido e poderá acessar a variável compartilhada. A figura 14.4 mostra esta sequência de acontecimentos.

O capítulo 11, capítulo 12 e capítulo 13, sobre sincronização e comunicação entre tarefas, trataram das diversas políticas de alocação de recursos e seus impactos sobre os tempos de espera em situações de bloqueio. De qualquer forma, é fácil perceber que o tempo para uma thread acessar uma variável compartilhada depende do fato da mesma estar livre ou estar alocada para outra thread. Ou, ainda pior, estar sendo disputada por várias threads simultaneamente, gerando uma fila de espera pelo mutex que protege a variável compartilhada. Em resumo, o tempo de resposta varia também por que o tempo de bloqueio de uma thread tentando acessar uma variável compartilhada varia, pois depende da dinâmica do sistema.

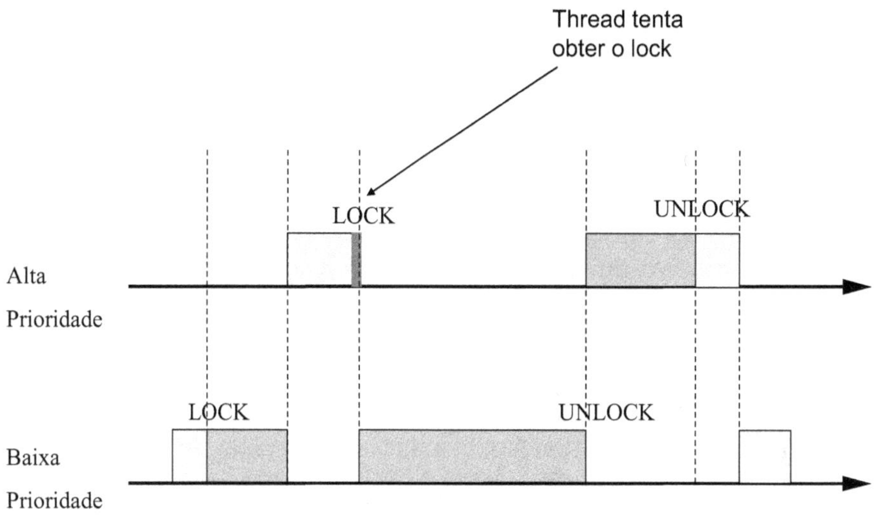

Figura 14.4 – Ocorrência de bloqueio no acesso à variável compartilhada.

14.11 Variabilidade Causada por Mecanismos de Sincronização no Kernel

Quando threads executam dentro do kernel, a mesma necessidade de sincronização descrita na seção anterior com respeito ao código da aplicação torna-se necessária novamente, agora no código do kernel. Diversas threads executando código do kernel podem acessar as mesmas variáveis compartilhadas, isto é, estruturas de dados dentro do kernel, o que requer mecanismos como o mutex. Novamente, o tempo de espera no mutex para acessar uma variável compartilhada varia conforme a dinâmica do sistema, e esta variação acaba sendo transmitida para o atendimento das chamadas de sistema e, desta forma, para o tempo de resposta das threads e processos de aplicação. O cenário ilustrado pela figura 14.4 pode acontecer tanto no código da aplicação como no código do kernel.

Quando mecanismos de sincronização são usados no código do kernel, é importante que a duração dos trechos de código protegido por mutex seja pequena. Quanto mais demorada for uma **seção crítica** (***critical section***), maior é o atraso potencial que uma thread pode sofrer caso execute a operação LOCK associada com esta seção crítica. O capítulo 12 sobre sincronização entre tarefas de tempo real foi dedicado à análise deste tipo de problema e as possíveis abordagens para minimizá-lo. É possível perceber claramente que, quanto mais curtas (rápidas) as seções críticas, menor a variação inserida nos tempos de resposta pelos bloqueios que ocorrem nos acessos a variáveis compartilhadas.

Manter uma granularidade fina para as seções críticas dentro do kernel, embora aumente a complexidade do código, reduz o tempo de bloqueio em potencial que uma thread poderá ter que enfrentar. Embora a questão da granularidade das seções críticas também seja relevante para o código da aplicação, no código da aplicação o problema é mais visível para o desenvolvedor, que pode também intervir neste código. Quando o mesmo problema acontece no código do kernel, ele fica menos visível para o desenvolvedor da aplicação e, além disto, qualquer alteração no código do kernel requer muito mais cuidado do que uma alteração no código da aplicação.

14.12 Determinação do Tempo de Resposta no Pior Caso

Tratando-se de sistemas de tempo real, uma especificação tipicamente determina um deadline relativo para cada tarefa de tempo real. Tarefa neste contexto pode ser uma função, um conjunto de funções ou apenas algumas linhas de código. E a tarefa de tempo real pode ser implementada como uma thread sobre microkernel simples ou kernel completo, como um tratador de interrupções ou como uma função em um executivo cíclico.

A especificação do sistema de tempo real também deve indicar se o deadline relativo em questão deve ser atendido sempre que a tarefa executar, ou apenas um percentual mínimo de vezes, como por exemplo em 95% das vezes que a tarefa executar.

Caso a especificação determine que o deadline relativo deve ser atendido sempre que a tarefa executar, então para o desenvolvedor o importante é conhecer qual o **tempo de resposta no pior caso** (**WCRT** – ***Worst-Case Response Time***) desta tarefa. Caso o tempo de resposta no pior caso seja menor ou igual ao deadline relativo, teremos certeza de cumprir este deadline sempre. A determinação do tempo de resposta no pior caso deve obviamente considerar como o sistema e a tarefa foram implementados. No capítulo 7 e capítulo 8 foram descritas algumas formas de implementação.

No caso do sistema ser implementado como um executivo cíclico (ver seção 7.1), o trabalho é facilitado pois a escala de execução do sistema se repete a cada ciclo maior. O tempo de resposta é definido como o intervalo de tempo entre a chegada da tarefa e sua conclusão. A figura 14.5 repete a escala de tempo do executivo cíclico que implementa o sistema descrito na tabela 3.1. Por exemplo, a tarefa $\tau 1$ chega em todos os ciclos menores e é sempre a primeira a executar. Logo, seu tempo de resposta no pior caso é apenas o seu próprio tempo de execução no pior caso somado com qualquer atraso que possa ser gerado pela função Espera_próximo_ciclo_menor_iniciar().

Já a tarefa $\tau 3$ chega duas vezes a cada ciclo maior. Nas duas ocasiões a mesma coisa acontece, isto é, ela deve esperar a execução das tarefas $\tau 1$ e $\tau 2$ para depois executar. Logo, seu tempo de resposta no pior caso é dado pela soma dos tempos de execução no pior caso das tarefas $\tau 1$, $\tau 2$ e $\tau 3$ com o atraso gerado pela função Espera_próximo_ciclo_menor_iniciar(). Em resumo, no caso de um executivo cíclico, a simples inspeção da escala de execução nos permite verificar se os requisitos temporais serão cumpridos.

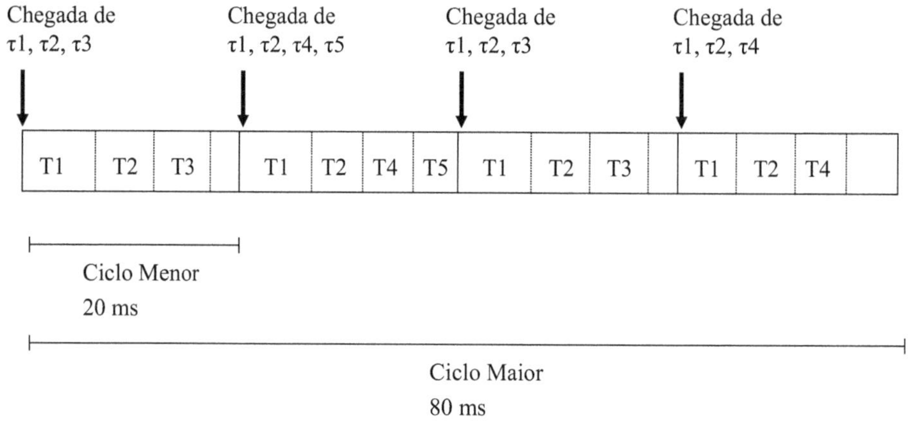

Figura 14.5 – Tempo de resposta no caso de um executivo cíclico.

No caso do sistema ser implementado como um laço principal mais tratadores de interrupção (ver seção 7.3), caso a tarefa em questão faça parte do laço principal, ela chega sempre a cada início do laço principal, e seu tempo de resposta no pior caso será a soma do seu tempo de execução no pior caso com os tempos de execução no pior caso de todas as tarefas que a precedem, e mais ainda os tempos de execução no pior caso de todos os tratadores de interrupções que poderiam executar neste interim, considerando que algumas interrupções podem ocorrer mais do que uma vez. Neste cenário mais complexo, as técnicas que serão apresentadas no capítulo 15 sobre estimação do WCRT usando análise seriam muito úteis.

Caso a tarefa de tempo real seja implementada como um tratador de interrupção, ela sofre menos interferência das tarefas no laço principal. Entretanto, caso as tarefas do laço principal desabilitem interrupções em alguns momentos, isto poderá atrasar o início do tratador de interrupção que implementa a tarefa em questão. Além disto, outros tratadores de interrupções também poderão desabilitar interrupções temporariamente, gerando atrasos. Se neste sistema um tratador de interrupção possa ser ele próprio interrompido por um tratador de interrupção mais prioritário, estas ocorrências aumentarão o tempo de resposta da tarefa em questão. Novamente, a estimação do WCRT deve ser feita com muito cuidado.

Finalmente, caso a tarefa de tempo real seja implementada como uma thread em um sistema operacional moderno (ver seção 7.4 e seção 8.1), teremos que considerar, além das outras threads da aplicação e do sistema, todos os tratadores de interrupção existentes, situações de bloqueio por conta da sincronização entre threads e também *overhead* causado pelos mecanismos do kernel.

Obviamente existem muitos fatores envolvidos na determinação do tempo de resposta no pior caso. No sentido de facilitar esta determinação, e também melhor controlar os tempos de um sistema, no capítulo 10 foi visto como o escalonamento com prioridades preemptivas pode ser usado para tornar mais previsível os atrasos gerados no sistema como um todo. O capítulo 11 e o capítulo 12 foram dedicados aos mecanismos para sincronização entre tarefas, visando apresentar políticas para a alocação de recursos que minimizem e tornem mais previsíveis os atrasos devidos aos bloqueios no acesso a recursos compartilhados. Finalmente, no capítulo 15 retornaremos à questão do tempo de resposta, buscando formas analíticas para determinar o WCRT de uma tarefa. Afinal, o grande objetivo do desenvolvedor de um sistema de tempo real é ao final mostrar que o tempo de resposta de cada tarefa será sempre menor ou igual ao seu deadline relativo.

14.13 Exercícios

1) Cite uma vantagem e uma desvantagem do executivo cíclico em relação ao escalonamento baseado em prioridades, com relação à variabilidade dos tempos de resposta.

2) Com respeito ao *worst-case execution time* de um tratador de interrupção, descreva duas fontes de não determinismo que dificultam sua determinação exata.

3) Com respeito ao *worst-case response time* de um tratador de interrupção, descreva duas fontes de não determinismo que dificultam sua determinação exata.

4) O número de chaveamentos de contexto que uma tarefa experimenta varia ? Justifique a sua resposta.

5) Suponha que, em um microkernel, a thread X receba a máxima prioridade do sistema. Ainda assim, que aspectos do sistema vão gerar variabilidade no seu tempo de resposta ?

6) Considerando os diversos fatores que causam variabilidade em tempos de resposta, é razoável esperar uma maior variabilidade quando a tarefa executa sobre o FreeRTOS ou sobre o Linux ? Justifique.

7) Pesquise na Internet as diferenças entre o Linux normal e o Linux com o *patch* Preempt_RT. O que pode ser esperado com respeito à variabilidade do tempo de resposta das tarefas implementadas em um e outro sistema. Justifique sua resposta a partir das informações encontradas sobre os dois sistemas.

8) Que fontes de variabilidade do tempo de resposta são totalmente definidas e controladas pelo programador da aplicação ?

9) Sobre os chaveamentos de contexto que uma tarefa experimenta, pode-se afirmar que:

a) O número de chaveamentos de contexto que uma tarefa experimenta não varia.

b) O número de chaveamentos de contexto que uma tarefa experimenta não afeta seu tempo de resposta.

c) Tarefas periódicas não sofrem chaveamento de contexto.

d) O uso de mutex pode aumentar o número de chaveamentos de contexto.

10) Suponha que, em um microkernel, a thread X receba a prioridade mais alta do sistema.

a) Seu tempo de resposta será constante.

b) Ela jamais ficará bloqueada em um mutex.

c) Seu tempo de resposta é afetado pelos tratadores de interrupção.

d) Seu tempo de resposta aumenta quando ela é preemptada por outras tarefas da aplicação.

15. Estimação do Tempo de Resposta usando Análise

Como determinar o tempo de resposta máximo através de análise matemática ?

Como visto no capítulo 2, sobre conceitos básicos do escalonamento tempo real, o requisito temporal mais comum é o deadline da tarefa. O **tempo de resposta** (***response time***) de uma tarefa, o qual é definido pelo intervalo de tempo entre a chegada da tarefa e a sua conclusão, deve ser menor ou igual ao seu deadline relativo. O deadline é dito relativo pois o mesmo é medido com relação ao instante de chegada da tarefa. O tempo de resposta inclui o tempo de execução da tarefa, mais os eventuais intervalos de tempo quando a mesma foi suspensa para a execução de outras atividades do sistema, tais como tratadores de interrupções ou outras tarefas de prioridade mais alta.

O capítulo 14 mostrou como o tempo de resposta de uma mesma tarefa varia de ativação para ativação. Se pudéssemos determinar, de alguma maneira, o **tempo de resposta no pior caso** (**WCRT** – ***Worst-Case Response Time***) da tarefa, bastaria comparar este valor com o deadline relativo. Se o tempo de resposta no pior caso for menor ou igual ao deadline relativo, esta tarefa jamais perderá um deadline.

A determinação do tempo de resposta no pior caso é o assunto deste capítulo. A técnica conhecida como **Análise do Tempo de Resposta** (**RTA** – ***Response-Time Analysis***) procura fazer exatamente isto para sistemas escalonados com prioridades preemptivas. A partir de uma descrição das características do sistema e de suas tarefas, métodos algébricos são usados para estimar um valor que é igual ou superior ao verdadeiro WCRT de cada tarefa. Este valor pode ser então comparado com o deadline relativo da respectiva tarefa para mostrar que deadlines jamais serão perdidos.

15.1 Princípios da Análise do Tempo de Resposta

Ao longo dos anos, a **Análise do Tempo de Resposta** (**RTA** – ***Response-Time Analysis***) tem sido empregada como teste de escalonabilidade para uma variedade de sistemas. Uma vez calculado o tempo de resposta no pior caso (WCRT) Rk de uma tarefa τk, basta comparar com o deadline relativo Dk da tarefa. A tarefa é escalonável (jamais perderá um deadline) se Rk≤Dk. Caso o cálculo de Rk seja exato, então este será um teste de escalonabilidade exato. Caso Rk seja pessimista, ou seja, um **limite superior** (***upper bound***) para o verdadeiro WCRT, então este teste de escalonabilidade será suficiente mas não necessário. Obviamente deseja-se calcular o valor exato do WCRT. Porém, dependendo da complexidade do sistema, torna-se necessário fazer simplificações para viabilizar os cálculos. Neste caso, as aproximações são feitas de forma pessimista, e o valor Rk é garantidamente maior ou igual ao verdadeiro valor do WCRT. Isto faz com que a análise do tempo de resposta seja particularmente interessante para sistemas de tempo real críticos.

Neste capítulo serão considerados sistemas cujo escalonamento segue o algoritmo de prioridades preemptivas, e são empregadas políticas de prioridade fixa. Trabalhos importantes sobre este tema podem ser encontrados em [LEU1982], [JOS1986], [LEH1989], [LEH1990], [AUD1991], [TIN1992], [AUD1993], [TIN1994] e [BRI2007]. Material sobre a análise do tempo de resposta em sistemas com prioridades variáveis pode ser encontrado, por exemplo, em [BAR1990], [JEF1993] e [GUA2014]. Uma visão da evolução histórica da teoria do escalonamento tempo real em geral pode ser encontrada em [AUD1995] e [SHA2004].

Para calcular o WCRT das tarefas, é necessário adotar uma série de premissas sobre o comportamento das tarefas no sistema. É importante saber, por exemplo, se as tarefas são periódicas ou esporádicas, se elas são independentes ou existem recursos compartilhados controlados via mutex, se os deadlines relativos são sempre iguais aos períodos ou não, e assim por diante. Esta descrição do comportamento do sistema é chamada de **modelo de tarefas** (***task model***). Definido o modelo de tarefa, parte-se para computar o WCRT ou um limite superior para ele.

Um conceito fundamental para a análise do tempo de resposta é o **instante crítico** (***critical instant***) [LIU1973]. Informalmente, o instante crítico para a tarefa τk é aquele instante no tempo quando ocorre o pior padrão de chegadas possível de todas as outras tarefas, de forma a gerar o máximo tempo de resposta para a tarefa τk. Quando o modelo de tarefas é simples, o instante crítico de todas as tarefas acontece quando todas elas chegam simultaneamente. Entretanto, no caso mais geral, o pior padrão possível de chegadas de tarefas para τk é algo específico para ela, e cada tarefa do sistema tem o seu instante crítico diferente das demais tarefas.

Na análise do tempo de resposta, busca-se identificar o instante crítico da tarefa τk e, a partir dele, construir a pior escala de tempo possível para a tarefa τk, ou seja, aquela que maximiza Rk. Uma vez que nada pode ser pior que o instante crítico, este será o WCRT, e deverá ser comparado com Dk para determinar se a tarefa τk é escalonável. Se ela cumprir seu deadline chegando no instante crítico, ela sempre conseguirá cumprir o seu deadline.

A análise do tempo de resposta está associada com o conceito de **função demanda de tempo** (***time-demand function***). Para cada instante de tempo, a função demanda de tempo mostra quanto tempo de processador foi demandado pelas tarefas do sistema até aquele instante. A figura 15.1 ilustra este conceito. Considerando apenas uma tarefa periódica τ1 com C1=1 e P1=3, a escada tracejada mostra a demanda de tempo. Ao chegar em t=0 a tarefa τ1 demanda C1 unidades de tempo. Quando a tarefa τ1 chega novamente em t=3, ela demanda mais C1, fazendo com que sua demanda passe para 2. A curva tracejada assume a forma de uma escada, com degraus a cada P1 unidades e tempo.

Suponha que, além da tarefa τ1, exista uma tarefa τ2 com C2=2 e P2=4. A demanda conjunta das tarefas τ1 e τ2 inicia em t=0 com a chega de ambas, ou seja, C1+C2. A partir daí, a cada P1 unidades de tempo a tarefa τ1 demanda C1 e a cada P2 unidades de tempo a tarefa τ2 demanda C2. O resultado é a escada contínua na figura 15.1.

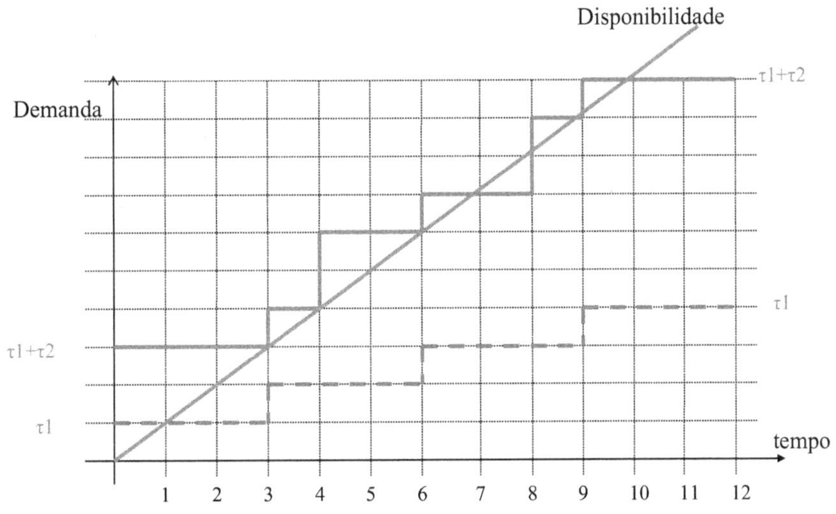

Figura 15.1 – Função demanda de tempo.

Em um monoprocessador, a cada x unidades de tempo dispomos do processador por x unidades de tempo (desconsidere por enquanto o *overhead* do sistema operacional). A disponibilidade de processador aparece como a reta na figura 15.1. Quando a reta de disponibilidade encontra a escada de demanda, temos que todas as ativações de tarefas que aconteceram até então foram concluídas. Quando isto acontece indica o tempo de resposta no pior caso para a tarefa de mais baixa prioridade do conjunto.

No caso da figura 15.1, considerando apenas a demanda de τ1, a disponibilidade atende a demanda em t=1. Isto faz sentido pois, neste caso, em t=0 existe apenas τ1 para executar. Por outro lado, considerando a demanda do conjunto {τ1,τ2}, a demanda é atendida em t=3, que vem a ser o tempo de resposta no pior caso para a tarefa τ2, quando ela chega no seu instante crítico, ou seja, junto com τ1.

Nas próximas seções será usado um método algébrico para "subir as escadarias" da função demanda de tempo e encontrar o tempo de resposta de cada tarefa. Em alguns casos, quando a carga no sistema for muito grande, a disponibilidade pode nunca encontrar a função demanda de tempo, e neste caso o tempo de resposta crescer indefinidamente.

15.2 Método Básico da Análise do Tempo de Resposta

Suponha um sistema composto por um conjunto de tarefas periódicas {τ1,τ2,τ3,...,τN}, onde N é o número de tarefas no sistema. O escalonamento neste sistema é baseado em prioridades preemptivas, e a atribuição de prioridades segue alguma política de prioridades fixas. Sem perda de generalidade, suponha que as tarefas estão ordenadas de forma que τ1 é a tarefa de prioridade mais alta e τN a tarefa de prioridade mais baixa. Para cada tarefa τk são conhecidos seu período Pk e seu tempo de execução no pior caso Ck.

Neste primeiro momento, vamos ignorar os *overheads* do sistema operacional (tais como chaveamento de contexto e tratadores de interrupções) e assumir que as tarefas são independentes entre si (não acessam recursos compartilhados) e Pk=Dk (período igual ao deadline relativo). Em seções futuras algumas destas suposições serão relaxadas.

Queremos determinar o tempo de resposta no pior caso Rk de cada tarefa. Se $Rk \leq Dk$ então a tarefa τk jamais perderá um deadline. Isto significa partir do instante crítico para a tarefa τk e determinar quando sua execução termina.

Para a tarefa τ1 é simples. Este é um sistema preemptivo, *overheads* são desconsiderados e τ1 possui a prioridade mais alta. Quando a tarefa τ1 chega, ela preempta o processador e executa sem interrupções até o final. Ou seja, R1=C1.

Já para a tarefa τ2 não é bem assim. Sempre que houver uma disputa entre τ1 e τ2, a tarefa τ2 precisará esperar. O instante crítico para τ2 é quando ela chega junto com a tarefa τ1. Primeiro τ1 executa por C1 unidades de tempo. Então τ2 inicia a executar. Entretanto, caso a execução de τ2 demore o suficiente para que a tarefa τ1 possa chegar novamente, então ela será preemptada, e τ1 executará mais C1 unidades de tempo. Desta forma, R2 será a soma de C2 com um certo número inteiro de vezes de C1. Quando uma tarefa é atrapalhada por tarefa de mais alta prioridade, é dito que ela sofreu **interferência** (***interference***) da tarefa de mais alta prioridade. Portanto, pode-se dizer que R2 é a soma de C2 com a interferência que τ2 sofre de τ1..

A figura 15.2 ilustra o instante crítico para τ2 através de um exemplo onde C2=5, C1=2 e P1=4. Em t=0 as duas tarefas chegam juntas e τ1 executa por C1 unidades de tempo. Em t=2 a tarefa τ2 consegue executar. Mas em t=4 a tarefa τ1 chega novamente, preempta τ2 e executa por mais C1. Novamente, a tarefa τ2 executa de 6 a 8. Em t=8, nova preempção e execução de τ1. Finalmente, a tarefa τ2 executa entre 10 e 11 e conclui as C2=5 unidades de tempo de processamento que precisa. A tarefa τ1 só chegará agora em t=12, portanto não consegue atrapalhar mais. O tempo de resposta de τ2 é 11 (chegou em zero, terminou em 11). Como este é o tempo de resposta que ela exibe a partir do instante crítico, R2=11.

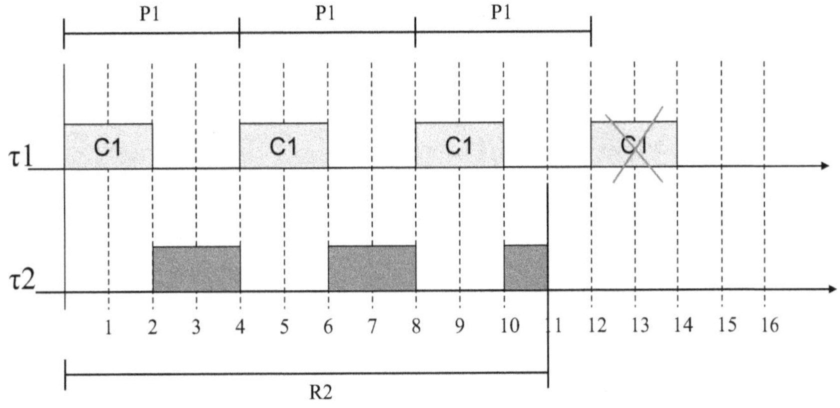

C1=2 P1=4

C2=5

R2=C2+C1+C1+C1

Figura 15.2 – Instante crítico com duas tarefas simples.

No exemplo da figura 15.2, temos três ativações (interferências) de τ1 sobre τ2. Isto ocorre por que a tarefa τ1 teve tempo de chegar três vezes enquanto τ2 ainda não havia concluído. Podemos determinar o número de ativações de τ1 através da equação 15.1.

$$\left\lceil \frac{R_2}{P_1} \right\rceil$$

Equação 15.1

O **operador teto** (***ceiling***) de um número real x é o resultado do arredondamento de x "para cima". Em outras palavras, o teto de x é o único número inteiro j tal que $j - 1 < x \leq j$. Ele é necessário na equação pois não é preciso colocar um período inteiro P1 dentro de R2 para que τ1 chegue. Basta entrar um clock do processador dentro de um novo período de τ1 que ela chegará novamente, e sua interferência será de C1 completo. Logo, a interferência de τ1 sobre τ2 é dada pela equação 15.2.

$$\left\lceil \frac{R_2}{P_1} \right\rceil \times C_1$$

Equação 15.2

O cálculo de R2 é feito como mostrado na equação 15.3.

$$R_2 = C_2 + \left\lceil \frac{R_2}{P_1} \right\rceil \times C_1$$

Equação 15.3

Se considerarmos o caso de uma tarefa τi qualquer, ela sofrerá interferência de todas as tarefas com prioridade mais alta que ela. Vamos definir o **conjunto hp(i)** como o conjunto composto pelas tarefas com prioridades mais alta (**hp** – ***higher priority***) que a prioridade de τi. Desta forma, precisamos ampliar a equação para considerar o somatório das interferências das tarefas em hp(i), como mostra a equação 15.4.

$$R_i = C_i + \sum_{j \in hp(i)} \left\lceil \frac{R_i}{P_j} \right\rceil \times C_j$$

Equação 15.4

A equação de Ri apresenta o inconveniente de não podermos isolar Ri por causa do operador teto. A solução da equação precisa ser iterativa. Inicialmente é suposto Ri=Ci e calculado um novo R'i. Este valor incluirá Ci e toda a interferência que pode ser gerada dentro do intervalo de tempo Ri anterior. Caso R'i>Ri, o cálculo iterativo prossegue. Quando R'i=Ri, então temos que R'i comporta a execução de Ci e mais toda a interferência que pode ser gerada sobre ela no intervalo de tempo R'i. Desta forma, sabemos que a tarefa τi estará concluída em R'i, e este é o tempo de resposta no pior caso, pois o pior cenário (instante crítico) foi usado.

O valor de Ri na iteração x+1, representado por R_i^{x+1} , é calculado a partir do valor de Ri na iteração anterior, ou seja, R_i^x . A equação 15.5 mostra isto.

$$R_i^{x+1} = C_i + \sum_{j \in hp(i)} \left\lceil \frac{R_i^x}{P_j} \right\rceil \times C_j$$

Equação 15.5

Caso o sistema esteja sobrecarregado, a iteração prosseguirá para sempre, com Ri tendendo ao infinito. Porém, as iterações precisam prosseguir apenas até que a convergência seja encontrada ou o valor Ri passe de Di. Uma vez que Ri já é maior que Di, o deadline foi perdido, e não é necessário prosseguir com as iterações.

Por exemplo, considere um sistema formado por três tarefas onde temos:
- Tarefa τ1, com C1=1 P1=D1=2 U1= 0,50;
- Tarefa τ2, com C2=1 P2=D2=4 U2= 0,25;
- Tarefa τ3, com C3=2 P3=D3=8 U3= 0,25.

Prioridades são atribuídas de acordo com a política deadline monotônico, o que faz a tarefa τ1 receber a prioridade mais alta e τ3 a mais baixa. Observe que a utilização total deste sistema é 1, mas como os períodos são todos múltiplos entre si, espera-se que o sistema seja escalonável.

Para o caso da tarefa τ1 temos R1=C1=1. Como D1=2, a tarefa é escalonável.

Para o caso da tarefa τ2 temos $R2^{x+1} = C2 + \lceil R2^x / P1 \rceil \times C1$. Fazendo $R2^0 = C2 = 1$, temos a seguinte sequência de iterações, a qual converge para R2=2:

$R2^0 = C2 = 1$
$R2^1 = 1 + \lceil 1/2 \rceil \times 1 = 1 + 1 \times 1 = 2$
$R2^2 = 1 + \lceil 2/2 \rceil \times 1 = 1 + 1 \times 1 = 2$

Como R2=2 e D2=4, a tarefa τ2 é escalonável.

Para o caso da tarefa τ3 temos $R3^{x+1} = C3 + \lceil R3^x / P1 \rceil \times C1 + \lceil R3^x / P2 \rceil \times C2$. Temos a seguinte sequência de iterações:

$R3^0 = C3 = 2$
$R3^1 = 2 + \lceil 2/2 \rceil \times 1 + \lceil 2/4 \rceil \times 1 = 2 + 1 \times 1 + 1 \times 1 = 4$
$R3^2 = 2 + \lceil 4/2 \rceil \times 1 + \lceil 4/4 \rceil \times 1 = 2 + 2 \times 1 + 1 \times 1 = 5$
$R3^3 = 2 + \lceil 5/2 \rceil \times 1 + \lceil 5/4 \rceil \times 1 = 2 + 3 \times 1 + 2 \times 1 = 7$
$R3^4 = 2 + \lceil 7/2 \rceil \times 1 + \lceil 7/4 \rceil \times 1 = 2 + 4 \times 1 + 2 \times 1 = 8$
$R3^5 = 2 + \lceil 8/2 \rceil \times 1 + \lceil 8/4 \rceil \times 1 = 2 + 4 \times 1 + 2 \times 1 = 8$

As iterações convergem para R3=8, e como D3=8, temos que τ3 é escalonável. Como todas as tarefas são escalonáveis, podemos dizer que este sistema é escalonável. A figura 15.3 mostra a escala de tempo a partir do instante crítico até a conclusão da primeira ativação de τ3.

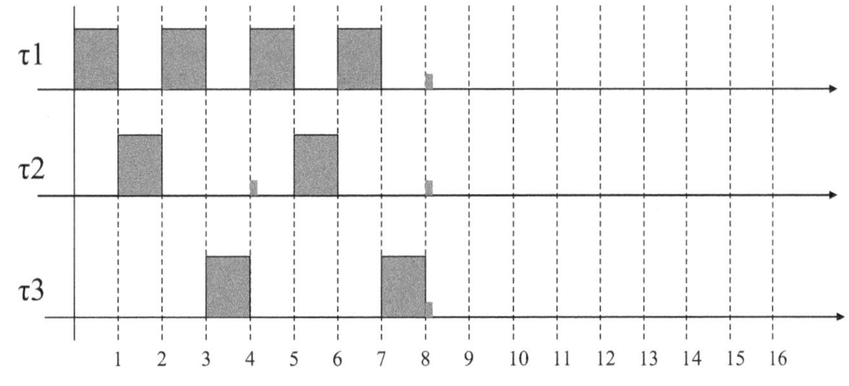

Figura 15.3 – Escala de um sistema com utilização de 100% mas escalonável.

A título de exemplo, considere agora outro sistema composto por três tarefas onde temos:
- Tarefa τ1, com C1=3 P1=D1=8 U1= 0,375;
- Tarefa τ2, com C2=4 P2=D2=15 U2= 0,267;

- Tarefa τ3, com C3=6 P3=D3=18 U3= 0,333.

Novamente prioridades são atribuídas de acordo com a política deadline monotônico, o que faz a tarefa τ1 receber a prioridade mais alta e τ3 a mais baixa. Observe que a utilização total deste sistema é 0,975, e seus períodos não são múltiplos entre si, então precisaremos da análise do tempo de resposta para determinar se o sistema é escalonável ou não.

Para o caso da tarefa τ1 temos R1=C1=3. Como D1=8, a tarefa é escalonável.

Para o caso da tarefa τ2 temos $R2^{x+1} = C2 + \lceil R2^x / P1 \rceil \times C1$. Fazendo $R2^0 = C2 = 4$, temos a seguinte sequência de iterações, a qual converge para R2=7:

$R2^0 = C2 = 4$
$R2^1 = 4 + \lceil 4/8 \rceil \times 3 = 4 + 1 \times 3 = 7$
$R2^2 = 4 + \lceil 7/8 \rceil \times 3 = 4 + 1 \times 3 = 7$

Como R2=7 e D2=15, a tarefa τ2 é escalonável.

Para o caso da tarefa τ3 temos $R3^{x+1} = C3 + \lceil R3^x / P1 \rceil \times C1 + \lceil R3^x / P2 \rceil \times C2$. Temos a seguinte sequência de iterações:

$R3^0 = C3 = 6$
$R3^1 = 6 + \lceil 6/8 \rceil \times 3 + \lceil 6/15 \rceil \times 4 = 6 + 1 \times 3 + 1 \times 4 = 13$
$R3^2 = 6 + \lceil 13/8 \rceil \times 3 + \lceil 13/15 \rceil \times 4 = 6 + 2 \times 3 + 1 \times 4 = 16$
$R3^3 = 6 + \lceil 16/8 \rceil \times 3 + \lceil 16/15 \rceil \times 4 = 6 + 2 \times 3 + 2 \times 4 = 20$

Como D3=18, e as iterações já informam que R3≥20, temos que R3>D3 e a tarefa τ3 não é escalonável. A figura 15.4 mostra a escala de tempo a partir do instante crítico até o instante t=20.

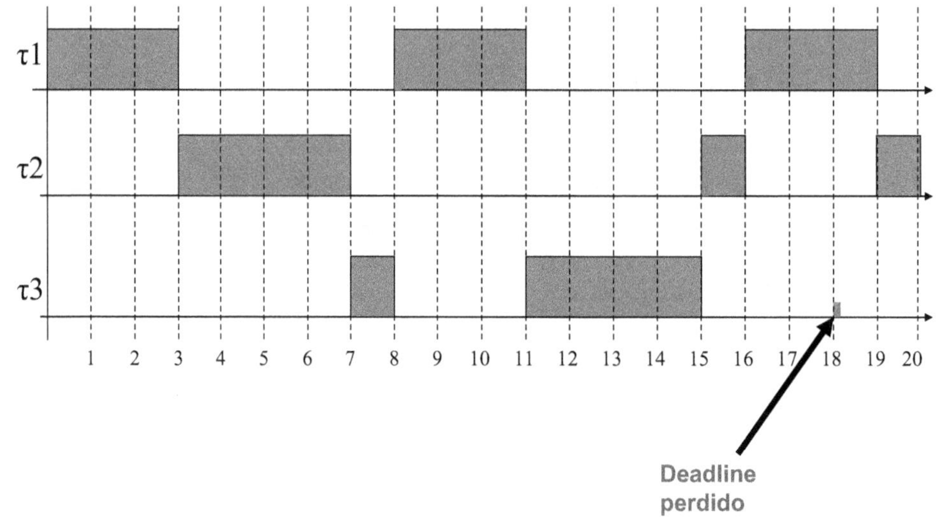

Figura 15.4 – Escala de um sistema com utilização menor que 100% mas não escalonável.

No caso deste sistema, uma opção do desenvolvedor seria tentar reduzir C1, C2 ou C3, usando um algoritmo mais simples, uma compilação mais otimizada ou um processador mais rápido. Também seria possível tentar renegociar a especificação do sistema, para aumentar P1, P2 ou D3. Observe que o primeiro caminho é algo relativo apenas ao desenvolvimento do sistema. Já o segundo caminho requer modificar a especificação do sistema, o que muitas vezes não é possível, pois está relacionado com a dinâmica do sistema físico o qual é a origem dos requisitos temporais.

15.3 Tarefas Esporádicas e Tarefas com D ≤ P

Na seção anterior foi apresentada a análise do tempo de resposta para quando o modelo de tarefas inclui tarefas periódicas, escalonadas com prioridades fixas preemptivas, com deadline igual ao período (D=P). Tarefas são independentes e atividades do sistema operacional são ignoradas. Nestas condições, o tempo de resposta no pior caso é obtido através da equação 15.4, reproduzida aqui:

$$R_i = C_i + \sum_{j \in hp(i)} \left\lceil \frac{R_i}{P_j} \right\rceil \times C_j$$

Na verdade, a equação acima permanece válida mesmo quando relaxamos algumas das suposições. Por exemplo, caso tarefas apresentem um deadline relativo menor que o seu período, a equação continua valendo. Isto porque, em nenhum momento, os deadlines das tarefas entraram no modelo algébrico. Em outras palavras, caso Dk<Pk para algumas ou todas as tarefas τk, nada muda no instante crítico e na escala de tempo que leva ao pior tempo de resposta.

Por outro lado, a equação não é válida para calcular Rk quando Dk>Pk para a tarefa τk. No caso de Dk>Pk, é válido para a tarefa τk chegar novamente (passou Pk desde a chegada anterior) antes da execução anterior ter terminado (por exemplo Rk=Dk>Pk). Neste caso, a segunda ativação da tarefa τk receberá interferência não somente das tarefas de mais alta prioridade, mas também da sua própria ativação anterior, a qual não terminou ainda. Esta auto-interferência não é capturada pela equação 15.4.

Até o momento, o modelo de tarefas incluiu apenas tarefas periódicas. Tarefas esporádicas são aquelas cujo momento de chegada não é conhecido a priori, mas depois dela chegar existe um intervalo mínimo de tempo até a próxima chegada. Podemos investigar qual seria o impacto na equação do tempo de resposta se as tarefas fossem esporádicas e não periódicas.

Caso a tarefa τk sendo analisada seja esporádica, nada muda. Toda a argumentação foi feita em cima de uma única chegada da tarefa, o fato dela ser periódica ou esporádica é irrelevante, e a equação para Rk permanece válida. Com respeito às tarefas com prioridade mais alta que a tarefa τk, caso sejam esporádicas, o pior comportamento que elas podem apresentar é chegar junto com τk (instante crítico) e depois disto tão logo o quanto possível. Ou seja, o pior comportamento da tarefa esporádica neste caso é ser equivalente a uma tarefa periódica cujo período é igual ao intervalo mínimo entre chegadas da tarefa esporádica. Desta forma, a equação 15.4 é válida para tarefas periódicas e esporádicas.

É importante destacar que o modelo de tarefas suposto requer o uso de prioridades fixas, mas não determina qual política de atribuição de prioridades fixas deve ser usada. Portanto, a formulação algébrica é válida para qualquer atribuição de prioridades fixas. Para o modelo de tarefas original, com D=P, a política Taxa Monotônica é ótima. Porém, quando D≤P, ela não é mais ótima. Neste caso, como provado em [LEU1982], a política Deadline Monotônico é ótima, no sentido de que se o sistema não for escalonável com ela, não será com qualquer solução de prioridades fixas. Observe que, no caso de D=P, Taxa Monotônica e Deadline Monotônico resultam na mesma atribuição de prioridades.

O modelo de tarefas usado até aqui é simples. Ele não corresponde à realidade da maioria dos sistemas de tempo real. Nas próximas seções o modelo de tarefas será estendido para incorporar propriedades e características encontradas com frequência nos sistemas de tempo real. Obviamente, a equação para cálculo do tempo de resposta no pior caso terá que ser revista, de acordo com as modificações feitas no modelo de tarefas.

15.4 Interrupções Desabilitadas

Suponha uma tarefa periódica cujo instante de chegada é sinalizado por uma interrupção de *timer*. Se ignorarmos por hora o *overhead* do sistema operacional, não existirá atraso entre seu instante de **chegada** (***arrival***) e sua **liberação** (***release***), ou seja, sua inclusão na fila de aptos. Porém, em sistemas reais, interrupções são desabilitadas em alguns momentos. Caso o *timer* gere eletricamente a interrupção que sinaliza a chegada da tarefa, mas interrupções estão desabilitadas, haverá um **atraso na liberação** da tarefa (***release jitter***), e por consequência no início de sua disputa por processador. O **atraso de liberação máximo** (***maximum release jitter***) que a tarefa τk pode experimentar é denotado por Jk.

A figura 15.5 ilustra o cenário com duas tarefas, τ1 (alta prioridade) e τ2 (baixa prioridade), as quais podem experimentar atrasos de liberação máximos denotados por J1 e J2, respectivamente.

O tempo de resposta no pior caso R1 da tarefa τ1 agora é dado por R1=J1+C1. Ela sofre inicialmente o atraso de liberação, e depois precisa executar. Ela não sofre interferência de nenhuma tarefa pois é a tarefa de mais alta prioridade.

O tempo de resposta no pior caso R2 da tarefa τ2 é dado por R2=J2+W2. Ela também sofre inicialmente o seu atraso de liberação máximo J2, e depois precisa executar. Mas, neste caso, precisamos somar o seu tempo de computação no pior caso C2 com a interferência que ela recebe de τ1. O tempo de processamento necessário para executar τ2, e toda a interferência no pior caso que ela pode receber entre sua liberação e sua conclusão, será chamado de **carga de trabalho** (***workload function***) e denotado por W2.

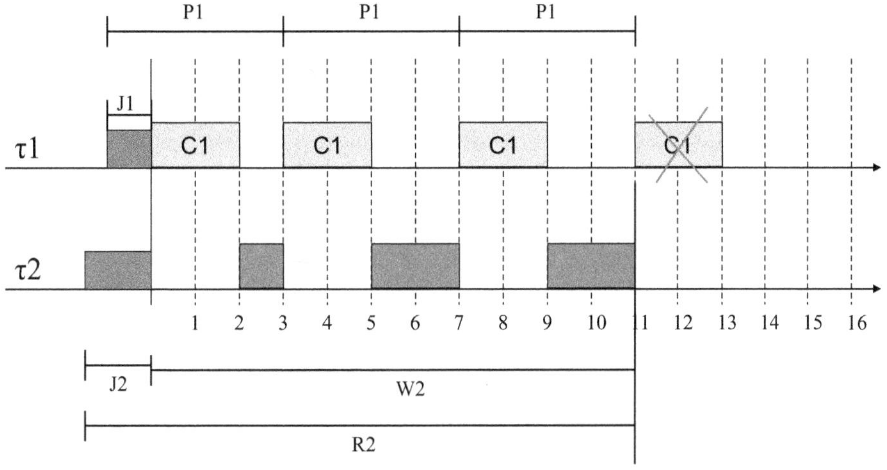

R2 = J2 + W2

W2 = C2 + (Interferência de τ1)

Figura 15.5 – Instante crítico na presença de atraso na liberação (*release jitter*).

A carga de trabalho W2 deve incluir C2 e também um número inteiro de execuções de τ1. Cada chegada de τ1 gera uma interferência de C1. O número de chegadas de τ1 no pior caso é calculado de forma semelhante ao método básico. Porém, observando a figura 15.5, nota-se que os períodos de τ1 começam a contar quando as interrupções foram desabilitadas, e estende-se até a conclusão de τ2. Logo, precisamos dividir J1+W2 por P1 para saber o número de chegadas de τ1, como mostra a equação 15.6.

$$\left\lceil \frac{J_1 + W_2}{P_1} \right\rceil \times C_1$$

Equação 15.6

Se ampliarmos a argumentação para N tarefas, podemos obter o tempo de resposta no pior caso Ri da tarefa τi através da formulação algébrica descrita pelas equações 15.7 e 15.8. Novamente, elas precisam ser resolvidas de forma iterativa.

$$W_i = C_i + \sum_{j \in hp(i)} \left\lceil \frac{W_i + J_j}{P_j} \right\rceil \times C_j$$

Equação 15.7

$$R_i = J_i + W_i$$ Equação 15.8

Caso a única fonte de atraso de liberação no sistema sejam interrupções desabilitadas, então o atraso de liberação máximo de todas as tarefas será o segmento mais longo de código que executa com interrupções desabilitadas. Porém, existem outras possibilidades. Por exemplo, uma tarefa pode precisar de dados externos para executar. Caso estes dados externos sejam recebidos via uma mensagem de outro computador que atrase, o tempo que a tarefa precisa esperar pelos dados para ser liberada para execução também é um atraso de liberação. No sentido de tornar o modelo mais genérico, é suposto que cada tarefa τk tem o seu atraso de liberação máximo Jk.

Considere o exemplo de um sistema composto por três tarefas onde temos:

- Tarefa τ1, com	C1=2	P1=D1=8	J1=1	(alta prioridade)
- Tarefa τ2, com	C2=4	P2=D2=15	J2=2	
- Tarefa τ3, com	C3=6	P3=D3=20	J3=3	(baixa prioridade)

Para o caso da tarefa τ1 temos W1=C1=2 e depois R1=J1+W1=1+2=3. Como D1=8, a tarefa é escalonável.

Para o caso da tarefa τ2 temos $W2^{x+1} = C2 + \lceil (J1+W2^{x}) / P1 \rceil \times C1$. Temos:

$W2^0 = C2 = 4$

$W2^1 = 4 + \lceil (1+4)/8 \rceil \times 2 = 4 + 1 \times 2 = 6$

$W2^2 = 4 + \lceil (1+6)/8 \rceil \times 2 = 4 + 1 \times 2 = 6$

Calculando R2=J2+W2=2+6=8, como D2=15, a tarefa τ2 é escalonável.

Para o caso da tarefa τ3 temos $W3^{x+1} = C3 + \lceil (J1+W3^{x}) / P1 \rceil \times C1 + \lceil (J2+W3^{x}) / P2 \rceil \times C2$. Temos a seguinte sequência de iterações:

$W3^0 = C3 = 6$

$W3^1 = 6 + \lceil (1+6)/8 \rceil \times 2 + \lceil (2+6)/15 \rceil \times 4 = 6 + 1 \times 2 + 1 \times 4 = 12$

$W3^2 = 6 + \lceil (1+12)/8 \rceil \times 2 + \lceil (2+12)/15 \rceil \times 4 = 6 + 2 \times 2 + 1 \times 4 = 14$

$W3^3 = 6 + \lceil (1+14)/8 \rceil \times 2 + \lceil (2+14)/15 \rceil \times 4 = 6 + 2 \times 2 + 2 \times 4 = 18$

$W3^3 = 6 + \lceil (1+18)/8 \rceil \times 2 + \lceil (2+18)/15 \rceil \times 4 = 6 + 3 \times 2 + 2 \times 4 = 20$

$W3^3 = 6 + \lceil (1+20)/8 \rceil \times 2 + \lceil (2+20)/15 \rceil \times 4 = 6 + 3 \times 2 + 2 \times 4 = 20$

Calculando R3=J3+W3=3+20=23, como D3=20, a tarefa τ3 não é escalonável.

15.5 Bloqueios

O modelo de tarefas considerado até agora supõe que as tarefas sejam independentes entre si. Porém, como visto no capítulo 11 e no capítulo 12, que tratam da sincronização entre tarefas, é comum a implementação de tarefas na forma de threads que acessam variáveis compartilhadas. Neste caso, **mutex** é tipicamente empregado para garantir a consistência das variáveis compartilhadas, ou seja, resolver o problema da seção crítica. A necessidade de exclusão mútua também pode ocorrer no compartilhamento de dispositivos periféricos, o que pode também ser resolvido com mutex.

Suponha que duas tarefas compartilhem um recurso cujo acesso é regulado por um mutex. Se a tarefa de baixa prioridade ficar esperando pela tarefa de alta prioridade, ela estará sofrendo interferência, e este atraso já é capturado pela formulação algébrica nas equações 15.7 e 15.8. Entretanto, pode acontecer da tarefa de alta prioridade ficar bloqueada no mutex, esperando pela execução da tarefa de baixa prioridade até o mutex ser liberado. Isto representa uma inversão de prioridades, é dito que a tarefa de alta prioridade foi bloqueada pela tarefa de baixa prioridade.

Precisamos estender o cálculo do tempo de resposta no pior caso para incluir os bloqueios sofridos. Para cada tarefa τi vamos supor conhecido o tempo de bloqueio no pior caso Bi que ela pode sofrer de tarefas com prioridade mais baixa que ela. O tempo Bi deve ser somado à carga de trabalho associada com a conclusão da tarefa τi, pois o tempo que a tarefa ficar bloqueada permitirá que mais tarefas de prioridades altas cheguem e aumentem a interferência sobre τi.

As equações 15.9 e 15.10 mostram como o tempo de resposta no pior caso pode ser calculado na ocorrência de bloqueios.

$$W_i = C_i + B_i + \sum_{j \in hp(i)} \left\lceil \frac{W_i + J_j}{P_j} \right\rceil \times C_j$$

Equação 15.9

$$R_i = J_i + W_i$$

Equação 15.10

Observe que a equação 15.9 mostra exatamente os três componentes do tempo de resposta, ou seja, o tempo para a tarefa executar, mais o tempo de espera por tarefas de mais baixa prioridade (bloqueio) e mais o tempo de espera por tarefas de mais alta prioridade (interferência).

A determinação do tempo de bloqueio no pior caso Bi depende do protocolo de alocação de recursos implementado pelo mutex usado. Esta determinação pode ser simples ou complexa, conforme a configuração do sistema e do tipo de mutex. No capítulo 12, sobre sincronização entre tarefas de tempo real, foram apresentados alguns protocolos de alocação de recursos e como determinar em cada caso o tempo máximo de bloqueio que uma tarefa pode experimentar.

15.6 Chaveamentos de Contexto

Como foi visto no capítulo 7 e no capítulo 8, sobre implementação de tarefas, a troca de contexto é necessária para a implementação de processos e threads, e esta operação também demanda tempo do processador. Uma modelagem correta do comportamento temporal requer a inclusão deste atraso no cálculo do tempo de resposta das tarefas.

A figura 15.6 ilustra a situação quando uma tarefa de baixa prioridade está sendo executada e ocorre uma interrupção que libera (torna apta) uma tarefa de alta prioridade. É necessário um chaveamento de contexto, ou seja, salvar o conteúdo dos registradores da tarefa de baixa prioridade e carregar nos registradores o conteúdo relativo à tarefa de alta prioridade. Quando a tarefa de alta prioridade fica bloqueada, por exemplo esperando sua próxima ativação, é necessário fazer a operação reversa.

Na perspectiva da tarefa de baixa prioridade, a interferência sofrida da tarefa de alta prioridade não é apenas seu tempo de execução no pior caso, mas também o tempo necessário para dois chaveamentos de contexto. Nas equações 15.5, 15.7 e 15.9 precisamos considerar não apenas Cj, mas Cj+2×CS, onde CS representa o tempo necessário para chavear o contexto de execução entre duas tarefas.

Observando ainda a figura 15.6, o próprio tempo de execução da tarefa de baixa prioridade é aumentado pelo seu próprio chaveamento de contexto. Desta forma, novamente nas equações 15.5, 15.7 e 15.9 precisamos considerar não apenas Ci, mas Ci+CS, onde CS novamente representa o tempo necessário para chavear o contexto de execução entre duas tarefas.

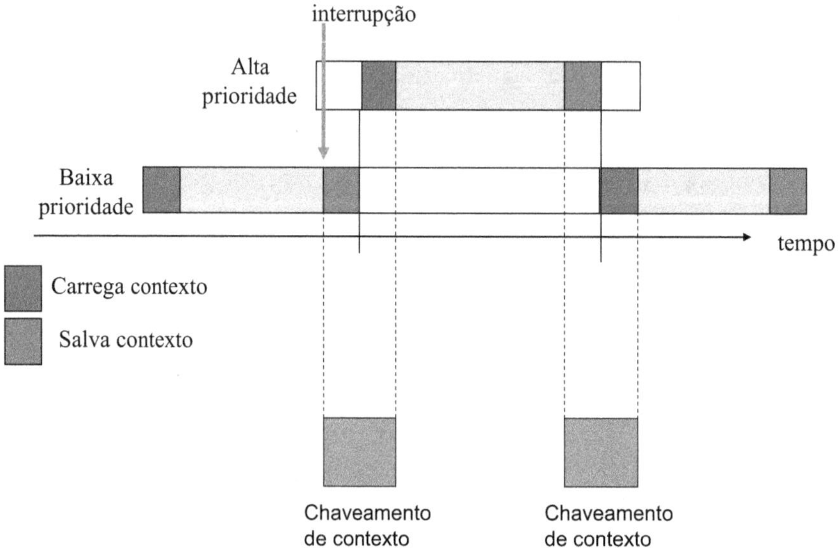

Figura 15.6 – Impacto do chaveamento de contexto no tempo de resposta.

15.7 Tratadores de Interrupções

Além das tarefas da aplicação, e também tarefas auxiliares do sistema operacional, tipicamente um sistema de tempo real inclui alguns tratadores de interrupções. Por exemplo, interrupções de *timer* são necessárias para determinar o momento das chegadas das tarefas periódicas. Também é comum o uso de interrupções na comunicação de dados, como na chegada de caracteres em uma porta serial ou na chegada de um pacote de dados pela rede ethernet. É possível a existência de interfaces humano-máquina tais como teclados e botões de alarme as quais também geram interrupções.

Tipicamente tratadores de interrupção possuem prioridades fixas entre eles. Na sinalização simultânea de duas interrupções, as mesmas serão atendidas pelo processador conforme suas prioridades. Além disto, podemos considerar que tratadores de interrupção possuem sempre prioridades mais altas do que tarefas, pois se uma tarefa estiver executando e ocorrer uma interrupção, a tarefa será suspensa temporariamente para a execução do respectivo tratador.

Do ponto de vista de uma tarefa, tratadores de interrupção funcionam como pseudo-tarefas de mais alta prioridade. Tratadores de interrupção chegam no sistema (são sinalizados), preemptam a tarefa em execução, executam por algum tempo até sua conclusão, gerando interferência, e então ficam dormentes até sua próxima ativação.

Na análise do tempo de resposta de uma tarefa é necessário incluir a interferência gerada por tratadores de interrupção. Isto pode ser feito modelando-se cada tratador de interrupção como uma pseudo-tarefa de mais alta prioridade. Tal pseudo-tarefa possui um tempo de execução no pior caso, o qual corresponde ao tempo máximo de execução do tratador da interrupção. A pseudo-tarefa será periódica no caso de interrupções periódicas (por exemplo um *timer* periódico) ou será esporádica no caso de interrupções que dependem de eventos não programados, tais como a chegada de um pacote pela rede ethernet ou o acionar de uma tecla pelo usuário humano. Atrasos de liberação gerados por interrupções desabilitadas também afetam os tratadores de interrupção.

Possivelmente a parte mais difícil desta modelagem está em estabelecer um intervalo mínimo de tempo entre chegadas para interrupções esporádicas. Por exemplo, no caso de um teclado pode-se usar o tempo mínimo que o hardware do teclado coloca entre a sinalização de duas tecladas consecutivas. No caso de uma rede de comunicação, vai depender da velocidade da rede. Infelizmente, a maioria das interrupções esporádicas ocorrem em **rajadas** (***bursts***). Por exemplo, várias teclas são acionadas rapidamente e depois nada acontece por muito tempo. Ou vários caracteres chegam pela porta serial em sequência e depois passa um longo intervalo de tempo até chegarem mais caracteres. Ao supor que as interrupções sempre serão acionadas na maior velocidade possível, pessimismo é incluído na análise, o que aumenta o tempo de resposta no pior caso de todas as tarefas. No caso de um sistema crítico isto é aceitável, pois a análise é usada para determinar que mesmo no pior caso nenhum deadline será perdido. E o pior caso será todas as interrupções do sistema ocorrendo na sua maior frequência por algum tempo, gerando a interferência máxima sobre as tarefas da aplicação.

Em alguns sistemas o próprio tratador de interrupções possui deadline. Isto não é problema para a análise do tempo de resposta. Basta calcular o tempo de resposta no pior caso da pseudo-tarefa que representa o tratador de interrupção em questão, e verificar se o mesmo é menor ou igual ao deadline relativo especificado. Um tratador de interrupções sofre interferência dos tratadores de interrupções com prioridade mais alta.

15.8 Níveis Insuficientes de Prioridades

Até o momento sempre foi considerado que cada tarefa possui uma prioridade diferente. Suponha agora um pequeno sistema onde o microkernel oferece apenas 8 níveis de prioridade, mas a aplicação possui 10 tarefas implementadas na forma de threads. Como existem mais tarefas do que níveis de prioridade, algumas tarefas precisaram compartilhar a mesma prioridade. Quando duas tarefas possuem a mesma prioridade, o desempate é arbitrário, ou seja, pode ser qualquer coisa que tenha sido implementada no microkernel em questão. Entretanto, tipicamente a ordem de inclusão na fila de aptos é usada como critério de desempate.

Suponha duas tarefas τi e τj que compartilham o mesmo nível de prioridade. Quando as duas estão disputando o processador, às vezes a tarefa τi entra antes na fila de aptos, e ela é executada antes, como se tivesse prioridade sobre a tarefa τj. Em outro momento pode acontecer o contrário, a tarefa τj é executada antes de τi.

O tempo de resposta no pior caso Ri da tarefa τi precisa incluir a interferência recebida de τj. Ou seja, precisamos considerar que $\tau j \in hp(i)$ ao calcular Ri. Ao mesmo tempo, ao calcular Rj, precisamos incluir a interferência da tarefa τi e supor $\tau i \in hp(j)$. Desta forma, as equações para o tempo de resposta no pior caso continuam válidas quando existem níveis insuficientes de prioridades. Porém, a escalonabilidade do sistema é reduzida, pois temos a tarefa τi interferindo com τj e a tarefa τj interferindo com τi.

15.9 Atribuição Ótima de Prioridades

Para modelos simples de tarefas, como os usados na seção 15.2 e na seção 15.3, a política de atribuição de prioridades Deadline Monotônico (DM) é ótima entre as políticas de prioridade fixa. Entretanto, à medida que o modelo de tarefas é estendido, DM continua uma boa heurística de atribuição de prioridades, mas deixa de ser ótima. Lembrando que ótimo, neste caso, significa que se for possível escalonar o sistema com prioridades fixas preemptivas, DM conseguirá também.

Em [DAV2016] são descritos vários algoritmos de atribuição de prioridades, incluindo um dos primeiros trabalhos nesta área, conhecido como algoritmo de Audsley para atribuição ótima de prioridades. O algoritmo de Audsley [AUD2001] é ótimo para atribuir prioridades fixas, a partir da existência de um teste de escalonabilidade. No caso, o teste de escalonabilidade pode ser o cálculo de Ri para cada tarefa τi e a comparação com o respectivo deadline relativo Di. O algoritmo está baseado no fato de que se uma tarefa τx recebe a prioridade mais baixa do sistema e ainda assim é escalonável, então se uma ordenação escalonável de prioridades existir para todo o conjunto de tarefas, também existirá uma ordenação com a tarefa τx recebendo a prioridade mais baixa. Mover a tarefa τx para baixo na lista de prioridades melhora para todas as outras tarefas, só piora para τx, mas mesmo assim τx continuará escalonável. O algoritmo ótimo de Audsley para atribuição de prioridades é mostrado abaixo:

```
Para cada nível de prioridade k, de baixo para cima {
   Para cada task τ sem prioridade ainda {
        Se τ for escalonável no nível k {
             Tarefa τ recebe a prioridade k
             Continua laço externo
        }
   Retorna não escalonável
   }
Retorna escalonável
}
```

15.10 Exemplo de Análise do Tempo de Resposta

Considere um sistema composto por três tarefas periódicas, com os seguintes parâmetros:

	C(ms)	P(ms)	D(ms)
Tarefa τ1:	0,4	2	2
Tarefa τ2:	3	10	5
Tarefa τ3:	5	30	20

Neste sistema interrupções podem ficar desabilitadas por no máximo 30us, o chaveamento de contexto entre duas tarefas demora 20us. Interrupções do *timer* acontecem a cada 1 ms para ativar um tratador que demora no máximo 50us para executar. As tarefas τ2 e τ3 compartilham uma estrutura de dados protegida por mutex convencional cuja seção crítica demora 40us para ser executada. Prioridades são atribuídas de acordo com a política Deadline Monotônico.

Vamos aplicar neste sistema a análise do tempo de resposta. Todos os tempos serão convertidos para microssegundos. O tratador de interrupções do *timer* comporta-se como uma pseudo-tarefa de mais alta prioridade, digamos τ0, com C0=50us e P0=1000us. Interrupções desabilitadas geram atraso de liberação para todas as tarefas, inclusive para o tratador de interrupções, o qual é simbolizado por J e possui o valor máximo 30us.

O mutex existente afeta apenas as tarefas τ2 e τ3. O atraso que a tarefa τ3 sofre de τ2 é interferência, pois τ2 tem prioridade mais alta. A única tarefa a sofrer atraso por bloqueio (inversão de prioridades) é a tarefa τ2, por um tempo de no máximo B2=40us.

O tempo de chaveamento de contexto será somado ao valor do tempo de execução da seguinte forma:
- No caso da tarefa ser a tarefa em análise, deve-se somar CS=20us;
- No caso da tarefa ser uma que interfere, deve-se somar 2×CS=2×20us=40us.

A tabela abaixo resume os parâmetros do sistema:

	J(us)	C(us)	P(us)	D(us)	B(us)	
Tarefa τ0:	30	50	1000	-	0	(alta prio)
Tarefa τ1:	30	400	2000	2000	0	
Tarefa τ2:	30	3000	10000	5000	40	
Tarefa τ3:	30	5000	30000	20000	0	(baixa prio)

Começamos com a tarefa de mais alta prioridade τ0. Temos C'0=C0+CS=50+20=70 e W0=C'0+B0=70+0=70 e depois R0=J0+W0=30+70=100. Neste exemplo a tarefa τ0 não possui deadline, mas poderia ter. De qualquer forma, calcular R0 é simples.

Para o caso da tarefa τ1 temos $W1^{x+1} = C'1 + B1 + \lceil (J0+W1^{x}) / P0 \rceil \times C''0$, onde C'1=400+20=420 e C"0=50+40=90. Temos:

$W1^0 = C1 = 420$

$W1^1 = 420 + \lceil (30+420)/1000 \rceil \times 90 = 420 + 1 \times 90 = 510$

$W1^2 = 420 + \lceil (30+510)/1000 \rceil \times 90 = 420 + 1 \times 90 = 510$

Calculando R1=J1+W1=30+510=540, como D1=2000, a tarefa τ1 é escalonável.

Para a tarefa τ2 temos $W2^{x+1} = C'2 + B2 + \lceil (J0+W2^{x}) / P0 \rceil \times C''0 + \lceil (J1+W2^{x}) / P1 \rceil \times C''1$. Lembrando que C'2=3000+20=3020, C"0=50+40=90 e C"1=400+40=440. Temos a seguinte sequência de iterações:

$W2^0 = C2 = 3020$

$W2^1 = 3020 + 40 + \lceil (30+3020) / 1000 \rceil \times 90 + \lceil (30+3020) / 2000 \rceil \times 440 =$
$3020+40+4\times 90+2\times 440 = 3020+40+360+880=4300$

$W2^2 = 3020 + 40 + \lceil (30+4300) / 1000 \rceil \times 90 + \lceil (30+4300) / 2000 \rceil \times 440 =$
$3020+40+5\times 90+3\times 440 = 3020+40+450+1320=4830$

$W2^3 = 3020 + 40 + \lceil (30+4830) / 1000 \rceil \times 90 + \lceil (30+4830) / 2000 \rceil \times 440 =$
$3020+40+5\times 90+3\times 440 = 3020+40+450+1320=4830$

Calculando R2=J2+W2=30+4830=4860, como D2=5000, a tarefa τ2 é escalonável.

Finalmente, para a tarefa τ3 temos:

$W3^{x+1} = C'3 + B3 + \lceil (J0+W3^{x}) / P0 \rceil \times C''0 + \lceil (J1+W3^{x}) / P1 \rceil \times C''1 + \lceil (J2+W3^{x}) / P2 \rceil \times C''2$. Agora com C'3=5000+20=5020, C"0=50+40=90, C"1=400+40=440 e C"2=3000+40=3040. Temos a seguinte sequência de iterações:

$W3^0 = C3 = 5020$

$W3^1 = 5020 + \lceil (30+5020)/1000 \rceil \times 90 + \lceil (30+5020)/2000 \rceil \times 440 + \lceil (30+5020)/10000 \rceil \times 3040 =$
$5020 + 6 \times 90 + 3 \times 440 + 1 \times 3040 = 5020 + 540 + 1320 + 3040 = 9920$

$W3^2 = 5020 + \lceil (30+9920)/1000 \rceil \times 90 + \lceil (30+9920)/2000 \rceil \times 440 + \lceil (30+9920)/10000 \rceil \times 3040 =$
$5020 + 10 \times 90 + 5 \times 440 + 1 \times 3040 = 5020 + 900 + 2200 + 3040 = 11160$

$W3^2 = 5020 + \lceil (30+11160)/1000 \rceil \times 90 + \lceil (30+11160)/2000 \rceil \times 440 + \lceil (30+11160)/10000 \rceil \times 3040 =$
$5020 + 12 \times 90 + 6 \times 440 + 2 \times 3040 = 5020 + 1080 + 2640 + 6080 = 14820$

$W3^3 = 5020 + \lceil (30+14820)/1000 \rceil \times 90 + \lceil (30+14820)/2000 \rceil \times 440 + \lceil (30+14820)/10000 \rceil \times 3040 =$
$5020 + 15 \times 90 + 8 \times 440 + 2 \times 3040 = 5020 + 1350 + 3520 + 6080 = 15970$

$W3^4 = 5020 + \lceil (30+15970)/1000 \rceil \times 90 + \lceil (30+15970)/2000 \rceil \times 440 + \lceil (30+15970)/10000 \rceil \times 3040 =$
$5020 + 16 \times 90 + 8 \times 440 + 2 \times 3040 = 5020 + 1440 + 3520 + 6080 = 16060$

$W3^5 = 5020 + \lceil (30+16060)/1000 \rceil \times 90 + \lceil (30+16060)/2000 \rceil \times 440 + \lceil (30+16060)/10000 \rceil \times 3040 =$
$5020 + 17 \times 90 + 9 \times 440 + 2 \times 3040 = 5020 + 1530 + 3960 + 6080 = 16590$

$W3^6 = 5020 + \lceil (30+16590)/1000 \rceil \times 90 + \lceil (30+16590)/2000 \rceil \times 440 + \lceil (30+16590)/10000 \rceil \times 3040 =$
$5020 + 17 \times 90 + 9 \times 440 + 2 \times 3040 = 5020 + 1530 + 3960 + 6080 = 16590$

Calculando $R3 = J3 + W3 = 30 + 16590 = 16620$, como $D3 = 20000$, a tarefa $\tau 3$ também é escalonável.

15.11 Aspectos Práticos da Análise do Tempo de Resposta no Pior Caso

As seções anteriores mostraram como o tempo de resposta no pior caso de uma tarefa pode ser obtido através de equações algébricas que capturam o comportamento do sistema, segundo certo modelo de tarefas adotado.

O valor de Ri calculado para a tarefa τi será garantidamente um limite superior para o seu tempo de resposta quando (1) o modelo de tarefas usado capturar todas as fontes de atraso existentes no sistema real e (2) o valor usado como tempo de computação para cada tarefa for realmente igual ou maior do que o WCET da respectiva tarefa.

Métodos para estimar WCET foram apresentados no capítulo 5 (métodos analíticos) e no capítulo 6 (métodos com medição) e não serão tratados neste capítulo. Com respeito à fidelidade do modelo de tarefas à realidade do sistema, esta é uma questão complexa. As seções anteriores trataram dos principais aspectos encontrados em um microkernel simples, mas certamente existem muitas fontes de atraso encontradas na prática que não foram incorporadas ao modelo de tarefas tratado.

A modelagem de algumas fontes de atraso não tratadas neste livro podem ser encontradas na literatura dos sistemas de tempo real. Por exemplo, em [AUD1993] e [TIN1994] são tratadas relações de precedência entre tarefas, tarefas esporadicamente periódicas, tarefas cujo deadline relativo é maior que o próprio período e também sistemas não preemptivos mas com pontos pré-determinados onde preempção pode ocorrer.

Mesmo em sistemas onde a análise do tempo de resposta não pode ser aplicada de forma garantida, ela ainda é útil. A análise pode ser aplicada como uma aproximação quando o valor do WCET é aproximado e o modelo de tarefas não cobre todos os aspectos do hardware e software reais. Neste caso, o valor Ri obtido para a tarefa τi deve ser considerado apenas como um valor aproximado e provavelmente otimista.

Provavelmente o aspecto mais importante da análise do tempo de resposta é fornecer uma infraestrutura conceitual para que o desenvolvedor possa refletir sobre o comportamento temporal do seu sistema. O tempo de resposta deixa de ser visto como uma variável aleatória decorrente de uma caixa preta, e passa a ser visto como composto por vários componentes bem distintos. Ao dividir o tempo de resposta em execução, interferências, bloqueios, atrasos de liberação, etc., o desenvolvedor pode melhor identificar as origens dos atrasos que somados resultam no tempo de resposta. No caso do não cumprimento dos requisitos temporais, esta visão segmentada dos tempos do sistema permite uma melhor identificação dos gargalos e o direcionamento das ações do desenvolvedor no sentido de atacar as verdadeiras causas dos problemas temporais. Por exemplo, o problema podem ser interrupções desabilitadas por muito tempo, ou seções críticas muito demoradas, ou seções críticas muito disputadas, ou tarefas de prioridade alta muito demoradas, etc. Isto pode ser melhor visualizado com a análise do tempo de resposta, mesmo com números aproximados.

É importante destacar que os valores de WCRT calculados são tempos de resposta no pior caso. Ou seja, é necessário que tudo ocorra da pior maneira possível, e ao mesmo tempo, para que este valor seja observado. Por exemplo, precisamos todas as tarefas executando até o respectivo WCET, todas chegando no pior momento possível, inclusive os tratadores de interrupções, tentando alocar mutex ocupado, etc. A probabilidade disto tudo ser observado simultaneamente na prática é em geral baixíssima. Além disto, existe pessimismo na análise. Por exemplo, o tempo de chaveamento de contexto para um tratador de interrupções é na verdade menor do que o tempo de chaveamento de contexto para outra tarefa. Na prática, mesmo que sejam feitas medições extensivas dos tempos de resposta, provavelmente o maior valor medido será bem menor que o WCRT calculado. Caso a especificação do sistema determine que todos os deadlines precisam ser sempre cumpridos, então o cálculo do WCRT fornece esta evidência, com garantia e sem a necessidade de medições.

Por outro lado, o WCRT calculado fica geralmente bem acima do tempo de resposta típico, pois o cenário típico é bem menos pessimista do que o cenário de pior caso. Caso a especificação do sistema indique que nem todos os deadlines precisam ser sempre cumpridos, uma alternativa à análise do tempo de resposta seria efetuar medições e observar que a taxa de perda de deadlines é aceitável face à especificação do sistema. Este será o tópico das próximas seções deste capítulo.

15.12 Exercícios

1) Por que é possível usar as mesmas equações tanto para tarefas periódicas como para tarefas esporádicas ?

2) Como é possível incorporar o tempo gasto com o chaveamento de contexto entre tarefas nas equações da análise do tempo de resposta ?

3) Quais são as duas formas de impacto que desabilitar interrupções causa no tempo de resposta de uma tarefa no pior caso ? Descreva o que acontece.

4) Considerando um sistema de tempo real que trabalha com escalonamento preemptivo e prioridades fixas, como apareceria para uma tarefa de alta prioridade, em termos de impacto sobre o seu tempo de resposta, os seguintes fatores:

a) Tratador das interrupções de hardware do *timer*, tratador demora CT ms para executar e o *timer* está programado para ocorrer a cada PT ms.

b) Kernel desabilita interrupções para executar operações críticas, o trecho mais longo de interrupções desabilitadas demora ID ms.

5) Como poderia ser incorporado na análise do tempo de resposta o fato de uma tarefa A preceder uma tarefa B. Preceder significa que a tarefa B só pode iniciar depois da tarefa A terminar. Suponha que as duas possuem o mesmo período.

Dica: Pode usar o atraso de liberação, mas pode também jogar com as prioridades delas.

6) Em um sistema operacional, a resolução dos clocks e *timers* do sistema é X. O tempo de processador que o escalonador precisa para atender cada evento de *timer* é E. Um chaveamento de contexto de processo para o kernel leva no máximo CS unidades de tempo. Suponha que o kernel trata os eventos de tempo uma vez a cada Y unidades de tempo. Ou seja, X é a unidade de tempo usada pela função de "sleep()" e Y é o período do temporizador em hardware (*timer*).

a) Suponha que somente uma tarefa no sistema executa "sleep()". Qual o erro máximo que pode ser observado em uma chamada do "sleep()" ? Considere o tempo entre a chamada do "sleep()" e a inclusão do processo acordado na fila de aptos.

b) Suponha que no máximo N processos podem requisitar "sleep()" simultaneamente. Qual o erro máximo que pode ser observado em uma chamada do "sleep()" ? Novamente considere o tempo entre a chamada do "sleep()" e a inclusão do processo acordado na fila de aptos.

Explique o raciocínio que justifica uma solução algébrica.

7) Qual a diferença entre interferência e bloqueio ?

8) Determine se o conjunto de tarefas abaixo é escalonável com deadline monotônico (prioridades preemptivas), aplicando a análise para $D \leq P$. Existe uma seção crítica protegida por mutex comum entre as tarefas τ1 e τ2, a qual demora 1 unidade de tempo para ser executada.

τ1:	C1=2	P1=5	D1=5
τ2:	C2=5	P2=20	D2=16
τ3:	C3=3	P3=30	D3=30

9) Faça o mesmo para o sistema abaixo. Existe uma seção crítica protegida por mutex comum entre as tarefas τ1 e τ2, a qual demora 1 unidade de tempo para ser executada. Interrupções ficam desabilitadas por no máximo 1 unidade de tempo.

τ1:	C1=2	P1=5	D1=5
τ2:	C2=5	P2=25	D2=20
τ3:	C3=6	P3=30	D3=30

10) Considerando a tabela abaixo, usando a política de atribuição de prioridades Deadline Monotônico:

τ1:	C1=4	P1=20	D1=10
τ2:	C2=3	P2=30	D2=15
τ3:	C3=11	P3=40	D3=30

Calcule os tempos de resposta e mostre a escalonabilidade (ou não escalonabilidade) desse conjunto de tarefas. Interrupções podem ficar desabilitadas por no máximo 1 u.t. e as tarefas τ1 e τ2 compartilham uma estrutura de dados protegida por mutex cuja seção crítica demora 2 u.t. para ser executada.

11) Considerando a tabela abaixo, usando a política de atribuição de prioridades Deadline Monotônico:

τ1:	C1=4	P1=10	D1=10
τ2:	C2=3	P2=30	D2=15
τ3:	C3=11	P3=40	D3=30

Calcule os tempos de resposta e mostre a escalonabilidade (ou não escalonabilidade) desse conjunto de tarefas. Interrupções podem ficar desabilitadas por no máximo 2 u.t. e as tarefas τ1 e τ2 compartilham uma estrutura de dados protegida por mutex cuja seção crítica demora 3 u.t. para ser executada.

12) Considere um sistema escalonado com prioridade preemptiva, composto por três tarefas periódicas independentes, com as seguintes características:

τ1:	C1=30	P1=100	D1=100
τ2:	C2=1	P2=5	D2=5
τ3:	C3=5	P3=25	D3=25

As tarefas foram numeradas conforme a sua ordem de importância para o sistema.

a) O sistema é escalonável se a prioridade for baseada em importância ?

b) O sistema é escalonável se EDF (*earliest deadline first*) for utilizado ?

13) Considerando a tabela abaixo, usando a política de atribuição de prioridades Deadline Monotônico:

$\tau 1$:	C1=4	P1=10	D1=10
$\tau 2$:	C2=5	P2=30	D2=15
$\tau 3$:	C3=11	P3=45	D3=33

Calcule os tempos de resposta e mostre a escalonabilidade (ou não escalonabilidade) desse conjunto de tarefas. Interrupções podem ficar desabilitadas por no máximo 2 u.t. e as tarefas $\tau 1$ e $\tau 2$ compartilham uma estrutura de dados protegida por mutex cuja seção crítica demora 3 u.t. para ser executada.

14) Considerando a tabela abaixo, usando a política de atribuição de prioridades Deadline Monotônico:

$\tau 1$:	C1=4	P1=11	D1=11
$\tau 2$:	C2=3	P2=30	D2=25
$\tau 3$:	C3=11	P3=45	D3=30

Calcule os tempos de resposta desse conjunto de tarefas. Interrupções podem ficar desabilitadas por no máximo 2 u.t. e as tarefas $\tau 1$ e $\tau 2$ compartilham uma estrutura de dados protegida por mutex cuja seção crítica demora 2 u.t. para ser executada.

15) Considerando a tabela abaixo, usando a política de atribuição de prioridades Deadline Monotônico:

$\tau 1$:	C1=2	P1=10	D1=9
$\tau 2$:	C2=3	P2=30	D2=20
$\tau 3$:	C3=8	P3=40	D3=30

Calcule os tempos de resposta e mostre a escalonabilidade (ou não escalonabilidade) desse conjunto de tarefas. Interrupções podem ficar desabilitadas por no máximo 2 u.t. e as tarefas $\tau 2$ e $\tau 3$ compartilham uma estrutura de dados protegida por mutex cuja seção crítica demora 3 u.t. para ser executada. A $\tau 1$ é esporádica. Interrupções do *timer* acontecem a cada 10 u.t. para ativar um tratador que demora no máximo 1 u.t. para executar.

16) O que acontece no sistema da questão anterior se existirem apenas dois níveis de prioridade para atribuir às tarefas ?

16. Estimação do Tempo de Resposta usando Medições

Como estimar com medições o tempo de resposta no pior caso ?

Como visto no capítulo 2, sobre conceitos básicos do escalonamento tempo real, o requisito temporal mais comum é o deadline da tarefa. O **tempo de resposta** (***response time***) de uma tarefa, o qual é definido pelo intervalo de tempo entre a chegada da tarefa e a sua conclusão, deve ser menor ou igual ao seu deadline relativo. O capítulo 14 mostrou como o tempo de resposta de uma mesma tarefa varia de ativação para ativação. Busca-se identificar o **tempo de resposta no pior caso** (**WCRT** – ***Worst-Case Response Time***) da tarefa, para comparar com o deadline relativo.

A técnica conhecida como **Análise do Tempo de Resposta** (**RTA** – ***Response-Time Analysis***), descrita no capítulo 15, procura identificar o WCRT em sistemas escalonados com prioridades preemptivas através da análise com métodos algébricos.

Quando o sistema é muito complexo, como por exemplo aqueles baseados em Linux, a aplicação de RTA não é viável. Nestes casos, dados estatísticos podem ser coletados para caracterizar o tempo de resposta de cada tarefa. Em muitos sistemas a perda de deadlines é tolerada, desde que não ocorra com grande frequência. Neste capítulo são apresentados alguns critérios que podem ser usados no momento de avaliar a qualidade temporal deste tipo de sistema, através de medições.

16.1 Estimação do WCRT via Medição

As seções anteriores trataram da análise do tempo de resposta e da determinação analítica do tempo de resposta no pior caso das tarefas. A abordagem analítica tem a vantagem de garantir que os deadlines serão sempre cumpridos mesmo no pior caso do sistema. Entretanto, como foi visto, a análise do tempo de resposta só pode ser aplicada com rigor em sistemas simples, cujo comportamento pode ser descrito através de um modelo de tarefas cuja análise é factível.

Muitos sistemas na prática são complexos demais para uma análise do tempo de resposta rigorosa. Por isto, na indústria, geralmente é utilizada a medição do tempo de resposta para verificar se o comportamento temporal do sistema é aceitável. O capítulo 14 mostrou que existe em geral variação no tempo resposta de uma mesma tarefa. Desta forma, qualquer avaliação do tempo de resposta através de medição exigirá a realização de um conjunto de testes e um olhar estatístico sobre os resultados.

Para medir o tempo de resposta é preciso executar o sistema e esta execução vai ocorrer em um certo cenário de entrada de dados, o qual configura um caso de teste. Estimar o tempo de resposta no pior caso de uma dada tarefa exigirá a execução do sistema em um conjunto representativo de possíveis cenários de execução. Os cenários de execução precisam ser compatíveis e abrangentes com respeito à especificação dos requisitos do sistema.

Estimar o tempo de resposta no pior caso a partir de medições é difícil. O verdadeiro WCRT pode ocorrer com pouca frequência e as condições para que ele aconteça são normalmente desconhecidas. Os desenvolvedores precisam trabalhar com margens de segurança para lidar com o problema da incerteza de que o cenário de pior caso foi coberto pelos testes realizados. Tais margens de segurança são tipicamente o resultado da experiência prática dos desenvolvedores com aplicações semelhantes.

A literatura de engenharia de software inclui vasto material sobre testes, como pode ser visto nos livros clássicos da área, tais como [PRE2014] e [SOM2015]. Embora testes funcionais e não funcionais sejam considerados, a questão específica dos testes temporais é pouco abordada. O escopo de um teste pode ser classificado em quatro tipos:

- **Teste de tarefa** (***task test***): Testa cada tarefa independentemente. Testes convencionais são projetados para cada tarefa e executados independentemente. Eles descobrem erros em lógica e funções, mas não erros temporais ou comportamentais.

- **Teste comportamental** (***behavioral test***): Busca simular o comportamento do sistema em tempo real e examinar seu comportamento em consequência de eventos externos. Cada evento deve ser testado individualmente, e o comportamento do sistema examinado para detectar erros que ocorrem no processamento associado com esses eventos. Depois eventos são apresentados ao sistema em ordem aleatória e com frequência aleatória (dentro dos parâmetros da especificação).

- **Teste intertarefas** (***intertask test***): Tarefas que requerem sincronização e comunicação entre elas são testadas com diferentes taxas de dados e carga de processamento.

- **Teste de sistema** (***system test***): A combinação hardware e software integrada é testada. Testes precisam incluir eventos externos, como interrupções e comunicações.

É no teste de sistema que existem as condições necessárias para verificar se os requisitos temporais do sistema serão atendidos. Entretanto, testes com escopo mais reduzido são capazes de apontar falhas graves do projeto antes que o custo para corrigi-las torne-se elevado.

A utilização de medições para estimar o WCRT de uma tarefa corresponde a uma atividade de teste (temporal, portanto não-funcional). Um **caso de teste** (***test case***) descreve uma condição particular a ser testada e é composto por valores de entrada, restrições para a sua execução e o resultado ou o comportamento esperado. Um **procedimento de teste** (***test procedure***) é uma descrição dos passos necessários para executar um caso de teste (ou um grupo de casos de teste). **Critérios de teste** (***test criteria***) são utilizados para selecionar e avaliar casos de teste de forma a aumentar as possibilidades de provocar falhas. Quando não há ocorrência de falha, é utilizado para estabelecer um nível elevado de confiança na correção do produto.

Gerar os casos de teste apropriados para forçar o sistema e obter tempos de resposta elevados é uma missão difícil. A natureza assíncrona, dependente do tempo, das aplicações de tempo real acrescenta variáveis novas e não controladas aos procedimentos de testes. Enquanto casos de teste usuais precisam definir dados de entrada, estado do programa e sequência de eventos externos, em testes temporais a dinâmica interna do sistema é de grande importância. Por exemplo, o tempo de bloqueio em um mutex pode ser o fator a fazer um deadline ser perdido, embora seja um evento raro e este tempo de bloqueio não comprometa a corretude lógica da aplicação. A dinâmica do sistema no tempo é afetada por eventos externos (interrupções), o escalonamento das tarefas, os dados de entrada e o estado do sistema (variáveis globais).

Um importante critério de teste é o critério de cobertura dos testes, que permite a definição de quais partes da aplicação devem ser executadas para garantir a qualidade do software e indicar quando este foi suficientemente testado. Alguns dos critérios de cobertura existentes são [YOU2008]:

- **Cobertura por linha** (***line coverage***): Cada linha do código é executada por pelo menos um caso de teste.
- **Cobertura por desvio** (***branch coverage***): Cada desvio condicional é executado por pelo menos um caso de teste.
- **Cobertura por condição** (***condition coverage***): Cada expressão booleana básica assume os valores verdadeiro (*true*) e falso (*false*) em pelo menos um caso de teste
- **Cobertura por caminho** (***path coverage***): Toda sequência de caminho é executada por pelo menos um caso de teste. Se o critério de cobertura por caminho é satisfeito, garantirá que as coberturas por linha e por desvio também foram satisfeitas.

O resultado da aplicação dos testes é a coleta de tempos de resposta das tarefas. Naturalmente, cada tarefa apresentará certo conjunto de tempos de resposta medidos, os quais precisarão ser comparados com os requisitos temporais do sistema.

16.2 Visão Estatística das Medições

Como visto no capítulo 14, existe variação nos tempos de resposta das tarefas. Desta forma, fazer uma única medição do tempo de resposta não mostra a gama de valores possíveis. São necessárias várias medições, e uma visão estatística destas medições.

Algumas estatísticas simples podem ser facilmente obtidas a partir das medições. Por exemplo, o tempo de resposta mínimo observado e o tempo de resposta médio observado. Uma estatística importante é o tempo de resposta máximo observado, também conhecido como **HWM** (do inglês ***High Water Mark***, altura máxima da água). O HWM é uma aproximação otimista do WCRT, pois as condições que levariam ao WCRT nunca foram observadas durante os testes.

Em muitos casos o HWM acrescido de uma margem de segurança é usado como estimador do WCRT e é comparado com o deadline da tarefa, para fins de verificação do cumprimento dos requisitos temporais. O valor da margem de segurança depende da variância do tempo de resposta. Quanto maior sua variância, maior a incerteza do desenvolvedor, e maior a margem de segurança a ser utilizada. Por exemplo, se as medições do tempo de resposta variaram de 12 ms a 14 ms, uma margem de segurança de 2 ms (R=16 ms) parece apropriada. Entretanto, se as medições variaram entre 10 ms e 16 ms, uma margem de segurança de 2 ms (R=18 ms) já é pequena frente à variabilidade das medições. A margem de segurança é definida caso a caso, com base na experiência do desenvolvedor e na criticalidade dos requisitos temporais.

A título de exemplo, a figura 16.1 mostra um gráfico com 1000 medições do tempo de resposta observado em uma tarefa que implementa o algoritmo de codificação Huffman em um array de caracteres aleatório. A tarefa foi baseada no pacote de benchmarks TACLeBench [FAL2016] e executada em computador desktop com processador Intel I7 e sistema operacional Linux. Os dados de entrada foram gerados aleatoriamente, e não existem situações de bloqueio em mutex, apenas a interferência do sistema operacional e de outras aplicações no mesmo computador. Trata-se de um ambiente computacional de propósito geral, não voltado para sistemas de tempo real. Observa-se a predominância de medições em torno de 2500us (microssegundos), com algumas medições apresentando picos de valores (*spikes*) bem mais altos que o usual. O tempo de resposta mínimo foi 2378us, o médio foi 2493us e o HWM (tempo de resposta máximo observado) foi 3200us. Não existe garantia que o WCRT foi observado durante as medições. Na verdade, é altamente improvável que isto tenha acontecido, dada a complexidade da plataforma utilizada.

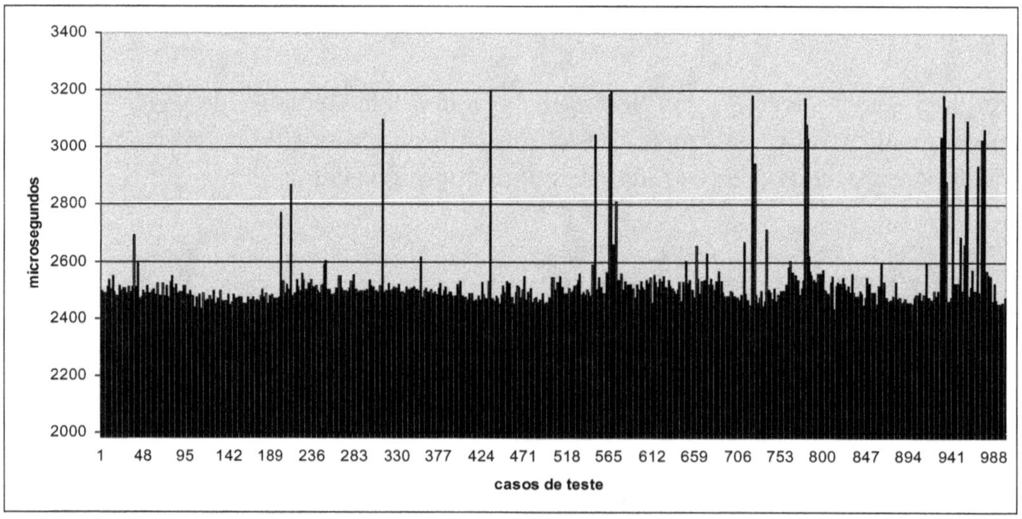

Figura 16.1 – Gráfico com as medições realizadas, na ordem dos casos de teste.

A figura 16.2 mostra um histograma das medições do tempo de resposta. Neste gráfico fica claro que as medições estão concentradas em torno de 2500us. Porém, o histograma apresenta uma cauda longa e fina, composta pelas medições de valores de pico, bem maiores que os valores típicos, observados com baixa frequência. Este formato de histograma mostrado na figura 16.2 é típico. Em alguns momentos ocorre a coincidência de fatores que aumentam o tempo de resposta da tarefa, e formam a cauda do histograma. O verdadeiro WCRT está em algum ponto a direita desta cauda.

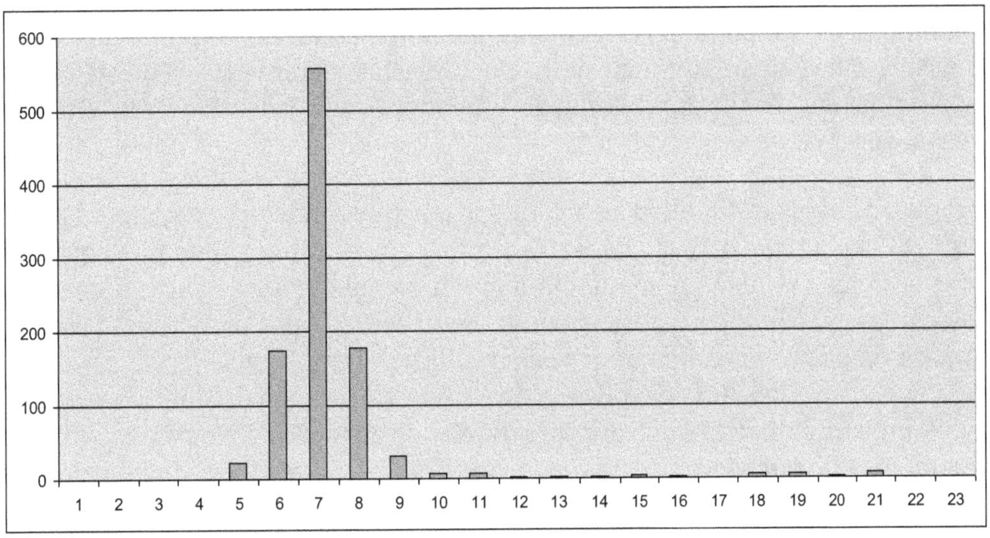

Figura 16.2 – Histograma das medições realizadas.

Como será discutido no capítulo 17 sobre abordagens para a construção de sistemas de tempo real, existem aplicações com requisitos temporais relaxados, ou seja, nem toda ativação precisa cumprir o deadline, desde que isto não ocorra com muita frequência. O que é "muita frequência" vai depender da aplicação em questão, e precisa ser descrito no documento de especificação do sistema de alguma maneira mensurável.

Uma forma comum de especificar o requisito temporal neste caso é definir o percentual de ativações que precisarão cumprir o deadline. Por exemplo, suponha que a nossa tarefa exemplo tenha um deadline de 3000us. Nas medições realizadas foi observado que 982 medições ficaram abaixo deste valor. Ou seja, 98,2% das ativações cumpriram o deadline. Isto pode ser bom o suficiente ou não, dependendo da especificação do sistema.

Uma forma alternativa é determinar o HWM para um percentual das medições menor do que 100%. No caso de HWM(100%), temos o valor máximo observado de 3200us. Porém, o valor HWM(99%) observado foi 3083us. O objetivo nos dois casos é desconsiderar uma parte da cauda do histograma, a qual inclui valores muito altos porém de baixa taxa de ocorrência, isto claro se a natureza da aplicação permitir.

Em alguns sistemas o importante não é o percentual de perda de deadlines, mas sim o tempo entre duas perdas consecutivas. Considere por exemplo uma tarefa que implementa o controle realimentado da velocidade de um motor elétrico. O equipamento eletromecânico possui uma inércia física tal que se a tarefa perder um deadline nada vai acontecer. Porém, se várias ativações consecutivas da tarefa perderem o seu deadline, a velocidade do motor poderá variar além do desejado.

A figura 16.3 mostra novamente as medições do tempo de resposta da tarefa exemplo, porém agora são destacados apenas aquelas medições que ultrapassaram o deadline de 3000us. Pode-se observar neste gráfico que não foram muitas ocorrências, porém elas não estão uniformemente espaçadas. As perdas de deadline tendem a ocorrer em rajadas (*bursts*), em momentos de sobrecarga do sistema.

Uma forma de especificar o sistema é exigir um **parâmetro de descarte** (*skip parameter*) [KOR1995]. Quando uma ativação da tarefa perde o seu deadline é dito que aquela instância da tarefa foi descartada (*skipped*). Uma tarefa tem um parâmetro de descarte S quando a distância entre duas perdas de deadlines é de no mínimo S ativações. Após perder um deadline, ao menos S-1 instâncias da tarefa devem cumprir seus deadlines. Temos então $2 \leq S \leq \infty$, pois com S=1 seria possível perder o deadline de todas as ativações. Com S igual a infinito nenhum descarte é tolerado e é preciso cumprir os deadlines de todas as ativações. O parâmetro S pode ser visto como uma métrica de qualidade de serviço, quando maior o S, melhor a qualidade de serviço.

No gráfico da figura 16.3 aparecem 18 medições onde o deadline é perdido. As distâncias entre elas são, pela ordem: 119, 116, 16, 2, 154, 58, 2, 1, 147, 1, 1, 1, 1, 9, 15, 16 e 3. Uma distância de 1 significa que os deadlines foram perdidos em duas ativações consecutivas. Na verdade tivemos uma rajada de cinco perdas de deadline em sequência, indicada pelas quatro distâncias com valor 1 na lista. Isto é comum em sistemas de propósito geral como o do exemplo, pois quando o sistema entra em um momento de grande sobrecarga, diversas ativações de diversas tarefas podem perder o deadline.

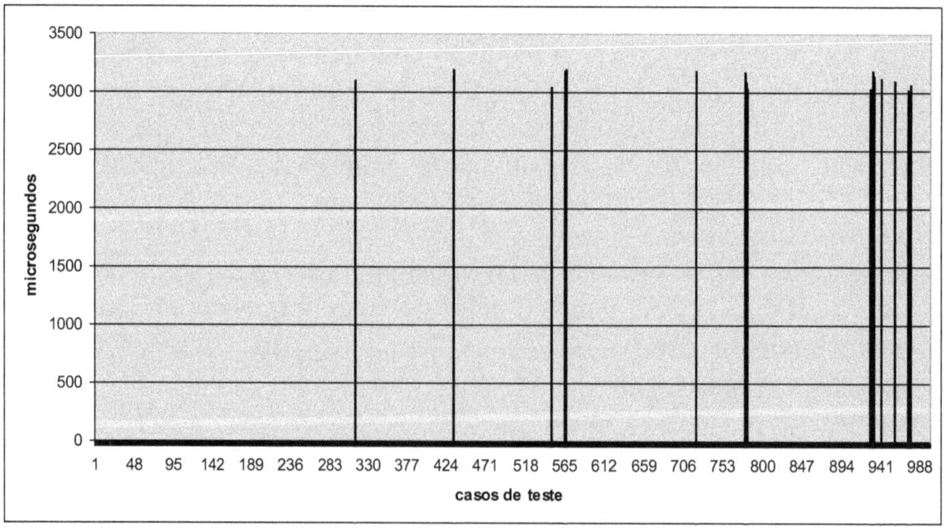

Figura 16.3 – Gráfico mostrando apenas as medições onde o deadline foi perdido.

Uma maneira alternativa seria especificar o número máximo de ativações de uma mesma tarefa que podem ter o deadline perdido em sequência. Trata-se neste caso de um sistema bem tolerante a perdas de deadlines. No gráfico da figura 16.3 pode-se observar uma rajada máxima de perda de deadlines que inclui 5 ativações. Isto seria aceitável no caso da especificação da tarefa indicar que a mesma tolera rajadas de perdas de até 5 ativações.

Outra forma de especificar a perda eventual de deadlines é através da noção de deadlines que são (m,k)-firme [HAM1995]. Uma tarefa é **(m,k)-firme** se ela sempre cumpre "m" deadlines em qualquer janela de "k" ativações consecutivas. Necessariamente temos $m \leq k$. Caso m=k, então todos os deadlines precisam ser cumpridos.

Se percorrermos uma janela deslizante sobre os tempos de resposta medidos da tarefa exemplo, com largura de, por exemplo, 20 ativações, teremos k=20. Nos dados medidos o pior momento acontece quando dentro de uma janela de 20 ativações foram perdidos 6 deadlines, e cumpridos apenas 14. Desta forma, durante as medições, este sistema comportou-se como um sistema (14,20)-firme. O gráfico na figura 16.4 mostra quantos deadlines foram perdidos em cada janela de execução (deslizante) de 20 ativações.

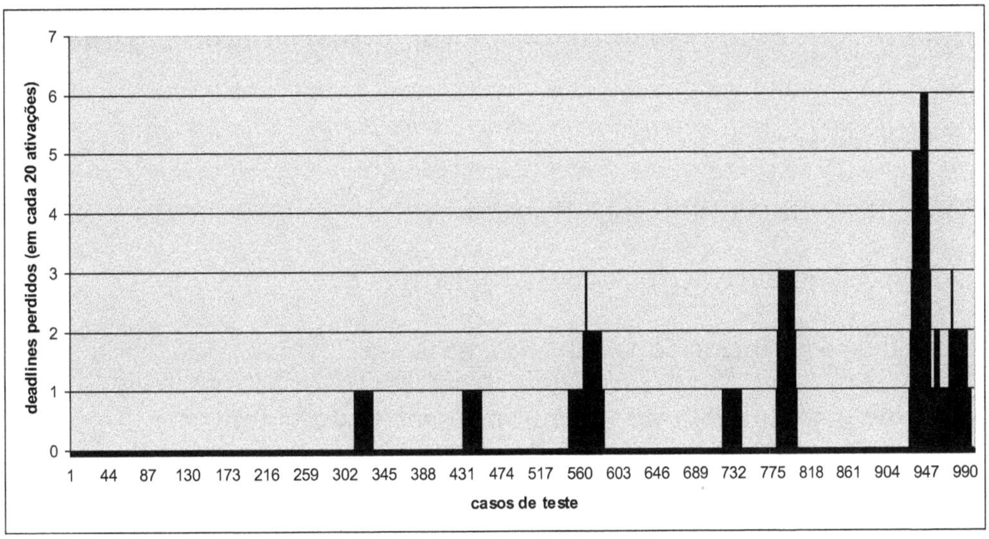

Figura 16.4 – Gráfico mostrando número de deadlines perdidos em janela de 20 ativações.

Exatamente qual métrica será usada para especificar os requisitos temporais de um sistema depende da natureza do sistema em questão. Outras formas de relaxamento de requisitos temporais podem ser encontradas em [BER2001] e [ISM2011]. O mesmo vale para os parâmetros da métrica escolhida, como por exemplo qual o tamanho da janela deslizante e qual o número de deadlines perdidos tolerado, no caso de uma tarefa (m,k)-firme. A principal mensagem desta seção é que (1) a especificação do sistema deve determinar requisitos temporais mensuráveis para que os mesmos possam ser testados e (2) o desenvolvedor deve aplicar um olhar estatístico sobre as medições de tempo de resposta, usando para isto gráficos e histogramas, e não ficar apenas com estatísticas simples tais como média e valor máximo.

Um aspecto muito importante, que não foi tratado aqui, são as condições dos testes realizados. Obviamente, no caso de um desktop, ao mudar os programas em execução mudamos a carga no sistema e fatalmente o tempo de resposta da tarefa sendo medida irá variar substancialmente. Felizmente, a maioria dos sistemas de tempo real executam um conjunto fixo e conhecido de tarefas em um computador dedicado, o que torna o cenário mais estável e diminui a influência de outros programas sobre os tempos de resposta medidos. Mesmo assim, o comportamento das outras tarefas da aplicação e dos periféricos no que diz respeito à geração de interrupções também tem grande influência sobre os tempos de resposta das tarefas.

Existem muitos desafios no momento de criar um ambiente de testes apropriado para obter tempos de resposta elevados. É necessário criar um aparato de medição dos tempos de resposta, o que pode ser feito em software, em hardware, ou de forma híbrida. Deve-se minimizar a perturbação que o aparato de medição gera no sistema, ao mesmo tempo em que o mesmo coleta dados com uma precisão suficiente. A escolha de quais casos de teste executar nem sempre é óbvia, especialmente se o tempo de resposta depender não somente dos dados de entrada, mas também dos valores das variáveis de estado (permanentes) da aplicação. Cabe ao desenvolvedor criar cenários de stress para o sistema no momento de fazer as medições dos tempos de resposta.

16.3 Exercícios

1) O que significa o termo HWM (High Water Mark) ?

2) Qual a diferença entre HWM(100%) e HWM(99%) ?

3) Como é medido o parâmetro de descarte de uma tarefa ?

4) O que significa uma tarefa ser (5,10)-firme no esquema (m,k)-firme ?

5) Ilustre como as condições dos testes podem impactar os valores de tempo de resposta observados.

17. Diferentes Abordagens

Como são verificados os requisitos temporais ?

No capítulo 1 deste livro, onde Sistemas de Tempo Real foram caracterizados, foi possível perceber o quão amplo é o mercado dos sistemas de tempo real. As aplicações com requisitos temporais variam enormemente e diferentes abordagens são necessárias para lidar com os sistemas de tempo real. Este capítulo descreve em linhas gerais as principais abordagens encontradas para a verificação de requisitos temporais. Classificações semelhantes podem ser encontradas em muitos livros, tais como [LIU2000], [BUR2009] e [BUT2011]. Infelizmente, não existe uma classificação única aceita por todos os profissionais da área. Além disto, existem diferenças entre a classificação aceita usualmente no meio acadêmico e a prática da engenharia de sistemas de tempo real.

17.1 Diferentes Abordagens são Necessárias

As aplicações com requisitos temporais encontradas na prática variam enormemente, indo do sistema de emergência em uma usina petroquímica até o controle de temperatura do freezer, passando pelo console de videogame. Entre as principais aspectos que variam podemos citar a criticalidade do sistema, o tipo de sistema operacional usado e as características do código fonte.

O aspecto mais relevante de um sistema de tempo real é o nível de **criticalidade** (***criticality***) de seus requisitos temporais. A criticalidade diz respeito às consequências do não cumprimento de algum requisito. Em alguns sistemas a perda de um deadline pode representar uma catástrofe em termos de vidas humanas ou destruição de patrimônio. Alguns sistemas com elevada criticalidade, tais como alguns sistemas aviônicos, exigem certificação de entidades independentes, que atestam a corretude do sistema computacional. Também existem sistemas críticos onde testes são suficientes para atestar a corretude do sistema, por exemplo um relé de proteção para sistema elétrico. Finalmente, temos sistemas onde perder um deadline causa apenas um pequeno inconveniente e é perfeitamente tolerável. Por exemplo, perdas eventuais de deadlines em um videogame.

Outro aspecto crucial que afeta o comportamento de um sistema de tempo real é o tipo de **sistema operacional** (***operating system***) usado. Muitas aplicações de pequeno porte sequer usam sistemas operacionais. São aquelas baseadas em um hardware simples e construídas como um laço principal acompanhado de alguns tratadores de interrupções. Quando a aplicação cresce em complexidade passa a requerer um hardware de médio porte e, por exemplo, um microkernel capaz de fornecer alguns serviços, tais como a existência de múltiplas tarefas e primitivas para sincronização entre elas (mutex, semáforo, etc). À medida que cresce a demanda por aplicações de tempo real cada vez mais complexas, cresce também a necessidade de empregar hardware complexo e executar sistemas operacionais completos, tais como o Linux, pois a aplicação passa a requerer uma grande gama de serviços do sistema operacional (gerência de memória, sistema de arquivos, acesso à Internet, interface gráfica de usuário, etc).

Aplicações de tempo real são programadas nas mais diversas linguagens. Desde assembly e C, passando por C++, e inclusive com Java e Python. Alguns sistemas são programas pequenos com estrutura simples, enquanto outros são compostos por vários programas, cada um com várias tarefas, executando possivelmente em vários computadores que se comunicam através de algum tipo de rede de computadores. Além disto, pode existir código legado de aplicações antigas e bibliotecas compradas das quais apenas o código binário é disponível.

Obviamente, diante deste quadro, diferentes abordagens são necessárias para lidar com os sistemas de tempo real. Na seção 17.2 será apresentada a classificação típica encontrada nos livros e artigos científicos da área de tempo real. Já na seção 17.3 esta classificação é revisitada, e organizada à luz das práticas encontradas por quem realmente desenvolve sistemas de tempo real na indústria em geral.

17.2 Classificação das Abordagens na Academia

A grande maioria dos textos científicos na área classifica os sistemas de tempo real em dois tipos: **críticos** (***hard real-time systems***) ou **não críticos** (***soft real-time systems***). Os sistemas críticos precisam ter seus requisitos temporais garantidos em tempo de projeto, enquanto os sistemas não críticos são tratados através de uma política de **melhor esforço** (***best effort***), porém sem garantia. A figura 17.1 ilustra esta divisão.

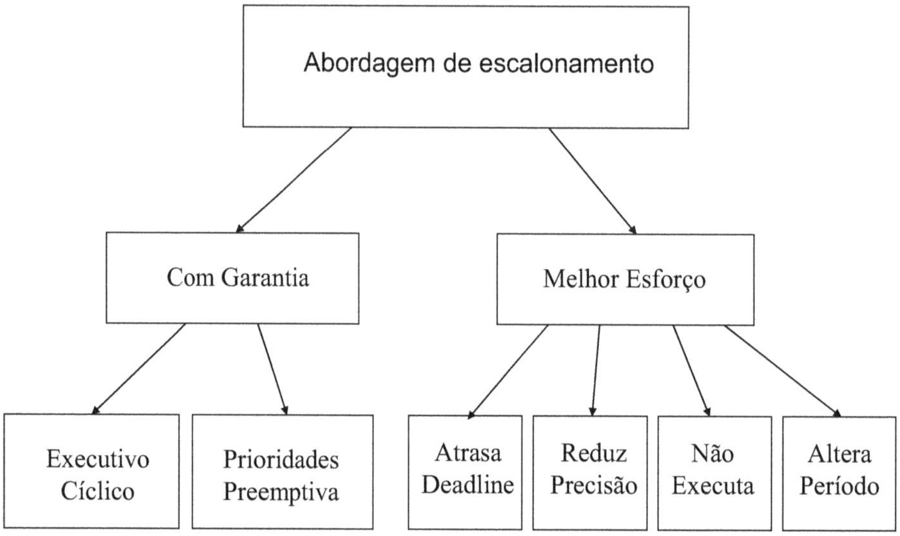

Figura 17.1 – Classificação das abordagens em trabalhos acadêmicos.

17.2.1 Sistemas com Garantia (*hard real-time systems*)

O objetivo das abordagens com garantia é oferecer previsibilidade determinista, ou seja, garantir ainda em tempo de desenvolvimento que todos os requisitos temporais da aplicação serão atendidos.

Para que seja possível dar esta garantia, algumas premissas são necessárias. A carga computacional gerada pela aplicação deve ser limitada e conhecida em tempo de projeto, pois é impossível garantir uma aplicação cujas tarefas são desconhecidas. Esta premissa é conhecida como **hipótese de carga** (***load hypothesis***). Da mesma forma, é impossível dar qualquer garantia se puderem acontecer faltas indiscriminadas no sistema, incluindo uma pane no processador. Desta forma, a garantia é dada a partir de uma **hipótese de faltas** (***fault hypothesis***), a qual delimita as faltas que poderão ocorrer sem que haja perda da garantia. Ou seja, que faltas serão toleradas a partir de uma perspectiva temporal. Tipicamente, **tolerância a faltas** (***fault tolerance***) é obtida a partir de algum tipo de redundância. Existe uma enorme quantidade de técnicas de tolerância a faltas, as quais estão fora do escopo deste livro.

Qualquer abordagem com garantia precisa responder a duas questões fundamentais. Uma delas é a definição da escala de execução. De alguma maneira, é necessário definir quem executa quando. Esta definição pode acontecer antes do início da execução do sistema, ou ser construída ao longo da execução do sistema, mas de uma forma ou de outra deverá acontecer. Por outro lado, a abordagem também deverá prover algum mecanismo de **análise da escalonabilidade** (***schedulability analysis***), o qual permite avaliar se está garantido que todos os deadlines serão cumpridos, dada uma hipótese de carga e uma hipótese de faltas. Como estas duas questões fundamentais são respondidas varia de proposta para proposta, como será visto mais adiante.

Qualquer abordagem que pretenda fornecer garantia para os deadlines precisa conhecer o comportamento do sistema no pior caso, tanto o software quanto o hardware. Isto porque os deadlines deverão ser cumpridos mesmo nos cenários mais desfavoráveis para a aplicação. Isto significa supor o pior caso, incluindo: o pior fluxo de controle para cada tarefa, o pior cenário de sincronização entre tarefas (exclusão mútua, etc), os piores dados de entrada, a pior combinação de eventos externos (interrupções, sensores, etc), o pior comportamento das caches internas e externas do hardware, o pior comportamento do processador (pipeline, barramentos, etc), ou seja, um cenário composto pela pior combinação possível de eventos. Como é possível que um pior caso local não gere um pior caso global, é necessário considerar todas as combinações possíveis dos elementos envolvidos, buscando o pior caso absoluto.

A análise é usualmente dividida em duas etapas. Considera-se o **tempo de execução de uma tarefa** o quanto tempo esta tarefa de software levaria para executar se estivesse sozinha no computador (única tarefa, nenhuma interrupção). Para garantia é necessário saber o WCET (*Worst-Case Execution Time*), ou um valor garantidamente maior do que ele.

Porém, como várias tarefas da aplicação dividem entre si os recursos do hardware, juntamente com o código do sistema operacional, é necessário considerar o **tempo de resposta da tarefa**, isto é, quanto tempo esta tarefa de software leva para executar, considerando ela própria e todas as demais atividades do sistema. Para garantia é necessário conhecer o WCRT (*Worst-Case Response Time*), ou um valor garantidamente maior que ele. No cenário de pior caso, teremos o **tempo de execução no pior caso (WCET – *worst-case execution time*)** para cada tarefa, assim como o **tempo de resposta no pior caso (WCRT – *worst-case response time*)**, este último combinando a execução das várias tarefas.

A vantagem óbvia das abordagens com garantia é dar ao desenvolvedor a certeza de que todos os deadlines da aplicação serão cumpridos. Isto é necessário para aplicações críticas. Além disto, a teoria desenvolvida nas abordagens com garantia serve também de base para as abordagens sem garantia, indicando boas práticas em geral.

Entretanto, para prover garantia é necessário conhecer exatamente a carga de tarefas da aplicação. Isto é razoável para **sistemas embutidos** ou **embarcados** (***embedded systems***) mas é mais difícil para sistemas maiores, com carga dinâmica. Também é necessário reservar recursos para o pior caso. O tempo de execução no pior caso de uma tarefa pode ser muito maior do que o seu tempo de execução no caso médio. Em outras palavras, existe uma probabilidade muito baixa (não nula) de observar-se na prática o comportamento de pior caso. Desta forma, o hardware será dimensionado para dar conta de um cenário de pior caso que poderá jamais ser observado na vida útil do sistema. Quase o tempo todo teremos o comportamento de caso médio, para o qual o hardware está superdimensionado. Logo, uma consequência inevitável das abordagens com garantia é a subutilização dos recursos de hardware, tornando o mesmo mais caso. É claro que, tratando-se de um sistema crítico, onde a perda de um deadline pode gerar uma catástrofe, os usuários estarão dispostos a pagar mais pelo hardware para garantir que nenhum deadline será perdido. Por fim, é muito difícil determinar o pior caso em soluções COTS (***commercial off-the-shelf***), o que dificulta a reutilização de código em aplicações com deadlines garantidos.

17.2.2 Sistemas sem Garantia (*soft real-time systems*)

Nas abordagens com melhor esforço não existe garantia de que os deadlines serão cumpridos. Apenas o "melhor esforço" será feito neste sentido. Sistemas deste tipo permitem uma análise probabilista baseada em simulação ou testes. Em algumas propostas também é possível fornecer **garantia dinâmica** (***dynamic guarantee***) para ativações individuais de tarefas, no momento da sua chegada. Quando a tarefa chega, as condições do sistema são analisadas, e é possível determinar se aquela ativação específica tem ou não tem o seu deadline garantido. Entretanto, esta informação somente é obtida na chegada da tarefa, e sempre será possível que o seu deadline não esteja garantido. Neste caso algum tipo de tratamento de exceção é necessário.

É preciso ter em mente que, nas abordagens com melhor esforço, sempre existe a possibilidade de **sobrecarga** (***overload***) do sistema. O sistema encontra-se em sobrecarga quando não é possível cumprir todos os deadlines de todas as tarefas, como desejado. Não se trata de uma falha do projeto. É apenas uma situação natural que acontece uma vez que não existe garantia antecipada para os deadlines. Cabe sim ao projetista do sistema determinar o que vai acontecer quando houver sobrecarga. A probabilidade de sobrecarga vai ser maior ou menor conforme o dimensionamento do hardware.

A grande vantagem desta abordagem é a ausência da necessidade de conhecer o pior caso das tarefas. Na verdade não é necessário sequer conhecer a carga exatamente, dado que não existe análise de escalonabilidade em tempo de projeto. Sistemas muito mais dinâmicos podem ser criados, onde tarefas são criadas e destruídas, e tarefas mudam seu comportamento temporal ao longo da vida útil do sistema. Como o hardware não precisa ser dimensionado para o pior caso, sistemas mais baratos são construídos, dimensionados para o caso médio. O preço a ser pago por todas essas vantagens é a possibilidade de, a princípio, qualquer deadline poder ser perdido. Uma questão fundamental que se coloca é como tratar a sobrecarga quando a mesma acontece.

17.2.2.1 Atrasa Deadline

Quando em sobrecarga, o sistema pode **atrasar a conclusão** de algumas tarefas, relaxando o conceito de deadline. Um dos primeiros trabalhos seguindo esta abordagem aparece em [JEN1985], onde é proposto que a conclusão de cada tarefa contribui para o sistema com um certo benefício e o valor deste benefício pode ser expresso em função do instante de conclusão da tarefa através de uma **função valor-tempo** (***time-value function***). Pode-se entender que o conceito tradicional de deadline é uma simplificação desta visão mais ampla. A escolha de quais tarefas atrasar pode ser feita então com base nas funções valor-tempo e o objetivo é maximizar o valor total do sistema, entendido como o somatório do valor das tarefas executadas. Além do valor em função do instante de conclusão, tarefas podem possuir importância (peso) diferentes.

De certa forma, quando o projetista de uma aplicação de tempo real ignora completamente o problema do escalonamento, ele está implicitamente optando por uma abordagem com melhor esforço onde, em caso de sobrecarga, tarefas serão atrasadas, porém de maneira aleatória. A vantagem desta adaptação é que os projetistas e programadores não precisam incluir código adicional para implementar o mecanismo. A desvantagem está no fato desta adaptação ser mais teórica do que prática, pois ela reside simplesmente na aceitação dos atrasos. Um passo a mais seria controlar quais tarefas atrasam. Existem situações onde a melhor adaptação é, realmente, atrasar a conclusão de algumas tarefas. O controle dos atrasos, a partir de informações como deadlines e as respectivas importâncias das tarefas, permite uma degradação mais suave do que quando deadlines são perdidos de forma aleatória.

17.2.2.2 Reduz Precisão

Outra forma de tratar a sobrecarga é **reduzir a precisão** de algumas tarefas. A filosofia passa a ser “fazer o trabalho que é possível dentro do tempo disponível”. Os deadlines são respeitados, mas as tarefas reduzem o tempo de execução para terminar dentro do deadline. Em programação existem várias situações onde isto é possível: Ignorar os bits menos significativos de cada pixel em uma dada imagem, trabalhar com amostras de áudio menos precisas, alterar a resolução e/ou o tamanho da imagem na tela, simplificar animações, usar algoritmos de controle mais simples, etc. Algoritmos iterativos são especialmente apropriados para esta abordagem. Por exemplo, muitos algoritmos em cálculo numérico partem de uma solução com erro grosseiro e sucessivamente refinam este resultado, reduzindo o erro aos níveis desejados. Este é um tipo de algoritmo que pode ser executado até o instante do deadline, fornecendo o resultado que é possível sem perder o deadline. No contexto da inteligência artificial existe toda uma classe de algoritmos chamados "a qualquer tempo" (*anytime algorithms*) [GAR1994]. São algoritmos que podem ser interrompidos a qualquer tempo e eles fornecem o melhor resultado obtido até então.

17.2.2.3 Não Executa

Uma forma mais radical de flexibilização é simplesmente **não executar** algumas tarefas quando o desempenho estiver abaixo do desejado. A sobrecarga é eliminada e as tarefas executadas cumprem os seus respectivos deadlines. Esta é uma abordagem principalmente atraente para tarefas com deadline firme. Este mecanismo pode ser considerado um caso extremo dos anteriores, quando o deadline é relaxado a tal ponto que a tarefa somente será concluída em um tempo infinito, quando a qualidade é sacrificada a ponto do tempo de execução da tarefa chegar a zero. No caso de aplicações com tarefas recorrentes, é possível **descartar uma ativação** específica da tarefa ou **descartar a tarefa** completamente. Embora o cancelamento de ativações isoladas seja menos perceptível, existem situações onde uma tarefa recorrente pode ser completamente cancelada. Por exemplo, em animações compostas por diversos elementos independentes, alguns elementos podem ser excluídos da animação. O objetivo desta abordagem é maximizar o número de tarefas executadas. Tarefas podem ter importância (peso) diferentes, o que é considerado no momento descarte. Por exemplo, pode-se buscar maximizar o somatório dos pesos das tarefas executadas.

Em certos fluxos contínuos de dados implementados por tarefa periódica, algumas instâncias da tarefa podem ser descartadas sem prejuízo para a aplicação. Neste sentido, em [KOR1995] é proposto um modelo composto por tarefas periódicas onde ativações podem ser ocasionalmente descartadas (*skipped*), desde que a distância temporal entre dois descartes seja, no mínimo, igual a um **parâmetro de descarte** (*skip parameter*) definido para cada tarefa. A aplicação somente apresenta uma redução sensível de qualidade quando o parâmetro não é respeitado para alguma tarefa. Os autores sugerem o emprego deste modelo para tarefas que manipulam sinais de radar ou realizam apresentação de vídeo. Tarefas responsáveis por malhas de controle realimentado também se encaixam bem nesta abordagem.

Uma variação deste modelo, mais apropriada para fluxos contínuos de dados (*streams*), é descrita em [HAM1995] com o nome de **deadline (m,k)-firme**. Neste modelo, cada fluxo de dados é implementado através de uma tarefa recorrente de tal forma que devem ser concluídas dentro do deadline pelo menos "m" ativações em qualquer conjunto de "k" ativações consecutivas. Caso este modelo seja empregado, a taxa de deadlines perdidos deve ser adaptada para considerar os valores de "m" e "k" associados com cada fluxo de dados.

17.2.2.4 Aumenta Período

Em uma aplicação tempo real muitas tarefas são executadas periodicamente. Por exemplo, a exibição dos quadros em uma animação, o processamento de informações de áudio e vídeo, o ciclo de execução de uma máquina de simulação suportando um videogame. Em geral estas tarefas possuem o seu período definido em tempo de projeto. Uma forma de prover adaptabilidade à aplicação é **alterar o período**, ou seja, permitir que este período possa variar dinamicamente, durante a execução da aplicação. Em sobrecarga, aumenta-se o período de algumas tarefas para eliminar a sobrecarga através da redução da utilização do processador que cada tarefa representa.

Desta forma, a qualidade da aplicação, representada aqui pelo período das tarefas, seria adaptada ao desempenho do suporte onde a aplicação estiver executando. Por exemplo, a taxa de exibição dos quadros em um vídeo (*frame rate*) pode ser alterada conforme o desempenho do suporte onde a aplicação executa. Uma transmissão de áudio em tempo real é capaz de apresentar melhor qualidade quando pedaços menores são transmitidos com maior frequência. A frequência de atualização da tela do operador de um sistema pode ser alterada. A técnica de alterar os períodos das tarefas é por vezes chamada de **modulação de taxa** (*rate modulation*).

Existem trabalhos na literatura que analisam a situação onde os períodos das tarefas podem ser alterados em tempo de execução (*on-line*). Em [KUO1997] é definido o conceito de processo periódico ajustável (*adjustable periodic process*), o qual é caracterizado por um conjunto de pares (tempo de computação, período). Cada um destes pares corresponde a uma opção para o comportamento do processo em questão. A adaptação ocorre através da seleção de um dos pares oferecidos para cada um dos processos, de maneira a tornar o sistema escalonável. Esta seleção é feita em tempo de execução e pode ser revista quando necessário.

17.3 Classificação das Abordagens na Prática

A literatura acadêmica inclui vasto material sobre como lidar com sistemas de tempo real com garantia (*hard real-time*). Em geral, busca-se mostrar formalmente (matematicamente) que todos os requisitos temporais são cumpridos, mesmo na ocorrência do pior cenário possível.

Na prática das empresas e indústrias que desenvolvem sistemas de tempo real, a coisa é um pouco mais complicada. Não se trata apenas de garantir todos os deadlines, períodos, etc. Também entram em questão aspectos econômicos, como o custo do desenvolvimento e a real necessidade de garantir todos os deadlines em todos os cenários. Além disto, muitos métodos descritos na literatura acadêmica são inviáveis na prática, por serem restritos a tipos especiais de hardware ou limitarem o design do software. Os problemas associados com a estimação do WCET foram apresentados no capítulo 5 e no capítulo 6, enquanto a questão da estimação do WCRT foi discutida no capítulo 15 e no capítulo 16.

É necessário ter em mente que, no projeto de uma aplicação computacional, mesmo daquelas com requisitos de tempo real, deve-se considerar os aspectos do desenvolvimento como um todo e não só aqueles relacionados com o tempo real. Por exemplo, é comum a existência de requisitos de usabilidade, limitações de hardware, tolerância a faltas, etc.

Uma classificação das abordagens usadas na construção de sistemas de tempo real que incorpore as práticas da indústria será um pouco diferente da classificação acadêmica. Ao observar a prática dos desenvolvedores, podemos classificar os sistemas de tempo real em 3 tipos:

- Os sistemas de tempo real com **Garantia Provada**, que equivalem aos sistemas críticos (*hard real-time systems*) da academia;

- Os sistemas de tempo real com **Garantia Testada**, que surgem do fato de existirem muitos sistemas críticos ou críticos à missão na indústria, que jamais podem perder um deadline, mas que são verificados através de teste e não de formalismos matemáticos;

- Os sistemas de tempo real **Sem Garantia**, que equivalem aos sistemas não críticos (*soft real-time systems*) da academia.

A figura 17.2 ilustra esta classificação. Existem ainda, é claro, aqueles sistemas sem requisitos temporais não triviais, ou seja, sistemas que não são de tempo real. Na verdade, a grande maioria dos sistemas computacionais existentes não é de tempo real. Por exemplo, uma folha de pagamentos ou um compilador C. Neste caso, quanto mais rápido executar melhor, mas isto é desempenho e não tempo real.

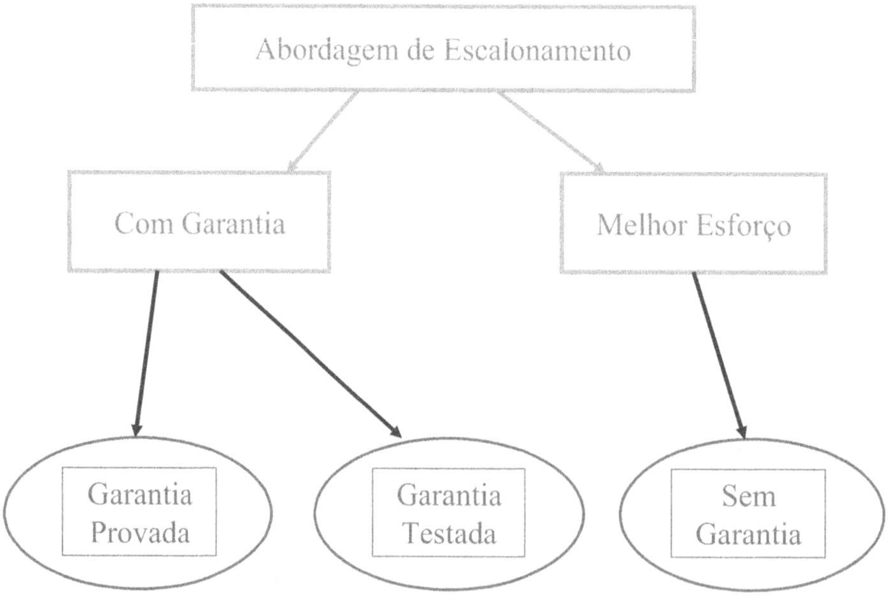

Figura 17.2 – Classificação das abordagens na prática da engenharia.

17.3.1 Classificação na Prática: Garantia Provada

A abordagem *hard real-time* clássica do mundo acadêmico inclui o que está sendo chamado aqui de abordagem com **Garantia Provada** no mundo industrial. Trata-se de **aplicações críticas** (***safety-critical applications***) as quais não toleram nenhuma perda de deadline. A perda de um deadline representaria uma falha grave do sistema, requerendo algum tratamento de exceção forte. Este tipo de sistema usa mecanismos como tolerância a faltas via replicação ativa (múltiplos computadores fazendo a mesma coisa para o caso de um deles falhar) ou tolerância a faltas passiva via propriedade construtiva (elementos eletromecânicos entram em ação no caso de uma falha do computador). A perda de um deadline pode demandar o desligamento do equipamento em questão, ou sua entrada em um modo operacional de emergência.

Este tipo de abordagem é usado na prática somente para tarefas críticas em satélites, aviões e mais recentemente em carros autônomos. Os sistemas críticos aviônicos são os grandes motivadores da área, embora ela comece a tornar-se importante para carros autônomos. A abordagem é principalmente usada quando o produto precisa de uma certificação de agência fiscalizadora, a qual demanda provas de que o equipamento em questão possui **segurança operacional** (***safety***).

Para uma garantia provada é necessário uma prova matemática de que jamais um requisito temporal é perdido. Para isto são empregadas as análises de escalonabilidade que foram descritas no capítulo 15 sobre determinação do WCRT. São necessárias também ferramentas para determinar o WCET. Como foi visto no capítulo 4, no capítulo 5 e no capítulo 6 deste livro, tais ferramentas requerem arquiteturas de computador cujos tempos de execução sejam bem determinados e passíveis de análise. Este requisito limita a aplicação desta abordagem a microcontroladores de pequeno ou médio porte. Analisar os tempos de execução e de resposta das tarefas no caso de processador com vários núcleos (*multicore*) é impossível na prática, a não ser como um conjunto de processadores simples que estão por acaso no mesmo chip. Mesmo assim, uma cache comum ou um barramento comum entre processadores complica enormemente a análise.

Também o software precisa ser simples, tendo como sistema operacional um pequeno microkernel ou fazendo tudo no código da aplicação, sem sistema operacional.

Todas estas limitações aumentam o custo do desenvolvimento, em termos de ferramentas, design e verificação. No caso de uma certificação, como aquelas feitas para sistemas aviônicos críticos, o custo pode chegar a 30 vezes o que seria o custo de desenvolvimento normal (não tempo real) de um software semelhante. Tais custos são justificáveis apenas para *safety-critical systems* com processo de certificação ou quando uma falha pode resultar em um desastre (por exemplo, os freios de um carro autônomo).

17.3.2 Classificação na Prática: Garantia Testada

Na prática dos desenvolvedores, a verificação dos requisitos temporais ocorre muito mais frequentemente através de teste do que via modelos matemáticos. Chamaremos estes sistemas de sistemas de tempo real com **Garantia Testada**. São sistemas onde não é tolerada nenhuma perda de deadline. A perda de um deadline representa uma falha do sistema, o que requer algum tratamento de exceção forte tal como reiniciar ou desligar o equipamento. Também aqui são usados mecanismos de tolerância a faltas passivos, via alguma propriedade construtiva de tal sorte que algum elemento elétrico ou mecânico entre em ação em casos de emergência. Por exemplo, uma válvula mecânica que abre para deixar a pressão sair antes que o duto exploda (de forma similar a uma válvula de panela de pressão).

Entre as aplicações com garantia testada podemos encontrar equipamentos dos sistemas de geração e transmissão de energia elétrica, tais como relés de proteção, reguladores de tensão e de frequência, inversores elétricos usados para controlar motores elétricos. Nesta categoria também estão muitos sistemas automotivos e equipamentos médicos, como aqueles encontrados em UTI (Unidade de Tratamento Intensivo).

Para ser possível verificar por teste que jamais um deadline é perdido necessita-se de um computador com arquitetura simples, com baixa variabilidade dos tempos de execução. Também é necessário um código simples, com poucas variações em seus fluxos de execução. Não são utilizados algoritmos recursivos, por exemplo.

Nesta abordagem, em geral não existe a necessidade de certificação do correto funcionamento do equipamento por empresas independentes. A ênfase está em testes de stress, os quais testam o sistema em condições nas quais os deadlines teriam mais chance de serem perdidos. Sistemas operacionais simples são usados, se tanto. E grandes folgas nos tempos de execução são previstas para as tarefas críticas, de forma a criar uma margem de segurança. Por vezes as formulações matemáticas dos sistemas com garantia provada são usadas, com valores aproximados provenientes de medições, como ferramenta auxiliar para gerar confiança no desenvolvedor de que todos os deadlines serão sempre atendidos.

A engenharia deste tipo de sistema precisa buscar um equilíbrio entre **segurança operacional** (***safety***) e custo de desenvolvimento. Quanto mais crítica for a tarefa em questão, mas simples deverão ser o código e o processador, para que as variações nos tempos de execução sejam menores e mais facilmente os testes possam assegurar que nenhum deadline é jamais perdido. Neste caso também maiores serão as folgas entre os tempos de resposta observados e os deadlines exigidos e mais rigorosos precisarão ser os testes.

Em geral tarefas críticas recebem prioridades mais altas, e o tempo que sobra é dividido entre as demais tarefas. A folga das tarefas críticas corresponde a todo o resto do tempo do processador que as demais tarefas deverão dividir. É melhor a tela travar um pouco do que o motor explodir.

17.3.3 Classificação na Prática: Sem Garantia

A maioria dos sistemas de tempo real na prática são o que a classificação acadêmica chama de *soft real-time system*. São sistemas para os quais não é necessário dar qualquer garantia de que os requisitos temporais serão sempre cumpridos. A perda de um deadline não representa a falha do sistema e, portanto, não requer um tratamento de exceção imediato. A perda de deadlines é perfeitamente tolerada desde que sejam suficientemente raras.

Mas, o que é suficientemente raro ? Depende do tipo, da especificação do sistema. Podemos descrever este requisito temporal de diversas formas. Por exemplo:
- Tarefa não deve perder 5 deadlines seguidos;
- Tarefa não deve perder mais do que 5% dos deadlines;
- Tarefa não deve perder mais que 5 deadlines em cada 100 execuções consecutivas;
- Tarefa não deve perder mais que 5 deadlines em 60 segundos;
- Etc, a lista de possibilidades é grande.

A forma básica para verificar se o sistema atende um requisito temporal deste tipo é executar a tarefa um grande número de vezes, por exemplo 10000 vezes, medir seu tempo de resposta em cada execução, e plotar um histograma com as frequências de ocorrência dos seus tempos de resposta. A observação da cauda direita do histograma, onde estão os tempos de resposta maiores, vai indicar se o comportamento do sistema é satisfatório ou não. Usualmente as medições ocorrem em condições normais de operação, e não em condições de stress, como no caso dos sistemas com garantia testada. Esta questão é discutida no capítulo 16 sobre estimação do WCRT usando medições.

Como dito antes, em termos econômicos ou números de aplicações, esta classe é disparada aquela com o maior número de sistemas. Por exemplo, no controle realimentado em aplicações industriais não críticas, a inércia da planta mascara a perda de um deadline, desde que os deadlines não sejam perdidos sempre (existem limites). Imagine um grande forno industrial com enorme inércia térmica. Atrasar um único ciclo do controlador que executa, digamos, a cada 100 milissegundos, não faz nenhuma diferença. Muitos exemplos assim existem tanto no mundo industrial como no mundo doméstico. Isto vale para todos os equipamentos domésticos de linha branca (geladeira, lavadora de roupa, etc). Também vale para controladores semafóricos e também para a maioria das operações de uma central telefônica.

O grande benefício desta abordagem está em poder usar qualquer arquitetura de computador, a qual será definida pela funcionalidade da aplicação e não pela necessidade de provar que todos os deadlines são sempre cumpridos (o que de fato ocorre em sistemas aviônicos, por exemplo). São usados desde pequenos microcontroladores até os mais poderosos processadores *multicore*. Da mesma forma, podem ser usados pequenos sistemas operacionais (microkernels) mas também é muito usado Linux, em suas versões normal ou para tempo real. Tudo vai depender das funcionalidades da aplicação (demanda de processamento, necessidade de interface gráfica de usuário, necessidade de sistemas de arquivos, etc).

Tipicamente, o desenvolvimento do sistema segue as etapas normais de desenvolvimento de software, ficando a questão da verificação dos requisitos temporais como algo para ser feito durante os testes do sistema completo, quando os tempos de resposta podem ser medidos. Caso, neste momento, a taxa de perda de deadline seja muito grande, algo precisará ser mudado, como alguma solução de design, a reprogramação de algumas rotinas ou, em casos extremos, a troca do processador por um de maior desempenho. Entretanto, um pouco de cuidado nas etapas iniciais do desenvolvimento (como um estudo de viabilidade técnica) é perfeitamente capaz de impedir o surgimento de grandes problemas quando o sistema estiver finalmente concluído.

17.4 Abordagem Definida pela Criticalidade

Tanto no mundo acadêmico, como no mundo industrial, é a **criticalidade** do requisito temporal que define a abordagem a ser empregada. Não importa o que a tarefa de software faz, mas sim quais são as consequências dela perder o deadline ou não ser executada quando deveria ser.

Pegue, por exemplo, uma tarefa que faz o controle realimentado de alguma grandeza física ou de algo eletromecânico. Esta tarefa periodicamente deve ler um sensor (velocidade, temperatura, vazão, etc), calcular uma ação de controle (aumentar, diminuir, deixar como está) e então comandar um atuador (injeção de combustível, aquecedor elétrico, válvula de gás, etc). Este tipo de tarefa pode aparecer em qualquer um dos tipos de abordagens. O que define a abordagem é a criticalidade das consequências de não cumprir os prazos, e não o fato de tratar-se de controle realimentado.

Suponha que o controle realimentado em questão seja o controle automático de altitude de um avião civil. Neste caso, trata-se de um sistema de tempo real com garantia provada, pois não pode-se perder deadline nunca, e o sistema precisa ser provado seguro para a entidade que certifica o correto funcionamento da aeronave.

Por outro lado, se o controle realimentado em questão for o controle de frequência (60 Hz) de uma turbina hidroelétrica, será tratado como um sistema de tempo real com garantia testada. Embora não seja aceitável perder um único deadline, apenas testes de stress são usados, e nenhum estudo matemático analítico é feito a partir de modelos do sistema que levem ao WCET e ao WCRT.

Considere agora que a tarefa seja responsável pelo controle realimentado da temperatura da água de uma caldeira de hotel. Neste caso, perder alguns deadlines de vez em quando não é um problema, desde que não seja em demasia. O sistema será tratado como de tempo real sem garantia. É necessário estipular a taxa máxima de perdas de deadline e medir os tempos de resposta durantes testes com a caldeira em modo normal de operação. Os testes serão usados para mostrar que o comportamento da tarefa no tempo é bom o suficiente.

Em resumo, qualquer tarefa pode exigir um tratamento de sistema de tempo real com garantia provada, com garantia testada ou sem garantia, dependendo da criticalidade das consequências do não cumprimento de seus requisitos temporais. A tarefa pode ser mais simples ou mais complexa, mais lenta ou mais rápida, programada em qualquer linguagem de programação, executada em qualquer sistema operacional, o que define a abordagem a ser usada é a sua criticalidade.

17.5 Comentários sobre as Abordagens

Existe uma vasta teoria de escalonamento tempo real para sistemas críticos (*hard real-time*) a qual inclui muitos milhares de artigos científicos. Quase toda a teoria (matemática) de escalonamento tempo real visa este tipo de sistema, onde a garantia para os deadlines é provada matematicamente.

Porém, a demanda de prova formal limita o espaço de projeto do software. Apenas técnicas com pior caso razoável podem ser usadas. Por exemplo, a pesquisa em uma tabela por dispersão (tabela *hash*) é um problema pois as colisões no pior caso podem transformá-la em uma pesquisa sequencial. A demanda de prova matemática também limita o espaço de projeto do hardware. Ferramentas para a análise de pior caso suportam poucos processadores, pois caches, barramentos e pipelines são problemas para a análise. A necessidade de uma garantia provada aumenta custos de desenvolvimento, gera superdimensionamento do hardware, necessidade de ferramentas mais caras, e desenvolvimento muito mais complexo.

Os custos e as limitações da garantia provada a tornam aceitável somente em **sistemas críticos** (***safety-critical***), principalmente para aqueles onde isto é requerido por entidades certificadoras. Trata-se de um mercado restrito, basicamente aviões, satélites e carros autônomos, sendo que apenas este último mercado poderá no futuro representar grandes volumes de vendas. A forma como os processadores são construídos é o grande impedimento para o emprego desta abordagem, como foi visto no capítulo 4 sobre a variabilidade dos tempos de execução.

Por outro lado, a grande maioria das aplicações de tempo real não requerem uma garantia provada para os seus requisitos temporais. Neste caso, métodos tradicionais de engenharia de software podem ser empregados, desde acompanhados com testes de stress para sistemas com garantia testada ou acompanhados com testes normais para os sistemas sem garantia.

Tais sistemas são projetados levando em consideração os aspectos temporais. Impedimentos ao atendimento dos deadlines devem ser removidos do projeto. Por exemplo, grandes contenções causadas por mecanismos de sincronização (ver capítulo 11 e capítulo 12, ambos sobre sincronização entre tarefas) e algoritmos de escalonamento não apropriados (ver capítulo 10 sobre escalonamento com prioridades preemptivas) devem ser evitados.

Os sistemas de tempo real com garantia testada demandam cuidados especiais. O design do software e do hardware precisa levar em consideração a necessidade de determinismo, ou seja, a necessidade de baixa variabilidade nos tempos de computação e de resposta. Testes de stress são absolutamente necessários para a confiabilidade do produto. Em alguns casos, resultados teóricos (matemáticos) válidos para sistemas críticos podem ser usados como heurísticas no projeto de sistemas com garantia testada, com o propósito de aumentar a confiança de que todos os requisitos temporais são cumpridos. De qualquer forma, não existe garantia formal para os deadlines. Mecanismos para o tratamento de exceções temporais devem ser embutidos na aplicação, tais como desligar, reiniciar ou levar o sistema para um estado operacional seguro.

17.6 Exercícios

1) O que significa ter uma hipótese de carga em sistemas de tempo real críticos?

2) O que significa ter uma hipótese de faltas em sistemas de tempo real críticos ?

3) Descreva as diferenças entre "hard real-time" e "soft real-time", na visão da literatura acadêmica.

4) Imagine aplicações onde faria sentido cada uma das técnicas citadas para tratar de sobrecarga em sistemas sem garantia: atrasa deadline, reduz precisão, não executa, reduz período.

5) Cite uma vantagem e uma desvantagem da Garantia Testada sobre a Garantia Provada.

6) Imagine aplicações onde faria sentido cada uma das abordagens práticas adotadas pela indústria: garantia provada, garantia testada e sem garantia.

7) Qual tipo de abordagem você usaria em uma aplicação como:

a) Controle de temperatura da caldeira de um hotel;

b) Controle da tensão elétrica gerada por uma turbina em usina hidroelétrica;

c) Detecção de possível colisão em um avião civil.

18. Sistemas Operacionais de Tempo Real

O que é um sistema operacional de tempo real ?

Como visto no capítulo 7 e no capítulo 8, os quais trataram da implementação de tarefas de tempo real, a maioria das aplicações são construídas a partir dos serviços oferecidos por um microkernel ou kernel de sistema operacional. Em função disto, o atendimento dos requisitos temporais da aplicação depende não somente do código da aplicação, mas também do comportamento do sistema operacional usado.

Muitas vezes os requisitos temporais da aplicação são tão rigorosos ou a plataforma de hardware é tão limitada que o sistema operacional é substituído por um executivo cíclico, ou um laço principal auxiliado por tratadores de interrupção. No entanto, a maioria das aplicações de tempo real utilizam algum tipo de sistema operacional, podendo ser um microkernel simples, um kernel completo, ou algo entre estes extremos.

Este capítulo apresenta o conceito de sistema operacional de tempo real, ou seja, sistemas operacionais cujo propósito é suportar aplicações de tempo real. Inicialmente são descritas algumas demandas específicas das aplicações de tempo real, as quais não são usualmente consideradas em sistemas operacionais de propósito geral. Mais adiante no capítulo são apresentadas duas soluções de código livre existentes, as quais empregam abordagens bem distintas para lidar com a questão.

É preciso ter em mente, ao longo deste capítulo, que idealmente o que o desenvolvedor de uma aplicação de tempo real quer é determinar o tempo de resposta no pior caso das tarefas de tempo real, como discutido no capítulo 15 e no capítulo 16. Porém, como ficará claro, esta não é uma missão fácil quando um sistema operacional está envolvido. O capítulo termina com uma seção onde são feitas considerações gerais sobre esta questão.

18.1 Introdução

Qualquer programa de computador, seja de tempo real ou não, será mais facilmente construído se puder aproveitar os serviços de um sistema operacional. O sistema operacional permite que o programador da aplicação utilize abstrações de mais alto nível, tais como processos, threads, arquivos, segmentos de memória, sockets de comunicação, por exemplo, sem precisar lidar com a gerência dos recursos básicos do hardware.

O problema é que **Sistemas Operacionais de Propósito Geral** (**SOPG**, ***General-Purpose Operating System***) são construídos com o objetivo de apresentar um bom desempenho médio enquanto distribuem os recursos do sistema de forma mais ou menos igualitária entre os processos, threads e usuários. Mecanismos internos do kernel, tais como caches de disco, memória virtual, fatias de tempo do processador, entre outros, melhoram em muito o desempenho médio do sistema, mas geram grande variabilidade nos tempos de resposta das tarefas, tornam mais difícil mostrar que os requisitos temporais serão sempre cumpridos.

Aplicações com requisitos de tempo real estão menos interessadas em uma distribuição justa dos recursos e mais interessadas em atender requisitos temporais tais como períodos de ativação e deadlines. O capítulo 14 mostrou que um sistema operacional moderno aumenta a variabilidade dos tempos de resposta das tarefas e a determinação do seu pior caso, discutida no capítulo 15 e no capítulo 16 é complexa.

Sistemas Operacionais de Tempo Real (**SOTR**, ***Real-Time Operating System***) são sistemas operacionais onde especial atenção é dedicada ao comportamento temporal das tarefas. Além do aspecto temporal, também alguns serviços específicos são normalmente exigidos de um SOTR. Trata-se de funcionalidade importante para aplicações de tempo real porém nem sempre necessária para as aplicações de propósito geral.

Existe uma dificuldade básica em definir o que é um sistema operacional de tempo real ou SOTR. O termo SOTR é usado largamente em páginas da Web, livros, artigos, produtos, etc. Entretanto, não existe consenso sobre o que isto significa exatamente. A definição mais comum é a de "um sistema operacional apropriado para aplicações de tempo real". Mas, o que isto significa ? Na verdade, significam coisas muito diferentes para diferentes pessoas.

O objetivo deste capítulo é tentar definir, de forma mais precisa, o que significa um sistema operacional ser de tempo real. É buscada uma definição que seja ao mesmo tempo consistente e que concorde com o entendimento mais geral do termo. Mas o leitor deve estar ciente de que é impossível concordar com todas as definições existentes, até porque muitas delas são contraditórias entre si.

Em busca de uma definição para SOTR, inicialmente são considerados os aspectos funcionais, isto é, os serviços a serem fornecidos. Em seguida, são discutidos os aspectos temporais, claramente os mais importantes na hora de diferenciar entre SOTR e SOPG. Finalmente, são apresentados exemplos de SOTR e listadas as principais diferenças construtivas entre eles.

18.2 Aspectos Funcionais dos SOTR

Se um dado serviço existe no SOPG é por que ele é útil, é usado por alguma aplicação. Ou seja, serviços como a carga e execução de programas, sistema de arquivos, protocolos de comunicação, interface de usuário via linha de comando ou/e gráfica, gerência de memória sofisticada, proteção entre processos, contabilizações, etc. As vezes um serviço é descontinuado (*depricated*). Isto acontece quando o hardware que ele controlava tornou-se obsoleto, o serviço foi substituído por um serviço mais abrangente ou mais avançado, de alguma forma melhor. Mas é razoável supor que, a cada momento, o conjunto de serviços providos pelo SOPG é útil para algumas aplicações.

Como qualquer sistema operacional, um SOTR procura tornar a utilização do computador mais eficiente e mais conveniente. Facilidades providas por um sistema operacional de propósito geral são bem vindas em um SOTR. Com respeito à funcionalidade de um SOTR, é razoável supor que o mesmo deveria suprir os mesmos serviços que um SOPG. Em termos de serviços oferecidos, a princípio, mais é melhor. A aplicação de tempo real precisa dos mesmos serviços que as demais aplicações, ela apenas coloca requisitos adicionais, de natureza temporal. É claro que isto é dito ignorando-se quaisquer limitações de recursos. Em sistemas embutidos (*embedded systems*) com sérias limitações de memória, energia e outras, idealmente o SO deveria prover apenas os serviços realmente usados pela aplicação, no sentido de não gastar recursos do hardware para implementar serviços que jamais serão usados pela aplicação. Entretanto, a ênfase deste livro está nos aspectos de tempo real e não nos aspectos de redução de tamanho (*footprint*) dos sistemas operacionais.

Em SOPG um aspecto muito considerado é o sobrecusto (*overhead*), ou seja, a quantidade de recursos que o kernel consome ele próprio para prover os serviços que a aplicação necessita. Por exemplo, tempo de processador e espaço de memória consumidos nas atividades básicas do kernel são considerados sobrecusto (*overhead*). Para os SOPG, quanto menos sobrecusto melhor. Não é diferente no caso dos SOTR. Queremos uma boa implementação do kernel, não importa tratar-se de um SOPG ou um SOTR. Teremos que buscar a diferença entre eles em alguma outro aspecto.

Na verdade, existem alguns serviços adicionais e/ou melhorados que um SOTR deve prover. Embora serviços relacionados com o tempo existam em todos os sistemas operacionais, eles ganham uma importância muito maior nos SOTR. Os principais serviços deste tipo são:

- Serviço de relógio (*gettime*): Permite que o processo obtenha a hora e data correntes, preferencialmente conforme a UTC ou algo relacionado;

- Temporização de intervalo (*sleep*): Permite que o processo fique suspenso durante um determinado intervalo de tempo, especificado como parâmetro;

- Temporização de instante (*wake-up*): Permite que o processo fique suspenso até um determinado instante de tempo, especificado como parâmetro;

- Monitoração temporal das tarefas (*watch-dog*): Dispara a execução de uma rotina específica (tratador de exceção) caso o processo não sinalize que terminou determinado conjunto de tarefas até um instante de tempo especificado como parâmetro.

Especialmente importante é a disponibilização de uma temporização (*sleep*) onde o parâmetro não seja o intervalo de tempo de espera mas sim o momento futuro de voltar a executar. Isto é essencial para a programação de tarefas realmente periódicas. Suponha que uma tarefa periódica τk seja criada no instante x0 e deva ter o período Pk. Sua segunda chegada deverá ser em x0 +

Pk. Sua terceira chegada será em x0+2×Pk e assim por diante. É simples determinar o próximo instante no qual a tarefa deverá ser liberada para execução. Já o tempo de espera, que é o parâmetro em geral usado nas chamadas de funções do tipo "sleep()" em SOPG, é variável e depende dos tempos de espera e de execução da tarefa em questão.

Em todos os serviços relacionados com o tempo real, deseja-se uma excelente resolução e uma excelente precisão. A resolução está associada com a granularidade dos parâmetros usados. Por exemplo, caso a função "sleep()" receba como parâmetro o número de microssegundos pelo qual o processo deverá ficar suspenso, então a resolução deste serviço é de microssegundos. Quanto mais fina a granularidade, melhor.

O fato do parâmetro do "sleep()" usar como unidade de tempo o microssegundo não significa que a implementação do "sleep()" seja capaz de suspender o processo com a precisão de microssegundos. Por exemplo, suponha que processos sejam acordados apenas na ocorrência de interrupções do *timer*, o qual foi programado para gerar uma interrupção a cada 10 ms. Então, embora a resolução do "sleep()" seja de microssegundos, sua precisão será de 10 ms, ou seja, poderá ocorrer um erro de até 10 ms no tempo de suspensão do processo.

Para todos os serviços relacionados com o tempo, a resolução e a precisão realmente necessárias vão depender dos requisitos temporais da aplicação. Estes valores também variam muito de sistema para sistema, e dependem não somente da implementação do kernel, mas do que o hardware é capaz de suportar.

Em termos de funcionalidade adicional dos SOTR, outro aspecto importante são os algoritmos usados na implementação de mecanismos de sincronização, como por exemplo o mutex. Em SOPG tipicamente tarefas bloqueadas em um mutex são liberadas conforme a ordem de bloqueio, ou no máximo conforme a prioridade delas. No capítulo 12 sobre mecanismos de sincronização foram apresentadas soluções mais apropriadas para sistemas de tempo real, no sentido de reduzir as inversões de prioridades causadas pelos bloqueios. Espera-se que um SOTR ofereça opções em termos das políticas de funcionamento do mutex a nível de aplicação.

18.3 Aspectos Temporais dos SOTR

Uma vez que tanto a aplicação como o SO compartilham os mesmos recursos do hardware, o comportamento temporal do SO afeta o comportamento temporal da aplicação. Por exemplo, considere a rotina do sistema operacional que trata as interrupções do relógio de hardware (*timer*). O projetista da aplicação pode ignorar completamente a função desta rotina, mas não pode ignorar o seu efeito temporal, isto é, a interferência que ela causa na aplicação, e seu impacto nos tempos de resposta da mesma.

Solicitar um serviço ao SO através de chamada de sistema significa que o processador será ocupado pelo código do sistema operacional por algum tempo, para executar esta chamada. A capacidade da aplicação atender seus deadlines passa a depender da capacidade do SO em fornecer o serviço solicitado em um tempo que não inviabilize aqueles deadlines.

Diversas técnicas populares em SOPG são especialmente problemáticas para as aplicações de tempo real. O mecanismo de **memória virtual** (***virtual memory***) é capaz de gerar grandes atrasos, em função das **faltas de páginas** (***page fault***). Mecanismos tradicionais usados em sistemas de arquivos fazem com que o tempo para acessar um arquivo possa variar muito. Ordenar a fila do disco magnético para diminuir o tempo médio de acesso faz com que o tempo de acesso ao disco no pior caso seja maior.

Aplicações de tempo real procuram minimizar o efeito negativo destes mecanismos. Por exemplo, pode-se desativar o mecanismo sempre que possível. Ou ainda, usar o mecanismo apenas em tarefas sem requisitos temporais rigorosos, o acesso a disco somente pode ser feito por tarefas sem requisitos temporais.

Todos os sistemas operacionais desenvolvidos ou adaptados para tempo real mostram grande preocupação com a divisão do tempo do processador entre as tarefas. Entretanto, o processador é apenas um recurso do sistema. Memória, periféricos, controladores também deveriam ser escalonados visando atender os requisitos temporais da aplicação. Muitos sistemas ignoram isto e tratam os demais recursos da mesma maneira empregada por um sistema operacional de propósito geral.

Atualmente, as limitações dos SOTR são contornadas através de esforço adicional do desenvolvedor da aplicação de tempo real. Por exemplo, a ausência de garantia para o tempo de escrita ou leitura de arquivos pode ser compensada pela utilização de buffers maiores. Ou ainda, a total separação das tarefas com requisitos de tempo real para estas serem executadas sobre um microkernel com determinismo temporal porém poucos serviços, enquanto o resto da aplicação executa sobre um kernel com muitos serviços porém comportamento pouco previsível com relação aos tempos de resposta. Em um caso extremo, tarefas de tempo real são executadas apenas em tratadores de interrupções ou *device-drivers*, sem direito a chamadas de sistema, enquanto a parte não tempo real da aplicação executa na forma de threads ou processos.

Se o SOTR só fornece garantia temporal em parte dos seus serviços, o projetista da aplicação tem um trabalho a mais, isto é, minimizar e isolar as partes de tempo real para exigir o mínimo do SOTR. Por exemplo, suponha uma aplicação com diversos modos de operação, e em cada modo de operação um conjunto diferente de arquivos precisa ser acessado. Atualmente a maioria dos projetistas preferiria deixar todos os arquivos abertos o tempo todo, mesmo quanto não estivessem sendo usados, por não ter uma garantia para o tempo necessário para abrir e fechar arquivos. A falta de previsibilidade precisa ser considerada e contornada pelo desenvolvedor, aumentando o esforço de desenvolvimento, e possivelmente a própria necessidade de recursos do hardware para a execução da aplicação.

Demandas de mercado, além de hardware barato porém poderoso, implicam em aplicações cada vez mais complexas. Por sua vez, aplicações mais complexas demandam serviços mais complexos do SOTR. Como colocado na seção anterior, idealmente o conjunto de serviços oferecidos pelo SOTR deveria ser similar àquele oferecido pelo SOPG.

Para reduzir o esforço de desenvolvimento é necessário que o SOTR forneça todos os serviços típicos de um SOPG, ao mesmo tempo em que garante um comportamento temporal previsível para o sistema. Assim, o desenvolvedor pode preocupar-se com os aspectos funcionais da aplicação, além de estabelecer as suas demandas temporais (períodos, deadlines, etc). As próximas seções discutem várias abordagens possíveis para o problema da construção de um sistema operacional de tempo real.

18.3.1 Aspectos Temporais de um SOTR: O Ideal Impossível

Com respeito aos aspectos temporais, um SOTR deveria ser completamente transparente, invisível, imperceptível para a aplicação. Ou seja, o kernel não geraria nenhum tipo de interferência ou bloqueio sobre as tarefas da aplicação, não existiria nenhum tipo de atraso devido ao kernel. O chaveamento de contexto seria instantâneo, todas as chamadas de sistema demorariam exatamente o tempo do periférico, nenhum atraso adicional seria causado pelas rotinas do kernel. As interrupções ficariam habilitadas todo o tempo. Em resumo, o kernel desapareceria entre a aplicação e o hardware, não afetando de nenhuma forma o comportamento temporal da aplicação.

Obviamente, este SOTR idealizado é impossível de ser implementado, a não ser que os serviços oferecidos por ele sejam nulos. De certa forma, a implementação de microkernel vai nesta direção, reduz os serviços para reduzir a "**pegada temporal**" ("*time footprint*"). Entretanto, demandas de mercado e hardware barato porém poderoso implicam em aplicações cada vez mais complexas, as quais demandam mais serviços do RTOS.

18.3.2 Aspectos Temporais de um SOTR: O Ideal Possível porém Inexistente

Na mesma linha do ideal impossível, podemos definir como seria o RTOS ideal possível, ou seja, um que minimize seus efeitos sobre os tempos da aplicação, ao mesmo tempo em que deixa esses efeitos explícitos, de forma que o desenvolvedor possa antecipar se os requisitos temporais da aplicação serão ou não atendidos.

O RTOS afeta a aplicação temporalmente de várias formas. Existem interferências devidas a fluxos de execução do próprio kernel (thread de kernel, tratadores de interrupção), existem bloqueios devidos ao acesso a recursos dentro do kernel que requerem exclusão mútua (qualquer estrutura de dados dentro do kernel previamente alocada por tarefa de mais baixa prioridade), existem diversos *overheads* devido às atividades usuais do kernel (chaveamento de contexto, interrupções desabilitadas, algoritmo de escalonamento, etc). Além, é claro dos tempos para executar as chamadas de sistema feitas pela aplicação. E tudo isto considerando a existência de outras tarefas e/ou aplicações.

Para a classe das aplicações identificadas como sendo de tempo real crítico (*hard real-time*), é essencial demonstrar antes da execução que todos os deadlines serão cumpridos, mesmo em cenários de pior caso. Este tipo de garantia não pode ser obtida através de testes ou *benchmark*. É necessária a demonstração formal de que nenhum deadline será perdido, a partir de uma premissa de carga e de uma premissa de faltas toleradas.

Obter esta garantia de um kernel complexo é algo muito distante da prática usual na área de sistemas operacionais. Tal garantia demanda mudanças no design e na própria filosofia de construção dos kernel. Atualmente é possível fazer esta análise de pior caso somente em microkernel simples, os quais oferecem um conjunto bem limitado de serviços.

Como garantir os requisitos temporais (deadlines) no caso de um kernel complexo? A garantia temporal decorre da análise de escalonabilidade do sistema inteiro. Esta análise requer conhecimento dos comportamentos da aplicação, do kernel e da própria arquitetura do hardware. A análise de escalonabilidade do sistema inteiro transcende o RTOS, ela requer conhecimento que vai além do RTOS. Desta forma, o verdadeiro objetivo do RTOS quanto à garantia dos requisitos temporais é permitir a análise de escalonabilidade. Ou seja, o RTOS deveria ser determinista e conhecido o suficiente para ser analisado juntamente com as aplicações e a arquitetura do hardware.

A ideia de um teste de aceitação hoje é usada de maneira simples, com respeito à memória. As demandas de memória da aplicação são descritas no arquivo executável, pelo menos a memória a ser alocada estaticamente antes do início da execução do programa. O kernel sabe quanto de memória existe no hardware, sabe o quanto já foi alocado para programas que estão em execução, e baseado nisto decide se pode aceitar ou não a execução deste novo programa. Idealmente um SOTR poderia estender esta abordagem para os requisitos temporais da aplicação. Isto requer um arquivo executável que contenha um modelo dos fluxos de execução da aplicação, e os seus requisitos temporais.

Para que o kernel do RTOS possa ser analisável, é necessária a existência de um modelo que descreva o comportamento temporal das aplicações em função das ações do RTOS em uma dada arquitetura de hardware. Tal modelo incluiria dependências e incertezas. Caso tal modelo exista, o comportamento temporal do kernel pode ser antecipado da mesma forma que o comportamento funcional hoje pode ser antecipado. Por exemplo, atualmente o comportamento funcional de uma chamada de sistema “lê byte do arquivo” é perfeitamente conhecido. O mesmo não pode ser dito sobre o comportamento temporal desta mesma chamada de sistema neste mesmo SO.

Modelos empíricos, construídos a partir de medições, tendem a ser probabilistas, e mais apropriados para aplicações que não são críticas. No caso de SOTR voltado para aplicações críticas, o ideal seria um modelo analítico, construído a partir do design do kernel, voltado para o pior caso e, no pior caso, de natureza determinista.

Se existir um modelo para o kernel, será possível realizar testes de escalonabilidade para o conjunto aplicação+kernel+arquitetura. No caso de um sistema onde as aplicações são fixas e conhecidas, como normalmente ocorre em sistemas computacionais embutidos em máquinas e equipamentos (*embeded systems*), tal análise de escalonabilidade pode ser em tempo de projeto (*off-line*), dado que a carga do sistema é estática.

Quando a carga do sistema é dinâmica, pois novas aplicações são lançadas já com o sistema em operação, será necessário um teste de aceitação para essas novas aplicações. Algo semelhante acontece se alguma aplicação em execução e previamente garantida solicitar garantia adicional para novas tarefas, ou alterar as demandas das tarefas existentes. Tal teste poderá não aceitar as novas aplicações demandadas, para não comprometer as garantias já dadas para aplicações aceitas anteriormente. O teste de aceitação seria executado por um analisador de escalonabilidade em tempo de execução (*on-line*) da aplicação.

O analisador de escalonabilidade poderia executar como uma aplicação do próprio RTOS, e o teste em si pode ter ou não requisito temporal. Ou ainda o analisador de escalonabilidade poderia executar em outro computador, e o teste de aceitação não ter deadline. Certamente a execução do teste de escalonabilidade em tempo de projeto (*off-line*) ou em outro computador diminui a demanda de recursos no computador que executa a aplicação de tempo real.

Como a maioria dos sistemas embutidos possuem carga estática, não seria necessário um analisador de escalonabilidade dinâmico. Porém, é possível imaginar que mais e mais sistemas embutidos serão poderosos e complexos o suficiente para aceitar carga dinâmica. Por exemplo, sistemas de controle e supervisão em uma subestação de energia elétrica poderiam ser reconfigurados dinamicamente sem parar de funcionar. Quando o sistema alvo é um sistema embutido, pode existir limitação de recursos para processamento, memória, energia, etc. Neste caso não seria conveniente ou mesmo viável executar nele mesmo o analisador de escalonabilidade. O analisador de escalonabilidade pode executar em outro computador, o qual dispõe de modelos com a descrição do sistema operacional de tempo real e das aplicações previamente aceitas para execução.

Os modelos utilizados pelo analisador de escalonabilidade precisam ser consistentes com a abordagem de escalonamento utilizada. Quando o RTOS for baseado em prioridades, a aplicação define períodos, deadlines, importâncias, etc e o analisador de escalonabilidade mapeia para prioridades, ou ainda a própria aplicação define as prioridades e o teste de escalonabilidade apenas verifica se os deadlines estão ou não garantidos.

De qualquer maneira, a propriedade central que definiria o RTOS para aplicações críticas é a existência da análise de escalonabilidade, seja com carga estática ou com carga dinâmica. Para provar que todos os deadlines serão atendidos é preciso descrever os recursos disponíveis no sistema, o comportamento do SOTR, os recursos necessários para cada aplicação e o comportamento das aplicações.

Os algoritmos para a análise de escalonabilidade devem vir da teoria de escalonamento tempo real. Resultados teóricos de escalonamento tempo real permitiriam tal análise. Entretanto, para isto, o design do SOTR e das aplicações deverá ser tal que tal análise seja possível, a luz da teoria existente. É desta forma que a necessidade de garantia para os deadlines acaba impactando o design do kernel e os próprios modelos de execução das aplicações. Ao final, a própria análise de escalonabilidade afeta o design do kernel, assim como o design do kernel define a análise de escalonabilidade.

No caso de SOTR suportando várias aplicações, é preciso considerar o escalonamento entre aplicações. Cada aplicação vai afetar as demais, e talvez a ordem de carga das aplicações seja um fator importante. O projetista pode exagerar as demandas da sua aplicação, para receber melhor tratamento do SO. Este é um importante argumento para que prioridades de tarefas sejam definidas pelo kernel e não pelo projetista da aplicação. O tradicional conceito de "justiça na distribuição dos recursos" precisa de uma nova definição para este contexto.

Tradicionalmente o SO provê isolamento espacial entre as aplicações, através da gerência de memória. Agora surge a necessidade de "isolamento temporal" entre aplicações, definido como quando "os requisitos temporais da aplicação X em execução continuam sendo cumpridos mesmo quando a aplicação Y começa a ser executada simultaneamente". Pode-se supor que as aplicações X e Y compartilhem recursos (mesmo RTOS). Algum efeito mútuo vai haver entre elas, tais como bloqueios, interferências, jitters. A análise de escalonabilidade vai informar o resultado. O papel do SOTR no isolamento temporal está em permitir a análise de escalonabilidade do sistema, a qual vai informar sobre a existência ou não de isolamento.

Ainda existe um longo caminho até chegarmos a um SOTR ideal para aplicações críticas como definido aqui. Para tanto, será necessário criar modelos analíticos para mecanismos típicos de kernel, criar mecanismos de kernel que resultem em modelos analíticos simples e melhorar os mecanismos de kernel para minimizar os efeitos do SOTR sobre as aplicações. Trata-se ainda, portanto, de um sonho de desenvolvedor de aplicações de tempo real. É um ideal possível porém que inexiste atualmente.

18.3.3 Aspectos Temporais de um SOTR: A Realidade

Os sistemas operacionais de tempo real idealizados da seção 18.3.1 e da seção 18.3.2 não existem. Na realidade, um SOTR em geral é apenas um sistema operacional com bom comportamento temporal na maioria dos casos. São os sistemas operacionais que, quando comparados a outros, apresentam boas características de design para tempo real, tais como:

- Algoritmo de escalonamento apropriado;
- Níveis de prioridade suficientes;
- Prioridades das tarefas são respeitadas;
- Tratadores de interrupção com execução rápida;
- Interrupções são desabilitadas ao mínimo;
- Emprego de threads de kernel;
- Chaveamento de contexto entre tarefas é rápido;
- Emprego de temporizadores com alta resolução;

- Bom comportamento das chamadas de sistema no pior caso;
- Kernel preemptivo;
- Mecanismos de sincronização apropriados;
- Granularidade fina nas seções críticas dentro do kernel;
- Cuidado com a gerência de recursos em geral.

Embora com bom design, não é possível analisar um sistema baseado em kernel completo com respeito ao cumprimento dos deadlines. Isto devido à complexidade deste tipo de kernel, aliada ao fato do seu design não ter sido feito com este tipo de análise em mente.

Muitos sistemas operacionais de tempo real existentes estão nesta categoria. Trata-se de uma evolução natural dos kernel existentes. É sempre possível fazer melhorias internas no kernel de maneira a torná-lo um pouco melhor para aplicações de tempo real. A grande maioria das aplicações de tempo real não são críticas e podem ser atendidas por este tipo de sistema operacional. Por exemplo, aplicações de áudio e vídeo podem tolerar atrasos eventuais na apresentação de um quadro. Mesmo aplicações de controle em malha fechada toleram atrasos eventuais no comando dos atuadores, desde que isto não ocorra repetidamente por um longo período. Sistemas de tempo real mais exigentes requerem o uso de um microkernel simples, ou de métodos de implementação mais simples como os apresentados no capítulo 7.

18.4 Principais Diferenças Construtivas entre SOPG e SOTR

No cenário atual, um SOTR é apenas um sistema operacional que foi construído com alguns cuidados especiais, visando torná-lo mais previsível com respeito ao comportamento temporal das tarefas. O capítulo 14 mostrou como a variabilidade dos tempos de resposta das tarefas é gerada em um sistema. Muita desta variabilidade decorre de mecanismos presentes no kernel (ou microkernel) do sistema operacional. As próximas seções descrevem cuidados tomados nos sistemas operacionais de tempo real visando reduzir esta variabilidade.

18.4.1 Algoritmo de Escalonamento Apropriado

Ao considerar como o sistema operacional pode afetar o comportamento da aplicação no tempo, o primeiro aspecto sempre lembrado é o algoritmo de escalonamento usado. Do ponto de vista da análise de escalonabilidade, deseja-se um algoritmo para o qual a literatura ofereça métodos de análise e testes de escalonabilidade. Parte destes métodos foi apresentados no capítulo 15 sobre a determinação do tempo de resposta no pior caso. O escalonamento mais usado em sistemas de tempo real é aquele baseado em prioridades fixas preemptivas. Este é o algoritmo implementado pela maioria dos sistemas operacionais de tempo real. Basta que cada tarefa no sistema tenha uma prioridade fixa, tanto as tarefas da aplicação como as do sistema.

18.4.2 Níveis de Prioridade Suficientes

Embora o escalonamento baseado em prioridades seja suportado pela maioria dos sistemas operacionais, o número de diferentes níveis de prioridade varia bastante. Por exemplo, o padrão POSIX da IEEE exige no mínimo 32 níveis de prioridade. Em [CAY1999] é mostrado que, quando o número de níveis de prioridade disponíveis é menor do que o número de tarefas, e passa a ser necessário agrupar várias tarefas no mesmo nível, isto reduz a escalonabilidade do sistema.

O desejado é que o número de níveis de prioridade seja igual ou maior do que o número de tarefas no sistema. Suponha um sistema com três tarefas $\tau 1$, $\tau 2$ e $\tau 3$. Se forem usados três níveis de prioridade, com as três tarefas em ordem decrescente de prioridade, teremos que $\tau 1$ não sofre interferência, $\tau 2$ sofre interferência de $\tau 1$, e $\tau 3$ sofre interferência de $\tau 1$ e $\tau 2$.

Suponha agora que existem apenas dois níveis de prioridade, e que as tarefas $\tau 2$ e $\tau 3$ foram colocadas no mesmo nível. A disputa entre elas pelo processador será resolvida conforme a ordem de chegada na fila de aptos. Isto significa que às vezes $\tau 2$ chegará antes de $\tau 3$ e às vezes $\tau 3$ chegará antes de $\tau 2$. No pior caso, $\tau 2$ sofre interferência de $\tau 3$ e vice-versa. Temos ao final então que $\tau 1$ não sofre interferência, $\tau 2$ sofre interferência de $\tau 1$ e $\tau 3$, e $\tau 3$ sofre interferência de $\tau 1$ e $\tau 2$. Claramente uma situação pior do que quando tínhamos três níveis de prioridade para usar.

18.4.3 Sistema Operacional não Altera Prioridades das Tarefas

Muitos sistemas operacionais manipulam por conta própria as prioridades das tarefas. Por exemplo, o mecanismo de **envelhecimento** (***aging***) é usado por vezes para aumentar temporariamente a prioridade de uma tarefa que, por ter prioridade muito baixa, nunca consegue executar. Muitos sistemas operacionais de propósito geral também incluem mecanismos que reduzem automaticamente a prioridade de uma thread na medida em que ela consome tempo de processador. Este tipo de mecanismo é utilizado para favorecer as tarefas com ciclos de execução menor e diminuir o tempo médio de resposta no sistema.

Esses mecanismos fazem sentido em um SOPG, quando o objetivo é estabelecer um certo grau de justiça entre tarefas e evitar postergação indefinida. No contexto de tempo real não existe preocupação com justiça na distribuição dos recursos mas sim com o atendimento dos deadlines. Em um SOTR esses mecanismos, além de não contribuírem para a qualidade temporal, tornam mais complexa a verificação do cumprimento dos requisitos temporais e devem ser evitados.

18.4.4 Tratadores de Interrupções com Execução Rápida

Parte importante de qualquer sistema operacional é a execução dos tratadores de interrupção. Eles são responsáveis pela atenção do sistema a eventos externos, como alarmes ou a passagem do tempo. Ao mesmo tempo, eles são uma importante fonte de interferência sobre as demais tarefas. Para efeito de tempo de resposta, cada tratador de interrupção pode ser considerado como uma tarefa de prioridade mais alta do que todas as tarefas da aplicação.

Desta forma, um tratador de interrupção com execução demorada significa uma grande interferência gerada sobre todas as tarefas de tempo real. Em um SOTR deve existir a preocupação de que todos os tratadores de interrupção sejam executados rapidamente. O tratador de interrupção deve realizar apenas aquele processamento mínimo que é necessário imediatamente na ocorrência da interrupção. O tratador de interrupção pode então liberar uma thread de kernel (inseri-la na fila de aptos) de tal sorte que esta thread de kernel, quando no futuro executar de acordo com sua prioridade, poderá concluir o atendimento da interrupção recebida do periférico.

18.4.5 Desabilitar Interrupções ao Mínimo

O tempo entre a sinalização de uma interrupção no hardware e o inicio da execução de seu tratador é normalmente chamado de latência do tratador de interrupção. A latência no disparo de um tratador de interrupção inclui o tempo que o hardware leva para realizar o processamento de uma interrupção, isto é, salvar o contexto atual (*program counter* e *flags*) e desviar a execução para o código do tratador. Também é necessário incluir o tempo máximo que as interrupções podem ficar desabilitadas. Por vezes, trechos de código do sistema operacional precisam executar com as interrupções desabilitadas. Por exemplo, quando é acessada uma estrutura de dados crítica dentro do kernel.

O atraso no reconhecimento de uma interrupção pode ser modelado como um atraso de liberação (*release jitter*) associado com o tratador de interrupção prejudicado. Muitas arquiteturas associam prioridades aos diversos tipos de interrupção. Dessa forma, uma interrupção de alto nível pode suspender temporariamente a execução do tratador da interrupção de baixo nível. Por outro lado, o início do tratador de interrupção de baixo nível pode ser obrigado a esperar a conclusão do tratador da interrupção de alto nível.

Interrupções de temporizadores (*timer*) são responsáveis por sinalizar a chegada de tarefas periódicas. Da mesma forma, interrupções de outros periféricos muitas vezes sinalizam a necessidade de executar código de *device-driver* que resultará na liberação para execução de tarefas de tempo real que estavam a espera de algum evento externo. Interrupções desabilitadas por muito tempo geram atrasos no sistema que dificultam o atendimento dos requisitos temporais.

18.4.6 Emprego de Threads de Kernel

Muitos sistemas operacionais incluem threads de kernel com execução periódica, responsáveis pelas tarefas de manutenção. Por exemplo, escrever partes da cache do sistema de arquivos para o disco, atualizar contabilizações, etc. É importante que essas threads de kernel façam parte do esquema global de prioridades. Dado o caráter essencial de algumas dessas atividades, pode ser necessário que elas possuam prioridade superior às tarefas da aplicação. Isto a princípio não é um problema, desde que fiquem bem caracterizado quais são essas tarefas, com o período, o tempo máximo de execução e a prioridade de cada uma.

Uma solução paliativa, adotada em sistemas que não suportam threads de kernel, é "anotar trabalhos a serem feitos" em listas, e depois executá-los em momentos pré-estabelecidos, tais como uma chamada de sistema ou uma interrupção de hardware (são as chamadas **Softirqs** e **Tasklets** do mundo Linux, por exemplo). Esta solução de projeto prejudica o comportamento temporal das tarefas de tempo real, pois o "trabalho" em questão representa uma carga que executa não conforme a sua prioridade, mas conforme a dinâmica do sistema. Por exemplo, se um "trabalho" for executado no momento que a tarefa executando faz uma chamada de sistema, ele terá a prioridade da tarefa executando. Se ele for executado na próxima interrupção de temporizador (*timer*), ele terá a prioridade do tratador desta interrupção. Esse esquema efetivamente cria pseudo-tarefas não só com prioridades variáveis, mas com prioridades que variam conforme a dinâmica do sistema, tornando muito difícil qualquer verificação de requisitos temporais.

Em um SOTR é importante que todas as atividades do kernel ou microkernel sejam feitas ou por tratadores de interrupção rápidos, ou por threads de kernel as quais são liberadas pelos tratadores de interrupção. Estas threads de kernel devem executar conforme a sua prioridade, inclusive podendo ter prioridade menor que algumas tarefas de tempo real da aplicação, conforme a atribuição de prioridades escolhida pelo desenvolvedor da aplicação.

O emprego de threads é especialmente importante na implementação de *device-drivers*. Por vezes a execução de uma tarefa de alta prioridade é suspensa temporariamente, quando ocorre uma interrupção de periférico. O processador passa a executar o tratador de interrupção incluído em *device-driver* associado com o periférico em questão. Em um SOTR com kernel completo, os tratadores de interrupção associados com *device-drivers* simplesmente devem liberar threads de kernel as quais serão responsáveis pela execução do código que efetivamente responde ao sinal do periférico. Fazendo com que as threads de kernel respeitem a estrutura de prioridades do sistema, fica restaurado o desejo do programador com respeito aos tempos de resposta das tarefas. No caso de um SOTR com microkernel simples, a mesma coisa deve acontecer, porém ao invés de threads de kernel temos threads da própria aplicação para lidar com o periférico em questão.

Por exemplo, o teclado pode ser considerado um periférico de baixa prioridade. Caso aconteça uma interrupção de teclado durante a execução da tarefa de alta prioridade, o tratador de interrupções do teclado simplesmente coloca a thread "Atende Teclado" na fila do processador e retorna. A tarefa de alta prioridade pode concluir sua execução e depois disso o atendimento ao teclado propriamente dito será feito pela thread correspondente. O único periférico que requer tratamento especial por parte do kernel ou microkernel é o temporizador em hardware, pois interrupções do *timer* são fundamentais na gerência do sistema como um todo, e tipicamente seu atendimento é feito em tratador de interrupção.

18.4.7 Tempo de Chaveamento entre Tarefas Pequeno

Uma métrica muito citada no mercado de sistemas operacionais é o tempo para chaveamento de contexto entre duas tarefas. Este tempo inclui salvar os registradores da tarefa que está executando e carregar os registradores com os valores da nova tarefa, incluindo qualquer informação necessária para a MMU (*Memory Management Unit*) funcionar corretamente. Em geral, esta métrica não inclui o tempo necessário para decidir qual tarefa vai executar, uma vez que isto depende do algoritmo de escalonamento utilizado.

O tempo de chaveamento de contexto soma-se ao tempo máximo de execução de cada tarefa, em um cenário de pior caso. Necessariamente, cada ativação de cada tarefa deverá carregar o seu contexto. Se a tarefa em questão é preemptada por outra, a interferência que ela sofre da outra tarefa incluirá novamente um tempo de chaveamento de contexto, o qual deve também ser somado no tempo máximo de execução da outra tarefa (ver capítulo 15).

Embora em qualquer SOPG o projetista procure reduzir o tempo de chaveamento entre tarefas, pois o mesmo representa um sobrecusto no sistema, em SOTR este tempo ganha ainda mais importância. Em muitas aplicações de tempo real as tarefas são rápidas, mas precisam executar com deadlines bastante apertados. Neste caso, a importância do tempo de chaveamento de contexto na formação do tempo de resposta cresce, podendo tornar-se um percentual importante do mesmo.

18.4.8 Emprego de Temporizadores com Alta Resolução

Sistemas operacionais em geral oferecem temporizadores para as tarefas. Tarefas da aplicação armam temporizações ao final das quais uma determinada ação ocorre. Essa ação pode ser assíncrona (por exemplo, o envio de um sinal Unix) ou síncrona (por exemplo, a liberação da tarefa após uma chamada "sleep()"). Temporizadores são utilizados na implementação de mecanismos de *time-out*, *watch-dog*, e também tarefas periódicas, entre outros usos.

Em SOPG temporizadores são muitas vezes implementados através de interrupções periódicas geradas por um relógio de hardware. Por exemplo, a cada 10 ms uma interrupção é gerada. Essa implementação pode gerar erros grosseiros. Suponha que uma chamada "sleep(15ms)" é realizada imediatamente após a ocorrência de uma interrupção do temporizador em hardware. A tarefa em questão vai esperar quase 10 ms até a próxima interrupção, quando o sistema inicia a contagem do tempo. E deverá esperar mais 20 ms, pois as interrupções acontecem apenas de 10 ms em 10 ms. Ao final, a espera de 15 ms acabou consumindo um total de 30 ms.

Um SOTR utiliza temporizadores de alta resolução, baseados em interrupções aperiódicas. O relógio de hardware não gera interrupções periódicas mas é programado para gerar uma interrupção no próximo instante de interesse. Considerando o exemplo anterior e supondo ser o final daquele "sleep()" o próximo instante de interesse, o temporizador em hardware seria programado para gerar uma interrupção exatamente no momento esperado pela tarefa em questão. A figura 18.1 ilustra a diferença na linha do tempo.

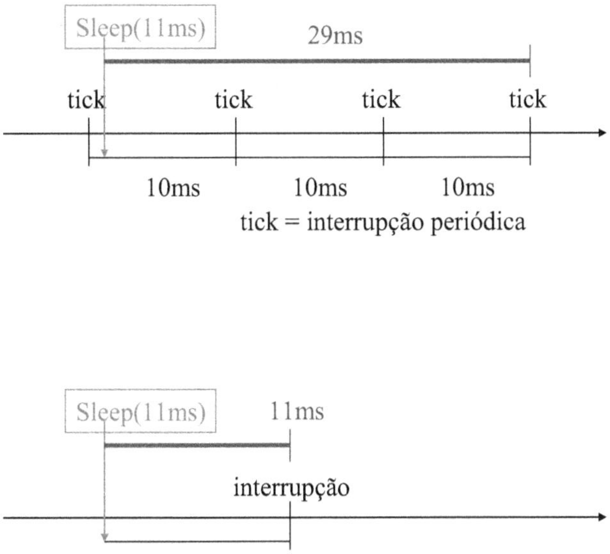

Figura 18.1 – Formas de implementar a temporização.

O tempo de computação necessário para implementar a chamada “sleep()” inclui o tempo para manipular as filas de temporização. Normalmente um temporizador em hardware é compartilhado por várias tarefas, ou seja, usado para implementar várias temporizações simultâneas em software. Como diversas tarefas do sistema podem estar bloqueadas simultaneamente em chamadas do tipo “sleep()”, isto leva naturalmente à formação de filas que precisam ser mantidas pelo módulo do kernel que implementa as temporizações.

18.4.9 Comportamento das Chamadas de Sistema no Pior Caso

Para as aplicações de tempo real, o tempo de execução no pior caso é mais relevante do que o tempo de execução no caso médio. Em geral, a implementação das chamadas de sistema é feita de maneira a minimizar o tempo médio. Aplicações de tempo real são beneficiadas quando o código que implementa as chamadas de sistema apresenta bom comportamento também no pior caso. Na construção de um SOTR devem ser evitados algoritmos que apresentam excelente comportamento médio porém um péssimo comportamento de pior caso decorrente de uma situação cuja probabilidade de ocorrer é muito baixa, porém não nula.

Em termos de análise do tempo de resposta, busca-se aqui reduzir o tempo máximo de execução de uma tarefa que, como parte de sua execução, faz uma chamada de sistema. O maior problema está na dependência que pode haver entre o tempo de execução da chamada de sistema e o estado do kernel quando a chamada é feita. Quanto mais complexo for o sistema operacional, mas difícil será calcular este tempo. O projeto de um SOTR deveria procurar minimizar este problema através de prática construtivas que reduzam a variação dos tempos de execução das chamadas de sistema.

18.4.10 Preempção de Tarefa Executando Código do Kernel

Um microkernel simples normalmente executa com interrupções desabilitadas e dentro dele existe, a cada momento, apenas um fluxo de execução. Desta forma, um microkernel pode ser pensado como um programa sequencial com múltiplos pontos de entrada (os vários tratadores de interrupções de chamadas de sistema, periféricos e proteções) e múltiplos pontos de saída (quando thread de usuário volta a executar, ver capítulo 7 e capítulo 8, sobre implementação de tarefas).

Já um kernel completo é grande demais para executar com interrupções desabilitadas. Um kernel é tipicamente pensado como um programa concorrente, onde vários fluxos de execução coexistem, respondendo às várias demandas dos processos e dos periféricos.

Um kernel não preemptivo é capaz de gerar grandes inversões de prioridade. Suponha que uma tarefa de baixa prioridade faça uma chamada de sistema e, enquanto o código do kernel é executado, ocorre a interrupção de hardware que deveria liberar uma tarefa de alta prioridade. Nesse tipo de kernel a tarefa de alta prioridade terá que esperar até que a chamada de sistema da tarefa de baixa prioridade termine, para então executar. Temos então que o kernel está executando antes o pedido de baixa prioridade, em detrimento da tarefa de alta prioridade. Em termos de análise do tempo de resposta isto corresponde a um bloqueio da tarefa de alta prioridade.

Como descrito na seção 14.7 sobre a variabilidade causada no tempo de resposta por kernel não-preemptivo, um kernel com pontos de preempção reduz o problema, mas ainda permite a inversão de prioridades, quando a chamada de sistema de baixa prioridade prossegue sua execução em detrimento da tarefa de alta prioridade até encontrar o próximo ponto de preempção.

SOPG são por vezes não preemptivos ou usam pontos de preempção, principalmente os mais antigos. Isto por que é mais fácil implementar um kernel não preemptivo. No kernel preemptivo qualquer thread executando código do kernel pode ser preemptada a qualquer momento, então são necessários cuidados especiais com respeito ao acesso concorrente às estruturas de dados do kernel.

Um SOTR deve ser preemptivo. Ainda que dentro do kernel, em determinados momentos, interrupções precisem ser desabilitadas e a preempção desligada por pequenos intervalos de tempo, o kernel precisa ser preemptivo a grande maior parte do tempo. Embora isto torne sua construção mais complexa, e exista um overhead maior em função dos mecanismos de sincronização entre threads dentro do kernel, é necessário evitar o impacto que um kernel não preemptivo tem sobre o tempo de resposta das tarefas.

18.4.11 Mecanismos de Sincronização Apropriados

O capítulo 12 apresentou mecanismos de sincronização entre threads apropriados para sistemas de tempo real. Por exemplo, mutex que incorpore políticas de alocação de recursos tais como herança de prioridade e teto de prioridade. É possível afirmar que todos os SOPG oferecem para as tarefas de aplicação mecanismos de sincronização, como mutex e outros semelhantes. Porém, tipicamente é oferecida a versão clássica, onde as requisições são atendidas por ordem de chegada.

Aplicações de tempo real são majoritariamente construídas como programas concorrentes onde threads precisam acessar variáveis compartilhadas e, desta forma, precisam de mecanismos de sincronização. Um SOTR deve oferecer para as tarefas de aplicação mecanismos de sincronização apropriados para tempo real, como aqueles apresentados no capítulo 12.

No caso do SOTR incluir um kernel organizado como um programa concorrente, executado simultaneamente por várias threads, também o código do kernel deveria empregar mecanismos de sincronização com políticas específicas para tempo real. Um mutex normal pode gerar inversões de prioridade descontroladas. Não importa se isto acontece no código da aplicação ou no código do kernel, o efeito fatalmente aparecerá nos tempos de resposta das tarefas de tempo real.

18.4.12 Granularidade das Seções Críticas dentro do Kernel

Um kernel preemptivo é capaz de chavear imediatamente para a tarefa de alta prioridade quando a mesma é liberada. Entretanto, inversão de prioridade dentro do kernel ainda é possível. Isto acontece quando a tarefa de alta prioridade recém ativada faz uma chamada de sistema mas é bloqueada em função da necessidade de acessar, dentro do kernel, uma estrutura de dados compartilhada que foi anteriormente alocada por uma tarefa de mais baixa prioridade. Mesmo mecanismos apropriados de sincronização não conseguem evitar esta situação, decorrente do fato de duas tarefas acessarem a mesma estrutura de dados.

Manter uma granularidade fina para as seções críticas dentro do kernel, embora aumente a complexidade do código, reduz o tempo que uma tarefa de alta prioridade precisa esperar até que a tarefa de baixa prioridade libere a estrutura de dados compartilhada. Este efeito é ilustrado pela figura 18.2. Desta forma, o emprego de seções críticas menores dentro do kernel de um SOTR implica em menos inversão de prioridades dentro do kernel e, como consequência, tempos de resposta no pior caso menores para as tarefas da aplicação que fazem chamadas de sistema.

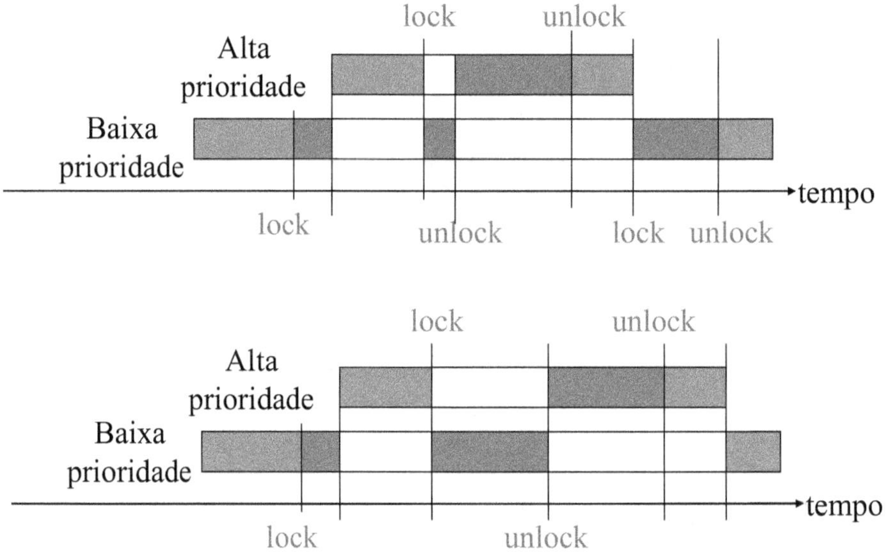

Figura 18.2 – Efeito da granularidade de uma seção crítica.

18.4.13 Gerência de Recursos em Geral

Todos os sistemas operacionais desenvolvidos ou adaptados para tempo real mostram grande preocupação com a divisão do tempo do processador entre as tarefas. Entretanto, memória, periféricos, controladores, servidores também deveriam ser escalonados visando atender os requisitos temporais da aplicação. Muitos sistemas ignoram isto e tratam os demais recursos da mesma maneira empregada por um SOPG, isto é, tarefas são atendidas pela ordem de chegada.

Todas as filas do sistema deveriam respeitar as prioridades das tarefas, e não apenas a fila do processador. Por exemplo, as requisições de ethernet deveriam ser ordenadas conforme a prioridade e não pela ordem de chegada. Em termos de tempo de resposta das tarefas da aplicação, quando um recurso é acessado pela ordem de chegada temos a possibilidade de bloqueio da tarefa mais prioritária pela menos prioritária. Este bloqueio pode ser devastador para a escalonabilidade do sistema, pois sua duração está associada com toda a fila de tarefas esperando pelo recurso que já existia quando a tarefa de alta prioridade solicitou o recurso.

18.5 Cuidados do Desenvolvedor da Aplicação

Por melhor que seja o design do SOTR usado, cabe ainda ao desenvolvedor da aplicação uma série de cuidados. O correto uso das facilidades do SOTR é necessário para que o tempo de resposta das tarefas de tempo real seja o desejado.

Talvez o principal aspecto seja a atribuição de prioridades. O capítulo 10 sobre escalonamento com prioridades preemptivas apresenta várias políticas de atribuição de prioridades e suas consequências. Cabe ao desenvolvedor atribuir as prioridades das tarefas da aplicação. Porém, de forma menos óbvia, talvez o desenvolvedor precise também alterar as prioridades das threads de kernel no caso de um kernel completo. Suponha que a thread de aplicação com alta prioridade precise de um serviço do kernel que é realizado por uma thread de kernel de baixa prioridade. Os tempos desta thread de kernel poderão comprometer o tempo de resposta da tarefa da aplicação. Um SOTR permite que o desenvolvedor da aplicação defina as prioridades das threads de kernel conforme a prioridade dos serviços que elas prestam na perspectiva da aplicação. Obviamente, isto irá requerer do desenvolvedor da aplicação um conhecimento mais profundo do kernel que ele estiver utilizando. É o preço a pagar pelo fato dos tempos de resposta da aplicação dependerem dos tempos do kernel.

Uma razão frequente para a perda de deadlines é a inclusão no código da aplicação de seções críticas longas. Mesmo os mecanismos de sincronização para tempo real apresentados no capítulo 12 não são capazes de eliminar tempos de bloqueio, os quais dependem diretamente da duração das seções críticas. Seções críticas com granularidade fina evitam bloqueios longos e às vezes até desnecessários.

Vários aspectos da programação concorrente tem impacto relevante nos tempos de resposta das tarefas. Como visto no capítulo 11, a falta de exclusão mútua entre tarefas que acessam uma mesma estrutura de dados pode dar origem a condições de corrida e, em consequência, erros na aplicação. Cabe ao programador da aplicação proteger as seções críticas com mecanismos apropriados. Por outro lado, mecanismos de sincronização desnecessários geram contenção desnecessária, o que causa inversões de prioridades e redução do paralelismo possível em multiprocessadores. Desta forma, o objetivo do programador é proteger as seções críticas, mas nada além do que é necessário. Ainda neste contexto, deve-se evitar ao máximo o uso de soluções baseadas em *busy-waiting*, pois elas representam tempo de processador não aproveitado para trabalho útil. No caso de multiprocessadores são necessárias em soluções do tipo *spin-lock*, mas devem ser empregadas com atenção.

Uma forma de facilitar o cumprimento de deadlines é dividir a aplicação em um número apropriado de tarefas. Tarefas grandes, que possuem muitas responsabilidades dentro da aplicação, acabam por impor o mesmo deadline a todo o seu código, quando muitas vezes apenas uma pequena parte daquele código está realmente associado com um deadline mais rigoroso. Se cada tarefa possui uma responsabilidade limitada e objetiva, ela terá o deadline apropriado para aquela responsabilidade, não precisando fazer coisas adicionais dentro daquela janela de tempo. Por exemplo, jamais se deve juntar o código de duas tarefas apenas por que elas têm o mesmo período, a não ser que elas sejam estritamente sequenciais e o deadline em questão esteja associado com a execução de todo o código das duas partes.

Considerando toda a variabilidade existente nos tempos de resposta das tarefas, como foi visto no capítulo 14, uma boa prática é incorporar na aplicação código para monitorar os tempos da aplicação. É bastante comum o mecanismo de *watch-dog*, uma interrupção de temporizador armada para disparar caso um deadline seja perdido. Além disto, pode-se manter como variável permanente da aplicação o maior tempo de resposta observado para cada tarefa. Esta informação é útil em manutenções do software, quando o desenvolvedor poderá ter uma noção precisa de quanta folga existe para cada tarefa da aplicação.

Na seção 18.2 foram discutidos aspectos relacionados com relógios e temporizadores, especificamente a questão da resolução e da granularidade. Em alguns kernel completos as chamadas de sistema evoluíram com o tempo, e podem haver versões com maior ou menor resolução e granularidade. Cabe ao desenvolvedor da aplicação buscar no sistema operacional que estiver usando todas as opções disponíveis a este respeito e escolher para uso aquelas que proveem o melhor equilíbrio (*trade-off*) entre qualidade temporal e custo computacional.

Tarefas periódicas aparecem com frequência em sistemas de tempo real, em aplicações com vídeo ou controle realimentado, por exemplo. A primeira vista implementar uma tarefa periódica parece simples, mas na verdade requer auxílio do sistema operacional. Na maior parte do tempo programadores usam chamadas de sistema do tipo "sleep()" para esperar um certo intervalo fixo de tempo. Caso uma tarefa periódica com período Pk seja implementada como um laço onde, além das atividades necessárias da tarefa, seja colocado uma chamada "sleep(Pk)", o resultado não é uma tarefa periódica, mas sim uma tarefa recorrente cujo intervalo de recorrência é alguma coisa variável maior que Pk. Isto porque o tempo entre duas chegadas desta tarefa será a soma de seu tempo na fila de aptos (variável), com o seu tempo de execução (variável) com Pk que é a espera causada pelo "sleep()". Como mostra a figura 18.3, o resultado não é uma tarefa periódica, mas algo apenas aproximadamente periódico.

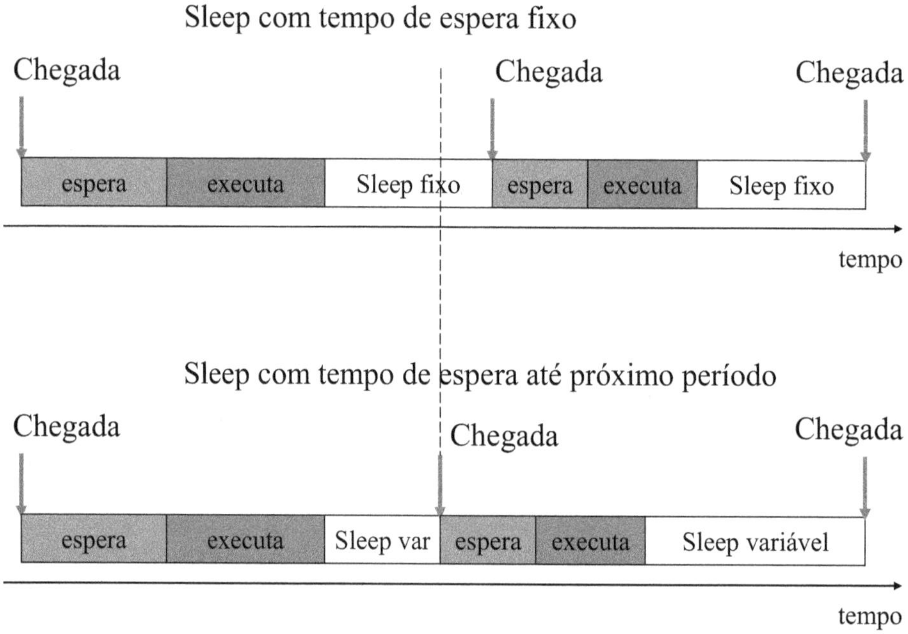

Figura 18.3 - Implementação de tarefa periódica.

A forma correta de implementar uma tarefa periódica é, primeiramente, usar uma chamada de sistema apropriada para isto, caso o sistema operacional em questão ofereça uma. Uma outra possibilidade é usar uma chamada de sistema do tipo "sleep()" onde o parâmetro não é o tempo fixo de espera mas sim o instante absoluto no futuro quando a tarefa será liberada. Por exemplo, a função ***clock_nanosleep*** com a opção TIMER_ABSTIME no Linux. Suponha que a primeira chegada da tarefa ocorra no instante T0. A segunda chegada da tarefa periódica com período Pk deverá ser no instante T0+Pk. A terceira chegada em x0+2×Pk e assim por diante. A cada iteração a chamada "sleep()" recebe como parâmetro o próximo momento de acordar, garantindo assim um comportamento periódico. O tempo de espera será menor ou maior, para compensar o tempo já gasto pela tarefa em filas e executando. A figura 18.3 ilustra este comportamento. Cabe ao desenvolvedor da aplicação buscar no SOTR os recursos necessários para implementar tarefas realmente periódicas.

18.6 Microkernel Exemplo: FreeRTOS

FreeRTOS(www.freertos.org) foi originalmente desenvolvido por Richard Barry em torno de 2003. Mais tarde o desenvolvimento e manutenção continuaram através da empresa Real Time Engineers Ltd. Em 2017 a empresa Real Time Engineers Ltd. passou o controle do projeto FreeRTOS para a Amazon Web Services (AWS – aws.amazon.com). Existem portes do FreeRTOS para mais de 30 arquiteturas de processadores diferentes. Por tratar-se de software livre, existe um grande número de adaptações e variantes não oficiais. Este texto está baseado no livro "Mastering the FreeRTOS™ Real Time Kernel" e no "The FreeRTOS™ Reference Manual". Ambos podem ser encontrados para download no site do sistema. Informações mais específicas e atualizadas também podem ser encontradas em www.freertos.org.

FreeRTOS foi criado para o mercado de aplicações embutidas ou embarcadas (*embedded*) de tempo real de pequeno porte, as quais podem incluir tarefas com diferentes níveis de criticalidade. FreeRTOS é um microkernel que permite a execução de múltiplas threads (chamadas de tarefas na terminologia do FreeRTOS), incluindo escalonamento baseado em prioridades preemptivas e diversos mecanismos de sincronização entre threads.

Como tipicamente acontece com microkernel, é relativamente pequeno em tamanho, tendo em sua configuração mínima cerca de 9000 linhas de código. O código do FreeRTOS pode ser dividido em três subsistemas: gerência do processador, comunicação e sincronização entre threads e interfaceamento com o hardware. A maior parte do código do FreeRTOS é independente do hardware. A figura 18.4 ilustra sua organização em camadas.

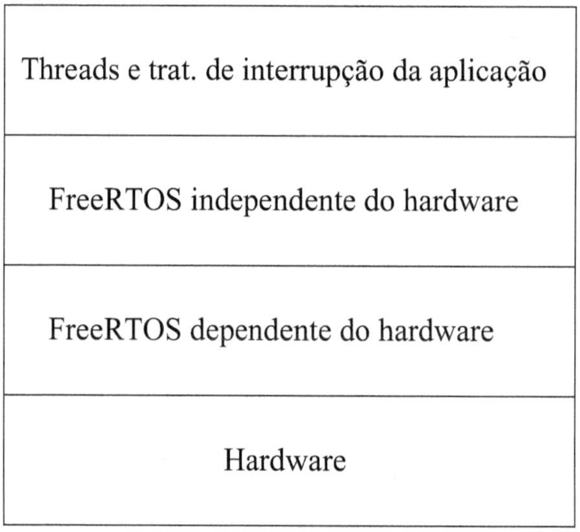

Figura 18.4 - Organização em camadas do FreeRTOS.

FreeRTOS foi projetado para ser configurável, o que é necessário tendo em vista o seu mercado alvo composto por uma grande gama de microcontroladores distintos e tamanhos de aplicações. Arquivos de configuração são usados para incluir no microkernel apenas as funcionalidades requeridas pelo projeto em questão. A lista atualizada de arquiteturas de computador e compiladores suportados pode ser obtida no site do sistema. Sua licença de software livre permite que o FreeRTOS possa ser usado em aplicações comerciais sem o pagamento de royalties.

No FreeRTOS é possível alocar memória estaticamente para todos os objetos gerenciados pelo microkernel (threads, *queues*, semáforos, grupos de eventos, etc). Desta forma, em tempo de execução, não existe alocação dinâmica de memória, o que evita as variações naturalmente introduzidas por este mecanismo.

Em geral não existe proteção de memória no FreeRTOS, embora alguns poucos portes do microkernel para arquiteturas com MPU (*Memory Protection Unit*) ofereçam este serviço. FreeRTOS trata alocação de memória como um subsistema separado, o que permite diferentes soluções conforme o tipo de aplicação e a arquitetura de computador usada. Em alguns casos o desenvolvedor da aplicação também implementa a gerência de memória a ser usada no sistema.

Threads (tarefas na terminologia do FreeRTOS) são implementadas como funções C que normalmente executam para sempre. Existem chamadas de sistema para criar, destruir, suspender e continuar threads. Também é possível alterar a prioridade de uma thread já criada. O número máximo de prioridades é configurável.

Threads com a mesma prioridade são escalonadas com fatias de tempo (ver capítulo 9), baseadas em uma interrupção periódica chamada ***tick interrupt*** (***tick period***), cujo período é configurável. Uma fatia de tempo é igual a um *tick period.*

Além de prioridades preemptivas, o escalonador pode ser configurado para usar apenas fatias de tempo. No caso de prioridades preemptivas, threads com prioridades iguais executam com fatias de tempo. Porém, é também possível desligar o *tick period*, o que faz threads com a mesma prioridade executarem conforme a ordem de chegada na fila de aptos.

Existe uma **thread ociosa** (***idle thread***) que é criada automaticamente na inicialização, para garantir que sempre exista pelo menos uma thread para executar. É possível colocar código útil da aplicação na thread ociosa, porém com várias restrições. Por exemplo, a thread ociosa jamais pode ficar bloqueada.

Threads podem ficar bloqueadas a espera de eventos. Eventos podem ser de natureza temporal, quando a thread espera pela passagem do tempo, podendo ser por um certo intervalo de tempo pré-definido ou até um instante no tempo específico. Outros eventos estão relacionados com a sincronização com outras threads ou tratadores de interrupção. FreeRTOS oferece uma variada gama de mecanismos de sincronização, os quais serão abordados mais adiante nesta seção.

No que diz respeito a temporizações, FreeRTOS permite que uma thread fique bloqueada por um dado intervalo de tempo através da chamada "vTaskDelay()". Entretanto, também é possível bloquear uma thread até um instante específico de tempo usando a chamada "vTaskDelayUntil()". A chamada "vTaskDelayUntil()" deve ser usada para implementar tarefas de tempo real com um período fixo.

FreeRTOS também oferece temporizadores em software que podem ser programados pelas threads para disparar periodicamente (*auto-reload timers*) ou em um instante específico no futuro (*one-shot timers*). Quando o temporizador dispara, uma função C (*timer callback function*) previamente definida pela thread é chamada. Esta função executa do início ao fim, e deve terminar normalmente, sem jamais ficar bloqueada. A prioridade com a qual ela executa pode ser configurada.

18.6.1 Tratadores de Interrupção da Aplicação

FreeRTOS permite que a aplicação instale seus próprios tratadores de interrupção. Por exemplo, *device-drivers* para periféricos específicos podem ser incluídos na aplicação desta forma.

Entretanto, no contexto de um tratador de interrupções, nem todas as chamadas de sistema do microkernel podem ser utilizadas. Especialmente aquelas que resultariam no bloqueio de uma thread não podem ser chamadas. FreeRTOS resolve este problema fornecendo duas versões para algumas chamadas de sistema: uma versão para ser usada por threads e outra versão para ser usada por tratadores de interrupção.

Mesmo threads com alta prioridade somente executam quando nenhum tratador de interrupção estiver executando. Logo, tratadores de interrupção do usuário e do microkernel possuem implicitamente uma prioridade mais alta do que qualquer thread. Quais interrupções são desabilitadas durante a execução de um tratador depende da arquitetura do processador usado. Desta forma, o desenvolvedor da aplicação precisa considerar aspectos relacionados com a sincronização entre threads e tratadores de interrupções conjuntamente. O tempo de execução de um tratador de interrupção pode ser reduzido se o mesmo executar apenas o essencial e ativar uma thread para realizar a maior parte do serviço. Isto é chamado "*deferred interrupt processing*" na terminologia do FreeRTOS.

18.6.2 Mecanismos de Sincronização

FreeRTOS oferece uma variada gama de mecanismos para a comunicação e sincronização entre threads. Entre os oferecidos estão:

- *Basic Critical Sections*, quando regiões de código são protegidas com as macros "taskENTER_CRITICAL()" e "taskEXIT_CRITICAL()". Elas desabilitam interrupções, impedindo a preempção da thread em execução. Podem ser aninhadas pois o microkernel mantem uma contagem do números de operações ENTER e somente retorna a habilitar interrupções quando este número volta a zero.

- *Suspending (Locking)* o escalonador, quando o escalonador é impedido de atuar, de forma que a thread em execução não poderá ser preemptada por outras threads, porém as interrupções permanecem habilitadas e tratadores de interrupção poderão ser acionados.

- Mutex, os quais incluem o mecanismo de herança de prioridade.

- Semáforos binários, usados para que tratadores de interrupção possam liberar threads em espera sem perder interrupções que sejam sinalizadas enquanto aquela thread executa. Ele é usado para implementar a "*deferred interrupt processing*" na terminologia do FreeRTOS.

- Semáforos contadores, onde as operações clássicas P e V são chamadas de "*taken*" e "*given*", respectivamente.

- *Task notifications*, que permite uma thread ou um tratador de interrupção sinalizar diretamente outras threads, sem a necessidade de um objeto adicional, tal como um mutex ou semáforo. Trata-se de um mecanismo de baixo custo em processador e memória. Entretanto, é necessário especificar diretamente a thread que será sinalizada e somente um sinal pode estar pendente para cada thread a cada momento.

- *Queues*, que são um dos principais mecanismos de comunicação providos pelo FreeRTOS. Elas permitem comunicação thread para thread, thread para tratador de interrupção e tratador de interrupção para thread. Uma *Queue* pode conter um número finito de dados de tamanho fixo. Tanto o número como o tamanho de cada dado são definidos na criação da *Queue*. Dados são normalmente removidos na mesma ordem na qual foram depositados. Os dados são efetivamente copiados para a memória da *Queue* e depois para a memória da thread. O acesso à *Queue* é sincronizado pelo microkernel. No caso da retirada de dados de uma *Queue* vazia, a thread pode optar por ficar bloqueada até algum dado estar disponível ou por um tempo máximo. O mesmo acontece quando a thread tenta depositar um dado em uma *Queue* lotada.

FreeRTOS oferece a possibilidade de uma thread permanecer bloqueada aguardando pela ocorrência da combinação de um ou mais eventos. Para isto é usado o mecanismo de "*Event Groups*", o qual é útil para sincronizar múltiplas threads, as quais esperam por um evento qualquer entre múltiplos eventos, ou pela ocorrência combinada de vários eventos.

18.7 Kernel Exemplo: Linux PREEMPT_RT

Nos últimos 20 anos surgiram muitas variantes de tempo real do Linux. Esta seção trata especificamente do PREEMPT_RT [MCK2005], o qual é um *patch* aplicado no kernel do Linux para, entre outras coisas, reduzir os segmentos de código do kernel onde preempções não são possíveis e também mover grande parte do código dos tratadores de interrupções para threads do kernel de maneira a gerenciar melhor suas prioridades. PREEMPT_RT é uma das variantes mais populares, e é suportada pela Linux Foundation [LIN2018].

Uma excelente fonte de informações atualizadas sobre o PREEMPT_RT é o "Real-Time Summit", organizado pela Linux Foundation (www.linuxfoundation.org) através do seu projeto "Real-Time Linux". O evento reúne desenvolvedores e usuários do *patch* PREEMPT_RT. Muitas das palestras que aconteceram em edições passadas podem ser encontradas em www.youtube.com. Também existe uma página sobre a história do PREEMPT_RT no site da Linux Foundation.

Ao longo dos anos, muitas das capacidades originalmente encontradas apenas com a inclusão do *patch* PREEMPT_RT foram incorporadas na versão oficial do Linux. Ao longo desta seção o termo "Linux PREEMPT_RT" será usado para denotar o kernel oficial do Linux com suas melhores capacidades de tempo real habilitadas, e com a aplicação do *patch* PREEMPT_RT. Não será dada relevância especial sobre o que já foi incorporado ao kernel oficial e o que ainda não, embora às vezes isto seja citado. São dois os motivos para tanto. Primeiramente, a evolução do kernel do Linux é rápida e tal diferenciação já estaria desatualizada no momento da impressão do livro. Em segundo lugar, o objetivo aqui é descrever as capacidades do Linux para tempo real, o que implica em usar o que o kernel oficial oferece e também o que o *patch* em questão adiciona.

A aplicação do *patch* PREEMPT_RT ao kernel do Linux requer inicialmente que o seu código fonte seja obtido, descompactado e então aplicado ao código do kernel. Existem scripts Linux que automatizam o processo. A configuração do kernel deve ser ajustada, após o que o código executável do kernel é gerado e pode ser instalado, da mesma forma que acontece com uma instalação do kernel padrão.

Nenhuma interface de programação para aplicações (API - *Application Program Interface*) é disponibilizada pelo *patch* de tempo real. Aplicações de tempo real devem utilizar a API padrão do **Posix** (**Portable Operating System Interface**), o qual é um conjunto de padrões especificado pela IEEE Computer Society buscando gerar compatibilidade entre diferentes sistemas operacionais (http://standards.ieee.org/develop/wg/POSIX.html). PREEMPT_RT é suportado por diversas arquiteturas de computador. Entre elas podemos citar x86, x86_64, ARM, MIPS, e Power Architecture. Da mesma forma que o Linux, o *patch* PREEMPT_RT também é disponibilizado como software livre.

18.7.1 Modelos de Preempção no Kernel do Linux

No Linux, código executado em espaço de usuário é a princípio sempre preemptável. Os chamados modelos de preempção do Linux dizem respeito à possibilidade, ou não, de preemptar código do kernel em execução. O kernel do Linux implementa vários modelos de preempção. O modelo a ser empregado é selecionado no momento que o kernel é compilado.

Tradicionalmente, o código do kernel é não preemptivo, o que gera enormes inversões de prioridade no caso da chegada de uma tarefa da aplicação que possua alta prioridade. Tradicionalmente, o kernel do Linux permite um processo preemptar outro processo apenas em certas circunstancias:

- Quando código de usuário está sendo executado;
- Quando o código do kernel retorna de uma chamada de sistema ou interrupção de volta para código de usuário;
- Quando a execução de código do kernel fica bloqueada em um mutex ou explicitamente passa o processador para outro processo.

A partir do Linux 2.6 a opção de configuração CONFIG_PREEMPT_VOLUNTARY inclui no código pontos de preempção, onde o código do kernel pode voluntariamente passar o processador para processos de alta prioridade esperando para executar. Isto efetivamente reduz as inversões de prioridade causadas pela não preempção, sem causar um grande impacto nos tempos médios de resposta do sistema.

O Linux 2.6 também tem uma opção de configuração adicional CONFIG_PREEMPT, a qual deixa preemptivo a maior parte do código do kernel. As exceções são seções críticas dentro do kernel protegidas com *spin-lock* e os tratadores de interrupções. Esta opção reduz consideravelmente as inversões de prioridade causadas por atraso na preempção, sendo prejudicada apenas por *device-drivers* que incluem tratadores de interrupção muito demorados.

Em resumo, o Linux padrão (*mainline*) implementa três diferentes modelos de preempção:

- No Forced Preemption: Trata-se do modelo de preempção tradicional do Linux, voltado para servidores tradicionais, o qual otimiza o trabalho realizado (*throughput*) e, por consequência, o tempo médio de resposta. Preempções acontecem apenas no retorno de chamadas de sistema e na ocorrência de interrupções.

- Voluntary Kernel Preemption: Esta opção reduz em parte as inversões de prioridade, e busca melhorar o comportamento do Linux em Desktops. São inseridos pontos de preempção no código do kernel, além dos usuais retornos de chamadas de sistema e ocorrência de interrupções, os quais são considerados pontos de preempção implícitos.

- Preemptible Kernel: Esta opção reduz ainda mais as inversões de prioridade, tornando todo o código do kernel que está fora de qualquer seção crítica a princípio preemptável. Toda saída de seção crítica é agora também um ponto de preempção implícito.

O *patch* PREEMPT_RT inclui dois modelos de preempção adicionais:

- Preemptible Kernel (Basic RT): É semelhante ao modelo Preemptible Kernel apresentado antes, porém tratadores de interrupção são parcialmente transformados em threads de kernel. Trata-se de um modelo de preempção usado principalmente em testes e depuração do kernel.

- Fully Preemptible Kernel (RT): Todo o código do kernel torna-se preemptável, com a exceção de algumas seções críticas. Tratadores de interrupção são parcialmente transformados em threads de kernel. Vários mecanismos de sincronização internos do kernel são reprojetados para reduzir as inversões de prioridade, com destaque para a introdução de "*sleeping spinlock*" e "rt_mutex". Além disto, seções longas que executavam com preempção desligada foram reprogramadas como uma sequência de seções menores [BRI2016].

O modelo de preempção Fully Preemptible Kernel deve ser selecionado para que o comportamento do Linux seja o mais apropriado para aplicações de tempo real. É o emprego deste modelo de preempção que aproxima o Linux da ideia de um sistema operacional de tempo real. Desta forma, quando o *patch* PREEMPT_RT é mencionado, deve-se implicitamente assumir que o modelo de preempção Fully Preemptible Kernel será empregado.

O *patch* PREEMPT_RT transforma o Linux em um kernel mais apropriado para tempo real. Para tanto, diversas alterações foram necessárias. Embora uma descrição completa das alterações introduzidas no kernel pelo *patch* PREEMPT_RT esteja fora do escopo deste livro, algumas delas serão citadas. Por exemplo, a implementação das temporizações é alterada, permitindo que temporizadores Posix no espaço de usuário operem com alta resolução, sem a necessidade de alterações no código de aplicação.

Possivelmente a transformação mais importante foi converter parte do código dos tratadores de interrupção em threads de kernel (*threaded interrupt handlers*), as quais são preemptáveis. Apenas as partes estritamente necessárias dos tratadores de interrupção executam como tal e, desta forma, continuam não preemptáveis. As threads de kernel que executam o código que estava antes nos tratadores de interrupção recebem uma prioridade default, mas que pode ser alterada conforme a solução de escalonamento necessária para o sistema em questão.

O *patch* PREEMPT_RT também realiza várias alterações nos mecanismos de sincronização dentro do kernel. Os detalhes são complexos, e sua descrição vai além do escopo deste livro, pois as alterações básicas são aplicadas à maioria do código do kernel, mas existem casos que precisam ser tratados de maneira especial.

Uma alteração significativa foi tornar preemptáveis seções críticas dentro do kernel. *Spin-locks* são usados para proteger seções críticas dentro do kernel, pois são simples e muito eficientes quando a seção crítica está livre. Porém, quando uma seção crítica é longa e/ou muito disputada, o *spin-lock* transforma-se em uma fonte significativa de atrasos.

Para reduzir esta fonte de atrasos, o *patch* PREEMPT_RT converte a maioria dos *spin-locks* em rt_mutex (*sleeping spinlock*). Uma thread esperando por um rt_mutex fica bloqueada e será acordada quando a seção crítica for liberada. Seções de código protegidas por primitivas usando *spin-locks* tornaram-se preemptáveis através de sua reimplementação com rt_mutex.

Quando um rt_mutex (*sleeping spinlock*) não pode ser usado por alguma razão, um *spin-lock* com comportamento tradicional continua sendo usado. Neste caso, uma tarefa esperando pelo *spin-lock* tradicional fica em laço de espera (*busy-waiting*) até que o *spin-lock* seja liberado, com as preempções desligadas.

Herança de prioridade foi implementada para alguns mecanismos de sincronização (mutex, *spin-lock* e semáforo) usados dentro do kernel. O mecanismo RCU (*Read-Copy Update*) também passou a ser sempre preemptivo.

18.7.2 Políticas de Escalonamento

Várias políticas de escalonamento são implementadas pelo kernel do Linux. Algumas são para tempo real e outras não. Mesmo as políticas de escalonamento para tempo real já estão implementadas no Linux padrão (*mainline*). Nesta seção são descritas apenas as políticas voltadas para tempo real.

Na política SCHED_FIFO são usadas prioridades fixas e as prioridades variam numericamente entre 1 (mais baixa) e 99 (mais alta). Uma thread neste caso executa até que ela fique bloqueada por alguma razão ou seja preemptada por uma thread com prioridade mais alta. Threads com prioridade igual são escalonadas por ordem de chegada.

A política SCHED_RR também usa prioridades fixas e é semelhante a anterior. Sua principal diferença para a SCHED_FIFO é que a thread executa pela duração de uma fatia de tempo previamente definida, caso não seja preemptada por thread de mais alta prioridade. Desta forma, threads de mesma prioridade dividem o processador através do mecanismo de fatias de tempo.

A política SCHED_DEADLINE implementa o algoritmo EDF (*Earliest Deadline First*). No caso de multiprocessadores, sua versão global GEDF é usada (*Global Earliest Deadline First*).

A maioria dos mecanismos de sincronização usados dentro do kernel implementam a política de herança de prioridade (ver capítulo 12). Também existem mecanismos para realizar a atribuição de prioridades, a qual é feita normalmente durante a configuração do sistema, dado que a melhor atribuição de prioridades é uma propriedade que depende do sistema como um todo e não do comportamento de uma thread isoladamente.

18.7.3 Programação da Aplicação

A API Posix forma a base dos serviços disponíveis para aplicações de tempo real executando sobre o Linux PREEMPT_RT. Cada tarefa de tempo real é implementada como uma **thread Posix (pthread)**. A programação de uma aplicação tempo real requer alguns cuidados relacionados com escalonamento, atribuição de prioridades e gestão de memória. Normalmente, a aplicação inicia sua execução como uma aplicação normal (não tempo real) e então, durante sua inicialização, cria tarefas de tempo real, na forma de pthreads, ajustando seus recursos e parâmetros.

A política de escalonamento e as prioridades das tarefas devem ser definidas explicitamente no código da aplicação. Para tanto é possível usar a função "sched_setscheduler()" na inicialização da pthread, antes do código com restrições temporais. Outra forma de fazer isto é manipular os atributos da pthread através das funções "pthread_attr_setschedpolicy()" e "pthread_attr_setschedparam()". Também é necessário usar a função "pthread_attr_setinheritsched()" para selecionar a opção PTHREAD_EXPLICIT_SCHED, que faz com que a pthread criada use a política e a prioridade especificadas em seus atributos e não herde estas propriedades da thread que a criou.

Embora não seja obrigatório, alguns cuidados com a gestão da memória tornam o comportamento da aplicação mais determinista. O Linux padrão suporta memória virtual, o que pode gerar enorme variabilidade nos tempos de execução das tarefas de tempo real. Na memória virtual parte da memória da aplicação pode permanecer em disco e somente ser carregada para a memória física quando necessária, o que gera grandes atrasos. Mesmo que não exista acesso ao disco, a simples correção das tabelas de páginas usadas pela MMU (*Memory Management Unit*) afeta o tempo de execução das tarefas da aplicação.

Isto pode ser evitado através do uso de chamadas de sistema que instruem o kernel a manter permanentemente na memória física (travar) toda o espaço de memória usado pela aplicação de tempo real. Para tanto é usada a família de funções "mlock***()". Ao fazer o travamento da memória da aplicação, toda a memória física necessária será alocada e não haverão mais atrasos devido aos mecanismos de memória virtual.

Todas as pthreads, sejam de tempo real ou não, possuem sua pilha própria, usada na chamada de funções para manter variáveis locais, parâmetros e endereço de retorno. No momento da criação da pthread, se o tamanho de sua pilha não é especificado, ela recebe uma pilha de tamanho default do Linux. Para maior robustez, o próprio código da aplicação pode definir o tamanho da pilha de uma thread antes da sua criação, através da função "pthread_attr_setstacksize()". Tarefas de tempo real também devem evitar alocação dinâmica de memória, pois funções como "malloc()" e "free()" aumentam a variação do tempo de execução. O mais indicado é alocar toda a memória necessária antes da criação das threads de tempo real, durante a etapa de inicialização da aplicação.

18.7.4 Serviços de Tempo para a Aplicação

Como descrito antes, nenhuma API especial é disponibilizada para as aplicações de tempo real, as quais devem utilizar a API padrão do Posix. Por exemplo, a hora atual pode ser obtida pelas formas usuais: "gettimeofday()", "time()", "clock_gettime()".

Normalmente o relógio do sistema (*system clock*) é usado, porém o relógio do sistema pode ser modificado por outros processos, o que poderia perturbar o funcionamento de uma tarefa de tempo real. Uma alternativa é usar "clock_gettime()" com o relógio CLOCK_MONOTONIC, o qual é garantido que avança de forma monotônica e mede o tempo que passou desde um instante fixo no passado.

Tarefas periódicas podem ser implementadas com a função "clock_nanosleep()", a qual pode usar também o relógio CLOCK_MONOTONIC e pode ser programada não com o intervalo de tempo a esperar, mas sim com o momento de acordar a tarefa (flag TIMER_ABSTIME). Desta forma, tarefas periódicas são implementadas com grande precisão, pois "clock_nanosleep()" é usada para acordar a tarefa exatamente no início de cada período de execução.

18.7.5 Mecanismos de Sincronização para a Aplicação

Os mecanismos de sincronização disponíveis para a aplicação seguem o padrão Posix, implementados com ajuda do kernel através de uma chamada de sistema chamada "futex". Na verdade tais mecanismos existem mesmo no kernel do Linux padrão, não sendo necessário o emprego do *patch* PREEMPT_RT. Detalhes operacionais dos mesmos podem ser obtidos nas páginas de manual (*man page*) relativas a eles, como por exemplo, https://www.kernel.org/doc/man-pages.

O mecanismo mais utilizado provavelmente é o mutex. No caso do Linux, o mutex suporta três políticas de recursos: PTHREAD_PRIO_NONE, PTHREAD_PRIO_INHERIT e PTHREAD_PRIO_PROTECT.

No protocolo PTHREAD_PRIO_NONE o mutex comporta-se de forma tradicional, e a prioridade efetiva da thread não é afetada pela posse de um mutex.

Quando uma thread tem a posse de um mutex que segue a política PTHREAD_PRIO_INHERIT, e por conta dessa posse estiver bloqueando outras threads de prioridade mais alta, ela herda a prioridade mais alta entre as threads que estiver bloqueando. Caso ela mesma venha a ser bloqueada em outro mutex que também segue a política PTHREAD_PRIO_INHERIT, a propagação das prioridades das threads bloqueadas segue de maneira transitiva. Em outra palavras, a política de Herança de Prioridade é seguida (ver capítulo 12).

Quando uma thread tem a posse de um mutex que segue a política PTHREAD_PRIO_PROTECT, ela terá como prioridade efetiva aquela que for a mais alta entre a sua própria prioridade nominal e a prioridade teto (*Priority Ceiling*) do mutex em questão, não importando se existe ou não thread correntemente bloqueada neste mutex. No caso da thread ter a posse de vários mutex deste tipo, sua prioridade efetiva será a mais alta entre os tetos de prioridade desses mutex ou a sua própria prioridade nominal. Em outras palavras, é empregado o protocolo Prioridade Teto Imediata (*Immediate Priority Ceiling*), o qual foi descrito no capítulo 12.

Existem funções na API para definir e obter o teto de prioridade de um mutex previamente criado, o qual segue a política PTHREAD_PRIO_PROTECT. Valores válidos para o teto de prioridade estão no mesmo intervalo de valores válidos para as prioridades das threads que seguem a política de escalonamento SCHED_FIFO. Para que a política Prioridade Teto Imediata seja corretamente implementada, é responsabilidade do programador da aplicação definir a prioridade teto de um mutex com um valor mais alto ou igual do que as prioridades de todas as threads que usam aquele mutex.

Se uma thread possui simultaneamente diversos mutex, os quais seguem diferentes políticas, esta thread terá como prioridade efetiva a prioridade mais alta entre aquelas que ela receberia conforme cada mutex e sua respectiva política.

Na biblioteca da glibc para pthreads existe suporte para as políticas de alocação descritas antes no que se refere a mutex. Entretanto, as mesmas ainda não estão disponíveis para outros mecanismos de sincronização, tais como "read-write lock", "spin lock" e variáveis condição (*condition variables*).

18.7.6 Impacto da Gestão de Energia

Processadores modernos permitem que a frequência de operação seja alterada pelo sistema operacional, visando a economia de energia quando o sistema está subutilizado. Em casos extremos, é possível colocar o processador (ou alguns de seus núcleos no caso de *multicore*) em estado de dormência, com o mesmo propósito.

Para servidores, desktops e notebooks tais mecanismos são muito importantes, pois reduzem o consumo de energia elétrica e aumentam a duração de uma carga de bateria. Entretanto, variar a frequência do processador significa variar os tempos de execução, até por que o próprio chaveamento de frequência gera, ele próprio, um atraso. No caso de colocar um processador em dormência, seu retorno à atividade normal também implica em atraso significativo.

O kernel do Linux oferece vários mecanismos relacionados com a gestão de energia, os quais estão normalmente ativos e podem ser parametrizados pelos usuários. Entretanto, para aplicações de tempo real, tais mecanismos representam um problema, pelos atrasos e pela variabilidade que causam nos tempos de execução.

A maioria dos sistemas computacionais configurados para aplicações de tempo real desligam completamente qualquer mecanismo de gestão de energia. Porém, a princípio seria possível usar tais mecanismos até certo ponto, ou seja, até o ponto no qual as restrições temporais continuam sendo respeitadas. Sua calibragem, entretanto, é muito difícil.

A gestão da frequência do processador (*CPU frequency scaling*) permite que o sistema operacional altere a frequência do processador para mais ou para menos com o propósito de economizar energia em momentos de baixa demanda por processamento. Isto acontece automaticamente, mas pode também ser afetada diretamente por ações dos programas de usuário.

A gestão da frequência do processador é implementada no kernel do Linux através de uma infraestrutura chamada "cpufreq". Governadores (*Governors*) são esquemas pré-definidos para a gestão de energia. O governador ativo define, segundo seus critérios, qual deve ser a frequência do processador a cada momento. Alguns dos governadores disponíveis são:

- "performance", deixa o processador na frequência máxima;
- "powersave", deixa o processador na frequência mínima;
- "ondemand", coloca o processador na frequência mais alta e depois reduz gradativamente à medida que o tempo livre do processador aumenta;
- "conservative", versão mais lenta do que o "ondemand";
- "userspace", deixa o processador na frequência especificada pelo usuário.

Processadores modernos também oferecem **estados de dormência** (***idle states***) com o propósito de economizar energia quando não existe processamento para fazer. Um processador em estado de dormência reduz em muito seu consumo de energia. Exatamente como o mecanismo funciona varia de processador para processador. Um aspecto relevante para sistemas de tempo real é o tempo (*target residency*) que o processador precisa ficar no estado ocioso para justificar a energia extra gasta para entrar e sair do estado ocioso. Outro aspecto relevante é o tempo (*exit latency*) que o hardware demora para sair do estado de dormência e voltar a operação normal. Estes tempos variam enormemente conforme as características construtivas do computador usado.

O kernel do Linux oferece uma infraestrutura para gerenciar a economia de energia, chamada de *Power Management Quality of Service* (PM QoS), a qual permite limitar a agressividade do sistema no que diz respeito à economia de energia. Ela oferece uma interface que pode ser usada pela aplicação de tempo real para definir parâmetros relacionados com atrasos tolerados. Desta forma, a aplicação pode dinamicamente limitar as políticas de economia de energia durante operações críticas no tempo. Entretanto, a calibragem desta gestão é difícil, e tal método só faz sentido em sistemas onde a gestão energética é tão ou mais importante do que os requisitos temporais.

18.8 Considerações Finais

Na verdade é muito difícil comparar diferentes SOTR com a finalidade de escolher aquele mais apropriado para um dado projeto. A escolha de um SOTR não é trabalho simples. Este capítulo procurou mostrar os diversos fatores que influenciam a previsibilidade temporal de um sistema operacional. Entre os fatores que tornam a escolha difícil podemos citar:

- Diferentes SOTR possuem diferentes abordagens de escalonamento.
- Desenvolvedores de SOTR publicam métricas diferentes.
- Desenvolvedores de SOTR não publicam todas as métricas e todos os dados necessárias para uma análise detalhada. Detalhes internos sobre o kernel não estão normalmente disponíveis.
- As métricas fornecidas foram obtidas em plataformas diferentes.
- O conjunto de ferramentas para desenvolvimento de aplicações que é suportado varia muito.
- Ferramentas para monitoração e depuração das aplicações variam.
- As linguagens de programação suportadas em cada SOTR são diferentes.
- O conjunto de periféricos suportados por cada SOTR varia.
- O conjunto de plataformas de hardware suportados varia em função do SOTR.
- Cada SOTR possui um esquema próprio para a incorporação de novos tratadores de dispositivos (*device-drivers*) e o esforço necessário para desenvolver novos tratadores varia de sistema para sistema.
- Diferentes SOTR possuem diferentes níveis de conformidade com os padrões.
- A política de licenciamento e o custo associado variam muito conforme o fornecedor do SOTR (desde custo zero até royaltes por cópia do produto final vendida).

O comportamento temporal da aplicação tempo real depende tanto da aplicação em si quanto do sistema operacional. Desta forma, a seleção do SOTR a ser usado depende fundamentalmente dos requisitos temporais da aplicação em questão. Não existe um SOTR melhor ou pior para todas as aplicações. A diversidade de aplicações de tempo real existente gera uma equivalente diversidade de sistemas operacionais de tempo real. Cada abordagem de SOTR tem suas vantagens e desvantagens, e a escolha faz parte do espaço de projeto da aplicação.

O FreeRTOS apresenta um excelente determinismo temporal, o qual é consequência da sua simplicidade e da elegância de seu design. Por outro lado, a gama de serviços oferecidos é limitada, basicamente a criação de threads e mecanismos de sincronização entre elas. Qualquer outro serviço deverá ser provido pela própria aplicação.

Embora existam diversas variantes de Linux para tempo real, seguindo diversas abordagens, o *patch* PREEMPT_RT teve uma rápida evolução nos últimos anos e ganha cada vez mais mercado. Várias partes do *patch* foram integradas no kernel Linux padrão (*mainline*). Entretanto, ainda existem aspectos cuja integração é difícil e, por isto, o *patch* ainda existirá por muitos anos, como algo adicional ao kernel padrão.

É preciso ter em mente que existe uma compensação (*tradeoff*) fundamental: melhor comportamento para aplicações de tempo real tipicamente reduz o desempenho médio (*throughput*). Dado o enorme espectro de aplicações que utilizam Linux, não é simples encontrar o balanço ideal. O *patch* PREEMPT_RT permanece como aquele "algo mais" que aplicações de tempo real precisam mas para a grande maioria das aplicações de propósito geral não é necessário.

Neste capítulo foram discutidos apenas o FreeRTOS e o Linux PREEMPT_RT. Uma busca rápida na Internet mostrará centenas de sistemas operacionais para tempo real, como kernel ou microkernel, comercial ou software livre, voltado para tempo real crítico ou não. Alguns são para aplicações específicas, como a especificação ARINC 653 que trata especificamente de sistemas operacionais para sistemas aviônicos críticos [ARC2015]. Foge do escopo deste livro um levantamento de tudo o que existe neste sentido.

A figura 18.5 procura resumir as classes de sistemas operacionais de tempo real encontrados. Ela apresenta uma classificação subjetiva, mas permite entender o cenário atual. Em uma dimensão temos a funcionalidade oferecida pelo SOTR. Na outra dimensão, temos o determinismo temporal. Oferecer funcionalidade mínima com boa previsibilidade temporal é possível, é o que os microkernels de tempo real fazem. À medida que a funcionalidade aumenta, o kernel torna-se mais complexo, e fica mais difícil prover determinismo temporal. Desta forma, um kernel completo vai oferecer muito menos determinismo que um microkernel. A figura 18.5 mostra a correlação entre estes dois fatores na prática.

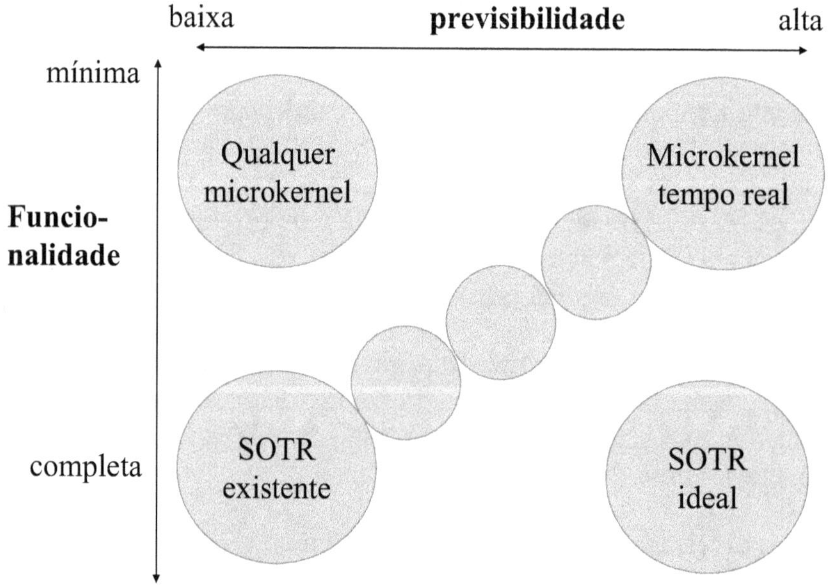

Figura 18.5 – Diferentes tipos de SOTR.

18.9 Exercícios

1) Qual a diferença básica entre o que se espera de um sistema operacional de propósito geral e de um sistema operacional de tempo real ?

2) Que funcionalidades relacionadas com a noção de tempo real são esperados de um SOTR ?

3) Por que memória virtual é em geral problemática no contexto de um SOTR ?

4) Quais são os três aspectos construtivos mais relevantes para um SOTR ? Justifique sua escolha.

5) Qual o problema de usar uma chamada de sistema "sleep()" comum para implementar uma tarefa periódica ?

6) Pesquise na Internet aplicações de tempo real que usam o FreeRTOS.

7) O que caracteriza o FreeRTOS como um microkernel ?

8) Pesquise na Internet aplicações de tempo real que usam o Linux Preempt_RT.

9) Por que o modelo de preempção "Fully Preemptible Kernel (RT)" é o modelo mais apropriado para aplicações de tempo real no Linux Preempt_RT ?

10) Como o modelo de preempção escolhido no Linux impactará nos tempos de resposta das tarefas?

11) Discuta dois fatores que podem ser considerados na escolha de um SOTR. Argumente a favor da importância dos fatores escolhidos.

12) Por que a gestão de energia do computador feita pelo sistema operacional é importante para aplicações de tempo real ?

13) Pesquise na Internet sobre outros microkernel de tempo real além do FreeRTOS ? Existem muitos ? Até que ponto os aspectos construtivos de cada um são descritos no site do fornecedor ?

14) Procure na Internet estudos de mercado sobre sistemas embutidos (*embedded systems*) e o uso de SOTR. Por exemplo, a revista EETimes faz uma pesquisa anualmente. Como aparecem o Linux Preempt_RT e o FreeRTOS nas últimas pesquisas disponíveis ? Que outros SOTR são bastante usados na indústria ?

15) Um sistema operacional de propósito geral possui uma grande quantidade de recursos com o intuído de melhorar a usabilidade para seu usuário. Sistemas operacionais de tempo real no entanto, tem seus recursos voltados ao atendimento das restrições temporais. Com relação aos

possíveis serviços adicionais e/ou melhorados que um sistema operacional de tempo real pode prover. Selecione a alternativa incorreta.

a) Serviço de relógio (*gettime*): Permite que o processo obtenha a hora e data correntes, preferencialmente conforme a UTC ou algo relacionado.

b) Temporização de intervalo (*sleep*): Permite que o processador fique suspenso durante um determinado intervalo de tempo, especificado como parâmetro.

c) Temporização de instante (*wake-up*): Permite que o processo fique suspenso até um determinado instante de tempo, especificado como parâmetro.

d) Monitoração temporal das tarefas (*watch-dog*): Dispara a execução de uma rotina específica (tratador de exceção) caso o processo não sinalize que terminou determinado conjunto de tarefas até um instante de tempo especificado como parâmetro.

16) Em um sistema operacional de propósito geral, tarefas com baixa prioridade ocasionalmente podem sofrer inanição, ou seja, nunca serem executadas por sempre existirem tarefas com maior prioridade e execução pendente. Por conta disso, o sistema operacional de propósito geral utiliza uma técnica, evitada em sistemas operacionais de tempo real, que aumenta a prioridade da tarefa temporariamente com o passar do tempo chamada:

a) Inversão de prioridades (*Priority inversion*)

b) Escalonamento (*Scheduling*)

c) Envelhecimento (*Aging*)

d) Prioridade monotônica (*Priority monotonic*)

17) Através de device-drivers o sistema operacional efetua o controle e recepção de dados de periféricos. Em sistemas operacionais de tempo real com micro-kernel as interrupções de periféricos devem idealmente ser tratadas de uma forma especial. Indique a alternativa que descreve esta forma ideal de tratamento de interrupção.

a) Os tratadores de interrupção associados com device-drivers simplesmente devem liberar threads de kernel as quais serão responsáveis pela execução do código que efetivamente responde ao sinal do periférico.

b) Os tratadores de interrupção associados com device-drivers simplesmente devem liberar threads da própria aplicação as quais serão responsáveis pela execução do código que efetivamente responde ao sinal do periférico.

c) Os tratadores de interrupção associados com device-drivers são tarefas que tem prioridade igual às tarefas de prioridade mais alta da aplicação, por conta disso, respondem ao sinal do periférico tão logo a tarefa em execução fique bloqueada.

d) Os tratadores de interrupção associados com device-drivers são tarefas que tem prioridade inferior a qualquer tarefa do sistema, por conta disso, respondem ao sinal do periférico apenas se o sistema não possuir nenhuma outra tarefa em execução.

18) Em sistemas operacionais de tempo real, manter uma granularidade fina para as seções críticas dentro do kernel pode aumentar a complexidade do código, contudo, reduz o tempo de bloqueio de uma tarefa de alta prioridade por uma tarefa de baixa prioridade utilizando uma estrutura de dados compartilhada. Desta forma, o emprego de seções críticas menores dentro do kernel implica em:

a) Mais inversão de prioridades dentro do kernel e, como consequência, tempos de resposta no pior caso menores para as tarefas da aplicação que fazem chamadas de sistema.

b) Menos inversão de prioridades dentro do kernel e, como consequência, tempos de resposta no pior caso maiores para as tarefas da aplicação que fazem chamadas de sistema.

c) Menos inversão de prioridades dentro do kernel e, como consequência, tempos de resposta no pior caso menores para as tarefas da aplicação que fazem chamadas de sistema.

d) Mais inversão de prioridades dentro do kernel e, como consequência, tempos de resposta no pior caso maiores para as tarefas da aplicação que fazem chamadas de sistema.

19) Implementar uma tarefa periódica parece simples, mas na prática requer o auxílio do sistema operacional. Suponha que um programador deseja implementar uma tarefa periódica com período P. Ela é implementada como um laço onde, além das atividades necessárias da tarefa, é colocada uma chamada "sleep(P)", o resultado será:

a) Uma tarefa periódica com período igual a: P.

b) Uma tarefa periódica com período igual a: P + (Constante).

c) Uma tarefa recorrente com intervalo de recorrência igual a: P + (Valor variável dependente da fila de aptos).

d) Uma tarefa recorrente com intervalo de recorrência igual a: P + (Constante independente do hardware).

20) Um dos grandes desafios para sistemas operacionais está relacionado à exclusão mútua, ou seja, a garantia de que um processo execute sua seção crítica por completo. O FreeRTOS, um sistema operacional de tempo real, oferece uma variada gama de mecanismos para a comunicação e sincronização entre threads, dentre eles, as macros "taskENTER_CRITICAL()" e "taskEXIT_CRITICAL()" são utilizadas para sinalizar a entrada e saída da seção crítica respectivamente. Selecione a alternativa que melhor descreve o funcionamento destas duas macros.

a) A primeira desabilita interrupções, impedindo a preempção da thread em execução. Podem ser aninhadas pois o microkernel mantém uma contagem do número de operações ENTER e somente retorna a habilitar interrupções quando este número volta a zero através de operações EXIT.

b) A primeira desabilita interrupções, impedindo a preempção da thread em execução. A segunda habilita as interrupções permitindo a preempção novamente. Não podem ser aninhadas pois produziria um bloqueio recursivo resultando em um deadlook.

c) A primeira desabilita interrupções por cinco tiks. A segunda habilita as interrupções, caso ainda não tenham sido habilitadas, permitindo a preempção novamente. Podem ser aninhadas pois o microkernel mantém uma contagem do número de operações ENTER e somente retorna a habilitar interrupções quando este número volta a zero através de operações EXIT ou contagem de tiks.

d) A primeira desabilita interrupções, impedindo a preempção da thread em execução. Podem ser aninhadas pois o microkernel mantém uma contagem do número de operações EXIT e somente retorna a habilitar interrupções quando este número volta a zero através de operações ENTER.

21) Com o propósito de economizar energia quando não existe processamento para fazer os processadores oferecem estados de dormência (*idle states*). Um processador em estado de dormência reduz consideravelmente seu consumo de energia. Exatamente como o mecanismo funciona varia de processador para processador, no entanto, dois parâmetros são relevantes na visão de sistemas de tempo real: o *target residency* (residência alvo) e o *exit latency* (latência de saída). Selecione a alternativa que melhor descreve estes dois parâmetros.

a) - *Target residency*: tempo que o processador precisa ficar no estado ocioso para justificar a energia extra gasta para entrar e sair do estado ocioso.

- *Exit latency*: tempo que o hardware demora para sair do estado de dormência e voltar a operação normal.

b) - *Target residency*: tempo máximo suportado pelo hardware em operação no estado de dormência.

- *Exit latency*: tempo mínimo suportado pelo hardware entre duas entradas em estado dormência.

c) - *Target residency*: potência consumida em estado de dormência.

- *Exit latency*: tempo que o hardware demora para sair do estado de dormência e voltar a operação normal.

d) - *Target residency*: potência consumida em estado de dormência.

- *Exit latency*: tempo mínimo suportado pelo hardware entre duas entradas em estado dormência.

19. Tópicos Adicionais

Que outros temas relativos a sistemas de tempo real podem ser estudados ?

A caracterização dos sistemas de tempo real apresentada no capítulo 1 mostrou como são variadas as classes de aplicações que incluem requisitos temporais. Uma consequência disto é a possibilidade de visitar praticamente todas as áreas da computação com um olhar de "tempo real". Por exemplo, existem trabalhos sobre banco de dados para tempo real [BES1997] ou processamento de imagens em tempo real [VIO2004].

Ao longo dos capítulos deste livro foram apresentados vários aspectos dos sistemas de tempo real. Principalmente as questões centrais ligadas à implementação de tarefas, seu escalonamento e a verificação do cumprimento dos requisitos temporais. É impossível cobrir em um só livro todos os aspectos dos sistemas de tempo real tratados na literatura científica.

Neste capítulo são apresentados vários tópicos adicionais, ou quais são brevemente descritos. O objetivo é mostrar que existem trabalhos importantes sobre estes tópicos. O leitor especialmente interessado em um dos tópicos descritos neste capítulo poderá buscar mais informações na literatura especializada da área em questão.

19.1 Servidores de Tarefas Aperiódicas

No capítulo 15 foram apresentados testes de escalonabilidade que são capazes de garantir que todas as tarefas cumprirão seus respectivos deadlines. Entretanto, tais testes precisam assumir uma carga computacional limitada, como por exemplo tarefas periódicas ou esporádicas. Muitos sistemas incluem também tarefas aperiódicas, sobre as quais nada é sabido sobre seus padrões de chegada. Podem existir tarefas aperiódicas sem requisitos temporais, as quais deseja apenas minimizar o tempo médio de resposta. Também podem existir tarefas aperiódicas com requisitos de tempo real, para as quais se busca garantir o deadline da ativação em questão quando ela chega (garantia dinâmica). Por exemplo, tarefas aperiódicas que fazem a transferência de arquivos de configuração e de histórico ou implementam a interface humano-máquina.

Servidores de tarefas aperiódicas (***aperiodic servers***) são usados para executar ativações de tarefas aperiódicas sem comprometer a garantia dada para os deadlines das tarefas periódicas e esporádicas. É necessário sempre cumprir os deadlines garantidos. O que sobra de tempo do processador é então fornecido para uma tarefa especial: o servidor de aperiódicas. Desta forma, o servidor de aperiódicas executa quando isto não compromete as garantias já dadas.

O servidor de aperiódicas não é uma tarefa de verdade. Ele usa o seu tempo de processador disponível para executar ativações de tarefas aperiódicas (*jobs*) que chegam ao sistema. O papel do servidor de aperiódicas é ilustrado na figura 19.1. Tarefas aperiódicas formam uma fila que é atendida pelo servidor de aperiódicas. Na verdade podem existir apenas um ou vários servidores de aperiódicas. O importante é que na análise da escalonabilidade das tarefas com deadlines garantidos seja considerado qualquer possível impacto do servidor de aperiódicas sobre o tempo de resposta delas.

Existem na literatura muitos algoritmos para servidores de aperiódicas. A questão central é sempre quando executar o servidor de aperiódicas. O servidor mais simples é o **servidor de background** (***background server***). Neste caso, o servidor executa somente quando o processador estiver livre. Ele pode ser usado tanto com prioridades fixas como com prioridades variáveis. É muito simples de implementar e não afeta a escalonabilidade do sistema. A maior limitação deste servidor é fazer as tarefas aperiódicas esperarem até o processador ficar livre, quando elas poderiam executar antes, reduzindo seu tempo de resposta médio, sem comprometer os deadlines já garantidos. É isto que os demais algoritmos de servidores de aperiódicas fazem, ou seja, detectam as sobras de tempo de processamento o mais cedo possível.

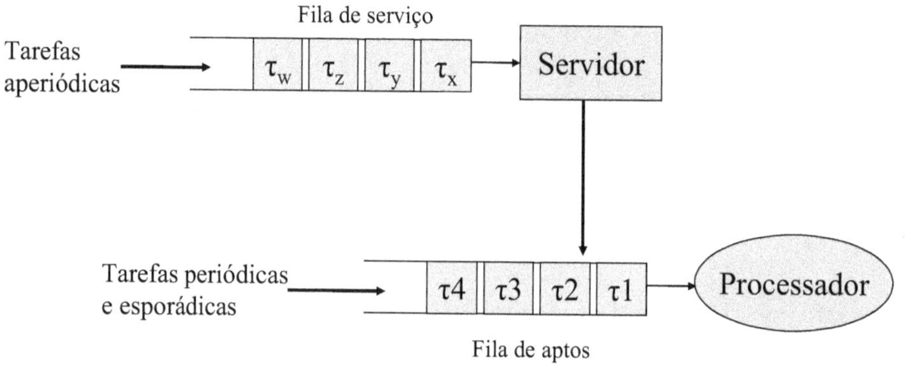

Figura 19.1 – Servidor de Tarefas Aperiódicas.

No **servidor periódico** (***polling server***) uma tarefa periódica é criada para atender a carga aperiódica. A tarefa servidora possui um período P_{PS} e um tempo máximo de execução C_{PS} a cada período. Esta é a capacidade nominal do servidor. O servidor é escalonado como uma tarefa periódica normal. Qualquer análise de escalonabilidade capaz de lidar com tarefas periódicas pode ser usada. A cada ativação da "tarefa periódica servidora" ela executa as requisições aperiódicas pendentes dentro do limite de sua capacidade, com sua prioridade natural no sistema (pode ser fixa com DM ou variável com EDF, por exemplo). Quando não houver requisições aperiódicas pendentes, a tarefa servidora suspende-se até o início do próximo período. Neste caso, a sua capacidade de atendimento é zerada até o início do seu próximo período. Esta capacidade é reabastecida com C_{PS} no início do próximo período.

Além destes dois básicos, existe uma série de outros servidores de aperiódicas com propriedades interessantes. Para prioridades fixas o mais importante é o **servidor esporádico** (***sporadic server***). Para EDF são muito citados o **TBS** (***total bandwidth server***) e o **CBS** (***constant bandwidth server***). Em [SHA2004] é feita a descrição de vários algoritmos importantes para servidores de aperiódicas.

19.2 Multiprocessadores

A cada dia as aplicações de tempo real ficam mais complexas, demandando mais poder computacional. Este poder computacional maior vem, atualmente, na forma de multiprocessamento. A frequência dos processadores permanece mais ou menos estável, mas a cada dia aumenta o número de **núcleos processadores** (*cores*) na mesmo circuito integrado. Isto acontece em servidores, em desktops e nos sistemas computacionais embutidos em equipamentos (*embedded systems*). Infelizmente, o escalonamento de sistemas de tempo real em multiprocessadores é um problema muito mais difícil do que em monoprocessadores. A maioria dos resultados teóricos provados para um monoprocessador não são verdadeiros para o caso de multiprocessadores [DAV2011].

O escalonamento em multiprocessadores é composto por dois problemas. Um **problema de alocação** (***allocation problem***), quando é decidido em qual processador uma dada tarefa deve executar. E um **problema de ordenação** (***priority problem***), quando é decidido quando cada ativação de cada tarefa executa.

Com respeito à alocação, soluções de escalonamento são classificadas conforme o tipo de migração permitido. Uma tarefa migra quando ela executa em um processador e depois executa em outro. Existem três tipos de sistema com respeito às migrações:

- **Sem migração** (***no migration***): Cada tarefa é alocada a um processador e jamais migra;

- **Migração de tarefa** (***task-level migration***): Ativações diferentes de uma mesma tarefa podem executar em processadores diferentes, mas uma vez que uma dada ativação (*job*) iniciou em um processador, aquela ativação em particular executará ali até sua conclusão;

- **Migração a qualquer momento** (***job-level migration***): Qualquer ativação de qualquer tarefa pode migrar a qualquer momento.

Algoritmos de **escalonamento particionado** (***partitioned scheduling***) são aqueles onde nenhuma migração é permitida. Por outro lado, no **escalonamento global** (***global scheduling***) migrações são permitidas a qualquer momento.

Ao longo dos anos vários pesquisadores contribuíram para a determinação de algumas propriedades fundamentais do escalonamento em multiprocessadores. É sabido que não existe algoritmo global ótimo para conjuntos de tarefas esporádicas com deadlines diferentes dos períodos, pois a optimalidade exigiria **clarividência** (***clairvoyance***) do algoritmo. Porém existem algoritmos globais ótimos para conjuntos de tarefas periódicas com deadline relativo igual ao período. Um algoritmo é ótimo em uma determinada classe de algoritmos quando ele consegue escalonar com sucesso qualquer conjunto de tarefas que possa ser escalonado por algum algoritmo daquela classe.

Sistemas particionados são mais simples de implementar e analisar, porém são menos eficientes na ocupação dos processadores. Em um sistema particionado, caso uma tarefa τk seja alocada a um dado processador, ela não poderá executar em nenhum outro processador, mesmo que este outro processador esteja livre. Já no escalonamento global tarefas aptas podem aproveitar todos os processadores livres. Porém, em geral o escalonamento global aumenta o esforço computacional no sistema (*overhead*) em função das preempções e migrações. Existem algoritmos de escalonamento global ótimo que buscam minimizar estes custos [REG2011].

A análise do tempo de resposta, apresentada no capítulo 15 para monoprocessadores, está baseada no conceito de instante crítico. Quando prioridade fixa é usada com escalonamento global, uma tarefa não tem o seu tempo de resposta no pior caso necessariamente quando chega junto com tarefas de mais alta prioridade. Em multiprocessadores, o tempo de resposta da tarefa aumenta quando a chegada das tarefas de prioridade mais alta é tal que todos os processadores são ocupados simultaneamente [OLI2014].

Existem vários tipos de anomalias [AND2002a] que tornam a determinação da pior sequência de chegadas um problema combinatório. Não existe um cenário de chegadas conhecido para gerar o tempo de resposta no pior caso de uma tarefa em sistemas com tarefas esporádicas e escalonamento global [BAR2007]. Um excelente levantamento dos algoritmos e abordagens existentes pode ser encontrado em [DAV2011].

É possível comparar dois algoritmos de escalonamento para multiprocessador através da identificação da relação entre eles, podendo ser:

- **Dominância** (***dominance***): O algoritmo A domina o algoritmo B se todos os conjuntos de tarefas que são escalonáveis por B são também escalonáveis por A, porém existem conjuntos de tarefas escalonáveis com A que não são escalonáveis com B.

- **Equivalência** (***equivalence***): O algoritmo A é equivalente ao algoritmo B se todos os conjuntos de tarefas escalonáveis por B são também escalonáveis por A, e vice-versa.

- **Incomparável** (***incomparable***): O algoritmo A é incomparável com o algoritmo B se existem conjuntos de tarefas escalonáveis com A que não são escalonáveis com B e vice-versa.

É sabido que escalonamento global usando prioridades dinâmicas domina todas as demais classes. Também é sabido que o emprego de prioridades fixas torna os três tipos de migração incomparáveis entre eles. E para qualquer tipo de política de prioridades, escalonamento particionado é incomparável com escalonamento onde apenas migração de tarefa é permitida.

Um importante problema adicional encontrado com multiprocessadores é a interferência indireta sofrida de tarefas que executam em outros processadores [DAV2018]. Em um sistema com múltiplos núcleos de processamento (*multicore system*), o WCET de uma tarefa é fortemente afetado por interferências que acontecem entre diferentes núcleos através da disputa por recursos de hardware compartilhados tais como memória principal, memórias cache e barramentos comuns. Isto acontece ao ponto de ser impossível determinar o WCET de uma tarefa em uma arquitetura multiprocessadora complexa sem saber quais tarefas estão executando nos outros processadores. Existem várias propostas na literatura sobre como as tarefas em diferentes processadores poderiam ser temporalmente isoladas entre si, e propostas de métodos de análise capazes de incluir a interferência indireta na análise da escalonabilidade do sistema.

O escalonamento tempo real em multiprocessadores é um tema complexo, para o qual existe uma literatura científica gigantesca, e muitas questões ainda em aberto. Trata-se ainda de um problema longe de estar resolvido. E provavelmente necessitaria de um livro inteiro para ser tratado de forma abrangente.

19.3 Protocolos de Comunicação

Ao longo de todo o livro a preocupação central foi com a divisão do tempo do processador entre as tarefas do sistema de maneira a atender os requisitos temporais. Embora o tempo do processador seja obviamente muito importante, atualmente um grande número de aplicações de tempo real são na verdade distribuídas. Isto significa que os objetivos do sistema de tempo real são alcançados através da colaboração de tarefas que executam em diferentes processadores e comunicam-se através de redes de computadores.

Toda comunicação entre computadores requer algum protocolo, normalmente uma **pilha de protocolos** (***protocol stack***). Um **protocolo de comunicação** (***communication protocol***) define as regras que devem ser seguidas para que a comunicação entre dois computadores ocorra de sucesso. Isto inclui o que transmitir, quando transmitir, quem transmite o que, etc. Protocolos são organizados em pilhas pois isto permite que um protocolo de alto nível (acima na pilha) possa usar os serviços de outro protocolo de mais baixo nível (abaixo na pilha). Provavelmente as pilhas de protocolos mais conhecidas são aquelas usadas na Internet. Por exemplo, o protocolo HTTP usado nos browsers é construído a partir do protocolo de transporte de dados TCP, o qual usa o protocolo IP para conectar computadores de diferentes redes, os quais são conectados localmente através do protocolo Ethernet. Livros inteiros são dedicados às redes de computadores, tais como [TAN2010] e [PET2017].

Embora os protocolos associados com a Internet sejam os mais usados em geral, existem muitas aplicações de tempo real com requisitos temporais rigorosos e críticos. Por exemplo, aquelas dentro de aviões, carros, na geração de energia elétrica, etc. Neste tipo de sistema são usados protocolos de comunicação específicos, os quais apresentam propriedades mais interessantes para o contexto da aplicação. Protocolos de comunicação usados em um contexto industrial ou dentro de veículos e máquinas são genericamente chamados de **barramento de campo** (***fieldbus***). O nome vem do fato dos computadores conectados não estarem em um escritório ou residência, mas sim no "campo", onde o que é "campo" varia de aplicação para aplicação. Os barramentos de campo diferem dos protocolos da Internet principalmente por apresentarem menor variabilidade nos tempos de comunicação, ou seja, o tempo necessário para levar uma mensagem de um computador até outro é melhor conhecido a priori. Também apresentam em geral maior confiabilidade (mensagens são perdidas ou descartadas com menor frequência) e maior robustez eletromecânica contra ruídos eletromagnéticos, vibrações e geração de faíscas em ambientes explosivos, por exemplo.

Abaixo são listados a título de exemplo alguns dos barramentos de campo usados em sistemas de tempo real com requisitos rigorosos e/ou críticos:

CAN (**Controller Area Network**) – Muito usada em veículos automotores e máquinas industriais, cada mensagem possui uma prioridade (*CAN network identifier*), a qual define a ordem de transmissão no barramento, de forma equivalente a um escalonamento com prioridades fixas não preemptivas. Os computadores esperam até o barramento estar livre e então iniciam a transmissão. Se vários transmitem ao mesmo tempo, somente a mensagem com prioridade mais alta será transmitida, as demais precisarão esperar o próximo momento de barramento livre.

FlexRay – Foi criado especificamente para redes automotivas, onde é necessário determinismo, sincronização e confiabilidade. Ele inclui sincronização de relógios, tolerância a faltas e um mecanismo para controle de acesso ao barramento sem colisões. Este mecanismo é baseado no conceito de ciclos de comunicação (*FlexRay Cycle*) com duração fixa. Cada ciclo é dividido em quatro segmentos: segmento estático onde é pré-definido qual computador transmite, segmento dinâmico onde são definidas prioridades para as mensagens, e mais dois segmentos para controle e sincronização de relógios. Sistemas automotivos normalmente incluem CAN e FlexRay simultaneamente [LAN2016].

AFDX (**Avionics Full Duplex Switched Ethernet**) – Também conhecido como o padrão de comunicação ARINC 664, foi criado especificamente para sistemas aviônicos modernos. Baseia-se na tecnologia de **ethernet chaveada** (***switched ethernet***), mas impõe rigoroso controle de fluxo para permitir que os tempos de comunicação entre os computadores no pior caso possam ser determinados ainda em tempo de projeto.

Foundation Fieldbus – Criado visando aplicação em plantas industriais, principalmente na indústria de petróleo e gás, onde existe a preocupação com a geração de faíscas em atmosferas explosivas. O Foundation Fieldbus é usado para conectar sensores (temperatura, pressão, vazão, etc), atuadores (válvulas, bombas, etc) e controladores. Através deste barramento os valores sensoriados são enviados para os controladores, os quais executam as leis de controle realimentado previamente programadas e enviam comandos para os atuadores na planta. O Foundation Fieldbus inclui, além dos protocolos de comunicação, uma solução completa para o projeto (*design*) e implantação (*deployment*) de estratégias distribuídas de controle realimentado em sistemas industriais instrumentados.

Profibus – Foi criado para sistemas de automação industrial em geral, tais como produtos químicos, farmacêuticos, papel e celulose, alimentos, energia, água, etc. Ele permite a integração de diferentes equipamentos de campo, mesmo usando diferentes protocolos a nível físico, desde que os mesmos implementem a interface Profibus. Inclui soluções para fornecimento de energia através do próprio barramento para dispositivos simples, e segurança contra explosões.

TTP (Time-Triggered Protocol) - Foi também desenvolvido visando aplicações em veículos e controle industrial. Como o próprio nome informa, o controle do acesso ao barramento está fortemente conectado com instantes de tempo para transmissão de cada computador, pré-definidos durante o projeto. Possui recursos importantes de tolerância a faltas e sincronização de relógios, além de excelente determinismo temporal.

Real-Time Ethernet – Existem muitos protocolos baseados em ethernet para aplicações de tempo real, inclusive alguns dos listados acima. Isto acontece pois as redes ethernet são baratas para instalar e manter, robustas, escaláveis, além de serem relativamente simples. Entretanto, a concepção original da Ethernet a torna problemática para sistemas de tempo real, pela potencial enorme variação dos tempos para comunicação entre computadores. Em [DAN2014] são listados diferentes protocolos baseados em ethernet para a comunicação de dados em tempo real no contexto da automação.

19.4 Protocolos para Sincronização de Relógios

O capítulo 3 mostrou como o tempo real é definido e medido em termos de engenharia. Também mostrou que relógios em computadores são baseados em cristais de quartzo os quais inevitavelmente apresentam alguma **taxa de deriva** (***drift rate***) a qual os faz divergir com o passar do tempo. Para que a hora de dois relógios diferentes possa ser comparada, deve existir uma sincronização entre estes relógios. A sincronização não precisa ser perfeita, mas deve estabelecer um limite máximo de erro entre eles. O que é um limite de erro aceitável depende, obviamente, dos requisitos temporais da aplicação em questão. A taxa de deriva esperada e o erro máximo tolerado pela aplicação vai definir a frequência das resincronizações. **Sincronização externa** acontece quando todos os relógios do sistema são sincronizados com uma fonte externa de referência, tipicamente com a UTC [COU2011]. Se os relógios são sincronizados com um grau de precisão conhecido em relação a outro relógio dentro do próprio sistema, temos **sincronização interna**.

Na ausência de uma conexão direta a um receptor de tempo **GPS** (***Global Positioning System***) ou equivalente, a sincronização ocorre com algum protocolo de sincronização via rede de comunicação [CEN2013a] [CEN2013b]. No ambiente geral da Internet o protocolo mais usado é o **NTP** (***Network Time Protocol***). A sincronização utilizando o NTP apresenta precisão na ordem de dezenas de milissegundos na Internet e de um milissegundo em redes locais, dependendo das condições da rede.

Protocolos de sincronização para aplicações de tempo real no ambiente industrial também podem usar NTP, se a precisão dele for suficiente para a aplicação. Porém, em ambientes industriais, com requisitos temporais mais rigorosos com respeito à sincronização de relógios, e a disponibilidade de redes de comunicação com atrasos mais previsíveis, uma solução cada vez mais frequente é utilizar o protocolo **PTP** (***Precision Time Protocol***), definido no padrão IEEE 1588-2008. O padrão foi originalmente concebido para a realização de testes em redes e para a sua aplicação na automação industrial [NEA2006]. O protocolo PTP implementado em software pode atingir precisão da ordem de microssegundos. Por esta razão sua utilização tem crescido muito em sistemas industriais de tempo real.

Além dos protocolos de propósito geral, como NTP e PTP, existem protocolos de sincronização de relógios definidos para um tipo específico de sistema, e atrelado a um protocolo de rede industrial (*fieldbus*) específico. São exemplos desta classe os protocolos encontrados no EtherCAT para automação industrial e no FlexRay para sistemas automotivos.

A disponibilidade de relógios sincronizados com a UTC tornou-se essencial para sistemas de tempo real em fábricas, sistemas de geração e transmissão de energia elétrica e basicamente qualquer sistema de controle e monitoração via rede. Todos os protocolos de sincronização fazem basicamente a mesma coisa: obter o tempo de alguma fonte confiável, avaliar os atrasos da rede no momento de trocar informações, compensar erro absolutos (*offset compensation*) e compensar taxas de derivas (*rate compensation*). No entanto, cada protocolo faz isto de forma diferente, principalmente por que as redes de comunicação usadas são diferentes e apresentam diferentes distribuições de atrasos. A escolha do protocolo de sincronização de relógios a ser usado depende fundamentalmente da rede de comunicação usada e do rigor dos requisitos temporais da aplicação em questão.

19.5 Computação Imprecisa

Os sistemas em geral, que não possuem requisitos de natureza temporal, são caracterizados por uma abordagem do tipo "fazer o trabalho usando o tempo que for necessário". Isto acontece no caso de um compilador C ou de uma folha de pagamentos. Já sistemas de tempo real possuem uma abordagem diferente, pois o tempo é limitado e é preciso garantir que será possível atender aos prazos impostos pelo ambiente do sistema. Logo, a preocupação é "garantir que o trabalho será concluído no tempo disponível".

A dificuldade encontrada no escalonamento de tempo real levou alguns pesquisadores a proporem uma abordagem diferente, do tipo "fazer o trabalho possível dentro do tempo disponível". Isto significa sacrificar a qualidade dos resultados para poder cumprir os prazos exigidos. Esta técnica, conhecida pelo nome de **Computação Imprecisa** (***Imprecise Computation***), flexibiliza o escalonamento tempo real [LIU1994]. A técnica pode ser usada para obter certos níveis de **tolerância a faltas** (***fault tolerance***) no sistema [RIO2009]. Por exemplo, como um mecanismo para tratar de sobrecargas temporárias em sistemas cuja carga é dinâmica. Também existem trabalhos mais recentes estendendo o conceito para, por exemplo, o contexto da **computação em nuvem** (***cloud computing***) [SHI2014].

A Computação Imprecisa está fundamentada na ideia de que cada tarefa do sistema possui uma **parte obrigatória** (***mandatory part***) e uma **parte opcional** (***optional part***). A parte obrigatória da tarefa é capaz de gerar um resultado com a qualidade mínima, necessária para manter o sistema operando de maneira segura. A parte opcional então refina este resultado, até que ele alcance a qualidade desejada. O resultado da parte obrigatória é dito **impreciso** (***imprecise result***), enquanto o resultado das partes obrigatória+opcional é dito **preciso** (***precise result***). Uma tarefa é chamada de **tarefa imprecisa** (***imprecise task***) se for possível decompô-la em parte obrigatória e parte opcional.

Em situações normais, tanto a parte obrigatória quanto a parte opcional são executadas. Desta forma, o sistema gera resultados com a precisão desejada. Se, por algum motivo, não for possível executar todas as tarefas do sistema, algumas partes opcionais serão deixadas de lado. Este mecanismo permite uma degradação controlada do sistema, na medida em que pode-se determinar o que não será executado em caso de sobrecarga. É possível dizer que Computação Imprecisa faz uma composição das abordagens tipo melhor esforço (partes opcionais) com as abordagens que oferecem garantia (partes obrigatórias). O modelo de tarefas normalmente associado com Computação Imprecisa não exclui a existência de tarefas somente com parte obrigatória ou somente com parte opcional. Cabe ao desenvolvedor da aplicação definir quais são as partes obrigatórias e quais são as opcionais.

Computação Imprecisa generaliza o conceito de algoritmos do tipo "**a-qualquer-tempo**" (***anytime algorithms***) [GAR1994]. Um algoritmo tipo "a-qualquer-tempo" é formado por refinamentos iterativos que, a qualquer momento, podem ser interrompidos e a melhor resposta até o momento é fornecida. É esperado que a qualidade da resposta melhore na medida em que o algoritmo tiver mais tempo para executar. Existem muitos algoritmos deste tipo na literatura de **inteligência artificial** (***artificial inteligence***).

Existem 3 formas básicas de programar usando Computação Imprecisa normalmente citadas na literatura: a programação pode ser feita com funções monotônicas, funções de melhoramento ou múltiplas versões.

As **funções monotônicas** (***monotone functions***) são aquelas cuja qualidade do resultado aumenta (ou pelo menos não diminui) na medida em que o tempo de execução de uma função iterativa aumenta. As computações necessárias para obter-se um nível mínimo de qualidade correspondem à parte obrigatória. Qualquer computação além desta será incluída como parte opcional. O nível mínimo de qualidade deve garantir uma operação segura do sistema, enquanto a parte opcional refina progressivamente o resultado da tarefa. Algoritmos deste tipo podem ser encontrados nas áreas de cálculo numérico, estimativa probabilista, pesquisa heurística, ordenação e consulta a banco de dados.

Funções de melhoramento (***sieve functions***) são aquelas cuja finalidade é produzir saídas no mínimo tão precisas quanto as correspondentes entradas. O valor de entrada é melhorado de alguma forma. Se o resultado recebido como entrada por uma função de melhoramento é aceitável como saída, então a função pode ser completamente omitida (não executada). As funções de melhoramento normalmente formam partes opcionais logo após algum cálculo obrigatório. Tipicamente, não existe benefício em executar uma função de melhoramento parcialmente. Isto significa que o escalonador deve optar, antes de iniciar a tarefa, em executa-la completamente ou não executa-la. Por exemplo, etapas no processamento de sinais de radar ou de imagens em geral podem ser puladas, reduzindo a qualidade do resultado e o tempo total de processamento.

Uma tarefa também pode ser implementada através de **múltiplas versões** (***multiple versions***). Normalmente são empregadas duas versões. A versão primária gera um resultado preciso, porém possui um tempo de execução no pior caso desconhecido ou muito grande. A versão secundária gera um resultado impreciso, porém seguro para o sistema, em um tempo de execução menor e bem conhecido. A cada ativação da tarefa, cabe ao escalonador escolher qual versão será executada. No mínimo, deve ser garantido tempo de processador para a execução da versão secundária. Esta técnica é a mais flexível do ponto de vista da programação. Por exemplo, o controle realimentado de um processo pode ser implementado com uma versão primária baseada em algoritmos mais demorados e complexos (por exemplo controle preditivo) e uma versão secundária baseada em controlador proporcional extremamente rápido, porém com menor qualidade no resultado.

19.6 Engenharia de Software

Ao longo deste livro a principal preocupação foi tratar os aspectos dos sistemas de tempo real relacionados com a implementação de tarefas, seus tempos de execução e seu escalonamento com o propósito de cumprir requisitos temporais, especialmente deadlines. Entretanto, é sabido que o desenvolvimento de sistemas em software apresenta uma enorme lista de outros aspectos que também precisam ser considerados.

A área genericamente conhecida como **engenharia de software** (***software engineering***) é normalmente associada com o estudo de conceitos e mecanismos para o planejamento e a gerência do processo de desenvolvimento de software [PRE2014] [SOM2015]. Isto inclui as etapas de especificação, desenvolvimento, testes e manutenção do software. Neste contexto, a engenharia lida com questões a respeito de arquitetura de software (*software architecture*), padrões de projeto (*design patterns*), linhas de produto (*product line architectures*), desenvolvimento baseado em modelos (*model based development*), modelagem de casos de uso (*use case modeling*), etc.

Além da literatura geral de engenharia de software, existem autores que tratam especificamente da engenharia de software em sistemas de tempo real [DOU2004] [GOM2016]. Neste contexto destacam-se diversas linguagens de modelagem e processos de desenvolvimento concebidos para, entre outras coisa, serem aplicados em sistemas de tempo real. Podemos destacar, entre outras, UML, SYSML e MARTE.

A linguagem de modelagem **UML** (***Unified Modeling Language***) é amplamente usada para a modelagem visual de software a nível conceitual, de especificação e design. Originalmente concebida por Grady Booch, Ivar Jacobson e James Rumbaugh em 1994, passou por ampliações desde então. Em 1997 UML foi adotada como um padrão pela **OMG** (**Object Management Group**) e também em 2005 pela **ISO** (**International Organization for Standardization**).

UML é uma linguagem gráfica, orientada a objetos, de propósito geral. Para sua utilização em sistemas de tempo real, UML provê formas de representar requisitos temporais, não determinismo e concorrência. UML fornece maneiras padronizadas para representar questões relacionadas com requisitos temporais e escalonabilidade.

Além de UML, existe também a linguagem de modelagem **SYSML** (***Systems Modeling Language***), a qual foi projetada para prover construções simples mas poderosas para a modelagem de uma grande variedade de problemas na engenharia de sistemas, as quais incluem tipicamente aplicações computacionais com requisitos de tempo real. Ela reutiliza um subconjunto dos modelos da UML e provê construções adicionais, com o objetivo de satisfazer as necessidades da engenharia de sistemas. Ela é particularmente efetiva na especificação de estrutura, comportamento, requisitos e restrições sobre propriedades do sistema para apoiar a parte de análise [LIN2006].

MARTE (***Modeling and Analysis of Real-time and Embedded Systems***), também um padrão da OMG, define como sistemas de tempo real podem ser descritos em termos de modelos. Os modelos procuram dar o suporte necessário ao desenvolvimento, desde a especificação até o design detalhado, incluindo facilidades para a análise temporal do sistema a partir de seus modelos. MARTE provê uma forma padronizada de modelar tanto software como hardware de sistemas embutidos de tempo real (*real-time embedded systems*) de maneira a facilitar a comunicação entre desenvolvedores e entre ferramentas de desenvolvimento.

19.7 Exercícios

1) Qual o propósito de um servidor de tarefas aperiódicas ?

2) Considerando os servidores de tarefas aperiódicas, qual a vantagem de um servidor periódico sobre um servidor de *background* ?

3) Qual a diferença entre escalonadores globais e escalonadores particionados para multiprocessadores ?

4) Quais as dificuldades para aplicar a análise de tempo de resposta no caso de multiprocessadores?

5) O que é um barramento de campo (*fieldbus*) ?

6) Procure na Internet por implementações do PTP (Precision Time Protocol) para Linux e para FreeRTOS. Existem implementações disponíveis com código aberto ?

7) Tente imaginar uma tarefa onde o conceito de parte obrigatória e parte opcional da Computação Imprecisa poderia ser aplicado. Identifique qual das três formas descritas no texto seria mais apropriada para implementá-la.

8) Considerando tudo o que foi visto neste livro, cite alguns cuidados a serem tomados na engenharia de software para sistemas de tempo real.

20. Referências Bibliográficas

[AMD2010] AMD. AMD64 Architecture Programmer's Manual. Revision 3.17, junho 2010.

[AND1997] J. H. Anderson, S. Ramamurthy, K. Jeffay. Real-time computing with lock-free shared objects. Journal ACM Transactions on Computer Systems, vol. 15, no. 2, pp. 134-165, May 1997.

[AND2002a] B. Andersson, J. Jonsson. Preemptive multiprocessor scheduling anomalies. Proc. of the 16th IEEE International Parallel and Distributed Processing Symposium, pp. 12-19, abril 2002.

[AND2002b] W. Andrewes. Uma Crônica do Registro do Tempo. Scientific American Brasil, pp 88-97, outubro 2002.

[AND2014] T. Anderson, M. Dahlin. Operating Systems: Principles and Practice. 2nd edition. Recursive Books, 2014.

[ARC2015] L. F. Arcaro, R. S. de Oliveira. Lessons learned from the development of an ARINC 653 compatible Operating System. Proc. of the 13th IEEE International Conference on Industrial Informatics, julho 2015.

[ARC2018] L. F. Arcaro, K. P. Silva, R. S. de Oliveira. On the Reliability and Tightness of GP and Exponential Models for Probabilistic WCET Estimation. ACM Transactions on Design Automation of Electronic Systems, vol. 23, no. 3, pp. 1-27, março 2018.

[AUD1991] N. C. Audsley, A. Burns, M. F. Richardson, A. J. Wellings. Hard Real-Time Scheduling: The Deadline-Monotonic Approach. IFAC Proceedings Volumes, vol. 24, no. 2, pp. 127-132, 1991.

[AUD1993] N. C. Audsley, A. Burns, M. Richardson, K.W. Tindell, A.J. Wellings. Applying New Scheduling Theory to Static Priority Pre-Emptive Scheduling. Software Engineering Journal, vol. 8, no. 5, pp. 284-292, setembro 1993.

[AUD1995] N. C. Audsley, A. Burns, R.I. Davis, K. W. Tindell, A. J. Wellings. Fixed priority scheduling an historical perspective, Real-Time Systems, vol. 8, no. 3, pp. 173-198. 1995.

[AUD2001] N. C. Audsley. On priority assignment in fixed priority scheduling. Information Processing Letters, vol. 79, no. 1, pp. 39-44, maio 2001.

[BAK1991] T. P. Baker. Stack-based scheduling of realtime processes. Real-Time Systems, vol. 3, no. 1, pp. 67–99, march 1991.

[BAM2016] M. Bambagini, M. Marinoni, H. Aydin, G. Buttazzo. Energy-Aware Scheduling for Real-Time Systems: A Survey. ACM Transactions on Embedded Computing Systems, vol. 15, no. 1, pp. 1-34, janeiro 2016.

[BAR1990] S. K. Baruah, L. E. Rosier, R. R. Howell. Algorithms and complexity concerning the preemptive scheduling of periodic, real-time tasks on one processor. Real-Time Systems, vol. 2, no. 4, pp. 301–324, novembro 1990.

[BAR2007] S. Baruah. Techniques for multiprocessor global schedulability analysis. Proc. of the IEEE 28th Real-Time Systems Symposium, pp. 119- 128, dezembro 2007.

[BER2001] G. Bernat, A. Burns, A. Liamosi. Weakly Hard Real-Time Systems. IEEE Transactions on Computers, vol. 50, no. 4, abril 2001.

[BES1997] A. Bestavros, K. J. Lin, S. H. Son. Advances in Real-Time Database Systems Research. The Springer International Series in Engineering and Computer Science (Real-Time Systems), vol. 396, 1997.

[BIR2005] K. Birman. Reliable Distributed Systems: Technologies, Web Services, and Applications. Springer, 2005.

[BLO2007] A. Block, H. Leontyev, B. B. Brandenburg, J. H. Anderson. A Flexible Real-Time Locking Protocol for Multiprocessors. Proceedings of the 13th IEEE International Conference on Embedded and Real-Time Computing Systems and Applications, pp. 47-56, agosto 2007.

[BLO2018] J. Bloch. Effective Java. 3rd edition. Addison-Wesley Professional, 2018.

[BOV2005] D. P. Bovet, M. Cesati. Understanding the Linux Kernel, 3rd edition, O'Reilly Media, 2005.

[BRI2007] R. J. Bril, J. J. Lukkien, W. F. J. Verhaegh. Worst-Case Response Time Analysis of Real-Time Tasks under Fixed-Priority Scheduling with Deferred Preemption Revisited. Proc. of the 19th Euromicro Conference on Real-Time Systems, pp. 269-279, julho 2007.

[BRI2016] D. B. de Oliveira, R. S. de Oliveira. Timing Analysis of the PREEMPT RT Linux Kernel. Software Practice and Experience, vol. 46, no. 6, pp. 789–819, junho 2016.

[BRY2003] R. E. Bryant, D. R. O Hallaron. Computer Systems: A Programmer's Perspective. Prentice Hall, 2003.

[BUN2011] S. Bünte, M. Zolda, R. Kirner. Let's get less optimistic in measurement-based timing analysis. Proc. of the 6th IEEE International Symposium on Industrial Embedded Systems, pp. 204-212, 2011.

[BUR2009] A. Burns, A. Wellings. Real-Time Systems and Programming Languages: Ada, Real-Time Java and C/Real-Time POSIX. 4th edition. Pearson, 2009.

[BUR2016] A. Burns, A. Wellings. Analysable Real-Time Systems: Programmed in Ada. CreateSpace Independent Publishing Platform, 2016.

[BUT2011] G.Buttazzo. Hard Real-Time Computing Systems. 3rd edition. Springer, 2011.

[BUT2014] P. Butcher. Seven Concurrency Models in Seven Weeks: When Threads Unravel (The Pragmatic Programmers). Pragmatic Bookshelf, 2014.

[CAR2014] A. Carminati, R. S. de Oliveira, L. F. Friedrich. Exploring the Design Space of Multiprocessor Synchronization Protocols for Real-Time Systems. Journal of Systems Architecture, vol. 60, no. 3, pp. 258-270, março 2014.

[CAR2018] A. Carminati, R. A. Starke, R. S. de Oliveira. On the Use of Static Branch Prediction to Reduce the Worst-Case Execution Time of Real-Time Applications. Real-Time Systems, vol. 54, no. 3, pp. 537–561, julho 2018.

[CAY1999] R. Cayssials, J. Orozco, J. Santos, R. Santos. Rate Monotonic scheduling of real-time control systems with the minimum number of priority levels. The 11th Euromicro Conference on Real-Time Systems, junho 1999.

[CAZ2016] F. J. Cazorla, J. Abella, J. Andersson, T. Vardanega, F. Vatrinet, I. Bate, I. Broster, M. Azkarate-askasua, F. Wartel, L. Cucu-Grosjean, F. Cros, G. Farrall, A. Gogonel, A. Gianarro, B. Triquet, C. Hernandez, C. Lo, C. Maxim, D. Morales, E. Quiñones, E. Mezzetti, L. Kosmidis, I. Agirre, M. Fernandez, M. Slijepcevic, P. R. Conmy, W. Talaboulma. PROXIMA: Improving Measurement-Based Timing Analysis through Randomisation and Probabilistic Analysis. Proc. of the Euromicro Conference on Digital System Design, pp. 276–285, 2016.

[CEN2013a] G. Cena, I. C. Bertolotti, S. Scanzio, A. Valenzano, C. Zunino. Synchronize your watches: Part I: General-Purpose Solutions for Distributed Real-Time Control. Industrial Electronics Magazine, vol.7, no.1, pp.18-29, março 2013.

[CEN2013b] G. Cena, I. C. Bertolotti, S. Scanzio, A. Valenzano, C. Zunino. Synchronize your watches: Part I: General-Purpose Solutions for Distributed Real-Time Control. Industrial Electronics Magazine, vol. 7, no. 2, pp.27-39, junho 2013.

[COU1977] P. Cousot, R. Cousot. Abstract interpretation: A unified lattice model for static analysis of programs by construction or approximation of fixpoints. Proc. of the 4th ACM Symposium on Principles of Programming Languages, pp. 238–252, janeiro 1977.

[COU2011] G. Coulouris, J. Dollimore, T. Kindberg, G. Blair. Distributed Systems: Concepts and Design. 5th edition. Addison Wesley, 2011.

[CUL2010] C. Cullmann, C. Ferdinand, G. Gebhard, D. Grund, C. Maiza, J. Reineke, B. Triquet, R. Wilhelm. Predictability Considerations in the Design of Multi-Core Embedded Systems. Proc. of the Embedded Real Time Software and Systems Conference, pp.36-42, 2010.

[DAN2014] P. Danielis, J. Skodzik, V. Altmann, E. B. Schweissguth, F. Golatowski, D. Timmermann, J. Schacht. Survey on real-time communication via ethernet in industrial automation environments. Proc. of the 19th IEEE Emerging Technology and Factory Automation, pp. 1-8, setembro 2014.

[DAV2011] R. I. Davis, A. Burns. A Survey of Hard Real-time Scheduling for Multiprocessor Systems. ACM Computing Surveys, vol. 43, no. 4, pp. 1–44, outubro 2011.

[DAV2016] R. I. Davis, L. Cucu-Grosjean, M. Bertogna, A. Burns. A review of priority assignment in real-time systems. Journal of Systems Architecture, vol. 65, pp. 64-82, 2016.

[DAV2018] R. I. Davis, S. Altmeyer, L. S. Indrusiak, C. M. Vincent, N. J. Reineke. An extensible framework for multicore response time analysis. Real-Time Systems, vol. 54, no. 3, pp. 607–661, julho 2018.

[DOU2004] B. P. Douglass. Real Time UML: Advances in the UML for Real-Time Systems. 3rd edition. Addison-Wesley Professional, 2004.

[ENG1999] J. Engblom, A. Ermedahl. Pipeline timing analysis using a trace-driven simulator. Proc. of the 6th International Conference on Real-Time Computing Systems and Applications, pp. 88–95, dezembro 1999.

[FAL2016] H. Falk, S. Altmeyer, P. Hellinckx, B. Lisper, W. Puffitsch, C. Rochange, M. Schoeberl, R. B. Sørensen, P. Wägemann, S. Wegener. TACLeBench: A benchmark collection to support worst-case execution time research. Proc. of the 16th International Workshop on Worst-Case Execution Time Analysis, pp. 1–10, 2016.

[FOW2003] M. Fowler. UML Distilled: A Brief Guide to the Standard Object Modeling Language, 3rd edition. Addison-Wesley Professional, 2003.

[GAR1994] A. Garvey, V. Lesser. A Survey of Research in Deliberative Real-Time Artificial Intelligence. Real-Time Systems, vol. 6, no. 3, pp. 317-347, 1994.

[GIB2002] W. Gibbs. A Última Palavra em Relógios. Scientific American Brasil, pp 98-105, outubro 2002.

[GOM2016] H. Gomaa. Real-Time Software Design for Embedded Systems. Cambridge University Press, 2016.

[GON2010] A. Gonzalez, F. Latorre, G. Magklis. Processor Microarchitecture: An Implementation Perspective. Synthesis Lectures on Computer Architecture, Morgan&Claypool, 2010.

[GRI2010] D. Griffin, A. Burns. Realism in Statistical Analysis of Worst Case Execution Times. Proc. of the 10th International Workshop on Worst-Case Execution Time Analysis, pp. 44-53, julho 2010.

[GUA2014] N. Guan, W. Yi. General and efficient Response Time Analysis for EDF scheduling. Design, Automation & Test in Europe Conference & Exhibition, pp. 1-6, 2014.

[GUI2005] B. Guinot, E. F. Arias. Atomic time-keeping from 1955 to the present. Metrologia, vol. 42, no. 3, pp. S20-S30, junho 2005.

[HAM1995] M. Hamdaoui, P. Ramanathan. A dynamic priority assignment technique for streams with (m,k)-firm deadlines. IEEE Transactions on Computers, vol. 44, no. 12, pp. 1443–1451, 1995.

[HAN1975] P. B. Hansen. The Programming Language Concurrent Pascal. IEEE Transactions on Software Engineering, vol. SE-I, no.2, junho 1975.

[HAN2009] J. Hansen, S. A. Hissam, G. Moreno. Statistical-Based WCET Estimation and Validation. Proc. of the 9th International Workshop on Worst-Case Execution Time Analysis, julho 2009.

[HEA1999] C.A. Healy, R.D. Arnold, F. Mueller, D.B. Whalley, M.G. Harmon. Bounding pipeline and instruction cache performance. IEEE Transactions on Computers, vol. 48, no. 1, pp. 53–70, janeiro 1999.

[HEN2012] J. L. Hennessy, D. A. Patterson. Computer Architecture: A Quantitative Approach. 5th edition. Morgan Kaufmann, 2012.

[HER1988] M. P. Herlihy. Impossibility and universality results for wait-free synchronization. Proc. 7th Annual ACM Symp. on Principles of Distributed Computing, pp. 276–290, 1988.

[HOL1982] R. C. Holt. A short introduction to Concurrent Euclid. SIGPLAN vol. 17, no. 5, pp. 60-79, maio 1982.

[INT2010] Intel. Intel 64 and IA-32 Architectures Software Developer's Manual. Volume 3B: System Programming Guide, Part 2, 2010.

[ISM2011] H. Ismail, D. N. A. Jawawi. The Specifications of the Weakly Hard Real-Time Systems: A Review. Springer, 2011.

[JAC2008] S. W. Jacob, D. T. Wang. Memory systems: Cache, DRAM, Disk. Morgan Kaufmann, 2008.

[JEF1993] K. Jeffay, D. L. Stone. Accounting for interrupt handling costs in dynamic priority task systems. Proc. of the IEEE Real-Time Systems Symposium, pp. 212-221, dezembro 1993.

[JEN1985] E. D. Jensen, C. D. Locke, H. Tokuda. A Time-Driven Scheduling Model for Real-Time Operating Systems. Proc. of the Real-Time Systems Symposium, pp.112-122, dezembro 1985.

[JOS1986] M. Joseph, P. K. Pandya. Finding Response Times in a Real-Time System. The Computer Journal, vol. 29, no. 5, pp. 390-395, outubro 1986.

[KOR1995] G. Koren, D. Shasha. Skip-over: algorithms and complexity for overloaded systems that allow skips. Proc. of the 16th IEEE Real-Time Systems Symposium, pp. 110–117, dezembro 1995.

[KUO1997] T.-W. Kuo, A.K. Mok. Incremental reconfiguration and load adjustment in adaptive real time systems. IEEE Transactions on Computers, vol. 46, no. 12, pp. 1313–1324, dezembro 1997.

[LAN2016] R. Lange, R. S. de Oliveira, F. Vasques. A Reference Model for the Timing Analysis of Heterogeneous Automotive Networks. Computer Standards & Interfaces, vol. 45, pp. 13–25, março 2016.

[LEH1989] J. P. Lehoczky, L. Sha, Y. Ding. The Rate-Monotonic Scheduling Algorithm: Exact Characterization and Average Case Behavior. Proc. of the 10th IEEE Real-Time Systems Symposium, pp. 166-172, dezembro 1989.

[LEH1990] J. P. Lehoczky. Fixed Priority Scheduling of Periodic Task Sets with Arbitrary Deadlines. Proc. of the 11th IEEE Real-Time Systems Symposium, pp. 201-209, dezembro 1990.

[LES2005] S. Leschiutta. The definition of the ‘atomic’ second. Metrologia, vol. 42, no. 3, pp. S10-S19, junho 2005.

[LEU1982] J. Y.-T. Leung, J. Whitehead. On the Complexity of Fixed-Priority Scheduling of Periodic Real-Time Tasks. Performance Evaluation, vol. 2, no. 4, pp. 237-250, dezembro 1982.

[LI1995] Y.-T. S. Li, S. P. Malik, A. Wolfe. Performance estimation of embedded software with instruction cache modeling. Proc. of the IEEE/ACM International Conference on Computer-Aided Design, pp. 380-387, dezembro 1995.

[LIM2016] G. Lima, D. Dias, E. Barros. Extreme Value Theory for Estimating Task Execution Time Bounds: A Careful Look. Proc. of the 28th Euromicro Conference on Real-Time Systems, pp. 200-211, julho 2016.

[LIN2006] M. V. Linhares, A. J. da Silva, R. S. de Oliveira. Empirical Evaluation of SysML through the Modeling of an Industrial Automation Unit. Proc. of the 11th IEEE International Conference on Emerging Technologies and Factory Automation, Setembro 2006.

[LIN2018] LINUX FOUNDATION. Real-Time Linux. https://wiki.linuxfoundation.org/realtime/start/, abril 2018.

[LIU1973] C. L. Liu, J. W. Layland. Scheduling Algorithms for Multiprogramming in a Hard-Real-Time Environment. Journal of the ACM, vol. 20, no. 1, pp. 46-61, Janeiro 1973.

[LIU1994] J. W. S. Liu, W.-K. Shih, K.-J. Lin, R. Bettati, J.-Y. Chung. Imprecise Computations. Proceedings of the IEEE, vol. 82, no. 1, pp. 83-94, janeiro 1994.

[LIU2000] J. Liu. Real-Time Systems. Prentice-Hall, 2000.

[LOM2001] M. A. Lombardi, L. M. Nelson, A. N. Novick, V. S. Zhang. Time and frequency measurements using the global positioning system. Cal Lab Int. Journal of Metrology, pp. 26-33, julho-setembro 2001.

[LU2012] Y. Lu, T. Nolte, I. Bate, L. Cucu-Grosjean. A Statistical Response-Time Analysis of Real-Time Embedded Systems. Proc. of the 33rd IEEE Real-Time Systems Symposium, pp. 351-362, dezembro 2012.

[MAH2010] Q. Mahmoud. Middleware for Communications. Wiley-Blackwell, 2010.

[MCC2011] J. W. McCormick, F. Singhoff, J. Hugues. Building Parallel, Embedded, and Real-Time Applications with Ada. Cambridge University Press, 2011.

[MCK2005] P. McKenney. A realtime preemption overview. https://lwn.net/Articles/146861/, agosto 2005.

[MEL1991] J. M. Mellor-Crummey, M. L. Scott. Algorithms for Scalable Synchronization on Shared-memory Multiprocessors. ACM Transactions on Computer Systems, vol. 9, no. 1, pp. 21-65, february 1991.

[MIL1963] J. C. Miller, C. J. Maloney. Systematic mistake analysis of digital computer programs. Communications of the ACM, vol. 6, no. 2, pp. 58–63, fevereiro 1963.

[MIL1994] D. L. Mills. Precision synchronization of computer network clocks. ACM Computer Communication Review, vol. 24, no. 2, pp. 28-43, abril 1994.

[MIL1998] D. L. Mills. Adaptive hybrid clock discipline algorithm for the Network Time Protocol. IEEE/ACM Transactions on Networking, vol. 6, no. 5, pp. 505-514, outubro 1998.

[MIL2003] D. L. Mills. A brief history of NTP time: confessions of an Internet timekeeper. ACM Computer Communications Review vol. 33, no. 2, pp.9-22, april 2003.

[MIT2008] R. W. T. Mitra, J. E. F. Mueller, A. E. I. Puaut, N. H. P. Puschner, S. T. J. Staschulat, D. Whalley, P. Stenström, G. Bernat, C. Ferdinand, R. Heckmann. The Worst-Case Execution-Time Problem – Overview of Methods and Survey of Tools. ACM Transactions on Embedded Computing Systems, Vol. 7, No. 3, Article 36, abril 2008.

[MOL1990] J. J. Molini, S. K. Maimon, P. H. Watson. Real-time system scenarios. Proceedings of the 11th Real-Time Systems Symposium, pp. 214-225, dezembro 1990.

[MUC1997] S. Muchnick. Advanced Compiler Design and Implementation. Morgan Kaufmann, 1997.

[MYE2004] G. J. Myers. The Art of Software Testing. 2nd edition. Wiley, 2004.

[NEA2006] T. Neagoe, V. Cristea and L. Banica. NTP versus PTP in Computer Networks Clock Synchronization. Proc. of the IEEE International Symposium on Industrial Electronics, pp. 317-362, 2006.

[NEL2001] R. A. Nelson, D. D. McCarthy, S. Malys, J. Levine, B. Guinot, H. F. Fliegel, R. L. Beard, T. R. Bartholomew. The leap second: its history and possible future. Metrologia, vol. 38, no. 638, pp. 509-529, dezembro 2001.

[OLI2010] R. S. de Oliveira, A. S. Carissimi, S. S. Toscani. Sistemas Operacionais. 4ª edição. Bookman, 2010.

[OLI2014] R. S. de Oliveira, A. Carminati, R. A. Starke. Using an Adversary Simulator to Evaluate Global EDF Scheduling of Sporadic Task Sets on Multiprocessors. Journal of Parallel and Distributed Computing, vol. 74, no. 10, pp. 3037–3044, outubro 2014.

[OUA2011] S. Oualline. Practical C Programming. 3rd edition. O'Reilly Media, 2011.

[PET2017] L. L. Peterson, B. S. Davie. Computer Networks: A Systems Approach. 5th edition. Morgan Kaufmann, 2017.

[PRE2014] R. S. Pressman, B. Maxim. Software Engineering: A Practitioner's Approach, 8th edition. McGraw-Hill Education, 2014.

[RAJ1988] R. Rajkumar, L. Sha, J. Lehoczky. Real-time synchronization protocols for multiprocessors. Proc. of the IEEE Real-Time Systems Symposium, pp. 259-269, dezembro 1988.

[RAJ1990] R. Rajkumar. Real-time synchronization protocols for shared memory multiprocessors. Proc. of the 10th IEEE International Conference on Distributed Computing Systems, pp. 116-123, dezembro 1990.

[RAJ1991] R. Rajkumar. Synchronization in Real-Time Systems: A Priority Inheritance Approach. Kluwer Academic Publishers, 1991.

[RAY2013] M. Raynal. Concurrent Programming: Algorithms, Principles, and Foundations. Springer, 2013.

[REG2011] P. Regnier, G. Lima, E. Massa, G. Levin, S. Brandt. RUN: Optimal Multiprocessor Real-Time Scheduling via Reduction to Uniprocessor. Proc. of the IEEE 32nd Real-Time Systems Symposium, pp. 104-115, dezembro 2011.

[REI2011] J. Reineke, I. Liu, H. D. Patel, S. Kim, E. A. Lee. "PRET DRAM controller: Bank privatization for predictability and temporal isolation. Proc. of the ACM International Conference on Hardware/Software Codesign and System Synthesis, pp. 99–108, 2011.

[RIO2009] A. Rios-Bolivar, L. Parraguez, F. Hidrobo, M. Heraoui, J. Anato, F. Rivas. An imprecise computation framework for fault tolerant control design. WSEAS Transactions on Computers, vol. 8, no. 7, pp. 1093- 1102, julho 2009.

[SCH1999] J. Schneider, C. Ferdinand. Pipeline behavior prediction for superscalar processors by abstract interpretation. Proc. of the ACM SIGPLAN Workshop on Languages, compilers, and tools for embedded systems, pp. 35–44, 1999.

[SEH2005] J. P. Sehn, M. H. Lipasti. Modern Processor Design: Fundamentals of Superscalar Processors. McGraw-Hill, 2005.

[SHA1990] L. Sha, R. Rajkumar, J. P. Lehoczky. Priority Inheritance Protocols: An Approach to Real-Time Synchronization. IEEE Transactions on Computers, vol. 39, no. 9, pp. 1175-1185, september 1990.

[SHA2004] L. Sha, T. Abdelzaher, K-E. Arzen, A. Cervin, T.P. Baker, A. Burns, G. Buttazzo, M. Caccamo, J. Lehoczky, A.K. Mok. Real Time Scheduling Theory: A Historical Perspective. Real-Time Systems, vol. 28, no. 2/3, pp.101-155, 2004.

[SHE2013] J. P. Shen, M. H. Lipasti. Modern Processor Design: Funds of Superscalar Processors. Waveland, 2013.

[SHI2014] C. S. Shih, J. Chen, Y. H. Wang, N. Chang. Imprecise Computation Over the Cloud. Proc. of the 2nd IEEE International Conference on Mobile Cloud Computing, Services, and Engineering, pp. 29-37, abril 2014.

[SIL2012] A. Silberschatz, P. B. Galvin, G. Gagne. Operating System Concepts. 9th edition. Wiley, 2012.

[SIL2017] K. P. Silva, L. F. Arcaro, R. S. de Oliveira. On Using GEV or Gumbel Models when Applying EVT for Probabilistic WCET Estimation. Proc. of the 38th IEEE Real-Time Systems Symposium, dezembro 2017.

[SOM2015] I. Sommerville. Software Engineering, 10th edition. Pearson, 2015.

[STA1988] J. A. Stankovic. Misconceptions About Real-Time Computing: A Serious Problem for Next-Generation Systems. IEEE Computer, pp. 10-19, outubro 1988.

[STA2013] R. A. Starke, R. S. de Oliveira. System Management Mode in Real-Time PC-Based Control Applications. Journal of Control, Automation and Electrical Systems, vol. 24, no. 4, pp. 430-438, 2013.

[STA2017] W. Stallings. Operating Systems: Internals and Design Principles. 9th edition. Pearson, 2017.

[TAN2010] A. S. Tanenbaum, D. J. Wetherall. Computer Networks. 5th edition. Prentice Hall, 2010.

[TAN2012] A. S. Tanenbaum, T. Austin. Structured Computer Organization. 6th edition. Prentice Hall, 2012.

[TAN2014] A. S. Tanenbaum, H. Bos. Modern Operating Systems. 4th edition. Pearson, 2014.

[THE2004] S. Thesing. Safe and Precise WCET Determination by Abstract Interpretation of Pipeline Models. Dissertation, Universität des Saarlandes, 2004.

[TIN1992] K. W. Tindell. Using Offset Information to Analyse Static Priority Pre-Emptively Scheduled Task Sets. Technical Report YCS-92-182, Dept. of Computer Science, Univ. of York, 1992.

[TIN1994] K. W. Tindell, A. Burns, A. J. Wellings. An Extendible Approach for Analyzing Fixed Priority Hard Real-Time Tasks. Real-Time Systems, vol. 6, no. 2, pp. 133-151, março 1994.

[VIO2004] P. Viola, M. J. Jones. Robust Real-Time Face Detection. International Journal of Computer Vision, vol. 57, no. 2, pp. 137–154, maio 2004.

[WIL2008] R. Wilhelm, J. Engblom, A. Ermedahl, N. Holsti, S. Thesing, D. B. Whalley, G. Bernat, C. Ferdinand, R. Heckmann, T. Mitra, F. Mueller, I. Puaut, P. P. Puschner, J. Staschulat,

P. Stenström. The worst-case execution-time problem - overview of methods and survey of tools. ACM Transactions on Embedded Computing Systems, vol. 7, no. 3, pp. 1-36, abril 2008.

[YOU2008] M. Pezze, M. Young. Software testing and analysis: process, principles, and techniques. John Wiley & Sons, 2008.

Índice Remissivo

(m,k)-firme, 339, 346
absolute deadline. Ver deadline absoluto
acesso direto à memória, 87
ACET. Ver tempo de execução médio, Ver tempo de execução médio
activity. Ver atividade
AFDX, 398
aging. Ver envelhecimento
aiT, 110
ajuste do modelo, 127
algoritmo a-qualquer-tempo, 401
allocation problem. Ver problema de alocação
análise da cache, 106
análise da cobertura, 119
análise da escalonabilidade, 343
análise de valor, 103
análise do fluxo de controle, 103
análise do pipeline, 106
análise do tempo de resposta, 309, 333
aninhamento perfeito, 247
anomalias temporais, 105
anytime algorithms. Ver algoritmo a-qualquer-tempo
aperiodic. Ver tarefa aperiódica
aperiodic server. Ver servidor de aperiódica
aplicações críticas, 349
apontador de instruções, 152
ARINC 653, 388
arrival. Ver chegada
ativação, 34, 208
atividade, 39
  linear, 40
atomic second. Ver segundo:atômico
atraso, 37
atraso na liberação, 37, 318
automatic trading system. Ver sistema de negociação automática
avionic system. Ver sistema aviônico
background server. Ver servidor de background
barbeiro dorminhoco, 276
barramento de campo, 57, 397
barreira, 277
barrier problem. Ver barreira
BB. Ver bloco básico
BCET. Ver tempo de execução no melhor caso
best effort. Ver melhor esforço
best-case execution time. Ver tempo de execução no melhor caso
bit de alteração, 186
bit de referência, 186
bit de tranca, 186
bloco básico, 101
bloco descritor de processo, 171
bloco descritor de thread, 153, 171
bloqueio, 321
bounded–buffer problem. Ver produtores e consumidores
branch prediction. Ver previsor de salto
BROADCAST, 283
buffer duplo, 286
burst. Ver rajada
busy period. Ver intervalo de tempo ocupado
busy-waiting. Ver espera ocupada
caixa-postal, 231
call graph. Ver grafo de chamadas
caminho de execução no pior caso, 100
CAN, 398
carga de tarefas, 42
carga de trabalho, 319
chamada de sistema, 166
chamada remota de procedimento, 233
chamadas de sistema, 147
chaveamento de contexto, 302
chegada, 36
ciclo maior, 136

ciclo menor, 136
clairvoyance. Ver clarividência
clarividência, 395
classic problems of synchronization. Ver problemas clássicos de sincronização
cliente-servidor, 235
clock_nanosleep, 375
clock-driven scheduling. Ver escalonamento dirigido por tempo
cloud computing. Ver computação em nuvem
communication protocol. Ver protocolo de comunicação
computação em nuvem, 400
computação imprecisa, 400
comunicação direta, 234
condição de corrida, 240
condition variable. Ver variável condição
context switch. Ver chaveamento de contexto, Ver troca de contexto, Ver troca de contexto
controlador de periférico, 141
control-flow analysis. Ver análise do fluxo de controle
coordinated universal time. Ver UTC
cristal de quartzo, 57
critical instant. Ver instante crítico, Ver instante crítico
critical section. Ver seção crítica
criticalidade, 30, 341, 352
criticality. Ver criticalidade, Ver criticalidade
custom peripheral. Ver periférico especializado
cyclic executive. Ver executivo cíclico
data fusion. Ver fusão de dados
deadline, 17
  absoluto, 17, 30
  brando, 31
  crítico, 30
  fim-a-fim, 39
  firme, 31
  relativo, 17, 30
deadline monotônico, 209
deadlock, 248
design pattern. Ver padrões de projeto
desliga preempção, 257
deslocamento, 33, 63, 178
device-driver, 149
DI. Ver interrupção desabilita
dining-philosophers problem. Ver filósofos jantadores
diretório de páginas, 181
dirty bit. Ver bit de alteração
d*isable interrupt*. Ver interrupção desabilita
disciplined clock. Ver relógio:disciplinado
distribuição
  Beta, 127
  Exponencial, 127
  Fréchet, 126
  generalizada de Pareto, 127
  generalizada de valores extremos, 126
  Gumbel, 126
  Pareto, 127
  Weibull, 126
DM. Ver deadline monotônico
DMA. Ver acesso direto à memória
double buffering. Ver buffer duplo
drift rate. Ver taxa de deriva, Ver taxa de deriva
dynamic frequency scaling. Ver escalonamento dinâmico de frequência
dynamic guarantee. Ver garantia dinâmica
dynamic scheduling. Ver escalonamento dinâmico
earliest deadline first. Ver menor deadline absoluto
ECU. Ver unidade de controle eletrônico
EDF. Ver menor deadline absoluto
editor-assinante, 235
EI. Ver interrupção habilita
e*lectronic control unit*. Ver unidade de controle eletrônico
embedded system. Ver sistema embutido, Ver sistema embutido
e*nable interrupt*. Ver interrupção habilita

end-to-end deadline. Ver deadline fim-a-fim
engenharia de software, 119, 402
entrada e saída
  assíncrona, 140
  síncrona, 140, 229
enumeração implícita de caminhos, 109
envelhecimento, 200, 298, 365
ephemeris time. Ver ET
escala de execução, 40
escalonador, 40, 151, 168
  código, 301
escalonamento, 40
  dinâmico, 40
  dinâmico de frequência, 89
  dirigido por eventos, 40
  dirigido por tempo, 40, 135
  estático, 40
escalonamento global, 395
escalonamento particionado, 395
espaço de endereçamento, 172
  físico, 173
  lógico, 173
espera ocupada, 244
estado de dormência, 386
ET, 47
event-triggered. Ver escalonamento dirigido por eventos
exceção de memória, 176, 182
exceções, 144
exceptions. Ver exceções
exclusão mútua, 38
execution time. Ver tempo de execução
executivo cíclico, 41, 135, 305
failure. Ver falha
falha, 233
falta, 233
falta de página, 185
falta temporal, 138
fatia de tempo, 197
fault. Ver falta
fault hypothesis. Ver hipótese de faltas
fault tolerance. Ver tolerância a falta, Ver tolerância a faltas
FCFS. Ver ordem de chegada
fieldbus. Ver barramento de campo, Ver barramento de campo
FIFO. Ver ordem de chegada
fila de aptos, 36, 150, 168
fila de prontos. Ver fila de aptos
filósofos jantadores, 276
firm deadline. Ver deadline firme
FlexRay, 398
folga, 37
Foundation Fieldbus, 398
fragmentação
  externa, 176
  interna, 176
FreeRTOS, 375
frescor, 17
freshness. Ver frescor
função demanda de tempo, 310
função melhoramento, 401
função monotônica, 401
função valor-tempo, 345
fusão de dados, 17
fuso horário, 53
gain time. Ver tempo ganho
garantia dinâmica, 344
garantia provada, 348
garantia testada, 348
gestão de energia, 386
GFC. Ver grafo de fluxo de controle, Ver grafo de fluxo de controle
Global Positioning System. Ver GPS
global scheduling. Ver escalonamento global
goodness-of-fitness. Ver qualidade de ajuste
governador de frequência, 89
GP. Ver distribuição generalizada de Pareto
GPS, 54, 399
GPSDO. Ver oscilador disciplinado por GPS
grafo de chamadas, 101
grafo de fluxo de controle, 74, 101
GVE. Ver distribuição generalizada de valores extremos

hard deadline. Ver deadline crítico
hard real-time, 30, 342
herança de prioridade, 259
High Water Mark. Ver HWM
highest locker priority. Ver teto de prioridade imediato
hiperperíodo, 137
hiperprocessamento, 91
hipótese de carga, 343
hipótese de faltas, 343
HWM, 335, Ver tempo de execução máximo observado
hyperperiod. Ver hiperperíodo
hyper-threading. Ver hiperprocessamento
identificação do processo, 231
identificador da thread, 153
identificador do processo, 171
idle state. Ver estado de dormência
idle thread. Ver thread ociosa, Ver thread ociosa
immediate priority ceiling. Ver teto de prioridade imediado
impasse, 248
imprecise computation. Ver computação imprecisa
imprecise result. Ver resultado impreciso
imprecise task. Ver tarefa imprecisa
indefinite postponement. Ver postergação indefinida
independent task. Ver tarefa independente
instante crítico, 214, 310
interference. Ver interferência, Ver interferência
interferência, 37, 312
  direta, 117
  indireta, 117
international atomic time. Ver TAI
interrupção
  desabilita, 143, 242
  desabilitada, 300
  habilita, 143
  mascarável, 143
  não mascarável, 143
  proteção, 144, 185
  software, 144
  tipo, 142
  tratador, 141, 323
  tratadores, 145
  vetor, 142
interrupt handler. Ver interrupção tratador
interrupt vector. Ver interrupção vetor
intervalo de tempo ocupado, 37
inversão de prioridade, 253
inversão de prioridades, 200, 218, 321
inversão descontrolada de prioridades, 255
inverted page table. Ver tabela de páginas invertida
invocação remota de método, 233
IPET. Ver enumeração implícita de caminhos
job. Ver ativação
jobs. Ver ativação
kernel, 146
  não preemptivo, 299
  preemptivo, 299
kernel completo, 163
laço principal, 145, 306
lateness. *See* atraso
laxity. Ver folga
leap second. Ver segundo:intercalado
least laxity first. Ver menor folga antes
least slack first. Ver menor folga antes
leitores e escritores, 276
liberação, 36
limiar máximo de utilização, 213
limite inferior, 36
limite superior, 36, 97, 108, 309
LLF. Ver menor folga antes
load hypothesis. Ver hipótese de carga
localidade de referência, 187
LOCK, 245, 282
lock bit. Ver bit de tranca
lock-free, 254
lower bound. Ver limite inferior
LSF. Ver menor folga antes
LWP. Ver processo leve

mail-box. Ver caixa postal
major cycle. Ver ciclo maior
mandatory part. Ver parte obrigatória
marca d'água. Ver *tempo de execução:máximo observado*
Marca D'água. Ver tempo de execução máximo observado
MARTE, 403
m*askable interrupt*. Ver interrupção mascarável
máximo de bloco, 125
melhor esforço, 342
memória
física, 173
lógica, 173
memória cache, 78, 173
política de substituição, 80
memória virtual, 184, 359
memórias DRAM, 86
Memory-Management Unit. Ver unidade de gerência de memória
menor deadline absoluto, 211
menor folga antes, 212
menor tempo de processador antes, 197
microcontrolador, 141
microcontroller. Ver microcontrolador
microkernel, 147
microprocessador, 142
microprocessor. Ver microprocessador
middleware, 233
migração de tarefa, 395
minor cycle. Ver ciclo menor
mission critical. Ver tarefa crítica à missão
MMU. Ver unidade de gerência de memória, Ver unidade de gerência de memória, Ver unidade de gerência de memória
modelo de tarefas, 41, 310
modo de gerência do sistema, 89
modo supervisor, 169
modo usuário, 169
modulação de taxa, 347
monitor, 280
monotone functions. Ver função monotônica
monotonicidade, 65
monotonicity. Ver monotonicidade
MPU. Ver unidade de proteção de memória
multicore. Ver múltiplos núcleos
multilevel page table. Ver tabela de páginas hierárquica
múltiplas filas, 200
múltiplas versões, 402
multiple versions. Ver múltiplas versões
múltiplos núcleos, 152
multiprocessador, 395
multiprogramação, 147, 164
multiprogramming. Ver multiprogramação, Ver multiprogramação
mutex, 245, 303, 321
mutual exclusion. Ver exclusão mútua
mutual exclusion problem. Ver problema da seção crítica
Network Time Protocol. Ver NTP, Ver NTP
NMI. Ver interrupção não mascarável
non-maskable interrupt. Ver interrupção não mascarável
NTP, 55, 399
offset. Ver deslocamento, Ver deslocamento
operação P, 277
operação V, 277
optional part. Ver parte opcional
ordem de chegada, 196
oscilador disciplinado por GPS, 55
output jitter. Ver variação de saída
overhead. Ver sobrecusto, Ver sobrecusto
overload. Ver sobrecarga
padrões de projeto, 234
page fault. Ver falta de página
page table. Ver tabela de páginas
paged segmentation. Ver segmentação paginada
página
física, 177
lógica, 177
vítima, 186
paginação, 177

paginação por demanda, 184
paging. Ver paginação
parágrafo, 176
parâmetro de descarte, 338, 346
parte obrigatória, 400
parte opcional, 400
partições variáveis, 174
partitioned scheduling. Ver escalonamento particionado
PCB. Ver bloco descritor de processo
periféricos especializados, 150
period. Ver período
periodic. Ver tarefa periódica
período, 16
peripheral device controller. Ver controlador de periférico
picos acima do limiar, 126
PID. Ver identificador do processo
pilha de protocolos, 397
pipeline, 81
  flutuação, 83
  superescalar, 85
polling server. Ver servidor periódico
pontos de preempção, 299
Portable Operating System Interface. Ver Posix
Posix, 380
Posix Threads. Ver Pthreads
postergação indefinida, 298
precedence relationship. Ver relações de precedência
precise result. Ver resultado preciso
Precision Time Protocol. Ver PTP, Ver PTP
predictability. Ver previsibilidade temporal, Ver previsibilidade temporal
PREEMPT_RT, 379
preemption points. Ver pontos de preempção
previsibilidade temporal, 20, 32
previsor de salto, 86
prioridade, 199
  teto, 268
priority ceiling. Ver teto de prioridade
priority inheritance. Ver herança de prioridade
priority inversion. Ver inversão de prioridade
priority problem. Ver problema de ordenação
problema da exclusão mútua, 275
problema de alocação, 395
problema de ordenação, 395
problemas clássicos de sincronização, 275
process. Ver processo
process control block. Ver bloco descritor de processo
processo, 165
processo leve, 172
produtores e consumidores, 276
Profibus, 398
program counter, 152
programa de sistema, 164
programação
  concorrente, 228
  distribuída, 228
  paralela, 228
programação linear, 109
proteção entre processos, 169
protocol stack. Ver pilha de protocolos
protocolo de comunicação, 397
pseudo-thread, 298
pthread, 383
Pthreads, 236, 282
PTP, 57, 399
publisher-subscriber. Ver editor-assinante
pWCET, 123
qualidade de ajuste, 128
race condition. Ver condição de corrida
rajada, 323
Rapita Systems, 122
rate modulation. Ver modulação de taxa
rate monotonic. Ver taxa monotônica
reactive system. Ver sistema reativo
readers–writers problem. Ver leitores e escritores

ready queue. Ver fila de aptos, Ver fila de aptos
Real-Time Clock. Ver RTC
Real-Time Ethernet, 399
real-time system. Ver sistema de tempo real
reentrante, 301
reference bit. Ver bit de referência
reference clock. Ver relógio:referência
registradores de limite, 175
relações de precedência, 39
relative deadline. Ver deadline relativo
release. Ver liberação
release jitter. Ver atraso na liberação, Ver atraso na liberação
relógio
  atômico, 48
  disciplinado, 64
  mecânico, 45
  referência, 63
rendezvous, 233
response time. Ver tempo de resposta
response-time analysis. Ver análise do tempo de resposta, Ver análise do tempo de resposta
resultado impreciso, 400
resultado preciso, 401
RM. Ver taxa monotônica
RMI. Ver invocação remota de método
round-robin. Ver fatia de tempo
RPC. Ver chamada remota de procedimento
RR. Ver fatia de tempo
RTA. Ver análise do tempo de resposta, Ver análise do tempo de resposta
RTC, 59
safety-critical applications. Ver aplicações críticas
SBST. Ver teste baseado em busca
schedulability analysis. Ver análise de escalonabilidade
schedule. Ver escala de execução
scheduler. Ver escalonador, Ver escalonador
scheduling. Ver escalonamento
seção crítica, 38, 241, 304
segmentação, 183
segmentação paginada, 183
segundo
  atômico, 50
  intercalado, 51, 52
semáforo, 277
  binário, 279
  contador, 279
servidor
  de aperiódica, 393
  de background, 394
  esporádico, 394
  periódico, 394
sieve functions. Ver função melhoramento
SIGNAL, 281
sincronização, 65
  externa, 399
  interna, 399
sintonização, 65
sistema aviônico, 18
sistema de negociação automática, 19
sistema de posicionamento global. Ver GPS
sistema de tempo real, 15
sistema embarcado. Ver sistema embutido, Ver sistema embutido
sistema embutido, 22, 150, 177, 229, 344
sistema reativo, 148, 167
SJF. Ver menor tempo de processador antes
skip factor. Ver fator skip
skip parameter. Ver parâmetro de descarte, Ver parâmetro de descarte
slack time. Ver folga
sleeping barber problem. Ver barbeiro dorminhoco
SMM. Ver modo de gerência do sistema
sobrecarga, 344
sobrecusto, 157, 301
soft deadline. Ver deadline brando
soft real-time, 30, 342
Softirq, 367
software engineering. Ver engenharia de software
software interrupt. Ver interrupção software

spin-lock, 243
sporadic. Ver tarefa esporádica
sporadic server. Ver servidor esporádico
static scheduling. Ver escalonamento estático
substituição de páginas, 186
swapping, 185
synchronization. Ver sincronização
syntonization. Ver sintonização
SYSML, 403
system call. Ver chamada de sistema, Ver chamada de sistema
system management mode. Ver modo de gerência do sistema
system program. Ver programa de sistema
Systems Modeling Language. Ver SYSML
tabela de páginas, 178
  hierárquica, 181
tabela de páginas invertida, 183
tabela de segmentos, 183
TAI, 50
tardiness. *See* atraso
tarefa, 29, 166
  aperiódica, 33
  crítica, 30
  crítica à missão, 30
  esporádica, 33
  imprecisa, 401
  independente, 38
  não crítica, 30
  periódica, 33
task. Ver tarefa
task load. Ver carga de tarefas
task model. Ver modelo de tarefas
Tasklet, 367
taxa de deriva, 62, 399
taxa de falta de páginas, 186
taxa monotônica, 208
TCB. Ver bloco descritor de thread, Ver bloco descritor de thread
tempo de execução, 34
  médio, 97, 115
  no melhor caso, 35
  no pior caso, 35, 116, 344
tempo de resposta, 37
  máximo observado. Ver HWM
  no pior caso, 37, 305, 344
tempo efetivo de acesso à memória, 186
tempo ganho, 138
tempo máximo de bloqueio, 262
tempo universal coordenado. Ver UTC
temporizador em hardware, 135, 138, 145, 149, 155
teoria de valores extremos, 123
test case. Ver teste casos
test-and-set, 243
teste, 118, 334
  baseado em busca, 120
  casos, 334
  cobertura, 335
teste de escalonabilidade, 213
teto de prioridade, 263
teto de prioridade imediato, 268
thrashing, 186
thread, 147, 165
thread control block. Ver bloco descritor de thread, Ver bloco descritor de thread
thread identification. Ver identificador da thread
thread ociosa, 148, 155, 377
tick, 40
TID. Ver identificador da thread
Time Stamp Counter. Ver TSC
timer. Ver temporizador em hardware
time-triggered. Ver escalonamento dirigido por tempo
time-value function. Ver função valor-tempo
timing anomaly. Ver anomalia temporal
timing fault. Ver falta temporal
TLB, 88, 117, Ver Translation Lookaside Buffer
tolerância a falta, 400
tolerância a faltas, 233, 343
tradução de endereços, 175, 178
translation lookaside buffer. Ver TLB
Translation Lookaside Buffer, 180, Ver TLB

troca de contexto, 152, 170
troca de mensagens, 230
TSC, 59
TTP, 399
TVE. Ver teoria de valores extremos
UML, 402
unbounded priority inversion. Ver inversão descontrolada de prioridades
unidade de controle eletrônico, 18
unidade de gerência de memória, 88, 171, 178
unidade de proteção de memória, 175
Unified Modeling Language. Ver UML
universal time. Ver UT
UNLOCK, 245, 282
upper bound. Ver limite superior, Ver limite superior
UT, 47
UTC, 51
utilização, 213
value analysis. Ver análise de valor
variação de saída, 139
variáveis compartilhadas, 230
variável condição, 280
virtual memory. Ver memória virtual
WAIT, 280
wait-free, 254
WCET. Ver tempo de execução no pior caso, Ver tempo de execução no pior caso
WCRP. Ver caminho de execução no pior caso
WCRT. Ver tempo de resposta no pior caso
worst-case execution path. Ver caminho de execução no pior caso
worst-case execution time. Ver tempo de execução no pior caso
worst-case response time. Ver tempo de resposta no pior caso

www.ingramcontent.com/pod-product-compliance
Lightning Source LLC
LaVergne TN
LVHW081329050326
832903LV00024B/1079
9798681424635